KB140099

글로벌지역학총서 28

글로벌지역학연구

GLOBAL AND AREA STUDIES

지역학의 새로운 패러다임 모색

글로벌지역학총서 28

글로벌지역학연구

GLOBAL AND AREA STUDIES

지역학의 새로운 패러다임 모색

정해조 편저 김동수·김동엽·김진기·김창경·노용석·리단·문기홍
문상호·박상현·백두주·안상욱·예동근·윤용수·전지영·정문수
정법모·정세원·정호윤·최은순·하병주·현민·TIAN QI 지음

CONTENTS

제6부 동남아시아에 대한 외교전략과 개발협력

제7부 글로벌이슈와 지역연구의 연계

•서 문•

'글로벌지역학'이라는 용어가 공식적인 문서에 사용되기는 2015년 교육부와 한국연구재단에서 대학인문역량강화사업(CORE) 시행 공고를 내고, 3가지 사업모델을 소개하면서 비롯된 것 같다. 3가지 모델로는 인문기반 융합 전공 모델, 기초학문심화 모델, 글로벌지역학 모델을 대학의 여건에 따라 선택하여 사업계획서를 작성하게 되어 있었다. 부경대학교는 인문 계열의 모든 학과가 모여서 3가지 모델을 모두 수행하는 사업계획서를 작성하여 제출하였다. 선정된 사업단에서는 제출된 사업계획에 따라 인문학 관련 학제 개편을 준수하여야 했다. 이에 따라 부경대학교 대학원에 글로벌지역학과가 신설되었다. 그리고 부산외국어대학교에서 16개 특수지역어학과를 기반으로 특수언어 지역학 교육모델을 구축하여, 창의적인 글로벌 지역전문가를 양성하는 것을 목표로 한 글로벌지역학 모델과 인문학을 바탕으로 한 융복합 교육을 수행하는 인문기반융합 모델에 대한 사업을 수행하게 되었다. 부산 지역에서 부경대와 부산외대 외에 한국해양대학교에서 HK 사업을 수행해온 국제해양문제연구소와 함께 지역학 관련 학회를 어느덧 20년 넘게 운영해왔다.

그동안의 연구성과들이 여러 학술지에 게재되어 있어 이제 하나의 매체로 모아서 지역학의 발전과정을 돌아보는 계기를 갖고자 이 책을 기획하였다. 여러 학자들의 견해를 담은 개별 논문들을 한 권의 책으로 묶는 작업은 그리 간단하지 않았다. 한 권의 책이 갖는 편집 방향과 이에 부합하는 논문 주제들을 선별하는 과정들과 출간에 따른 여러 제약들로 인해 함께 학술활동을 해온 여러 학자들의 논문을 모두 게재하기 어려웠다. 이번에 발간되는『글로벌지역학연구』를 시작으로 지역학에 대한 논의와 학술적 성과들이 학술서로 계속 출간되기를 기대한다.

『글로벌지역학연구』는 7가지 영역으로 구성되어 있다. 먼저 제1부에는 '최근 지역학에 대한 새로운 시각'이라는 목차 제목을 설정해보았다. <세계화와 지역연구>는 원래 논문의 부제 '국가의 재등장과 서구중심주의의 극복'에서 알 수 있듯이 '국가'를 주된 분서대상으로 한 지역연구가 기존의 분과학문적 틀 속에서 어떻게 자리 잡고 방향을 잡을 수 있을까라는 문제 제기에 대한 저자의 견해를 피력한 글이다. 그런데 바로 다음 순서에 있는 <글로벌시대 한국 지역학의 과제>의 글에서 한국 지역학의 발전과정을 설명하면서, 분석단위가 '국가' 중심적인 지역학 2.0에 비해 글로벌 관점에서의 지역학 3.0이 상위 버전처럼 보일 수가 있어서 두 글이 상반된 견해로 보일 수도 있다. 하지만 '글로벌시대 한국 지역학의 과제'에서 지역학 2.0과 지역학 3.0의 유형은 대등하게 공존하고 있고, 지역학 3.0이 상위의 유형이 아니라 지역학의 새로운 확산의 가능성에 대해 서술한 것으로 이해될 수 있다. <지역정보학을 위한 현장 노트 시스템>은 현지조사 과정에서 기존의 수기로 작성하는 현장 노트보다는 모바일 기기에서 앱으로 구동하는 현장 노트 시스템을 제안하였다. 현장 노트를 위한 인터페이스 및 기능설계와 현장 노트의 정보 관리 및 활용을 위한 서버 시스템 설계를 통해, 데이터베이스로 축적된 현장 노트 정보들을 지역정보학 관점에서 다른 연구자들이 활용하고, 공유할 수 있는 방안의 필요성을 강조하였다.

제2부와 제3부는 지역학의 새로운 분석 단위로서 메가 지역으로서의 환태평양과 지중해에 대한 다양한 연구 성과를 보여주고 있다. <미국은 어떻게 태평양 국가가 되었나>는 미국이라는 국가 단위의 분석에 국한된 것같이 보이지만, 대서양 연안 13개 주로 건국된 미국이 태평양 국가가 되기까지의 과정을 추적하면서, 스페인의 태평양 횡단 무역, 즉 '아메리카 은과 중국 비단의 교환을 중심축으로 하는 필리핀 무역의 결과로 역사상 최초로 아시아

와 아메리카의 지속적인 연계망이 구축'된 점을 설명하고 있다. 이후 영국의 태평양 탐험 그리고 중국과의 교역, 골드러시와 캘리포니아의 성장, 홍콩의 태평양 관문 역할 등을 설명하면서 태평양을 매개로 한 아시아와 아메리카 대륙의 연계와 교류의 여정을 살펴본 글이다.

<태평양 횡단의 역사(1494-1794)>는 1494년 토르데시야스 조약에서 1794년 누트카 협상까지의 태평양 횡단 역사를 폐쇄해와 자유해의 생성과 경쟁과 연동하여 분석하였다. 이베리아 국가들의 폐쇄해 담론에 대해 네덜란드와 영국 등 후발 해양 열강들은 자유해 정책으로 경쟁하면서 태평양 탐사의 주도권도 바뀌는 과정을 살펴보았다.

<환태평양 가치사슬의 구조변동>은 환태평양 중심국가들 간 갈등과 상쟁의 구조적 원인과 특성을 가치사슬에 초점을 맞춰 규명하였다. 이를 위해 환태평양 가치사슬 형성과 발전요인 그리고 최근 재편요인, 이 과정에서 환태평양 중심국가들의 가치사슬 재편을 위한 전략적 선택과 갈등의 양상을 분석하였고, 향후 전망을 제시하였다.

<필리핀에서 스페인어의 소멸과정>에서는 스페인이 필리핀을 정복한 16세기부터 19세기 말까지 국가 공용어로 사용되었던 스페인어가 현재 공적인 영역에서 사용하지 않고, 일부 상류층에서 사용되는 정도가 된 배경에 대해 설명하고 있다. 1898년 스페인-미국 전쟁에서 미국이 승리한 후 50년간 시행된 미국화 정책이 350년간 사용해왔던 스페인어를 밀어내버린 것이다.

<지역연구 패러다임을 통해 본 지중해학>은 지중해 지역의 개념, 어원, 범위, 역사적인 배경에 대해 지역학의 패러다임 관점에서 탐구한 글이다. 저자는 지역학의 연구단위로서 지중해 지역의 중요성을 강조하면서 동서양 문화교류를 위한 분석 영역으로 지중해를 바라보았다.

<지중해 연안의 링구아 프랑카>는 십자군 전쟁부터 19세기까지 지중해 연안의 항구에서 사용되었던 링구아 프랑카의 커뮤니케이션의 특성을 조명

하고 있다. 저자는 링구아 프랑카를 이질성과 동질성의 공존을 가능하게 하는 문화적 상호작용 또는 문화적 전달의 모델로 간주한다.

<중세 지중해의 문명 교류와 이슬람>은 지중해 지역을 기독교와 이슬람 문명, 아시아, 유럽, 아프리카가 공존하는 복합 문명 공간으로 간주하면서 숭세를 중심으로 이슬람 문명과 유럽 문명의 교류와 확산의 관계를 규명하고 있다.

이렇게 태평양 연구와 지중해 연구는 지역학에서 지역에 대한 정의를 확장하였다. 지구 표면의 어느 한 부분에 한정된 지역의 범위를 벗어나 좀 더 넓은 지역, 메가 지역을 분석단위로 하면서 서로 다른 문명의 교류와 연계에 대한 연구를 진행하고 있다.

제4부 지역학과 세계정치에서는 <바이든 행정부의 대외정책>, <브라질 여성의 정치적 과소대표성 추동요인>, <미얀마 군부 정권의 대중동원 메커니즘>, <라틴 아메리카의 과거청산과 유해 발굴>이라는 4편의 논문으로 구성되어 있다.

제5부 중국연구의 새로운 관점에서는 <선진제자의 물과 바다에 대한 인식>, <중국 "톈진 8·12" 사건과 1인 미디어의 역할>, <단동-신의주 초국경 도시발전>과 같은 논문들은 기존의 중국연구와는 다른 새로운 관점에서 바라본 주제들이다.

제6부 동남아시아에 대한 외교전략과 개발협력에서 <한국의 소다자주의적 대 아세안(ASEAN) 중견국 외교 전략>, <공적개발원조와 인권>, <아세안의 발전주의적 지역개발협력과 역외의존적 지역개발>과 같은 논문들은 최근 동남아시아에 대한 이슈들을 심도 있게 다루고 있다.

제7부 글로벌이슈와 지역연구의 연계에는 <중동부유럽 자동차산업과 운송분야 기후변화대응>, <EU의 COVID-19 관련 허위정보 대응 사례>, <위드 코로나 시대에 일본 사가현의 '사회실험'>과 같은 3편의 논문을 배치하였

다. 글로벌 차원의 기후변화와 COVID-19 팬데믹 현상과 같은 글로벌 차원에서 이슈화된 문제들이 각 지역과 해당 분야에서 어떤 구체적인 대응으로 나타나는지를 분석한 글들이다.

끝으로 글로벌지역학연구를 편집하면서 그동안 개별적으로 발표된 논문들을 어떻게 한 권의 책으로 구성하여야 할까에 대해 많은 고심을 하였다. 목차를 정하는 과정이 무척 어려웠고, 서문을 적으면서 편집자의 의중이 개별 논문 저자들의 고유한 견해를 제대로 표현하지 못할 수도 있는 점도 염려하였다. 그런 부족함은 이 책의 본문에 실린 개별 연구를 독자들께서 읽으면서 충분히 해소될 것이다.

한 편 한 편 모두 소중한 글들을 한 권의 책으로 펴내는 데 동의해주시고, 협력해주신 저자 여러분께 깊은 감사를 드립니다. 또한 출판업계의 어려운 여건에서도 학술도서의 꾸준한 발행을 맡아주신 한국학술정보(주)의 채종준 대표이사님과 출판사업부의 팀장님, 편집을 담당해주신 모든 분들께 그동안의 수고에 감사한 마음을 전해드립니다.

2022년 11월 부산에서 태평양을 바라보며
저자들을 대표하여 정해조가 서문에 갈음합니다.

제1부 지역학에 대한 새로운 시각

세계화와 지역연구*

김진기

1. 서론

한국에서 지역학연구가 본격화되기 시작한 것은 1990년대부터였다. 물론 그 이전에도 정치학·경제학·역사학 등의 분과학문(discipline) 분야에서 지역연구는 단편적이고 고립분산적으로 이루어져 왔다. 그러나 분과학문의 한 분야로서 지역학이라는 이름이 등장했을 뿐 아니라 대학들에서 관련학과가 생기기 시작한 것은 90년대 들어서였다. 이의 배경으로는 여러 가지 요인을 들 수 있으나 가장 중요한 것은 지역연구에 대한 연구비 지원, 각 대학에 대한 지역학과의 승인과 같은 정부 지원을 들 수 있다.[1]

이후 지역학에 대한 관심 고조는 각 대학으로 파급되어 지역학과 또는 지역학부가 나타나기 시작하였다. 그뿐만 아니라 과거 어학, 문학 교과과정을 중심으로 운영되던 어문학 관련 학과에서 지역학 관련 교과과정이 침투되기 시작하였다. 그러나 이 시기에 활성화되었던 지역연구는 그 양적 성장

이 글은 『Journal of Global and Area Studies』, 6(2), 2022에 게재된 논문 「세계화와 지역연구: 국가의 재등장과 서구중심주의의 극복」을 단행본 발간에 맞게 보완한 글임.

[1] 이 외에도 지역학 연구의 활성화 배경으로는, 80년대 해외유학 개방으로 인한 연구인력의 절대 수 증가, 같은 시기 나타난 해외투자와 시장 개척을 위한 기업의 활발한 해외진출, 사회주의권 붕괴로 인한 지역연구의 관심 고조, 그리고 지역연구에 대한 기업들의 지원 등을 들 수 있다. 이에 대해서는, 신윤환·이성형(1996)을 참고할 것.

세계화와 지역연구 | 김진기 **15**

에도 불구하고 2000년대 이후 정체 상태에 빠져 있는 것으로 보인다. 이는 지역학과와 관련 있는 학회의 학술대회에서 지역학 관련 논의가 최근 거의 나타나고 있지 않다는 점에서도 알 수 있다.

이 연구의 목적은 초기의 급격한 양적 성장 이후 한국에서의 지역연구가 침체된 배경을 세계화라는 측면에 초점을 맞추어 살펴보고, 세계회의 흐름 속에서 지역연구가 지향해야 할 방향을 모색해보는 데에 있다. 이를 위해 본문 내의 각 장에서는 다음과 같은 측면들을 중심으로 살펴보게 될 것이다. 2장에서는 세계화에 대한 간략한 정의와 세계화가 지역연구에서 갖는 의미가 무엇인지에 대해 살펴본다. 이를 살펴보는 이유는 앞서 언급한 바와 같이 우리나라에서의 지역연구가 '세계화'라는 구호와 함께 본격화되었다고 보기 때문이다. 이 글에서는 세계화란 서구화이며 따라서 모든 영역에서 서구중심주의가 관철되고 있음을 살펴본다. 그리고 세계화가 지역연구와 관련하여 어떤 의미를 갖는지에 대한 문제를 제기한다.

3장에서는 시장강화-국가약화라는 세계화의 흐름 속에서 지역연구가 필요한가라는 질문을 중심으로 살펴본다. 이를 살펴보는 이유는 국가라는 것이 지역연구의 주요한 분석 대상이기 때문이다. 이에 대해 이 글에서는 2010년대 이후 전개되는 신냉전적 국제질서 속에서 국가가 다시 국제사회의 주요한 행위자로 등장하고 있음을 살펴볼 것이다. 따라서 국가를 분석 대상으로 하는 지역연구 또한 국가 기능의 부침에도 불구하고 여전히 중요한 영역으로 남아 있을 것이라는 점을 주장한다.

4장에서는 오늘날 우리 대학에서 정착되어 있는 분과학문의 틀 속에서 지역학이 어떤 의미를 갖고 있는가에 대해 살펴본다. 구체적으로는 근대 이후 서구에서 정착되었던 분과학문의 틀이 세계화라는 흐름과 함께 재편성되는 과정에서 지역학이 어떤 역할을 할 수 있을 것인가에 대한 검토이다. 이 글에서는 서구의 근대화와 함께 나타났던 기존의 분과학문체계의 틀을 극복하는 새로운 학문 영역으로 지역학이 자리 잡고 있으며, 이러한 현상은 앞으로도 계속될 것이라는 점을 살펴보도록 한다.

2. 세계화란 무엇인가?

탈냉전 이후 인구에 회자되기 시작한 세계화라는 현상은 역사적 측면에서 보게 되면 제2차 세계대전 이후에만 나타난 현상은 아니다. 세계화란 자본주의의 발전과 전 세계로의 확산 과정에서 계속 나타난 현상이었다. 그리고 이는 바로 제국주의의 확장과 침략의 과정이었다. 프리드만은 1800년대 중반부터 1920년 후반 사이에도 세계는 지금과 비슷한 양상을 경험했다고 주장하면서 이를 제1차 세계화라 일컫고 있다[2](Friedman 저, 신동욱 역, 1999, pp.23-33).

그러나 제1차 세계화 및 글로벌 금융자본주의는 제1차 세계대전과 러시아 혁명, 그리고 대공황 등을 거치며 일단 종지부를 찍었다. 제2차 세계대전 이후 출현한 세계는 이데올로기 대립으로 두 개의 세계로 나뉘어 각각의 세계화가 진행되었다. 서구와 미국이 주도한 자본주의 국가들은 서구의 기준을 따라 자본주의적 산업화와 다원주의 정치체제로 수렴되는 양상을 보였다. 반면 사회주의 국가들은 국가 주도의 사회주의적 경제와 공산당이 주도하는 전체주의 정치체제를 공통으로 받아들였다.

냉전은 그 자체가 하나의 국제체제였지만 서로의 정치, 경제체제를 받아

---

2   그에 의하면, GNP 대비 국제무역량과 자본 흐름, 인구 대비 노동력의 국가 간 이동 수치 등을 비교해보면, 제1차 세계대전이 일어나기 이전에도 인류는 우리가 오늘날 겪고 있는 세계화와 상당히 유사한 현상을 겪었다. 한편 Strange는 1970년대부터 생산, 금융, 과학기술과 지식, 문화적 측면에서 동질화, 통합이 진행되고 있다는 점에서 두 번째 세계화의 시기를 1970년대 이후부터 보기도 한다(Strange, 2015).

들이지 않는 반쪽의 세계화였다. 냉전체제는 45년부터 베를린 장벽이 무너지던 89년까지 지속되었으나 사회주의권의 붕괴로 새로운 체제가 등장했다. 새로 출현한 세계체제는 경제적으로는 시장주의 또는 자본주의 경제체제로 수렴되었다. 그러나 정치적으로는 한 가지 체제로 수렴된 것은 아니었다. 많은 국가들, 특히 공산당 주도의 권위주의체제들은 서구의 다원주의를 여전히 받아들이지 않았다. 탈냉전 이후 나타난 사회주의체제의 붕괴와 자본주의적 시장경제로의 수렴, 그리고 신자유주의적 물결과 정보혁명으로 나타나는 세계경제의 상호 의존 증가가 바로 두 번째 세계화라고 할 수 있을 것이다.

이상 간략히 살펴본 세계화의 역사와 과정이 보여주듯이 세계화는 경제적인 측면에서는 자본주의체제, 정치적 측면에서는 다양한 체제의 공존이라는 것으로 정리할 수 있다. 그러나 자본주의체제란 태생부터가 유럽에서 발원한 것이기 때문에 유럽중심적이라 할 수 있다. 이것이 의미하는 바는 경제적 측면에서의 세계화란 세계의 모든 지역과 국가가 모두 자본주의 경제체제로 동일화되어 가는 과정이라는 것이다. '서구중심주의' 또는 '유럽중심적 (Europocentric)'이라는 용어는 '유럽을 그 중심으로 두거나 간주하는' '세계문화 등에서 유럽 또는 유럽인의 최고 우월성을 상징하는'으로 정의되며, 유럽중심주의(Europocentrism)는 '유럽을 자신의 세계관의 중심에 두는 생각이나 실천'을 의미한다(The Oxford English Dictionary, 1989, Vol.5, p.442).

김세연(1995, pp.16-17)은 이에 대해, "첫째, 근대서구문명-지리적으로 서유럽을 중심으로 출현했지만 그 문화를 이식한 미국, 캐나다 등도 당연히 포함된다-은 인류역사의 발전단계 중 최고의 단계에 도달해 있다. 둘째, 서구문명의 역사발전 경로는 서양뿐만 아니라 동양을 포함한 전 인류사에 보편적으로 타당하다. 그리고 마지막으로 역사발전의 저급한 단계에 머물러 있는 비서구사회는 오직 서구문명을 모방, 수용함으로써만 발전할 수 있다"
는 것으로 파악하고 있다. 이에 대하여 강정인은 서구중심주의를 서구우월
주의, 보편주의/역사주의, 서구화/근대화라는 세계의 명제로 제시하면서, 역
사적으로 서구중심주의는 근대 서구의 식민주의, 제국주의 및 인종주의를
정당화하는 데 기여해왔다고 주장하고 있다(강정인, 2000, p.27).

그렇다면 서구중심주의가 지역연구에서 갖는 의미는 무엇인가? 첫째, 지
역학이 가장 중요한 분석 대상으로 하는 국가가 어떤 중요성을 갖는가와
관련되어 있다. 세계화란 서구적 경제양식, 즉 자본주의의 확장과정이며 이
는 곧 시장의 확대다. 시장의 확대란 곧 국가의 축소를 의미하는 것은 아닌
가? 실제로 탈냉전 이후의 세계화는 시장과 자본의 흐름이 국가주권을 제약
하는 양상으로까지 나타나고 있다. 그렇다면 국가가 주요분석 대상인 지역
연구 또한 그 의미가 퇴색되는 것은 아닌가?

서구중심주의가 지역연구에서 갖는 두 번째 의미는 서구의 근대학문체계
에서 나타났던 분과학문체계와 관련이 있다. 사실 세계화라는 현상은 다양
한 측면을 내포하고 있기 때문에 그 내용에 들어가게 되면 간단히 정의될
수 있는 성질의 것은 아니다.3 이는 사회주의 국가들의 붕괴 이후 세계화
현상에 대한 연구와 분석작업에 정치학자, 경제학자, 사회학자 등 거의 모든
분과학문의 전문가들이 참여하고 있는 데에서도 알 수 있다. 실제로 세계화
의 성격은 경제적 측면에서뿐만 아니라 정치적, 사회문화적 측면 등 모든
분야에서 그 효과가 매우 복합적이고 중첩적으로 나타난다.

자본의 세계화, 그리고 이를 극복하려는 과정에서 나타난 국가 주권의 제
약성, 지역적 문화의 구조 변동에서 이는 나타나고 있으며 국제질서의 주요

---

3   세계화에 대해서는 주로 사회과학자들을 중심으로 그 논의가 이루어지고 있지만 다른 분과학문
    영역에서도 세계화에 대한 논의가 전혀 없는 것은 아니다. 예를 들어 정시호(2000)의 경우 세계화
    시대 영어와 각 민족어 간의 길항관계를 고찰하고 있다.

행위자 또한 과거의 틀을 뛰어넘어 훨씬 다양화되고 있다. 이러한 세계화의 복잡성과 다양성은 현존 분과학문체계가 사회현상을 설명하는 데 과연 적절할 것인가라는 의문을 제기하게 만든다. 이런 측면에서 지역학 또는 지역연구가 기존의 분과학문체계 또는 연구방법에서 갖는 의미는 무엇인가?

3. 세계화의 두 얼굴과 지역연구

(1) 세계화의 첫 번째 얼굴: "시장강화-국가약화"

한국에서의 지역연구가 세계화와 함께 본격화되었다는 것은 그 출발부터 지역연구가 처하게 될 어려움을 안고 있는 것이었다. 탈냉전과 함께 시작된 신자유주의적 질서의 대두와 정보화의 흐름 속에서 국가 기능은 매우 약화되는 양상을 보였다. 국제체제 수준에서 나타난 구조와 과정의 변화는 국가 기능의 쇠퇴로 이어졌다. 국경을 통과하거나 초월하는 접촉, 시장개방과 민영화, 자유화와 규제철폐 등에 대한 자유주의적 견해와 시장주의적 입장은 시장과 자본에 대한 과도한 믿음으로 나타났다.

이에 정치 역시 더 이상 순수한 국가적 활동으로는 이해하기 어려운 시대에 접어들었으며, 문화 또한 국민국가의 영역에 구애받지 않는 무국적 시대로의 진입이 나타났다는 주장까지 나왔다(박길성, 1996, pp.23-50). 당시 발생했던 외환위기와 우리 국가가 보여주었던 무능한 모습은 이러한 세계화의 흐름이 우리와 무관한 것이 아니라는 것을 웅변으로 보여주었다. 1997년 말 우리가 겪었던 IMF 사태는 태국에서 벌어졌던 경제위기가 아시아 거의 전 지역으로 퍼져나갔을 뿐 아니라 전 세계 시장에 큰 충격을 주었다. 당시 이러한 사태를 겪으면서 "시장강화-국가약화"라는 주장은 더욱 설득력 있게 등장했던 것이다.

세계화는 시장을 자체적인 조정기능을 가진 자기완결적 존재로 파악하는 신자유주의의 사상과 밀접한 관련이 있다. 이들에 의하면 시장이란 메커니즘은 특정 사회에서 총체적으로 통용되고 있는 윤리, 관습, 제도, 가치기준 등과 관계없이 별개의 것으로 독자적으로 존재하는 것이다. 그리고 이러한 가치들은 시공을 초월하여 효율성을 극대화하는 보편적 메커니즘이다. 따라서 경제모델이라는 것도 별 의미가 없는 개념으로 파악될 뿐 아니라 개별 국가의 특수성이나 고유한 성격 또한 그다지 중요치 않다(윤영관, 1999, pp.23-24). 즉 미국이나 일본이나, 아프리카의 소국이나 동일한 시장기능이 동일한 방식으로 작동하고 있으며, 시장 외적 요인은 그다지 중요하지 않다는 것이다.

신자유주의자들은 세계가 생산의 세계화, 금융의 세계화를 통해 과거와는 다른 글로벌 경제체제를 구축 중에 있는 것으로 파악한다. 이들은 특정 국가나 지역의 문화 또한 그 정체성과 국적이 위력을 상실하면서 글로벌 문화를 창출해내고 있다고 주장한다. 나아가 이러한 흐름 속에서 정치활동이나 정치과정 또한 일국적, 법적, 지역적 경계에 제한을 받지 않는다고 주장한다. 신자유주의자들의 주장에 의하면, 개별 주권국가의 행동반경과 선택의 폭은 급속도로 제한되어 가고 있다. 따라서 근대국가의 주요 속성인 영토, 인민, 정부, 주권은 심각한 위협을 받고 있다(유석진, 2000, pp.322-326). 요컨대 국제적 상호 의존성의 증가와 세계금융시장의 급속한 증가로 인하여 일국적인 차원에서 수행할 수 있었던 다양한 거시경제 정책들이 무력화되고 있으며 이는 결과적으로 국가주권에 대한 심각한 침해로 나타나고 있다는 것이다.

시장이란 메커니즘 못지않게 각국을 세계화의 흐름으로 밀어 넣는 것은 정보화다. 공교롭게도 탈냉전과 함께 급속도로 진행된 정보화는 국가주권의 중요한 속성인 영토 개념까지도 모호하게 만들고 있다. 전자상거래의 결과 국경을 오고 가는 현물에 대해 전통적인 관세는 어떻게 통제할 것인가? 특히 상품화된 전자정보의 경우 국경을 어떻게 설정하고 통제할 것인가? 이는 바로 국가주권의 중요한 측면인 조세권과 관련하여 심각한 문제를 야기할 수 있다. 나아가 국경과 영토의 애매모호함과도 연결되어 국가주권의 약화를 가져올 수도 있다(유석진, 2000, pp.328-330). 요컨대 탈냉전 이후 나타났던 세계화에 대하여 많은 학자들은 시장에 대한 믿음을 바탕으로 국민국가들 간에 존재하는 상이한 정치권력과 제도, 그리고 역사적, 문화적 차이까지도 무참히 파괴될 것이라 보았다. 그 결과 국가주권은 곳곳에서 그 힘을 잃을 것이라 보았다. 세계화 시대의 이러한 성격들을 일컬어 '시장강화-국가약화'라고 보았던 것이다.

이러한 주장은 지역연구에 대한 공격으로 나타났다. 베이츠(Bates, 1997)는 1980년대 이후 전 세계적으로 나타나고 있는 권위주의 정권의 붕괴, 사회주의권의 붕괴로 제3세계를 주된 연구 대상으로 하는 지역연구의 중요성은 한층 감소되었다고 주장한다. 즉 시장경제의 전 세계적 확산과 경제체제의 자유화라는 점에서 개별 국가의 특수성과 개별성에 대한 연구는 그다지 중요하지 않다는 것이다. 그보다는 전 세계적인 보편적 경제질서로 통용되는 선진 산업민주주의에 대한 연구가 더욱 중요해졌다는 것이다. 나아가 지역연구에 있어서도 신자유주의적이고 전 세계적 가치에 기초를 둔 사회과학적 방법론의 적용 가능성이 더욱 넓어졌다고 주장하고 있다.

(2) 세계화의 두 번째 얼굴: 국가의 재등장?

① 세계화에 대한 국가의 대응

그러나 국가가 세계화의 추세와 흐름을 그대로 방관한 것은 아니었다. 세계화에 대한 대응으로서 국가 차원의 적응 내지는 개혁의 시도가 나타났다.

즉 시장과 자본의 자유로운 표류 속에서 국가의 경쟁력 강화를 모색하는 현실주의적 처방 또한 나타났던 것이다. 신자유주의자들은 세계화에 대한 시장과 자본의 흐름에 중심을 둔 접근을 하였다면, 현실주의자들은 국가에 초점을 맞추어 그 대응에 중심을 둔 접근을 하였던 것이다.[4]

시장강화-국가약화라는 세계화의 현상이 지역연구와 관련하여 의미를 갖는 점은 이러한 현상이 국가 전략적 차원에서 시작되었던 지역연구와 관련되기 때문이다. 일찍이 국가는 권력과 함께 정치학의 주요 연구 대상이었으며, 국가권력이 시장과 시민사회에 미치는 영향력의 지대함 때문에 경제학과 사회학의 중요한 연구 대상으로도 다루어져 왔다. 따라서 지역연구에서도 주요한 분석 대상으로 간주되어 왔던 것이다.[5] 이러한 현상은 지역연구가 기존 주류 사회과학에 포섭되면서 더욱 두드러지게 나타났다. 예를 들면 55-80년 사이에 동남아시아를 주제로 한 지역연구들 중에서 90% 정도가 지역 내의 단지 한 국가만을 대상으로 삼고 있었으며, 지역 내 특정 국가를 대상으로 정치, 경제적 측면에서의 정책적 함의에 초점을 맞추는 것이 50-60년대 이후 미국에서 지역연구의 전형적 양식으로 자리 잡았던 것이다(김경일, 1997, pp.57-58).

사실 사회주의권이 붕괴되기 이전까지만 해도 국가에 대한 담론은 우리 학계에서 매우 활발한 주제였다. 1980년대에는 소위 '국가로 되돌아가기 (Bringing the State Back In)'(Evans, 1985)라고 할 만큼 국가 연구가 활발하

---

[4] 하영선(2000)은 이를 흐름으로서의 세계화와 대응으로서의 세계화로 나누어 살펴보고 있다. 흐름으로서의 세계화가 체제적 수준에서의 구조나 과정 변화의 측면이라면, 대응으로서의 세계화는 바로 단위(국가) 차원의 변화 노력과 개혁으로 나타난다(하영선 외, 2000, pp.116-117).

[5] 물론 분석대상으로서의 '지역'이라는 것이 명확하게 드러나는 것은 아니다. 예를 들어 지리학자는 지리적 측면에서, 환경학자는 환경적 측면에서, 생태학자는 생태적 측면에서, 정치학자는 국경을 경계로 한 주권국가라는 측면에서, 종교학자는 종교적 측면에서 각각 연구 대상과 단위를 설정하는 경향이 있다. 그러나 지역연구가 비교적 넓은 범위 내의 여러 국가를 포괄하는 하나의 지역 또는 국가보다 더 작은 단위의 지역을 대상으로 한다고 하더라도 실제 연구에서는 대부분 그 지역 내의 특정한 국가를 대상으로 설정하는 경향이 있어 왔다.

였다. 이들은 기존의 다원주의 정치학자들에 대한 비판을 통하여 국가의 실체 파악에 열심이었다. 그러나 앞서 언급한 바와 같이 탈냉전 후 신자유주의적 세계화의 전개와 함께 국가론 논의는 그 자취를 감추었다. 세계화의 심화로 자본과 기술에 대한 국가의 통제가 약화되었다는 것을 반영한 것이었다.

그러나 아이러니컬하게도 우리나라에서의 지역연구는 이러한 세계화에 대한 대응으로 나타났다. 그리고 이들 연구는 우리와 많은 이해관계를 갖고 있는 주요 국가들의 대응에 초점을 맞춘 것이었다. 즉 세계화에도 불구하고 이에 대한 대응에서 국가라는 단위는 여전히 중요한 행위자로 작용하고 있었던 것이다. 요컨대 세계화의 흐름과 이에 대응하는 국가들의 시도에 대한 분석은 그 대상을 어디에 두느냐에 따라 연구의 대상이 달라졌던 것이다. 즉 세계화의 전개와 대응에 대한 분석은 시장(자본)과 국가 사이를 오갈 수 있다는 것이다. 이러한 움직임은 2008년 세계금융위기로 인한 자유주의 국제경제질서에 대한 불신, 그리고 뒤이어 나타난 중국의 자국중심주의와 이에 대한 미국의 공급망 재편 주장 등으로 나타났다.

② 국가의 재등장

1) 중국의 부상과 새로운 국제질서, 그리고 국가

탈냉전 이후 거칠 것 없이 진행되던 자본과 시장의 자유로운 이동에 국가의 제동이 나타나기 시작한 것은 2010년대 들어서였다. 가장 대표적인 예만 들어 보아도, 일본 순시선에 대한 중국 어선의 고의 충돌사건(2010), 한국의 사드 도입에 대한 중국의 대응(2016), 오스트레일리아의 코로나 책임론에 대한 중국의 경제보복(2020) 등이었다. 이 사건들은 표면적으로는 경제와 관련 없는 양국의 갈등이었으나 양국 무역에 중국 정부가 직접 개입함으로써 자본의 이동과 시장논리에 국가가 직접 개입하는 양상을 보였던 것이다.

물론 그 이전에도 국가가 시장질서에 개입하는 경우가 전혀 없지는 않았다. 양국 간 또는 다국 간 나타났던 무역마찰이 바로 대표적인 경우였다. 그러나 중국의 경우, 공산당 일당독재라는 비민주국가가 국가주의적 측면에서 시장논리에 직접 개입했다는 점에서, 그리고 중국의 경제적 부상이 더 이상 간과하기 어려울 정도로 세계시장에서 그 비중이 커져 있다는 점에서 이전의 통상마찰과는 다른 양상을 보여주었다. 즉 서구가 그동안 구축하고 견지해온 정치질서와 경제질서가 정면으로 비서구국가에 의해 도전을 받았던 것이다.

중국의 부상과 이에 대한 경계심이 가져온 최근의 논의는 미국과 중국의 패권경쟁에 대한 논의로까지 진행되고 있다(그레이엄 앨리슨 저, 정혜윤 역, 2018). 소위 '신냉전' 질서의 등장이다. 그러나 지역연구와 관련하여 이러한 논의가 갖는 의미는 양국의 패권경쟁과 관계없이 시장과 자본의 흐름에 국가가 적극 개입하는 양상을 보임으로써 '국가의 재등장'이 나타났다는 점이다. 관세를 통한 무역 불균형을 해소하려 했던 트럼프, 첨단기술 분야의 공급망 관리를 통한 경제안보에 초점을 맞춘 바이든의 대중정책은 정책의 내용과 모습은 다를지 몰라도 시장과 자본의 흐름에 국가가 직접적이고도 적극적으로 개입하고 있다는 점에서 이전의 세계화가 보여주었던 모습과는 다르다. 즉 신자유주의자들이 주장하는 시장과 자본의 세계화에 의한 단일 글로벌 체제로의 진전과는 반대의 경향이 중국의 경제적 부상과 함께 나타나고 있을 뿐 아니라 오히려 확산되고 있다는 것이다.

냉전이 하나의 국제체제였다면 미중패권경쟁으로 나타날 신냉전 시기의 국제질서 또한 새로운 국제체제일 가능성이 높다. 요컨대 전후부터 베를린 장벽 붕괴까지가 냉전적 체제였다면 이후의 세계화 시대를 거쳐 새롭게 나타날 신냉전 시기의 새로운 국제체제는 냉전적 국제체제와 마찬가지로 국가가 중요한 행위자로 등장할 가능성이 매우 높다. 이는 오늘날 미중패권경쟁에서 국가가 자본과 시장에 대해 적극 개입하는 데에서도 알 수 있다.

2) 세계화에 대한 비서구 국가들의 대응

미중패권경쟁이라는 신냉전 국제질서의 등장 못지않게 다른 문화의 침투 또는 개입에 대한 저항이라는 측면에서 주권국가의 중요성도 여전히 남아 있다. 서구문화의 침투, 미국의 침략에 대한 이란과 아프가니스탄의 대응은 세계화의 흐름에도 불구하고 주권국가 단위의 분석이 여전히 중요함을 보여주고 있다. 즉 세계화가 국민국가들을 하나로 묶는 구심력으로 작용한다면 세계화에 반대하는 흐름은 국민국가의 틀 내에서 세계화의 영향력을 최소화하기 위한 원심력으로 작용하고 있다는 것이다. 세계화에 대응하는 각국의 정책 또한 반드시 수렴하는 것은 아니다. 시장개방, 자유화, 민영화, 탈규제 등으로 대변되는 자유주의적 정책은 국가에 따라 선택적으로, 서로 다른 방식으로 추진되고 있는 것이다(손열, 2022, p.6). 이런 측면에서 보게 되면 세계화의 흐름 속에서 국가의 역할이 축소 내지는 중요성이 감소될지라도 국가라는 분석단위는 여전히 사회과학과 지역연구의 분석단위로서 중요한 지위로 남아 있을 것이다.

물론 세계화에 반대하는 국가들 역시 세계화의 흐름을 거스를 수는 없다. 즉 세계화는 적어도 일국 내에서는 이미 존재하고 있었던 다양한 요소들을 동질화시키는 구심력으로 작용할 것이다. 세계화의 현상이 그동안 일국 내에서조차 이질적으로 이루어져 있던 다양한 제도적, 문화적 요소들을 일국 내에서 통합시키게 된다면 국가라는 단위가 지역연구에서 더 적실성 있는 분석단위로 대두할 수도 있다. 실제로 국민국가는 자본만큼 세계화되고 자유화될 수 없다. 그들은 이름 모를 투자자들과 초국적 기업에 의해 자신들의 운명이 좌우되는 데 저항하는 양상을 보인다.

나아가 이러한 저항과 대응의 과정에서 일국 내의 다양한 요소들은 국경을 단위로 동질화될 수 있는 개연성이 높다. 이러한 모습은 비서구사회에서 더욱 뚜렷이 나타나고 있다. 그리고 비서구사회에 대한 분석은 세계화 또는 서구적 기준에서 접근해서는 제대로 이해하기 어렵기 때문에 해당 지역에 대한 연구의 중요성이 더욱 필요해질 것이다. 이와 관련하여 유철규(2001, p.92)는 "경제활동의 제도적 틀과 정치적 환경을 만들 수 있는 것은 여전히 개별 국민국가의 정치적 권력일 수밖에 없다"고 주장하고 있다. 이는 곧 시장과 자본의 흐름을 통제할 수 있는 유일한 기제가 바로 국가일 수밖에 없다는 것을 의미한다.

결론적으로 미중패권경쟁으로 나타날 새로운 국제질서, 서구의 문화에 저항하는 비서구사회의 저항이라는 점에서 앞으로의 지역연구에서 국가에 대한 분석은 더욱 그 적실성을 갖게 될 것이다. 즉 이제까지 세계화라는 흐름 속에서 지역연구의 중요성이 점점 축소되었다면 미중패권경쟁으로 상징되는 신냉전 시기의 새로운 국제질서, 그리고 서구문화에 대한 비서구 국가들의 대응과 저항으로 인하여 국가를 분석단위로 한 지역연구의 중요성은 점점 증대될 것이다. 그리고 이러한 지역연구에서 공통적으로 나타나는 것이 바로 이 국가들이 비서구 국가들이라는 사실이다.

이러한 측면에서 보게 되면, 우리의 지역연구에서도 서구중심주의에 대한 이해와 극복은 매우 중요한 주제가 될 것이다. 이를 위해 서구중심주의가 현재의 학문체계에서는 어떻게 관철되고 있는지를 지역학과의 관련 속에서 살펴보도록 한다.

4. 세계화와 분과학문체계

(1) 현재의 분과학문체계와 지역학

세계화가 서구적 가치와 제도의 확대 과정이라는 점에서 오늘날 대부분의 국가에서 이루어지고 있는 대학교육의 학문체계 또한 서구의 것과 크게 다르지 않다. 그러나 같은 서구 국가라 하더라도 학문체계를 둘러싼 각국의 환경이 동일한 것은 아니다. 따라서 분과학문체계 또한 서구 각국의 역사적, 철학적 배경에 따라 조금씩 다른 형태를 띠어 왔다. 오늘날 존재하고 있는 분과학문들의 칸막이 구조는 근대국가의 형성과 산업혁명이라는 서구의 경험, 그리고 이를 뒤이은 미국의 역사적 전통에서 비롯되었다. 요컨대 현재와 같은 분과학문의 칸막이 구조는 근대 이후로 상호 연결되어 있는 현실세계를 분리된 영역으로 구분하고 각각의 영역을 이론화하는 것이 학문상의 전통이 됨으로써 나타났던 것이다. 이는 또한 이론의 생산 장소인 각국의 대학으로 이어져 대학 또한 사회문제와 산업자본주의를 대하는 방식이 상당히 다르게 나타났다. 나아가 이러한 차이는 국가의 정책 방향과 연결되면서 각국마다 서로 다른 사회이론의 전통을 낳게 했던 것이다(박상섭, 1994, p.193).

이는 곧 세계를 이해하기 위해서는 그렇게 하는 것이 필요하고 또 실용적이라는 믿음에 기반한 관행이며, 이의 결과 학문체계 내의 구분이 명확해졌던 것이다. 월러스틴(1997b, p.56)에 따르면, 이러한 구분은 첫째, 근대 문명세계의 연구(역사학과 정치학, 경제학, 사회학)와 비근대 세계의 연구(인류학과 동양학), 둘째, 근대세계의 연구 내에서 과거(역사학)와 현재(법칙정립적 사회과학 학문들)의 구분, 셋째, 법칙정립적 사회과학 학문들 내에서 시장연구(경제학), 국가연구(정치학), 그리고 시민사회연구(사회학)라는 구분이었다. 이러한 맥락에서 보게 되면 결국 국가별로 사회이론의 성격이 다르게 나타난 것은 산업화 및 자본주의 체제의 정착과 국가질서의 형성 시기가 나라마다 다르게 나타났기 때문이었다. 즉 산업화 및 자본주의가 낳은 사회문제에 대한 국가의 대처방식이 달랐던 것이다.

그러나 사회현상의 복잡화, 다양화는 한편으로는 기존의 분과학문들을 서로 결합시키거나 협동연구를 통한 심화, 발전을 모색하는 방향으로, 또 다른 한편으로는 기존의 분과학문 영역에서 다루지 않거나 경시되었던 분야를 중심으로 '의사분과학문(quasi-discipline)'의 출현을 낳았다. 전자의 예로써는, 정치경제학, 정치사회학, 경제사회학 등을 들 수 있으며, 후자의 예로써는, 여성학, 노인학, 국제학 등과 같은 학문을 들 수 있을 것이다(이중희, 2000, p.10).

세계화로 인한 기존 분과학문의 칸막이 구조와 관련하여 지역연구가 의미를 갖는 것은 바로 이러한 기존학문의 칸막이 구조를 극복하려는 노력을 지역연구가 꾸준히 해왔다는 점이다. 이러한 논의는 미국에서 지역연구가 본격화되는 제2차 세계대전 후부터 계속적으로 이루어져 왔다. 그 출발은 물론 정치적 동기에서 비롯되었다 할지라도 지역연구는 지역연구라는 하나의 단일구조 속에 여러 분과학문의 학문적 배경을 가진 학자들을 모았다. 이들의 논의는 서구와 비서구 사이에 별도의 사회과학 학문들이 요구되는 것인가, 아니면 비서구 지역들에 대한 분석이 서구 지역과 동일하게 이루어질 수 있는가로 이어졌다(월러스틴, 1997b, pp.60-63).

이러한 논의는 45년 이후 활성화되었던 근대화 논의, 그리고 개성기술적(idiographic) 역사학과 법칙정립적(nomothetic) 사회과학 사이의 간극을 메우고자 하는 역사학계 내부의 노력 등으로 이어져 분과학문들 간 기존의 구분이 타당한가라는 논의로까지 이어졌다. 즉, 사회과학의 주요 분과학문들인 정치학, 경제학, 사회학 사이의 주제와 방법론이 실제에서 점점 더 중첩하게 되는 상황에서 기존의 분과학문의 구분이 유의미한가라는 주장이 제기되었던 것이다(월러스틴, 1997b, pp.65-69).

이의 결과 미국의 대학에서 지역연구는 전통적 분과학문들에 대한 대안의 제시, 분과적 접근방식의 차이와 제도적 측면에서 드러나는 양자의 관계와 위상, 다학문체제와 보편적 사회과학의 지향, 비교적 분석과 시각의 문제,

문화적 상대주의와 자민족 중심주의, 가치중립성과 실천의 문제 등과 같이 광범한 영역에 걸친 문제와 쟁점들을 제기해왔다(김경일, 1997, pp.46-47). 물론 이러한 노력들이 아직 기존 분과학문의 담을 허물지는 못했다. 그럼에도 불구하고 지역연구가 끊임없이 제기하는 문제들은 기존의 분과학문으로는 세계화가 가져온 새로운 현상과 국가의 대응에 내한 적실성 있는 분석을 하기 어렵다는 것을 보여주고 있다.

특히 대표적인 사회과학의 분과학문들인 정치학, 경제학, 사회학의 경우 권력(국가), 시장(경제), 기타 잔여(시민사회)라는 구분은 경제의 세계화와 이에 따른 국가주권의 제약성, 세계화에 대항하는 세력으로서 NGO의 등장과 그 중요성의 증대, 그리고 국가가 아닌 초국적 기업과 같은 새로운 행위자의 등장으로 그 경계선이 상당히 모호해지고 있는 현상마저 나타나고 있다(이수훈, 1998). 이것이 의미하는 바는 결국 대상의 차이에 의해서 구분되었던 분과학문이 이제는 그 대상들의 상호 침투성으로 그 구분이 모호해지고 있는 상황에 부딪히게 된 것이라 할 수 있을 것이다. 예를 들어 정치학, 경제학, 사회학이 각각 분석대상으로 설정했던 국가와 제도, 시장, 시민사회라는 그 3자의 상호 침투성이 너무 커져 현재와 같은 엄격한 분과학문적 구분에 의한 연구로 현실세계에 대한 적실성 있는 설명을 하기가 매우 어렵게 되었다는 것이다.

한편 연구대상에 의한 엄격한 구분에도 불구하고 연구방법이라는 측면에서 보게 되면 각 분과학문의 연구방법은 다른 분과학문과 상당히 유사한 면모를 보여왔다. 예를 들어 정치학, 사회학, 심리학, 인류학, 행정학 등 각 분과학문에서 사용하는 연구방법은 상당 부분 중첩된다. 실제로 정치학 방법, 행정학 방법, 사회학 방법은 그 내용에 있어서 대부분 중첩되는 측면이 있다. 이러한 점은 이 분과학문들 간의 칸막이 구조에도 불구하고 이 분과학문들 간의 공동연구나 협동연구의 가능성이 많다는 것을 의미하는 것이다

(이중희, 2000, p.6).

　이와 같은 분과학문의 칸막이 구조 속에서도 지역연구는 그동안 학제간 또는 학문간 연구라는 형태로 여러 분과학문적 배경을 가진 연구자들을 포용하여 연구를 진행해왔다. 이런 점에서 지역연구는 현재의 분과학문체계가 가진 위기 상황에 대한 고민을 진작부터 해왔다고 할 수 있을 것이다. 이는 그동안의 지역연구에서 학제적 연구가 제대로 천착되었는가에 대한 평가의 문제를 떠나 '학제적 연구'[6]라는 이름하에 수행되었던 많은 연구가 증명하고 있다. 물론 이러한 연구가 진정한 의미에서 '학제적 연구'가 아닌 '다분과학문적' 수준에 머물러 있다는 점에도 불구하고 이러한 노력이 결코 중요하지 않다는 의미는 아닐 것이다.[7]

(2) 지역연구에서 갖는 의미

　서구의 역사 속에서 나타났던 분과학문체계는 이제 세계의 표준이 되었다. 이의 결과 중심부 국가들에서 이루어지고 있는 지역연구의 상대적 이점 또한 확대되고 있다. 즉 세계화가 중심부 국가들의 가치를 확산시킴으로써 특정 지역에 대한 연구가 위축된다고 하더라도 분과학문들의 연구성과로서 국가전략을 충분히 수립할 수 있기 때문이다.[8] 더군다나 중심부 국가에서의 특정

6　'학제적 연구'의 개념과 관련하여 미쓰(Meeth)는 교차학문적(cross-disciplinary) 접근, 다분과학문적(multidisciplinary) 접근, 학제적(interdisciplinary) 접근을 구분하여 정의를 내리고 있다. 이에 대해서는, Meeth(1978), 이중희(2000)를 참고할 것.

7　학제간 연구는 지역학에서만 수행되는 새로운 방법론이 아니라 그동안 역사학에서 정치사 중심의 역사연구에 대한 반성과 그에 대한 대안으로 제시되던 방법론이다(노명환, 1994, p.115). 한편 김진기(2001)는 우리나라에서의 지역학 연구방법으로 역사적 시각과 비교분석의 필요성을 제시하고 있다.

8　베이츠(Bates, 1997)는 1980년대 이후 전 세계적으로 나타나고 있는 권위주의 정권의 붕괴, 사회주의권의 붕괴로 제3세계를 주된 연구대상으로 하는 지역연구의 중요성은 한층 감소되었다고 주장한다. 반면 시장경제의 전 세계적 확산과 경제체제의 자유화라는 점에서 선진 산업민주주의에 대한 연구가 더욱 중요해졌으며 따라서 지역연구에 있어서도 이러한 전 세계적 가치에 기초를 둔 사회과학적 방법론의 적용 가능성이 더욱 넓어졌다고 주장하고 있다. 정치학 영역에 국한시켜

지역에 관한 연구는 세계화로 인한 중심부 국가로의 구심력 때문에 특정 지역으로부터 공급되는 상당수의 유학생을 통해서도 이루어질 수 있다.

이러한 측면에서 보게 된다면 서구중심주의에 대한 극복 노력과 시도들에도 불구하고 현재 전 세계적으로 관철되고 있는 서구중심주의를 전면적으로 거부하거나 되돌리기는 어렵다. 이는 서구문명이 인류의 보편적 가치와 서구사회 특유의 가치를 복합적으로 내포하고 있다는 점, 비서구세계에서 '서구적인 것'이 이미 내화되어 '서구적인 것'과 '비서구적인 것' 간의 경계가 모호하게 된 점, 그리고 무엇보다도 서구문명 자체가 내외부의 비판을 흡수, 동화시킴으로써 스스로를 더욱 보편적인 문명으로 발전시켜 왔다는 점에 있다(강정인, 2000, pp.39-47). 이는 서구 이외의 학문체계나 제도가 지역 또는 과거의 식민지 경험에 따라 유럽과 미국, 일본의 것을 그대로 답습하고 있는 데에서도 나타나고 있다.

문제를 지역연구로 돌려보면 지역연구의 경우 한 국가에서 그것이 성립하고, 또 발전해온 내재적 필요와 요구에 따라 개별 국가들 사이에 다양한 편차를 가지고 있다는 점에 주목할 필요가 있다. 즉 지역연구는 그 기원에서 각국의 역사적 배경에서 성립하였으며, 이후에 실체적 지위를 획득하였다는 것이다. 예를 들어 영국, 프랑스, 일본 등 침략의 역사를 갖고 있는 나라들은 지역연구 또한 제국주의의 팽창 및 식민지 개척과 관련하여 자국의 필요에 따라 지역연구가 조금씩 다른 형태로 발전해왔다(김진기, 2001). 미국의 경우 제2차 세계대전 후 패전국에 대한 점령정책의 필요성(일본연구) 또는 적대국가(구소련)에 대한 연구의 필요성, 그리고 대외정책의 필요성에서 각 지역별(동남아 등)로 발전해왔다. 우리나라에서의 지역연구 또한 국가의 이익을 반영하여 이해관계가 깊은 국가들, 일본, 중국, 미국 등을 중심으로 이루

서 본다면 이는 결국 선거, 입법부, 정당연구와 같은 비교정치 영역의 연구가 한층 적실성을 갖게 되었다는 것이다.

어져 왔다.

이러한 측면에서 본다면 지역연구는 그 국가가 가진 이해관계와 상황에 따라 전개될 수밖에 없다. 앞서 언급한 바와 같이 세계화의 논리는 세계 모든 국가와 모든 집단, 사회구성원들에게 획일적으로 작동하는 것이 아니다. 세계화가 전 세계를 동질화시키는 움직임을 보일지라도 그것에 대응하는 각국의 정책은 똑같이 나타나지 않는다. 이는 결국 연구자가 속한 국가, 그리고 분석대상이 되는 국가에 따라 지역연구는 그 접근방법이 달라질 수 있다는 의미이다.

결국 국가라는 단위는 세계화와 신냉전 질서가 동시에 전개되는 작금의 현실에서도 가장 핵심적인 정치체라고 할 수 있다. 즉 국가가 가장 중요한 지역연구의 대상이지만 각국을 관통하는 보편적인 지연연구는 존재하지 않는다는 것이다. 연구자가 어떤 국가의 시각에서 분석하는지, 그리고 특정 국가나 지역이 국제체제에서 어떤 위상을 차지하는지 등에 따라 그 국가의 지역연구가 당면한 문제의식과 방향도 달리 도출될 수 있다는 것이다. 요컨대 어느 국가든 지역연구는 세계화의 논리가 그 지역의 상황에 어떻게 적용되는가를 살펴보는 데에서 출발할 필요가 있을 것이다.

5. 결론

탈냉전 이후 진행되었던 세계화는 자본의 자유로운 이동, 시장 기능의 강화를 전면에 내세우면서 탈규제, 민영화 등 신자유주의 정책을 전면에 내걸면서 진행되었다. 시장의 힘은 크게 증대된 반면, 시장에 대한 국가의 통제력은 급격히 약화됨으로써 당시 서구 사회과학계를 풍미했던 국가론은 급격히 쇠퇴했다. 세계화의 진전과 함께 시장의 힘은 국가 권력을 능가하는 양상을 보였다. 이와 같이 세계화의 첫 번째 모습은 '시장강화-국가약화'라는 얼굴로 나타났다. 그러나 국가가 세계화의 흐름과 추세에 수동적으로 있었던 것은 아니었다. 즉 세계화에 대한 대응으로서 국가 차원의 적응 내지는 개혁의 시도가 나타났던 것이다. 즉 세계화의 두 번째 얼굴은 '국가의 재등장'이라는 모습으로 나타난 것이다.

세계화의 두 얼굴이 지역연구와 관련하여 의미를 갖는 점은 '시장강화-국가약화'라는 흐름에 대항하는 각국의 전략 또는 정책적 대응이 바로 지역연구와 관련되기 때문이다. 이는 두 가지 측면에서 살펴볼 수 있다. 첫째, 분석단위로서 국가가 다시금 부각되었다는 사실이다. 세계화로 인하여 전 세계가 하나의 보편적인 가치 또는 질서로 수렴될 것이라는 자유주의자들의 주장과 달리 세계화에 대응하는 각국의 움직임은 각각 다르게 나타났다. 이에 개별 국가를 분석단위로 한 연구가 다시 필요하고도 중요한 주제로 부각한 것이다. 둘째, 세계화에 대한 각국의 대응은 기존의 분과학문체계, 즉 정치학, 경제학, 사회학 등으로 접근하기에는 너무 복합적이고 다양하게 걸쳐 있다. 즉 세계화 자체가 매우 복합적인 현상이기 때문에 이에 대한 각국의 대응 또한 매우 복합적으로 나타난다는 점이다. 이에 기존의 분과학문적 틀이 아니라 특정 지역 또는 국가를 대상으로 한 정치학자, 경제학자, 사회학자 등의 협업 또는 접근이 필요하게 되었다는 점이다.

국제질서에서 국가의 중요성이 다시 대두하게 된 배경에는 세계화로 인한 여러 부작용-소득 격차와 이민을 둘러싼 문화적 충돌, 인종 차별의 격화 등-이 속출하면서 주요국들을 중심으로 신자유주의적 세계화에 대한 불만이 분출한 점을 들 수 있다(손열, 2022, p.1). 나아가 중국의 경제적 부상과 타국과의 갈등에서 보여준 중국 정부의 국가중심적 태도, 미중패권경쟁이라는 신냉전 국제질서의 등장, 서구문화의 침투와 미국 주도의 질서에 대한 이란과 아프가니스탄 등과 같은 비서구 국가들의 대응은 국가의 중요성이 쇠퇴하지 않았음을 여전히 보여주고 있다. 즉 세계화가 국민국가들을 동질화시키면서 각국의 차별성을 상쇄시키는 움직임을 보여주는 데 반해, 세계화에 대한 국가의 대응은 국가에 따라 다양하고도 선택적으로 나타나고 있기 때문에 이들에 대한 연구와 분석이 더욱 필요해지는 것이다.

그렇다면 국가를 주된 분석대상으로 한 지역연구가 기존의 분과학문적 틀 속에서 어떻게 자리 잡고 방향을 잡을 수 있을까? 오늘날 각국에 도입된 분과학문체계는 각국 나름의 역사적 배경과 사회환경에 따라 조금씩 차이를 나타내면서 전개되었다. 서구 국가들을 중심으로 나타난 지역연구 또한 각국의 사회적 필요성에 의해 국가마다 다른 형태로 발전되어 왔다. 즉 그 국가와 사회의 필요성에 따라 각국의 지역연구는 각기 상이한 모습을 띠고 나타났던 것이다. 이것이 의미하는 바는 한국에서의 지역연구 또한 우리나라가 처한 역사적 맥락과 환경적 요인에 의해 정의되고 진행되어 가야 할 것이라는 점이다. 이의 방향성은 물론 서구의 지역연구와 서구중심주의를 전적으로 거부하는 형태가 되어서는 안 될 것이며 그것이 가능하지도 않다.

서구의 가치와 제도를 수용하는 가운데 우리의 독자적인 세계관과 주체성을 세워나가야 하듯이, 우리의 지역연구 또한 기존 국가들의 지역연구를 수용하는 가운데 우리 나름의 방향을 찾아나가야 한다는 것이다. 즉 다른 국가에서의 지역연구가 각각의 역사와 성립 과정상의 배경으로 조금씩 다른 면모를 보여주고 있다면 우리의 지역연구 또한 우리의 환경에 맞게 나아갈 수밖에 없다는 것이다.[9]

---

9 이와 관련하여 이 논문의 직접적 주제는 아니지만, 인문학 연구자들을 지역연구로 끌어들이는 작업은 오늘날 우리나라 대학들에 거세게 닥치고 있는 구조조정 작업에서도 그 의미가 있다. 김진기(1998)에 의하면, 1990년대 이후 우리나라에서 새롭게 설립되었던 중국과 일본 관련 학과들은 대부분 과거의 어학, 문학 중심의 학과 명칭이 아니라 지역학 중심으로 나타나고 있다. 나아가 기존에 어학과 문학을 중심으로 편성되어 있던 학과 교과과정 또한 정치, 경제 등의 과목을 적극적으로 도입하여 지역연구의 성격을 많이 도입하려 시도하는 모습을 보여주고 있다. 이러한 현실적 노력들은 최근 나타나고 있는 대학의 구조조정 과정에 시사하는 바가 크다고 볼 수 있을

한편 지역학 내부에서 인문학적 지역연구자들과 사회과학적 지역연구자들 사이에 지역연구에 대한 역할 분담은 어느 정도 필요할 것으로 보인다. 이러한 역할 분담은 각자의 분과학문을 배경으로 이루어지는 것이 훨씬 용이할 것이다. 인문학 전공자들의 경우, 특정 지역에 대한 정확한 사실 인식과 정보수집에 중점이 두어져야 할 것이다. 이에 비해 사회과학자들의 경우, 특정 지역에서 나타나는 사실과 현상에 대한 보편적, 일반적 원칙을 도출해낸다는 측면에서 연구와 분석이 이루어지는 것이 바람직할 것이다.[10] 특정 지역에 대한 차별성과 공통성, 즉 지역 연구자와 사회과학자들의 연구 협력을 통하여 특정 지역이 지닌 공통점과 차이점을 도출해낼 수 있으며, 그 토대 위에서 특정 지역에 대한 우리의 전략 도출도 훨씬 바람직한 방향으로 전개될 수 있을 것이다.

오늘날 시장의 힘으로 표현되는 자본의 세계화와 국민국가의 이해 대립, 충돌은 단순하지 않다. 비록 국민국가의 권력이 세계화에 장애가 되는 것은 사실이지만, 그러면서도 세계화를 주도하는 금융자본이나 초국적기업들의 활동은 그들이 몸담고 있는 개별 국민국가의 정치권력과 정책적 개입에서 벗어나 있지 못하다. 시장은 법률과 관습을 포함하여 특정한 제도적 틀 속에서만 작동할 수 있다. 시장 스스로는 자신이 움직이는 비경제적 제도 또는 비시장적 조건을 만들 수 없을 뿐 아니라 그 틀을 뛰어넘기도 어렵다. 따라서 국가를 주된 분석대상으로 한 지역연구는 여전히 유효할 뿐 아니라, 심지어 세계화에 대한 대응을 위해서 더욱 장려되어야 할 필요가 있다.

것이다.

[10] 베이츠(Bates, 1996)와 존슨(Johnson, 1997)은 지역연구를 둘러싼 논쟁 과정에서 사회과학자와 지역연구자의 역할을 금속세공인과 광부에 비유하여 양자 간 업무분담의 필요성을 인정한 바 있다.

참고문헌

강정인, 2000, 「서구중심주의 극복을 위한 예비적 시론」, 『국가전략』, 제6권 3호, 서울: 세종연구소.

김경일, 1997, 「지역연구의 대상과 방법 및 쟁점들: 미국의 사례를 중심으로」, 최협 편, 『인류학과 지역연구』, 서울: 나남출판.

김세연, 1995, 『맑스의 비서구사회관 연구』, 서울: 역사비평사.

김영명·권용립·신동호, 1987, 「한국에서의 지역연구」, 『한국정치학회보』, 제21집.

김진기, 1998, 「한국에서의 동북아 지역학과: 대학교육의 현황과 문제점-일본학과와 중국학과를 중심으로」, 韓國世界地域研究協議會, 『世界地域研究論叢』, 第12輯.

_____, 2001, 「세계화와 한국에서의 지역연구」, 『2001년도 국제지역학회 춘계학술회의: 지역학의 현황과 21세기 방향모색』.

노명환, 1994, 「지역학과 역사학」, 한국외대 지역학연구회 편, 『지역학의 현황과 과제』, 서울: 한국외국어대학교출판부.

박길성, 1996, 『세계화: 자본과 문화의 구조변동』, 서울: 사회비평사.

박사명, 1995, 「세계체제의 재편과 중국의 도전: 중국적 세계관의 동향」, 『한국정치학회보』, 29집 3호.

박상섭, 1994, 「근대 사회의 전개 과정과 사회과학의 형성 및 변천」, 소광희 외 저, 『현대의 학문체계』, 서울: 민음사.

백낙청, 1994, 「세계시장의 논리와 인문교육의 이념」, 소광희 외 저, 『현대의 학문체계』, 서울: 민음사.

손열, 2022, 「세계화, 재세계화, 자본주의 국가: 국가론의 재조명」, 서울대학교 국제문제연구소, 『워킹페이퍼』, No.221.

송도영, 1998, 「사회과학고등연구원의 지역전문가 양성실태」, 권태환·이상섭 편, 『한국의 지역연구: 현황과 과제』, 서울: 서울대학교출판부.

송지연, 2022, 「산업화, 세계화, 그리고 탈산업화 시대의 국가와 노동」, 서울대학교 국제문제 연구소, 『워킹페이퍼』, No.222.

신윤환, 1998, 「한국의 비교정치연구와 지역연구: 비판적 검토」, 이상섭·권태환 편, 1998, 『한국의 지역연구: 현황과 과제』, 서울대학교출판부.

안병영·임혁백 편, 2000, 『세계화와 신자유주의』, 서울: 나남출판.

유석진, 2000, 「세계화와 국가주권」, 국제정치경제연구회 편저, 『20세기로부터의 유산』, 서울: 사회평론.

유철규, 2001, 「세계화와 국민경제의 긴장」, 『창작과 비평』, 2001년 봄호, 서울: 창작과비평사.

윤영관, 1999, 『21세기 한국정치경제모델』, 서울: 신호서적.

이매뉴얼 월러스틴, 나종일·백영경 역, 1993, 『역사적 자본주의/자본주의의 문명』, 서울: 창작과비평사.

이매뉴얼 월러스틴, 성백용 역, 1994, 『사회과학으로부터의 탈피』, 서울: 창작과비평사.

이매뉴얼 월러스틴, 1997a, 「유럽중심주의와 그 화신들」, 『창작과비평』, 1997 봄호.

이매뉴얼 월러스틴, 이수훈 역, 1997b, 『사회과학의 개방』, 서울: 당대.

이성형, 1996, 「한국의 지역연구 현황과 과제」, 『국가전략』, 제2권 제1호, 서울: 세종연구소.

이수훈, 1998, 「한국의 지역연구와 사회과학」, 이상섭·권태환 편, 『한국의 지역연구: 현황과 과제』, 서울: 서울대학교출판부.

이종구, 1998, 「일본의 지역전문가 양성과 지역연구체계」, 권태환·이상섭 편, 『한국의 지역연구: 현황과 과제』, 서울: 서울대학교출판부.

이중희, 2000, 「한국의 지역연구: 가능성과 한계」, 『국제지역연구』, 4(1).

이태진, 1994, 「한국의 학문적 전통과 서양학문에 대한 반응」, 소광희 외 저, 『현대의 학문체계』, 서울: 민음사.

전경수, 1997, 「지역연구의 방법을 위한 인식기초」, 최협 편, 『인류학과 지역연구』, 서울: 나남출판.

정시호, 2000, 『21세기의 언어전쟁: 영어를 공용어로 할 것인가』, 대구:경북대학교출판부.

조홍식, 2000, 「유럽대륙의 신자유주의: 정책변화의 정치」, 안병영·임혁백 편, 『세계화와 신자유주의』, 서울: 나남출판.

_____, 2022, 「세계화 시대 자본주의 질서와 국가의 변화」, 서울대학교 국제문제연구소, 『워킹페이퍼』, No.216.

최협, 1997, 「인류학과 지역연구」, 최협 편, 『인류학과 지역연구』, 서울: 나남출판. 하영선 외, 2000, 『국제화와 세계화: 한국·중국·일본』, 서울: 集文堂.

Allison, Graham, 2017, DESTINED FOR WAR: CAn America and china Escape Thucydided's Trap?. 정혜윤 역, 2018, 『예정된 전쟁』, 서울: 세종서적.

Bates, Robert H., 1997, "Controversy in the Discipline: Area Studies and Comparative Politics" Political Science & Politics, Vol.XXX, No.2.

Block, Fred, 1994, "The Roles of the State in the Economy", in Smelser, Neil J. nad Richard Swedberg, ed., The Handbook of Economic Sociology. Princeton: Princeton University Press.

Evans, Peter B., 1985, Bringing the State Back In. Cambridge University Press.

Friedman Thomas L., 2000, THE LUXUS AND THE OLIVE TREE. 신동욱 역, 2000, 『렉서스와 올리브나무』, 서울: 창해.

Johnson, Chalmers, 1997, "Preconception vs. Observation, or the Contribution of Rational Choice Theory and Area Studies to Contemporary Political Science" Political Science & Politics, Vol.XXX No.2.

Meeth, Richard L., 1978, "Interdisciplinary Studies: A Matter of Definition", Change, Vol.7.

Strange, Susan, 1996, The Retreat of the State. Cambridge: Cambridge University Press.

_____, 2015, States and Markets. London: Bloomsbury Academic.

Sweezy, P., 1992, "Globalization: To What End?", Monthly Review, Vol.43, No.9-10,

The Oxford English Dictionary. 1989. Vol.5.

글로벌시대 한국 지역학의 과제*

정해조·현민

1. 서론

한국에서 해외지역연구(Area Studies)로서 본격적인 지역학 연구가 시작된 지 상당 기간이 지나 각 지역별 연구결과들이 학술지에 발표되고, 그 성과가 축적되었다.[1] 하지만 아직도 다른 학문 분야에 비해 지역학은 그 역사가 짧고 연구방법과 연구대상에 대해 학자들 간에 완전히 합의된 견해가 자리 잡았다고 볼 수 없다. 한국에서는 1990년대 탈냉전과 세계화의 전개라는 외부환경 변화를 계기로 독자적인 해외정보 수집과 정책 수립의 필요성에 따라 해외지역연구를 정책적으로 적극 지원하였다. 주요 대학교에 국제대학원이 설립되고, 한국연구재단에서는 해외지역연구 영역이 신설되는 등 제도적으로 전폭적인 지원이 이루어졌다. 그러나 2000년대 들어서면서 정부의 지원이 축소되는 한편 미국 등 지역학 선도국가들에서는 이미 1970년대

---

* 이 글은 『Journal of Global and Area Studies』, 6(2), 2022에 게재된 논문 「글로벌시대 한국 지역학의 과제」를 재수록한 것임.

[1] Area Studies에 대한 번역은 해외지역연구, 지역연구, 지역학 등이 있다. 국내가 아닌 해외의 어느 지역에 대한 연구라는 의미를 처음 표기하기 위해 해외지역연구라는 표현을 사용하였고, 이후 이 글에서는 지역학으로 통일하고 다른 연구자의 글을 인용하는 경우와 필요에 따라 제한적으로 지역연구라는 표현도 함께 사용하였다. 학술지에 발표된 지역학 관련 논문의 수는 한국연구재단의 KCI 홈페이지 검색 결과를 이후 본문에서 상술하고, 각 지역별 학술지에 게재된 논문 편수를 부록으로 첨부하였다.

부터 지역학의 전성기가 지났으므로, 한국에서도 그 영향을 받게 되었다. 그럼에도 불구하고 한국연구재단 사업 중 일부가 해외지역연구에 할애되어 지역학 연구를 지속시키는 역할을 하고 있다.

이 글에서는 1990년대 지역학의 정체성에 관한 논의와 지역학의 연구방법, 연구대상 등에 대한 학문적인 성과를 논문과 저서로 발표한 여러 학자들의 소중한 견해들을 존중하면서, 2000년 이후 한국의 지역학 학술지에 게재된 지역학 논문들의 연구경향에 대해 고찰하고자 한다. 이런 목적에서 우선 한국 내의 지역학 논의를 중심으로 한국의 지역학 발전 유형을 구분해보려고 한다. 그리고 부산 지역에서 시도되고 있는 기존 지역학과 다른 새로운 지역학 연구에 대한 사례를 소개하면서 한국 지역학의 방향을 제시해보고자 한다.

2. 한국 지역학의 발전유형

한국 지역학의 시작과 한국에서 지역학의 필요성과 정체성 등 학문으로서 기초적인 문제에 대해서는 여러 논문과 저서에서 잘 서술하고 있다. 이들의 글은 이미 많은 연구에서 인용이 되었고, 이제 한국 지역학계에서도 통용되고 있다. 이들 모두를 선행연구로서 언급하면서 평가하기보다는 이 글의 목적인 한국 지역학의 발전유형에 대한 논의를 위해 필요한 글들과 사례를 선택적으로 활용하기로 한다. 한국에서 지역학의 발전과정을 정리한 바 있는 신윤환·이성형은 1996년 한국의 지역학을 '제1세대'와 '제2세대'로 구분하여 각각의 특징을 설명하였다. 제1세대의 특징으로, 첫째, 중국과 소련 중심의 공산권 연구와 중동과 일본과 같이 한국경제발전에 중요한 지역이 연구대상 지역이었으며, 둘째, 특정 국가 또는 지역에 관한 기초자료나 정보를 심층적 분석 없이 기술하는 국책연구를 많이 수행하였고, 셋째, 현지조사보다는 기존 연구들을 정리한 2차적인 연구들로 지역정치연구나 지역경제연구들이 대종을 이루었다고 분석하였다. 제2세대의 특징으로는 1980년대 중반 이후에 국내외에서 정치학, 역사학, 인류학, 사회학 분야에서 학위를 취득한 지역연구자들이 등장하여 이론적 함의나 방법론적 세련도가 높은 연구를 수행함으로써 한국에서의 지역연구를 한 수준 높이 끌어올리는 데 크게 기여하였고, 나아가 현지조사와 공동연구를 통하여 한국 지역연구의 정체성을 확립하기 위해 노력한 것으로 평가하였다. 이후 같은 글에서 1990년 한국의 지역연구 현황과 문제점들에 대해 연구인력, 연구내용, 연구수준, 교육환경, 연구소 현황, 연구지원제도 등에 대해 구체적으로 분석하고 향후 방향을 제시하였다. 이 연구는 당시의 한국 지역학의 현황을 가장 잘 정리하고, 한국 지역연구의 나아갈 방향을 제시한 중요한 글 중의 하나였다고 할 수 있다(신윤환·이성형, 1996, pp.159-162).

전성흥은 2002년에 지역연구의 "연구환경이 열악해지고 연구활동이 위축되고 있는 것은 매우 우려되는 현상"으로 보고, 지역연구의 필요성, 정체성, 방향성에 대한 고민을 정리한 글을 발표한 바 있다. 이 글은 당시 지역연구의 현황에 대한 정확한 진단과 과제를 제시하였다고 본다. 그는 "오늘날 지역연구가 당면한 보다 본질적인 문제는 바로 지역연구 자체로부터 비롯되는 것으로서, 연구자 집단 내부에서 해결이 모색되어야 하는 것이다. 그것은 바로 지역연구에 대한 인식상의 혼란 문제이다. 즉 한국에서 지역연구가 도대체 왜 필요하고, 무엇을 하는 어떤 위상의 학문 분야이며, 또 국내 지역연구가 선진국의 그것에 비교하여 차별화 내지 잘 할 수 있는 방안은 무엇인지 등에 대해 학계 내 통일된 인식이 없다"라는 내용은 당시 한국 지역연구의 상황을 명확하게 지적한 것이었다. 사실 20년이 지난 오늘에도 유사한 상황과 문제들이 지속되고 있다고 할 수 있다.

전성흥의 글을 좀 더 살펴보면, 한국에서 지역연구의 필요성에 대해 그는 크게 두 가지 측면, 국가·사회적 수요와 학문적 수요로 설명하고 있다. 우선 시대적 요청으로 탈냉전과 세계화의 추세 속에서 한국도 '독자적인 정보 및 지식체계'를 구축할 필요성이 증대된 것으로 설명하였다. 학문적으로도 '현실적이고 실용적인 학문' 경향을 요구하게 되었고, 기존 분과학문의 '칸막이 구조'하에서 지식의 파편화에 대한 우려에서 학제적, 종합적인 접근을 지향하는 지역연구에 관심을 갖게 된 것으로 보았다(전성흥, 2002, pp.29-37).

앞의 두 글은 1990년대 한국에서 지역연구의 현황과 학문적 본질 문제를 잘 분석하였다. 그 이후 2000년에서 2022년까지 20여 년간 지역학 관련 논문들이 꾸준히 발표되었다. 1990년 초에 지역연구의 붐을 이루었다는 표현만큼은 아니더라도, 한국연구재단의 각종 사업에 해외지역연구가 단독 과제 혹은 부분으로 편성되어 있어서, 이런 연구사업에 선정된 연구소와 개인 연구자들의 연구결과들이 이어져 왔다. 필자는 신윤환·이성형의 글과 전성흥의 글의 내용에 대부분 공감하고 동의를 하면서 두 글의 토대 위에서 2000년 이후 현재까지를 포함하여 한국에서 지역학의 발전유형에 대해 새로운 관점으로 논의해보고자 한다.

필자는 한국에 지역학이 도입되어 2022년에 이르기까지의 발전유형 혹은 연구 패러다임을 지역학 1.0, 지역학 2.0, 지역학 3.0으로 구분하고자 한다. 이 글을 처음 작성할 때는 한국 지역학의 1세대, 2세대, 3세대로 구분하려고 했는데, 세대라는 표현이 시기적으로 한 세대의 특징이 단절되고, 그 다음 시기에 다른 유형의 지역학이 전개되는 시대구분과 같은 오해의 소지가 있어 소프트웨어 개발에서 사용하는 버전 형식을 활용하여 지역학 1.0, 2.0, 3.0과 같은 용법을 사용하고자 한다. 실제로 지역학 2.0의 유형과 지역학 3.0의 유형은 현재까지 공존하고 있으며, 양적으로는 지역학 2.0의 유형이 더 많이 발표되고 있다.

우선 지역학 1.0은 신윤환·이성형의 글에서 제1세대 지역연구를 말한다. 이 연구들은 주로 냉전시대의 공산권 연구가 주를 이루었다. 당시 북한과 대치된 국내 상황에서 정책적으로 공산권과 주변 강대국에 대한 연구를 지원하였다. 중국, 소련(러시아), 북한, 일본에 대한 연구들이 대종을 이루었다고 보면 될 것 같다. 현지조사와 학제적 연구와 같은 지역학의 이론에 충실한 연구라기보다는 국책연구로 수행된 사례가 많았다.

지역학 2.0은 신윤환·이성형의 글에서 말하는 제2세대 지역연구를 포함하는데, 지역학 2.0의 유형의 지역학 논문들은 2022년까지 이어져 오고 있다. 지역학 2.0의 초기부터 현지조사를 기반으로 하는 지역학 연구가 본격적으로 수행되었다고 보기 어렵다. 하지만 1980년대부터 해외유학생들의 숫자가 괄목하게 증가하고, 현지언어를 습득한 지역학자들이 배출되면서 지역학의 연구수준을 향상시켰다. 또한 국내 대학에서도 지역학 또는 지역학과 밀접한 분과학문 영역에서 박사학위를 마치고 해외지역연구 프로젝트에 참여하는 연구자 수가 늘어났다. 따라서 이 시기부터 발표된 지역학 논문들은 양적으로 증대되고, 질적으로 향상된 연구결과를 보여주었다(신윤환·이성형, 앞의 글 참조). 지역학 2.0의 특징은 민족국가에 기초해서 특수한 민족문화들의 조합으로 세계를 설명하는 민족국가 패러다임이라 할 수 있다. 또한 이 시기 지역학은 사회과학을 기반으로 한 정치·경제·사회·문화에 대한 교육 및 연구를 수행하여 지역학 후진 양성과 학제적, 종합적인 접근을 시도하였다. 어떤 국가에 대한 연구 혹은 해당 국가의 특정 지역에 대한 연구나 특정 분야에 대한 연구들을 수행하는 지역학 논문들이 2022년 현재까지 학술지에 게재되고 있다. 2022년 6월 『Journal of Global and Area Studies』에 게재된 논문 "The Effect of Unemployment and Institutional Quality on Poverty in the Philippines: A New Perspective Using Nonlinear ARDL 1"(Bingxian Chen and Yan Tan, 2022, pp.43-66)은 지역학 2.0에 해당하는 글이다. 이 글은 필리핀의 실업과 빈곤의 비선형 상관관계에 대해 분석하였다. 경제학 관련 학술지에 투고하여도 되는 주제와 연구방법을 활용하고 있다. 지역학에서 강조하는 현지조사와 학제적 접근을 수행한 논문으로는 2017년 6월 세계지역연구논총에 발표된 「가치공학(VE)기능분석을 활용한 독일에너지정책의 녹색건설산업 적용을 위한 융합연구」가 있다. 이 글은 제1저자가 독일 현지에서 독일 패시브하우스 건축에 대해 현지조사를 실시하였다. 제1저자는 지역학과 건설관리공학에 대한 이해를 갖추고 있고, 교신저자는 건설관리공학 중에서 가치공학(VE)에 대한 전문가로서 2인의 공동연구로 학제적 접근을 시도한 연구사례이기도 하다(정해조·양진국, 2017, pp.7-32). 지역학 2.0의 사례로 든 두 논문은 4장에서 다시 지역학 논문의 범주를 언급할 때 참고할 것이다.

지역학 3.0은 21세기 이전부터 진행되어 온 세계화가 2000년이 지나면서 더욱 가속화되는 추세에 있고, 기후변화와 환경문제, 그리고 세계적으로 유행하는 질병 등과 같은 글로벌 이슈가 세계 각 지역과 면밀히 연관되어 있다는 인식에서 출발하고 있다. 특정 지역의 특수성에 전 세계가 공통으로 체험하거나 추진하는 글로벌 이슈가 많은 영향을 미치게 된 것이다. 지역학 3.0은 글로벌리티 관점에서 변형·생성되는 다양한 스케일의 지역의 보편성과 특수성을 이해하고자 한다. 민족국가의 패러다임에서 벗어나 지역 간 연계와 거시 및 메가 지역의 형성과 글로벌 이슈에 대한 총체적 접근이 지역학 3.0의 특징이라고 할 수 있다. 이렇게 보면, 지역학 2.0과 지역학 3.0은 시기별, 세대별 구분이 아니라 연구 패러다임의 차이라고 할 수 있다. 지역학을 영어로 Area Studies라고 총칭하는 가운데, 지역학 2.0과 지역학 3.0의 연구 패러다임의 차이를 영어식 표현으로 구분해보자면, 지역학 2.0은 International and Area Studies라고 표현할 수 있는데, 국가연구 혹은 국가 간 연구와 지구의 한 표면에 해당하는 특정 '지역'에 대한 연구라고 할 수 있다. 지역학 3.0은 Global and Area Studies라고 표기하면서 글로벌 이슈가 특정 지역의 특수성에 영향을 직접적으로 미치게 되고, 어떤 지역의 특수성이 얼마간의 시간도 지체되지 않고 글로벌 이슈가 되어버리는 현상을 총체적으로 접근해보려는 것이다. 그리고 지역학 2.0에서의 '지역'의 개념이 '메가 지역'으로 확장되었다. 메가 지역에서는 하나의 공통된 세계관을 지닌 사람들의 집단이 아니다. 서로 다른 문화와 다른 언어를 사용하는 지역 간의 교류, 다중 문명의 교차 등에 대한 새로운 지역학이라고 할 수 있다. 따라서 연구의 대상으로 삼는 시대적 범위도 구래(舊來)로부터 최근의 시점에 일어난 상황들 모두를 다룰 수 있는 것이다. 이렇게 지역학 Area Studies의 이론적 근간을 같이 하면서 연구 패러다임의 미세한 차이를 구분해볼 수 있다.

지역학 3.0에 해당하는 논문으로는 2018년『동아연구』에 게재된「해상실크로드와 불교 물질문화의 교류」가 있다. 이 글은 "불교 자체는 인도에서 시작됐으나 물질을 통한 불교의 대중화에는 동남아를 통한 바닷길 교역이 중요한 역할을 했다. 실크로드는 물품을 사고팔기 위해 개척한 길이면서 동시에 문화가 오고 가는 문명의 교차로였다"는 점을 밝히면서, 승려들이 배를 타고 인도로 구법의 길을 떠났고, 이 경로를 통해 동남아시아에서는 교역을 위한 다양한 물품을 가지고 동북아시아로 오면서 물품과 문화가 함께 교류하였다는 것을 서술하고 있다(강희정, 2021, pp.99-122). 이 논문의 저자는 자신의 글이 지역학 3.0 혹은 지역학논문으로 간주하고 작성하지 않았을지도 모른다. 하지만 해상실크로드를 통해 상호 이질적인 문명 간의 교차에 대해 서술하고 있다는 점에서 지역학 3.0의 요소를 내포하고 있다고 할 수 있다. 한편 2021년 12월『Journal of Global and Area Studies』에 게재된 논문 "Behavior Culture with the COVID-19 Pandemic in Vietnam and the Republic of Korea"은 COVID-19 Pandemic이라는 글로벌 이슈에 대한 베트남과 대한민국 양자의 대응 양태에 대한 비교연구이다. 신종 바이러스 감염증이 급속히 전 세계를 휩쓸고 있는 상황에서 특정 지역, 즉 동북아에 있는 국가와 동남아시아에 있는 국가 간의 행동문화를 비교하고 있다(Thi Ngoc Diep Le and Le Uyen Diem Nguyen, 2021, pp.99-122). 지역학 3.0의 다른 이름인 글로벌지역학 연구논문의 전형적인 사례라고 할 수 있다.

그리고 어떤 지역의 특수성이 얼마간의 시간도 지체되지 않고 글로벌 이슈가 되어버리는 현상으로는 최근에 우크라이나 사태를 들 수 있다. 이것은 올해 2월 러시아가 우크라이나를 침공한 두 국가 간의 전쟁이지만, 이 전쟁의 여파는 곧바로 글로벌 이슈가 되었다. 미국과 유럽 등 서방국가들이 러시아에 대한 경제제재를 시행하였다. 이에 러시아는 우크라이나 침공 반대 혹은 무기 지원 국가에 원유 같은 원자재 수출을 차단하였고, 루블화 결제를 거부하면 천연가스 공급을 중지하였다. 그러자 세계천연가스 가격이 가파르게 치솟았다. 그리고 우크라이나의 곡창지대에서 생산되는 곡물의 수출이 원활하지 않아 곡물가격도 급등하게 되면서 전 세계가 경제적으로 크게 어려움을 겪고 있다. 이런 상황을 지역학의 관점에서 연구를 수행하게 되면, 글로벌지역학 연구의 전형적인 사례가 될 수 있을 것이다.

이렇게 볼 때, 글로벌지역학은 지역학 3.0의 연구 패러다임으로서 21세기 지역학의 새로운 버전이라 할 수 있다. 지역학 3.0이 지역학 2.0과 구분되는 영역 중 하나는 지역학의 연구대상인 '지역'의 범위가 다르다는 점이다. 지역학 2.0에서 지역은 "다른 집단과 구별되는, 공통적인 세계관을 가진 인간 집단이 거주하는 지리적 범위"(정해조, 1998, p.328)라는 의미로 대체적으로 국가 혹은 지구 표면의 일부를 말한다. 지역학 3.0에서는 지역의 개념이 좀 더 확장되었다. 냉전의 종식 이후 가속화된 세계화는 유럽연합(European Union), NAFTA, ASEAN 등 다양한 형태의 지역화와 지역통합을 수반하였다. 하나의 국가가 아니라 여러 국가 간의 통합을 추진하여 각 국가의 주권의 일부를 양도받아 설립된 유럽연합에 대한 연구는 기존의 지역학과는 다른 새로운 지역에 대한 연구인 것이다. 연구의 내용에서 지역학 2.0은 연구 대상으로 선택한 어느 지역 내부에 거주하는 사람들과 문화 및 제도 등에 대한 연구가 대부분이라면, 지역학 3.0에서는 환태평양 연구와 같이 태평양을 가로지르는 인적, 물적인 흐름과 공통된 세계관을 가진 인간 집단을 조사 분석하는 것을 넘어서 다양한 문명의 교차에 대해 관심을 갖는, 보다 큰 범위의 '메가 지역'을 연구대상으로 하면서 글로벌 이슈와 지역의 특별한 문제에 연계된 연구를 수행한다.

3. 부산지역 대학교의 지역학 3.0 연구사례[2]

(1) 지중해학

국회도서관 검색에서 '지중해'라는 키워드를 입력하여 보면, 연속간행물·학술기사 자료에서 제일 오래된 기사는 1937년 11월 『조광(朝光)』이라는 잡지의 기사이다. 이후 1941년까지는 『비판(批判)』, 『춘추(春秋)』라는 잡지에 실린 당시 제2차 세계대전 중인 지중해 지역의 전황에 대한 기사들이다. 1964년 12월 국제연합식량농업기구 한국협회에서 발행한 『국제식량농업』에 게재된 「지중해지역의 기후와 시비(施肥)」라는 글이 있다. 1982년에는 『입법조사월보』에 「지중해 오염방지에 관한 국제조약」이라는 지중해의 오염 방지를 위해 맺은 국제조약에 관해 적은 글이 있다.

1990년에 이르러 지역학의 영역에서 부산외국어대학교 지중해지역원에서 『지중해지역연구』를 발간하면서 지중해를 단위로 연구한 논문들이 본격

---

2 한국에서 지역학 3.0의 연구사례는 이 글에서 설명하는 2가지 사례 외에도 더 있을 수 있다. 이 글에서는 필자가 비교적 가까이에서 연구진행을 지켜본 부산지역에서 수행 중인 지중해학과 환태평양연구를 지역학 3.0의 사례로 논의하기로 한다.

적으로 게재되었다고 볼 수 있다. 지중해의 일부로서 중동에 대한 연구를 전문적으로 하는 『중동연구』, 『중동문제연구』, 『한국중동학회논총』 등의 학술지가 있다. 부산외대의 지중해연구소는 1997년 설립된 후에 2007년 인문한국지원사업(HK)의 해외지역연구 사업에 선정되면서 지중해지역원으로 명칭을 변경하고 '지중해지역 문명간 교류 유형'이라는 아젠다를 수행하게 되었다. 2008년부터 『Mediterranean Review』라는 영문학술지를 발간해오고 있다.

지중해 지역에는 지역학 2.0의 연구대상인 '지역'의 범위, 즉 '다른 집단과 구별되는, 공통적인 세계관을 가진 인간 집단이 거주하는 지리적 범위'가 아니라 이질적인 지역과 민족들이 지중해를 둘러싸고 거주하고 있다. 지중해라는 바다를 두고 고대시대부터 지중해의 문명 간의 교류가 유럽 형성에 영향을 미쳤고, 오늘날에도 지중해 지역에 거주하는 다양한 사람들이 상호 교류하고 있다. 이러한 지역을 대상으로 하여 상호 연계와 교류를 다루고 있는 지중해연구는 지역학 3.0의 연구 패러다임에 속한다고 볼 수 있다.

이런 지중해 연구가 지중해학으로 나아가는 데는 하병주의 「지역연구 패러다임을 통해 본 지중해학」, 박상진의 「지중해학: 세계화 시대의 지중해 문명」, 정수일의 「지중해 문명과 지중해학」, 윤용수 외 3인의 「지중해지역 연구와 지중해학」 등의 우수한 논문들이 기여한 바가 크다. 하병주는 "지역학의 패러다임을 통해서 지중해학을 투영"해보면서 "지중해학의 학문적 담론의 가능성을 모색"해보고자 하였다. 그는 이 글에서 주요 고지도를 통해 본 지중해의 이미지를 소개하고 있다. 프톨레마이오스의 세계지도부터 중세 유럽에서 가장 우수한 지도 중의 하나인 카탈루냐 지도까지 보여주고 있다. 이어서 지역학의 학문성에 대해 논하면서 "복합성을 함축하고 있는 지중해학의 '지중해 지역단위'는 기존의 국민국가의 장벽을 넘어서는 의미 있는 연구대상 지역단위로서의 역할이 기대된다"(하병주, 2011, pp.250-266)라고 서술하였다.

박상진은 앞의 책에서 지중해학을 인문학적 입장에서 접근하고 있다. 유럽 중심으로 이해되어 오던 지중해 문명의 의의와 가치를 재조명하면서 지중해학이라는 새로운 학문의 가능성과 조건에 대해 천착하고 있다. 이 책의 표지를 넘기면, '우리의 바다 지중해'라는 그가 뽑아놓은 다소 도발적인 서문의 제목을 만난다. "일찍이 지중해는 '그리스의 바다'였고 '로마의 바다'였지만, '이슬람의 바다'이기도 했고, 그 모든 것 이전에 '아프리카의 바다'였다"라고 하면서 지중해 하면 그리스와 로마가 우선시되는 것은 유럽의 패권주의의 영향이라고 시사하고 있다. 그는 "문명은 원래 일방주의가 아닌, 교류의 현장이다. 문명은 상생과 대화의 장이며, 섞일수록 아름다워지는 법이다. 지중해는 그러한 교류와 상생, 대화의 문명을 간직한 시공이었다. 그것이 우리가 재현하고 상상해야 할 지중해의 얼굴이다"라고 서술하였다. "보편화된 지중해 개념을 놓고 볼 때, 우리는 (중략) 지중해에 대해 타자가 아니다. 또한 지중해의 시공에서 실제로 활동했던 민족들과 문명들 각각도 유럽에 비해 타자로 분류되어서는 안 된다. (중략) 지중해가 누구에게도 속하지 않는 동시에 누구에게도 속하는 시공으로 만들 필요가 있다. 그럴 때 지중해의 시공은 인류 전체에 관계하는 문명적 유산으로 다가오며 우리 인류의 현재 문명에 희망의 별이 될 수 있는 것이다. 이런 식으로 지중해를 상상하고 연구하는 지중해학은 세계의 모든 지역들, 문명들, 민족들, 종교들 그리고 맥락들이 서로를 서로에게 여는 가운데 상생의 사고와 실천을 열어가는, 이른바 타자에 대한 열림의 학문이다"(박상진, 2005, pp.3-9)라고 설파하면서 문명적 시각에서 지중해학의 학문적 의의를 설명하였다.

정수일은 "지중해문명이란 지중해 일원(연안과 해상)에서 다원적인 여러 문명들의 융합에 의해 생성 발달된 복합적 해양 문명"이라 하였다. 그래서 지중해문명의 정체성은 "다원적인 문명의 융합에 의한 복합성과 다원성에서 오는 다양성과 더불어 상관성이란 특유의 속성을 갖고 있다"고 하였다. 그는 "복수 문명권으로 구성된 지역문명으로서의 지중해문명을 과연 하나의 연구 단위로 묶을 수 있는가"라는 문제를 제기하면서 "지리적 및 생태적 공통성을 갖고 있으면서 숙명적으로 밀접한 교차적 상관성을 유지하고 있는 문명들을 비록 이질적인 문명들이라 할지라도 하나의 단위로 묶어 연구할 수 있다"(정수일, 2003, pp.4-6)라고 답한다.

윤용수 외 3인은 기존 지역학에서의 '지역'에 대한 개념을 적용하면 지중해 지역을 독립된 지역 단위로 설정하는 데 어려움이 있다고 하면서 "기존의 지역 단위 개념보다 발전되고 확장된 인식체계가 요구"되며, "지중해를 표층적인 생태적 이질성과 심층적인 문화적 동질성을 두루 갖춘 확장된 지역연구단위로 파악할 수 있다"고 하였다. 또한 "지중해 지역의 다원적이고 복합적인 문화는 교류를 통해 생성되었다. 교류는 시공간적 변이의 다양한 상호작용을 통해 이문화 간의 다원성과 복합성을 구성했고, 지중해를 규정하는 특징이 되었다. 상호적이며 복합적인 지중해의 오랜 교류 역사는 이문화가 상호 융합, 수용, 변용, 발전하는 전형적인 모델을 제시하고 있다"(윤용수 외 3인, 2012, pp.66-67)라고 규정하고 있다.

이상에서 하병주, 박상진, 정수일, 윤용수 외 3인의 글에서 흐르는 공통적인 맥락은 지중해는 기존 지역학이 연구대상으로 삼는 '지역'이라는 개념을 벗어난다. 그럼에도 불구하고 지중해는 지역학의 새로운 연구단위가 될 수 있다. 그런데 여기서 중요한 점은 지중해를 지역학의 연구단위로 지정할 때, 이는 지역학 2.0의 '지역'과 같이 단일한 세계관이나 단일한 공간 환경이 아니라는 것이다. 이와 관련된 표현들을 바로 앞의 서술과 반복되지만, 이와 관련된 표현들을 중요 부분만 다시 발췌해보면, 하병주는 "복합성을 함축하고 있는 지중해학의 '지중해 지역단위'는 기존의 국민국가의 장벽을 넘어서는 의미있는 연구대상 지역단위"라고 하였고, 박상진은 "지중해는 그러한 교류와 상생, 대화의 문명을 간직한 시공"이며, "지중해학은 세계의 모든 지역들, 문명들, 민족들, 종교들 그리고 맥락들이 서로를 서로에게 여는 가운데 상생의 사고와 실천을 열어가는, 이른바 타자에 대한 열림의 학문"이라 하였다. 정수일은 "지중해문명이란 지중해 일원에서 다원적인 여러 문명들의 융합에 의해 생성 발달된 복합적 해양 문명"이라고 하면서 "교차적 상관성을 유지하고 있는 문명들을 비록 이질적인 문명들이라 할지라도 하나의 단위로 묶어 연구할 수 있다"고 하였고, 윤용수 외 3인은 "기존의 지역 단위 개념보다 발전되고 확장된 인식체계가 요구"되며, "지중해 지역의 다원적이고 복합적인 문화는 교류를 통해 생성"되었고, "교류는 시공간적 변이의 다양한 상호작용을 통해 이문화 간의 다원성과 복합성으로 구성"되었다고 하였다.

이렇게 볼 때, 기존 지역학의 지역 개념이라고 하는 것은 지역학 2.0의 연구 패러다임에 속하는 것이고, 이질적인 문명의 다원성과 복합성, 문명의 교류, 기존 국민국가의 장벽을 넘어서는 특징을 가지고 있는 지중해학은 지역학 3.0의 연구 패러다임에 속한다고 할 수 있다.

(2) 환태평양연구

한국에서 태평양에 관한 연구 상황을 살펴보기 위해 국회도서관의 자료검색에서 키워드 '태평양'을 입력해보았다. 전체 자료 수는 9,528건이고, 도서자료는 3,370건, 학위논문 503건, 연속간행물·학술기사 4,969건 그 외 멀티미디어, 국회자료, 특화자료들이 다수 검색되었다. 발행연도 과거순으로 검색조건을 변경해보니, 연속간행물·학술기사에서 가장 상단에 보이는 자료는 1921년 11월에 청년잡지사가 발행한 『靑年』에 게재된 「朝鮮敎育의 現狀: 汎太平洋敎育會席上에서 申興雨氏의 演說」이었다. 두 번째 자료가 1927년 8월 조선총독부에서 발행한 『朝鮮: 朝鮮文』에 실린 「第一回汎太平洋會議의

要領」이다. 이하 보도성 기사 혹은 보고서 등이 이어지다가, 1952년 4월 대한금융조합연합회에서 발행한 『協同』에 게재된 「東方의 睹賻: 太平洋防衛條約을 圍繞하여」가 관심을 끌었다. 저자 W. 맥마흔 볼의 글을 安霖이 번역한 글이었다. 1965년 9월 숙명여자대학교 사학과에서 발행한 『淑大史論』에 게재된 「太平洋戰下의 朝鮮」, 近藤劍一 編 / 「朝鮮統治와 그 終局」, 小田直昌 土屋喬雄 篇이 있는데 鄭秉學의 서평이었다. 1965년 9월 대한국제법학회에서 발행한 『國際法學會論叢』에 게재된 「法의 支配에의 새로운 挑戰: 國際法律家 東南亞細亞 및 太平洋地域會議에 다녀와서」라는 글이 있다. 1966년 12월 경희대학교 정경대학에서 발행한 『政經論集』에 「販賣經路에 對한 小考: 太平洋化粧品株式會社의 實例」라는 글이 게재되었다. 그러다 1973년 4월에 전북대학교 극동문제연구소에서 발행한 『極東論叢』에 게재된 박주황의 「1941년 12月舊 太平洋 戰爭을 議決한 御前會議를 中心으로 戰爭中 日本政治指導者들의 決定作成의 心理的 分析」의 목차를 보면, I. 서언, II. 어전회의, 1. 어전회의의 성격과 구성, 2. 어전회의의 목적과 진행절차, III. 태평양전쟁을 결의한 1941년 12월 1일의 어전회의, IV. 1941년 어전회의의 배경이 된 일본정치 발전 과정의 심리학적 분석, V. 결어 참고문헌으로 논문의 형식을 갖추고 있다. 1977년 3월 『國會報』, 157에는 「美國은 계속 아시아-太平洋國家로 남는다」라는 당시 미국 국무성동부아시아-태평양담당차관보인 리차드 C. 홀브루크가 미국 하원 외교위원회 아시아-태평양분과위원회에서 증언한 내용이 실려 있다. 1982년 10월 한국관세연구소에서 발행한 『關稅』에 김인준의 「韓國과 環太平洋經濟圈의 貿易展望」와 박웅서의 「環太平洋經濟圈의 浮上과 우리의 座標」가 게재되어 있다.

한편 한국연구재단 KCI 홈페이지에서 논문검색으로 '태평양'이라는 키워드를 입력하면 8,378건의 결과가 나온다. 여기에는 논문의 형태가 대부분이지만, 서평과 보고서 형식도 포함되어 있다. 또한 인문학, 사회과학 분야뿐만 아니라 자연과학, 공학, 의약학, 농수해양, 예술체육, 복합학 분야에 속하는 논문들이다. 태평양이라는 단어가 제목에 있는 학술지는『아시아태평양융합연구교류논문지』,『亞台研究』,『아태공법연구』,『Asia Pacific Journal of Tourism Research』,『Journal of Pan-Pacific Association of Applied Linguistics』,『Asia south pacific journal of sport psychology』등이 있다.

　이상에서 국회도서관과 KCI 홈페이지에서 태평양 연구에 관한 자료검색에 대해 간단하게 살펴보았다. 이제부터는 지역학 3.0의 또 다른 사례인 부경대학교 글로벌지역학연구소를 중심으로 수행되어 온 환태평양연구의 사례에서 새로운 지역학의 가능성을 제시하고자 한다. 글로벌지역학연구소의 전신은 부산수산대학교에 국내 최초로 유럽학과가 1995년 신입생을 선발하면서 대학부설 <유럽정보센터>가 설립되었고, 부산수산대학교와 부산공업대학교의 국립대 간의 통합으로 부경대학교가 되면서 유럽학과가 국제지역학부로 확대 개편되었고, 1997년 유럽정보센터는 <국제지역연구소>로 확대되었다. 이 국제지역연구소가 글로벌지역학연구소의 실질적인 전신이라고 할 수 있다. 2016년부터 부경대학교에서 대학인문역량 강화사업을 수행하면서 세부과제로서 글로벌지역학 모델 사업을 수행하기 위해 대학원에 글로벌지역학협동과정을 신설하면서 연구소 명칭도 <글로벌지역학연구소>로 변경하게 되었다. 본 연구소에서는 해외 지역학 연구 네트워크를 확대하기 위해 2016년에 제1회 Trans-Pacific International Conference를 개최한 것을 시작으로, 올해 11월에 제12회 국제학술대회를 개최할 예정이다. 이런 노력을 바탕으로 2017년 5월 글로벌지역학회(전신은 국제지역연구학회)와 공동으로 영문학술지『Journal of Global and Area Studies』를 창간하여 한국연구재단 등재후보지를 거쳐 2년 만에 등재지로 선정되었다. 2022년 하반기부터 한국어판을 발행하고, 다음 해부터는 연간 영문판 2번, 한글판 2번 총 4회 발간할 예정이다.

그리고 부경대 해양인문학연구소와 함께 『해양인문학총서』와 『글로벌지역학총서』를 총 29권을 발행하였고, 환태평양 메가지역 연구와 관련하여 단행본 『21세기 환태평양지역의 문화변동과 글로벌리제이션』, 번역서 『블루어바니즘Blue Urbanism』, 번역서 『환태평양연구: 새로운 패러다임의 모색』, 번역서 『환태평양 게이트웨이 지리학』을 발간하였다.

2020년에는 대학인문역량강화(CORE)사업에 이어 인문사회연구소 지원사업에 선정되었다. 본 사업의 아젠다는 <메가 지역으로서 환태평양 다중문명의 평화적 공진화의 탐색: 지역의 통합, 국가의 상쟁, 도시의 환대>인데, 이는 본격적인 메가지역으로서의 태평양이라는 지역적 공간에 대한 연구인 동시에 새로운 지역학의 지평을 열고자 하는 시도이다.

아젠다의 내용을 사업신청 당시의 신청서 내용을 위주로 소개해보겠다. 1990년대 이후 세계화가 가속화되면서 '글로벌리티의 시대(the age of globality)'가 선언된 바 있다(Daniel Yergin, 1998, p.24). 세계화는 다양한 형태의 지역화와 지역통합을 수반한다. 유럽통합뿐만 아니라 NAFTA, MERCOSUR, APEC, RECP, ASEAN 등 다양한 형태의 지역통합 시도와 함께 새로운 '지역'이 만들어지고 있다. 태평양을 가로지르는 사람, 사물, 생각의 모빌리티(Old and New Mobilities)가 증가하면서 환태평양 지역이라는 새로운 '메가-지역'이 출현하고 있다(Naoki Sakai and Hyon Joo Yoo, 2012, p.29). 북미, 동북아, 동남아, 라틴 아메리카 등의 개별 지역(Region)도 환태평양 메가지역의 출현에 조응해서 다양한 노력을 벌이고 있다. 또한 미국의 '태평양으로의 선회', 중국의 일대일로에 따른 태평양 진출, 동남아시아와의 RECP 추진, 라틴 아메리카의 동아시아 진출 등 지역들의 지역(Region of Regions) 또는 초지역적 지역(Trans-Regional Region)으로서 환태평양 메가지역이 부상하고 있다. 이런 배경하에서 동북아시아와 같은 특정 지역의 변화는 여타 지역의 변화를 동시에 야기한다. 이러한 흐름 속에서 20세기가 대서양의 세기였다면 21세기는 태평양의 세기가 될 것이라는 예측이 확산되고 있다.

사람과 사물의 이동은 항상 문화의 이동을 수반한다. 여기서 상이한 공동체들 사이의 고유한 갈등과 창조의 가능성이 존재한다. 세계 속의 상이한 지역들은 그 지역의 형성과 분리될 수 없는 고유한 문화, 즉 지-문화(geo-culture)를 갖고 있다. 따라서 환태평양 지역이라는 메가-지역의 형성에서 동북아시아, 동남아시아, 북미, 남미의 상이한 지-문화의 해후와 대화라는 문제가 제기된다. 문명의 교차로(crossroad of civilization)로서 태평양에서는 동양과 서양의 문명이 역사적으로, 지리적으로 교차할 뿐만 아니라 북반구와 남반부의 문명 또한 교차하고 있다.

새롭게 출현 중인 메가지역으로서 환태평양 지역의 미래는 열려 있다. 한편으로는 미·중 갈등이나 미국·멕시코의 갈등에서 드러난 것처럼 동양과 서양, 북반구와 남반구의 갈등과 쟁투 나아가 혐오와 적대의 문화가 확산되면서 환태평양 지역의 '문화전쟁'이나 '문명충돌' 가능성이 상존한다. 이에 대한 대안으로 '힘과 대결의 논리'를 뛰어넘어 다중-문명(multiple civilization)의 공감, 호혜, 환대, 포용 등을 통한 '평화적 공진화(peaceful co-evolution)의 논리'를 탐구할 필요성이 커지고 있다.

그럼에도 환태평양이라는 통합적 시각에 근거해서 다중 문명의 연대, 협력, 상생을 위한 초국적 연구는 상대적으로 부족했다. 이런 문제를 극복하기 위해서는 기존의 지역학 연구 패러다임을 뛰어넘는 새로운 패러다임이 요구된다. 지역학 1.0이 냉전을 배경으로 공산권연구에 주력했다면 냉전 해체 이후 지역학 2.0은 주로 민족국가 패러다임을 전제로 개별 국가를 연구했다. 세계화와 지역화 현상을 이해하기 위해서는 세계적 관점에서 개별 지역을 연구하는 지역학 3.0의 패러다임과 그것에 기초한 미래형 학문후속세대의 지속적 양성이 시급하다. 이러한 아젠다의 중요 내용은 Middell이 'Are Transregional Studies the Future of Area Studies?'라는 글에서 Transregional

Studies가 앞으로 미래 지역학의 과제로 대두될 것이다(Matthias Middell, 2017, pp.289-307)라고 한 언급과 맥을 같이한다.

새롭게 출현 중인 메가지역(Mega-Region)으로서 환태평양의 지리적 경계는 모호할 수밖에 없다. 특정한 지역에 대한 지리적 정의는 불가피하게 시간-공간 관계에 대한 문화적 범주화의 산물이다. 태평양 연안 지역들은 내륙지역과는 다른 지-문화(geo-culture)가 존재한다. 미국 내에서는 대서양 연안에서 태평양 연안으로 문화적 중심이 이동하였고, 중국의 경우도 내륙문화와 해양문화의 차이가 확연해지고 있다. 동남아시아의 경우 내륙부와 해양부의 상이한 문화가 오래전부터 지적되어 왔다. 라틴 아메리카의 경우도 최근 '태평양 연합'이 형성되면서 태평양 지역이 부각되고 있다(부경대학교 글로벌지역학연구소, 2020, pp.1-25).

이상에서 주목해야 하는 내용은 새로운 '지역'의 출현이고, 기존 지역학 2.0에서 연구대상으로 하는 '지역'과는 그 범위가 다르다는 점이다. 새롭게 출현하고 있는 지역 중 하나인 환태평양을 연구단위로 하는 '메가지역'에 대한 연구는 접근방식이 달라야 할 것이다. 또한 '환태평양이라는 통합적 시각에 근거해서 다중 문명의 연대, 협력, 상생을 위한 초국적 연구', '태평양은 문명의 교차로'라는 새로운 인식에서 지역학 3.0의 연구 패러다임을 모색해볼 수 있을 것이다.

4. 2000년 이후 한국 지역학의 연구

2000년 이후 한국 지역학의 연구들에 대해 특정 지역에 관해서 혹은 특정 지역을 연구하는 학회 차원에서의 연구동향을 분석한 글은 발표된 적이 있다. 하지만 한국 지역학 전체의 연구동향을 파악해보고자 하는 연구는 시도된 적이 없다. 필자 역시 세계 모든 지역에 대해 정통하지 못하므로 이를 분석하는 것은 분명 한계가 있다. 그럼에도 불구하고 세계 중요 지역에 대한 연구를 수행하고자 설립된 학회 혹은 학술단체 및 연구소에서 발행하는 학술지에 게재된 논문의 연구경향을 살펴봄으로써 대략적인 연구의 흐름을 파악할 수 있을 것이다.

이를 위해 이 글에서는 세계 중요 지역으로 미국, 중국, 일본, 동남아시아, 라틴 아메리카, 유럽을 연구하는 학술지를 1차적으로 선정하고, 2차적으로 아시아 전체를 다루거나 세계 전체 지역을 종합적으로 다루는 학술지를 선정하였다. 그런 다음 한국연구재단의 KCI 홈페이지에서 학술지 검색과 논문 검색을 활용하여 각 지역별 게재된 논문 편수를 통해 지역학 연구의 대강을 파악하고자 하였다. 학술지명과 논문 제목 등 자세한 내용은 이 글의 마지막 부분에 부록으로 첨부하였다.

〈한국 지역학의 중요 지역별 연구 논문게재 편수〉

지역 구분	논문 수
미국	2,707건
중국	6,351건
일본	7,061건
동남아	1,896건
라틴 아메리카	3,259건
유럽	4,244건
아시아 / 글로벌(종합)	7,982건
논문 수 총 소계	33,500건

위의 표에서 정리한 대로 세계 중요 지역관련 학술지에 발표된 논문 편수는 33,500편이다. 양적으로 상당히 많은 연구 논문들이 발표되었다고 볼 수 있다. 지면 관계상 3만 편이 넘는 해당 논문의 제목들을 모두 나열할 수는 없어 필자가 일별한 논문 제목들을 중심으로 대강의 경향을 언급해보고자

한다. 우선 눈에 띄는 점은 지역학 연구의 중요 요소인 현지조사와 학제적 접근을 활용하지 않은 논문들이 대부분이라는 것이다. 특정 논문을 예로 들 수 없어 가상의 유사한 제목을 설정해보면, <유럽에서 한국 자동차의 시장점유율 향상 방안>이라는 제목을 설정해보았을 때, 이 논문은 지역학 논문인가? 혹은 경영학 논문인가? 지역학 관련 학술지에 투고를 할 수도 있지만, 경영학 분야 학술지에도 투고가 가능할 것이다. 그러면 위의 논문은 지역학 논문이 아닌가? 유럽의 자동차 시장 상황을 다루고 있을 것이니 해외지역에 관한 정보를 얻을 수 있는 내용이 있으므로, 지역학 논문이 아니라고 할 수는 없을 것이다. 이와 유사한 성격의 논의를 할 수 있는 논문의 실제 사례로 2장에서 예를 든 Bingxian Chen and Yan Tan이 작성한 필리핀의 실업과 빈곤의 비선형 상관관계를 분석한 논문인데, 이 논문 역시 지역학 관련 학술지 혹은 경제학 관련 학술지에 모두 투고할 수 있는 주제이다.

여기서 신윤환·이성형의 글을 인용하면, "진정한 지역연구자라 함은 특정 학문분과가 요구하는 이론적, 방법론적 분석능력과 전공지역 또는 국가를 이해하는 데 필요한 현지조사 연구능력을 겸비한 자로 정의된다"(신윤환·이성형, 1996, p.159)라고 하였듯이 현지조사는 지역학의 가장 중요한 요소이다. 대부분 지역학의 연구방법을 언급할 때, 현지조사와 학제적 접근은 빠질 수 없는 요소이다. 문제는 위의 각 지역별 지역학관련 학술지에서 수집된 33,000여 편의 논문들 중에 연구방법으로 현지조사와 학제적 접근으로 연구한 논문이 너무 적다는 것이다. 그 이유를 추측해본다면 현지조사와 학제적 접근을 하려면 우선 연구비가 많이 필요하다. 그리고 1인이 학제적 접근을 하기보다는 2인 이상의 다른 분과학문 전공자가 공동연구 또는 협업을 하는 것이 요구된다. 이런 장벽 때문에 현지조사와 학제적 접근이라는 연구방법을 활용한 논문들은 양적으로 우위에 있기 어렵다. 하지만 지역학 분야의 대표적인 학술지라고 할 만한 곳에서도 현지조사와 학제적 접근을 시도한 연구 논문이 아주 드물다는 것이 한국 지역학의 현실이며 향후 해결해야 할 중요한 과제이다.

이미 여러 연구자가 지역학의 필요성에 대한 글을 발표하였다. 지역학은 현지조사와 학제적 접근을 하기 때문에 2차 데이터를 기반으로 하는 기존의 분과학문을 보완하거나 또는 새로운 사실을 발견할 수도 있다. 이러한 이유로 기존 분과학문의 대안으로 지역학의 필요성이 부각되기도 한다. 현지조사와 학제적 접근으로 작성된 논문의 예는 II장에서 지역학 2.0에 해당하는 논문인 「가치공학(VE)기능분석을 활용한 독일에너지정책의 녹색건설산업 적용을 위한 융합연구」가 있다.

앞서 살펴본 대로 1990년대 한국에서 지역학의 필요성이 대두되어 활성화되는 시기에는 지역학에 대해서 적극적인 연구지원을 하였다. 그러나 현재 지역학에 대한 지원은 점차 축소되고 있다. 그렇다면 오늘날에는 지역학이 한국에서 그 유용성이 상실된 것인가? 이런 점을 검토하기 위해 기존의 분과학문의 연구만으로도 충분히 세계 각 지역에 대한 연구와 정보를 구축할 수 있는가에 대해 진지하게 살펴볼 시점이다. 또한 지역학계에서도 현지조사와 학제적 접근으로 연구한 결과들이 그렇지 않은 연구논문들과 차별되는 성과와 효용성을 거두었는지에 대해서도 점검해봐야 할 것이다.

이 대목에서 지역학 3.0에 대해 좀 더 논의를 해보겠다. 지역학 3.0은 세계화 추세에 따라 글로벌 이슈와 각 지역의 특수한 문제들과의 연관된 연구를 수행하는 특징을 포함하고 있다. 지역학 2.0은 지구의 어느 한 표면에 한정된 지역에 관한 연구이고, 공통된 세계관을 가진 사람의 집단에 대한 연구이며, 민족국가의 범위에서 주로 수행된 지역학이라고 할 때, 지역학 3.0은 우선 민족국가의 범위를 벗어난다. 또한 지역학 3.0은 공통된 세계관이라기보다는 이질적인 문명 간의 교류에 주목한다. 그래서 지중해학에서 언급하고 있는 복잡성과 상관성, 환태평양연구에서 횡단, 연계, 또한 다중문명의 교차 등은 지역학 유형을 구분 짓는 요소라고 할 수 있다.

지역학 3.0에 부합하는 가상의 논문을 상정하기 위해, 우선 제목을 하나 정해보자면, <동남아시아에서 COVID-19 확진자 증가추세와 방역대책>이라는 연구를 수행한다고 가정한다. 실제 수행하는 연구가 아니라 다소 과제명이 엉성하긴 하지만 설명을 시도해보겠다. COVID-19는 유행성 감염증으로 지난 2년 넘게 전 세계를 코로나바이러스 감염증에 전염되는 위험한 상황을 지속시키고 있다. 이는 분명 글로벌 이슈이면서 각 지역의 특수성과 관련된다. 각 지역의 사정에 따라 각각의 방역대책은 다를 수 있기 때문이다. 한중일 등 동양권에서는 마스크 착용에 대해 별 거부감이 없이 개인과 전체의 방역을 위해 방역 규정에 맞는 마스크를 잘 착용하였다. 그런데 미국과 유럽에서는 초기에 마스크를 착용한 동양인을 조롱할 정도로 마스크 착용에 거부감을 넘어 적대감을 표시하기도 하였다. 그러다 바이러스 감염증으로 사망자 수가 급증하고 사회적 거리 두기가 최우선의 방역으로 인식되면서 마스크 착용자가 미국과 유럽에서도 늘어나게 되었다. 이런 현상이 글로벌 이슈와 각 지역의 특수성과 연관된 문제라고 할 수 있다.

가상의 과제로 돌아가서, 동남아시아에서 COVID-19 확진자 수는 각 국가에서 발표하는 확진자 수를 신뢰하면서 추세를 측정할 수가 있다. 즉, 2차 데이터를 신뢰하고 그것에 근거하여 추세를 산정하게 될 것이다. 그런데 만약 어느 국가가 내부의 어떤 사정으로 확진자 수를 고의로 축소하거나 제도적으로 하루에 확진자 검사 수를 한정하게 되면, 실재하는 바이러스 감염증 확진자 수는 정확하지 않을 것이다. 잘못된 데이터에 의한 방역대책 또한 올바른 대응방안을 수립할 수가 없을 것이다. 또 하나의 가정을 더 해보면, 어느 지역의 확진자 수 발표가 글로벌 방역 정책 수립에 지장을 줄 정도로 통계치의 정확성이 의심되어 WHO 같은 국제기구에서 현지조사관을 파견하여 현지조사 한 결과를 바탕으로 실제 발생한 확진자 수에 근접한 통계를 방역대책에 반영할 수 있다면 현지조사의 효용성은 극대화될 것이다. 따라서 이 과제는 단순히 동남아시아의 COVID-19가 아닌 글로벌한 관점에서의 비교와 데이터 축적 및 현지조사가 요구되는 <동남아시아에서 COVID-19 확진자 증가: 글로벌한 관점에서의 추세수정과 방역대책의 비교>라는 논문이 될 수 있을 것이다.

가상논문 제목으로 지역학 3.0을 설명하였지만 이와 유사한 상황이 일어날 개연성은 언제나 있을 수 있다. 일반적인 현지조사와는 성격이 다르지만, 2차 자료에 의한 통계치가 실제 상황과 다른 최근의 예를 들어보겠다. 실제로 코로나 확진자 수의 통계수치가 비교적 다른 나라에 비해 정확한 한국에서 최근 조사한 항체 양성률 분석 결과를 보면, 자연감염에 의한 항체 양성률이 같은 기간 누적 발생률보다 높게 나타남으로써 지역사회 미확진 감염자도 상당수 존재하는 것으로 밝혀졌다[3]고 한다. 아마도 무증상감염자 중 감염검사를 실시하지 않은 경우가 상당수 있을 가능성이 있다. 이와 같이 통계의 수치는 실재와 다를 가능성이 늘 존재한다. 이렇게 볼 때, 정확한 현지조사는 2차 자료에 의한 통계수치를 수정 보완해줄 수 있다. 이런 점만이 현지조사의 필요성은 아니다. 어떤 지역에서 거주하는 사람들의 세계관을 파악하고자 할 때, 실제 그 지역에 가서 현지조사를 하는 것이 가장 적합한 연구방법일 것이다.

이렇게 볼 때, 지역학 3.0은 지역학 2.0 연구가 정립한 지역학 이론과 그동안의 연구성과의 탄탄한 기반 위에 확장이 가능할 것이다. 지중해가 인접한 국가와 민족들만의 바다가 아니라 우리의 바다도 될 수 있다는 박상진의 역설을 다시 새겨보면서 글로벌지역학이 한국에서 자리매김하고, 태평양을 횡단하여 지구촌에 뿌리내리기를 기대해본다.

---

3   https://www.korea.kr/news/policyNewsView.do?newsId=148906248&pWise=sub&pWiseSub=B12

5. 결론

이상에서 한국 지역학의 역사적 전개에서 지역학의 유형을 지역학 1.0, 지역학 2.0, 지역학 3.0으로 구분하면서, 각각 공산권 연구, 민족국가 연구, 글로벌 차원의 지역연구로 특징지었다. 그중에서 지역학 2.0은 International and Area Studies로, 지역학 3.0은 Global and Area Studies로 표현할 수 있으며, 이 두 가지 유형은 지역학의 기본 이론을 공유한다. 그런데 지역학 2.0은 민족국가 혹은 지구 표면의 어느 지역에 한정된 지역연구라고 한다면, 지역학 3.0은 민족국가의 테두리를 훨씬 벗어난 새로운 지역단위, 메가지역에 대한 연구를 포함한다. 메가지역 연구에는 이질적인 문명 간의 교류 연구, 즉 다중문명의 교차, 횡단, 연계에 대한 연구를 수행하게 될 것이다. 이에 대한 연구사례로 지중해학과 환태평양연구를 들어 설명하였다.

이 글의 당초 의도는 한국의 지역학 발전의 필요성과 한국 지역학의 방향, 그리고 이를 위한 제도적 지원 등에 대한 개괄적 윤곽을 그리고자 한 것이었다. 그러나 서술해가면서 이미 여러 유수한 지역학자들이 제안한 좋은 방법들을 반복하는 이상의 것들을 제시하기 어렵다는 생각이 들었다. 다만 2000년 이후 중요 지역별 지역학 관련 학술지에 게재된 33,000여 편 논문들의 제목과 초록을 살펴본 바로는 현시점에서 한국 지역학의 과제로 현지조사를 제대로 할 수 있는 제도적 뒷받침이 절실하다는 점을 강조하고 싶다. 이와 함께 지역학계 내부에서 지역학자들은 학제적 연구를 수행할 수 있는 소양을 기르고, 다른 분과학문 전공자와 공동연구를 할 수 있는 열린 자세와 다른 분과학문에 대한 이해의 폭을 넓혀가는 노력이 필요하다는 점을 다시한번 강조한다. 또한 본문에서 소개한 지중해학과 환태평양연구와 같은 시도를 통해 지역학 3.0의 새로운 유형으로 지역학의 지평을 넓혀가는 연구작업이 필요할 것이다.

참고문헌

강희정, 2018,「해상실크로드와 불교물질문화의 교류」,『동아연구』, 37(1), 59-91.

부경대학교 글로벌지역학연구소,「인문사회연구소 지원사업 신청서」, pp.1-25.

신윤환·이성형, 1996,「한국의 지역연구 현황과 과제」,『국가전략』, 2(1), 159-162.

윤용수 외 3인, 2012,「지중해 지역연구의 과제와 지중해학」,『지중해지역연구』, 14(3), 66-67.

전성흥, 2002,「한국의 지역연구 과제: 필요성, 정체성, 방향성 인식의 혼란극복을 위하여」,『국가전략』, 8(2), 2002, 29-37.

정수일, 1998,「지중해 문명과 지중해학」,『지중해지역연구』, 5(1), 4-6.

정해조, 1998,「지역연구의 연구방법론(1)」,『국제지역연구』, 2(2), 317-334.

정해조·양진국,「가치공학(VE)기능분석을 활용한 독일에너지정책의 녹색건설산업 적용을 위한 융합연구」,『세계지역연구논총』, 35(2), 7-32.

하병주, 2011,「지역연구 패러다임을 통해 본 지중해학」,『지중해지역연구』, 13(1), 250-266.

Chen, Bingxian & Tan, Yan, 2022, 'The Effect of Unemployment and Institutional Quality on Poverty in the Philippines: A New Perspective Using Nonlinear ARDL 1', Journal of Global and Area Studies, 6(1), 43-66.

LE, Thi Ngoc Diep & NGUYEN, Le Uyen Diem, 2021, 'Behavior Culture with the COVID-19 Pandemic in Vietnam and the Republic of Korea', Journal of Global and Area Studies, 5(2), 99-122.

Middell, Matthias, 'Are Transregional Studies the Future of Area Studies?', in Katja Mielke and Anna-Katharina Hornidge (eds.), Area Studies at the corssroads, palgrave macmillan, Bonn, pp.289-307.

Sakai, Naoki & Yoo, Hyon Joo, 2012, The Trans-Pacific Imagination, World Scientific, New Jersey.

Yergin, Daniel, 1998, 'The Age of Globality', Newsweek, 131(20), May 18.

〈부록〉세계 중요 지역별 학술지와 논문 게재 편수

〈표 1〉 미국 지역학 관련 학술지와 논문 게재 편수

구분	NO.	학술지명	대분류	중분류	발행기관	발행기관 유형	창간년	논문 수
미국	1	영미연구	복합학	학제간연구	영미연구소	대학부설 연구소	2004	369건
	2	미국학	복합학	학제간연구	미국학연구소	대학부설 연구소	1977	309건
	3	안과밖: 영미 문학연구 (안과밖)	인문학	영어와 문학	영미문학연구회	학회	1996	599건
	4	미국사연구	인문학	역사학	한국미국사학회	학회	1993	309건
	5	미국헌법연구	사회과학	법학	미국헌법학회	학회	1990	492건
	6	미국학논집	복합학	복합학	한국 아메리카학회	학회	1965	629건
시기 I	2000-2010							1,046건
시기 II	2011-2020							1,477건
시기 III	2021-2022.07.							184건
논문 편수	소계							2,707건

<표 2> 중국 지역학 관련 학술지와 게재 논문 편수

구분	NO.	학술지명	대분류	중분류	발행기관	발행기관 유형	창간년	논문 수
중국	1	중국사회과학논총	사회 과학	중분류	성균중국연 구소	대학부설연 구소	2019	42건
	2	중국지역연구	사회 과학	지역학	중국 지역학회	학회	2014	210건
	3	중국지식네트워크	사회 과학	지역학	중국인문사 회연구소	대학부설연 구소	2011	159건
	4	Journal of China Studies	사회 과학	지역학	중국연구소	대학부설연 구소	2006	468건
	5	중국과중국학	사회 과학	지역학	중국 연구센터	대학부설연 구소	2003	235건
	6	중국문화연구	인문학	지역학	중국문화연 구학회	학회	2002	677건
	7	현대중국연구	사회 과학	중국어와 문학	현대 중국학회	학회	1998	361건
	8	중국법연구	사회 과학	지역학	한중법학회	학회	1997	500건
	9	중국근현대사연구	인문학	법학	중국근현대 사학회	학회	1995	597건
	10	중국학	인문학	역사학	대한 중국학회	학회	1984	975건
	11	중국연구	인문학	중국어와 문학	중국연구소	대학부설연 구소	1975	1,103건
	12	중국학보	인문학	중국어와 문학	한국 중국학회	학회	1962	1,024건
시기 I	2000-2010							1,881건
시기 II	2011-2020							3,794건
시기 III	2021-2022.07.							676건
논문 편수	소계							6,351건

<표 3> 일본 지역학 관련 학술지와 논문 게재 편수

구분	NO.	학술지명	대분류	중분류	발행기관	발행기관 성격	창간년	논문 수
일본	1	日本文化學報	인문학	일본어와 문학	한국일본문화학회	학회	1996	1,517건
	2	일본근대학 연구	인문학	일본어와 문학	한국일본근대학회	학회	2000	1,296건
	3	일본문화연구	인문학	일본어와 문학	동아시아일본학회	학회	2000	1,620건
	4	일본역사연구	인문학	역사학	일본사학회	학회	1995	276건
	5	日本思想	인문학	철학	한국일본 사상사학회	학회	1999	379건
	6	일본연구논총	사회과학	지역학	현대일본학회	학회	1979	352건
	7	일본비평	사회과학	지역학	일본연구소	대학부설 연구소	2009	193건
	8	日本學研究	인문학	일본어와 문학	일본연구소	대학부설 연구소	1997	907건
	9	일본연구	인문학	일본어와 문학	글로벌일본연구원	대학부설 연구소	2002	521건
시기 I	2000-2010							2,658건
시기 II	2011-2020							3,899건
시기 III	2021-2022.07.							504건
논문 편수	소계							7,061건

<표 4> 동남아 지역학 관련 학술지와 논문 게재 편수

구분	NO.	학술지명	대분류	중분류	발행기관	발행기관 성격	창간년	논문 수
동남아	1	동남아시아연구	사회과학	지역학	한국동남아학회	학회	1992	483건
	2	동남아연구	복합학	학제간연구	동남아연구소	대학부설연구소	1991	477건
	3	SUVANNABHUMI	사회과학	지역학	아세안연구원	대학부설연구소	2009	205건
	4	TRaNS(Trans-Regional and-National Studies of Southeast Asia)	사회과학	지역학	동아연구소	대학부설연구소	2013	145건
	5	한국태국학회논총	사회과학	지역학	한국태국학회	학회	1987	223건
	6	베트남연구	인문학	기타동양어문학	한국베트남학회	학회	2000	62건
	7	동아연구	사회과학	지역학	동아연구소	대학부설연구소	1982	301건
시기 I	2000-2010							496건
시기 II	2011-2020							1,211건
시기 III	2021-2022.07.							189건
논문 편수	소계							1,896건

<표 5> 라틴아메리카 지역학 관련 학술지와 논문 게재 편수

구분	NO.	학술지명	대분류	중분류	발행기관	발행기관 성격	창간년	논문 수
라틴아메리카	1	라틴아메리카연구	사회과학	지역학	한국라틴아메리카학회	학회	1988	496건
	2	스페이라틴아메리카연구	인문학	스페인어와 문학	스페인라틴아메리카연구소	대학부설 연구소	2008	182건
	3	이베로아메리카연구	인문학	스페인어와 문학	라틴아메리카연구소	대학부설 연구소	1990	343건
	4	중남미연구	사회과학	지역학	중남미연구소	대학부설 연구소	1976	530건
	5	포르투갈-브라질연구	사회과학	지역학	한국포르투갈-브라질학회	학회	2004	210건
	6	스페인어문학	인문학	스페인어와 문학	한국스페인어문학회	학회	1981	1,189건
	7	이베로아메리카	복합학	학제간 연구	중남미지역원	대학부설 연구소	1999	309건
시기 I	2000-2010							1,440건
시기 II	2011-2020							1,607건
시기 III	2021-2022.07.							212건
논문 편수	소계							3,259건

<표 6> 유럽 지역학 관련 학술지와 논문 게재 편수

구분	NO.	학술지명	대분류	중분류	발행기관	발행기관 성격	창간년	논문 수
유럽	1	동유럽발칸연구	복합학	학제간연구	동유럽발칸연구소	대학부설 연구소	1992	689건
	2	현대유럽철학연구	인문학	철학	한국하이데거학회	학회	1995	503건
	3	한독사회과학논총	사회과학	지역학	한독사회과학회	학회	1991	581건
	4	통합유럽연구	사회과학	지역학	국제지역문화원	대학부설 연구소	2010	181건
	5	유럽연구	사회과학	지역학	한국유럽학회	학회	1994	715건
	6	스칸디나비아연구	사회과학	지역학	한국스칸디나비아학회	학회	2000	103건
	7	EU연구	사회과학	지역학	EU연구소	대학부설 연구소	2000	359건
	8	유럽문화예술학논집	사회과학	인류학	유럽문화예술학회	학회	2010	185건
	9	유럽헌법연구	사회과학	법학	유럽헌법학회	학회	2007	459건
	10	유럽사회문화	인문학	기타인문학	인문학연구원	대학부설 연구소	2008	236건
	11	EU학연구	사회과학	경제학	한국EU학회	학회	1996	233건
시기 I	2000-2010							1,219건
시기 II	2011-2020							2,588건
시기 III	2021-2022.07.							437건
논문 편수	소계							4,244건

<표 7> 아시아글로벌(종합) 지역학 관련 학술지와 논문 게재 편수

구분	NO.	학술지명	대분류	중분류	발행기관	발행기관 성격	창간년	논문 수
아시아 글로벌 (종합)	1	호모미그란스-이주, 식민주의, 인종주의	인문학	역사학	이주사학회	학회	2009	124건
	2	한국과국제사회	복합학	학제간연구	한국정치사회연구소	일반기관	2017	205건
	3	평화연구	사회과학	정치외교학	평화와민주주의 연구소	대학부설연구소	1991	258건
	4	중소연구	사회과학	지역학	아태지역연구센터	대학부설연구소	1975	691건
	5	아태연구	사회과학	사회과학일반	국제지역연구원	대학부설연구소	1994	435건
	6	아시아연구	사회과학	지역학	한국아시아학회	학회	2002	531건
	7	아시아리뷰	사회과학	사회과학일반	아시아연구소	대학부설연구소	2011	230건
	8	아세아연구	사회과학	지역학	아세아문제연구원	대학부설연구소	1958	635건
	9	세계지역연구논총	사회과학	정치외교학	한국세계지역학회	학회	1979	669건
	10	동양사학연구	인문학	역사학	동양사학회	학회	1967	670건
	11	동서연구	사회과학	지역학	동서문제연구원	대학부설연구소	1988	371건
	12	국제학논총	사회과학	지역학	국제학연구소	대학부설연구소	1996	45건
	13	국제지역연구	사회과학	지역학	국제지역연구센터	대학부설연구소	1997	911건
	14	국제정치논총	사회과학	정치외교학	한국국제정치학회	학회	1963	1,053건
	15	국제관계연구	사회과학	정치외교학	일민국제관계연구원	대학부설연구소	1996	203건
	16	국제개발협력연구	사회과학	사회과학일반	국제개발협력학회	학회	2009	188건
	17	국제지역연구	사회과학	정치외교학	국제학연구소	대학부설연구소	2002	454건
	18	Journal of International and Area Studies	사회과학	정치외교학	국제학연구소	대학부설연구소	1994	260건
	19	Journal of Global and Area Studies	사회과학	지역학	글로벌지역학연구소	대학부설연구소	2017	49건
시기 I	2000-2010							2,924건
시기 II	2011-2020							4,217건
시기 III	2021-2022.07.							841건
논문 편수	소계							7,982건

〈표 8〉 아시아글로벌(종합) 지역학 관련 학술지와 논문 게재 편수

구분	시기	논문 편수
시기 I	2000-2010	11,664건
시기 II	2011-2020	18,793건
시기 III	2021-2022.07.	3,043건
총계		33,500건

지역정보학을 위한 현장 노트 시스템*

문상호

1. 서론

지역학(Area Studies)은 일정한 지역의 지리나 역사, 문화 등을 종합적으로 연구하는 학문으로, 최근에는 세계 여러 지역들의 교류가 활발하게 이루어지면서 지역학에 대한 관심이 높아지고 있다. 지역학 연구는 시대에 따라 연구 분야 및 연구 동향이 변화하여 왔으며, 또한 국내에서는 지역학 연구의 연구 동향을 파악하려는 관심이 지속적으로 증가하고 있다[D. Lee, J. Kang and S. Moon 216]. 이러한 지역학은 특정 지역의 특수성과 보편성을 기반으로 언어 및 문학, 경제학, 사회학 등과 같은 다양한 학문들이 접목되는 융합적 성격을 가진다. 따라서 지역학의 목적은 특정 지역이나 국가의 정치, 경제, 사회, 문화 등의 다양한 분야를 전문적으로 분석하고 통합적으로 이해하는 데 있다.

세계 여러 지역에 대한 이해가 필요한 현실적인 요구로부터 시작된 지역학은 주로 강대국을 중심으로 발전하기 시작하였다. 유럽은 제국주의 시대에 식민지 지역에 대한 지배의 필요성으로 인하여 오래전부터 지식의 축적

---

* 이 글은 『예술인문사회융합멀티미디어 논문지』, 9권 1호에 게재한 「지역정보학 관점에서의 현장 노트 개선 방안에 관한 연구」를 일부 수정 보완한 것임.

노력이 이루어지면서 지역학이 발전하게 되었다. 미국에서는 1920-1930년대에 대학을 중심으로 체계적인 연구가 시작되었으며, 이러한 지역학의 발전은 제2차 세계대전을 계기로 본격화되었다. 특히, 미국은 영향력 강화를 위하여 유럽 이외의 지역에 대한 사회, 문화 등에 대한 지식 축적이 필요하였으며, 이를 계기로 미국의 주요 대학에서 지역학 프로그램을 경쟁적으로 개설하게 되었다.

지역학 연구에서 가장 기본적인 것이 해당 지역의 역사와 언어를 이해하고 파악하는 것이다. 먼저 해당 지역에 대한 보다 깊이 있는 연구를 위해서는 현지어뿐만 아니라 영어를 습득하는 것이 필요하다. 그리고 해당 지역의 이해도를 높이기 위해 현지 조사(field study)를 바탕으로 현장감을 쌓는 것이 지역학 연구의 기본이자 필수 조건이라 볼 수 있다. 이러한 현지 조사에서 가장 중요한 것은 현장 노트(field note) 또는 현장 기록을 작성하는 작업이다. 현장 노트는 연구 중인 특정 현상을 관찰하거나 관찰한 후에 현장 조사 과정에서 연구자가 기록한 질적 노트를 말한다[C. Michael 2011].

일반적으로 현장 노트는 지역학, 지질학, 고고학 등과 같이 현지 조사가 필수적인 학문 분야에서 특히 중요하게 인식되어 왔다. 현장 노트는 학문 분야에 따라 다른 용어로도 지칭되는데, 예를 들어 지질학에서는 현장 노트를 야장(野帳) 또는 관측 기록부(觀測 記錄簿)로 부른다[L. Kangwon and S. Howoong 2016]. 이것은 야외 지질 조사 시 답사 내용을 자세하게 기록하는 노트를 말하며 약자나 기호 등으로 간결하게 기록한다[Doosan Encyclopedia Doopedia 2018]. 지역학에서도 현지 조사를 원활하게 수행하기 위해서는 현장 노트 작성이 무엇보다도 중요하다. 지역학의 현지 조사에서 연구자들이 작성한 현장 노트에는 경관 관찰, 지역 주민 관찰, 인터뷰 등이 주로 기록되며, 현장 노트의 정보로는 서면 자료, 스케치 자료, 사진 등이 포함된다.

현장 노트가 지역학 연구 성과의 활용 및 공유에 매우 중요한 역할을 하고 있음에도 불구하고, 기존의 현장 노트에는 여러 가지 문제점을 내포하고 있다. 먼저 현지 조사에서 현장 노트를 작성하는 방법은 대부분 수기로 이루어진다. 즉, 연구자들이 현지 조사에서 관찰한 내용을 일일이 노트나 수첩에 직접 글로 작성하거나 스케치를 한다는 것이다. 이것은 연구자들이 현지 조사에서 조사 활동을 하면서 수기로 현장 노트를 동시에 작성해야 하므로 시간의 제약으로 인하여 내용의 충분성이 미흡할 소지가 있다는 것이다. 왜냐하면 현장 노트를 수기로 작성하는 데에 많은 노력과 시간이 필요하기 때문이다. 이를 해결하기 위하여 먼저 현장에서 관찰한 내용을 간결하게 압축된 형태로 적은 후에 가능한 한 빠른 시간 내에 당시의 상황을 기억에서 되살려 다시 확장하여 풀어쓰는 절차를 거친다. 그렇지만 이 과정에서도 추가적인 노력과 시간이 소요될 뿐만 아니라 일부 내용들이 누락될 개연성이 발생할 수 있다. 둘째, 수기로 작성된 현장 노트는 연구 성과의 활용이나 공유 측면에서는 극히 제한적인 문제가 발생한다. 즉, 수첩이나 노트 형태의 현장 노트들을 다른 연구자들이 활용하기에는 너무 힘들 뿐만 아니라 현장 노트의 정보들을 체계적으로 공유 및 분석하기는 사실상 어렵다고 볼 수 있다. 또한, 현장 노트는 작성한 연구자들이 소유하고 있으므로 퇴직 등의 사유로 인하여 기록을 쉽게 잃을 수 있는 문제가 있다.

근래에 학문 간의 경계를 벗어나 새로운 연구 분야나 방법론을 도출하기 위한 학제간 융합 연구가 각광을 받고 있으며, 이러한 학제간 융합 연구는 새로운 연구 방향이나 방법, 정보나 지식을 도출해내고자 하는 시도이다[S. Moon, J. Kang and D. Lee 2016]. 이러한 추세에 맞추어 지역학과 정보통신 기술 분야도 다양한 융합을 시도하고 있으며, 이러한 결과로 지역정보학 (Area Informatics)이 태동되었다. 지역정보학은 다양한 지역학 분야의 데이터를 정량적으로 통합 및 분석하기 위한 지역 연구의 새로운 패러다임이다

[S. Hara 2010]. 본 논문에서는 지역학 연구에서의 기존 현장 노트의 문제점 및 한계를 극복하기 위하여 지역정보학 관점에서 현장 노트 시스템을 제시하고자 한다.

2. 관련 연구

지역학 연구에서 현장 노트는 가장 기본적이면서 중요하므로 현장 노트의 작성 방법에 대한 원칙이 필요하다. 연구자가 현지 조사 현장에서 보고 듣고 느끼고 생각한 것을 적는 것이 중요하므로, 일반적으로 현장 노트의 작성에는 세 가지 원칙이 있다[The Korean Society for Adult Education 1998]. 첫째, 언어 확인의 원칙으로, 이것은 현장에서 직접 듣거나 전해 들은 내용에 대하여 그것이 누구의 말인지 또는 누가 누구에 대해서 하는 말인지 분명하게 구분하여 적는 것이다. 둘째, 축어의 원칙으로, 현장에서 소통되는 말을 요약하거나 생략하지 않고 그대로 적는 것이다. 셋째, 구체의 원칙으로, 이것은 연구자가 보고 들은 내용만이 아니라 그 내용을 보고 들은 상황까지 세세하게 적는 것이다.

지역학 분야에서 현재까지 작성된 현장 노트들은 전 세계적으로 많이 존재하고 있는 것이 사실이다. 이 중에서 일본 교토대학교의 타카야 요시카즈(Takaya Yoshikazu) 명예 교수가 작성한 현장 노트를 살펴보고자 한다. 타카야 교수는 1966년부터 2016년까지 동남아뿐만 아니라 유럽과 아프리카를 포함한 총 111개 국가 및 지역에서 46차례 현장 조사를 실시하였다. 현장 노트에는 지형, 식생, 토양, 수질 상태, 토지 이용 및 심은 작물뿐만 아니라 인종, 주택 유형 및 신화와 같은 개정된 사회 경제적, 문화적 정보와 같은 생태 정보에 대한 데이터가 기록되어 있다[M. Yanagisawa, Y. Takata, and

〈그림 1〉 타카야 요시카즈의 현장 노트

T. Yamada 2018]. 또한, 현장 노트의 정보로는 서면 자료, 스케치 및 사진으로 기록되어 있다. 다음 그림은 타카야 교수가 작성한 현장 노트의 일부 사례를 보여준다.

수기로 작성된 현장 노트를 데이터베이스로 구축 및 활용에 관한 연구가 있다[M. Yanagisawa et al. 2018, T. Ryuich and Y. Hiroyuki 2013]. 이 연구는 교토대학교의 타카야 요시카즈 교수의 현장 노트들을 기반으로 구축된 데이터베이스에서 1984년 10월부터 1985년 1월까지 인도네시아 수마트라에서 실시된 현장 조사에 대한 기술 내용이다. 세부적으로 텍스트에서 명사와 형용사를 추출한 후에 텍스트 마이닝 기법을 적용한 검색 시스템과 다양한 온라인 지도를 시각화하는 기능을 제공한다. 특히, 현장 노트 내에서 잠재적인 정보의 상호 작용을 밝히는 데 도움이 되는 텍스트 마이닝(text mining)을 통하여 사용자 검색에 유용하게 활용될 수 있는 30개의 잠재적인 주제들을 제공한다.

3. 현장 노트 시스템의 설계

지역학의 현지 조사에서 주로 활용하는 수첩이나 노트 형식의 현장 노트에서 발생할 수 있는 문제점들을 해결하기 위하여, 본 논문에서는 현장 노트 시스템을 제안하고자 한다. 현장 노트 시스템은 연구자들이 수기로 작성하는 방식이 아니라 컴퓨터, 태블릿 등과 같은 정보 기기를 활용하여 작성하는 방식을 전제로 한다. 세부적으로 현장 노트 시스템은 정보 기기에서 동작하는 소프트웨어나 애플리케이션 방식을 고려한다. 먼저 현장 노트 시스템을 위한 플랫폼을 선택해야 하는데, 일반적으로 많이 활용하는 개인용 컴퓨터는 휴대성 및 이동성이 떨어지기 때문에 부적합하다. 따라서 휴대하기 간편한 스마트폰, 태플릿 컴퓨터와 같은 모바일 기기가 현장 노트 시스템에 대한 플랫폼으로 적합하다고 판단된다. 즉, 기존의 현지 조사에서는 수첩과 볼펜을 갖고 다니면서 조사 내용을 메모하는 방식에서 스마트폰, 태블릿 등과 같은 모바일 기기에서 현장 노트 애플리케이션을 이용하여 스마트하게 조사 내용을 기록하는 방식으로 변화시킬 수 있다.

모바일 기기에서 현장 노트를 사용하기 위해서는 앱(app)으로 개발하는 것을 제안하며, 특히 다양한 정보 기기들을 활용할 수 있는 플랫폼 독립성을 제공하기 위해서는 스마트폰용 앱, 태블릿용 앱, PC용 앱, 웹을 모두 지원할 수 있게 하는 것이 바람직하다. 일반적으로 앱은 네이티브 앱, 모바일 웹 앱, 하이브리드 앱이 있으며, 각 앱 유형들마다 장단점이 존재한다. 현장 노트 시스템에 적합한 앱 유형을 결정하기 위해서는 지역학의 현지 조사 특성을 잘 반영해야 한다. 지역학을 위한 현지 조사에는 지역별 환경이 대부분 상이하고 연구자들이 사용하는 모바일 기기가 다양할 수 있다. 따라서 이러한 특성을 고려해볼 때, 네이티브 앱과 모바일 웹 기술을 혼합한 하이브리드 앱이 적합하다고 판단한다. 왜냐하면 하이브리드 앱은 모바일 플랫폼에 상관없이 동작하므로 멀티플랫폼을 지원할 뿐만 아니라 네이티브 API를 이용하여 다양한 모바일 기기들이 제공하는 대부분의 기능들을 활용할 수 있기 때문이다.

현장 노트 시스템의 유용성 및 활용성을 높이기 위해서는 현지 조사에 참여한 연구자들이 쉽게 사용할 수 있어야 하고 필요한 다양한 기능들을 제공해야 한다. 이를 위해서는 현장 노트 시스템의 사용자 인터페이스를 설계할 때 사용자 경험(UX, User eXperience)을 충분하게 반영할 필요가 있다. 일반적으로 현장 노트의 구성 요소에는 설명적 정보(descriptive information)와 반사적 정보(reflective information)가 있다[J. Chipchase 2017]. 설명적 정보는 기록되는 사실적인 데이터로 시간과 날짜, 물리적 환경의 상태, 사회적 환경, 연구 대상과 그 환경에서의 역할 등이 포함된다. 반사적 정보는 현지 조사를 수행하는 연구자의 아이디어, 질문, 관심사 및 기타 관련 생각 등으로 기록된다. 또한, 현장 노트에는 스케치, 다이어그램 및 기타 도면이 포함될 수도 있으며 시각적으로 현상을 포착하려면 관찰자가 무엇이든 간과하지 않도록 관련 세부 사항 등이 추가될 수 있다. 이러한 현지 조사의 경험들을 반영하여 설계한 현장 노트 시스템의 인터페이스는 다음 그림과 같다.

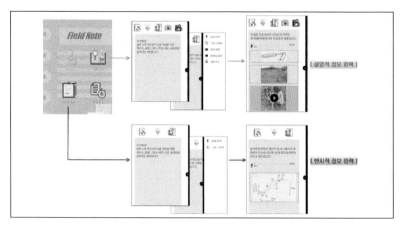

〈그림 2〉 현장 노트 시스템의 사용자 인터페이스 설계

현장 노트 시스템의 초기 화면은 로그인, 설명 정보 관리, 반사 정보 관리, 환경 설정을 위한 아이콘들로 구성한다. 설명 정보 관리 화면은 텍스트, 음성, 그림 스케치, 사진, 동영상을 입력할 수 있는 아이콘들은 상단에 배치하였으며, 사용 편의성을 높이기 위하여 오른쪽에 접히는 메뉴를 통해서도 동일한 기능을 제공할 수 있도록 한다. 반사 정보 관리 화면도 설명 정보 관리 화면의 인터페이스와 기본적으로는 동일하지만, 텍스트 및 음성 입력과 그림 스케치만을 제공하게 설계한다. 그리고 로그인 화면과 환경설정 화면은 기존 앱들에서 제공하는 표준 인터페이스 방식을 준용하여 설계에 반영한다.

현장 노트 시스템을 위한 기능 설계 내용은 위의 표와 같다. 기본적으로 현장 노트에서는 현지 조사의 전 과정에서 연구자가 필요로 하는 기능들을

〈표 1〉 현장 노트 시스템의 기능 설계

항목	기능	비고
공통 관리 기능	·사용자 인증	
	·서명 기능	전자 서명 인증
	·전자 현장 노트 템플릿 제공	다양한 템플릿 서식 제공
	·노트 파일 열기·수정·저장	
	·노트 파일 업로드	
	·노트 파일 PDF 변환	
	·노트 파일 버전 관리	노트 파일 업로드 이력 관리
	·환경 설정	네트워크, GPS, 동기화 설정 등
설명적 정보 관리 기능 (descriptive information)	·텍스트 입력(키보드·전자펜)	입력 방식(키보드·전자펜) 사용자 선택
	·음성 입력	
	·그림 스케치	전자펜 이용
	·사진 입력	
	·동영상 입력	
	·설문조사	설문조사 항목 설정, 실시 등
반사적 정보 관리 기능 (reflective information)	·텍스트 입력(키보드·전자펜)	입력 방식(키보드·전자펜) 사용자 선택
	·음성 입력	
	·그림 스케치	전자펜 이용

모두 포함시키는 것과 연구자가 키보드, 필기, 음성, 손그림 및 카메라를 포함하여 다양한 방법으로 입력할 수 있도록 하는 것을 전제로 한다. 현장 노트 시스템의 기능 항목은 크게 공통 관리, 설명적 정보 관리, 반사적 정보 관리로 구성한다. 먼저 공통 관리 기능에서는 사용자 인증 및 서명, 현장 노드 템플릿 및 직성, 노트 파일 업로드 및 비전 괸리, 환경 설정 등을 제공한다. 특히, 환경 설정에서 동기화 기능은 현장 수첩의 내용을 통합적이고 효율적으로 관리하기 위하여 스마트폰뿐만 아니라 태블릿과 개인용 컴퓨터(데스크톱, 랩톱), 웹에서 함께 사용할 수 있도록 지원한다.

설명적 정보 관리와 반사적 정보 관리는 실제 현장 노트를 작성하는 데 필요한 기능들을 제공하며, 공통적으로 텍스트 및 음성 입력, 그림 스케치를 제공한다. 텍스트 입력은 기존의 키보드 입력 이외에 전자펜을 이용한 입력을 제공하여 현지 조사에서의 사용 편의성을 높일 수 있다. 또한, 음성 입력 기능을 제공하여 현장 노트 작성에 드는 노력과 시간을 줄일 수 있으며, 음성 텍스트 변환 기술(STT, Speech To Text)을 적용하여 유용한 텍스트 데이터를 추출한다. 설명적 정보 관리에는 추가적으로 사진 및 동영상 입력, 설문 조사 기능이 제공되어 현지 조사에서 필요한 내용들을 기록할 수 있도록 한다.

4. 현장 노트의 정보 활용을 위한 서버 시스템 설계

기존에 지역학 연구에서 수기로 작성된 현장 노트들을 활용 및 공유하기 위해서는 별도의 디지털 아카이브(archive) 작업을 거쳐 데이터베이스로 구축해야 하지만, 실제 아카이브 작업에는 많은 비용과 시간이 소요되는 문제가 발생한다. 따라서 이러한 문제점을 해결하기 위하여 현장 노트 시스템과 연계하여 현장 노트 정보들을 종합적으로 수집 및 관리할 수 있는 서버 시스템을 제안한다. 기본적으로 현장 노트와 서버 시스템은 네트워크를 기반으로 한 클라이언트/서버(client/server) 방식으로 동작하는 것을 전제로 한다. 다음 그림은 본 논문에서 제안하는 현장 노트를 위한 서버 시스템의 구성 내용을 보여준다. 여기서 서버 시스템은 현장 노트를 저장하기 위하여 문서 저장소와 데이터베이스를 각각 별도로 관리한다.

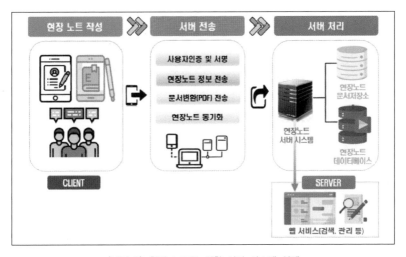

〈그림 3〉 현장 노트를 위한 서버 시스템 설계

현지 조사에서 작성된 현장 노트는 별도의 업로드 과정을 거쳐서 서버로 전송된다. 세부적으로 사용자 인증 및 서명을 거친 후에 텍스트, 스케치 그림, 사진 등의 현장 노트 정보들이 서버로 전송되며, 이때 문서변환 과정을 거쳐 별도의 현장 노트 PDF 파일을 생성한다. 전송된 텍스트, 스케치 그림, 사진 등의 정보는 서버 시스템의 현장 노트 데이터베이스에 있는 관련된 테이블들에 별도로 저장되어 관리된다. 그리고 문서변환을 통하여 생성된 현장 노트 PDF 파일은 서버 시스템의 현장 노트 문서 저장소에 저장 및 관리된다. 이 문서저장소에 저장되는 PDF 파일은 서면 현장 노트를 그대로 디지털화한 개념으로 진본을 영구히 보존하는 방식이다.

현장 노트 서버 시스템은 현지 조사의 지식 산출물인 현장 노트의 종합적으로 관리 및 제어하는 시스템으로, 웹 기반의 웹 서비스 시스템으로 구현하는 것을 제안하고자 한다. 서버 시스템의 주요 기능으로는 사용자별 권한 관리 기능, 연구 노트 통합 관리 기능, 연구 노트 등록 현황 관리, 연구 노트 검색 기능 등을 제공할 필요가 있다. 내부적으로는 네트워크 간 연계 기술을 적용한 연구 노트 업로드, 현장 노트와 서버 시스템 간의 동기화, 타임스탬프 기반 버전 및 이력 관리, 음성 텍스트 변환 기능 등을 제공해야 한다.

5. 결론

지역학은 일정한 지역의 지리나 역사, 문화 등을 종합적으로 연구하는 학문의 특성으로 인하여 해당 지역의 현장감을 쌓을 수 있는 현지 조사가 지역학 연구의 기본이자 필수 조건이다. 현지 조사에서는 특정 지역의 현상을 관찰하거나 관찰한 후에 현장 조사 과정에서 연구자가 현장 노트를 작성하는 것이 매우 중요하다. 이러한 현장 노트가 지역학 연구에서 매우 중요한 역할을 하고 있지만, 기존의 수기로 작성하는 현장 노트는 많은 문제점들을 가지고 있다. 구체적으로 수기 작성으로 인한 어려움뿐만 아니라 종이에 기록된 현장 노트의 정보들을 체계적으로 활용 및 공유하기에 많은 어려움이 발생한다. 이 문제점들을 해결하기 위하여 본 논문에서는 모바일 기기에서 앱으로 구동하는 현장 노트 시스템을 제안하였으며, 이와 관련하여 현장 노트를 위한 인터페이스 및 기능 설계와, 현장 노트의 정보 관리 및 활용을 위한 서버 시스템 설계를 제시하였다.

향후 연구로는 본 논문에서 제안한 현장 노트 시스템을 실현화하기 위하여 상세 설계 및 실제 구현할 필요가 있다. 또한, 현장 노트를 통하여 서버 시스템의 데이터베이스로 축적된 현장 노트 정보들을 활용할 수 있는 방안에 관한 연구가 필요하다. 세부적으로 현장 노트 데이터베이스의 정보들을 지역정보학 관점에서 다른 연구자들에게 활용 및 공유할 수 있는 방안의 제시가 필요하다. 이를 위해서 현장 노트 정보의 시각화 방안, 텍스트 마이닝 또는 데이터 마이닝 기법을 기반으로 한 효율적 분석 등에 관한 심도 있는 연구가 필요하다.

참고문헌

D. Lee, J. Kang and S. Moon, Research Trends Analysis on the Mediterranean Area Studies using Co-appearance Keywords. Asia-pacific Journal of Multimedia Services Convergent with Art, Humanities, and Sociology. (2016), Vol.6, No.5, pp.409-419.

C. Michael, Field Notes on Science & Nature. Harvard University Press, Cambridge (2011).

L. Kangwon and S. Howoong, Geospatial Information System Glossary. Goomi Book, Seoul (2016).

Doosan Encyclopedia Doopedia. http://www.doopedia.co.kr Nov 24 (2018).

S. Moon, J. Kang and D. Lee, Understanding of Digital Humanities. Korean Academic Information, Paju (2016).

S. Hara, in Clture and Computing, Edited T. Ishida, Springer Berlin Heidelberg, Berlin (2010), Vol.6259, pp.214-228.

The Korean Society for Adult Education, Educational Evaluation Thesaurus. Hakjisa, Seoul (1998)

M. Yanagisawa, Y. Takata, and T. Yamada, Text Analysis and Visualization of Field Note Data. Proceeding of 2nd International Conference of The Asian Federation of Mediterranean Studies Institutes, (2018) December 23; Kyoto, Japan.

T. Ryuich and Y. Hiroyuki, Area Studies' Database. Center for Integrated Area Studies, Kyoto (2013).

Organizing Your Social Sciences Research Paper: Writing Field. http://libguides.usc.edu/ writingguide/ fieldnotes, Nov 20 (2018).

J. Chipchase, The Field Study Handbook. Field Institute, San Francisco (2017).

제2부 환태평양 연구

.

미국은 어떻게 태평양 국가가 되었나*

박상현

1. 서론

2011년 오바마 대통령은 미국의 거대전략으로 '아시아로의 선회'를 제안함으로써 미국대외정책에서 태평양 지역을 최우선 순위에 놓은 최초의 대통령으로 기록되었다(Green, 2017). 그 뒤를 이어 국무장관 힐러리 클린턴(Clinton, 2011)은 포린 어페어 기고문에서 '미국의 태평양 세기'를 선언했고 백악관은 미국이 과거부터 현재까지 그리고 미래에도 '태평양 국가(Pacific nation)'(White House, 2012)일 것이라고 확언했다. 안보·경제·외교·규범 차원을 모두 포괄하는 다면적 거대전략으로서 아시아로의 '선회'가 미국의 '태평양' 정체성의 연속으로 제시되었던 것이다(Kolmaš and Kolmašová, 2019). 이 같은 태평양 정체성은 '미·중 전략적 경쟁'의 맥락에서 바이든 행정부가 추진하는 '인도-태평양' 전략에서도 재확인되고 있다.

그렇다면 미국은 언제 어떻게 태평양 국가가 되었나? 어떤 이해 관심(interest)이 대서양 연안 13개 주로 건국된 미국을 태평양 국가로 이끌었는가? 그리고 태평양 국가로서 미국의 국가 형성은 미국의 '태평양 전략'에 어

---

* 이 글은 『Journal of Global and Area Studies』, 6(2), 2022에 게재된 논문 「미국은 어떻게 태평양 국가가 되었나?: '장기 19세기' 미국과 태평양」을 재수록한 것임.

떤 영향을 미쳤나? 이런 질문들은 태평양과 연관된 미국의 역사를 재발굴하는 작업들을 낳고 있다.

최근까지도 미국의 역사는 주로 대서양 연안을 중심으로 서술되어 왔다. 통상적인 서사에 따르면, 미국인들은 대서양 13개 주의 독립 이후 서부로의 팽창을 '명백한 운명(manifest destiny)'으로 수용했고 결국 극서(Far West) 지역에 도달한 이후 태평양을 건너 계속 서진해서 하와이를 병합했다. 여기서 '서부개척'은 일종의 건국신화를 구성한다. 그리고 서부개척 시대는 '고립주의적인' 국내적 관심이 지배적이었던 것으로 묘사된다.

그러나 주로 새로운 경작지를 확보하려는 농업적 이해 관심에 의해 추동된 초기의 서부팽창이 필연적으로 태평양 연안으로의 진출을 의미하는 것은 아니다. 게다가 서부팽창이 진행되기 훨씬 이전부터 상업적 이해 관심에 근거한 태평양 연계가 존재했다. 태평양 건너편에 위치한 중국과의 상업적 연계가 태평양 연안지역이 미국으로 통합되는 과정, 즉 신생국가로서 미국의 국가 형성 과정에도 중요한 영향을 미쳤던 것이다. 또 태평양과 관련된 미국의 거대전략은 대외 진출을 통한 미국의 상업적 이해의 확대를 지향했다는 점에서 고립주의로 묘사되기 어렵다(Hunt, 1983, p.4; Green, 2017, p.7).[1]

여기서는 세계체계, 특히 세계-역사적(world-historical) 관점(Arrighi and Moore, 2001)에서 세계적인 상업적 연계가 민족국가의 형성에 미친 영향에 주목하면서 미국 독립 이후 제1차 세계대전 이전까지의 시기, 즉 '장기 19세기'에 태평양 연계가 미국 국가 형성과정과 태평양 전략에 미친 효과들을 추적한다. 특히 태평양 건너편에 위치한 중국과의 교역관계가 초기부터 미국의 태평양 정책에 중요한 영향을 미쳤을 뿐만 아니라 북미 태평양 연안지

---

[1] 최근에는 '고립주의'라는 용어가 1930년대에 '국제주의'를 옹호하기 위해 발명된 용어일 뿐이며 19세기도 미국은 언제나 국제적 지향을 갖고 있었다는 점을 강조하는 연구(Wertheim, 2020)도 등장하고 있다.

역이 미국의 영토로 통합되는 과정에도 중요한 요인으로 작용했다는 점을 강조할 것이다. 자유로운 정부와의 자유무역이라는 전망에서 개방된 태평양을 지향하는 미국의 정책은 건국 초기로까지 소급된다.

2. 전사(前史): 미국 독립 이전의 태평양 연안

(1) 스페인의 태평양 횡단 무역과 연안의 발견

1492년 콜럼버스의 '신대륙' 발견을 필두로 하는 '대발견의 시대'에 유럽인들은 한편으로는 대서양을 건너 아메리카 대륙을 식민화했고 다른 한편으로는 아프리카 남단을 돌아서 인도를 거쳐 중국 남동부에 도착했다. 이 시기에 바다를 통해 세계적인 연계망들이 형성되기 시작했는데, 포르투갈과 스페인 등 해양 팽창을 선도한 유럽 국가들은 주요 항로에 자국 선박들에만 배타적으로 식량과 수리 등을 제공하는 요새형 항구도시들을 건설하고 해양에 대한 독점적 통제권을 주장했다.

포르투갈 탐험가 바스쿠 다가마는 1497년에 아프리카 남단의 희망봉을 돌아서 인도양으로 진입했는데, 그가 개척한 '포르투갈 항로' 덕택으로 포르투갈인은 이슬람 세력을 거치지 않고 아랍-인도-중국을 연계하는 동아시아 교역망에 진출할 수 있었다. 네덜란드와 영국이 포르투갈의 뒤를 이어서 동남아시아 향신료 섬에 식민지를 건설하고 중국과의 교역을 추구했다. 한편 포르투갈과 경쟁관계에 있던 스페인의 국왕은 포르투갈 귀족 마젤란이 남아메리카 남단을 돌아서 '향신료 섬'으로 향해 항해하는 계획을 후원했고 마젤란은 '태평양'이라고 불릴 바다를 횡단해서 1521년에 필리핀에 도착했다. 스페인은 필리핀을 태평양 횡단 무역의 전초기지로 삼았다(Perry, 1994, p.5).[2]

16세기에 중국인들은 중원 주변의 전통적인 오랑캐—동이, 남만, 서융, 북적—와 구별되는 해양 오랑캐를 위해 특수한 조공체계(tribute system)로 이른바 광둥체계(Canton System)를 확립했다.3 중국과의 교역은 관청의 허가를 얻어서 무역을 독점한 중개상인 아행(牙行) 또는 홍상을 거쳐야만 했다. 그들과 외국상인 사이의 관계는 평화적이고 상업적인 것이었다. 양측은 자신들의 명예를 중요하게 생각했고 무역의 단절을 막는다는 공통의 이익이 있었다. 광저우에는 중국 당국의 통제하에서 인도의 무슬림 상인들, 스페인 사람들, 프랑스와 영국의 동인도회사, 네덜란드, 스웨덴, 덴마크 무역업자들이 드나들었다.

스페인은 세계에서 가장 풍부한 은광을 통제하고 있었지만 아시아 해역에 이미 연계망을 확보했던 포르투갈과 네덜란드가 스페인의 접근을 막았기 때문에 향신료 무역뿐만 아니라 아시아 내부의 무역에서도 배제되었다.4 스페인은 오직 태평양을 통해서만 세계 최대의 시장, 즉 중국에 진입할 수 있었다. 스페인은 중국에서 향신료가 아니라 비단을 얻었다. 아메리카 은과 중국 비단의 교환을 중심축으로 하는 필리핀 무역의 결과로 역사상 최초로 아시아와 아메리카의 지속적 연계망이 구축되었다(Kurashige, 2017, p.3).5 중국

---

2   스페인이 식민지 형성 과정에서 내세웠던 '종교적 사명'은 필리핀에서 큰 성공을 거두었다. 그러나 역으로 이는 기독교의 확산을 우려했던 일본 도쿠가와 막부의 쇄국정책을 야기했다(Booth, 2007).
3   '광저우 체제'는 외국상인과의 교역을 광저우로 제한하는 청의 해금정책의 산물이었다. 해금정책은 '서양'의 위협에 대한 대응이라기보다는 제국 내부의 안정이라는 관심에 의해 지배되었다. 중국의 통치자들은 대외무역을 외국인에게 베푸는 하나의 은사(恩賜)로 간주했고, 무역의 상대국을 제한하지 않았다. 교역기간은 10월부터 다음 해 3월로 제한되어서 여름에는 상인들이 마카오로 퇴각해야 했다(Matsuda, 2012, p.178).
4   포르투갈과 스페인은 콜럼버스의 항해 이후 1494년 세계의 해양을 분할하는 토르데시야스 조약을 맺었다. 이 조약에 따르면 대서양의 서경 46도를 기준으로 동쪽은 포르투갈이 서쪽은 스페인이 독점적인 영토권을 가졌다. 한편 양국은 1520년대에 동남아시아 향신료 산지였던 말루쿠 제도를 둘러싸고 경쟁을 벌였는데, 양국의 갈등은 1529년 사라고사 조약을 통해 해결되었다. 이 조약을 통해 포르투갈은 말루쿠 제도와 그로부터 동쪽으로 마카오에 이르는 지역에 대한 권익을 보장받았다.
5   북미 지역을 향한 최초의 아시아인 이주자는 스페인 식민지 시기에 갤리온 무역의 일부로 멕시코와 캘리포니아에 정착한 필리핀인들이었다(Heffron, 2017, p.50).

의 비단은 역사상 최초로 서쪽이 아니라 동쪽으로, 즉 태평양을 횡단해서 '신대륙'으로 향했고 거기서 다시 유럽으로 흘러갔다(Ma, 1999, p.52).

멕시코가 독립한 1815년까지 매년 한두 척의 갤리온이 마닐라와 아카폴코를 오갔다. 신스페인(Nueva España)의 은이 마닐라를 경유해서 중국으로 유입되었고 중국의 비단이 신스페인을 경유해서 스페인으로 유입되었다 (Flynn and Giraldez, 1999, pp.24-27; Perry, 1994, p.6).[6] 중국의 상인들은 서양인들이 가져온 어떤 상품보다 은, 특히 은화를 선호했기 때문에 스페인—이후에는 멕시코가—이 주조한 은화는 태평양 국제상업세계의 본위화폐로 기능했다. 스페인이 태평양을 횡단하는 무역을 독점한 결과로 유럽인들은 태평양을 '스페인의 호수'라고 불렀다.

스페인은 무역풍을 활용해서 남태평양을 횡단하여 마닐라로 손쉽게 항해할 수 있었지만 북서항로를 따라, 즉 태평양 북부를 통해 마닐라에서 아카폴코로 돌아오는 데에는 7개월이 걸렸다. 선박의 수리와 휴식을 위해 태평양과 캘리포니아 해안에 항구가 요구되었고 이에 따라 태평양과 북미의 태평양 연안에 대한 탐험이 시작되었다. 그러나 스페인의 탐험은 체계적이라기보다는 충동적이었고 스페인 탐험가들은 자신이 획득한 지식을 공유하지도 않았다. 스페인의 비밀주의로 인해 그들의 '북서항로'에 대한 정보는 유출되지 않았지만 대신 태평양 각지에 대한 스페인의 영토 주장도 취약해졌다 (Matsuda, 2012). 스페인은 괌과 마리아나 제도를 태평양 횡단의 중간 기지로 활용했지만 그곳들보다 훨씬 중요한 역할을 할 수 있었던 하와이를 발견하지는 못했다(Perry, 1994, p.6).

스페인은 16세기에 북미 해안지역 전체에 대해 영토권을 주장했고 그 후

---

6   마닐라를 경유해서 라틴 아메리카에서 유입된 은에 기초해서 중국에서는 조세를 은으로 납부하는 '지정은제법'을 실시하고 장기간에 걸친 은본위제로의 이행을 완료할 수 있었다(Hung, 2015, p.17).

200년 이상 북미의 서부 해안의 발전을 지배했지만 그들의 정착지는 오늘의 멕시코의 영토에 해당하는 남부에 국한되어 있었다. 신스페인(Nueva España)에는 과잉 인구가 없었고 추운 북쪽으로 이동할 유인도 거의 없었다.[7] 스페인은 1769년이 되어서야 샌디에이고에 정착지를 건설했고 1800년에는 샌프란시스코까지 식민화를 시도하면서 그 지역에 대한 영토적 통제권을 행사하려고 했다. 스페인의 항구들은 점차 빈번하게 출현하기 시작했던 외국 무역선을 배제하는 정책을 지속했다(Delgardo, 1990, p.1; Igler, 2013, p.23). 18세기 말에 북태평양 연안에 대한 스페인의 이해 관심은 러시아와 영국의 정착지 형성에 대응하는 방어적인 성격이 강했다. 그들은 북태평양 연안지역이 일종의 완충지로서 탐험되지 않고 발전되지 않은 상태로 남아 있기를 원했다(Perry, 1994, p.11; Gibson, 1992, p.18).

(2) 영국의 동인도무역과 미국의 독립에서 태평양 요인

17-18세기에 포르투갈, 네덜란드, 프랑스, 영국 등이 태평양에서 스페인의 지배력에 도전했다. 그들의 도전은 태평양을 횡단하는 갤리온 무역과 태평양 연안 스페인 정착지에 대한 공격의 형태를 취했다. 그들은 점차 스페인 제국의 배타적 영역으로 이해되었던 태평양 지역에 관한 영향력을 확대하려고 노력했다. 특히 포르투갈과 네덜란드에 비해 상대적으로 늦게 해양에 진출한 영국은 공격적으로 태평양에 진입해서 태평양과 그 주변 지역에 대한 탐험을 시도했다(Chang, 2012, p.5).

북미의 태평양 연안에 영국의 탐험은 이후 동인도회사를 설립할 드레이크

---

7 스페인 사람들은 캘리포니아를 '지구의 끝에 있는' 섬이라고 생각했다. 스페인 탐험대가 1539년에 캘리포니아가 섬이 아니라 반도라는 사실을 밝혔지만 18세기 중반까지도 캘리포니아가 섬이라는 인식이 널리 퍼져 있었다. 이런 상황에서 스페인 국왕 페르난도 6세는 1747년에 '캘리포니아는 섬이 아니다'라는 칙령을 발표하기도 했다(Cumings, 2010, pp.45-46).

의 태평양 탐험으로 소급된다. 그는 스페인이 개척한 북서항로를 발견하지는 못했지만 우연히 캘리포니아 해안에 도착해서 그곳을 뉴알비온(New Albion)이라고 명명했다. 영국은 1579년에 드레이크가 북미 서부해안의 북쪽 지역을 영국령으로 선언했던 것을 근거로 해서 그곳에 대한 영토적 지배를 주장했지만 1788년까지 어떤 영국인도 그곳에 정착 식민지를 건설하지 않았다.

그러나 1770년대에 아편에 기초한 인도-중국-영국의 3각 무역을 공식화했던 영국은 태평양으로 진출해서 그곳을 '영국의 호수'로 만들고 싶어 했다(Chang, 2012, p.6). 태평양을 향한 유럽인들의 새로운 팽창을 주도했던 제임스 쿡 선장은 그들의 영웅이었다. 쿡 선장은 태평양 탐험가로서 당대에 큰 명성을 떨쳤고 그의 태평양 항해를 기록한 책은 범유럽적인 베스트셀러가 되면서 태평양에 대한 관심을 불러일으켰다(Braun, 2019, p.94). 그는 스페인 탐험가들이 발견하지 못했던 하와이를 발견하고 자신을 후원해준 백작의 이름을 따서 그곳을 샌드위치 제도라고 명명하기도 했다(Freeman, 2010; Matsuda, 2012). 그가 수행한 태평양에 대한 대규모 과학적 조사는 유럽 국가들 내에서 과학적 탐험을 둘러싼 경쟁을 촉발해서 18세기를 '2차 대발견의 시대'로 만들었다(Braun, 2019, p.91).

1778년 쿡 선장은 마지막 세 번째 태평양 항해에서 북미 연안을 탐험하면서 캘리포니아에서 베링해협으로 가는 모든 경로를 지도로 기록했다.[8] 그는 누트카(Nootka), 즉 현재의 밴쿠버 인근에서 러시아인 정착촌을 만났고 그들로부터 모피를 획득할 수 있었다. 쿡 선장의 정보에 근거해서 1788년에

---

8 베링해협을 처음으로 개척한 사람은 덴마크의 항해가 베링이었다. 그는 1721년에 표트르 대제의 명을 받아 캄차카반도에서 아메리카 대륙을 찾기 위해 나섰고 항해 도중에 알류산 열도를 발견했다. 그는 안개로 인해 알래스카 근처에서 회항할 수밖에 없었고 표트르 대제에게 아메리카 대륙으로의 항해가 불가능하다고 보고했다(Curmings, 2010). 이후 러시아인들은 일련의 탐험을 거쳐서 1784년에 최초로 태평양 연안 북부에 정착촌을 형성했다.

영국인들은 누트카 해협에 소규모 무역거점을 형성하고 광저우에서 상대적으로 수요가 컸던 모피를 수집했다. 이에 대응해서 이미 1774년부터 알래스카에 탐험대를 보냈던 스페인은 누트카 해협에 요새를 건설하고 영국과 북미 식민지 무역상들의 선박을 나포하면서 1789년에 스페인과 영국 사이에서 '누트카 위기'가 발생했다.

태평양 북서부의 통제권을 둘러싼 영국과 스페인의 분쟁은 세 차례에 걸친 누트카 협정을 통해 해결되었다. 협정에 따라 영국은 스페인이 자신의 영토라고 선언했지만 결코 점유한 적이 없는 어떤 지역이든 자신의 정착지를 건설할 권리를 인정받았다. 협정의 가장 큰 수혜자는 포트 밴쿠버에 모피 무역거점을 확립한 허드슨베이 회사였다. 이 시기에 태평양 연안은 스페인, 러시아, 영국, 북미 식민지 등이 무역거점을 만들고 그 밖의 다른 나라 선박들도 드나들기 시작하면서 '민족적'이라기보다는 '국제적'인 지역이 되었다(Delgardo, 1990; Dolin, 2012).

한편 국제적 무역망의 일부이자 특히 대영제국의 일부로서 북미 식민지는 이국적인 영국의 '동인도 무역'이 번성하면서 중국 상품으로부터 중요한 영향을 받았다. 1700년 직전에 영국의 동인도회사는 이미 영국에서 유행했던 중국산 차를 식민지에 도입했고 이후에는 비단과 도자기 같은 사치품들도 수입했다. 유럽으로부터 식민지로 '중국풍'이 수입되었고 이국적인 중국산 제품들에 대한 선호가 확산되었다. 18세기 중반 식민지 경제가 팽창하면서 중국 상품 구매는 꾸준히 증가했다.[9] 중국 상품들은 점차 번영하는 북미 식민지의 문화적 풍경의 일부가 되었다(Dolin, 2012, p.55; Yokota, 2017, p.34).

---

[9] 또 영국이 중국으로부터 수입하고 있던 작물을 북아메리카 대륙에 이식하려는 실험도 진행되었다. 이뿐만 아니라 북미 식민지 각지에서 중국으로 수출할 인삼이나 모피와 같은 자연자원이 채취되었다(왕위안총, 2022).

광저우에서 들어온 다양한 상품들은 신비로운 나라로서 중국이라는 관념을 대중적으로 유포했다. 몇몇 미국인들, 특히 미국철학협회로 대표되는 지식인들은 스코틀랜드 계몽주의를 비롯한 초기 계몽주의의 영향하에 중국문화의 긍정적 양상들에 대해서도 흥미를 가졌다.[10] 필라델피아의 지식인들은 과거제도를 통해 선발된 관리들에 의해 통치되는 조화로운 사회이자 자혜로운 전제정으로서 중국이라는 초기 계몽주의의 관점을 공유했다(Hunt, 1983: 32). 또한 그들은 식민지의 부를 증진시킬 수 있는 상업적 기회라는 관점에서 중국에 주목하기도 했다(Dolin, 2012, p.64).

영국은 1783년 이전까지 식민지 상인이 희망봉 동쪽으로 무역활동을 수행하는 것을 금지했다. 아메리카 해안에서 독자적으로 희망봉을 돌아서 인도양으로 향했던 초기의 선박들은 '해적'으로 불렸고 영국 해군과 법정에 의해 제거되었다(Dolin, 2012, p.60). 네덜란드로부터의 간헐적인 밀수도 동인도회사의 수입 독점을 무너뜨리지 못했다. 동인도회사가 '새로운 소비자 경제의 상징'이었던 차를 독점하고 있다는 사실은 점차 영국에 대한 종속의 상징으로 간주되었다(Yokota, 2017, p.36). 그리고 차에 대한 수입관세의 부과는 결국 미국 혁명전쟁의 발단이 되었다. 차 조례가 야기한 분노는 조세와 이윤의 상실에 관한 우려보다 훨씬 더 심층적이고 광범위한 것이었다. 그것은 식민지를 기업의 상업제국의 톱니바퀴의 일부로 변형시킨 동인도회사의 장기적 전략에 대한 공개적 반대로 간주되었다. 보스턴 차 사건을 주도했던 상인들은 차를 '자유무역의 순환을 문명화하는 신성한 씨앗'으로 상징화하면서 '무역할 자유'를 옹호했다(Dolin, 2012, pp.55, 69; Johnson, 2017, p.23).

---

[10] 프랭클린(Benjamin Franklin)은 몽테스키외 등 초기 계몽주의 사상의 영향하에서 중국을 영감과 혁신의 원천으로 접근하는 경향을 대표했다(Hunt, 1983, p.32).

3. 독립 이후 미국의 태평양 전략

(1) '자유의 제국'으로서 신생 공화국과 '광둥체계'의 연계

미국 건국의 아버지들은 미국의 기원이 반제국주의적인 성격을 가진다고 믿었고 필요에 따라 '제국'을 재규정했다. 제퍼슨은 당시 유럽 제국들에 만연한 전쟁이나 부패가 아니라 '상업'과 자유로운 인민의 확신에 기초한 '자유의 제국(Empire of Liberty)'을 희망했다. 여기서 '제국'의 의미는 오늘과 달라서 사실상 커져가는 미국의 영토를 함의했고 상업은 무엇보다 '자유무역'을 의미했다(Curmings, 2010). 또 '자유무역'은 비관세를 의미하는 것이 아니라 특권에 대한 반대, 즉 동인도회사처럼 특정 지역과의 무역을 독점하는 특권 기업(Charted Company)에 대한 반대를 의미했다(Fichter, 2010; Johnson, 2017, p.24).

미국인들은 자신들이 독립을 선언하던 1776년에 출판된 스미스의 『국부론』에서 제시된 자유무역의 정신을 영국인들보다 더 적극적으로 수용했다(Dolin, 2012, p.91; Johnson, 2017, p.25). 스미스의 전망, 즉 전제정이 아니라 '자유로운 공화국'과의 자유무역을 통한 부의 상호적 증대라는 전망이 신생 국가의 지도자들이 추구한 대외정책의 기본적인 준거가 되었다. 여기서 자유로운 상업 활동은 단순한 경제적 부의 증가뿐만 아니라 전제정과 폭력을 완화시키는 문명화의 효과를 갖는 것으로 간주되었다.

태평양을 향한 유럽인들의 새로운 팽창의 시대에 중국무역은 이 같은 관점을 실현한 중요한 사례를 제공했다. 특히 미국의 지도자들은 『국부론』에서 중국이 유럽보다 더 부유하다고 언급했던 애덤 스미스를 믿었고 유럽의 교역 제국들처럼 세계에서 가장 부유한 중국과의 교역을 통해 민족적 번영과 세계적인 경제적 우위를 확보할 것이라고 생각했다. 극서 지평선 너머의 거대한 부라는 신화도 미국인의 강박으로 오랫동안 지속되었다(Perry, 1994, pp.26, 304).

그러나 그들은 가능한 정치적 문제를 일으키지 않으면서 무역을 확대한다는 신생 공화국의 기본적 정책을 따라서 중국과의 교역에 정부적 자원을 투여하지는 않았다(Cohen, 2019, pp.2-3). 대신 그들은 미국의 상업적 이해관심을 증진시키고 유럽의 경쟁자들에 대한 우위를 확보하는 경제적인 방식으로 중국의 선의를 촉진할 필요가 있다는 생각을 가졌다. 상인들의 보고에 기초를 둔 이 같은 관점은 중국에 대한 미국 정부의 기본적인 접근법이 되었다(Hunt, 1983, p.12).

1775-1783년의 혁명전쟁 동안 영국 해군의 공격으로 인해 미국의 대외교역 흐름은 사실상 중단되었다. 독립 초기에 미국의 상인들은 영국 왕립해군(Royal Navy)의 보호를 받을 수 없었고 영국 제국체계 내에서 무역을 할 수도 없었다. 그러나 미국은 이제 식민지 세계의 제한을 넘어서 자신의 활동을 확장할 자유를 가졌다. 미국인들, 특히 혁명을 촉발시켰던 뉴잉글랜드의 상인들은 상업적 독립의 열쇠를 발견하고 새로운 민족의 경제를 부양하기 위해 동인도무역의 세계로 진입하기를 희망했다(Yokota, 2017, p.36; Perry, 1994, p.25).

파리에서 영국과의 평화조약이 체결된 직후인 1784년에 미국 상선 중국황후(Empress of China)호가 인삼을 비롯해서 중국에서 인기가 있다고 알려진 상품들을 싣고 뉴욕을 출발하여 6개월 만에 광저우에 도착했다. 최초의 교역은 기대했던 것만큼은 아니더라도 상대적으로 큰 수익을 낳았지만 더 중요한 것은 미국이 영국의 독점을 벗어나서 거대한 부의 원천으로서 중국과 자유롭게 무역을 진행하는 독립적 교역국가가 되었다는 정치적 상징성이 있었다. 1844년 양국 사이에 최초의 공식적 조약이 체결될 때까지 향후 '구중국무역(Old China Trade)' 시대라고 불릴 새로운 교역의 시대, 즉 외교 없는 직접교역의 시대가 열렸다(왕위안충, 2021, p.57). '광둥이 만든 세계'(Matsuda, 2012)에 참여한 결과로 이국적인 '동인도 무역'은 이제 '광둥무역(Canton Trade)'으로 불렸다.

몇몇 사람들은 영국의 동인도회사처럼 국가의 후원하에 광둥무역을 독점하는 특권기업(charted company)의 설립을 주장했지만 그런 주장은 수용되지 않았다. 뉴잉글랜드의 중국 상인들은 고도로 경쟁적인 교역이라는 스미스의 철학을 행동으로 옮긴 전위적 상인들에 속했고 인상적인 결과를 낳았다(Dolin, 2012, p.92). 지역적 독점의 제한이 없었기 때문에 미국의 중국 무역상들은 더 신축적으로 영업을 진행하고 더 쉽게 사업 기회를 잡을 수 있었다. 그들의 성공은 영국의회가 1833년에 동인도회사의 중국무역 독점을 종결시키고 진정한 의미의 '자유무역 제국주의'로 이행하는 데 중요한 영향을 미쳤다(Dolin, 2012, p.137; Ficher, 2010, p.205).[11]

독립 이후 50년 동안 중국과 관련해서 미국이 추구한 이익은 전적으로 상업적인 것이었다. 초기 광저우와의 무역을 수행했던 상인들은 어떤 해군력도, 제국주의 전통도 없었다(Green, 2017). 상인들의 이해 관심이 외교를 지배했고 심지어 상인이 중국 공사로 임명되기도 했다.[12] 상인들은 중국 상인들이 다른 유럽인들과 달리 미국인들에게 우호적이라고 보고했다. 공식조약이 체결될 때까지 상인들의 접촉이 중국에 대한 미국의 정책에서 가장 중요한 원천이 되었다.

---

[11] 1833년에 미국이 광둥으로 가져온 터키 아편이 동인도회사에 성공적으로 도전한 이후 동인도회사는 중국무역에서 독점을 상실했다(Haddad, 2013, p.80).

[12] 상인 출신으로서 미국과 중국의 조약체결을 담당했던 쿠싱은 미국과 영국의 대립을 강조하면서 중국에 대한 정책에서 양국의 차이를 분명하게 했다. 그는 자신의 후임자에게 중국 정부와 인민의 선의를 강화시킬 필요성을 강조했다. 이후에도 중국에 파견된 미국 외교관들은 종종 무자비한 유럽의 공세로부터 중국을 보호하고 중국인을 평화적인 방식으로 고양시킬 필요성을 옹호했다(Hunt, 1983, pp.19-20).

(2) 광둥무역과 미국 상인의 태평양 진출

독립 직후에 중국과의 교역을 추구할 때 뉴잉글랜드의 상인들은 태평양을 횡단하는 새로운 항로를 개척하기보다는 더 안전하고 효율적인 것으로 인식된 포르투갈 항로를 활용함으로써 시행착오를 거치지 않고 중국 교역로를 확보할 수 있었다(Perry, 1994, p.19).[13] 최초의 교역이 성공을 거둔 이후 1787년 말까지 9차례의 항해가 진행되었고 광둥에서의 차 무역이 규칙적이게 된 1790년에는 28척의 선박이 광둥으로 향했다(Hao, 1986, p.13).

미국인들은 처음에 미국과 유럽에서 인기 있는 중국 상품, 즉 비단, 남경목면, 도자기 그리고 무엇보다 차를 구매했다. 그들은 인삼처럼 중국인들이 원하는 것을 찾았지만 그런 상품은 언제나 중국에서 구매한 것을 지불하기에는 부족했기 때문에 19세기 초 미국의 법정통화이기도 했던 스페인 은화가 필수적이었다.[14] 뉴잉글랜드의 상인들은 계속해서 은화를 대신해서 중국에 판매할 상품을 찾았고 이 과정에서 영국 상인들처럼 태평양에 진입했다.

미국 상인들은 1790년경부터 태평양과 북미 연안을 돌아다니면서 백단목에서 바다표범·해달(sea otter) 모피에 이르는 모든 것을 얻었다. 19세기 동안 포경을 제외하면 태평양에서 이루어진 자연자원의 추출은 모두 중국시장을 위한 것이었다(Ficher, 2010, p.205; Dolin, 2012, p.109).

미국 대다수 지역이 농업경제에 의해 지배되고 있는 상황에서 뉴잉글랜드 상인들은 프랑스 혁명과 그 뒤를 이은 전쟁의 시기, 즉 '프랑스 전쟁' 시기(1793-1815)에 중립국 지위를 활용한 중국 상품의 '재수출' 무역을 통해 호

---

[13] 쿠크 선장의 원정에 참여했던 미국인 레드야드(John Ledyard)가 라틴 아메리카 남단을 돌아서 태평양을 횡단하는 항로를 제시했지만 그의 제안은 수용되지 않았다(Perry, 1994; Haddad, 2013).
[14] 1784년부터 1833년까지 멕시코 은화는 중국을 향한 미국의 수출의 64%를 차지했지만 이 시기에 미국에서는 은이 생산되지 않았다(Flynn, Frost and Latham, 1999, p.15). 미국인들은 유럽인들의 시장을 통해 은을 획득해야 했는데, 19세기 초반에는 전쟁과 반란 등으로 인해 은화 시장이 불안정했다(Haddad, 2013, p.61).

황을 누렸다. 특히 1809-1811년에는 대륙봉쇄령으로 대륙과의 유럽의 차 수입은 완전히 중단된 반면 미·중 차 무역은 거의 영향을 받지 않았기 때문에 미국 함선은 차 무역에서 영국에 이어 2위의 위치에 오를 수 있었다(Hao, 1986, p.14). 1820년대에 광둥에는 4개의 미국기업 지사가 존재했다. 또 이 시기에 미국인들은 일본이 유일하게 개방한 나가사키에서 네덜란드 깃발을 걸고 일본인들과 교역을 진행했다.

특히 미국인들은 무역의 지역적 독점이라는 규제로부터 상대적으로 자유로웠기 때문에 북미 북서해안에서 모피를 구매하는 활동에서 영국의 상선들보다 우위를 보였다(Hao, 1986, p.13). 그들은 점차 북태평양 국제교역에서 '프랑스 전쟁'으로 인해 추가적인 어려움을 겪던 영국인들을 밀어내고 러시아인의 주요한 경쟁자가 되기 시작했다. 별도의 조공무역 지역을 할당받았던 러시아는 광둥에서 교역을 할 수 없었기 때문에 러시아인들은 자신들의 모피를 취급할 미국인과 협상을 원했다. 그 결과 1796년부터 1812년 동안 북미와 중국 사이의 해양 모피무역 전체가 미국인의 수중으로 넘어갔다. 미국 상선은 1833년 동인도회사의 중국무역 독점이 폐지되기 이전까지 태평양 북서 연안을 지배했다(Perry, 1994, p.37; Fichter, 2010, p.213).

1830년대에 미국은 처음으로 중국과의 조약을 체결하기 위해 외교관을 광저우에 파견했지만 광둥체계 내에서 그런 시도는 실패로 돌아갔다. 반면 같은 시기에 선교의 행동주의는 활력을 띠었다. 선교활동도 상업활동과 마찬가지로 비정부적, 개별적 성격을 띠었으며 언제든지 중국 관료의 부정적 조치에 직면할 수 있는 광둥체계의 제약을 벗어날 수 없었다. 선교사들은 활동 범위가 광저우로 제한되어 있었기 때문에, 그런 제한을 극복할 수 있는 혁신적인 방법으로 중국인들을 광저우 내부로 끌어들일 수 있는 의료와 교육 사업을 고안했다. 선교사들은 자신의 포교활동과 중국의 '문명화'라는 전망을 결합시켰다. 미국인들의 이 같은 선교활동은 자신을 예수의 동생으로

칭한 태평천국의 난의 지도자 홍수천을 낳음으로써 그 난에 간접적으로 영향을 미쳤다(Hunt, 1983, pp.27-28).

한편 미국 상인들이 스페인 은화를 대체하기 위해 중국으로 가져갔던 백단목과 모피는 1820년대에 급속하게 고갈되었고, 결국 미국인들도 영국인들을 따라 아편을 수출하게 되었다. 아편은 영국인이나 미국인이 중국에 판매할 수 있었던 은에 대한 유일한 대체재였다(Fichter, 2010, p.230). 상품으로서 아편의 특수한 능력은 은을 대체할 수 있는 일종의 해외무역 통화 기능에서 기인했다. 아편은 상대적으로 소형이고 운송이 편리했으며 몇 년 동안 보존될 수 있었다. 스페인 은의 세계적 공급이 수축되었을 때, 영국은 그 공백을 채우기 위해 아편을 활용했다(Johnson, 2017, p.55). 후발 주자였던 미국은 인도가 아니라 터키의 아편을 조달했다. 영국 동인도회사는 '동인도' 지역 외부에 위치한 터키의 아편을 중국으로 실어올 수 없었고 유럽 여타 나라들의 해상무역은 '프랑스 전쟁' 시기에 영국 해군에 의해 파괴되었기 때문에 미국 상인들은 터키산 아편에 대해 사실상 독점거래를 획득했다(Fichter, 2010, p.229).[15]

아편무역으로 인해 중국의 은이 계속해서 해외로 빠져나가고 광둥 지방의 경제가 어려움에 빠지면서 아편을 둘러싼 갈등은 불가피했다. 아편전쟁 전야에 중국인들은 자신들이 활용한 서양 관료들 덕택으로 영국인과 미국인을 구별했고 양국 사이에 갈등이 존재했다는 사실을 알게 되었다. 그들은 이이제이(以夷制夷)의 일환으로 양국에 차별적인 정책을 취했고 '프랑스 전쟁'에서 중립적 입장을 취했던 미국을 활용해서 충돌을 막으려 했다(Cohen, 2019, p.7; Gibson, 1992, p.106). 미국은 미국혁명의 역사적 경험에서 기인

---

15 미국인의 아편교역은 대략 1800-1860년에 번성했지만 그들이 중국으로 수출한 아편은 인도-영국 아편의 1/10을 넘지 않았다. 미국 기업가들은 영국 동인도회사의 캘커타 경매에서 배제되어 있었고 중국시장을 위한 표준화된 생산에서 동인도회사와 경쟁할 수 없었다(Fairbank, 1986, pp.4-5).

하는 반제국주의적 입장에서 전쟁을 반대했지만, 다른 한편으로 '자유의 제국'에 내포된 보편적인 공화주의적 가치의 확산이라는 관점에서 중국의 '전제정'에 비판적인 태도를 보이기도 했다. 유럽의 열강들과는 거리를 두면서도 자유무역의 확대에는 편승해서 상업적 이득을 획득하는 미국의 행보는 '자칼 외교'라는 비난을 듣기도 했다(Green, 2017, p.37).

중국은 아편전쟁 이후 조약체계를 미국으로도 확대했는데, 이는 영국에만 특별한 지위를 제공하는 것이 아니라 여타 국가들에도 선의를 베푸는 것이 오랑캐를 다루는 데 이득이 될 것이라는 중국의 의도를 반영한 것이었다.16 그 덕택으로 미국은 어떤 군사적 행위나 위협 없이 자신들의 상업적 활동을 중국의 연안지역으로 확대할 수 있었다(Cohen, 2019, p.11). 이와 함께 어떤 외교도 없는 직접적 무역의 시대는 종결되었고 공식적인 조약체계가 시작되었다.

(3) 태평양 국가로서 미국의 형성

1783년 파리협정은 미합중국을 미시시피강을 서쪽 경계로 하는 주권국가로 만들었다. 그러나 그것은 '국가 형성(state-building)'의 시작에 불과했다. 제퍼슨 대통령은 나폴레옹으로부터 루이지애나를 구입함으로써 미국의 서쪽 변경을 확대했다. 미국인들은 새로운 땅을 찾아 계속 서쪽으로 이동했다. 그런데 이러한 서부 팽창과 별도로 초기부터 미국의 지도자들은 태평양을 '자유의 제국'으로서 미국을 확립하는 데 결정적인 요소로 간주하는 경향이 있었다(Yokota, 2017, p.38). 그 결과 농업적 이해관계에 의해 추진된 서부

---

16 중국 관리들은 아편전쟁과 1850년대의 혼란 사이에 미국에 대한 최초의 일관된 묘사를 제공하는 서적을 발간했다. 1844년에 발간된 위원의 해국도지는 미국이 부강한 나라이지만 영국이나 프랑스와 달리 중국에 무례하게 행동하지 않는다는 관점에서 미국에 대해 상대적으로 우호적인 입장을 취했는데, 이런 입장은 이후에도 지속적인 영향을 미쳤다(Hunt, 1983).

팽창이 본격적으로 전개되기 이전부터 중국과의 상업적 연계에 대한 관심이 북미의 반대편 해안에 대한 영토에 대한 권리 주장을 낳았다. 미국인들은 일종의 국제적 경쟁의 공간으로서 북미 태평양 연안(North American Pacific) 또는 태평양 북서부(Pacific Northwest)라는 지역에 진출해서 그 지역에 대한 통제권을 주장했던 스페인, 새로운 정착지를 개척하고 남하를 모색하던 러시아, 그들과 경쟁하며 식민화 노력을 하고 있던 영국 등에 대항했다 (Perry, 1994, p.31; Chang, 2012, p.9).

쿡 선장의 태평양 탐험으로부터 영감을 얻었던 제퍼슨 대통령의 제안으로 1803-1806년 에루이스와 클라크가 이끈 전설적인 원정대가 태평양 연안에 관한 과학적 조사를 수행했다. 그들은 전문적인 과학자들을 동승하고 남미 남단을 돌아서 북미 북서안의 컬럼비아강 하구에 도달했다(Perry, 1994; Dolin, 2012). 1809년에 독일 출신 이민자였던 뉴욕의 모피상 아스토어 (John Jacob Astor)는 제퍼슨의 지지를 얻어서 태평양모피무역회사(Pacific Fur Trading Company)를 설립하고 루이스와 클라크가 개척한 항로를 따라 컬럼비아강 하구에 태평양 연안 최초의 항구적 정착지 아스토리아(Astoria) 를 건설했다(Dolin, 2012, p.93; Green, 2017, p.26; Haddad, 2013, p.69).

제퍼슨은 새로운 정착지가 독립적인 자매국가, 즉 '미국과 피, 언어, 우애로 묶인 동료공화국'으로서 영국에 대항해서 미국의 북태평양 국경을 안정화하는 데 기여할 것을 희망했다(Green, 2017, p.27; Fichter, 2010, p.275). 아스토리아는 '2차 미국혁명'이라고 불린 영국과의 '1812년 전쟁'으로 상실되었지만 결국에는 오리건 전체에 대한 미국의 영토 주장을 유효한 것으로 만드는 데 결정적인 전초기지가 되었다(Perry, 1994, p.34). 그리고 바로 그 '1812년 전쟁'의 와중에 미국 전함 에식스호(USS Essex)가 전적을 올리기 위해 미국해군 최초로 남미 남단을 돌아서 태평양에 진입했다.[17]

[17] 미국 전함 에식스호(USS Essex)는 영국 해군을 격퇴하여 명성을 얻으려던 함장의 개인적 결정에

먼로 대통령의 국무부 장관 존 퀸시 애덤스(J. Q. Adams)는 미국 최초의 '거대전략가'로서 평가된다. 그는 1819년 애덤스-오니스 협정을 통해 캘리포니아 북부에 대한 주권을 스페인으로부터 양도받았다. 미국은 자신들이 북쪽으로는 알래스카까지 이르는 태평양 북서부 전체에 대한 스페인의 배타적인 권리를 취했다고 주장했는데, 이런 입장이 영국과 '오리건 국경 분쟁'으로 알려진 미국-캐나다 국경 분쟁을 낳았다.[18] 태평양 연안 지역을 둘러싼 유럽 국가들과의 이 같은 경쟁이 1823년에 먼로 독트린—사실상 '애덤스 독트린'으로 평가되는—을 낳았다. 먼로와 애덤스는 아메리카 대륙이 더 이상 유럽의 어떤 새로운 식민지 확립에도 종속되지 않는다는 원칙을 천명하고 그러한 반식민주의의 논리에 근거해서 아메리카의 북서 태평양 연안 영토를 방어하는 데 성공했다(Curmings, 2010; Green, 2017, p.29).

1822년에 캘리포니아가 스페인의 지배로부터 벗어나 멕시코의 통제에 놓이고 난 이후 스페인이 부과했던 금지조치가 사라지면서 태평양 무역은 확대되었다. 뉴잉글랜드에서 교역을 진행하던 미국인들이 중국 무역에 관여하기 위해 몬테레이와 산타 바바라에 정착하기 시작했다. 이들 무역업자들은 곧 캘리포니아를 중국 무역체계에 통합시키는 것의 잠재성을 인식하게 되었다(Sinn, 2013, p.37). 러시아와 경쟁을 하고 영국과 분쟁을 벌이기도 했던 오리건보다 샌프란시스코나 샌디에이고가 태평양을 횡단하는 미래의 교역에 적합한 지역으로 주목을 받기 시작하면서 미국 선박들은 서서히 북서 연안에서 캘리포니아로 이동하기 시작했다. 1830년대부터 미국 상선이 점차 캘리포니아 수역에서 영국과 스페인을 추월하게 되었다(Perry, 1994, p.62; Delgado, 1990, p.3; Igler, 2013, p.26).[19]

따라 태평양에 진입했다. 그 배는 몇몇 전과를 올렸지만 결국 1814년 칠레의 발파라이소 근처에서 영국군에 나포되었다(Green, 2017).

18 미국과 캐나다의 국경은 로키산맥까지밖에 확정되어 있지 않았다. 1846년에 미국과 영국은 국경을 확정하는 오리건 협정을 체결한다(Chang, 2016).

1824년 애덤스(J. Q. Adams)가 미국의 6대 대통령으로 당선되었을 때 미국인들은 전례 없는 확신을 가지고 태평양에 진입하고 있었다. 애덤스는 독립된 자매국가라는 제퍼슨의 관념을 태평양 연안에 대한 미국의 영토적 소유라는 관념으로 대체했다. 동시에 그는 미국의 자연적인 정치적 도달 범위가 대서양에서 태평양으로 확대되어야 한다는 생각을 피력했다. 애덤스 대통령의 강력한 요청을 배경으로 1828년 의회는 태평양을 탐험하는 원정을 허가하는 결의안을 통과시켰다. 이에 따라 태평양에서 최초로 '과학적' 탐험이 실행되었다(Perry, 1994, pp.50-55).

같은 시기에 태평양의 샌드위치 제도는 중국으로부터의 상품과 중국을 향한 상품이 교환되는 자연적 중심이 되었다. 1820년대에 미국인들은 호놀룰루에 상인회사(merchant house)를 세웠고 선교사들이 그 뒤를 이었다. 하와이는 회중교회주의자(Congregationalist)가 설립한 학교, 교회, 기관 등으로 인해 '태평양의 뉴잉글랜드'로 불렸다(Igler, 2012, p.185; Dudden, 1998, p.95). 호놀룰루는 북대서양, 북미 태평양 연안, 그리고 그 밖의 태평양 세계 사이의 상품의 흐름을 위한 중개항으로서 미국의 태평양 변경의 첫 번째 수도가 되었다. 태평양에서 호놀룰루의 우위는 1849년 캘리포니아 골드러시 때까지 지속되었다(Perry, 1994, p.45).

태평양을 통한 상업적 교류의 확대에 뒤이어 태평양 내에서 활동하는 해군력이 확대되었다. 1835년에 태평양 양안에 더 내구적인 주둔을 위해 동아시아분함대(East Asia Squadron)—이들은 이후 아시아함대(Asiatic Fleet)로 불렸다—가 창설되었다. 1842년에는 타일러 대통령이 먼로 독트린을 하와이로까지 확대했다. 서부 해안지역이 연방에 참여하기도 전에 방어선이 중부 태평양으로 확대되었던 것이다. 이때부터 아시아분함대는 중국 해안에서 정

---

19   1820-40년대에 캘리포니아 수역에 진입한 선박의 비중은 대략 미국(45%), 영국(13%), 스페인(12%), 멕시코(12%), 러시아(7%)의 분포를 보였다(Igler, 2013, p.26).

기적인 활동을 수행했다. 그러나 1861년 이전까지 미국 정부는 무력의 사용을 허용하지 않았고 외교와 최혜국대우 조항을 통해 자국민의 권리와 특권을 확대하는 것을 선호했다(Cohen, 2019, p.26).

미국인들은 이후에 정착될 거대한 대륙적 공간을 내버려둔 채 태평양으로 도약했디. 북미 대륙 전역에 미국인들이 자리 잡기 훨씬 이전부터 미국 정부는 태평양을 향한 미국의 관문인 태평양 북서부에서 미국의 우위를 주장했다. 극동부의 상업세력은 중국과의 자유무역이라는 초기 '민족적 로망스'를 좇아 극서부를 정복했다(Johnson, 2017, p.270). 선교사들이 그 뒤를 이어 '문명화의 사명'을 띠고 하와이와 중국으로 진출했다. 또 해군은 미국 정부의 대외정책과는 다소 독립적으로 태평양에서 독자적인 활동을 전개했다.

그러나 태평양에서 미국의 상업·선교·해군 행동주의는 어떤 정책적 설계에 기초한 것은 아니었다. 당시에는 행정부 내에서 대외정책을 담당하는 국무부의 인적, 제도적 자원이 취약했다. 의회에서는 태평양에서의 상업적 이해에 관한 광범위한 합의가 있었지만 상업적 휘그 및 뉴잉글랜드 세력과 달리 농업적 민주당은 중국과의 교역보다는 내륙팽창에 우선권을 부여했다(Green, 2017, p.33). 이 시기에 미국인들의 태평양 횡단 활동은 대체로 정부가 아니라 민간이 주도했고, 집단적이라기보다는 개인적인 성격을 띠었으며, 체계적이라기보다는 간헐적인 양상을 보였다(Haddad, 2003, p.6).

1800-1840년대까지 미국의 인구는 두 배로 증가한 반면 어떤 신생 주도 서부해안에 위치하지 않았다. 멕시코에서 알래스카에 이르는 북미 태평양 연안은 대체로 소수 미국인들의 정착지로 이루어진 일련의 섬들과 같았다(Perry, 1994, p.76). 1840년대까지 태평양이 자신들의 민족적 영역과 지리적으로 연계될 수 있다고 생각한 미국인은 소수에 불과했다. 대다수 미국인에게 태평양은 미국의 변경이 아니었다(Igler, 2013, p.184).

4. 태평양 횡단과 미국의 '첫 번째 태평양 세기'?

(1) 캘리포니아의 성장과 태평양 국가의 공고화

태평양의 상업적 연계는 캘리포니아 변경에 정착지를 형성시켰다. 동아시아의 상업적 변경과 캘리포니아의 정착지 변경은 긴밀하게 상호 작용했다. 해상운송이 양자를 창조하고 유지시켰다. 1841년에는 최초의 육로 정착자들이 캘리포니아에 도착했고 1840년대 중반에 상당한 규모의 미국인들이 캘리포니아에 도착하고 있었다. 미국의 상인들은 연방정부에 중국 무역의 전반적 가치와 함께 캘리포니아가 가져올 혜택을 설득했다. 1846년 텍사스 병합 이후 2년에 걸친 멕시코와의 전투를 거친 다음 1848년에 미국이 캘리포니아를 점령한 주요 이유는 여기에 있다(Delgado, 1990, p.11).[20] 1848년 뉴욕의 상인들이 동부에서 케이프 혼을 돌아서 캘리포니아에 이르는 대규모 증기노선을 확립했을 때 캘리포니아 금에 대한 관념은 존재하지 않았다(Sinn, 2001, p.37). 단명한 캘리포니아 공화국 시대가 종결되고 1850년에 캘리포니아는 미국의 31번째 연방이 되었다.

그러나 1848년부터 시작된 골드러시는 19세기의 가장 극적인 이주운동 중 하나를 촉발했다. 미국의 동부에서 배를 타고 샌프란시스코로 채굴꾼들이 몰려들었을 뿐만 아니라 중국, 하와이, 유럽에서도 사람들이 몰려들었다.[21] 특히 태평양 연계는 캘리포니아가 성장할 수 있는 노동력을 제공했다. 금산(金山, Gold Mountain)의 소문이 퍼지면서 광둥 지역 중국인들이 캘리포니아로 몰려들었다. 1852년 정점에 이르렀을 때 중국인 이주자의 숫자는

---

20 또 1846년에는 영국과 미국이 캐나다 국경을 확립하면서 오리건 카운티를 둘러싼 영국과의 오랜 분쟁도 해결되었다.
21 이주의 흐름은 주로 서에서 동으로 향했지만 결코 일방향적인 것은 아니었다. 많은 중국인들이 캘리포니아에서 돈을 벌어서 또는 유골이 되어 중국으로 돌아갔다.

30,000명에 이르렀으며 중국인은 대략 캘리포니아 금광 노동력의 20%를 차지했다(Freeman, 2010; England and Weiner, 2017, p.95).

샌프란시스코는 미국 최초의 태평양 도시가 되었다. 캘리포니아에 도착한 사람들은 기본적 소비를 위한 상품의 생산에 큰 관심이 없었기 때문에 거의 모든 것이 수입되어야 했다. 캘리포니아는 거대한 소비자 시장을 형성하면서 해양무역의 규모와 유형을 변형시켰다(Heffron, 2017, p.50; Igler, 2013, p.183). 유럽, 미국 동부해안, 남아메리카, 중국 등에 상품 수입을 위한 주문이 전달되었다. 샌프란시스코의 번성하는 해양교역은 태평양을 주변적인 무역지대에서 세계무역의 연결지점으로 변형시키면서 미국의 '태평양 세기'를 이끌었다(Sinn, 2013, p.1).[22]

이와 함께 샌프란시스코와 가장 가까운 항구 중 하나였던 홍콩은 샌프란시스코의 주요 무역 파트너가 되었다(Sinn, 2013, p.137). 1840년대에 중국무역에 대한 대응으로 더 빠르고 큰 쾌속범선(Clipper)이 발전했다. 미국은 쾌속범선과 영국이 제공해준 신용체계 덕택으로 더 큰 성공을 거둘 수 있었다. 1850년대 초에 캘리포니아로 고가의 상품과 승객을 실어 나르기 위한 쾌속범선 건조 경쟁이 격화되었다.[23] 빠른 속도와 상대적으로 높은 예측 가능성으로 인해 캘리포니아와의 정기적인 수요-공급 무역이 개시될 수 있다(Perry, 1994, p.68; Delgado, 1990, p.44).[24] 1848년 뉴욕에서 태평양 우편

---

[22] 1850년대에 홍콩에서 샌프란시스코로 가는 데 걸리는 시간은 동부 항구도시에서 남미 남단을 돌아서 샌프란시스코에 도착하는 데 걸리는 시간의 1/3에 가까웠다.

[23] 1850년대에 쾌속범선 덕택으로 미국은 무역에서 점차 영국의 강력한 경쟁자가 되었다. 1850년대 초에 미국인들은 대략 200여 개의 서양 회사들 중에서 25개를 운영하고 있을 뿐이었지만 중국과 서양의 무역의 대략 1/3을 담당했다(Cohen, 2019, p.14).

[24] 그러나 중국과의 교역이 막대한 부를 가져다줄 것이라는 기대가 실현된 것은 아니었다. 독립 이후 미국의 무역에서 중국 및 아시아의 비중은 전체의 작은 일부에 불과했다(Perry, 1994, p.54). 게다가 1840년대에는 광둥무역의 수익성이 과거만큼 높지 않았고 투자도 감소하기 시작했다. 태평양 횡단 무역에서 중국무역의 비중은 점차 하락했고 대신 일본무역의 비중은 증가했다. 일본의 주력 수출품은 비단이었는데, 1890년대에 미국은 일본이 수출하는 비단의 90%를 구매했다(Perry, 1994, p.149). 그럼에도 불구하고 광저우 무역은 보스턴과 뉴욕의 상인들에게 원하는 곳에

증기선 회사가 설립되었고 이 회사는 1867년 최초의 공식적인 노선으로 로스앤젤레스-홍콩-요코하마 정기노선을 개통하고 이를 상하이까지 연장했다.

태평양 연안 지역의 성장과 함께 미국인들은 대서양과 태평양의 연계를 추진했다. 미국은 1850-1855년에 파나마의 허리를 가로질러서 미국의 동부 연안과 서부 연안을 파나마 지협에 연결시키는 대륙횡단 철도를 건설했다. 미국이 수행한 최초의 대규모 해외직접투자의 산물이었던 파나마 지협철도—사실상 미국 최초의 해외식민지였다—는 미국의 대륙횡단철도가 완성되기 전까지 대서양 연안에서 태평양 연안으로 가는 가장 빠르고 안전한 경로를 제공했다(Perry, 1994, p.60). 지협철도는 이후 운하건설의 기초가 되었을 뿐만 아니라 미국 내 대륙횡단철도 건설의 원형이 되었다(Delgado, 1990, p.65).

남북전쟁 이후 서부팽창이 가속화되면서 동부해안과 서부해안을 연결시키는 대륙횡단철도의 건설이 새로운 추동력을 얻어서 1869년에 '태평양 철도'라고 불리는 대륙횡단철도가 완공되었다. 대륙횡단철도가 완성되자 동·서부 사이의 이동시간이 6개월에서 6일로 대폭 단축되었다. 동부의 백인들은 서부에서 새로운 이민자 집단을 형성했다. 대륙횡단철도는 캘리포니아를 미국에 연계시키는 동시에 미국을 태평양에 연계시켰다(Heffron, 2017, p.50). '태평양 철도'는 국내 시장의 통합과 동시에 동방교역을 둘러싼 경쟁에서 미국의 지배라는 새로운 현실을 만들 것으로 기대되었다.

그러나 태평양 철도의 건설은 대규모의 자본과 책임 있는 노동력을 필요로 했는데, 중국과의 연계가 다시 한번 결정적인 역할을 했다. '구(舊)중국무역' 시대에 중국무역을 통해 형성된 뉴잉글랜드 상인들—포브스를 비롯한

투자할 수 있는 대규모 자본을 제공함으로써 미국 자본주의 형성, 특히 동부 금융가 집단의 형성에 결정적인 영향을 미쳤다(Ficher, 2010, p.205; Perry, 1994, p.54). 중국에서 획득된 자본은 1840-50년대에 국내 사업, 특히 대륙횡단철도와 면직산업 등에 투자되었다(Hunt, 1983, p.24).

일군의 중국 무역상—의 자본과 태평천국의 난으로 국내 투자에 불안을 느낀 몇몇 중국 홍상의 자본이 서부와 철도에 투자되었다(Hunt, 1983, p.54; Ficher, 2010, p.205; Perry, 1994, p.54; Matsuda, 2012, p.182; Dolin, 2012, p.310). 또한 광둥과 인근 해양지역 출신 중국인 노동자들이 태평양을 건너와서 대륙횡단철도의 서부 부문을 건설하는 데 결정적인 역할을 했다(England and Weiner, 2017, p.95).[25] 철도건설에 대응해서 1868년에 시작된 중국인 이주의 두 번째 파동은 골드러시에 대응했던 첫 번째 파동보다 더 규모가 컸다.

태평양을 건너서 이주 노동력이 유입되면서 태평양 양안의 사람들이 서로 접촉하게 되었다. 백인 노동자들이 기피하기도 했던 위험한 철도건설 사업에 고용된 중국인들은 뛰어난 육체적 숙련, 지적 능력, 근면, 절약 등 미국인들이 존중하는 미덕을 소유하고 있었다(Hunt, 1983, pp.73-74). 그러나 새롭게 서부로 이주한 백인 노동자들과의 충돌은 불가피했다. 그들은 저임금 중국인 이주자들이 임금을 떨어뜨리고 있다고 불만을 표했고 그들의 불만은 '미국적 생활방식'을 따르지 않는 중국인 공동체에 대한 혐오와 공격을 수반했다. 이 시기 대중적 오해와 불안에 기초를 둔 반-중국인 투쟁은 '명백한 운명'을 따라서 서쪽으로 이동한 백인 캘리포니아인이 집단적 연대를 형성하는 수단이 되었다(Hunt, 1983, p.75). 즉 이 시기의 중국인 혐오는 캘리포니아가 태평양 연계 속에서 백인 공화국 영토의 일부로 공고화되는 과정의 효과로 이해될 수 있다.[26]

---

[25] 중부태평양철도(Central Pacific Railroad) 건설에 고용된 중국인 노동자는 대략 15,000명 수준을 유지했던 것으로 추정된다. 그들은 백인 노동자들의 2/3 수준의 임금을 지급받았다. 그들이 정착 공동체의 형성을 막기 위해 여성의 진입은 통제되었다(England and Weiner, 2017, p.95).

[26] 같은 시기에 개항도시를 벗어나서 내륙으로 선교지역을 확산했던 미국인 선교사들도 중국 향촌 사회에서 강한 저항과 불만을 낳았다(Hunt, 1983). 이런 측면에서 볼 때 태평양 양안에서 발생했던 반중·반미 정서는 태평양 연계가 낳은 중국인과 미국인의 대규모 접촉이 야기한 문화적 충돌의 일부로 이해될 수 있다.

태평양 연계의 강화와 미국의 영토적 공고화는 동시적으로 진행되었다. 캘리포니아를 비롯한 태평양 교역의 중심지들이 형성되는 과정에서 자본과 노동이 흘러들면서 태평양 연안지역은 미국의 '극서부(Far West)'가 되었다 (Igler, 2013, p.183). 바로 이 시기에 태평양 연안의 주들이 연방에 참여하면서 미국, 캐나다, 멕시코의 현대적 국경이 확립되었다.27 태평양 연안에서 미국의 영토적 공고화 하는 아시아의 노동력과 시장, 그리고 중국무역을 통해 획득된 자본 없이는 불가능했다는 점에서 해외 상업적 연계망의 확대와 상호 연관된 현상으로 이해될 수 있다.

(2) 자유무역의 제국과 '조약체계'

1차 아편전쟁 이후 1843년 난징조약의 체결로 '광둥체계'가 종결되었다. 미국은 어떤 위협이나 군사적 개입 없이 1844년 왕샤조약을 통해 중국과의 공식적 외교관계를 형성하고 조약체계의 이득을 누릴 수 있었다(Cohen, 2019, p.11).28 조약체계에서는 광둥체계의 복잡한 관세들이 제거되고 상대적으로 낮은 수준의 단일관세가 확립되었다. 더 중요한 결과는 조약항구의 개방이었다. 1850년대에 미국은 중국의 5개 조약항구들에 안정적인 상업적 기반을 확립했는데, 특히 주요 기업들은 광저우가 아니라 상하이에 주요 사업시설을 마련했다. 이와 함께 미국은 영국 및 프랑스와 함께 1854년 상하이에 조계를 설치하고 연합으로 '상하이 공무국'을 세워서 도시를 관리했다(왕위안총, 2021, p.62).

5개 조약항구 중 가장 북쪽에 위치했으며 동쪽 태평양 방향으로 향했던

---

27 1859년에 오리건이 32번째 주로 연방에 가입했다. 1867년에는 미국 정부가 러시아로부터 알래스카를 구입했으며 영국이 지배하던 브리티시컬럼비아가 캐나다 연방에 가입했다(Barter, 2017, p.77).
28 19세기 중반 조공체계의 의례와 관습을 가장 중요한 문제로 생각했던 중국 관료들에게 조약의 불평등성은 특별히 중요하지 않았다. 또한 그들은 민족의 개념이 결여되어 있었기 때문에 민족적 권리의 이론적 축소에 대해 우려할 이유도 없었다(Cohen, 2019, p.13).

상하이는 곧 중국의 대외교역의 절반 이상을 차지하는 관문도시가 되었다. 차 무역이 급증하는 와중에 특히 상하이는 중국이 미국에 판매한 차의 절반과 비단의 3/4을 수출했다(Perry, 1994, pp.77-79). 상하이 무역이 본격화되면서 미국에 일본이 갖는 중요성이 커졌다. 1853년 태평양 해양 전략을 정력적으로 설파했던 페리 제독이 일본을 개항시켰는데, 당시 미국에는 식민화의 욕구가 없었고 중국을 향한 미래의 항로의 기항지―증기선에 석탄을 제공해줄―에 대한 요구가 가장 컸다. 태평양 항로를 향한 일본의 개항은 일본 무역을 급증시키면서 북태평양으로 국제적 상업의 지리적 이동을 심화시켰다(Perry, 1994, p.80).

그러나 미국 정부는 중국과의 조약을 실행하는 외교적 행동은 거의 수행하지 않았다. 중국 공사는 조약이 체결된 이후 10년 동안 어떤 특별한 지침도 워싱턴으로부터 받지 않았다. 미국 정부는 중국에서의 사태 전개에 무관심했고 중국에 대한 정책에서 여타 국가들과의 공식적 협력보다는 일방적 정책을 추구했다(Cohen, 2019, pp.15-17). 대표적으로 1856년 애로(Arrow)호 사건을 계기로 '2차 아편전쟁'이 발생했을 때 미국은 '중립정책'을 취하면서 톈진에서의 군사행동에 참여하지 않았다. 게다가 남북전쟁의 발발로 인해 미국 내에서 해외 개입에 대한 관심이 약화되었다.[29] 1860년대 이전까지 미국 정부는 태평양에 대해 어떤 장기적인 정책도 세우지 않았다.

1842-1844년의 조약들은 선교사들에게 새로운 기회를 제공했다. 상인들처럼 그들도 개항도시, 특히 상하이에 기반을 확보했다. 몇몇 선교사들은 기독교적 대의를 진전시키는 수단으로 외교에 관심을 보이면서 조약이 제공

---

[29] 페리 제독은 동아시아 연안에서 미국의 정치적 입지를 강화시키자는 '태평양 전략'의 주창자였지만 '2차 아편전쟁'에 미국이 참여하는 것에 대해서는 반대했다. 오히려 그는 일본을 개항시키고 일본을 포함하는 태평양 도서들에 대한 미국의 영향력 확대를 추구했다(Perry, 1994: 82). 그러나 남북전쟁의 발발로 인해 미국은 일본에 대해 일관된 정책을 추진할 수 없었는데, 이는 메이지 유신이 성공할 수 있었던 대외적 조건 중 하나로 간주되기도 한다(So and Chiu, 1995).

한 권리들을 활용하기 시작했다. 그들은 문명화와 미국적 영향력의 대리인으로서 자신들이 상인들처럼 정부적 지원을 받을 자격이 있다고 생각했다. 몇몇 선교사들은 중국 정책의 형성에 개인적으로 관여하기도 했다(Hunt, 1983, p.30). 선교사들과 잠시 동안 학습을 했던 홍수천은 자신을 예수의 동생이라고 주장하면서 태평천국의 지도자가 되었다. 선교사들은 태평천국 운동의 초기에 그에 대해 호의적인 태도를 취했지만 곧 그들이 기독교와 무관하다는 사실을 발견하고 홍수천을 파문했다(Cohen, 2019, pp.18-19).

링컨 행정부의 국무장관 수어드(William H. Seward)는 먼로-애덤스를 계승하는 전략적 사고의 소유자로서 중국과 교역하는 자유무역의 제국이라는 태평양 전망을 제시했다. 대륙횡단철도의 건설을 지지했던 그는 태평양이 향후 세계사의 중심적 무대가 될 것이라고 예언했다. 그에 따르면, 북태평양을 가로질러 무역하는 유일한 나라로서 미국은 유럽의 지배로부터 자유로운 북태평양 공동체를 추구할 필요가 있다. 대서양이 과거의 문명을 상징한다면 태평양은 더 고등의 미래 문명을 창조할 것이다(Perry, 1994, p.109). 이런 관점에서 그는 1867년 러시아로부터 알래스카를 구입하고 태평양의 미드웨이 제도를 획득했다. 또 그는 태평양 건너편 동아시아에 대해 유럽 열강과 경쟁·협력하면서도 중국·일본을 개혁하는 전략적 접근을 취했다(Green, 2017, p.59).[30] 그는 1868년 중국 최초의 전권 외교공사 자격으로 중국 사절단을 이끌고 태평양을 횡단하여 미국에 도착한 벌링게임(A. Burlingame)과 협정을 맺었다.[31]

---

[30] 수어드는 아시아에서 대략 세 가지 전략적 선택지를 가졌다. 첫째, 유럽과 협력해서 세력균형을 유지하고 중국이 국제적 무역 및 규범에 개방되도록 압력을 행사하는 것. 둘째, 유럽의 침입에 대항하는 지역적 대항세력으로서 중국을 육성하는 것. 셋째, 유럽에 대한 대항세력이자 중국의 모범으로 일본을 육성하는 것. 그는 일차적으로 첫 번째 선택지에 주력할 수밖에 없었지만 나머지 두 가지 선택지도 결코 포기하지 않았다(Green, 2017, p.59).

[31] 링컨 대통령은 1861년 노예제 폐지론자이자 공화당 창당발기인이었던 벌링게임을 주중국공사로 임명했다. 벌링게임은 중국에서 미국의 인도하에서 중국을 개혁·문명화한다는 관점에서 유럽

벌링게임은 중국을 대표해서 주요 열강들과 중국이 맺은 불평등 조약을 개정한다는 목적을 가졌고 첫 번째 방문국 미국에서 2차 아편전쟁 이후에 체결된 불평등 조약을 부분적으로 개정했다. 중국인의 자유로운 이동과 법적 보호를 보장한 '벌링게임 조약'은 특히 유학과 관련된 조항을 두어서 중국 학생이 미국으로 유학을 가는 길을 열었다.[32] 1872년에 중국은 역사상 최초로 30명의 국비유학생을 미국에 파견했다(왕위안총, 2022, p.268). 미국 언론으로부터 현대적 자유주의의 화신으로 묘사된 벌링게임은 뉴욕에서 이른바 '중국을 존중하라 연설(Let her alone speech)'을 통해 포함외교를 비판하고 호혜평등과 상호 이익을 옹호했다(왕위안총, 2022; Johnson, 2017, p.252).

1870년대를 거치면서 캘리포니아에 기반을 확보하려던 민주당을 매개로 중국인 배척법이 점차 전국적인 쟁점이 되었다(Hunt, 1983, p.85). 1876년 대통령 선거에 승리한 공화당 헤이즈(Rutherford B. Hayes) 대통령은 중국에서의 상업·선교 사업에 더 큰 무게를 두면서 중국인 배척법에 반대했다. 그러나 의회에서 논쟁이 지속되면서 공화당은 결국 태평양 주들에 대한 통합이라는 관점에서 중국인 배척을 수용했고, 수어드-벌링게임 협정을 수정하는 앙겔 협정이 1881년 상원에서 비준되고 1882년에는 배화법이 통과되었다. 그런데 1882년 배화법은 무역, 여행, 취학 이외의 중국인 입국을 제한했기 때문에 중국 유학생들의 파견은 지속되었다. 또 양계초와 같은 중국 지식

열강과 같은 강압적 정책이 아니라 협력적 정책을 옹호했는데, 이런 관점은 1890년대까지 중국 공사관의 기본적 입장이 되었다(Hunt, 1983, p.172). 중국 총리아문의 신뢰를 얻은 그는 선교사 윌리엄 마틴을 추천하여 국제법 원리(Elements of International Law, 1836)를 만국공법(1864)으로 번역하도록 했다. 벌링게임이 은퇴할 시점에 양무운동을 추진하던 중국 당국은 그를 설득해서 흠차대신에 임명했다. 그는 중국 최초의 공식 외교사절단을 이끌고 주요 서구 국가들을 방문하여 불평등조약을 개정하려고 했다(왕위안총, 2022, p.241).

[32] 개정된 조약은 최혜국대우로 중국 이민자들에게 미국에 입국할 수 있는 권리를 보장한다는 조항을 포함했다. 중국 이민자의 유입은 논쟁을 야기할 수도 있었지만 애초부터 자유이민을 옹호했던 공화당의 지도자 수어드는 조약에 그 내용이 포함되는 것을 수용했다(Hunt, 1983, p.86).

인들의 미국 방문도 지속되었는데, 그들은 미국에서 중국의 미래를 발견하려고 했다(Espritu, 2017, p.82).

1890년대까지 태평양 건너편 국가들에 대한 미국의 정책 목표는 근본적으로 변화가 없었다. 그것은 본질적으로 건국의 아버지들이 취했던 '스미스적' 지향에 근거를 두었다. 미국인들은 자유롭게 교역하는 상업 제국의 관점에서 오직 최대한도로 자유무역을 이끌어내어 국부(national wealth)를 증진시키는 것을 목표로 했다. 미국은 영국이나 프랑스와 달리 동아시아 지역에 군사력이 없었고 유럽 국가들이 강박적으로 집착했던 지정학적 역량을 확보하려고 하지도 않았다(왕위안총, 2022, p.211; Stephanson, 1995, p.71). '자유무역의 제국'이라는 관념은 세기 전환기에 미국의 정책당국이 중국에 대해 유럽 열강과 동맹질서를 형성하고 영향력을 확대하는 정책을 취하는 것을 주저하게 만들었다(Hunt, 1983, p.181).

(3) '주저하는 제국주의'에서 태평양 헤게모니로

'제국의 시대'로 일컬어지는 19세기 말에 영국, 프랑스, 독일, 러시아 등 유럽의 열강들이 식민지 분할·재분할 경쟁을 벌이면서 동남아시아에도 '영토적 식민지' 체계가 확립되었고 중국을 둘러싼 경쟁도 심화되었다(Booth, 2007). 미국 내에서도 '새로운 제국'으로서 미국의 팽창에 대한 열망이 출현했는데, 이때 '팽창'은 주로 태평양과 연관되었다. 미국의 태평양 정책은 점차 상업적인 것에서 전략적인 것, 특히 유럽의 열강과 일본의 팽창으로 인한 갈등을 조정하고 미국의 상업적 이익을 방어하기 위한 정책적 개입으로 성격이 변화했다.

태평양에서 전략적 사고는 특히 해군에 의해 선도되었다. 1890년 마한(Alfred T. Mahan)은 역사와 바다에 대한 지식을 결합하여 '해양력(sea power)'을 옹호하고 태평양에서의 거대 전략에 관한 최초의 포괄적 개념을 제시했다. 그는 미국 태평양 연안의 취약점을 지적하고 하와이 병합의 필요성을 옹호했으며 미국의 국익에 대한 가장 큰 위협은 태평양 건너편에서 도래할 수 있다고 지적했다. 특히 청일전쟁에서 일본이 승리한 이후 태평양과 하와이에서 미국과 일본의 경쟁의 가능성에 주목했다(Green, 2017, pp.80-82). 마한의 통찰에 영향을 받아 주요 해양국가들 내에서 건함 경쟁이 전개되는 상황에서 미국에서도 더 강력한 해군력에 대한 요구, 특히 전함선단에 기초한 '새로운 해군주의(new navalism)'가 등장했다(Heffron, 2017, p.51). 새로운 해군주의는 동양과 서양이라는 양대 문명이 만나는 곳으로서 태평양의 중요성을 강조했다. 태평양을 통제하는 것이 미국의 운명이라는 믿음은 태평양을 '미국의 호수'로 만들려는 시도를 낳았다.

당시에 이미 미국에 상업적으로 종속되어 있던 하와이는 미국 해군의 규모가 증가하면서 새롭게 중요성을 획득했다. 1887년에 해군은 진주만을 잠재적 기지로 대여했다(Perry, 1994, p.169). 그리고 1898년은 미국과 태평양 영토의 사람들에게 결정적인 해가 되었다. 스페인령 서인도, 즉 쿠바와 푸에르토리코에서 미·서 전쟁―국무장관 헤이가 '빛나는 작은 전쟁'이라고 부른―이 개시되던 때에 하와이와 필리핀에서도 미국의 영토적 이익이 대두되었다. 하와이 병합이 논쟁되던 시기에 미국 해군은 '방어적' 전망에 기초해서 하와이에서 필리핀에 이르는 항로를 장악했으며, 스페인 해군을 파괴할 필요성으로 인해 필리핀에 진입했다. 결국 1898년 하와이의 병합과 함께 필리핀과 괌에 대한 법적 지위가 확립되면서 태평양에 미국의 '공식적 제국'이 확립되었다(Hong, 2019, p.3). 필리핀의 식민화는 미국의 영토와 관련된 대법원의 헌법 논쟁을 낳기도 했지만 중국 진출을 위한 전략적 거점의 확보라는 관점에서 정당화되었다(Sparrow, 2006).[33]

---

33   미국 대법원은 1900년대에 미국 헌법의 완전한 보호를 받는 통합된(incorporated) 영토와 그렇지

1898년 의화단의 난을 계기로 유럽 열강의 쟁탈은 중국을 국제적 경쟁의 대상으로 만들었다(Fairbank, 1986, p.2). 미국 해군이 억류된 공사관원들의 석방을 위해 북경에서의 행진에 참여하면서 미국은 지금까지의 '중립정책'에서 단절했다. 이는 미국이 현지의 상인, 선교사, 외교관 등의 요구를 수용해서 중국의 개혁을 위해 '강압적 정책'을 취하게 되었다는 것을 의미했다(Hunt, 1983, p.197).

그러나 국무장관 헤이(John Hay)는 중국을 분할하려는 열강들의 시도를 막았고 문호개방정책을 지속하도록 설득했다. 이른바 '큰 방망이 정책'을 표방했던 매킨리(Mckinley) 대통령도 미국이 중국 영토를 분할하는 정책을 취하지 않을 것이라고 공개적으로 발표했다. 비록 강압적 수단을 활용하더라도 미국 정부의 핵심적인 관심은 열강들에 의한 차별로부터 미국의 상업을 보호하는 것으로 제한되었다. 일종의 '반제국주의적 교리'로서 '문호개방'은 미국의 중국 정책을 극적으로 변화시키지 않았고 중국에서 미국 상인의 활동조건을 근본적으로 변형시키지도 않았다. 미국 정부는 미국의 인도하에 자유무역과 기독교적 공화주의의 가치에 따라 개혁되는 중국이라는 때로는 모순적인 정책적 전망과 단절하기를 주저했다(Dudden, 1998, p.99; Hunt, 1983, pp.153-154, 182, 273).[34]

미국은 필리핀에 '공식적 제국(formal empire)'을 구축했지만 광범위한 식민지 획득을 지향하지 않았다는 점에서 고전적인 영토적 의미의 제국이 아니었다(Chang, 2017). 게다가 미국은 유럽 열강들과 달리 중국에서 정치적으로 민감한 투기적 투자를 활용해서 영토에 대한 통제력을 확보하는 이른

못한 통합되지 않은(unincorporated) 영토를 구별했는데, 필리핀과 하와이는 후자에 속했다(Sparrow, 2006, p.5).

[34] 실제로 의화단의 난 이후의 상황에서 이홍장과 그의 후견 속에서 성장한 중국의 외교 담당자들은 미국을 중국의 독립을 보호하는 데 관심을 갖는 상업적 국가들 중 하나로 간주했다. 이 같은 관점에서 위안스카이는 러일전쟁 이후 '만주문제'를 해결하기 위해 미국의 금융적 지원을 얻어 만주지역에 철도를 건설하려고 했다(Hunt, 1983, pp.203-204).

바 '금융외교(financial diplomacy)'에 관여하지 않았고 제국주의적 영토 분할 보다는 상업적 자유를 추구하는 데 머물렀다(Hunt, 1983).[35] 동아시아 지역에서 미국인의 활동은 여전히 정부적이라기보다는 개인적, 상업적, 선교적 성격을 띠었다. 많은 미국인이 중국과 일본에서 정부적 지원과 무관하게 수익성 있는 사업을 추진하고 현대화를 위한 교육과 선교활동을 벌였다. 게다가 미국 내에서는 필리핀의 식민화에 대한 반작용으로 강력한 반식민주의 세력이 형성되어서 윌슨의 민족자결주의를 지지했다(Stephanson, 1995, p.75).[36]

미국의 지도자들은 대체로 아시아 세력균형의 안정화에 필수적인 '강력하고 독립된 중국'을 희망했다(Cohen, 2019). 1905-1908년 동안 의화단의 난 배상금 협상에서 미국인들은 배상금이 지나치게 거액이라는 중국인들의 지적을 수용했고, 그 일부를 중국인의 교육—동시에 미국의 교육적 영향의 확대—에 활용하기 위해 '경관(庚款)장학금'을 조성했다(Hunt, 1983, p.200). 미국 내에서 1898년 이후 중국인 배제법이 강력한 추동력을 얻는 상황에서도 중국의 학생들이 경관장학금으로 미국에 유학을 갔다. 미국인들은 유학을 준비하는 학생들을 위해 1909년에 칭화학원을 설립했고 칭화학원은 이후 칭화대학으로 발전했다. 그리고 이후에는 중국인들이 의화단 배상기금의 사용에 대한 통제력을 확보했다(왕위안총, 2022; Hsu, 2017, p.88).

---

[35] 이런 측면에서 미국의 대외정책은 '주저하는 제국주의'(Heffron, 2017) 또는 '반제국주의적 제국주의'(Arrighi, 2010)로 지칭되기도 한다.

[36] 대표적으로 2명의 전직 대통령과 12명의 상원의원 그리고 카네기 같은 기업가 등이 참여한 반제국주의연맹(Anti-Imperialist League)은 1900년 민주당 강령에 필리핀의 독립을 삽입하게 만들기도 했다(Ferguson, 2004, pp.110-111). 미국은 어떤 식민지 행정가 계급도 존재하지 않았기 때문에 식민지 운영을 위해 토착세력에 의존해야만 했는데, 그 결과로 필리핀에서 '민족화된' 피후견 계급이 출현했다. 미국 의회는 1930년대에 필리핀이 15년 후에 독립국이 될 것이라고 결정했는데, 필리핀 수입품으로부터의 보호를 주장했던 경제적 이해당사자들의 요구가 가장 중요한 역할을 했다(Stephanson, 1995, p.78; Booth, 2007).

미국 최초로 국제무대에서 인정을 받았던 대통령 시어도어 루스벨트는 취임사에서 미국이 '위대한 민족'이 되었다고 선언하고 그에 맞는 책임성을 갖고 행동할 것을 제안했다. 마한의 친구였던 그는 강한 해군, 무역, 공화주의적 자기-통치가 세계질서의 필수적 조건이라는 생각을 마한과 공유하면서 세계문명이 대서양에서 태평양으로 이동하고 있다는 전망을 제시했다(Green, 2017, pp.85-86). 미국의 치외법권을 보장받는 대가로 파나마 분리주의자들이 콜롬비아로부터 독립하는 것을 지원했던 그는 파나마 운하를 착공했고 1908년에는 세계 일주 해군함대를 파견하기도 했다(Stephanson, 1995, p.75).

루스벨트는 1905년에 일본과 러시아 사이에서 종전을 중재하는 과정에서 동아시아에서 식민지를 둘러싼 경쟁이 격화되는 상황에서 미국이 원격 제국을 유지하는 것이 불가능하다는 사실을 깨달았다. 그는 결국 태평양 주변 국가들의 세력균형이 아니라 일종의 '불능의 균형', 즉 어느 누구도 제국적 지배를 할 수 없는 세계라는 전망을 채택했다(Perry, 1994, p.176).[37] '개방된 태평양'을 유지하기 위해 태평양에 개입한다는 미국의 '방어적 현실주의'가 공식화되었다(Green, 2017). 제1차 세계대전 이후 미국이 워싱턴협상을 통해 태평양에서 군축을 추구하면서 일본의 전함 규모에 제한을 가했던 것은 이 같은 관점에 근거한 것이었다(Dudden, 1998, p.99).

제2차 세계대전 이전까지 미국은 태평양에서 진정한 권력자가 아니었다. 전간기(1918-1938)에는 어떤 나라도 세계적인 무역과 상업을 지배한다고 말할 수 없었다(Espirtu, 2017, p.183). 유럽 식민권력이 여전히 존재했고 일본이 성장하고 있었으며 중국이 무질서에 빠지고 있던 당시의 지정학적 현실은 태평양 주변의 특정 국가가 지배력을 행사할 수 없게 만들었다(Heffron,

---

[37] 일본을 진지하게 생각한 최초의 대통령이었던 루스벨트는 일본의 성공적인 현대화뿐만 아니라 그것을 가능케 만든 일본의 문명에도 주목했다. 또한 국무장관 헤이는 일본을 '동양의 영국'이라고 칭하기도 했다. 일본에 대한 이 같은 관심은 동시에 급성장하고 있던 일본의 해양력에 대한 우려를 동반한 것이기도 했다(Perry, 1994, pp.176-177).

2017, p.53). 필리핀, 괌, 하와이 같은 직접적 통제의 영역 밖에서 미국의 권력은 수사학적 요구로 제한되었다. 중국에서 민족주의가 확산되는 상황에서도 미국은 자신들이 인도하는 개혁이라는 모호한 전망으로부터 단절하지 못했다(Hunt, 1983, p.266).

국제주의적 지향의 플랭클린 루스벨트는 중국의 취약성이 아시아에서 열강의 경쟁을 야기함으로써 태평양에서 미국의 이익에 위협이 된다고 생각했고 일본의 중국 진출에 반대했다. 그는 1941년에 태평양에서 일본의 지배력 확대는 워싱턴 조약체계가 사실상 붕괴했고 나치의 지배력 확대라는 유럽에서의 사태와 긴밀히 연계되어 있다는 사실을 인식했다. 결국 그는 일본의 만주침공에 대항해서 일본에 대한 석유금수조치를 취했는데, 그것이 '태평양 전쟁'의 결정적 계기가 되었다(Dudden, 1998, p.100; Cohen, 2019). 그러나 역설적으로 1941년 진주만 공습 이후 미국의 태평양 연안 주들은 전시경제의 성장 덕택으로 '대약진'을 이루었고 미국은 전례 없는 규모의 대륙형 산업경제를 완성했다(Cumings, 2010).[38] '태평양 전쟁'은 태평양 국가로서 미국의 국내적, 국제적 위상을 확고하게 만들었다.

태평양 전쟁은 일본제국의 몰락뿐만 아니라 동아시아 내에서 유럽의 식민지들을 해체시켰다. 제2차 세계대전 이후 미국의 세계 헤게모니는 이 같은 탈식민화의 산물이었다. '태평양 전쟁' 시기에 확립된 태평양의 기지들은 냉전 시대에 확대·강화되었다. 미국은 태평양에서 '비공식적 제국'으로서 '안정적 해양질서(good order at sea)'를 추구했다(Sparrow, 2006, p.233; Bratton, 2012, p.26). 이러한 역량은 많은 부분 19세기 초부터 진행된 아시

---

[38] 이 같은 전시경제의 중심은 로스앤젤레스였다. 1944년에 로스앤젤레스에서는 거의 모든 산업을 포괄하는 4만 개의 전시 공장이 운영되고 있었고 1945년에는 로스앤젤레스 카운티가 전시생산의 총규모에서 디트로이트를 추월했다. 태평양 연안의 산업화는 미국사에서 최대 규모의 내부 이주를 낳아서 캘리포니아 인구는 1940-1950년 사이에 3,500만 명이 증가했다. 1970년 이래 미국 총생산이 세계경제의 30% 수준을 유지할 수 있었던 것은 태평양 연안의 성장으로 인한 것이었다 (Cumings, 2010).

아 지역과의 상업적, 군사적 관여와 자유무역 및 개방된 태평양이라는 오랜 전망에 뿌리를 두고 있었다.

5. 결론

미국이 처음부터 태평양 국가였던 것은 아니다. 미국이 태평양 국가가 되는 과정은 동아시아와 미국의 상업적 연계가 형성·강화되는 과정과 동시적으로 진행되었다. 그 지역에 대한 미국의 관심은 주로 농업적 관심에 의해 추동된 서부로의 팽창이 진행되기 훨씬 이전부터 존재했다. 미국을 태평양 국가로 만든 것은 중국과의 교역 확대라는 상업적 이해 관심이었다. 동부 상업세력의 열망에 따라 미국은 스페인, 영국, 러시아 등과 경쟁하면서 태평양 연안지역을 자국의 영토로 통합함으로써 태평양 국가가 되었다. 그리고 이 같은 상업적 관심이 환태평양(Trans-Pacific) 지역에 대한 미국의 초기 거대 전략을 형성했다. 미국인들에게 태평양은 미래 열망의 무대였고 미국인들은 태평양에서 고립주의적인 정책을 취한 적이 없었다. 미국의 건국자들은 전제적이지 않은 자유국가와 자유로운 상업적 교류를 통한 상호 이익의 증진이라는 애덤 스미스의 전망을 따르는 '상업의 제국'을 지향했다.

중국과의 교역이 태평양 연안에 미국인들의 진출을 추동하고 있었지만 태평양 국가로서 미국을 공고화한 것은 골드러시와 뒤이은 캘리포니아의 성장이었다. 골드러시는 태평양을 북미와 아시아를 연결시키는 바다의 '고속도로'로 만들었고, 이 과정에서 홍콩은 아시아의 주도적 태평양 관문이 되었다. 남북전쟁 이후 서부팽창이 가속화되는 상황에서 대륙횡단철도는 미국의 동부와 서부를 통합시키는 동시에 미국과 태평양의 연계를 강화시켰다. 증기선의 출현으로 태평양을 횡단하는 인적, 물적 흐름이 폭발적으로 증가하면서 하와이, 괌 등 태평양 도서들의 중요성이 증대했다. 페리 제독에 의한 일본의 개항도 이 같은 태평양 횡단의 부산물이었다.

미국은 19세기 말에 이른바 '고도 제국주의' 시대가 도래하기 이전까지 태평양에서 전형적인 '제국주의적' 경로를 걷지 않았다. 태평양 주변 국가들에 대한 상업적, 선교적 이해 관심이 미국 대외정책의 주된 추동력이었다. 미국인들은 '자유무역'을 옹호했고 18-19세기에 무역의 지역적 독점을 실행하면서 식민화를 주도했던 '동인도회사' 같은 특권기업을 기각했다. 대외 상업활동과 선교활동에 대한 정부의 지원은 없었다. 오히려 민간, 특히 개인적으로 활동하는 상인과 선교사가 태평양 정책에 중요한 영향을 미쳤다. 미국은 중국과 '조약체계'가 확립된 이후에도 유럽의 열강과 구별되는 정책을 추진하면서 중국과 '특수한 관계'를 형성하려고 했다. 자유로운 공화국과의 자유무역의 확대라는 미국의 스미스적 관심은 종종 전제적인 중국의 조치를 개혁하려는 열강의 시도에 미국이 동참하도록 만들었지만 다른 한편 여타 열강의 제국주의적 조치에 대한 거부를 낳기도 했다. 중국 당국을 대표해서 사절단을 이끌고 불평등 조약을 개정하려고 했던 벌링게임의 사례는 중국에 대한 미국인들의 우호적인 태도를 전형적으로 보여준다.

1890년대 '제국의 시대'에 미국도 태평양에서 제국의 형성을 추구했다. 중국을 둘러싼 열강들의 경쟁이 첨예해지면서 미국에서도 상업적, 선교적 이해를 넘어서는 전략적 사고가 출현했다. 그러나 미국은 여전히 영국과 프랑스 같은 유럽 열강들의 제국주의적 접근과는 구별되는 접근을 취했다. 미국은 중국에서의 사태에 개입해서 자국민을 보호하고 보편적인 공화국의 가치를 확산시키려 했지만 중국에 대한 제국주의적 분할에는 반대했다. 미국의 정치 지도자들은 중국의 독립과 미·중의 '특수한 관계'를 유지하기를 원했다.

태평양에서 자유로운 상업의 제국을 건설한다는 미국의 꿈은 건국 시기까지 소급된다. 독립 직후 미국인들은 동인도회사로 대표되는 특권기업에 반대하면서 중국과의 자유무역을 추구하는 동시에 태평양 교역의 거점으로서 북미 연안에 진출했다. 미국은 태평양 방향에서 외부적 충격이 있을 때마다 '책임의 영역'을 확대하는 방식으로 안전을 추구했다. 태평양에서 이 같은 '방어적 현실주의'는 하와이의 병합과 필리핀의 식민화를 정당화하기도 했지만 본질적으로 유럽인들의 공식적 제국주의와는 구별되었다. 태평양 국가로서 미국의 거대 전략은 강압적인 수단을 활용하기도 했지만 다른 세력이 태평양에 대한 배타적 통제력을 확립하는 것에 대한 반대, 즉 개방된 태평양을 지향하는 경향이 있었다.

참고문헌

Arrighi, Giovanni, 2010, Long Twentieth Century: Money, Power and the Origins of Our Time, Verso.

_____, and Jason W. Moore, 2001, "Capitalist Development in World Historical Perspective", in Robert Albritton et al., eds., Phases of Capitalist Development, Palgrave.

Booth, Anne, 2007, Colonial Legacies: Economic and Social Development in East and Southeast Asia, University of Hawaii Press.

Bratton, Patrick, 2012, "US as a Pacific Power", Geoffrey Till and Patrick C. Bratto, eds., Sea Power and the Asia-Pacific: The triumph of Neptune?, Routledge.

Braun, Juliane, 2019, "'Strange Beasts of the Sea': Captain Cook, the Sea Otter and the Creation of a Transoceanic American Empire", in Nicole Poppenhagen and Jens Temmen eds., Across Currents: Connections Between Atlantic and (Trans)Pacific Studies, Routledge.

Campling, Liam and Alejandro Colás, 2021, Capitalism and the Sea, Verso.

Capozzola, Christopher, 2020, Bound by War: How the United States and the Philippines Built America's First Pacific Century, Basic Books.

Chang, Kornel, 2012, Pacific Connections: The Making of the US-Canadian Borderlands, University of California Press.

Clinton, Hillary, 2011, "America's Pacific Century", Foreign Affair, October.

Cohen, Warren I., 2019, America's Response to China: A History of Sino-American Relations, Columbia University Press.

Cumings, Bruce, 2010, Dominion from Sea to Sea: Pacific Ascendancy and American Power, Yale University Press.

D'Arey, Paul, 1998, "No Empty Ocean: Trade and Interaction Across the Pacific" in Sally M. Miller, A. J. H. Latham and Dennis O. Flynn, eds., Studies in the Economic History of the Pacific Rim, Routledge.

Delgado, James P., 1990, The California by Sea, University of South California University Press.

Dolin, Eric Jay, 2012, When America First Met China, Liveright Publishing Corporation.

Dudden, Arthur P., 1998, "The American Pacific: Where the West Was Also Won", in Dennis O. Flynn, Lionel Frost and A. J. H. Latham, eds., Pacific Centuries: Pacific and Pacific Rim History Since the Sixteenth Century, Routledge.

Espiritu, Augusto, 2017, "Inter-Imperial Relations, the Pacific, and Asian American History", in Lon Kurashige, ed., Pacific America: Histories of Transocenanic Crossings, University of Hawaii Press.

Fairbank, John K., 1986, "Introduction", in Ernest R. May and John K. Fairbank, eds. American's China Trade in Historical Perspective: The Chinese and American Performance, Havard University Press.

Ferguson, Niall, 2004, Colossus: The Rise and Fall of the American Empire, Penguin Books.

Fichter, James E., 2010, So Great a Proffit: How the East Indies Trades Transformed Anglo-American Capitalism, Harvard University Press.

Flynn, Dennis O. and Arturo Giraldez, 1999, "Spanish Profitablity in the Pacific: The Philippines in the Sixteenth and Seventeenth Century", in Dennis O. Flynn, Lionel Frost and A. J. H. Latham, eds., Pacific Centuries: Pacific and Pacific Rim History Since the Sixteenth Century, Routledge.

Flynn, Dennis O., Lionel Frost and A. J. H. Latham, 1999, "Introduction: Pacific Centuries Emerging", in Dennis O. Flynn, Lionel Frost and A. J. H. Latham, eds.

Freeman, Donald, 2010, The Pacific, Routledge.

Gibson, James, 1992, Otter Skin, Boston Ships, and China Trade: The Maritime Fur Trade of the North East Coast, 1783-1841, McGill-Queens University Press.

Green, Michael J., 2017, By More Than Providence: Grand Strategy and American Power in the Asia Pacific Since 1783, Columbia University Press.

Haddad, John R., 2013, America's First Adventure in China: Trade, Treaties, Opium, and Salvation, Temple University Press.

Hao, Yen-Ping, 1986, "China's Major Export Trades: A Synopsis", in Ernest R. May and John K. Fairbank, eds., America's China Trade in Historical Perspective: The Chinese and American Performance, Harvard University Press.

Heffron, John M., 2017, "The North American Sphere of Influence", in Shane J. Barter and Michael Weiner, eds., The Pacific Basin: An Introduction, Routeledge.

Hung, Ho-Fung, 2015, The China Boom: Why China Will Not Rule the World, Columbia University Press.

Hunt, Michael H., 1983, The Making of a Special Relationship: The United States and China to 1914, Colombia University Press.

Hsu, Madeline Y., 2017, "Chinese and American Collaborations through Educational Exchange During the Era of Exclusion, 1872-1955", in Lon Kurashige, ed., Pacific America: Histories of Transocenanic Crossings, University of Hawaii Press.

Igler, David, 2013, The Great Ocean: Pacific Worlds From Captain Cook to the Gold Rush, Cambridge University Press.

Johnson, Kendall A., 2017, The New Middle Kingdom: China and the Early American Romance of Free Trade, Johns Hopkins University Press.

Kolmaš, Michal and Šárka Kolmašová, 2019, "A 'Ppivot' that Never Existed: America's Asian Strategy under Obama and Trump", Cambridge Review of International Affairs, Vol.32, Iss.1.

Kurashige, Lon, 2017, "Introduction: Integrating the Pacific", in Lon Kurashige, ed., Pacific America: Histories of Transocenanic Crossings, University of Hawaii Press.

LaFeber, Walter, 1997, The Clash: US-Japanese Relations Throughout History, W・W・Norton and Company.

Ma, Debin, 1999, "The Great Silk Exchange: How the World was Connected and Developed", in Dennis O. Flynn, Lionel Frost and A. J. H. Latham, eds., Pacific Centuries: Pacific and Pacific Rim History Since the Sixteenth Century, Routledge.

Matsuda, Matt K., 2012, Pacific Worlds: A History of Seas, Peoples, and Cultures, Cambridge University Press.

Perry, John Curtis, 1994, Facing West: Americans and the Opening of the Pacific, Praeger.

Sinn, Elizabeth, 2013, Pacific Crossing: California Gold, Chinese Migration, and the Making of Hong Kong, Hong Kong University Press.

So, Alvin Y and Stephen W. K. Chiu, 1995, East Asia and the World Economy, Sage.

Sparrow, Bartholomew H., 2006, The Insular Cases and the Emergence of American Empire, University Press of Kansas.

Sutter, Robert, 2010, US-Chinese Relations: Perilous Past, Pragmatic Present, Rowman &Littlefield Publishers.

Wertheim, Stephen, 2020, Tomorrow the World: The Birth of US Global Supremacy, The Belknap Press of Havard University Press.

Yokota, Kariann Akemi, 2017, "Transatlantic and Transpacific Connections in Early American History", in Lon Kurashige, ed., Pacific America: Histories of Transocenanic Crossings, University of Hawaii Press.

태평양 횡단의 역사(1494-1794)*

정문수

1. 머리말

바다 공간에 대한 담론의 형성과 대양 탐사 경쟁은 15세기 말과 16세기 초에 나온 일련의 교황칙서와 포르투갈과 스페인 사이에 체결된 조약들이 그 단초를 제공하였다. 1493년의 교황 알렉산더 6세의 칙령들에 기초한 1494년 토르데시야스 조약과 1529년 사라고사 조약에 의거하여, 스페인과 포르투갈은 세계의 바다를 동서로 양분하고 각각의 바다에 대해 관할권을 주장하였다. 이러한 폐쇄해 담론은 해안선에서 멀리 떨어진 대양에 대한 국가의 관할권을 인정한 것으로 전적으로 새로운 역사적 사건이었다(Mancke, E., 2004, p.151).

이베리아반도 국가들의 폐쇄해(mare clausum) 담론은 뒤늦게 대양 탐사에 나선 네덜란드, 프랑스, 영국 등의 반발을 초래했고, 그 결과 자유해(mare liberum) 담론이 등장하였다. 결정적인 사건은 1603년 말라카 해협에서 네덜란드의 동인도회사 소속 선장이 포르투갈의 선박을 나포한 일이었다. 토르데시야스 조약과 사라고사 조약에 의하면, 네덜란드는 포르투갈이 관할하

이 글은 신고가 아니라 『Journal of Global and Area Studies』, 6(2), 2022에 게재된 논문 「바다공간에 대한 담론과 태평양 탐사」를 일부 수정한 것임.

는 해역에 무단으로 들어갔을 뿐만 아니라 해적질을 한 것이었다. 1609년 네덜란드 동인도회사는 휴고 그로티우스를 고용하여 대응 논리를 의뢰하였는데, 그 결과물로 나온 것이 『자유해론』이다. 그로티우스는 자연법의 관점에서 바다가 공유재이며 어떤 열강도 자유항행 권리를 제한할 수 없다고 폐쇄론을 논박하였다. 폐쇄해 및 자유해 담론은 특정 국가가 바다 공간에 대해 관할권 내지 소유권을 주장할 수 있는가 여부와 영해를 어느 정도까지 인정할 수 있는가에 대한 외교적, 정치적, 법률적 논쟁으로 이어졌다.

『자유해론』의 발간은 아시아의 태평양에서의 바다 공간을 둘러싼 담론 논쟁에 국한된 것이 아니라 대서양의 탐사와 정치 공간화와 결부되었다. 아시아의 인도양 및 태평양과 달리 대서양에서는 대양 횡단에 대한 관할권 주장에 맞서는 원주민 경쟁자가 없었으며, 면허를 발급하고 규제할 해상교역 자체가 존재하지 않았다. 이런 이유로 이베리아 국가들은 식민지를 건설하고 현지인들과 교역을 추구했다. 대서양 탐사에 나선 영국과 프랑스 등 후발 유럽 열강들은 이베리아 국가들의 대서양의 관할권 주장과 자신들의 영토를 침입했다는 항의에 대해 두 가지 원칙으로 대응하였다. 하나는 폐쇄해 정책을 반박하는 자유해 담론으로, 대서양에서의 항해와 통상은 모든 국가들에 개방되어 있다는 것이다. 또 하나는 유럽 밖의 영토에 대한 소유권은 미지의 영토 발견만으로는 보증되지 못하고 그 신민 또는 국민의 정착, 말하자면 '실효적 지배(effective domination)'가 반드시 수반되어야 한다는 원칙이었다. 1794년 영국과 스페인 사이에 체결된 제3차 누트카 협정(Nootka Convention)은 폐쇄해 담론을 논박한 두 가지 원칙들을 관철시키면서 3세기간 지속되어 온 스페인의 대양에의 권리를 종식시켰다(Pethick, D., 1980, p.18).

한편 지구 표면적의 32%, 지구 전체 표면수의 46%를 차지하는 태평양은 광활함, 환경의 다양성과 위험성, 원격성과 고립성과 같은 물리적 특성으로 인해 접근하기가 힘들었다. 토르데시야스 조약 체결 이후부터 18세기 중반까지 태평양의 물리적 특성에 대한 과학적 지식의 부족과 항해술의 한계, 그리고 경제적 무수익성이 인도양이나 대서양에 비해 태평양에 대한 유럽 열강들의 영향력을 상대적으로 제한하여 왔다. 또한 태평양은 아시아에서의 포르투갈 권리 주장과 아메리카에서의 스페인 권리 주장 사이에 놓인 방책으로 작용하였다. 아메리카와 아시아를 잇는 태평양 횡단은 1565년 시작되어 약 250년간 지속된 스페인의 1년 주기의 마닐라-아카풀코를 왕복하는 갈레온 무역선의 항해가 유일한 정기항로였다.

그런데 18세기 중엽, 영국, 네덜란드, 프랑스, 러시아 등은 태평양을 '스페인의 호수'로 유지해주는 기존의 조약들을 무시하였다. 스페인의 태평양 관할권 주장에 대항하여 전개된 후발 국가들의 도전은 자유해 담론을 활용하면서, 사략선, 조약을 무시하는 상인과 기업, 식민지 개척자가 아메리카, 아프리카, 아시아에서 이베리아인들의 주도권을 잠식하던 16-17세기와는 양상이 달랐다. 태평양을 횡단하는 선박이 거의 없었기에 해적질은 수지가 맞지 않았고, 따라서 사략선 지원 정책을 구사할 수 없었다. 태평양을 향하는 스페인령 아메리카 항구에 대한 스페인의 접근 거부와 이로 인해 당장은 수익이 나지 않는 태평양으로 나아가는 전초기지인 포클랜드나 후안페르난데스 제도 등의 확보 필요는 민간이 아닌 국가의 지원을 받는 탐험대 결성과 원정을 필수적인 것으로 만들었다. 특히 영국과 프랑스의 탐험대는 정부의 후원을 받아 태평양 탐사에 나섰다. 후발 해양열강들은 태평양 항해를 위한 아메리카 서해안의 기항지 확보 이외에 새로운 항해기기와 항해술의 습득, 정확한 해도와 보다 자세한 지리상의 지식이 환 지구적인 야망의 실현을 위해서 필수적이라는 것을 인식하였기 때문이다.

태평양 탐사에서 중요하게 고려되었던 것은 북아메리카에서 태평양을 횡단하는 북서항로와 유라시아 북방대륙에 대비되는 남방대륙의 개척과 발견이었다. 이 두 가지는 해외 식민지 개척에 몰두했던 유럽 열강들에게 막대한 전략적, 경제적 혜택을 보장할 것이라 보았기 때문이다. 지리학 이외에 식물학, 생물학, 천문학, 인류학에 대한 학문적 성과는 태평양 탐험의 전략적 이해와 맞아떨어졌다. 1768년에서 1779년 동안 3차에 걸친 제임스 쿡 선장의 태평양 원정은 과학적 탐사의 기준을 만들었으며, 선박에는 승조원 이외에 과학자가 동승하였다. 18세기 태평양에 대한 과학적 탐사의 성과는 남방대륙과 북서항로가 실존하지 않는다는 사실 확인과 대신 오스트랄라시아의 실체의 발견이었다.

이글은 거대한 대양인 태평양의 물리적인 역사와 인간 활동인 해문(海文)과 인문(人文)의 상호 작용을 지면 관계상 모두 다룰 수 없었기에 주제와 시기를 제한하여 검토하였다. 시기는 구대륙과 신대륙이 대양을 횡단하는 인간 활동에 의해 지구적으로 연결되기 시작한 15세기 말부터 바다 공간의 이용과 소유에 대해 국제적 합의가 이루어지는 18세기 말까지로 제한하였다. 주제는 바다 공간에 대한 담론들과 연동시켜 태평양 탐사를 서술하였다. 자유해와 폐쇄해 담론 경쟁과 태평양에 대한 과학적 발견이 영국과 네덜란드가 이베리아 국가들의 주도권을 대체하는 데 어떻게 연동되었는지 중점을 두고 검토하였다.

2. 바다 공간에 대한 담론의 탄생

(1) 폐쇄해 담론

대양에 대한 정치권력의 투사는 1494년 토르데시야스 조약에서 시작되었다. 스페인과 포르투갈은 베르데 제도 서쪽 370리그(1리그는 대략 3마일)

지점에 남북을 잇는 자오선을 긋고 경계 동쪽에서 발견되는 영토는 포르투갈, 서쪽에서 발견되는 영토는 스페인의 소유로 한다고 합의하였다. 이 경계선은 포르투갈이 이미 소유를 공인받았던 베르데 제도와 콜럼버스가 1차 항해 시 발견했다고 주장하는 서인도제도(오늘날 쿠바와 도미니카)의 중간 지점이었다. 이어서 지구 반대편에 자오선을 긋고 태평양의 관할권과 영토의 소유의 경계를 정한 것이 스페인과 포르투갈 양국이 체결한 1529년의 사라고사 조약이었다.

1492년 스페인의 서인도제도 발견에 이어 1493년 희망봉 탐사를 완수한 포르투갈의 동인도 항로 개척이 예견되었다. 당시의 지리적 지식에 따라 교황 알렉산더 6세는 스페인과 포르투갈의 영토 분쟁을 예방할 일련의 칙서를 발표하였다. 교황은 1493년 인테르 체테라(Inter caetera), 두둠 시퀴뎀(Dudum siquidem) 등의 칙서를 통해 베르데 제도 서쪽 100리그에 경계선을 긋고, 그 서쪽에서의 스페인의 소유를 명확히 하였다. 그리고 스페인의 소유가 경계 동쪽의 인도에 속했거나 현재 인도에 속한 영토라 하더라도 유효하다고 밝혔다(Pope Alexander VI, 1943a, 1943b). 반면 경계 동쪽에서 발견되는 영토에 대한 포르투갈의 소유권 인정에 대해서는 언급이 없는바, 전체적으로 스페인에 유리한 내용이었다(Davenport, F. G., 1917, pp.56, 71).

한편 1492년 1차 항해 성공 이후 크리스토퍼 콜럼버스는 스페인으로 귀항하기 전에 먼저 리스본에 들러 포르투갈의 주앙 2세에게 포르투갈령에 속하는 카나리아 제도 이남에 많은 섬들이 있다고 전하였다. 주앙 2세는 카나리아 제도 이남의 섬들에 대한 포르투갈의 소유를 인정한 1479년 스페인과 포르투갈 사이의 알카소바스 조약과 1481년 교황칙서 에테르니 레지스(Aeterni regis)를 근거로, 콜럼버스가 발견한 서인도제도는 포르투갈령이며 대서양을 횡단하는 원정대를 그곳으로 파병할 것이라 스페인을 협박하였다. 포르투갈에 비해 군사적으로 열세였던 스페인이 교황의 경계선에서 서쪽으로 270리그를 더 양보하여 분쟁의 소지를 줄였다. 토르데시야스 조약은 교황의 칙서를 근거하였지만 포르투갈의 입장이 반영되어 경계선이 수정되어 획정되었다(Davenport, pp.84-85).

대양의 동쪽 경계는 스페인과 포르투갈이 태평양을 탐험하면서 향신료 산지로 알려진 몰루카 제도의 소유가 현안이 되면서 획정되었다. 1511년 포르투갈의 알폰소 드 알부케르크(Afonso de Albuquerque)가 말라카를 점령하였고, 이어 알부케르크의 명을 받은 프란시스코 세홍(Francisco Serrão)이 1512년에 몰루카 제도의 암본 탐험에 이어 테르나테(Ternate)에 요새를 만들었다. 한편 세홍으로부터 정보를 획득한 페르디난드 마젤란과 후안 세바스티안 엘카노(Juan Sebastián Elcano)의 스페인 함대가 1521년 몰루카 제도에 도착하였다. 마젤란의 세계 일주 탐험 이후 스페인의 카를로스 5세의 명을 받은 가르시아 조프리 데 로아이사(García Jofre de Loaísa)가 1526년 몰루카 제도의 티도레(Tidore)에 요새를 건설함으로써 스페인과 포르투갈의 충돌이 불가피하였다.

한편 1524년부터 스페인과 포르투갈은 천문학자, 해도전문가, 수학자 및 항해사로 구성된 조사단을 파견하여 토르데시야스 조약에서 책정한 자오선의 180도 되는 지점의 반대 자오선을 실측하고 있었다. 그런데 1529년 확정된 동쪽의 경계는 몰루카 제도 오른쪽 297.5리그인데, 이는 토르데시야스 조약에서 책정한 자오선으로부터 정확한 180도가 아니었다. 자오선으로부터 포르투갈은 191도, 스페인은 169도로 현안인 몰루카 제도가 포르투갈 관할권으로 확정되었다(Davenport, p.148).

몰루카 제도가 포르투갈의 관할권으로 획정된 데는 몇 가지 이유가 있었다. 먼저 포르투갈은 1525년부터 1528년까지 여러 번에 걸쳐 몰루카를 탐험 원정을 하였고, 몰루카 제도 인근의 서태평양의 파푸아 뉴기니와 캐롤라인 제도를 발견하였다. 둘째, 스페인은 몰루카 제도의 특산물인 육두구와 정향을 운송할 능력이 없었다. 1565년 마닐라-아카풀코 항로 개척 이전 스페인은 포르투갈과는 달리 유럽이나 아메리카로 향신료를 운송할 해운 루트를 확보하지 못한 상황이었다. 셋째, 스페인은 유럽에서 프랑스와 전쟁 중이었다. 전비 마련이 시급했던 카를로스 5세는 몰루카 제도를 양보하고 포르투갈로부터 35만 두카토를 받는 데 동의하였다. 넷째, 1525년 포르투갈의 후앙 3세는 카를로스 5세의 여동생과 결혼하였고 이듬해 카를로스 5세는 후앙 3세의 여동생과 결혼함으로써 양국 사이에는 무력보다는 평화적인 해결책이 우선시되었다.

한편 사라고사 조약에서는 포르투갈의 경계 안에 있는 필리핀 소유 내지 관할을 명확하게 언급하지 않았다. 1542년 카를로스 5세는 사라고사 조약의 경계 서쪽이지만 향신료 산지가 아니기 때문에 필리핀의 식민에 대해 포르투갈의 반대가 없을 것으로 판단하고 멕시코에서 필리핀에 이르는 비야로보스(Ruy López de Villalobos) 원정대를 파견하였으나 실패하였다. 1565년 카를로스 5세의 후계자인 펠리페 2세 치세에 미구엘 로페즈 드 레가스피(Miguel Lopez de Legazpi) 원정대가 필리핀에 도착했으며, 멕시코시티에 본부를 둔 뉴스페인 총독이 관할하는 최서단 영토가 될 필리핀에 스페인의 식민이 시작되었다. 이때부터 태평양을 횡단하여 마닐라와 아카풀코를 정기적으로 운항하는 갈레온 무역은 1년에 1번 내지 2번 주기로 진행되었다(Osborn, T. J., pp.30-31).

(2) 자유해 담론

1512년 몰루카 제도에 요새를 건설한 포르투갈은 1513년 호르헤 알바레스(Jorge Álvares) 원정대가 홍콩을 탐사하였으며, 사라고사 조약 체결 이전까지 서태평양의 섬들을 탐사하였다. 1542년 페르나옹 멘데스 핀토(Fernão

Mendes Pinto)가 일본에 도착하였으며, 1543년에서 1614년까지 남중국-오키나와-동남아-인도를 잇는 남만무역을 독점하였다. 1589년에는 주앙 다가마(João da Gama)가 홋카이도를 탐사하기에 이른다.

그런데 포르투갈의 인도양 및 태평양 서쪽에서의 독점권은 17세기에 이르면 네덜란드의 도전에 직면하였다. 포르투갈에 비해 약 1세기 늦은 1596년 네덜란드는 동인도에 도착하였으며, 1602년 몰루카 제도로 진출하였다. 포르투갈의 기득권 주장은 네덜란드의 반발을 불러왔고 그 상징적인 사건이 1603년 포르투갈 선박 나포였다.

1603년 야곱 반 힘스케륵(Jacob van Heemskerck) 선장이 지휘하는 네덜란드 동인도회사 소속 3척의 선박이 말라카 해협에서 포르투갈의 산타카타리나호를 나포하였다. 산타카타리나호에는 중국과 일본으로부터 구입한 값비싼 상품들, 1,200베일(bale)의 비단과 사향이 선적되어 있었다. 1604년 암스테르담 법정은 산타카타리나호의 나포를 정당한 것으로 판정하고 그 선적품은 전리품으로 본다고 판결하였다. 동인도회사 주주들은 일부가 전리품의 배분을 요구하는가 하면 일부는 도덕적인 명분을 들어 반대하였고, 포르투갈은 반환을 요구하였다.

산타카타리나호 나포 사건이 국내외에서 논란이 되자 동인도회사는 분쟁에 대비하여 법률가인 그로티우스를 고용하였다. 해상 전시포획물에 관한 변론에서 출발한 그는 『바다들에서의 항해 자유 또는 네덜란드인의 동인도 교역에 참여할 권리』, 즉 『자유해론』을 저술하였다(Grotius, H., 2015, pp. v-vi). 자유해의 요지는 크게 세 가지이다. 하나는 국제법인 만민법에 의하면, 모든 사람들은 항해의 자유, 상거래의 자유를 가진다. 둘째, 교황의 칙서와 기부에 근거하여 포르투갈인이 동인도 제도에서의 해양관할권, 영토소유권, 상거래 독점권을 주장하는 것은 만민법 등 자연에 반한다. 셋째, 포르투갈의 동인도에 대한 해양 관할권과 영토 소유권 주장은 근거가 없으며, 그 권리의 수호를 내세운 교전의 권한이 없다. 따라서 네덜란드인의 동인도 제도에서의 항해와 통상의 자유는 자연스러운 것이다(Grotius). 육상과 해상의 전리품에 대한 논고를 가다듬은 그로티우스는 『자유해론』의 명성 덕분에 이베리아 국가들의 폐쇄해 담론에 대한 대응 논리의 주창자 내지 국제법의 시조로 더 알려지게 되었다.

그로티우스의 자유해 담론은 토르데시야스 및 사라고사 조약에 명시된 이베리아 국가들의 바다 공간에 대한 관할권과 소유권을 부정하는 자유 항해권을 강조하였지만, 출간 직후에 영해(territorial sea) 책정 문제로 잉글랜드의 의구심을 샀다. 스코틀랜드 근처 어장을 네덜란드 어민들로부터 보호하기 위해 존 셀든은 그로티우스의 주장에 반대하는 『폐쇄해(Of the Dominion or Ownership of the Sea)』를 1635년 저술하였다(Selden, J., 2013). 물론 셀든의 폐쇄해는 이베리아 국가들의 폐쇄론 담론과는 달리 대양이 아니라 연안에 대한 관할권, 영해에 관한 것이었다. 셀든의 논지를 계승하여 1702년 네덜란드의 코르넬리우스 빈케르슈크(Cornelius Bynkershoek)는 『해양주권론(De dominio maris)』에서 3해리 영해를 주장하였다(Phillipson, C., 1913, pp.400-401).

이와는 달리 1625년 포르투갈의 신부 세라핌 드 프레이타스(Serafim de Freitas)는 『포르투갈 아시아 제국의 정당한 권리에 관하여(De Iusto Imperio Lusitanorum Asiatico)』에서 그로티우스 주장을 조목조목 반박하면서 포르투갈의 아시아 인도양과 태평양에서의 교역독점권과 관할권의 정당성을 주장하였다(Alexandrowicz, C. H., 2017, pp.121-139). 그러나 국제적인 정세가 폐쇄해 정책보다는 자유 항해와 통상 자유를 요구하고 있었고, 해상교역 발달의 필수적인 조건으로 자유해 담론을 대세로 받아들이고 있었다. 실제로 포르투갈의 아시아에서의 바다 공간에 대한 관할권과 교역독점권은 네덜란드와 영국에 의해 도전받았다. 1600년 영국 동인도회사의 설립은 주로 인도양에서 포르투갈의 관할권을 위협하였다면 1602년 네덜란드 동인도 회사의 설립은 인도양 너머 태평양 서쪽 해역에서 포르투갈의 폐쇄해 담론을 무력화하기 시작하였다.

1609년 네덜란드는 히라도와 나가사키로 진출하였으며 1611년부터는 희망봉을 돌아 노호하는 40도대(roaring forties) 아래로 항해하여 자카르타로 가는 항로를 개척하였다. 1619년에는 자카르타에 네덜란드 동인도회사의 거점인 바타비아를 건설하여 향신료 무역의 우위를 확보하였다. 이어 1639년부터 네덜란드는 포르투갈을 대신하여 일본과의 교역을 독점하였다. 같은 해에, 마테이스 쿠오스(Matthijs Quast)와 아벨 타스만(Abel Tasman)은 중국, 태국, 일본과 미지의 태평양 도서를 탐사하였고, 1643년 마텐 게리츠 브리스(Maarten Gerritsz Vries)는 사할린과 쿠릴열도를 탐사하고 지도로 작성하였다.

3. 16·17세기의 태평양 탐사

(1) 태평양의 서쪽

태평양은 5대양 중 가장 크고 깊다. 약 165.3백만km²에 이르는 태평양의 표면적은 지구 표면적의 32%를 차지하며 태평양에는 지구 전체 표면수의 46%의 물이 있다. 태평양의 남북 길이는 14,500km, 동서 최대 길이는 16,600km에 이른다. 동쪽 가장자리는 북극에서 남극까지 거의 끊이지 않고 이어진 대륙 아메리카와 닿아 있으며, 서쪽 경계는 동아시아와 동남아시아 연안, 인도네시아와 멜라네시아 열도, 오스트레일리아 동부 연안에 이른다.

북위 40도의 태평양에서 북쪽으로 향하는 관문은 드물며 오직 베링 해협이 태평양과 북극해를 연결한다. 말라카, 순다, 토레스 해협과 같이 좁고 수심이 얕은 공간을 지나면 인도양이다. 파나마 운하 건설 이전에는 항해하기 힘든 케이프 혼을 지나가야만 카리브해와 대서양을 만날 수 있다. 남위 40도에서 태평양으로 들어가는 서쪽 관문은 배스 해협이나 태즈먼해, 동쪽 관문은 드레이크 해협이나 마젤란 해협이다(도널드 프리만, 노영순 역, 2016, pp.30-31). 이렇듯 다른 해역에서 태평양으로 접근하기 힘들었기 때문에, 특히 아메리카에서 아시아에 이르는 태평양 공간은 18세기까지 거의 개척되지 않은 바다 공간으로 남아 있었다.

구대륙인 아프로-유라시아에서는 적어도 8-9세기부터 15세기까지 바스라·시라프에서 광저우에 이르는 해상루트(약 9,600km)가 직접 연결되었다. 따라서 태평양의 서쪽은 실론-니코바르-칼라바르-티우만-산프의 항구-산프 섬-광저우에 이르는 왕복 뱃길을 통해 연결되어 있었다(정문수, 2002, pp.346-348). 8세기 가탐(賈耽)의 『광주통해이도(廣州通海夷道)』, 9세기 술라이만 알 타지르의 『중국과 인도 소식』, 10세기에 이를 복간한 아부르 하산 자이드의 『술라이만 알 타지르의 여행기』, 10세기에 나온 알 마수디의 『황금초원과 보석광』, 12세기 알 이드리시의 『천애 횡단 갈망자의 산책』, 14세기의 이븐 바투타의 『여행기』 등은 인도·스리랑카에서 말라카 해협을 거쳐 베트남과 중국에 이르는 뱃길이 아시아인들에 의해 활성화되고 있었다는 것을 보여준다(정문수, 2017, pp.126-127).

그런데 1405-1431년간 7차에 걸친 정화 대원정을 분수령으로 태평양의 서쪽 지역탐험은 토르데시야스 조약 체결과 폐쇄해 담론으로 무장한 이베리아 국가 특히 포르투갈에 의해서 주도되었다. 포르투갈이 1511년 말라카에 요새를 구축하고 이를 거점으로 몰루카 제도, 중국과 일본으로 관할권과 교역의 독점권을 확대해갔다. 그런데 이 독점권이 17세기를 전환점으로 주로 네덜란드의 진출로 무너지고 있었다는 사실은 앞에서 검토한 바가 있다. 이는 사라고사 조약 경계선 동쪽에서 스페인의 관할권과 독점권이 견고했던 것과는 대조된다.

17세기의 태평양 서쪽의 새로운 항로와 영토인 특히 오스트레일리아와 남서부 태평양 도서로의 탐사는 전적으로 네덜란드가 주도하였다. 오스트레일리아를 처음으로 방문한 유럽인은 빌렘 얀존(Willem Janszoon)이었다. 1602년 자카르타에 설립된 네덜란드 동인도회사에 소속된 그는 1606년 뉴기니의 일부로 추정되는 요크만과 오스트레일리아의 카펀테리아만을 최초로 탐사하였다. 1610년 핸드릭 브라우어(Hendrik Brouwer)는 희망봉을 돌아 노호하는 40도대 아래, 남위 40-50도 사이에서 동진한 다음, 가파르게 북상하여 자카르타에 이르는 항로를 개발하였다. 그는 기존의 포르투갈이 이용하던 희망봉-모리셔스-실론을 거치는 12개월이 소요되던 몬순 루트를 대체하는 6개월이 소요되는 브라우어 루트를 개척하였다(National Library of Australia, 2022). 1617년이 되면 네덜란드 동인도회사 소속의 선박은 모두 이 루트를 이용하였다.

브라우어 루트는 네덜란드의 오스트레일리아 서부 해안의 발견을 견인하였다. 1616년 더크 하토그(Dirk Hartog)와 1619년에 프레데리크 더 호우트만(Frederick de Houtman)은 노호하는 40도대의 바람을 이용하여 오스트레일리아 서부해안을 탐사하였다. 전자는 서부 오스트레일리아의 카나번과 상어만 일대를 탐험하고 그 일대의 섬을 자신의 이름을 따 더크 하토그섬이라 명명하였다. 1595-1597년간 동인도지역을 방문한 최초의 네덜란드인이었던 호우트만은 1619년 암스테르담에서 노호하는 40도대를 거쳐 퍼스에 도착하였다. 1623년에 얀 카스텐스준(Jan Carstenszoon)은 얀존의 항해기를 참조하여 뉴기니의 남부와 서부 해안과 카펀테리아만을 탐사하였다.

아벨 타즈만(Abel Tasman)은 뉴질랜드를 방문한 최초의 유럽인이었다. 1642년 타즈만은 희망봉-케이프 혼-솔로몬제도를 항해한 뒤 오스트레일리아 태즈메이니아(Tasmania)를 발견하고 나아가 뉴질랜드에 도착하였다. 1644년 2차 항해에 나선 타즈만은 뉴기니 남부 해안을 탐사하였고, 여기서 토레스 해협을 넘어 뉴 홀란드(오스트레일리아 본토) 동부로 항해할 예정이었으나 토레스 해협을 지나치는 바람에 카펀테리아만을 탐사한 뒤 바타비아로 귀항하였다(Robinson library). 1696년 윌리엄 드 블라밍(Willem de Vlamingh)은 뉴질랜드 남서부 해안을 답사하였고 오스트레일리아 중서부 해안을 탐사하고 스완 강을 타고 퍼스 일대를 운항하였고 중서부 지역을 지도로 남겼다(Major, R. H. ed., 1859, p.lxxxii). 네덜란드 탐험가들 이외에 뉴질랜드와 오스트레일리아 북서부를 탐사한 인물은 세계 일주를 3번 시도한 잉글랜드 사략선 선장인 윌리엄 댐피어가 오스트레일리아의 북서부 해안을 탐사한 것이 전부였다(Dampier, W., 1699). 반면 오스트레일리아 동부 해안은 여전히 미답지로 남았으며 네덜란드가 처녀 탐사한 뉴질랜드와 오스트레일리아 본토의 본격적인 탐사는 제임스 쿡 선장 때까지 미루어졌다.

(2) 태평양의 동쪽

태평양의 서쪽에서는 포르투갈의 관할권과 독점권이 17세기에 와해되었다면, 아메리카에서 아시아에 이르는 태평양의 동쪽은 스페인의 관할권과 독점권이 그대로 유지되었다. 1577-1580년 프랜시스 드레이크와 1598-1601년 올리비에르 반 노르트(Olivier van Noort)의 세계 일주를 제외하면, 16세기 태평양 횡단 탐험은 스페인의 독무대였다. 태평양을 처음으로 탐사한 인물은 바스코 누네스 데 발보아(Vasco Núñez de Balboa)였다. 그는 1513년 파나마 지협을 건너 태평양을 '남해'라 명명하고 태평양과 그 주변의 영토가 스페인 왕의 재산에 속한다고 천명하였다(도널드 프리먼, 노영순 역, p.106). 1519년 10

월에는 태평양의 서쪽에서 몰루카 제도로 가는 항로 개척을 위해 마젤란-엘카노 탐험대가 원정에 나섰다. 스페인 세비야에서 출발한 5척으로 구성된 원정대는 대서양을 횡단하고 마젤란 해협을 통과한 뒤 태평양을 횡단하면서 2척을 잃고 3척의 원정대가 1521년 3월 괌을 거쳐 4월 필리핀에 도착하였다. 1521년 4월 필리핀 막탄에서 부족장 라푸라푸와의 전투에서 마젤란이 사망하였고, 필리핀의 정복은 좌절되었다. 엘카노가 2척만 남은 마젤란의 탐험대를 지휘하여 그해 11월 몰루카 제도에 도착하였다. 정향, 육두구, 계피를 확보한 엘카노 탐험대는 12월 몰루카를 출항하여 희망봉을 돌아 1522년 스페인 세비아 항으로 귀항하였다. 총 5척, 270명의 승조원으로 구성된 탐험대는 최종적으로 세비아에 도착하였을 때 빅토리아호 1척의 선박과 21명(유럽인 18명, 몰루카 원주민 3명)의 승조원만 남았다(Kelsey, H., 2016, p.141).

인도양을 횡단하여 갔던 빅토리아호와 달리 마젤란-엘카노 선단의 기함인 트리니다드(Trinidad)호는 몰루카 제도에서 편서풍을 이용하여 멕시코로 되돌아가기 위해 북쪽으로 갔으나 원하는 바람을 타지 못하고 1522년 난파되었다. 이로부터 43년 뒤인 1565년 안드레스 데 우르다네타(Andrés de Urdaneta)는 북위 30도선까지 항해하여 무역풍을 타면 태평양을 횡단하여 아카풀코로 갈 수 있다는 것을 발견하였다. 이리하여 뉴스페인이 통제하는 태평양 횡단 교역로가 확립되었다(Osborne, T. J., 2013, pp.30-31). 마닐라-아카풀코를 잇는 갈레온 무역은 1565부터 1815년까지 태평양을 횡단하는 정기적인 유일한 네트워크였다.

1557-1559년 후안 라드리예로(Juan Ladrillero)는 마젤란 해협을 넘어 태평양 탐사의 거점이 되는 후안페르난데스 제도를 발견하였다. 그는 태평양 쪽에서 마젤란 해협을 넘어 대서양으로 횡단한 최초의 유럽인이었다. 알바로 데 멘다냐(Álvaro de Mendaña y Neira)는 두 차례(1차: 1567-1569, 2차:

1595-1596)에 걸친 태평양 횡단 탐험은 전설상의 남방대륙 발견이 주목적이었으나 그 과정에서 남태평양의 일련의 도서들을 발견하였다. 그가 확인한 섬들은 투발루, 마르키즈, 쿡섬, 솔로몬 제도 등이었다(Wentley, M., 2007).

멘다냐의 2차례에 걸친 탐험 중간인 1577-1580년에 잉글랜드의 사략선 선장 드레이크의 세계 일주가 시도되었다. 플리머스에서 출발한 드레이크는 남아메리카의 드레이크 해협을 거쳐 칠레와 페루의 해안선을 탐사하고 캘리포니아 해안의 뉴 알비온(New Alvion)에 이르렀고 이곳이 엘리자베스 1세의 영토임을 선언하였다. 그는 태평양을 횡단하여 몰루카 제도에 도착하였으며 희망봉을 돌아 다시 플리머스로 귀항하였다. 1598-1601년 세계 일주 탐사를 한 네덜란드의 노르트는 드레이크와 마찬가지로 사략선 선장이었다. 1598년 로테르담에서 출항한 그는 마젤란 해협을 거쳐 중국, 몰루카 제도, 필리핀을 방문한 뒤 희망봉을 거쳐 1601년 로테르담으로 귀항하였다. 1616년 빌렘 쇼우텐(Willem Schouten)은 케이프 혼의 드레이크 해협을 처음으로 통과하여 태평양을 횡단하였다.

케이프 혼을 돌아 태평양으로 나아가는 전진기지인 칠레 해안의 후안페르난데스 제도나 태평양의 북서항로 개척을 위한 누트카 사운드 등 태평양을 접한 아메리카 서안 탐사는 잉글랜드 등의 도전이 있기는 했지만 여전히 스페인이 독점적 우위를 확보하였다. 1521년 멕시코를 점령한 스페인은 멕시코의 태평양 해안을 근거로 1533년 포툰 히메네스(Fortún Ximénez)가 북서 멕시코의 바자 캘리포니아를 확보하였다. 1542년 후안 로드리게스 카리브요(Juan Rodriguez Cabrillo)는 샌프란시스코를 비롯한 캘리포니아 서안을 탐사하였다. 펠리페 2세의 명을 받아 북서항로 개척에 나선 후안 데 푸카(Juan de Fuca)는 1592년 워싱턴주의 북서해안, 퓨젯 사운드(Puget Sound)를 탐사한 것으로 보인다. 세바스티안 비스카이노(Sebastián Vizcaíno)는 1602년 캘리포니아 해안을 탐사하고 탐험대의 일부는 오리건에 도착하였다.

스페인을 비롯한 유럽 열강들의 북아메리카 서안의 탐사는 비스카이노 이후 18세기 중엽까지 소강상태로 들어섰다. 태평양 횡단을 위한 정부 후원의 과학적 프로젝트가 본격화되는 150년 뒤에 북아메리카 서안 탐사가 다시 시작된다.

태평양을 접한 아메리키 서안 탐시와 미친기지로 이곳에서 데평양올 횡단하는 17세기의 탐험도 줄었다. 1606년 페드로 페르난데스 데 케이로스(Pedro Fernandes de Queirós)의 탐험대가 솔로몬 제도 남쪽의 바누아투(Vanuatu)를 발견하고 멕시코로 귀항한 것이 전부다. 그의 선단의 하나는 루이스 베에스 데 토레스(Luis Váez de Torres) 지휘로 서진하여 오스트레일리아와 멜라네시아 사이의 해협을 발견하고 그의 이름을 붙여 토레스 해협이라 명명하였다(Maritime Exploration of Australia).

반면 반대 방향에서의 러시아의 태평양 진출이 잦아졌다. 이반 모스크비틴(Ivan Moskvitin)은 시베리아를 건너 1639년 태평양으로 진출한 최초의 러시아인이었다. 1644년 바실리 포야르코프(Vassili Poyarkov)는 오호츠크해와 동해로 이어지는 아무르강을 발견하였다. 1648년 세몬 디지노프(Semyon Dezhnyov)는 북극해를 통해 태평양으로 처녀 항해하였다. 1652년 미하일 스타두킨(Mikhail Stadukhin)은 시베리아에서 아나디르강 등을 경유하여 북오호츠크해를 탐사하였다. 1697년 블라디미르 아틀라소프(Vladimir Atlasov)는 북쪽에서 캄차카반도로 가는 루트를 개척하였다.

태평양의 광활함, 과학적 지식의 부족, 스페인의 아메리카 기항지와 항해 정보의 독점은 17세기까지 러시아가 탐사했던 오지를 제외하면 동쪽 태평양을 사실상 스페인의 호수로 만들었다. 스페인의 우위는 18세기 중엽 러시아가 동쪽으로부터 북아메리카를 탐사하기 시작하고 유럽 열강들이 국가적 프로젝트로 태평양 탐사를 후원하기 시작할 때까지 지속되었다.

4. 18세기의 태평양 탐사

(1) 태평양에 대한 과학적 탐사

15세기 말 이후 해양 탐사의 주목적은 식민제국의 팽창, 새로운 교역 루트의 확립, 새로운 영토로의 외교적, 경제적 관계를 확장하는 것이었다. 이베리아 국가들과 후발 해양 열강들은 폐쇄해 정책과 자유해 담론의 경쟁 속에서 남아프리카, 아메리카 대륙, 아시아와 오스트랄라시아 일부를 유럽인들의 정치, 경제, 외교의 망 속으로 끌어들였다. 그런데 18세기가 되면 유럽 열강들이 미지의 대양, 특히 태평양을 놓고 경쟁하면서 해양 탐사에는 과학적 동기가 추가되었다.

18세기의 정부의 후원 아래 진행된 경도 측정을 위한 정확한 시계와 해도의 제작, 태평양의 신대륙 발견과 새로운 항로의 개척은 과학적 해양 탐사와 동시에 진행되었다. 과학적 해양 탐사는 방문 지역의 동물상과 식물군의 조사, 수리적, 천문적, 기후적 정보 기록, 정확한 해도 작성이 임무에 포함되었으며, 천문학, 지질학, 지리학, 인류학, 의학, 동식물학, 해양학 등의 발전과 연동되어 전개되었다. 과학적 탐사의 최초의 시도는 17세기 말에 시작되었다. 1695-1697년 아프리카 해안과 남아메리카 탐험대에 3년간 동승했던 프랑스의 탐험가이자 공학도이며 수리학자인 프랑스와 프로거는 그 결과를 1699년『여행기』로 발간하였다(Froger, F., 1699). 그는 이 책에서 그가 방문했던 식민지 및 항구에서 만난 사람들, 식물군과 동물상에 대한 상세한 기록을 담았다.

그러나 태평양의 과학적 탐사는 영국이 1780년대 태평양의 상업적 이용과 오스트레일리아 뉴사우스웨일스에 유형수 식민지 건설을 국가 아젠다로 추진하면서 본격화되었다. 이 결정은 정부가 후원한 다양한 태평양 탐험대의 과학적 탐사의 성과를 근거로 나왔으며, 프랑스, 스페인, 러시아의 태평양에 대한 과학적 탐사를 경쟁적으로 자극하였다(Mancke, p.161).

18세기에 전개된 태평양에 대한 과학적 탐사는 당시의 관심 현안에 대해 부정적인 결론을 도출하였다. 먼저 18세기에 이르면 오스트랄라시아의 실체가 명확하게 밝혀지면서 남방대륙이 존재하지 않는다는 것을 확인하였다. 북반구에 균형을 이루는 남반구의 거대한 대륙, 즉 남방대륙의 존재는 그동안 학자들의 사고 실험에 근거하여 아이디어로 주장되었고 지도로 표기되었으며 태평양 탐사를 고무하였다. 제임스 쿡을 비롯한 탐험대는 남방대륙이 신기루이며, 그 대신 오스트레일리아 동부와 뉴질랜드 전체의 탐사를 통해 오스트랄라시아의 실체를 발견하였다.

또 하나는 북태평양을 횡단하는 북서항로가 사실상 없다는 것을 확인한 것이다. 계절풍을 이용한 인도양 횡단, 콜럼버스의 대서양 횡단, 다가마의 희망봉을 도는 인도양 항로 개척, 우르다네타의 북위 30도의 무역풍을 이용하는 마닐라-아카풀코 항로 개척, 노호하는 40도대 아래의 바람을 이용하는 브라우어 루트 발견은 많은 경제적, 문화적 혜택을 가져왔다. 이러한 경험은 북태평양의 북서항로를 발견하기 위한 열강들의 탐험대 경쟁을 격화시켰다. 가장 적극적인 국가는 영국이었다. 영국의회는 1714년의 경도 법과 1745년 북서항로 법을 제정하고 정확한 경도 책정을 보장하는 해상의 시계 발명자와 북서항로 개척자에게 각각 2만 파운드의 거금을 포상금으로 내걸었다(Howse, D., 1998, pp.400-403). 국가의 기획 아래 진행된 과학적 탐사는 남방대륙이나 북서항로를 발견한 것이 아니라 실존하지 않는다는 것을 증명하였다.

18세기에 이르면 태평양의 탐사 성과를 비밀에 부치고 폐쇄론 담론에 의존하여 대양의 관할권과 발견한 영토에 대한 소유권을 주장하던 스페인은 도전에 직면하였다. 영국과 프랑스의 경쟁은 태평양에 대한 과학적 발견과 항해일지의 신속한 공개와 출간을 고무하였다. 태평양의 신천지에 대한 국가의 실효적 지배는 그 영토에 대한 명명, 합병, 소유를 공표하는 것으로부터 인정되었기 때문이다. 태평양에 대한 과학적 발견과 항해 및 통상의 자유와 발견한 영토에 대한 실효적 지배의 원칙을 등한시하였던 스페인은 영국과 맺은 누트카 협정으로 폐쇄해 정책을 마감하였다.

(2) 남방대륙과 북서항로 탐사

7년 전쟁(1756-1763) 이후 영국과 프랑스는 남아메리카의 포클랜드의 소유권과 식민지 개척을 놓고 스페인과 대립하였지만, 대서양에서의 스페인의 기득권을 인정하였다. 포클랜드 사태가 진정되자 영국과 프랑스는 태평양으로 과학적 탐사를 위한 원정을 놓고 경쟁을 벌였다. 1765년에서 1793년 사이 15척의 영국 범선이 과학적 탐사, 발견, 영토 소유 혹은 자원 개발을 위해 태평양을 오갔다(이학수·정문수, 2019, pp.271-276).

영국 해군성에 의해 추진된 첫 번째 과학적 해양 탐사는 1764-1766년간 진행된 존 바이런의 돌핀호 탐사 활동이었다. 이 기간 중 바이런은 남태평양의 투아모투 군도를 발견하였다. 이어 1766-1768년에는 사무엘 월리스와 필립 카터렛이 각각 돌핀호와 스왈로우호를 이용하여 타이티, 폴리네시아와 솔로몬 제도, 파푸아 뉴기니, 술라웨시 군도를 탐사하고 연구하였다.

프랑스의 수학자이자 항해자인 루이 앙투안 드 부갱빌은 1756년 적국인 영국 런던왕립학회(Royal Society) 회원으로 선출될 정도로 기량이 출중했다. 부갱빌은 1766년 루이 15세로부터 허가를 얻어 부되즈호와 에트왈호에 자연과학자, 천문학자, 지도제작자 등을 동승시키고 낭트를 떠나 세계 일주를 시작하였다. 세계 일주는 태평양에서의 지리적인 현상과 생물학적 현상에 대한 체계적인 과학적 조사가 주목적이었지만, 7년 전쟁에서의 패전으로 인한 프랑스의 위신 복구, 영국의 해양패권에 대한 도전, 남방대륙을 찾겠다는 의도로 진행하였다. 부갱빌이 한 첫 발견은 태평양의 타이티인데 1년 전 사무엘 월리스가 방문하여 조지 3세섬으로 명명했었다. 그런데 이 사실은 공식적으로 알려지지 않았고, 부갱빌은 타이티를 프랑스 소유라고 주장했다. 이 사건은 지금까지 항해일지를 신속하게 출간하는 것에 대해 그리고 공식적으로 합병, 점유, 명명에 심드렁했던 영국의 태도에 변화를 주었다(도널드 프리만, 노영순 역, p.138). 그는 계속해서 서쪽으로 항해하여 뉴헤브리디스, 솔로몬 군도에 도착하였으며 남방대륙을 찾아 오스트레일리아 근처로 항해하였으나 상륙에 실패하였다. 1769년 그는 바타비아와 일 드 프랑스(모리셔스)를 거쳐 프랑스로 귀항하였으며 1771년 출간된 그의『세계 일주 항해기』는 루소를 비롯한 프랑스 계몽주의자들의 주목을 받았다(Bougainville, L. A., 1771).

영국과 프랑스의 태평양 탐사의 가장 중요한 목적의 하나는 미지의 남방대륙(Terra Australis Incognita)을 찾는 것이었다. 영국에서 남방대륙의 탐험을 촉발시킨 인물은 알렉산더 달림플이었다. 1762년 달림플은 마닐라에서 스페인의 태평양 탐사 자료를 입수하였으며 뉴기니 남쪽의 항로, 현재 토레스 해협에 관한 스페인의 탐험가 토레스의 기록 등을 접하고 남방대륙의 존재를 확신하였다. 그의 가설은 1769년 영국의 해군성과 런던 왕립학회가 제임스 쿡의 태평양 탐사의 주요 임무로 부여할 정도로 신뢰받았다.

달림플은 1771년『남태평양의 항해와 발견에 관한 사료집(1770-1771)』에서 남방대륙의 존재를 기존의 기록, 탐사와 발견의 사실들로 제시하였다(Dalrymple, A., 1771). 고전고대 이래 유럽의 지식인들은 북반구의 커다란 대륙과 균형을 이루는 대륙이 남반구에 존재한다고 상상해왔다. 실제 탐사와 관찰에 근거한 것이 아니지만 15세기에서 18세기에 나온 세계지도에는 남방대륙이 그려져 있었다. 그리하여 남방대륙의 발견은 시간문제이며 발견자에게는 명예와 그를 후원한 국가에는 부를 가져다줄 것이라는 믿음이 팽배하였다. 기존의 저술과 최근의 발견을 집대성한 달림플의 주장에 의하면, 남방대륙은 타이티의 서부와 남부에 있으며, 희망봉 남쪽의 부베섬, 뉴질랜드의 서부 연안, 그리고 신기루인 데이비스 랜드(Davis Land)의 갑과 곶으로 구성되어 있었다. 그는 이 책의 서문에서 남방대륙의 인구는 5천만 명, 위치는 동경 100도, 남위 40도이며 터키에서 중국에 이르는 아시아 대륙보다 더 크다고 언급하였다. 그런데 달림플이 주창하였던, 기존의 항해자들이 태평양 남부 항해를 통해 발견하고 소유권을 주장하게 된 영토는 부정확한 해도, 태평양의 극소 파편적인 사실만으로 구성된 지식의 공백, 잠재적인 소유지를 해도에 표시하는 데 필요한 과학적인 기기의 부족으로 대부분 신기루에 불과하였다.

이와는 달리 과학적 탐사의 기준을 제시한 제임스 쿡은 3번의 항해(1768-1780) 중 탐사한 새로운 땅과 바다에 대한 정확한 묘사를 기본 임무로 하였다. 이와 더불어 그는 정치한 해도의 작성, 정확한 경도 측정을 위한 새로운 항해 도구와 항해 기술의 실험, 영국과 태평양 지역 교역 상대국 사이의 단기 항로 탐사, 영국의 여왕을 대신해 태평양의 땅에 대해 소유권을 주장하는 행위와 탐험 결과의 신속한 출판을 관례화시켰다.

쿡의 첫 번째 항해(1768-1771)인 엔데버호 탐사는 승조원 이외에 자연과학자, 천문학자, 예술가를 동승시켰다. 탐사의 주된 목적은 두 가지였다. 하나는 1769년 6월 3일에 일어날 것으로 예측되었던 일식(금성의 태양면 통과)에 대한 실험적인 관찰이었다. 쿡은 플리머스에서 출항하여 케이프 혼을 거쳐 태평양을 횡단한 뒤 타이티에 도착하였고 여기서 일식을 관찰하라는 임무를 부여받았다. 타이티에서의 관찰의 결과는 런던 왕립학회가 다른 여러 곳에서의 일식 관찰 자료와 취합하여 태양과 지구 사이의 거리를 추정하는 데 이용될 계획이었다(BBC, 2014). 그런데 쿡과 동승한 천문학자 찰스 그린은 착시로 인해 금성의 태양면 통과에 걸린 시간을 정확하게 측정할 수 없었다. 아이티에서의 일식 관찰 후, 해군성과 왕립학회가 부여한 두 번째 임무는 남태평양으로 항해하여 부유한 남방대륙을 찾는 것이었다. 그는 투아모투와 소시에테 군도, 미지의 섬을 발견하고, 뉴질랜드를 처녀 일주하였으며 오스트레일리아의 남동부의 보터니만을 탐사하고 북쪽으로 항해하여 바스타드만에 도착하였다. 그는 오스트레일리아 동부 해안 해도를 작성하는 성과를 내었지만 남방대륙의 실체를 확인할 수 없었다. 그는 바타비아-희망봉-헬레나섬을 거쳐 영국(Deal)으로 귀항하였다(The Captain Cook Society, 2020).

제임스 쿡의 두 번째 항해(1772-1775)인 레졸루션호와 어드벤처호의 탐사는 의사, 자연과학자, 천문학자를 동승하여 1차 항해 때 미완으로 남겨놓았던 남방대륙의 발견이 임무였다. 플리머스에서 출항한 그는 남극 대륙 근처까지 항해하였으며, 이곳에서 레졸루션호로부터 이탈한 어드벤처호가 뉴질랜드를 방문하고 영국으로 귀항하였다. 반면 쿡의 레졸루션호는 남위 71도 10분까지 항해한 후 타이티를 거쳐 뉴질랜드를 다시 방문하고 통가, 노퍽섬 등 남태평양 일대의 새로운 도서를 발견하고 기록하였으며 일부는 영국의 소유권을 주장하였다. 그는 케이프 혼-대서양 남쪽-북아프리카-포츠머스의 여정으로 귀항하였다. 두 번째 항해 기간 중 쿡은 존 헤리슨의 H4 마린크로노미터를 이용하여 보다 정확한 경도를 확인하는 성과도 거두었다(Williams, G., 2011).

그런데 1차 항해 때와 마찬가지로 타이티와 뉴질랜드 사이에 존재한다고 알려졌던 남방대륙을 발견할 수는 없었다. 그는 남방대륙을 확인하기 위해 남위 40도로 향했으며 육지가 나올 때까지 계속 서진하였다. 그러나 큰 대륙이 인접한 곳에서 발견되는 해류가 없었으며 뉴질랜드로 가는 항로상에 육지를 발견할 수 없었다. 세 번째의 항해에서도 쿡은 태평양 남쪽 중위도에는 이미 발견한 오스트레일리아 외에 큰 대륙은 없다는 것을 확인하였다. 이리하여 쿡은 달림플의 남방대륙의 신화가 허구라는 것을 입증하였다. 쿡을 비롯한 과학적 탐사는 신기루인 섬이나 대륙의 존재 여부를 실사함으로써 1875년까지 적어도 123개의 섬들과 땅들이 영국해군성의 지도에서 삭제되었다.

남방대륙을 발견하고 소유권을 주장하려는 욕망에 더하여 태평양 탐사의 또 다른 목적은 향신료제도, 중국과 인도 시장으로 가는 지름길인 북서항로(Northwest Passage)를 발견하는 것이었다. 마닐라-아카풀코 사이의 갈레온 무역을 장악한 스페인이 수익성 높은 중국, 인도 등 태평양 횡단 교역을 독점해왔던바, 특히 영국은 북서항로의 발견에 국력을 집중했다. 중국과 인도의 영국 식민지로 가는 단거리 북서항로의 발견은 중국과의 차와 도자기 그리고 인도와의 직물 교역이 증가하고 있었기 때문에 뜨거운 현안이 되었다. 영국의회는 북위 50도 이상에 존재하는 북서항로를 발견하는 선장에게는 2만 파운드의 상금을 내걸었다(Day, A., 2006: xxi).

북아메리카 동부 해안에서 서쪽 방향으로 아시아로 가는 상상의 루트, 북서항로 탐사는 먼저 러시아가 주도권을 갖고 성과를 내고 있었다. 러시아는 1716년 처음으로 대양을 항해하기 위한 배, 즉 본토에서 캄차카로 항해하기 위한 배를 건조하였다. 1728년 러시아는 덴마크 해군 장교 비투스 베링(Vitus Bering)을 지원하여 북아메리카와 러시아 사이에 양 대륙을 분리하는 베링해협이 존재한다는 것을 발견하였다. 1732년 미하일 그보즈데프(Mikhail Gvozdev)와 이반 페도르프(Ivan Fedorov)는 베링해협을 통해 태평양 건너 알래스카를 발견하였다. 1741년 알렉세이 치리코프(Aleksei Chirikov)는 시베리아 너머의 땅에 대해 탐사하여, 베링이 알래스카로 그렸던 시베리아와 분리된 알류산 열도를 발견하였다. 러시아 모피 사냥꾼들은 알래스카 남부해안과 알류산 열도에 징검다리처럼 연결된 도서들을 1759년,

1784년, 1785년, 1795년, 1799년 연이어 발견하였고, 그곳이 해달 서식지라는 것을 보고하였다.

스페인은 러시아 알래스카 탐사에 자극받아 1775년과 1779년의 콰드라 (Juan Francisco de la Bodega y Quadra) 탐험대를 포함하여 수차례 북서항로 탐사에 나섰다. 1775년 영국인들은 콰드라를 수행했던 부사령관 모렐리 (Francisco Antonio Mourelle)의 항해일기를 입수한 뒤 번역 출간하였는데, 영국이 쿡의 3차 항해에 나서도록 고무하였다.

쿡의 세 번째 항해(1776-1780)의 레졸루션호와 디스커버리호의 탐사는 베링 해협을 가로지르는 북서항로의 존재에 대한 의문 해소에 주력했다. 탐험대는 플리머스-케이프타운-테네레페섬에서 뉴질랜드-하와이 제도-베링 해협으로 이어지는 항로를 따라 활동했다. 쿡의 레졸루션호와 찰스 클라크의 디스커버리호는 의사, 천문학자, 삽화가, 현지안내인을 동승하고 북위 65도 아래의 탐사는 포기하고 그 위도를 넘어 스페인 관할 영지를 피해 항해하면서 배핀만이나 허드슨만으로 연결되는 작은 만이나 틈새를 찾았다. 쿡은 밴쿠버섬과 본토 사이에 있는 후안 데 푸카 해협을 그냥 지나쳤으나 누트카 해협으로 들어가 쿡만으로 항해하여 갔으며 포제션 포인트에서 북미의 북부 지역을 영국 여왕의 소유라고 선언했다. 쿡은 베링 해협을 지나 북극해로 들어가 북위 70도 44분의 아이시 곶에 도달했다. 그는 아시아 연안에서 알래스카 북부 연안까지 뻗어 있는 빙괴 덩어리 때문에 더 이상 탐험을 진전시킬 수 없었다(Williams, G., 2011). 그는 해수가 얼지 않는다고 보았기에 빙괴를 강물이 언 것으로 항해일지에 썼고, 그의 기록은 북서항로가 존재한다는 잘못된 가설을 지지하는 것처럼 해석되었다. 그러나 쿡이 북서항로를 찾아 강으로 착각한 북극해를 탐험했지만 빙괴 덩어리에 가로막혀 성과를 거두지 못했다는 사실은 북서항로는 신기루라는 것을 사실상 입증한 것이었다.

북서항로가 존재한다는 희망으로 인해 쿡 3차 탐사 이후에도 북서항로를 찾으려는 노력은 여전히 계속되었다. 1791년 말라스피나(Alessandro Malaspina)는 북서항로라는 소문이 있었던 알래스카의 야쿠타트만을 탐사하였다. 1790년과 1791년 프란시스코 데 엘리사는 북서항로를 찾아 후안 데 푸카 해협 안으로 항해하였으며, 조지아 해협을 발견하였다. 1792년 갈리아노(Dionisio Alcalá Galiano)는 조지아 해협 안에서 북서항로로 판명될 수 있는 모든 수로를 탐사하였으나 북서항로는 없었다.

쿡뿐만 아니라 영국의 윌리엄 블라이, 조지 밴쿠버, 존 고어, 윌리엄 로버트 브로튼이 지휘하는 다양한 탐험대가 내린 결론은 북서항로는 존재하지 않는다는 것이었다. 북위 65도 아래는 해안선이 남쪽으로 탐험대를 밀어내며, 어렵사리 북위 70도 지점에 도착하면 빙괴 덩어리와 조우할 뿐이었다(Collingridge, V., 2011). 1792-1794년 밴쿠버는 북서 해안의 모든 통로를 세밀하게 탐사하였다. 그가 내린 결론은 베링 해협 남쪽에는 북서항로가 없다는 것이었다(조지 밴쿠버·윌리엄 로버트 브로튼, 김낙현 외 역, 2021, pp.138-144). 1793년 북극해와 태평양을 탐사한 알렉산더 매켄지가 보고한 내용도 동일한 결론을 내렸다.

쿡의 태평양 탐사는 기대와는 달리 남방대륙과 북서항로가 존재하지 않는다는 것을 확인하였지만, 1770년 오스트레일리아의 비옥한 동부 해안을 발견하였다. 동행한 조지 뱅크스는 영국인의 정착에 적합하다고 평가했고 이 지역을 식민화하기로 한 영국의 결정에 영향을 주었다. 뱅크스와 쿡의 추천이 작용해 영국은 오스트레일리아를 본국 교도소와 선체 감옥을 채우고도 넘치는 경범자를 격리시키는 장소로 이용한다고 결정하였다. 1788년 아서 필립이 이끄는 11척에 1,350명의 재소자와 경비대원을 실은 5대의 선단이 동부 보터니만에 닻을 내렸다(Commonwealth of Australia, 2008).

반면 영국과 태평양 탐사 경쟁에 나섰던 프랑스는 불운이 뒤따랐다. 프랑스 동인도회사에서 근무하였던 장 프랑스와 드 쉬르빌(Jean-François Marie de Surville) 선장은 1769-1770년 태평양 탐사를 위해 인도 퐁디셰리에서 출항하여 동인도와 솔로몬제도를 거쳐 남방대륙을 찾기 위해 뉴질랜드로 항해했다. 쿡 선장의 1차 탐험대의 활동과 겹치는 기간이며 불과 며칠 늦었을 뿐이었다. 쉬르빌은 뉴질랜드 두 섬을 돌며 해도를 작성하였고 남태평양의 뉴칼레도니아 등을 발견하였다. 불행하게도 그는 남태평양을 건너 남미 태평양 연안의 칠카(Chilca)에서 난파당하여 사망하였고, 그가 발견한 것에 대한 소유권을 주장할 근거가 없어졌다.

1771-1772년 이브-조세프 드 케르켈렌-트레마렉(Yves-Joseph de Kerguelen-Trémarec)은 남방대륙을 발견하기 위해 인도양 남쪽 남극해 근처를 탐사하였다. 그는 1772년 케르켈렌 군도를 발견하고 명명하였으며, 남방대륙의 일부를 발견하였다고 잘못 보고하였다. 루이 15세는 크게 고무되어 후속 탐험대를 파견하였지만, 곧 케르켈렌 군도는 경제적 가치가 없고 남방대륙의 일부도 아니라는 것을 확인하였다.

1785년 라페루즈 백작은 500톤급 두 선박 아스트롤라브호와 부솔호를 지휘하고 공학자, 동식물학자 수학자를 포함하여 114명의 승조원으로 출항하였다. 그는 알래스카에서 몬테레이까지 북미의 서부 연안에 대해 조사하였으며 남부 오스트레일리아 연안선에 대해 조사하였다. 그는 1786년과 1788년 두 차례 하와이를 방문하였다. 프랑스 왕을 위해 오스트레일리아에 대한 소유권을 확립하려는 그의 시도는 좌절되었다. 그는 1788년 1월 보터니만에 도착하였으나 영국의 아서 필립이 며칠 전에 정착하였다는 것을 알게 되었다(Kensy, J., 2008). 그는 보터니만에서 6주를 보낸 후 수리를 위해 북쪽으로 항해 간 뒤 연락이 두절되었다. 그의 일행이 탐사한 칠레-하와이-켈리포니아-카카오-러시아-일본-오스트레일리아 서부에 이르는 모든 발견, 연안선에 관한 모든 해도, 과학적 관찰에 대한 기록, 그가 선언했을 수도 있는 영토적 소유권은 사라졌다. 프랑스 제헌의회는 라페루즈가 중간중간에 보내

온 항해 보고서와 해도를 근거로 1799년 라페루즈의 『세계 일주 항해기』를 출간하였다. 프랑스가 그의 원정이 이룬 성과를 완전히 포기하지 않는다는 의지를 공포한 것이다(국립해양박물관, 2016, p.17).

영국과 프랑스와 다르게 스페인은 동식물 그리고 광물자원에 대한 유용한 지식을 얻을 수 있는 과학자를 동승시키지 않았고 성직자를 동승시키는 경우가 많았다. 또한 발견한 땅을 공식적으로 소유하게 되었음을 알리는 공식적인 행위도 자제하였다. 태평양에 대한 과학적 탐사에서 뒤처진 스페인은 설상가상으로 북태평양의 상업적 가치를 발견한 영국 등의 도전을 받았다.

영국과 러시아인들은 오랜 모피 교역의 경험을 통해 이 자원의 가치를 알고 알래스카에서 북부 캘리포니아 연안을 따라 생산성이 높은 지역을 확보했다. 쿡 선장의 탐험 이후 많은 상인들이 태평양으로 진출하기 시작했다. 쿡은 3차 항해 시 누트카에서 구입한 모피를 중국에서 약 1,800배의 이윤을 남기고 팔 수 있었던바 원정대의 항해비용을 충당할 정도였다. 1785년 마카오를 거점으로 제임스 한나(James Hanna)가 북태평양을 오가며 유럽인으로는 처음으로 모피교역에 참여했고, 1787년 미국인 로버트 그레이(Robert Gray)가 북아메리카와 북태평양을 오가며 모피 교역에 참여했다. 1788년 영국인 존 미얼스(John Meares)는 광저우/마카오와 북태평양을 오가는 모피교역을 위해 누트카에 상관(商館) 건설을 계획하였다. 1789년 스페인이 북태평양의 관할권과 소유권을 근거로 누트카 사운드에서 존 미얼스의 상선과 부동산을 압류하자 이른바 누트카 위기가 발생하였다. 누트카 위기는 태평양에서 영국이 스페인의 지위를 대신하는 상징적인 사건이었다.

(3) 누트카 협상-폐쇄해 정책의 폐기

1789년 스페인 해군의 영국 상선 나포로 발생한 누트카 위기는 스페인의 폐쇄해 정책을 종식함으로써 해결되었다. 제임스 쿡을 비롯한 1760·1770년대의 다양한 탐험대의 보고서는 태평양에서의 기름과 모피의 원료가 되는 고래 떼, 바다표범 및 수달의 서식지에 대한 정보를 담고 있었다. 태평양의 상업적 이용의 가능성이 확인되자 스페인은 1774년 여러 척의 원정대를 알래스카에 파견하여 토르데시야스 조약을 근거로 북서 태평양에서의 관할권과 교역독점권을 환기시켰다. 스페인의 바다 공간의 관할권과 발견에 근거한 영토독점권의 주장은 대서양을 넘어 태평양으로까지 확대되었고, 이에 대한 영국을 비롯한 후발 해양열강들의 대응논리는 대서양 공간에서와 마찬가지로 자유해 담론과 발견한 영토에 대한 '실효적 지배' 두 가지였다.

누트카 위기가 발생하게 된 과정을 추적하면 다음과 같다. 1785년 이후 영국 상인들은 북서태평양에서 모피교역을 위해 지금의 캐나다의 누트카 사운드에 상관 건립을 추진하였다. 1788년 5월 영국 상인 존 미얼스는 누트카 사운드의 원주민 족장, 마퀴나(Maquinna)로부터 상관을 세울 부지를 유큇(Yuquot)에 매입한 후, 월동과 건축자재와 인부 확보를 위해 1788-1789년 겨울 중국 광저우에 머물렀다. 그는 그곳에서 모피교역에 종사하는 다니엘 빌(Daniel Beale) 등과 아메리카 북서연안 상인협회를 결성하였다. 협회 결성 취지는 엄청난 수익이 났던 모피교역을 촉진하기 위해 중국과 북태평양을 왕복하는 상선의 취항을 늘리고, 북태평양의 거점인 누트카에 상관을 세우는 것이었다. 상인협회는 선박 운항과 상관건설 책임자로 제임스 콜넷(James Colnett)을 정했다.

한편 알래스카 원정에 나섰던 스페인은 영국 상인들뿐만 아니라 러시아인들도 누트카 사운드에 요새 건설을 계획하고 있다는 정보를 입수하였다. 이리하여 뉴 스페인의 총독 마누엘 안토니오 플로레스(Manuel Antonio Flórez)는 1789년 5월 에스테반 호세 마르티네스(Esteban José Martinez)를 누트카 사운드로 파견하였다. 그의 임무는 영국과 러시아가 누트카에 상관과 요새를 건설하는 것을 저지하는 것과 그곳에 스페인의 산 미구엘 요새(Fort San Miguel)와 정착지를 조성하는 것이었다. 마르티네스의 군함은 1789년 5월 5일 영국 상선 이피게니아(Iphigenia) 호와 미국 상선 2척, 6월 8일에는 영국의 소형탐사선 노스웨스트 아메리카호를 나포하였으며, 6월 24일에는 북태평양에 대한 스페인의 관할권과 소유권을 공포하였다. 마르티네스는 7월 2일 광저우에서 누트카로 입항하는 두 척의 상선 중 아고노트(Argonaut)호를 나포하고 선장 콜넷을 구금하였다.

마르티네스는 5월에 나포한 미국 상선 2척과 영국 상선 1척, 7월에 나포한 영국 상선 1척은 억류를 해제하였다. 그러나 6월에 나포한 영국의 탐사선은 산타 헤르트루디스(Santa Gertrudis)호로 개명하여 스페인의 탐사선으로 활용하였고, 아고노트호의 중국인 인부와 건축자재는 스페인 요새 건축에 활용하였다. 특히 노스웨스트 아메리카호의 나포와 스페인 소유로의 선명 변경 조치와 영국의 상관 건축 예정지의 스페인 정착지화는 누트카 위기의 핵심 쟁점으로 떠오르게 된다.

스페인은 영국의 상선과 달리 미국의 상선들에 대해 스페인과 미국의 동맹을 이유로 억류를 해제하였을 뿐만 아니라 스페인 관할권의 해역에서의 자유 항해를 보장하였다. 그런데 7월 말 뉴 스페인 총독은 영국, 미국, 러시아 그리고 원주민이 복잡하게 얽힌 누트카로부터 연말까지 철군을 결정하고 실제로 10월 말 나포한 선박들과 포로들을 지금의 파나마 북쪽 산 블라스(San Blas) 제도로 이송하였다. 스페인은 철군과 함께 누트카 소유권을 포기한 것으로 보인다(Fryer, M. B., 1986, pp.131-140). 그러나 12월 뉴 스페인 총독이 리빌러기기도(Juan Vicente de Güemes Padilla Horcasitas y Aguayo, 2nd Count of Revillagigedo)로 교체되고 누트카의 지휘관도 콰드라로 바뀌었다. 새 총독은 북서태평양에서의 관할권과 영토소유권 주장, 즉 폐쇄해 정책을 고수하기로 결정하고, 1790년 초, 누트카로 프란시스코 데 엘리사

(Francisco de Eliza)가 지휘하는 대규모의 함대를 파견하였다. 이에 대응하여 영국의 해군이 이동함으로써 영국과 스페인 간의 전운과 긴장이 고조되었다.

영국은 누카트 위기가 스페인의 마닐라-아카풀코를 연결하는 대평양 독점에 맞서는 북서태평양-하와이-일본-중국을 잇는 글로벌 태평양경제권의 구축 문제로 인식하여 전쟁도 불사하였다. 반면 프랑스 혁명으로 인해 루이 16세의 지원을 받을 수 없었던 스페인은 난관에 부딪혔고 전쟁이 아니라 외교적 협상을 통해 누트카 문제를 해결할 수밖에 없었다. 스페인은 1493년의 교황칙서와 1494년의 토르데시야스 조약에 근거한 북서태평양의 관할권과 영토소유권, 1513년의 발보아의 태평양 탐험, 1774년 후안 페레즈(Juan Pérez), 1775년 브루노 데 헤세타(Bruno de Heceta)와 콰드라의 누트카 탐험 등을 쭉 나열하면서 누트카에 대한 권리를 주장하였다. 한편 영국은 자유해 담론에 근거한 항해의 자유와 한편으로는 1579년 드레이크와 1778년 제임스 쿡의 누트카 발견과 미어스의 상관 부지 매입 등 실효적 지배에 근거한 영토소유권을 주장하였다.

1790년 10월 28일 체결된 1차 누트카 협정은 조지 밴쿠버와 콰드라가 책임을 맡아 진행하였다. 실질적인 합의 골자는 스페인이 몰수하였던 미어스 소유의 땅과 건물을 원상 복구한다는 것이었다. 사실상 스페인의 관할권과 독점권을 포기하고 영국의 실효적 지배를 인정한 것이다.

그런데 1792년 양국의 협상 책임자인 밴쿠버와 콰드라는 누트카 사운드를 실사하였을 때 사정은 복잡해졌다. 땅 주인으로 알려진 마퀴나와 1789년 현장에 있었던 미국 모피상인, 로버트 그레이와 조셉 잉그래햄은 영국이 원주민으로부터 구입했다고 주장했던 땅이나 건물은 애초부터 없었다고 증언하였다. 콰드라는 스페인이 아무런 배상의 책임이 없지만, 양국의 평화를 위해 스페인군이 만든 주택과 사무실, 정원을 영국에 이양하겠다는 의사를 밝혔다. 밴쿠버는 애초 해군성으로부터 하달 받은 임무와 부합하지 않아 결정을 내리지 못하고, 그간의 회담 상황과 측량자료, 항해일지를 본국으로 보내며 정부의 결정을 기다렸다(조지 밴쿠버·윌리엄 로버트 브로튼, 김낙현 외 역, pp.104-107).

1793년 2월 13일에 체결된 2차 누트카 협정과 1794년 1월 11일 체결된 3차 협정은 1차 협정의 실행 시에 제기되는 난점을 반영하여 보완하였다. 2차 협정은 스페인이 나포한 미어스 소유 선박 아고노트의 보상에 관한 것이었다. 스페인은 경화 21만 달러를 배상금으로 지급하며 지급 시기와 방법이 명시되었다(Pethick, D., p.266). 3차 협정은 누트카에 대한 양국의 소유권 포기를 공식적으로 선언하였는데, 그 골자는 다음과 같았다. 먼저 누트카에 대한 양국의 독점권은 인정되지 않으며, 누트카 사운드를 항구로 자유롭게 이용하고, 임시 가건물을 건축할 수 있다. 둘째 상대국을 배제한 관할권이나 영토주권 요구는 금지되며 양국 모두 상설 건물을 건축하지 못한다. 셋째 양국은 공동으로 제3자가 누트카에서 건축이나 식민을 하지 못하도록 저지한다(Pethick, D., p.288).

누트카 위기는 영국과 스페인 사이에 지속되어 온 3세기간의 담론 경쟁을 압축하였다. 스페인은 15세기 말 이래의 조약에 근거한 폐쇄해 담론과 그 권리를 주장한 반면, 영국은 자유해 담론과 실효적 지배에 의한 소유권을 주장하였다. 누트카의 영국 상관은 스페인이 영국의 재산권을 침해하였다는 주장을 효과적으로 뒷받침하였다. 스페인과 영국은 누트카 위기를 마젤란 해협에서의 항해의 자유를 허용하고 태평양에서의 영국의 교역권과 어업권을 허용하는 비밀조약으로 해소하였다. 이로써 3세기간 지속되어 온 대양에서의 스페인의 권리는 실질적으로 종식되었다.

5. 맺음말

본고는 태평양 횡단의 역사를 1494년 토르데시야스 조약에서 1794년 누트카 협상까지 검토하였다. 그 내용을 정리하면 다음과 같다.

먼저 대양 탐험을 선도한 포르투갈과 스페인은 대양을 동서로 양분하고 각각의 바다 공간에 대한 관할권과 새로 발견하는 영토에 대한 소유권을 주장하였다. 이베리아 국가들의 폐쇄해 정책에 대해 네덜란드와 영국 등 후발 해양열강들은 자유해 담론의 골자인 항해 및 통상의 자유와 발견한 영토에서의 식민에 의한 영토 소유권으로 대응하였다. 폐쇄해와 자유해 담론 경쟁과 더불어 태평양 탐사의 주도권도 바뀌었다.

둘째, 태평양의 서쪽에서 포르투갈의 폐쇄해 정책은 1603년 네덜란드의 포르투갈 상선 카타리나호 나포사건을 분수령으로 도전받았다. 자유해 담론을 통해 네덜란드는 포르투갈의 폐쇄해 정책을 무력화시켰을 뿐만 아니라, 1610년 브라우어 루트 개척을 시발점으로 오스트레일리아 서부와 뉴질랜드와 뉴기니의 남서부 일대의 태평양 탐사를 주도하였다.

셋째, 태평양 동쪽에서의 스페인의 폐쇄해 정책은 18세기 중엽까지 별다른 도전을 받지 않고 유지되었다. 스페인은 1565년부터 18세기 말까지 아메리카 서부 해안에서 아시아의 태평양을 횡단하는 유일한 정기노선인 마닐라-아카풀코 갈레온 무역을 독점하였다. 영국의 드레이크와 네덜란드의 노르트의 태평양을 횡단하는 세계 일주를 제외하면, 케이프 혼, 아메리카 서안, 남서 태평양의 도서에 이르는 탐사와 발견은 스페인의 주도로 진행되었다. 스페인은 태평양으로 나아가는 전초기지에 대한 접근 거부 정책과 탐사의 성과를 일체 공개하지 않음으로써 18세기 중반까지 경쟁국의 태평양 탐사를 효과적으로 차단할 수 있었다.

넷째, 18세기 중반 이후 영국은 정부 후원의 과학적 태평양 탐사를 본격적으로 추진하였다. 영국은 1794년 누트카 협정으로 발견한 영토에 대한 '실효적 지배'에 근거한 영토 소유권 인정 원칙과 통상 및 항해의 자유를 국제적 기준으로 확립시킴으로써 스페인 폐쇄해 정책을 종식시켰다. 동시에 영국은 북태평양과 오스트랄라시아 동안을 탐사하고 항해일지 등 탐사성과를 신속히 공개함으로써 영국의 관할권으로 만들었다.

다섯째, 18세기 중엽 이후 과학적 태평양 탐험대는 탐사의 주목적이었던 북서항로와 남방대륙을 발견하지 못하였고 신기루라는 것을 확인하였다. 대신에 태평양에 대한 과학적 발견은 오스트랄라시아의 식민 가능성, 북태평양의 수달과 고래 등 어자원의 존재와 상업적 활용의 가능성을 확신시켰다. 18세기까지의 태평양에 대한 탐사와 해문(海文)과 인문(人文) 지식의 발견은 항해 및 통상의 자유와 실효적 지배에 근거한 영토 소유권 인정의 국제적 합의와 연동되어 진행되었다. 그 최대 수혜국인 영국은 19세기 태평양에서 팍스 브리타니아 시대를 구가할 수 있었다.

참고문헌

국립해양박물관(2016), 『라페루즈의 세계 일주 항해기Ⅰ』, 부산: 국립해양박물관.

도널드 프리먼, 노영순 역(2016), 『태평양』, 서울: 도서출판 선인.

이학수·정문수(2019), 「영국 범선의 용당포 표착 사건」, 『해항도시문화교섭학』, 제20호, 한국해양대학교 국제해양문제연구소.

정문수(2002), 「8-9세기 해로의 활성화와 지중해 해상교역」, 『한국항해항만학회지』, 한국항해항만학회, 26권 3호.

정문수(2017), 「아랍-이슬람 여행문학의 대표작 이븐 바투타 여행기」, 『바다를 여행하다』, 국립해양박물관·한국해양수산개발원.

조지 밴쿠버·윌리엄 로버트 브로튼, 김낙현·노종진·류미림·홍옥숙 역(2021), 『밴쿠버와 브로튼의 북태평양 항해기 1791-1795』, 서울: 경문사.

Alexandrowicz, Charles Henry. (2017), 'Freitas Versus Grotius.' *The Law of Nations in Global History*. Oxford University Press, Oxford.

Australiaforeveryone (2016), 'Maritime Exploration of Australia: Pedro Fernandez De Quiros' http://www.australiaforeveryone.com.au/files/maritime-quiros.html(검색일: 2022년 7월 20일).

BBC (2014), 'Captain James Cook(1728-1779' at https://www.bbc.co.uk/history/historic_figures/cook_captain_james.shtml

Bougainville, Louis Antoine de (1771)/ Translated by Foster, John Reinhold. *A Voyage Round the World Performed by Order of His Most Christian Majesty In the Year 1766, 1767, 1768, and 1769*. J. Nourse, London.

Captain Cook Society (2020), 'The First Voyage (1768-1771)' at https://www.captaincooksociety.com/home/detail/the-first-voyage-1768-1771 (검색일: 2022년 6월 30일).

Collingridge, Vanessa. (2011), *Captain Cook: The Life, Death and Legacy of History's Greatest Explorer*, Ebury Press, London.

Commonwealth of Australia. (2008), 'European discovery and the colonization of Australia.' Department of the Environment, Water, Heritage and the Arts, Commonwealth of Australia. at http://www.australia.gov.au/about-australia/australian-story/european-discovery-and-colonisation (검색일: 2022년 6월 30일).

Dalrymple, Alexander. (1771), Historical Collection of the Several Voyages and Discoveries in the South Pacific Ocean (1770-1771). IA Open Library. at https://archive.org/details/cihm_35631/page/n205/mode/2up?ref=ol&view=theater

Dampier, William. (1699), *A new voyage round the world.: Describing particularly, the isthmus of America, several coasts and islands in the West Indies, the Isles of Cape Verd, the passage by Terra del Fuego, the South Sea coasts of Chili, Peru, and Mexico; the Isle of Guam one of the Ladrones, Mindanao, and other Philippine and East India islands, near Cambodia, China, Formosa, Luconia, Celebes, &c. New Holland, Sumatra, Nicobar Isles; the Cape of Good Hope, and Santa Hellena. Their soil, rivers, harbours, plants, fruits, animals, and inhabitants. Their customs, religion, government, trade, &c.* Vol.1. St Pauls Church-Yard. at https://archive. org/details/newvoyageroundwo01damp/page/466/mode/2up?q=new+holland.

Davenport, Frances Gardiner. (1917), *European Treaties bering on the History of the United States and its Dependencies to 1648*, Carnegie Institution of Washington, Washington D.C.

Day, Alan. (2006), *Historical Dictionary of the Discovery and Exploration of the Northwest Passage.* Scarecrow Press, Lanham.

Froger, François. (1699), *A relation of a voyage made in the years 1695, 1696, 1697, on the coasts of Africa, Streights of Magellan, Brasil, Cayenna, and the Antilles.* at https://quod.lib.umich.edu/e/eebo/A40503.0001.001/1:5?rgn=div1;view=fulltext (검색일: 2022년 7월 10일).

Fryer, Mary Beacock (1986). Battlefields of Canada. Dundurn Press, Toronto.

Grotius, Hugo. (2015), *The Freedom of Seas.* Oxford University Press, Oxford.

Howse, Derek. (1998). 'Britain's Board of Longitude: The Finances, 1714-1828' *The Mariner's Mirror*, Vol.84, No.4.

Kelsey, Harry. (2016), *The First Circumnavigators: Unsung Heroes of the Age of Discovery.* Yale University Press, New Haven.

Kensy, Julia. (2008), 'La Perouse' at https://dictionaryofsydney.org/entry/la_perouse (검색일: 20022년 6월 30일).

Major, Richard Henry. (ed.) (1859), *Early Voyages to Terra Australis, Now Called Australia: A Collection of Documents, and Extracts from Early Manuscript Maps, Illustrative of the History of Discovery on the Coasts of that Vast Island, from the Beginning of the Sixteenth Century to the Time of Captain Cook.* The Hakluyt Society, London. at https://archive.org/ details/earlyvoyagestot00majogoog/page/n44/mode/2up (검색일: 2022년 6월 30일).

Mancke, Elizabeth. (2004), 'Oceanic Space and the Creation of Global International System, 1450-1800', in Finamore, Daniel. (eds.), *Maritime History as World History*, University Press of Florida, Florida.

National Library of Australia, 'The Seynbrief: Sailing Toward Destiny' South Land to New Holland: Dutch Charting of Australia 1606-1756. at https://webarchive.nla.gov.au/awa/2008080 2073928/http://www.nla.gov.au/exhibitions/southland/intro.html

Osborn, Thomas J. (2013), *Pacific Eldorado: A History of Greater California.* Jhon Wiley & Sons, New Jersey. at https://library.princeton.edu/visual_materials/maps/websites/pacific/spice-islands/demar cation-lines.html

Pethick, Derek. (1980), *The Nootka Connection: Europe and the Northwest Coast 1790-1795.* Douglas &McIntyre, Vancouver. at https://archive.org/details/nootkaconnection0000 peth/mode/2up

Phillipson, Coleman. (1913), 'Cornelius van Bykershoek' In Macdonell, John; Manson, Edward William

Donoghue. (eds.), *Great Jurists of the World*. John Murray, London. at https://archive.org/details/in.ernet.dli.2015.13326/page/n431/mode/2up

Pope Alexander VI, (1943a), Inter Caetera. at https://www.papalencyclicals.net/Alex06/ alex06inter.htm

Pope Alexander VI, (1943b), Dudum siquidem. at https://www.reformation.org/dudum-siquidem.html

Robinson library, 'Abel Janszoon Tasman, the first known European explorer to reach Tasmania and New Zealand and to sight Fiji' at http://www.robinsonlibrary.com/geography/geography /discoveries/ tasman.htm (검색일: 2020년 7월 1일).

Selden, John. (2013), *Of the Dominion or Ownership of the Sea*, Repressed Publishing, Utah.

Wentley, Mark. (2007), 'de Mendaña, Alvaro' The Oxford Companion to World Exploration. Oxford University Press, Oxford.

Williams, Glyn. (2011), 'Captain Cook: Explorer, Navigator and Pioneer.' BBC. Archived. at https://www.bbc.co.uk/history/british/empire_seapower/captaincook_01.shtml (검색일: 2022 년 7월 5일).

환태평양 가치사슬의 구조변동*

백두주

1. 서론

미국 트럼프 대통령은 재임 기간에 대중 고율관세 부과를 통한 무역전쟁, 화웨이와 기술파이프라인 봉쇄와 같은 기술 디커플링(decoupling) 등 '전략적 경쟁자'로서 중국에 대한 파상공세를 취했다. 2021년 1월 출범한 바이든 정부 역시 이전 '미국 주도의 공격적 일방주의(aggressive unilateralism)'에서 '미국 주도 동맹국 연합'의 대중국 압박 전략으로 방법과 경로의 차이는 있지만 전방위적인 공세를 계속하고 있다. 미중 갈등은 본질적으로 장기적이고 구조적인 경향이 있기 때문에 양국은 향후 경제 및 기술우위를 위한 전략적 경쟁의 틀 안에 갇혀 있을 가능성이 높다. 이러한 미국의 대중국 공세는 기본적으로 1990년대 이후 중국의 급속한 경제성장에 따른 '중국위협론'에 기초하고 있는 반면, 중국은 '평화로운 부상'으로 세계 경제발전 및 시장확대 등 모두에게 기회가 될 것이라는 '중국기회론'으로 맞서고 있다.[1] 기존 글로

---

* 이 글은 『사회과학연구』, 29권 1호(서강대학교 사회과학연구소, 2021년)에 「환태평양 가치사슬의 구조변동과 전망: 미국과 중국의 전략적 선택을 중심으로」 제목으로 게재된 논문임.

1 중국위협론은 위대한 중화민족의 부흥과 '중국몽' 실현과정에서 나타나는 국제정치적 위협론, 경제역량이 군사역량으로 이어지는 군사적 위협론, '팍스 시니카(Pax Sinica)' 추구에 따른 경제적 위협론, 신이민자들의 전 세계 확산으로 인한 사회인구학적 위협론, '자원소비형' 발전체제에 따른 환경위협론으로 구분할 수 있다. 세력전이(power transition)론에 따르면 국제질서는 패권국-강대국-약소

벌 가치사슬(GVC, Global Value Chain, 이하 GVC) 재편을 위한 미중 간 전략적 선택의 변화, 그에 따른 구조적 갈등 양상은 더욱 골이 깊어지고 있는 양상이다. 이러한 미중 갈등은 "개방된 시장과 같은 세계적 공공재(public goods)" 제공이 아니라 "무역전쟁과 같은 국제적 제도의 침식과 같은 세계적 공공악(public bads)"을 제공하고 있다는 비판(박상현, 2021)을 받고 있다.

지난 수십 년 동안 선도적 초국적 기업들은 세계화의 흐름 속에서 효율성을 극대화하고 새로운 시장을 개발하며, 특히 거래 및 노동비용을 줄여 이익을 극대화하는 GVC 구조를 만들어냈다. 그러나 길고 복잡한 GVC는 비경제적 충격의 수가 증가하면서 반복적인 위험에 노출되어 왔으며 그 정점이 코로나-19 팬데믹(이하 팬데믹)이다. GVC가 점점 더 복잡해지고 촘촘해졌지만 '내장된 취약성(embeded vulnerabilities)'(Free & Hecimovic, 2020)으로 인해 교란의 위험성은 지속적으로 경고되어 왔다. 팬데믹은 기존 GVC의 구조적 취약성과 전 세계 생산이 얼마나 중국에 의존하고 있는가를 극적으로 보여준 계기였으며, 이러한 GVC 회의론은 새로운 재편의 방향을 둘러싼 논쟁으로 이어지고 있다. 최근 논의의 대부분은 팬데믹 충격에 따라 복원력(resiliency)을 높일 수 있는 몇몇 대응방안 중심으로 이루어지고 있다. 팬데믹 이후 탈세계화, 경제적 디커플링, GVC의 다양화, 재국지화(re-localize)가 강화될 것이라는 주장(Jovorcik, 2020; McKinsy, 2020)이 유행처럼 확산되고 있으나, 정확한 근거가 부족한 상태에서 제안되는 경우가 많아 근본적인 원인과 결과를 모호하게 할 뿐만 아니라 정책적 혼란을 가중시킬 수도 있다(Miroudot, 2020; Williamson, 2021).

국들이 위계적으로 서열화되어 있으며 패권국과 도전국 간의 힘의 전이 또는 국력 변화가 생기면 구조변동의 압력이 강해진다. 특히 도전국이 경제성장 및 역량 강화에 성공하면 기존 질서의 균열과 갈등 가능성이 높아지게 된다. 도전국은 국제질서의 위계체제에서 '잠재적 힘의 단계'를 시작으로 '힘의 전환적 성장 단계'를 거쳐 경제역량이 극대화되는 '힘의 성숙 단계'로 이어진다(백두주, 2014: 12-18).

GVC의 재편 압력은 다양한 수준(국가/지역)에서 정치적, 군사적, 경제적 영향력 확대를 위한 경쟁으로 확대되고 있지만 그 중심에 환태평양 중심국가 간 갈등과 각축이 있다. GVC 재편의 핵심 쟁점 중 하나는 미중 간 경제적 디커플링 논쟁이다. 디커플링 개념은 세계화의 흐름 속에서 수십 년에 걸쳐 형성된 '글로벌 생산과정의 분업화'를 의도적, 전략적으로 해체 및 재구성하는 과정이다. 이 개념은 1990년대 미국 달러와 첨단기술에 대한 과도한 의존을 걱정했던 중국 정책입안자들의 주장이 수십 년 후 중국 견제를 위한 미국의 전략으로 재탄생되었다(Johnson and Gramer, 2020). 미국의 공세적 압박속에 진행되고 있는 미중 간 디커플링 그리고 대중국 GVC 고립·배제전략에 대해 중국은 중국 발전이 '미국의 선물'이라는 주장은 중국 위협론, 냉전 및 제로섬 게임을 과장하는 이데올로기적 편견에 불과하다고 비판한다. 미중 디커플링 문제로 미국 내 문제를 해결하는 것은 '갈증을 풀기 위해 독주를 마시는 것'에 불과하다는 것이다(MoFA, China, 2020). 본 연구의 목적은 환태평양 중심국가들 간 갈등과 상쟁의 구조적 원인과 특성을 가치사슬에 초점을 맞춰 규명하는 것이다. 이를 위해 환태평양 가치사슬 형성과 발전요인 그리고 최근 재편요인은 무엇인가? 이 과정에서 환태평양 중심국가들의 가치사슬 재편을 위한 전략적 선택과 갈등은 어떤 양상이 보이는가? 이를 바탕으로 향후 전망을 제시하고자 한다.

2. 세계화와 글로벌 가치사슬

(1) 글로벌 가치사슬의 개념

포터(Porter, 1985)에 의해 처음 제시된 가치사슬 개념은 상품 또는 서비스를 시장에 제공하기 위해 기업들이 수행하는 일련의 활동으로 인바운드 (inbound) 물류, 운영, 아웃바운드(outbound) 물류, 마케팅 및 판매, 판매 후 서비스로 구분되었다. 가치사슬에는 조달, 기술연구, 제품개발, 인적자원 관리 및 기업의 인프라 구축과 같은 기본활동과 기업의 효율성을 촉진히는 보조 및 지원활동 등이 포함된다. 특히 포터는 기업이 비교 경쟁우위를 개발하고 유지하기 위해서는 기업의 가치사슬을 정확히 이해해야 한다고 주장한다. GVC 또는 글로벌 공급망(Global supply chain) 개념은 '글로벌 생산과정의 분업(분절)화'가 증가하는 현상에 대응하여 기업 수준의 가치사슬 개념을 국제적으로 확장한 것이다(Johes et al., 2019). GVC는 세계경제의 구조적 변화를 초래하는 중요한 동인으로 인식되었다(Sturgeon and Memedovic, 2011). 지난 수십 년간 글로벌 무역자유화는 관세 및 비관세 무역장벽 및 규제개선으로 무역비용을 크게 줄였으며, GVC 참여국들은 육상 및 해상운송 인프라 투자를 장려하여 상품이동을 위한 물류혁신을 달성했다. 특히 표준화된 컨테이너의 채택과 ICT 발전은 GVC 확산과 글로벌 생산과정의 실시간 관리를 가능하게 했다. 기술혁신에 따른 무역비용의 감소는 기업들의 오프쇼어링(offshoring) 및 아웃소싱(outsourcing) 활동의 증가, 수입된 중간 투입물의 사용, 중간재 무역의 활성화를 가져왔다.[2]

글로벌 생산과정의 분업화를 뒷받침하는 것은 생산과정(공정)의 근본적 변화와 관련이 있다. 전통적인 생산과정은 수평적이다. 즉, 기업이나 국가는 특정 최종 상품이나 서비스를 처음부터 생산하고 수출하는 데 특화되어 있

---

[2] GVC의 발전은 3가지 가설에 근거한다(Kleinert, 2003). 첫째, 아웃소싱 가설로 선진국의 기업들이 노동집약적 생산공정 단계를 노동력이 풍부하고 임금이 낮은 해외로 이전함으로써 저임국 국가의 경쟁 심화에 전략적으로 대응한다. 둘째, 다국적 기업 네트워크 가설로 중간상품 무역이 증가하는 이유는 모기업뿐만 아니라 해외 및 본국의 다국적 기업 계열사 간 발생하는 다국적 기업의 무역 네트워크 내에서 기업 내 무역이 증가하기 때문이다. 셋째, 글로벌 소싱 가설은 수입된 투입물의 사용 증가가 국제통합에 의해 촉진되며, 이주, 근접성, 이전 식민지 유대 및 공통 언어와 같은 요소가 구매자와 판매자 간 '최상의 일치'를 달성하는 데 도움이 된다는 것이다.

었다. 그러나 변화된 생산과정 개념은 구성 요소와 부품이 수평, 수직 및 대각선으로 연결된 여러 국가의 여러 단계에서 생산되는 매우 복잡한 네트워크 구조를 갖는다. 이전과 달리 기업이나 국가는 생산과정의 모든 단계가 아닌 일부에 전문화되어 있다. 이러한 경향 속에서 부가가치 또는 최종 상품의 생산은, 전 생산과정이 국경통과 없이 하나의 국가에서 이루어지는 '순수 국내생산', 소비를 위한 국경통과에 의한 '전통적 무역', 그리고 생산을 위해 국경통과(중간무역)가 이루어지는 '부가가치 무역(value added trade)'으로 분해된다. 부가가치 무역은 생산을 위해 국경을 한 번 통과하는 '단순 GVC'와 생산을 위해 적어도 두 번 국경을 통과하는 '복잡 GVC'로 다시 구분된다 (WTO et al., 2019: 11). 부가가치 무역에서 원자재 및 서비스 등 모든 수입 중간투입물을 포함하는 '생산을 위한 수입(I2P)'과 수출되는 상품 및 서비스를 생산하는 데 사용되는 모든 외국 중간재를 포함하는 '수출을 위한 수입 (I2E)'을 식별하여 최종 수출의 투입요소를 계산하면 부가가치 무역 규모를 파악할 수 있다(Brennan and Rakhmatullin, 2015: 11). GVC는 원자재 공급부터 최종 상품 소비까지 여러 단계로 분절화되어 있어 참여 국가, 단계, 개입 행위자가 많을수록 무역의 복잡성과 정교함 수준이 높아진다.

GVC 참여도는 국가별 수출품 생산에서 중간재에 투입된 수입품 비중(후방참여)과 해당국 수출품이 여타 국가의 수출에 중간재로 사용되는 비중(전방참여)의 합으로 계산된다. 소위 '스마일 커브(smile curve)'로 알려진 부가가치 흐름 속에서 상대적으로 높은 부가가치는 제조·조립의 생산 영역이 아닌 생산 이전의 제품기획, R&D, 설계, 디자인 그리고 생산 이후의 물류, 마케팅, 브랜딩 등과 관련된 서비스업 영역이다(WEF, 2012: 21). 제조공정에서도 중간재를 수입하여 완제품을 단순 조립·가공하는 후방참여보다는 원자재 및 중간재를 생산·수출하는 전방참여가 상대적으로 고부가가치 영역에 속한다. GVC 내 고부가가치 영역으로의 상승이동은 '가치사슬 진화

(evolution)'로 개념화할 수 있다. 가치사슬 진화는 제조·조립 후방참여(완제품 조립·가공)에서 전방참여(원자재·중간재 생산)로, 나아가 생산과정을 기준으로 전방(제품기획, R&D, 디자인) 혹은 후방참여(물류, 마케팅, 브랜드)로의 이동을 의미한다.

GVC는 거래의 복잡성, 거래의 성문화(to codify) 능력, 공급기반 역량에 따라 거래관계의 명시적 조정과 권력비대칭성 수준이 달라지는 거버넌스 유형을 갖는다(Gereffi et al., 2005). 이에 따라 시장형, 모듈형, 관계형, 전속형, 위계형으로 분류되며, 권력비대칭성 수준은 시장형이 가장 낮고, 위계형이 가장 높다. 왜냐하면 시장형은 대체 파트너를 위한 수많은 선택지가 있는 반면, 위계형은 일반적으로 초국적 기업에 수직적으로 통합된 기업 내 관계를 의미하기 때문이다. 이 5가지 유형의 거버넌스는 개발도상국의 공급업체 특성, 업그레이드 역량, 선도기업의 요구사항에 따라 차이가 발생할 수 있다.[3] 이와 같은 GVC 개념은 2000년대 초부터 '글로벌 생산 네트워크(Global production network)' 개념과 함께 가치사슬의 국제적 확장 및 지리적 분할을 분석하는 개념으로 널리 사용되기 시작했다(Gereffi, 2005; Dicken et al., 2005).

(2) 세계화와 글로벌 가치사슬

볼드윈(Baldwin, Richard)은 세계화를 지리적으로 '생산과 소비의 결합(bundling)에서 생산과 소비를 분리하는 과정'으로 정의하며, 생산과 소비가

---

[3] 팬데믹 이후 GVC의 취약성에 대한 논란이 계속되고 있다. GVC가 발전하면서 그에 따른 위험관리 및 제어 문제도 이전부터 주요 논의 대상이 되어 왔다. GVC의 대표적인 위험은 제조과정에서 열악한 노동조건으로 인한 파업과 사고(제조위험), 운송산업의 노동쟁의 또는 정부의 통제 결과로서 물류중단(운송위험), 환율, 임금과 통화 파동(금융위험), IT 시스템 고장, 정보지연 및 투명성 부족(정보위험), 수요의 갑작스러운 폭등과 폭락, 예측오류 및 정보이상(수요위험), 단일 공급자 또는 협소한 공급기반에 과잉의존, 공급자의 파산(공급위험), 자연재해, 질병, 전쟁과 주요 경제적 침체(대형위험) 등이 있다(Free and Hecimovic, 2020). 특히 팬데믹과 같은 '대형위험'은 다른 위험을 동시에 동반한다.

지리적으로 떨어져 있을 때 무역이 발생한다고 전제한다. 이에 따라 세계화 1.0(1820년-제1차 세계대전 이전), 세계화 2.0(제2차 세계대전 이후-1990년), 세계화 3.0(1990년 이후-현재), 세계화 4.0(미래의 세계화)으로 구분했다(Baldwin, 2016; 2019). 또한 볼드윈은 국제무역의 특성이 20세기 최종재 중심의 '상품무역(trade-in-goods)'에서 21세기 '분업무역(trade-in-tasks)'으로 전환되었으며(Baldwin et al., 2010), 이는 최종재 무역에 따른 이익보다 글로벌 생산과정의 분업화에 따른 '분업무역' 이익이 더 크기 때문에 발생한 것이다. 세계화는 상품, 지식, 사람의 이동 제약조건이 비동시적으로 극복되면서 발전해나간다. 1820년대 이전에는 이 세 가지 제약조건을 극복하지 못했기 때문에 국제무역 비용이 매우 높고 생산과 소비의 지리적 분리는 본격화되지 않았다. 혁신지역과 부의 창출수준, GVC 형성도 세계화의 제한으로 모두 낮은 수준을 보였다.

세계화에 따른 '대분기(great divergence)'는 증기혁명에 이은 디젤동력선, 철도의 상업적 발전과 전신이 발명되면서 무역비용을 점차적으로 감소시켰고, 1970년대 해상운송 혁명인 '컨테이너화(containerization)'와 국제표준화는 상품이동 비용을 기적적으로 낮췄다.[4] 이 시기 생산과 소비의 지리적 분리가 발생하고 '북쪽(G7 중심 선진국)의 산업화'가 빠르게 진전되었으며 각국은 특화된 상품을 중심으로 교역량을 늘려갔다. 산업집중과 혁신은 상호영향을 미치면서 소득성장과 소비시장을 확대하는 선순환 구조를 만들어냈다. 그러나 대부분 '북-북 교역'의 활성화로 북쪽에 부가 집중되었고, 초국적 기업들의 남쪽(저개발국가)으로의 투자 및 생산기지 이전은 제한적 수준에

---

4   세계 최초 컨테이너 선박은 1956년 4월 미국 뉴저지주 뉴어크 항구를 떠나 텍사스주 휴스턴 항구로 운항한 유조선을 개조한 Ideal-X호이다. 당시 기존 방식으로 화물을 적재할 경우 톤당 5.83달러가 소요되었지만 이 컨테이너 선박에 적재하는 비용은 톤당 0.16달러로 운송비 절감의 혁명을 가져왔다(Rodrigue, 2020). 1970년대 컨테이너 박스의 국제표준화가 이루어지면서 석유, 가스 등 특수한 선박이 필요한 원자재를 제외하면 거의 모든 화물이 컨테이너로 운송되었다. 이로써 국제무역은 더욱 증가했고, 소비자들은 다양한 물건을 낮은 가격에 구입할 수 있게 되었다.

머물렀다. 그 이유는 먼 지리적 거리로 인해 복잡한 관리 및 조정비용이 높았기 때문이다. 이러한 문제는 1990년대 이후 ICT 혁명을 통한 '대수렴기(great convergence)'로 접어들면서 해결되었다. 이제 상품과 지식 비용 모두 극적으로 낮아져서 '글로벌 생산과정의 분업화'가 본격화되기 시작했다. 상품이동 비용의 하락으로 특정 장소에서 만들어서 수요가 있는 곳에 팔 수 있었다면(made-here-sold-there), ICT 발전에 따른 지식 이동비용의 하락은 전 세계 어디에서든 만들어서 시장 수요가 있는 곳에 팔 수 있게(made-everywhere-sold-there)되었다(Baldwin, 2014). 생산과 소비의 '2차 분리'로 초국적 기업들은 노동 비용을 절약하기 위해 그동안 산업화에서 배제되어 왔던 남쪽으로 생산기지를 대거 이전하게 되었고 GVC 구축을 위한 지리적 거리는 효율성을 기준으로 사실상 무제한으로 확대되었다. 일부 신흥국들은 압축적 산업화로 경제발전에 성공했으며 초국적 기업들이 이동한 남쪽에 혁신지역도 점차 늘어났다. GVC 구축의 속도, 범위, 효과가 높아지면서 GVC '혁명기'를 구가하게 되었다. 경쟁단위도 기존 국가나 기업단위에서 누가 가장 효율적인 GVC를 구축하는가의 문제로 변해갔다.

세계화와 GVC 발전은 글로벌 생산과 무역을 재편하고 산업조직을 변화시켜 새로운 국가경쟁 시대의 진입을 알렸다(Gereffi, 2014). 1960년대 초국적 기업들은 해외에서 저렴하고 유능한 공급업체를 찾기 위해 공급망을 분할하기 시작했다. 1970년대와 1980년대는 '생산자 주도 상품 사슬'에서 '구매자 주도 사슬'로 변화를 이루었고 이 과정에서 동아시아 국가들이 주목을 받았다. GVC 혁명기라 할 수 있는 1990년대와 2000년대에는 GVC에 포함된 산업과 활동이 기하급수적으로 성장하여 완제품뿐만 아니라 부품 및 하위 조립품까지 포괄하게 되었다. 이제 무역시스템은 상품 판매에만 활용되는 것이 아니라 상품 생산에도 사용되고 있다. 1990년 전후 냉전종식, 중국의 개혁·개방 정책, 1995년 WTO체제 출범 등이 자유무역 확산과 GVC의 발전에 큰 기여를 했다. 무엇보다 2001년 중국의 WTO 가입은 중국 중심의 GVC 구조 형성에 결정적 계기를 제공했다.[5] 이러한 흐름 속에서 선도적 초국적 기업들은 '생산의 글로벌 최적화 전략'을 가속화했고 기존 양자 간 수출입 중심의 단순무역은 글로벌 생산과정의 분업화로 전환되었다. 이 시기 세계화는 GVC를 확장했고, GVC는 다시 세계화의 속도를 높였다.[6]

한편 GVC의 발전은 미국을 중심으로 세계화의 역풍(backlash) 논란을 불러왔다. 특히 중국과 미국의 교역이 증가하면서 미국 내 가구, 목재, 인형, 면화 등 저숙련 일자리에 상당한 충격을 주었다(Autor, 2018). 저숙련 노동자를 대규모로 고용했던 신발, 의류, 섬유산업 등의 종사자 수는 1970년대 약 300만 명에서 2000년 100만여 명, 2019년 현재에는 30만 명으로 감소하여 '산업공동화'가 심화되었다(Irwin, 2017). 남쪽의 상품들이 미국으로 대거 유입되면서 이들이 만들었던 상품들은 비교열위가 되어 시장에서 퇴출되었다. 미국 제조업 전체 노동자 수도 1979년 19,531천 명을 최고치로 1990년 17,395천 명, 2000년 17,181천 명, 2010년 11,453명까지 감소하다가 2019년 12,866명 수준을 유지하고 있다(FRED, Economic Data). 지난 40여 년 동안 약 6,665천 명(-34%) 감소했다. 즉 GVC 발전은 저개발국가의 산업화와 선진국의 탈산업화(de-industrialization)를 동시에 유발시켰다. 이러한 위

---

5 당시 미국의 무역정책은 단순 경제정책이 아닌 민주주의와 시장경제를 전 세계로 확산시키는 '대외정책(foreign policy)'의 일환이었다. 클린턴 정부는 중국이 WTO에 가입하고 나면 시장경제와 민주주의를 향해 나갈 것이고 거대한 중국 시장은 미국 기업들에도 이익이 될 것으로 판단하여 적극적으로 지원했다. 이러한 흐름은 1945년 제2차 세계대전 종전 이후 GATT를 통해 자유무역 질서의 수립, 1990년대 냉전 종식 후 NAFTA 체결, 이후 과거 공산권 국가들의 WTO 가입 지원의 연장선에 있었다.

6 GVC 관점에서 1990년대와 2000년대는 발전 및 확산시기, 2008-2009년 글로벌 금융위기 이후 2010년대부터는 약화 및 정체시기로 구분할 수 있다. 시기별로 장기적인 국제생산 추세를 살펴보면(연평균 성장률), FDI는 1990년대 15.3%, 2000년대에는 8.0%까지 성장했다가 2010년대에는 0.8%로 감소한다. 무역성장률도 1990년대 6.2% 성장에서 2000년대는 9.0%까지 폭발적으로 성장했다가 2010년대에는 2.7% 수준으로 정체되어 있다. 전 세계 GDP 성장률 역시 1990년대 3.8%에서 2000년대 7.0%로 성장했다가 2010년대에는 3.1%로 떨어졌다(Zhan et al., 2020). 1990년 이후 20년 동안 GVC 확산은 세계 경제성장을 견인한 핵심 요인이다.

기는 트럼프 대통령의 선거 캠페인에서 그리고 취임 당시 "우리 중산층의 부는 미국 내에서 사라졌고 전 세계로 배분"되었다는 언급으로 정치화되었다.

전 세계 소득구조도 유의미한 변화를 보였다. 선진국과 저개발국가의 경제력 격차가 벌어졌던 '대분기'를 지나 '대수렴'시대에는 이들 간 경제력 격자가 눈에 띄게 감소했다. 이제 전 세계 소득불평등을 결정짓는 핵심 변수는 '국가 간' 불평등에서 '국가 내' 불평등으로 전환되었다. 이른바 '코끼리 곡선(elephant curve)'에 따르면(Milanovic, 2016), 세계화의 승자는 '산업화된' 남쪽(특히 아시아) 중산층인 반면 패자는 '탈산업화된' 북쪽의 노동집약적 산업에 종사했던 노동자층이었다. 이는 '선택된' 개발도상국들이 GVC에 통합된 결과이다. 기술과 자본이 부족한 개발도상국들은 GVC에 참여로 수출지향적 산업화(EOI)에 성공했고 '규모의 경제'에 진입하여 수출기회를 제공받았다(Gereffi and Kirzeniewicz, 1994). 전 세계 FDI 중 신흥국으로 유입된 비중을 보면 2000년 10%에서 2010년에는 30%까지 증가했다(World Development Indicators). 초국적 기업들이 원천기술과 자금을 기반으로 신흥국에 생산기지를 조성하여 GVC를 확대해 나갔다는 의미이다. 더불어 신흥국들의 GVC 진화 경로는 대체적으로 초기 노동집약적 상품의 조립·가공부터 참여하여, 이후 반도체, 통신 등 고부가가치 산업의 저부가가치 생산과정으로 진입 후, 일부 국가의 경우 고부가가치 산업 내에서 부가가치율을 높여나가는 방식으로 나간다. 이에 따라 GVC 진화는 해당국의 산업구조 고도화를 위한 핵심 과제로 부상한다.[7]

---

7   GVC에 참여하는 초국적 기업은 국제분업을 통해 생산비용 절감뿐만 아니라 신속한 혁신을 달성한다. 신흥국 공급기업들은 이러한 혁신과정에 포함되게 되며 이는 초국적 기업의 선진기술을 신흥국 공급기업에 전파시키는 GVC의 기능을 반영한다(국제무역연구원, 2020). 이러한 효과의 확산을 위해 2015년 채택된 지속가능한 개발목표(SDGs) 체제하에서 개발도상국의 무역원조와 GVC 참여지원이 강조되고 있다(장지원 외, 2018). SDGs는 개발도상국의 포용적이고 지속가능한 성장을 위해서 중소기업 역량 강화와 GVC 참여를 명시하고 있다. 다수의 공여국과 다자기구들은 '무역을 위한 원조(AfT, Aid for Trade)' 전략을 수립하고, 개발도상국의 민간 부문 무역역량 제고

(3) 중국의 부상과 가치사슬의 진화

1980년대 이후 가공무역을 시작으로 세계 무역체제에 서서히 진입하기 시작한 중국은 2000년대까지 고성장체제를 유지하며 세계의 공장으로 성장해나갔다. 이 과정에서 초국적 기업들은 선진국의 '최고 기술'과 중국의 '최저 생산비용'으로 '최대의 부가가치'를 구현하는 '최적의 조합'을 만들어냈다. 1990년대 후반에는 가공무역이 정점에 이르면서 총수입 중 가공무역이 차지하는 비중은 50%에 달했다. 기술과 자본이 부족했던 중국은 외자유치와 기술습득을 위한 가공무역 육성이 당시로서는 최선의 전략적 선택이었다. 그러나 전략적 선택의 전환은 1990년대 말부터 이미 시작되었다. 1999년부터 가공무역의 허용, 제한 및 금지품목을 관리하기 시작했고, 2000년대 들어서면서 비효율적인 산업구조조정과 고기술, 고부가가치 산업에 대한 수출부가가치세 환급률을 인상했다(김진호 외, 2015: 18-20). 2001년 WTO 가입 이후에는 FDI 유입증가, 투자확대, 엄청난 양의 상품을 전 세계에 공급하면서 폭발적인 성장국면에 진입한다. 중국의 연평균 GDP 성장률(CAGR)은 1990년대 10.0%, 2000년대 10.4%, 2010년대 7.7%인 반면 같은 기간 미국은 3.2%, 1.9%, 2.3%로 현저한 차이를 보였다(<그림 1>). 또한 전 세계 제조업 수출에서 중국의 비중도 1995년 3.8%에서 2005년 미국을 추월한 후 2018년에는 16.1%로 세계 최대 수출국으로 성장했으며 독일, 미국, 일본은 1995년에 비해 모두 하락했다.

중국은 저부가가치 가공무역의 한계를 극복하고 가치사슬 진화를 위한 산업구조 고도화 전략을 추진한 결과 GVC 중심국으로 부상했다. 2000년에는 미국, 일본, 독일이 대륙별 공급허브의 위치를 차지했으나, 2017년에는 일본을 대체하여 중국이 단순, 복잡 GVC의 허브로 부상했다. 중국은 일본,

---

및 GVC 편입을 세부 지원 분야로 설정하고 있다.

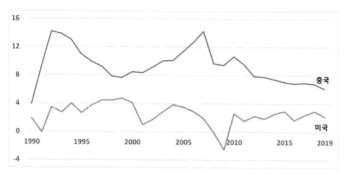

출처: World Development Indicators 통계 기초로 저자 작성
〈그림 1〉 중국과 미국의 연간 GDP 성장률 (단위: %)

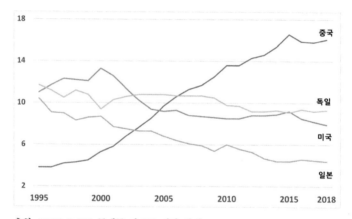

출처: UNIDO IAP 통계를 기초로 저자 작성
〈그림 2〉 전 세계 제조업 수출에서 주요국 비중 (단위: %)

한국, 대만 등 아시아 국가들뿐만 아니라 러시아, 브라질, 인도 등 다른 신흥 국가들과도 밀접한 연계성을 확보했다. 같은 시기 수요허브도 거의 유사한 패턴을 보여 중국은 미국에 버금가고 독일을 능가하는 중심성을 확보했으며 중국 중심의 역내 완결적 GVC를 구축했다(WTO et al., 2019). 이를 가능하게 한 이유 중 하나는 중국 내 공급망 도시들(supply chain cities) 및 혁신지역의 발전이다. 이 공급망 도시들은 중국 특유의 '규모 중심 전문화'가 지속

적인 경쟁 우위로 전환하는 방법을 완벽히 보여주었다는 평가를 받는다 (Gereffi, 2009). 핵심부품을 중심으로 동아시아 공급업체와 연결되고 다른 한편 중국 제조제품을 세계시장으로 출시하는 역할을 하고 있다.

중국의 부상은 가치사슬 진화의 결과로 이해될 수 있다. 중국 수출의 국내 부가가치 비중(2005-2015년)은 1차(primary) 4.46%, 저기술(low-tech) 5.68%, 중상 및 첨단기술(medium high-tech)이 11.4% 상승했다. 이는 중국의 GVC 내 역할이 저기술에서 고기술 산업으로 전환되고 있음을 보여준다. 총수출에 포함된 해외 부가가치도 감소하여 최종 조립단계에서 '생산과정 전방'으로, 중간재 수입·최종재 수출에서 '원자재 수입, 중간재 수출'로 이동

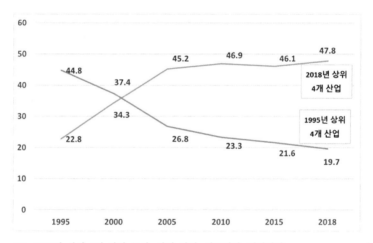

주1: 2018년 상위 4개 산업=통신, 기계·가전, 사무기기, 전기기기
주2: 1995년 상위 4개 산업=의류, 직물, 가구 및 기타, 가죽 및 신발
출처: UNIDO Industrial Analytics Platform(iap.unido.org) 저자 작성
〈그림 3〉 중국의 주요 산업별 수출비중 (단위: %)

했음이 확인된다(이현태·정도숙, 2020). 이에 따라 중국의 GVC 참여구조도 변화했다. 2009년 이후부터 전방 참여율이 후방 참여율을 상회한 것은 중국이 가공 후 수출을 위해 외국으로부터 수입해오는 중간재보다 다른 나라에

서 가공 후 수출하기 위해 외국에 공급되는 중간재의 가치가 더 크다는 것을 의미한다[8](국제무역연구원, 2020: 20).

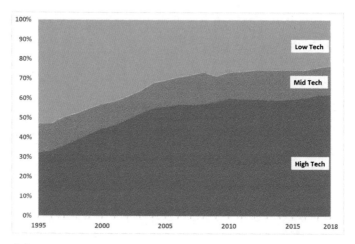

출처: UNIDO Industrial Analytics Platform(iap.unido.org) 저자 작성

〈그림 4〉 중국의 기술난이도별 제조업 수출비중 (단위: %)

<그림 3>은 중국의 1995년 당시 상위 4개 산업(A그룹)과 2018년 현재 상위 4개(B그룹) 산업의 수출비중 변화(1995-2018년)를 나타낸 것이다. 노동집약적 산업에 속하는 A그룹 비중은 44.8%에서 19.7%로 25.1%p 감소한 반면 B그룹 비중은 1995년 22.8%에서 47.8%로 25.0%p 증가했다. 특히 B그룹에 속한 통신산업은 같은 기간 8.2%에서 20.0%로 최고의 상승률 (+11.8%p)을 보였다. 이러한 변화에도 A그룹과 B그룹에 속한 전 산업은 전 세계 수출비중에서 모두 1위를 차지하고 있다. <그림 4>는 중국의 기술난이

---

8   중국 내 자급률 향상으로 GVC 참여율은 2010년 39.1%에서 2017년 35.7%로 하락했으나 같은 기간 후방 참여도는 18.2%에서 12.7%로 감소한 반면 전방 참여도는 19.3%에서 23.0%로 증가했다. 이 역시 중국의 GVC 참여구조가 중간재 수입, 최종재 수출에서 원자재 수입, 중간재 수출로 변화했음을 시사하는 지표이다.

도별 제조업 수출비중(1995-2018년)의 변화를 보여준다. 저기술(low-tech)은 52.9%에서 23.4%로 29.5%p 감소한 반면 고기술(high-tech)은 32.3%에서 62.7%로 30.4%p 증가했다. 중국은 더 이상 초기 발전단계에서 수행했던 선진국의 하청업체 역할에 머물지 않고 저부가가치 '제조대국'을 넘어 고부가가치 '제조강국'으로 도약을 추진 중이다. 즉 중국은 전 세계 GVC의 구조재편을 주도하는 '결정자(maker)'의 지위를 확보해 나가고 있다. 위와 같은 중국의 부상과 가치사슬 진화가 미국을 중심으로 한 서구 선진국 기계의 단순한 톱니바퀴 역할에서 벗어나 향후 '중국의 규칙'을 주장할 수 있다는 평가(Schuman, 2020)가 나오는 이유이다.

3. 환태평양 중심국가의 가치사슬 재편전략

(1) 미중 갈등과 가치사슬

미국 트럼프 대통령은 취임과 동시에 대중국 무역전쟁을 개시했다. 주요 기조는 취임연설 당시 강조한 '미국 우선주의(America First)', '미국산 제품을 구매하고 미국인을 고용(Buy American and Hire American)', '미국을 다시 위대하게(America Great Again)'였다. 2017년 8월 트럼프 대통령은 무역법 301조(Section 301 of the 1974 Trade Act)에 따라 중국의 정책 및 관행이 기술이전, 지식재산, 혁신과 관련된 측면에서 '불공정 거래'를 초래하는지 무역대표부에 수사를 지시했고, 2018년 3월 중국산 수입입품에 500억 달러 관세부과를 내용하는 행정명령에 서명하면서 무역전쟁의 서막이 올랐다. 관세전쟁은 기술전쟁으로 확전되었고 그 핵심은 중국 정부가 2015년 제13차 5개년 계획으로 발표한 '중국제조 2025(Made in China 2025, 이하 MIC

2025)'전략을 겨냥한 것이다. 중국은 기존 제조업을 고부가가치의 첨단혁신 산업으로 전환하기 위해 가치사슬 진화 전략을 추진해왔으며 미국으로서는 기술전쟁에서 물러설 수 없는 상황이었다. 이에 따라 미국은 4차 산업혁명 기반 기술주도권을 경제적 문제를 넘어 국가안보 차원에서 접근하여 중국의 대표적인 통신업체인 화웨이 제재를 속도감 있게 추진했다.

미중 갈등은 기존 가치사슬 구조와 질서가 한계에 봉착한 결과로 볼 수 있다. 2008년 글로벌 금융위기 이후 이완되기 시작한 GVC 구조는 환태평양 중심국들의 재편을 위한 전략적 선택과 그에 따른 갈등의 증폭으로 효력이 점차 상실되어 갔다. 자유무역에 기초해 세계화를 주창했던 미국이 이제는 중국과의 경제적 디커플링 추진 등 자유무역 흐름에 역행하는 각종 조치들을 실행함으로써 '자유무역 역설'이 나타나고 있는 셈이다.[9] 미중 무역전쟁의 결과 중국으로부터 수입액이 감소하는 등 외형적으로는 효과가 있는 것으로 보이지만 실제적인 효과성은 추가 검증이 필요하다. 우선 아시아 14개 저비용 국가들(이하 LCCs)[10]로부터 제조가공품 수입액(2018-2019년)은 8,160억 달러에서 7,570억 달러로 7.2% 감소했으나 같은 기간 미국 국내 제조업 총생산량(6조 271억 달러)은 거의 변함이 없었다. 수입액 감소는 중국으로부터의 수입이 감소한 결과이며 이는 미중 무역전쟁의 효과로 판단된다. 미국 제조업 총생산에서 LCCs로부터 제조가공품 수입비중(MIR)은

---

[9] 트럼프 정부(The White House, 2020)에서 제출된 '중국에 대한 미국의 전략적 접근(United State Strategic Approach to The People's Republic of China)' 내용을 보면, 중국이 GVC의 중심으로 부상할 수 있는 계기가 되었던 WTO 가입지원에 대한 '배신감'이 그대로 드러나 있다. 수십 년 동안 중국개혁은 지지부진하며, 자유롭고 개방적인 질서를 활용해 국제시스템을 자국에 유리하도록 재구축했다. 또한 국가 주도의 보호무역으로 미국기업과 노동자를 해치고 글로벌 시장을 왜곡했으며 환경오염의 국제기준 위반도 지적했다. 결과적으로 WTO 가입 승인 때 약속했던 자유시장 원칙에 기반한 무역시스템 약속을 위반하였고 WTO 회원 이점을 통해 세계 최대 수출국이 되었다고 비판했다.

[10] 14개 아시아 저비용국가(LCC, low-cost country)들은 중국, 베트남, 필리핀, 말레이시아, 파키스탄, 스리랑카, 대만, 태국, 방글라데시, 인도, 싱가포르, 홍콩, 캄보디아를 말한다.

12.1%로 2011년(10.3%) 이후 처음으로 감소했다(Bossche et. al., 2020). 즉 미국 제조업 총생산량 1달러당 중 12.1센트만큼 LCCs로부터 수입했다는 의미이다. LCCs 중 중국 생산품 수입비중을 나타내는 중국 다각화지수 (CDI, China Diversification Index)도 2013년 67%에서 2018년 65%, 2019 년에는 56%로 떨어졌다. 그러나 중국으로부터 수입감소가 미국의 무역수지 개선에 기여했다거나 관련 수치들을 '탈중국화'의 지표로 평가할 수 있는 것은 아니다. 중국은 베트남을 비롯한 동남아 주요 국가들과 유기적인 생산 네트워크를 가지고 있으며 얼마든지 '관세회피'가 가능하다는 해석도 있다.[11]

미중 무역전쟁의 효과성에 대해서도 논란이 있다. 이는 GVC 발전에 따라 국가 수출실적과 국제경쟁력을 측정하는 전통방식이 도전받고 있는 상황과 연관된다. GVC가 확산되고 심화될수록 국제무역에서 '중복집계' 문제가 발생하여 총량기준 무역액과 부가가치 무역액 간 차이가 심화되는 현상이 발생한다. 즉 GVC 내 상품과 서비스의 흐름을 기존 측정방식으로는 정확히 포착하지 못하며 세계 총량의 28%가 중복 집계되고 미국의 대중국 무역수지 적자 역시 부가가치 기준으로 보면 총 무역액의 60% 수준에 불과하다(최윤정, 2016: 5). 애플의 GVC 구조는 전통적 무역측정과 GVC에 따른 무역 측정방식의 차이를 극적으로 보여준다(Backer, 2011; WEF, 2012; Dedirck et al., 2018). 아이폰은 터치스크린 디스플레이, 메모리칩, 마이크로 프로세스 등으로 구성되며 인텔, 소니, 삼성, 폭스콘과 같은 미국, 일본, 한국 및

---

[11]   2018-2019년 기간 동안 중국으로부터 감소한 수입액(관세의 영향을 받는 900억 달러) 중 다른 아시아 LCCs(중국 제외) 310억 달러, 멕시코(130억 달러), 유럽 230억 달러 등으로, 아시아 310억 달러는 베트남(46%), 대만(27%), 인도(10%) 등으로 분산·흡수된 것으로 추정된다. 그러나 중국 생산자들이 관세를 피하기 위해 베트남을 배송 후 동일하거나 약간 수정된 '베트남' 상품을 미국을 재배송할 경우 관세 회피를 위한 일시적인 전술임을 시사한다. 예를 들어, 중국에서 베트남으로의 전자제품 출하량은 2018년 5월-2019년까지 78% 증가한 반면(27억 달러 → 50억 달러), 중국의 나머지 지역으로의 출하량은 같은 기간 19% 증가에 그쳤다. 중국의 베트남 전자제품 수출이 폭발적으로 증가함에 따라 미국으로의 베트남 전자제품 수출은 72% 증가(10억 달러 → 18억 달러)했다 (Bossche et al., 2020).

대만기업이 가치사슬로 결합되어 있다. 중국에서는 가공조립이 이루어질 뿐 직접 제조된 제품은 거의 없다. 2016년 출시된 애플의 아이폰 출고가는 237.45달러였지만 중국 내에서 창출된 부가가치는 8.46달러(전체 3.6%)에 불과했다. 중국 내 부가가치는 배터리와 조립에 소요되는 노동력 비용 정도이다. 나머지 228.99달러는 다른 국가에서 발생한 부가가치이다. 단순히 계산하면 중국이 아이폰을 미국으로 수출하면 무역적자는 237.45달러가 아니라 8.46달러인 것이다. 이러한 GVC 구조로 인해 중국은 저임금 일자리를 얻은 반면 핵심이익은 다른 국가들이 취하는 구조이다. 트럼프 정부의 무역전쟁은 GVC의 특성[12]을 반영하지 못하고 전통적 무역방식 사고에 기초한 효과성이 크지 않은 대응이었다(Dedrick et al., 2018).

그럼에도 불구하고 바이든 정부에서도 GVC는 미중 갈등의 중심에 있다. 2021년 2월 24일 바이든 대통령은 해외 의존도가 높은 핵심 품목 공급망 검토를 각 부처에 지시하는 행정명령에 서명했다(The White House, 2021). 이 행정명령은 사실상 첨단산업 핵심품목에 대한 중국과의 디커플링을 염두에 둔 조치이다. 또한 미국의 가치를 공유하는 동맹국 및 파트너와 탄력적인 공급망 구축을 내세우며 '가치사슬의 진영화' 가능성도 공식화했다. 이에 대해 중국은 세계화 시대에 모든 이해관계는 고도로 연결되어 있으며, 현재 구축된 GVC의 형성과 발전은 시장규칙과 기업의 선택이 공동으로 작용한 결과로, 인위적인 산업의 이전과 탈동조화 그리고 '정치적 힘'으로 경제적 규칙을 대체하는 것은 비현실적인 접근방식이라 비판했다(MoFA, China, 2021). 결국 '미국 주도 동맹국연합'의 대중국 압박전략을 통해 GVC에서 중국을 고립 및 분리시키고자 하는 미국의 가치사슬 전략과 이에 대한 중국

---

[12] TiVA(Trade in Value Added)를 활용하여 특정국의 최종 수요(소비+투자)로 인해 창출되는 전체 부가가치 중 해외에서 창출되는 비중을 계산함으로써 순수하게 해외에서 생산된 부가가치를 측정한다. 이를 통해 중간재 교역 규모 활용 시 발생하는 이중(중복) 계산의 문제를 극복할 수 있다(강내영 외, 2021: 3).

의 전략적 선택이 충돌되면서 갈등과 각축이 계속되고 있다.

(2) 미국의 가치사슬 재편전략

① 내부화: 리쇼어링

리쇼어링(reshoring) 정책은 세계화와 GVC 발전에 따라 해외로 이전했던 생산기지를 다시 본국으로 회귀시키는 것이다. 일반적으로 리쇼어링의 발생은 해외진출로 인한 비용절감 이점이 사라지거나 또는 국내 생산으로도 낮은 거래비용 유지가 가능할 경우, 진출한 해외시장 규모나 판매성과가 기대 이하일 경우, 현지에서 필요한 요소자원이나 인적자원을 충분히 공급받지 못할 경우 이루어진다. 또한 4차 산업혁명 기술 기반 제조혁신으로 국내 생산비용을 절감하여 경쟁력을 가질 수 있는 경우에도 리쇼어링 동기가 커질 수 있다. 다른 한편 오프쇼어링(offshoring)으로 인해 자국 내 소비위축, 산업 공동화에 따른 일자리 소멸 등이 심각한 사회문제를 초래할 경우 정부가 파격적인 지원 정책을 제시하면서 리쇼어링을 촉진할 수도 있다. 어떤 경우라도 해외 생산보다 국내 생산이 효율적이거나 효과적일 때 리쇼어링 유인이 발생한다.

미국도 1990년대 의류, 신발, 전자제품 등 노동집약적 제조업체들이 GVC 발전에 따라 동아시아 및 라틴 아메리카로 이전했다. 그 이후 제조업 취업자 수가 지속적으로 감소하고 2008년 글로벌 금융위기 발발로 실업률이 10% 수준으로 급상승하자 2011년부터 제조업 경쟁력 강화를 위한 '미국 제조업 부흥(renaissance of the U.S. manufacture)' 정책을 추진했다(김종규, 2020). 이에 따라 세제혜택, R&D 강화, 인력육성 정책을 패키지화하여 지원하기 시작했다. 법인세 상한선을 35%에서 28% 이하로 낮추고(국내 생산 제조업체의 경우 최대 25% 특별세율 적용), 트럼프 정부에서는 2017년 법인세 최고세율을 단율세율 21%로 인하, 최저 한도세 폐지, 기업설비투자 경비 100% 공제 등 기업의 추가 세금경감 조항을 마련했다. 팬데믹 이후에

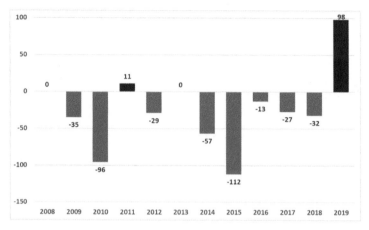

출처: Bossche et al.(2020)

〈그림 5〉 미국 AT Kearney Reshoring Index

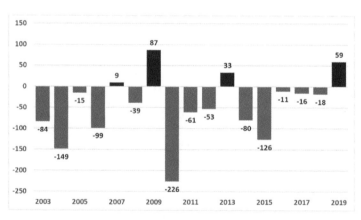

주: 미국제조업 산출 중에서 對세계 제조업 수입 차지 비중
출처: CPA Reshoring Index, Annual

〈그림 6〉 미국 CPA Reshoring Index(CRI)

는 리쇼어링 유도를 위해 제조업 지원자금 6천억 달러를 배정하고 국립제조업원(National Institute of Manufacturing) 신설 계획과 GVC의 중국 의존도를 줄이고 가치사슬의 내부화를 위한 250억 달러 규모의 리쇼어링 펀드 조성계획을 발표했다.

최근 미국 리쇼어링 현황은 몇 가지 지수를 통해 확인해볼 수 있다. 우선 AT Kearney 리쇼어링 지수[13]에 따르면 2019년 리쇼어링 지수는 +98로 역대 최대치를 기록했다. 이는 분명 미국 정부의 무역정책 변화에 따른 것이다. 그러나 이러한 극적 반전은 미국 내 제조업 총산출이 크게 증가해서가 아니라 LCCs로부터 수입이 감소(전년 대비 -7%)했기 때문이다. 결과적으로 이 지수를 통해 확인할 수 있는 것은 아시아가 아닌 미국 인근으로(near-shoring) 혹은 리쇼어링으로 '무역전환'이 발생한 것으로 추정할 수 있다. CRI도 2019년 +59로 큰 폭으로 상승했다. 이는 미국 제조업 총산출 중에서 대(對)세계 제조업 수입이 차지하는 비율이 하락했음을 의미한다. 분야별로 보면, 컴퓨터, 전자제품 지수가 +402로 가장 높아 핵심산업을 중심으로 리쇼어링 효과가 크게 나타났다. 그러나 이러한 리쇼어링 지수에는 신규 해외진출 기업의 수와 투자규모를 반영하지 못하는 한계가 있다. 리쇼어링 지수가 높아지더라도 해외 진출기업의 수와 규모가 커지면 리쇼어링 원래의 목적이 퇴색되기 때문이다. 리쇼어링의 또 다른 목적은 제조혁신을 통해 제조업 생산비율을 높이는 것이다. 2018-2019년 전체 산업에서 제조업 총산출이 차지하는 비중은 18.4%에서 18.3%로 큰 변화가 없다(U.S. Dept. of Commerce). 결국 리쇼어링을 좌우하는 핵심요인은 오프쇼어링 원인과 기대효과가 모두 해소되

---

13 미국 컨설팅업체 AT Kearney가 자체 개발한 지수로 미국 제조업 총산출(MOG) 중 아시아 14개 역외생산국으로부터의 제조업 수입이 차지하는 비율의 변화로 계산된다(Bossche et al., 2020). (+)는 리쇼어링 확대를 (-)는 역외생산 의존도의 증가를 의미하며 절댓값이 클수록 심화 정도를 나타낸다. 이 지수는 GVC의 특성을 반영한 것으로 2014년부터 미 상무부도 공식통계로 활용하고 있다.

는가 여부에 따라 달라질 것이다.[14] 즉 해당 기업들의 비용, 시장접근성, 기존 GVC의 효율성(현지 기술활용도 포함), 노동비용 절약형 자동화 기술 수준 등 다양한 요인을 감안한 전략적 선택에 영향을 받는다.

② 지역화: TPP, USMCA 그리고 대중국 GVC 분리 구상

이전 GVC가 글로벌 생산과정의 분업화에 강조점이 있었다면, 세계화에 따른 GVC 확산은 국가 간 생산분업 단계를 점점 더 세분화, 정교화했다. 즉 단계별 상호 연계성을 높이기 위해서는 무역, 투자, 서비스가 복합적으로 결합된 하나의 시스템 필요성이 높아졌으며 그 결과가 복수 국가들 간 누적 원산지 규정을 적용할 수 있는 다자간 메가(Mega)지역 자유무역협정이다(김형주·이지홍, 2016; 최윤정, 2016). 이는 다수의 양자 간 FTA를 맺음으로써 오히려 무역비용이 증가하는 이른바 '스파게티 볼 효과(Spaghetti bowl effect)'를 해소하고 보다 넓은 생산과 소비시장을 통해 메가지역 내 GVC를 발전시키는 전략적 노력의 산물이다. 따라서 환태평양 중심국의 GVC 재구축 과정에서 다자간 지역자유무역협정은 매우 중요한 변수로 작용할 수 있다. 지역자유무역협정은 역내 가치사슬에 참여하는 기업들에는 유리한 조건을 제공하지만, 반대로 역내 가치사슬에 참여하고자 하는 역외 기업들에는 높은 진입장벽으로 작용할 수 있다. 나아가 새로운 경쟁단위인 GVC도 지역자유무역협정을 매개로 이루어질 가능성이 높다.

2009년부터 미국 주도로 추진한 환태평양경제동반자협정(Trans-Pacific Strategic Economic Partnership, 이하 TPP) 타결 직후, 오바마 대통령은 "중국과 같은 나라에 세계경제 규칙을 쓰게 할 수 없다"는 성명(The White

---

[14] GVC 복원력이 최대 화두가 되면서 그 방안 중 하나로 리쇼어링이 언급되곤 한다. 그러나 리쇼어링이 복원력을 높인다는 경험적 증거는 거의 없다(Miroudot, 2020). 대표적으로 의료장비와 도구들의 자급자족화 강조 흐름이 있긴 하지만 일국에서 모든 의료장비와 도구를 생산하기는 거의 불가능할 뿐만 아니라 매우 비효율적이다.

House, 2015)을 발표했다. TPP는 환태평양 가치사슬에서 미국의 영향력을 확대하고 중국을 견제하기 위한 전략적 선택이었다. 19차례의 공식협상 결과 2015년 10월에 타결된 TPP는 다음 해 2월 정식 서명까지 이루어졌으나 트럼프 대통령 취임 이후 탈퇴를 선언하여 일본과 호주 주도로 11개국이 참가하는 메가지역 자유무역협정(포괄적, 점진적 환태평양경제동반자협정, CPTTP)으로 재탄생했으며 2018년 12월 공식 발효되었다. 당시 TPP는 상품관세 인하를 비롯하여 금융 및 서비스 개방, 경쟁정책, 지적재산권, 가치사슬의 원산지 규정, 투자, 외환, 노동, 환경, 국영기업 등 높은 수준의 자유무역화 내용을 담은 협정으로 평가받았다. 특히 누적원산지 조항에 따라 역내에서 수입된 중간재를 사용해도 원산지로 인정받아 국가 간 가치사슬 활성화가 기대되었다. 협상과정에서 핵심 쟁점 중의 하나는 역내가치함유비율(RVC)이었다. 미국과 일본은 역내가치함유비율을 순원가법(NC) 기준 45%로 합의[15]했으나 멕시코와 캐나다 그리고 미국 자동차부품업계는 50%, 전미노조연합(AFL-CIO)은 NAFTA 수준인 62.5%를 요구했다. 트럼프 정부가 TPP를 탈퇴한 이유 중 하나도 TPP의 약한 원산지 규정 때문으로 알려졌다 (김병우, 2015).

트럼프 정부는 TPP 탈퇴 이후 기존 북미자유무역협정(NAFTA) 재협상을 공식 선언했다. 8차례 협상 결과 2018년 9월 미국·멕시코·캐나다 협정 (US-Mexico-Canada Agreement, 이하 USMCA)으로 재출범했다. USMCA도 북미지역 가치사슬을 미국의 의도대로 재편하고자 하는 목적이었다. 주요 내용은(이주미, 2020) 역내산 부품사용비율을 기존 62.5%에서 75%로

---

15 역내가치함유비율(RVC, Regional Value Contents)은 FTA의 해당 원산지로 인정받기 위해 충족해야 하는 역내 가치생산 비중이며, 순원가법(NC, Net Cost Method)은 역내 가치비율을 계산할 때 물품의 순원가에서 역외 생산 재료의 가격을 공제하고 그 나머지 부분을 역내 생산 부분으로 인정하는 방법이다. 미국과 일본은 이에 따라 45%로 합의했고 일부 자동차부품에 대해서는 30%로 합의, 7개 품목에 대해서는 역내가치함유비율에 관계없이 역내산을 인정하기로 합의했다(김병우, 2015).

단계적 인상 조치하고 특히 핵심부품(엔진, 변속기 등)은 반드시 역내산 비율을 75% 이상으로 규정했다. 이는 일본 및 유럽 자동차회사들의 북미 내 직접 생산을 유도하기 위한 조치이다. 다음으로 노동규정은 역내산 부품 중 40-45%는 시급 16달러 이상의 노동자에 의해 생산되어야 한다. 2018년 멕시코 자동차업종의 시간 평균 임금은 4.14달러에 불과해 대부분 이 규성을 충족하지 못한다. 결국 미국으로의 리쇼어링을 강제하는 조치로 볼 수밖에 없다. 철강과 알루미늄 역내 조달률도 70% 이상으로 높게 합의했으며, '비시장경제국'과 FTA 체결 제한규정은 사실상 중국의 북미시장 가치사슬 참여를 봉쇄하기 위한 조치로 해석된다. 트럼프 정부는 그동안 무역협정들이 낮은 임금을 활용하기 위한 아웃소싱을 촉진했고, 이는 결국 미국의 제조업 쇠퇴와 일자리 감소를 초래했다고 판단했다. 이러한 상황을 종합해보면, USMCA는 미국의 리쇼어링 전략의 일환이자 최소한 니어쇼어링을 위한 지역무역협정으로 평가할 수 있다.

미국은 메가지역 자유무역협정 추진과 함께 2019년 이후 중국을 경제적으로 그리고 GVC에서 배제하기 위한 구상을 연이어 발표하고 추진해왔다. 먼저 '경제번영 네트워크(Economic Prosperity Network, 이하 EPN)'는 중국을 배제하고 미국 주도의 GVC 및 경제동맹을 구축하는 전략이다. 핵심은 '가치사슬 진영화'로 강한 대중국 압박을 하는 것이다. 동맹국들을 중심으로 디지털 비즈니스, 에너지 인프라, 무역, 교육 그리고 상업 분야에서 동일한 표준화 틀(시장표준화) 속에서 운영되는 기업, 시민사회 그룹이 포함된다. 참여국 범위도 인도-태평양 동맹 국가들뿐만 아니라 라틴 아메리카 포함도 언급되었다(Pamuk and Shalal, 2020). 내용적으로 보면 중국의 일대일로 이니셔티브(One Belt One Road Initiative, 이하 BRI) 전략에 대응하는 전략적 구상으로 보인다. 그러나 중국을 배제한 GVC 구축의 실효성과 함께 이미 TPP를 탈퇴한 트럼프 정부의 정책 일관성이 문제점으로 제기되었다.

2019년 11월 아세안정상회의 기간 인도-태평양 비즈니스 포럼에서 공식화한 '블루 닷 네트워크(Blue Dot Network, 이하 BDN)'는 EPN의 연장선상에 있다. BDN은 정확히 중국의 BRI 전략과 대비되는 글로벌 인프라 구축 경쟁전략의 일환이다. 미국(OPIC: 해외민간투자공사), 일본(JBIC: 일본 국제협력은행), 호주(외교통상부)가 합작해 인도-태평양지역과 전 세계에 시장 주도적이고 투명하며, 재정적으로 지속 가능한 인프라 개발을 촉진하기 위한 구상이다(OPIC, 2019). 중국 주도의 BRI를 국가 주도, 불투명, 재정적으로 지속 불가능한 사업으로 비판하면서 '미국판 일대일로'를 구축하겠다는 의도이다.[16] 마지막으로 2020년 8월 발표된 클린 네트워크(clean network)는 5G 통신망, 모바일 앱, 해저케이블, 클라우드 컴퓨터 등에서 화웨이와 ZTE 등 중국의 대표적인 통신업체들을 관련 GVC에서 배제하려는 미국의 전략이다. 즉 '위험한 중국' 프레임 속에서 '안보표준'을 둘러싼 각축과 동시에, '뜻을 같이하는 국가(likeminded nations)'와의 협력을 통해 중국 공산당으로부터 동맹국들의 자산을 안전하게 보호하는 게 목표이다(양평섭, 2020).

(3) 중국의 가치사슬 재편전략

① 내부화: 중국제조 2025와 쌍순환전략

'MIC 2025'는 2015년 5월, 제13차 5개년 계획(2016-2020년)으로 공식 발표된 중국의 야심 찬 제조업 육성전략이다. 핵심은 '제조대국'에서 '제조강국'으로, 선진국에 대한 '추격전략'에서 '추월전략'으로 이행이다.[17] 중국은

---

16   차이점은 BDN이 '인증자(certifier)'인 반면, BRI는 행동자(doer)로서 자격과 역할을 갖는다. 또한 BDN은 품질표준화 기관을 운영하고 다양한 투자자 그룹을 인프라 자금 조달 네트워크에 통합할 수 있도록 중개자의 역할을 담당하는 것이다(Hergüner Bilgen Özeke, 2020).
17   '중국제조 2025' 서문에서는 "세계 대국에 올랐지만 중국의 제조업은 크되 강하지 못하다(大而不强)" (한국과학기술정보연구원, 2015: 1), 따라서 제조업 업그레이드와 추월 발전이 절박한 과제임을 명시하고 있다.

독일의 Industry 4.0(2012년) 등 선진국의 제조업 혁신전략 추진과 중국보다 저렴한 노동비용을 앞세운 신흥 개발도상국의 빠른 성장으로 비교우위가 침식되면서 이를 돌파하기 위한 국가적 비전이 필요했다. MIC 2025는 이러한 대내외적 조건변화 속에서 제조강국 실현을 위한 30년 대계(大計)로 세계 최고 첨단제조업 강국으로 도약 비전을 공식화한 것이다(국제무역연구원, 2019; 박석중·최원석, 2020).

추진목표는 1단계(2016-2025년)는 IT와 제조업 융합을 통해 산업고도화 기반을 마련하여 제조강국 대열에 진입하고, 2단계(2026-2035년)는 혁신능력 제고로 제조강국 중간수준의 지위를 확보한 후 3단계(2036-2045년)에는 제조업 분야의 경쟁우위, 선진기술 및 산업시스템 완성으로 세계 제조업 선도국가로 발전하는 장기 로드맵이다.[18] 주목할 점은 이른바 배타적인 '자국완결형 가치사슬'인 홍색공급망(Red supply chain) 구축을 전면화한 점이다(유기자, 2016). 홍색공급망을 위해 핵심부품 국산화율을 2020년 40%에서 2025년 70%까지 달성하고 그 중심에는 연간 2000억 달러 이상을 수입하고 있는 반도체산업이 있다. 하나의 반도체 기업에는 16,000개의 공급업체가 있을 정도로 GVC가 가장 잘 발전되어 있는 미래의 핵심 첨단산업이다. 요약하면 MIC 2025는 가치사슬 진화와 내부화(홍색공급망)를 동시에 추진하여 세계 제조강국으로 도약하는 전략이다.[19] 중국이 홍색공급망을 구축하여 자급비율을 높일수록 부가가치 무역의 축소 흐름은 보다 심화될 수 있다.

MIC 2025는 그동안 미래 첨단산업을 주도해왔던 미국과 유럽 등 선진국

---

[18] 10대 핵심산업은 차세대 정보기술, 고급 수치제어 공작기계 및 로봇, 항공우주, 해양 엔지니어 설비 및 첨단선박, 선진 궤도교통, 에너지절감 및 신에너지 자동차, 전력설비, 농업기계, 신소재, 바이오의약 및 고성능 의료기기 등 거의 모든 첨단 미래 산업을 포괄하고 있다.

[19] 중국은 홍색공급망을 위해 자체 산업능력을 육성하고, 외부역량 흡수(핵심기술을 보유한 외국기업 M&A), 인재영입을 추진해 왔으며, 철강 분야는 이미 국산화율이 98.7%에 달하며(과거완료형), 석유화학, 디스플레이, LED, 기타 전자부품은 현재진행형이고, 반도체는 미래에 달성해야 할 핵심 산업 분야이다(유기자, 2016).

에 상당한 위협으로 인식되었다. MIC 2025를 통해 육성하고자 한 첨단산업 분야는 선도국인 미국과 상당 부분 중복되면서 선도국과 도전국 간 치열한 기술패권 경쟁이 예고되었다. 이러한 중국의 제조혁신전략은 트럼프 정부 출범 이후 개시된 무역전쟁의 도화선 중 하나였다. 미국은 무역전쟁 과정에서 MIC 2025를 직접 겨냥했다. 트럼프 대통령이 2018년 3월, 이른바 중국의 매우 차별적이고 불공정한 무역관행으로부터 미국의 기술과 지적재산을 보호하기 위한 조치에 서명한 후, 2018년 4월 미국 무역대표부(USTR)는 중국에서 수입되는 500억 달러 규모의 추가관세(25%) 상품목록(1,300개)을 발표했다. 공식 발표에서 MIC 2025는 미국의 기업의 기술 및 지적 재산권을 중국에 이전하도록 강요하고, 특정 첨단기술 부문의 경제적 지배력을 강화하려는 의도라고 비판했다(USTR, 2018). 이는 MIC 2025가 무역전쟁 과정에서 주요 공격대상이 되었다는 것을 의미한다.

2020년 10월 중국공산당 제19기 제5차 중앙위원회 전체회의(5중전회)에서 채택된 쌍순환(雙循環, dual circulation)은 세계경제의 침체와 불확실성 증가, 미중 갈등의 장기화 국면에서 중국 가치사슬의 구조적 전환을 재확인시켰고 세계화와 자력갱생(自力更生)을 병행하는 경제발전전략으로 '위험 줄이는 통합(hedged integration)' 노선이다(Blanchette and Polk, 2020). 쌍순환전략은 국내 대순환을 중심으로 국제순환(순환 1)과 국내순환(순환 2)이 상호 촉진하며 발전하는 방식으로 중국의 거대한 내수시장을 활용하여 자체적인 선순환 구조를 구현하는 것이다(현상백 외, 2020). 국내 대순환은 생산-분배-유통-소비의 흐름을 개선하여 내수 선순환체계를 구축하고, 국내 수요에 적합한 공급구조, 국내 상·하류 가치사슬의 효율적 결합을 추진한다. 또한 전면적 소비촉진으로 내수를 통해 비교우위를 선점하고 이를 토대로 수출고도화로 나아가 세계 최고, 최대의 무역강국을 달성하는 목표이다. 주요 정책은 양적 성장에서 질적 성장으로 전환을 통한 중고속성장 유지, 공급측 개혁과 신성장동력 확보, 수출의 내수전환과 수입기술 국산화로 수출입 의존도 축소, 고품질의 외자유치 및 위안화 국제화를 포함한 개방형 신체제 구축 등이다.

가치사슬 측면에서 보면, 쌍순환은 미중 갈등 속에서 지속적인 디커플링을 전제로 세계화와 자력갱생의 균형을 맞추고 세계경제의 불확실성 속에서 중국경제의 복원력을 강화하려는 전략으로 이해할 수 있다. '위험을 줄이는 통합'이란 국가안보 문제 또는 글로벌 경제주기 변동으로 인해 발생하는 위험에 대처하기 위해 외부경제에 대한 과잉의존을 벗어나 내수시장의 강점과 역량을 강화하고 이를 근거로 비교우위를 갖는 세계시장에 진출한다는 의미이다. 이 통합노선의 토대가 되는 것이 거대한 내수시장의 잠재력이다. 중국은 거대한 내수시장이 미국이 주도하는 GVC 고립·배제(디커플링)전략에 가장 효과적으로 대응할 수 있는 무기로 인식하고 있다. 왜냐하면 해외자본들은 중국에 매력적인 내수시장이 존재하는 한 사실상 경제적 단절이 쉽지 않기 때문이다. 또한 일대일로와 연계하여 미국이 아니라 아시아와 유럽 방향으로 GVC를 효과적으로 구축할 경우 미국의 가치사슬 디커플링 위험도 상쇄 가능하다는 판단을 한 것이다.[20] MIC 2025와 쌍순환 전략에서 공통적으로 발견되는 가치사슬 전략은 기존 가치사슬의 고부가가치화와 궁극적으로 미래 첨단산업[21]에서 가치사슬의 최상단부를 차지해야 한다는 것이다.

---

[20] 중국 내에서도 쌍순환전략이 국제순환(1순환)과 국내순환(2순환)을 연계하여 상호 촉진한다는 점에서는 큰 이의가 없으나 다만 쌍순환 중 어떤 순환에 방점을 두느냐에 따라 향후 전략적 선택의 방향이 다소 차이를 보인다. 전자에 방점을 두면 중국경제를 보다 대외개방을 통한 중국경제 개혁을 강조하는 반면 후자의 경우 중국의 장기적인 성장과 번영을 위해서는 적대국(미국)에 의한 착취될 수 있는 세계 경제의 '일부'와 '단절(delinking)'이 불가피하다는 입장으로 대별된다 (Blanchette and Polk, 2020).

[21] 중국 쌍순환의 국내대순환을 구축과정에서 '과학기술'이 핵심적인 역할을 한다(현상백 외, 2020). 중국 정부가 선정한 전략적 과학기술 분야는 인공지능, 양자정보, 반도체, 바이오, 뇌 과학, 품종개량, 우주과학, 심해 및 지층 등이며, 전략적 신흥산업으로는 차세대 정보기술, 바이오 기술, 신재생에너지, 신소재, 첨단설비, 신에너지 자동차, 환경, 항공우주, 해양 설비 산업 등이다. 특히 인터넷, 빅데이터, 인공지능과 기존 산업을 융합, 심화하여 제조업 발전을 추진한다는 전략이다.

이러한 의미에서 쌍순환전략은 일부에서 제기하고 있는 수입대체화, 국내 내수중심 경제만을 지향하고 세계경제에서 디커플링을 추구하는 자기폐쇄적인 전략이라기보다 미국과 순차적 디커플링(위험) 가능성을 염두에 둔 전략적 프레임의 재구성 및 전환이다.

② 지역화: RCEP와 BRI

역내포괄적경제동반자협정(Regional Comprehensive Economic Partnership, 이하 RCEP)은 2011년 동아시아정상회의(EAS)를 계기로 협상 선언 이후 31차례의 공식협상과 8차례의 장관회의를 거쳐 2020년 11월 정식 서명된 '중국 주도'의 메가지역 자유무역협정이다. 참가국은 한국, 중국, 일본을 비롯한 아세안(ASEAN), 호주, 뉴질랜드 등 총 15개국이며, GDP 25조 8천억 달러(전 세계 비중 29.5%), 인구 22억 7천만 명(29.5%), 무역 교역액 12조 5천억 달러(25.4%)로 생산, 인구, 무역 측면에서 세계 최대 규모의 메가지역 자유무역협정이다. 역내 원산지 규정과 관련하여 '원산지 자율증명제도'를 도입하여 절차를 대폭 간소화했고 역내에서 재료를 조달, 가공하더라도 재료 누적을 인정했다. 역내 원산지 상품으로 인정받기 위해서는 당사국에서 완전하게 획득 또는 생산되거나, 하나 이상의 당사국으로부터 당사국의 원산지 재료로만 생산되어야 하며, 당사국 이외의 비원산지 재료를 사용하여 당사국에서 생산되는 경우 품목별 규정에 적용된 적용 가능한 요건을 갖춰야 한다. 원칙적으로 역내가치포함비율은 40% 이상으로 규정하고 있다(오수현 외, 2020: 5). 이러한 원산지규정은 역내 산업 간 연계성을 강화하여 지역가치사슬 형성 및 활성화에 기여할 수 있다.

RCEP는 팬데믹과 그리고 미중 갈등으로 인한 신보호무역주의가 확산되고 있는 상황에서 체결되었다는 점에서 상당한 의미를 갖는다. 미국의 다자주의 훼손 복원과 함께 중국 최초의 다자간 자유무역협정이자 한중일 간에도 최초의 자유무역협정이라는 의미가 있다. (CP)TPP가 비교적 높은 수준의 메가지역 자유무역협정이라면 RCEP는 상대적으로 규범적 수준이 낮거나 느슨한 편이다. 이는 참여국의 다양한 경제발전 단계와 개별 요구들을 포괄적으로 반영했기 때문이다. 또한 농업, 노동, 환경문제도 거의 포함되지 않았고, 국가의 산업보조금이나 국영기업에 대한 규제도 논의되지 않았다. 국영기업 문제의 경우 중국이 이해관계가 특별히 반영된 것으로 보인다. 즉 (CP)TTP와 비교할 때 역내 협정 참여를 위한 강제된 구조개혁은 거의 유발되지 않는다. 특히 미중 갈등 상황에서 RCEP는 중국의 '지정학적 승리'라는 평가(Ward, 2020)가 나오고 있다. 일본이 균형자의 역할을 할 수 있겠지만 중국은 역내 '규칙 형성자(rule shaper)'로서 역할을 강화할 수 있다. 이는 역내 국가들이 중국의 경제궤도에 더 근접하게 된다는 것을 의미한다. 또한 중국은 미중 갈등 속에서 가치사슬에서 '분리' 위험에 대한 복원력을 확보하는 기회가 된다. 세계에서 가장 빠른 성장 속도와 규모가 큰 아시아의 주요 국가들이 대거 참여함으로써 역내 가치사슬은 이전보다 분명히 공고해질 것이다. 이는 미국과의 일정한 디커플링이 발생하더라도 역내에서 탄력적으로 조정이 가능하다는 의미이다.[22]

2013년 5월 이후 추진 중인 BRI는 중국 정부가 주도하는 '메가지역 가치사슬' 구축 프로젝트이다. BRI는 중국 내 동서지역 개발 격차, 과잉생산 및 설비, 에너지 자원확보 등 국내 문제 해결과 더불어 지경학(geoeconomics)적

---

[22] 미국 내에서도 2019년 11월 참여국들 간 협정문이 타결되자 TPP를 탈퇴한 트럼프 대통령이 관세장벽을 쌓을 때 아시아는 자유무역에 배팅했다는 비판이 제기되었다(Johnson, 2019). 특히 미국과 '동맹국'인 일본, 한국, 호주와 같은 국가들이 협정체결을 계기로 중국과의 상호 의존성이 높아질 것으로 우려했다. 반면 중국은 역내 가치사슬의 혁신으로 참여국들의 동반 성장을 가능케 하는 포용적이고 상호 이익이 되는 다자간 협정으로 평가했다(Xiahong, 2020). 중국으로서는 RCEP가 미국의 동맹들을 포함한 아시아 국가들이 미중 갈등 속에서도 일방적으로 미국을 따르지 않는다는 메시지 전달과 트럼프 정부가 신보호무역주의의 영향력을 차단했다는 성과를 거두었다. 즉 이 지역에서 미국의 패권은 끝났다는 것이다(Jiangyu, 2020). 결과적으로 중국 중심의 지역 가치사슬 블록이 형성되었다는 점에서 최대 수혜자는 중국이라는 점에 별다른 이견이 없다.

메가 경제권을 형성하여 국제적으로 중국의 영향력을 확대하기 위한 목적이다. 내용적으로는 중국과 아시아, 아프리카 및 유럽의 일부를 육상과 해상 실크로드로 연결하여 중국과의 경제적 연계성과 통합성을 높이는 것이다. 중국 정부는 이러한 구상을 구체화하기 위해 2015년 3월 '실크로드 경제벨트와 21세기 해상실크로드 공동건설 추진의 비전과 행동'을 발표하여 실크로드 3개 노선, 해상실크로드 2개 노선으로 세분화[23]했으며 6개의 경제협력 회랑과 철도, 도로, 수로, 항로, 송유관 및 정보통신망 6개 통로 건설 계획을 제시했다. 또한 2020년 5월에는 '신시대 서부대개발 정책'을 통해 그동안 낙후되어 있는 서부지역을 BRI 추진의 핵심 플랫폼으로 발전시킨다는 계획을 제출했다(최재희, 2020; 최재덕, 2020; 허흥호, 2019). BRI를 통한 메가 경제권 형성을 위해서는 개발도상국들에 대한 대규모 인프라 투자가 필수적이다. 이를 위해 설립된 중국 주도의 국제금융기구가 아시아인프라투자은행(AIIB)이다. 2016년 출범 당시 참여국은 57개국 수준이었으나 5년이 지난 현재 103개국으로 늘었으며 118개 프로젝트에 누적 투자액도 240억 2천만 달러에 달한다.

BRI는 메가지역 가치사슬 구축 측면에서 상당한 의미를 갖는다(Butt et al., 2020; Ruta, 2018). 우선, BRI가 포괄하는 메가 경제권의 엄청난 크기와 범위이다. 'BRI 경제권'은 세계 GDP와 무역의 1/3을 차지하고, 세계 인구의 2/3를 포괄한다. 인구는 곧 생산과 소비시장의 규모를 알리는 지표가 된다. 경제권의 크기와 범위가 크고 넓을수록 역내 가치사슬의 효율성과 복원력도 커지게 된다. 가치사슬에 참여자가 많을수록 적시에 가장 효과적인 방식으

---

23 '실크로드 경제벨트(Silk Road Economic Belt)' 3개 노선은 북부노선(중앙아시아 → 러시아 → 유럽 발트해), 중부노선(중앙아시아 → 서아시아 → 페르시아만과 지중해), 남부노선(동남아시아 → 남아시아 → 인도양)으로 구분되며, '해양 실크로드(21st Century Maritime Silk Road)' 노선은 서부노선(중국의 동남 연해 항만 → 남중국해 → 인도양 → 유럽)과 남부노선(남중국해 → 태평양)으로 구성되어 있다. 또한 주요 거점에 중점항만을 건설하여 공급망의 안전과 원활함이 보장된 국제해상운송통로를 건설한다는 계획이다.

로 중단에 대비하고 대응할 수 있다. 또한 육상 및 해상운송네트워크를 구축하여 '연결성(connectivity)'이 개선되면 가치사슬의 '가시성(visibility)'이 높아지고 이는 복원력과 효율성 강화로 이어진다. 가치사슬 내 인프라 구축 및 연결성 개선은 무역비용을 줄이는 데 결정적 역할을 한다. 운송비용과 시간이 줄면 기업들은 더 넓은 범위에서 활동할 수 있게 된다. 즉 공급기업의 최적 구성 관련 선택의 지리적 범위가 확장되고 BRI 내 제조업체와 공급업체 간 새로운 상호 작용의 길이 열린다. 다음으로 BRI 내 국가들의 큰 잠재력이다. BRI 경제권의 많은 국가들은 그동안 낙후된 인프라, 국가정책 역량 및 각종 격차로 잠재력은 크지만 성장기회가 부족했다. 인프라 개선을 통해 BRI 가치사슬에 진입하면 국가 간 투자 및 무역 증가로 경제성장의 전기를 마련할 수 있다.[24]

(4) 코로나-19 팬데믹 시기 가치사슬 위기와 복원력

코로나-19 팬데믹은 전례 없는 GVC의 순간적 붕괴를 가져왔다. 특히 GVC의 중핵인 중국에서 시작되어 주요 거점지역으로 확산되면서 '위험의 도미노 효과'가 극명히 나타났다(Cigna and Quaglietti, 2020). 팬데믹은 GVC의 공급, 수요, 유통 전 영역에 심대한 영향을 미쳤고 이들 영역 간 전파와 역전파(backpropagation)가 이루어지면서(Rodrigue et al., 2020) 확산의 범위, 속도 영향력은 이전 국지적이고 일시적이었던 교란 사태와는 비

---

[24] 이러한 의미가 제대로 구현되기 위해서는 몇 가지 위험요인이 해결되어야 한다. 가치사슬의 범위가 넓어지면 새로운 규칙과 관행이 필요하며 이는 모든 참여국이 수용되어야 한다. 참여국이 많을수록 관세, 통관, 투자, 물류시스템의 차이가 커 효율성을 저해할 수 있다. 향후 BRI 경제권 내 새로운 규칙과 관행의 표준화가 큰 문제로 대두될 가능성이 크다. 참여국의 거시경제 위험이 높아지는 문제도 쟁점이다. 일부 국가에서 인프라 투자로 인한 지속 불가능한 부채 규모가 심각한 수준에 이르고 있다. 마지막으로 향후 인프라 관리 및 유지 문제는 자칫 가치사슬의 복원력을 오히려 저해할 수 있다. 이른바 인프라의 '느린 침식과 파괴'는 효율성과 떨어뜨리거나 심할 경우 물류 중단을 야기할 수도 있다.

교할 수 없을 정도였다. 특히 코로나-19 발생 초기 중국 내 기업들의 갑작스러운 생산 중단은 중국 중심의 GVC 구조에 대한 위험 및 회의론(Braw, 2020; Gertz, 2020; Linton & Vakil, 2020)이 부상하는 계기가 되었으며 복원력 논쟁[25](Miroudot, 2020)과 함께 기존 GVC 재편논의를 더욱더 촉진시켰다. 발생 초기 중국의 자동차부품 제조공장이 생산 중단되자 중국 부품에 의존도가 큰 글로벌 자동차업체들의 연이은 생산 차질이 발생했다(Feliz, 2020). 이뿐만 아니라 전 세계 초국적 기업들의 상당수가 중국 공장의 생산 중단으로 인해 중대한 피해가 발생한 것으로 추정된다. 전 세계적으로 적어도 51,000개 기업들(A그룹)이 1개 이상 지사 또는 1단계 공급업체(Tier 1)와 최소 500만 개의 2단계(Tier 2) 공급업체(B그룹)가 중국 내 코로나-19에 감염된 지역에 위치해 있었다. 이들 기업은 전 세계 기업소득과 성장에 중요한 역할을 담당한다. A그룹 중 163개 업체, B그룹 중 939업체들이 『Fortune』 선정 세계 1000대 기업에 속하며 A그룹의 92.0%는 미국에 본사를 두고 있었다[26](Dun & Bradstreet, 2020: 5).

팬데믹 이후 쟁점화된 GVC 취약성은 다음과 같다(Brun, 2020). 첫째, 재고수준의 감소로 생산차질이 발생한 점이다. 적기(just-in-time) 제조방식은 기업의 효율성을 높이고 가치사슬 내 비용을 낮추지만 갑작스러운 충격과 공급 부족에 대한 복원력이 낮다. 둘째, 경직적인(rigid) 가치사슬 문제이

---

[25] 복원력은 시스템이 원래 상태로 돌아가거나 방해를 받은 후 더 바람직한 새로운 상태로 이동하는 능력으로 내부 또는 외부의 혼란에도 기능을 유지하는 공급망의 능력인 견고성(robustness)과 차이가 있는 개념이다. 코로나 19 이후 기존 효율성 중심의 가치사슬 경직성을 비판하면서 복원력 확보의 필요성이 강조되고 있다. 그러나 단기적으로는 서로 상충될 수 있지만 장기적으로는 상호 배타적일 필요는 없다. 장기적 관점에서 효율성과 복원력 간 균형을 찾는 것이 중요한 과제이다 (Golgeci et al., 2020).

[26] 2020년 2월 5일 현재 100건 이상의 확진자가 발생한 19개 지역(Province)을 대상으로 조사한 결과이며, 이 지역에 활동하는 기업 49,000여 개는 해외기업 지사나 자회사이다(홍콩 49%, 미국 19%, 일본 12%, 독일 5% 등). 당시 코로나 19 피해지역에는 중국에서 활동 중인 기업의 90%가 위치해 있으며, 이 중 상위 5개 지역(광둥성, 장쑤성, 저장성, 베이징, 산둥성)은 중국 경제 총고용의 50%, 총판매의 48%를 차지했다(Dun & Bradstreet, 2020: 3).

다. 기업이 유연하고 다양화된 공급망을 가졌으면 위기 및 공급 부족 시 대체 공급업체로 전환이 가능했지만 경직적인 가치사슬은 대체 공급업체를 식별하고 연결할 수 없었다. 셋째, 공급망의 수동적(manual) 관리의 한계이다. 가치사슬이 수동적으로 관리되면 경직성이 높아질 뿐만 아니라 주문을 변경하거나 공급업체를 이동하는 조치는 길고 복잡한 과정이 된다. 넷째, 가치사슬의 투명성(transparency)이 낮다는 점이다. 기업들은 1차 공급업체를 넘어서면 나머지 공급업체에 대한 확인이 거의 불가능하다. 즉 생산능력에 대한 위협이 어디에 있는지 관리가 불가능하다는 의미이다. 마지막은 생산센터의 집중화가 초래한 문제이다. 가치사슬의 세계화는 특화(집적)된 생산구역과 함께 발전해왔다. 그러나 이 지역에서 중단이 발생할 경우 대체 불가능한 지역이 없기 때문에 가치사슬은 사실상 붕괴된다. 중국의 경우 세계 주요산업의 공급업체들이 특정 지역에 집적되어 있었고, 그 지역의 봉쇄는 해당 산업의 가치사슬 중단을 초래했다.

팬데믹은 중국에 과잉 의존하고 있는 GVC 문제를 전 세계적으로 의제화했으며 미국을 중심으로 정치화되었다. 세계화와 GVC의 '미덕'에 대한 수십 년 동안의 믿음은 미중 갈등과 팬데믹을 거치면서 의문시되었다. 트럼프대통령은 일부 초국적 기업들에 비즈니스 모델을 변경하여 가치사슬을 미국 해안에 더 가깝게 재배치하라고 사실상 강요했다. 특히 의료장비, 의약품, 기타 전략물자의 공급이 부족하자 중국 중심 GVC 문제는 경제적 문제를 넘어 국가안보 문제로 격상되었고 리쇼어링 정책은 정치적 지지를 얻기 위한 캠페인과 연계되는 결과를 낳았다. 그러나 코로나-19 사태에도 불구하고 전 세계적으로 연결된 GVC가 전염병 대처는 물론 경제활동에도 기여한다는 주장도 제시되었다. 예를 들어, 팬데믹 시기 테스트 시약과 같은 중요한 원료는 국경을 넘어 공급이 부족한 곳으로 이동했다. 중국은 2020년 1분기에 310만 대의 환자 모니터(patient monitor)를 수출했는데 이는 전년 대비

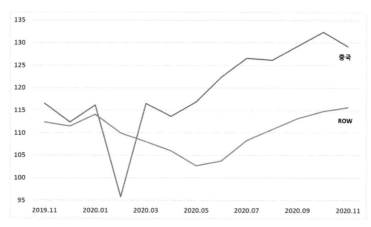

출처: ISL 통계 기초로(2008년=100) 저자 작성

〈그림 7〉 코로나-19 전후 RWI/ISL 컨테이너 처리량 지수: 중국과 RoW

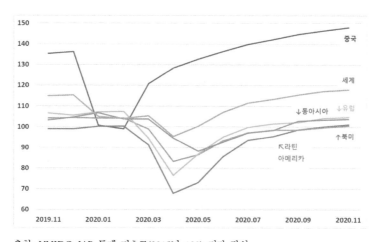

출처: UNIDO IAP 통계 기초로(2015년=100) 저자 작성

〈그림 8〉 코로나-19 전후 세계 주요 지역의 제조생산량 지수

4배나 증가한 수치이다(Williamson, 2021). 팬데믹 이후 현지화된 가치사슬로 전환된다면 경제적 손실이 추가되고 국내 경제가 오히려 더 취약해질 수 있다[27](Arriola et al., 2020).

팬데믹으로 인한 GVC의 일시적 중단은 핵심적 쟁점인 복원력을 측정할 수 있는 전례 없는 기회이다. 2020년 초 중국을 중심으로 한 GVC 순간적 붕괴는 구조적 문제라기보다 대형 위험에 따른 일시적인 현상이며 확장된 GVC는 이와 같은 충격에 비교적 높은 수준의 복원력을 보였다(Miroudot, 2020). RWI/ISL 컨테이너 처리량 지수[28]와 제소생산량의 변화는 GVC에서 중국의 복원력이 상대적으로 크게 나타났음을 보여준다. 중국의 이러한 GVC 복원력은 중국 정부의 강력한 코로나-19 통제정책의 효과도 있겠지만 다른 국가에 비해 인근 국가들, 특히 아세안국가들과 무역을 꾸준히 늘려온 결과로 봐야 한다(Seric et al., 2020).

4. 결론

본 연구의 질문에 대한 분석 결과는 다음과 같다. 첫째, 환태평양 가치사슬 형성과 발전요인은 무역비용을 극적으로 감소시킨 컨테이너화와 ICT 발전 등 기술적 요인, 1990년 전후 냉전종식, 중국의 개혁·개방정책, WTO 체제 출범과 중국의 가입으로 대표되는 국제정치적 요인, 선도적, 초국적 기업들의 '글로벌 생산과정의 분업(분절)화' 전략이 복합적으로 작용한 결과

---

27 경제적으로 덜 상호적으로 연결된 현지화된 가치사슬은 국내 시장이 충격을 흡수하기 위해 더 많은 조정비용이 소요된다. 예를 들어, 전염병과 싸우는 데 필요한 모든 상품을 효율적으로 생산하는 단일국가는 없으며 실제로 미국과 독일은 의료기기 생산을 전문으로, 중국과 말레이시아는 보호복 생산에 가장 특화되어 있다. 현지화는 비용이 더 많이 들고 특히 개발도상국에서는 현실적으로 불가능한 정책 옵션이다. 코로나 19는 오히려 잘 짜인 GVC의 필요성을 확인하는 계기가 되었다는 평가도 있다. 일시적인 수요 급증을 감당하기 위한 국가별 생산은 매우 비효율적이다. 이는 재난 시 작동할 수 있는 글로벌 거버넌스 구축으로 해결하는 것이 보다 합리적인 방안이다.

28 RWI/ISL 지수는 전 세계 82개 국제항구에서 수집된 컨테이너 처리 데이터 기반(전 세계 컨테이너 취급량의 60%)을 토대로 한다. 전 세계적으로 무역이 이루어지는 상품이 주로 컨테이너 선박으로 운송되므로 이 지수는 국제무역 발전의 기초 지표로 사용된다(2008년=100)(ISL, http://www.isl.org/en/containerindex).

이다. 이러한 복합적 요인들을 배경으로 초국적 기업들은 거래 및 노동비용을 절감하기 위해 중국을 비롯한 저개발국가로 생산기지를 대거 이동했고 이 과정에서 GVC 구축의 속도, 범위, 효과가 높아지면서 'GVC 혁명기'로 진입했다. 이 시기 세계화는 GVC를 확장했고, GVC는 다시 세계화를 가속화시켰다.

둘째, 세계화와 GVC 발전은 중국의 부상과 가치사슬 진화라는 결과를 초래했으며 이는 기존 GVC의 재편요인이 되었다. 중국은 2001년 WTO 가입으로 세계무역체제에 빠르게 통합되었으며 그 결과 고성장체제를 유지하며 '세계의 공장'으로 성장했다. 기존 GVC는 선진국의 최고기술과 중국의 최저비용으로 최대의 부가가치를 구현하는 최적의 조합을 만들었으나 중국의 부상과 GVC 진화는 이러한 '구체제'의 재편 압력요인으로 작용했다. 중국은 1990년 말부터 산업구조 고도화전략을 시작했으며 그 결과 GVC 중심국으로까지 발전했다. 중국 가치사슬 진화는 기존 저부가가치 가공무역에서 벗어나 중상 및 첨단기술의 비중 증가, 가치사슬 내 생산과정 전방으로, 원자재 수입·중간재 수출로 이동하면서 전방 참여율의 상향으로 나타났다. 이로써 중국은 전 세계 가치사슬 구조재편을 주도하는 '결정자' 지위를 확보했다.

셋째, 미중 갈등의 구조적 원인 중 하나는 기존 GVC 구조와 질서가 한계에 봉착한 결과로 볼 수 있다. 2008년 이후 GVC의 약화 및 정체시기로 접어들면서, 환태평양 중심국들의 재편전략과 그에 따른 갈등의 증폭으로 기존 GVC의 효력은 점차 상실되어 갔다. 미국의 전략적 선택은 리쇼어링으로 대표되는 가치사슬의 내부화 전략과 중국 중심의 GVC 구조를 벗어나기 위한 지역화 전략으로 구체화되었다. 그러나 그 효과성은 미지수다. 이유는 리쇼어링의 효과가 일부 나타나긴 했지만 제조업의 전반적 혁신을 추동할 수준은 아니며, 중국 중심 GVC 견제전략으로 추진한 TPP도 트럼프 정부가

파기했기 때문이다. 대중국 GVC 분리 구상(EPN, BDN, Clean Network) 역시 현재 구상수준에 머물러 있을 뿐 실행은 거의 이루어지지 않고 있다. 다른 한편, 중국이 추진하고 있는 MIC 2025, 쌍순환전략은 '제조강국'으로의 도약과 선진국에 대한 '추격전략'을 전면에 내세우면서 가치사슬의 구조적 전환을 재확인시켰다. 이러한 내부화전략은 지역화전략(RCEP, BRI)과 동시에 추진되고 있으며 이는 중국 가치사슬의 진화, 미중 갈등의 장기화 및 나아가 순차적 디커플링 가능성을 염두에 둔 전략적 프레임의 재구성과 전환의 결과이다.

향후 전망과 관련하여, 팬데믹 초기 GVC의 순간적 붕괴로 전 세계 생산의 중국 의존성과 복원력 논쟁을 촉발했으나 여러 논란 속에서도 중국은 비교적 높은 수준의 복원력을 보여줬다. 미중 갈등이 격화되면서 G2 경제적 디커플링 가능성이 제기되고 있으나 현재로서는 실현 가능성이 그다지 높지 않다. 일부에서 미국과 중국을 중심으로 하는 정치적 적대성에 기초한 전면적 디커플링 가능성을 제기하고 있지만 세계경제가 복합한 GVC와 고도의 상호 의존적 무역체제로 통합되어 있다는 점을 감안하면 현실성이 낮다. 초기 미국 주도의 TPP와 중국 주도의 RCEP에는 각각 11개국, 15개국이 참여하고 있으나 일본, 호주, 베트남을 비롯한 7개국은 양대 메가지역 자유무역협정에 동시 가입하고 있다. 따라서 GVC 재편은 정치적 진영화의 흐름보다는 참여국들의 개별적 이해관계(비교우위전략 등), 역내 GVC 구축의 효율성 및 복원력, 시장규모 등을 감안한 '전략적 사고'에 영향을 받을 것이다. 특히 거대한 중국 소비시장 규모는 기업들이 중국으로부터 분리될 수 없는 핵심 요인이다. 요약하면, 세계화와 GVC 발전 및 확산 결과(중국의 부상)와 환태평양 중심국가들의 가치사슬 재편을 위한 전략적 선택이 기존 GVC 구조변동, 재편요인으로 작용하고 있으며, 이는 기존 성장을 추동했던 힘의 과정으로부터 해체의 위기구조가 형성되는 'GVC

성장과 위기의 이중구조'가 나타난 것이다. 팬데믹은 이러한 위기구조의 글로벌 의제화를 촉진했다. 향후 환태평양 GVC는 메가지역 자유무역협정을 매개로 중심국들의 전략적 선택에 더하여 개별 참여 국가들의 전략적 사고가 결합되어 규정될 것이다.

참고문헌

강내영 외(2021), 「4차 산업혁명 시대, 제조업 기술혁신과 리쇼어링: 선진 제조강국을 중심으로」, 『Trade Focus』, 5호, 한국무역협회 국제무역통상연구원.

국제무역연구원(2019), 『중국제조 2025 추진성과와 시사점』.

국제무역연구원(2020), 『글로벌 가치사슬(GVC)의 패러다임 변화와 한국무역의 미래』, 한국무역협회 국제무역연구원.

김병우(2015), 「TPP 협상의 '뜨거운 감자', 자동차 원산지 규정」, KOTRA 미국 워싱턴무역관.

김종규(2020), 『리쇼어링 기업 지원정책의 문제점 및 개선방안』, 국회입법·정책보고서 제59호, 국회입법조사처.

김진호 외(2015), 「중국의 가공무역 억제정책과 우리나라의 대중수출」, 『조사통계월보』(9월), 한국은행.

김형주·이지홍(2016), 「TPP 이후 주목해야 할 사업환경 변화」, 『LGERI 리포트』(LG Business Insight, 2016, 3, 2).

박상현(2021), 「코로나 19 이후 미·중 관계: 환태평양 무역분쟁에서 '전략적 경쟁'으로?」, 『경제와 사회』, 제129호, 155-182.

박석중·최원석(2020), 『중국경제 심화편: Great De-coupling』, 신한금융투자 투자전략부.

백두주(2014), 「라오스 안의 중국, 위협인가? 기회인가?: 무역, FDI 그리고 ODA를 중심으로」, 『社會科學研究』, 제22권 2호, 서강대학교 사회과학연구소, 8-42.

양평섭(2020), 「미국의 탈중국화 전략과 중국의 대응」, 『과학기술 & ICT 정책·기술 동향』, 178호, 과학기술정보통신부·한국과학기술기획평가원.

오수현 외(2020), 「역내포괄적 경제동반자협정(RCEP)의 주요 내용과 시사점」, 『KIEP 세계경제 포커스』, 20-36, 대외경제정책연구원.

유기자(2016), 「반면교사(反面教師) 중국 '홍색공급망'의 영향 및 사례」, KOCHI, 16-005, KOTRA.

이주미(2020), 「최근 통상환경 변화와 GVC 재편 동향: 글로벌 기업들의 사례」, 『Global Market Report』, 20-022, KOTRA.

이현태·정도숙(2020), 「포스트 코로나시대 중국의 글로벌 가치사슬 변화 전망과 시사점」, 『중국지식네트워크』, 제16권, 국민대학교 중국지식네트워크, 183-215.

정지원 외(2018), 『무역을 위한 원조(AfT) 실행 방안: 개도국 GVC 참여 지원을 중심으로』, 대외경제정책연구원.

최윤정(2016), 「글로벌 가치사슬 활용과 과제: 베트남 사례를 중심으로」, 『Global Market Report』, 15-064, KOTRA.

최재덕(2020), 「중국의 미래 전략이 바뀐다: 코로나 팬데믹 속 중국의 대응」, 『프레시안』(12월 14일).

최재희(2020), 「중국의 '신시대 서부대개발 정책'의 주요 내용과 전망」, 『세계경제 포커스』, 20-21, 대외경제정책연구원.

한국과학기술정보연구원(2015), 『중국제조 2025』.

허흥호(2019), 「중국의 일대일로(一帶一路) 추진과 중국경제 위상」, 『한국콘텐츠학회논문지』, 제19권 11호, 297-313.

현상백 외(2020), 「중국 제14차 5개년 규획(2021-25)의 경제정책 방향과 시사점」, 『KIEP 오늘의 세계경제』, 20-29, 대외경제정책연구원.

Arriola, C. et al.(2020). Localisation value chains in the post-COVID world would add to the economic losses and make domestic economies more vulnerable. 15 November. VOXEU.

Autor, D. H.(2018). Trade and labor markets: lessons from China's rise. *IZA World of Labor*, Massachusetts Institute of Technology, USA, and IZA, Germany.

Backer, K. D.(2011). Global value chains: preliminary evidence and policy issues, WPGI Meeting. 19 May. OECD.

Baldwin, R. et al.(2010). Trade-in-goods and trade-in-tasks: An integrating framework. *NBER Working paper* No.15882.

Baldwin, R.(2016). The Great Convergence: information technology and the new globalization, Harvard University Press(엄창호 역, 2019, 『그레이트 컨버전스: 정보기술과 새로운 세계화』, 세종연구원).

Baldwin, R.(2019). Globalisation 1.0 and 2.0 helped the G7. Globalisation 3.0 helped India and China instead. What will Globalisation 4.0 do? 21 January. VOXEU.

Blanchette, J. and Polk, A.(2020). Dual circulation and China's new hedged integration strategy, Center for Strategic & International Studies. 24. August.

Bossche et al.(2020). Trade war spurs sharp reversal in 2019 reshoring index, foreshadowing COVID-19 test of supply resilience, KEARNEY.

Braw, E.(2020). Blindsided on the supply side. *Foreign Policy.* 04 March.

Brennan, L. and Rakhmatullin, R.(2015). Global Value Chain and smart specialisation strategy, *JRC Science for Policy Report*, European Commission.

Brun, M. H.(2020). Coronavirus and the antifragile supply chain, Supply Chain. 14 March.

Butt et al.(2020). Implications of Belt and Road Initiative for supply chain management: A holistic view, *Journal of open innovation: Technology, Market, and Complexity*. 6 No.4: 136. 1-14.

Cigna, S. & Quaglietti(2020). The great trade collapse of 2020 and the amplification role of global value chains, *ECB Economic Bulletin*, Issue 5/2020.

CPA. CPA Reshoring Index, Annual(https://prosperousamerica.org/reshoring-index/)

Dedrick J. et al.(2018). We estimate China only makes $8.46 from and iPhone-and that's why Trumps's trade war is futile. 07 July. The Conversation(https://theconversation.com/).

Dick, P. et al.(2001). Chains and network, territories and scales: toward a relational framework for analyzing the global economy. *Global Network* Vol.1 No.2. 89-112.

Dun & Bradstreet(2020), *Business Impact of the Coronavirus: Business and Supply Chain Analysis Due to the Coronavirus Outbreak.*

FRED. Economic Data(https://fred.stlouisfed.org/).

Free, C. & Hecimovic, A.(2020). Global supply chains after COVID-19: the end of the road for neoliberal globalisation?. *Accounting, Auditing & Accountability Journal.* Vol.34 No.1. 58-84.

Gereffi et. al.(2005). The governance of global value chains, *Review of International Political Economy* Vol.12 No.1. 78-104.

Gereffi, G. and Korzeniewicz, M.(1994). *Commodity chains and global capitalism*, Praeger.

Gereffi, G.(2005). The global economy. organization, governance and development. *The handbook of economy sociology.* Princeton University Press.

Gereffi, G.(2014). Global value chains in a post-Washington consensus world, *Review of International Political Economy.* Vol.21 No.1. 9-37.

Gertz, G.(2020). The coronavirus will reveal hidden vulnerabilities in complex global supply chain. *Brookings* 03 March. https://www.brookings.edu/

Gölgeci et. al.(2020). The rising tensions between efficiency and resilience in global value chains in the post-COVID-19 world, *Transnational Corporations* Vol.27 No.2. 127-141.

Hergüner Bilgen Özeke(2020). A New Global(?) Infrastructure Initiative: The Bule Dot Network. Hergüner Bilgen Özekeer Attorney Partnership. Summer/Fall.

ISL. RWI/ISL Container Throughput Index. Institute of Shipping Economics and Logistics. https://www.isl.org/en/containerindex.

Javorcik, B.(2020). Global supply chains will not be the same in the post-COVID-19 world. *COVID-19 and trade policy: why turning inward won't work.* CEPR Press.

Jiangyu, W.(2020). RCEP will end US hegemony in west pacific. *Global Times.* 14 November.

Johnson K. & Gramer R.(2020). The Great China-U.S. Economic Decoupling, *Foreign Policy.* 14 May.

Johnson, K.(2019). While Trump builds tariff walls, Asia bets on free trade. *Foreign Policy* 01 November.

Jones et. al(2019). Global Value Chain Analysis: Concepts and Approaches, *Journal of International Commerce and Economics.* April. 2019. 1-29.

Kleinert, J.(2003). Growing trade in intermediate goods: outsourcing, global sourcing or increasing importance of MNE networks? *Review of International Economics.* Vol.11 No.3. 464-482.

Linton, T. and Vakil, B.(2020). Coronavirus is proving we need more resilient supply chains, *Harvard Business Review.* 05 March 2020. https://hbr.org/

McKinsey & Company(2020). *COVID-19 and supply-chain recovery: planning for the future.* McKinsey Global Publishing.

Milanovic, B.(2016). *Global inequality: A new approach for the age of globalization*, Harvard University Press.

Miroudot, S.(2020). Reshaping the policy debate on the implications of COVID-19 for global supply chains, *Journal of International Business Policy.* Vol.3 No.4. 430-442.

MoFA, China(2020). Foreign Ministry spokesperson Zhao Lijian's regular press conference. 24 August.

MoFA, China(2021). Foreign Ministry spokesperson Zhao Lijian's regular press conference. 25 February.

OPIC(2019). The Launch of Multi-Stakeholder Bule Dot Network, The Overseas Private Investment Cooperation. 04 November. https://www.dfc.gov/media/

Pamuk H. and Shalal, A.(2020). Trump administration pushing to rip global supply chains from China, *Reuters*. 04 May.

Porter, M. E.(1985). *Competitive advantage: creating and sustaining superior performance*. Nova Science Publishers.

Rodrigue, et. al.(2020). Transportation and Pandemics(https://transportgeography.org/).

Rodrigue, J.(2020). *The Geography of Transport Systems*. Routledge.

Ruta, M.(2018). Three opportunities and three risks of the Belt and Road Initiative. 18 June. VOXEU.

Schuman, M.(2020). *Superpower interrupted: The Chinese history of the world*. Public Affairs.

Seric, A. et al.(2020). Risk, resilience and recalibration in global value chain. 07 January. VOXEU.

The White House(2015). Statement by the President on the Trans-Pacific Partnership. Office of the Press Secretary. 05 October.

The White House(2020). United State Strategic Approach to The People's Republic of China.

The White House(2021). Executive order on America's supply chains. 24 February.

U.S. Dept. of Commerce, Industry Economic Account Data: Real Gross Output by Industry (Bureau of Economic Analysis)(https://www.bea.gov/).

UNIDO IAP, UNIDO Industrial Analytics Platform(iap.unido.org).

USTR(2018). Section 301 Product List Fact Sheet, Office of the U.S. Trade Representative.

Ward, R.(2020). RCEP trade deal: a geopolitical win for Chain. *International Institute for Strategic Studies*. 25. November. https://www.iiss.org/blogs/analysis/2020/11/rcep-trade-deal

WEF(2012). *The shifting geography of global value chains: implications for developing countries and trade policy*, World Economic Forum.

Williamson, P.(2021). De-Globalisation and De-coupling: Post-COVID-19 Myths versus Realities, *Management and Organization Review*. Vol.17 No.1. 29-34.

World Development Indicators, The World Bank, IBRD-IDA. https://databank.worldbank.org/

WTO et. al(2019). *Technological Innovation, Supply Chain Trade, and Workers in a Globalized World*, Global Value Chain Development Report 2019.

Xiaohong, W.(2020). The signing of RCEP requires further opening-up. 20 November. CCIEE.

Zhan, J. et al.(2020). Global value chain transformation to 2030: Overall direction and policy implications, 13 August. VOXEU.

필리핀에서 스페인어의 소멸과정*

김우성

1. 들어가면서

    1571년 마닐라에 도시를 건설하면서 시작된 스페인의 필리핀에 대한 식민지배는 미국과의 전쟁에서 패한 해인 1898년까지 계속되었다. 스페인은 식민통치 3세기 반 동안에 필리핀 사람들의 삶에 상당히 많은 흔적을 남겼다. 필리핀 사람들에게 가장 뿌리 깊게 끼친 영향 중의 하나는 가톨릭의 전파이다. 지금까지도 남부지역인 민다나오(Mindanao)와 술루(Zulu)를 제외하고 대부분 지역의 필리핀인들의 종교는 가톨릭이다. 또 다른 영향은 정복자들이 가져온 언어인 스페인어와 관련된 것이다. 필리핀 원주민어의 대부분은 어휘, 발음, 문자에 있어서 스페인어로부터 많은 영향을 받았다.

    정복과 함께 필리핀에 들어온 스페인어는 당시의 모든 원주민어 위에 군림하면서, 식민지 기간 내내 행정, 사법, 교회, 교육, 경제 등 모든 공적 영역에서 공용어로서 기능했다. 1899년 필리핀이 스페인으로부터 독립한 후 탄생한 제1 공화국에서도 스페인어는 국가의 공용어로 채택되었으며, 미국과의 전쟁 기간 중에는 반미주의의 상징이 되기도 했다. 그러나 미국의 점령과

---

*   이 글은 『이베로아메리카』, 제20권 2호 (2018)에 게재한 「필리핀에서 스페인어의 소멸과정에 관한 고찰」을 수정·보완한 것임.

함께 들어온 영어의 위세에 밀려 교육, 행정과 같은 공적인 영역에서 배제되기 시작했다. 제2차 세계대전을 거치면서 스페인어는 그 세가 급격히 약화되어 1973년에는 헌법상 공용어의 지위를 잃게 되면서 모든 공식문서에서 사라졌다. 그럼에도 불구하고 필리핀에서 스페인어는 350년 동안 원주민어와의 공존의 역사로 인해 타갈로그어(tagalog)와 같은 현지 토착어에 많은 흔적을 남겼으며, 현재 50만 정도의 인구가 스페인어를 기반으로 하는 혼성어인 차바카노(chabacano)를 사용하고 있다(Quilis y Casado, 2008). 2014년 1월 7일 자 영국 BBC 방송 인터넷 판은 필리핀인의 언어생활에 끼친 스페인어의 영향과 관련하여 다음과 같은 보도를 했다.

No hace falta viajar hasta las zonas más meridionales de Filipinas para escuchar el castellano, en sus variaciones filipinas.

En la ciudad más grande del país, Manila, la gente le saludará con un amable "kumustá", fonéticamente similar al '¿cómo está?.'

Si después de darse una "dutsa" (ducha) en su "otel" (hotel), quiere ir a cenar, basta con que pregunte por una "bodega" (bodega) en el "baryo" (barrio). Una vez sepa el nombre de la "kalye" (calle), móntese en su "kotse" (coche) o su "bisikleta" (bicicleta) y prepárese para una buena noche.

Quizá quiera vestir "amerikana" (chaqueta americana), "panyolito" (pañuelo) o "sapatos" (zapatos) de "takong" (tacón) si el restaurante es de "luho" (lujo), aunque si viaja con un presupuesto más ajustado no le será difícil encontrar sitios "barat" (baratos).

Una vez sentado a "lamesa" (la mesa), descubrirá que en "Pilipinas" (Filipinas) no utilizan palillos para comer, sino "kutsilyo" (cuchillo), "tinidor" (tenedor) y "kutsara" (cuchara). Escoger comida resultará muy sencillo, ya que muchos de los platos le sonarán familiares: "carne", "kaldereta", "adobo", "guisado", "ajillo", "cabra", "bistek" ⋯ Si la humedad tropical le ha dejado acalorado, pida "yelo" (hielo) con su bebida. Vigile los "gastos" (gastos), pero antes de marcharse no se olvide de pedir la "kwentahin" (cuenta).

스페인의 식민지 역사를 살펴보면 정복자들과 함께 이식된 스페인어가 식민통치를 위한 공용어로서 기능을 하고, 독립 후에도 본국과의 정치적 단절과 관계없이 독립국가의 공용어로 채택되는 것이 일반적이었다. 앞서 언급한 것처럼, 필리핀도 독립 직후에 탄생한 제1 공화국에서는 스페인어를 공용어로 제정하고, 헌법과 국가(national anthem)도 스페인어로 만드는 등 다른 스페인 식민지들과 동일한 수순을 밟았다. 그러나 독립 후 50년도 안되는 짧은 기간 동안에 필리핀에서는 다른 스페인 식민지들과는 달리 스페인어가 공용어 지위를 상실하는 과정을 겪게 된다. 그 결과 현재 필리핀에서 스페인어는 모든 공적인 영역에서는 아무런 기능도 하지 못하고 일부 상류층에서 사용되는 과거 식민지 시대의 유산 정도로 간주되고 있다.

거의 350년 동안 필리핀에서 행정, 사법, 교육 등 모든 공적인 영역에서 공용어로 그리고 문학적인 전통을 가진 언어로 기능한 스페인어가 이렇게 짧은 기간 동안에 공용어로서의 지위를 상실한 과정을 살펴보는 것이 본 연구의 목적이다. 이를 위해 우선, 스페인 식민지 시대의 언어정책과 함께 스페인이 물러난 직후의 사회언어 상황, 미국 통치기간 동안 시행된 언어정책을 알아보고 마지막으로 미국으로부터 독립한 이후 실시된 스페인어 관련 언어정책을 살펴보고자 한다.

2. 스페인 식민지 시대의 언어정책

스페인 정복자들이 필리핀에 도착했을 때 발견한 것은 이곳에 말레이-폴리네시아어족에 속하는 다양한 언어들이 사용되고 있었다는 것이다. 당시 필리핀에서 사용되고 있었던 원주민 언어의 정확한 숫자를 말하는 것은 쉽지 않다. 펠런(1955: 153)에 따르면 루손섬에만 6개의 주요 언어와 많은 수의 소수언어 그리고 다양한 방언들이 사용되고 있었다. 1591년 현재 이들 6개 주요 언어를 사용한 인구수를 보면 타갈로그어 124,000명, 일로카노어 75,000명, 비콜어 77,000명, 팡가시난어 75,000명, 팜팡가어 75,000명, 이바낙어 96,000명이다. 이러한 필리핀의 언어적 다양성은 향후 스페인이 시행할 선교사업의 성격과 방향을 결정하는 데 중요한 요인이 되었다.

필리핀의 언어적 다양성으로 인해 필리핀의 식민통치를 시작한 스페인이 처음에 해결해야 했던 문제는 행정과 선교에 있어서 어떤 언어를 공용어로 사용하느냐 하는 것이었다. 행정에 있어서는 식민자의 언어인 스페인어가 공용어로 채택되었지만 선교에 있어서는 스페인어와 원주민어 중 어느 것을 사용할 것인가를 두고 초기부터 많은 논쟁이 있었다.

식민 초기부터 스페인은 중남미의 다른 식민지와 마찬가지로 필리핀에 스페인어를 보급하려는 정책을 시행했다. 그러나 필리핀에서 시행한 언어정책은 다른 중남미 식민지들과는 다른 결과를 나타냈다. 이는 당시 필리핀이 처한 현실이 중남미 식민지들과는 매우 달랐으나 필리핀 실정에 맞는 정책이 부재했기 때문이다(Donoso Jiménez, 2012).

당시 필리핀에서의 스페인어 상황은 매우 불안정했다. 이는 중남미와는 달리 금이나 은과 같은 광물자원이 부재한 필리핀에 정착하기를 원하는 스페인 사람들이 많지 않아 원주민과의 혼혈이 소규모로 이루어졌고, 많은 섬으로 이루어진 지형적 특성으로 인해 스페인화가 느리게 진행되었기 때문이다.

단지 원주민들에게 복음을 전파하고자 했던 성직자나 선교사들만이 필리핀에 관심을 두고 있었다. 이들이 필리핀에서 부딪힌 최초의 문제는 앞서 언급한 것처럼 복음을 전파하는 데 어떤 언어를 사용할 것인가 하는 것이었다. 이 문제를 해결하기 위해 선교사들은 중남미의 경험을 바탕으로 스페인어 대신에 원주민어를 사용하여 복음을 전파하는 방법을 택했다. 이는 일반 원주민들에게 어려운 스페인어를 가르치는 것보다 자신들이 원주민어를 배워 원주민들을 가톨릭으로 개종시키는 것이 쉬운 일이라고 판단했기 때문이다. 또한 식민지 시대의 필리핀 성직자들은 왕실과 원주민을 연결하는 중개자 역할을 하고 있어서, 스페인 식민자들로부터 원주민을 보호하고 자신들의 원주민에 대한 권력을 유지하기 위해 스페인어를 가르치는 것에 대해 소극적인 입장을 취했다(Caudmont, 2009). 이는 후일 스페인어가 필리핀에 널리 보급되지 못한 중요한 원인 중의 하나로 작용한다.

식민지 시대의 다언어적 상황에서 스페인어 교육과 관련하여 스페인이 시행한 언어정책은 일관성이 없이 진행되었고 상호 모순되는 경우도 있었다. 카를로스 5세는 1536년에 누에바 에스파냐(Nueva España, 현 멕시코)[1] 부왕에게 내린 칙령에서 복음 전파를 위해 원주민들에게 스페인어를 가르치고, 성직자들과 선교사들이 원주민어를 배우는 데 전념할 것을 권고했다. 그러나 1596년에 식민지부(Consejo de Indias)가 펠리페 2세에게 식민지의 언어문제 해결을 건의했을 때 국왕은 칙령을 통해 원주민들에게 자신들의 언어를 포기하도록 하는 것은 옳은 일이 아니며, 자발적으로 배우고자 하는 원주민들에게만 스페인어를 가르칠 것을 지시했다(Franco, 2000).

스페인 식민지에 파견된 선교사들은 어떤 언어를 사용해야 가톨릭을 전파하는 데 가장 효과적이고 정교하게 성경 말씀을 전할 수 있는지에 대해 많은

---

[1] 당시 인도양을 통해 필리핀에 이르는 항로를 포르투갈과 네덜란드가 장악하고 있었기 때문에 스페인은 필리핀을 누에바 에스파냐 부왕청(현 멕시코)에 편입시켰다(Caudmont, 2009: 116).

논쟁을 했다. 중남미 식민 초기에는 스페인어를 사용하는 것이 원주민어를 사용하는 것보다 가톨릭 교리를 보다 정확하게 전달할 수 있을 거라고 생각했으나 실제 복음전파 과정에서는 원주민어를 사용하는 것이 가장 효과적이라는 것을 깨달았다(Bernabe, 1987: 10).

필리핀에 도착한 대부분의 선교사들은 누에바 에스파냐 출신들이어서 당시 중남미에서 원주민어로 복음을 전파하는 방식을 사용하는 것은 전혀 이상한 일이 아니었다. 따라서 당시 중남미나 필리핀 모두 선교사들이 원주민어 연구에 몰두했다. 그 결과 필리핀에서도 원주민어에 정통한 수사나 신부들이 출현했다. 이렇게 해서 1593년에는 필리핀에서 최초로 스페인어와 타갈로그어로 된 교리서가 편찬되었다(Caudmont, 2009: 114).

원주민들이 가톨릭 교리서를 원주민어로 번역을 시작했을 때, 그들은 가톨릭의 주요 개념들을 어떻게 번역해야 하는지를 두고 많은 고민을 했다. 스페인어의 'Dios(신)', 'espíritu santo(성신)', 'iglesia(교회)', 'Jesucristo(예수)', 'cruz(십자가)'와 같은 중요한 개념들을 원주민어로 번역하는 것이 거의 불가능에 가깝다는 것을 깨달았다. 이러한 어휘에 해당하는 원주민어 어휘가 없다는 것을 알고, 이 단어들이 전달하는 개념의 순수성을 유지할 목적으로 선교사들은 이러한 어휘들은 번역하지 않고 스페인어를 그대로 사용하기로 했다. Bernabe(1987: 10)에 따르면 이러한 결정이 필리핀에서 시행한 첫 번째 언어정책이라고 할 수 있다.

식민지 시대의 언어정책은 본국에서 입안해서 국왕의 칙령 형태로 식민정부에 하달하면 식민지에서는 이를 받아 시행하는 것이 일반적이었다. 그런데 본국에서 내려오는 정책은 구체적이지 못하고 애매모호하고 추상적인 경향이 강했다. 또한 특정 지역을 위한 정책이 아니라 식민지 전체를 대상으로 한 것이 대부분이어서 중남미와 상황이 다른 필리핀의 경우에는 시행하기 어려운 경우가 많았다(Donoso Jiménez, 2012: 243).

식민 정부는 왕의 칙령에 입각해서 정책을 시행해야만 했으나 식민지가 처한 여건에 따라서 칙령을 변경해야 하는 경우도 있었다. 예를 들어 필리핀의 경우에 18세기에 내려온 칙령에 따르면 모든 공직에 임용되기 위해서는 스페인어 구사능력이 의무적이었으나 스페인어 구사자가 많지 않았던 필리핀의 상황을 감안하여 스페인어 구사자 우대로 임용조건이 바뀌었다.

본국 정부는 언어정책 관련해서 많은 칙령을 식민지에 내려보냈다. 일반적으로 이러한 칙령들은 두 가지 형태로 나눌 수 있다. 첫 번째는 중남미 경험을 통해서 선교를 위해서는 원주민어가 필수적이라는 것을 인식하고 있었기 때문에 수사나 신부들에게 원주민어를 배우라고 요구하는 것이다. 두 번째는 수사나 신부들이 원주민들에게 스페인어를 가르치라는 것이다. 이는 시간이 지나면서 식민지의 산업이 발전하고 행정체계가 복잡해짐에 따라 보편적인 스페인어 지식을 가진 인력이 필요했기 때문이다.

스페인 왕실의 공식적인 언어정책의 목표는 식민 초기부터 식민지에서 스페인어를 지속적으로 보급하는 것이었다. 1596년 펠리페 2세는 칙령을 통해 식민지의 성직자들이 원주민어를 배우는 것이 선교에 부적합하므로 이들이 원주민들에게 스페인어를 가르쳐야 한다고 지시했다. 이 칙령은 필리핀 정복 후에 전달된 것으로 본국 정부가 선교를 위해 원주민어의 필요성을 이해하고 있을지라도 스페인어 교육의 중요성을 인식하기 시작했다는 것을 보여주고 있다. 이에 대해 베르나베(1987: 10)는 식민 초기에는 스페인 왕실이 원주민의 가톨릭으로의 개종을 용이하게 하기 위해 원주민어를 통한 가톨릭 교리의 전파를 장려했으나 16세기에 오면 입장을 바꿔 스페인어 교육을 강조하게 되었다고 말한다.

1634년에는 펠리페 4세가 식민지의 모든 원주민들에게 스페인어를 가르칠 것을 명하는 칙령을 공포했다. 이전의 칙령들이 자발적으로 배우겠다는 원주민들에게만 스페인어를 가르치라고 한 것에 반해 이 칙령에서는 모든 원주민들에게 의무적으로 가르칠 것을 지시하고 있다(Caudmont, 2009: 114).

1686년에 카를로스 2세는 이전의 칙령들이 잘 지켜지지 않았다고 질책을 하면서 이제부터는 칙령을 준수하지 않을 시 처벌을 하겠다고 명했다. 이 칙령에서는 처음으로 스페인어의 교육 목적이 종교적인 것이 아니라 식민지 주민들이 당국에 직접 스페인어로 불만을 제기하기 위해 배울 것을 목표로 한다는 것을 규정하고 있다. 당시까지는 주민들이 식민 정부에 민원을 제기하기 위해 성직자들의 통역을 필요로 했지만 이제부터는 통역 없이도 당국과 직접 소통할 수 있게 했다. 그러나 이러한 칙령에 대해 성직자들이 반대하는 것은 당연한 일이었다(Donoso Jiménez, 2012: 247).

1792년에 카를로스 4세도 비슷한 칙령을 공포했다. 이 칙령은 원주민들이 스페인어로 읽고, 쓰고, 말하는 것을 배울 수 있도록 모든 원주민 마을에 스페인어 교육을 위한 학교를 설립하는 것을 골자로 하는 것으로 학교에서 원주민어의 사용을 금지하고 있다. 또한 스페인어 교육을 위한 재원 및 전문 교사들의 확보 방안을 제시하고 있어 현대적 의미의 언어정책의 형태를 띠고 있다. 또한 수도원, 수녀원 그리고 사법기관과 가정에서 스페인어 외에 다른 언어의 사용을 금하고 있다(Caudmont, 2009: 115).

지금까지 본 것처럼 스페인 본국에서는 많은 칙령들을 공포했는데 그 내용들이 시간이 지나면서 점차 변하고 있다. 첫 번째 단계에서는 칙령의 내용이 성직자들이 원주민어를 배우고 원주민들에게 스페인어를 가르칠 것을 골자로 하고 있다. 이 단계에서 스페인어를 가르치는 첫 번째 목적이 가톨릭의 교리를 전파하는 것이었다. 시간이 지남에 따라 보다 많은 부속도서들이 스페인 통치하에 들어오게 된다. 이와 함께 성직자들에게 보다 다양한 원주민어의 교육이 필요하게 되어 언어교육이 복잡해진다. 이를 극복하기 위해 공통어인 스페인어 교육의 필요성이 점점 더 커졌다.

본국 정부가 공포한 칙령을 준수하기 위해 식민정부는 언어정책과 관련된 몇 개의 법률을 공포했다. 칙령들과 비교하면 보다 구체적인 형태를 갖추었으나 성직자들이 무시하기는 마찬가지였다. 1768년 필리핀 호세 라몬 솔리스(Solís) 총독이 공포한 법령에서는 원주민들에게 스페인어 교육을 위해 지금까지 금지한 스페인 사람들의 원주민 마을 거주를 허용했다. 성직자들은 원주민 마을에 들어온 스페인 사람들을 내쫓으려 했다. 그러나 이 법령으로 인해 소수이긴 하지만 스페인 사람들이 원주민들과 함께 마을에 거주할 수 있게 되었다. 또한 이 법령에서는 학교의 설립을 명하고 학교에서는 스페인어 외에 다른 언어의 사용을 금지했으며 스페인어 학습의 동기유발을 위해 공직은 스페인어를 할 수 있는 사람에게만 허용할 것을 규정하고 있다. 이는 관료체계가 발전됨에 따라 스페인어를 할 수 있는 원주민 출신의 하급관리들이 필요했기 때문이었던 것으로 보인다(Donoso Jiménez, 2013: 247).

솔리스 총독이 공포한 94개의 법령 가운데 법령 25호는 스페인어 교육과 재원조달에 관한 것이다. 이 법령에서는 원주민들이 가톨릭 교리를 보다 잘 이해할 수 있도록 원주민에게 스페인어를 가르칠 자질이 충분한 교사를 확보하는 것이 중요하다고 보고, 이를 위해서는 교사의 처우를 개선하는 것이 필요하다는 점을 명시하고 있다. 그러나 실제에 있어서는 재원의 부족으로 자질이 있는 교사를 확보하는 데 실패했다(Donoso Jiménez, 2013: 248).

19세기에 들어서면 스페인어 교육이 보다 강화되어 1815년에는 국왕의 칙령으로 다시 한번 식민지 전역의 초등학교에서 스페인어 교육이 의무화된다. 그러나 18세기와 마찬가지로 재원과 교사의 부족, 교수법의 문제 등으로 스페인어는 대다수의 필리핀 사람들에게 보급되지 못했다(Muntenau, 2006). 당시 왕의 칙령에서도 식민지에서 언어정책을 시행하기 위해서 필요한 재원조달 방법이나 교원 수급 문제에 대한 언급이 전혀 없었다. 따라서 보편적인 스페인어 교육이 실제적으로 이루어질 수 없었다. 또한 필리핀 현실과는 동떨어진 정책을 실시하라고 지시하는 경우도 있었다. 예를 들면,

18세기에 스페인 왕실은 식민지 전역에서 스페인어를 읽고 쓸 줄 모르는 사람은 식민지 관리로 채용하지 말 것을 지시하는데, 당시 필리핀에서는 스페인어 구사자가 부족한 관계로 이 정책을 시행할 수 없었다(Donoso Jiménez, 2012: 251).

교육에서 스페인어 사용이 보편화된 것은 중남미 및 필리핀을 포함한 식민지 국민들에게 무상 의무교육을 규정한 이사벨 여왕의 칙령이 나온 1863년부터이다. 이 교육칙령은 필리핀 교육체계의 분수령이 되었다. 이에 앞서 1839년에 필리핀에서 초등교육체계 확립을 위한 일련의 규정을 만들기 위한 위원회가 구성되었다. 이 위원회에서는 교육에서 사용할 언어를 스페인어로 할 것인지 아니면 다른 언어로 할 것인지에 대한 지난한 토론이 있었다. 이 토론에서 한 성직자는 학교에서 스페인어를 가르치면 필리핀 사람들이 공통어를 갖게 되어 결국 스페인 식민 통치에 저항할 것이라는 논리로 스페인어 교육에 반대했다(Bernabe, 1987: 15).[2] 이에 대한 반대 논리를 편 사람은 18세기 말 성직자들의 스페인어 교육 반대 실상을 조사하기 위해 필리핀에 파견된 에스코수라(Escosura)이다. 그는 필리핀이 미개한 상태를 벗어나 문명의 혜택을 받기 위해서는 서구문명의 언어인 스페인어를 배워야 한다고 주장하면서 국립교원양성소 및 교육언어로서 스페인어의 의무화와 같은 스페인어를 확산하기 위한 일련의 대책을 제시했다(Fernández, 2013: 366).

결국 이 위원회는 스페인어가 초등학교에서 교육언어로 사용되어야 한다는 최종 보고서를 채택했다. 이 보고서의 내용이 1863년 교육칙령의 토대가 되었다. 1863년 교육칙령에서는 모든 도시에 초등학교가 설립되어야 하고

---

2 성직자들은 필리핀에서의 공통어 부재가 자신들의 원주민에 대한 지배를 용이하게 한다고 보고 식민지 기간 내내 스페인어 교육에 대해 소극적인 입장을 취했다. 따라서 당시 교육은 대부분 성직자들의 수중에 있었기 때문에 본국의 스페인어 교육을 위한 칙령들이 제대로 이행되기가 어려웠다. 한편 성직자들은 원주민들이 스페인어를 배울 수 있는 능력이 없다고 생각했으며, 자신들의 교구에서 스페인어를 구사하는 원주민들을 부정적인 시각으로 바라보았다(Bernabe, 1987).

6세에서 12세까지의 소년과 소녀들에게 초등교육이 의무적으로 실시되어야 하며 수업료는 무료라고 규정하고 있다. 또한 교육칙령은 스페인어가 교육에서 사용되는 유일한 언어가 되어야 한다는 것을 규정하고 있다. 따라서 스페인어 해득이 교육과정의 주된 목표가 되었다. 이를 위해 칙령이 공포된 지 5년이 지나서도 스페인어를 말하고, 읽고, 쓰지 못하는 원주민들은 봉급을 받는 정부 공무원으로 임용될 수 없다는 것을 규정하고 있다. 이는 필리핀 사람들에게 스페인어를 배워야 하는 가장 큰 동기부여를 하는 것이었다 (Donoso Jiménez, 2012: 249).

이러한 교육의 결과 19세기 말에 가면 비록 수준은 다를지라도 수도인 마닐라 인구의 50%가 스페인어를 사용할 수 있게 되었다(Rodriguez-Ponga, 2003: 47). 또한 당시에 스페인어로 대학교육을 받은 지식인 계층인 계몽주의자들이 출현했다. 이들은 당시 유럽의 사조와 사상을 접한 깨어 있는, 필리핀의 자치와 독립계획을 수립할 수 있는 독자적인 정치적 신념을 가진 계층이었다.

1865년에서 1898년 사이에 활동한 이 세대는 선전운동을 주도했고 1880년부터는 민족주의적이고 반식민지 운동을 적극적으로 전개하기 시작했다. 여기서 주목해야 할 것은 이들이 선전운동을 하면서 공식적으로 사용한 언어가 스페인어라는 것이다. 또한 이들이 15일에 한 번씩 발행한 신문인『솔리다리닷(Solidaridad)』은 창간호부터 필리핀에서 스페인어 교육의 필요성을 역설했다.

또한 이들은 언론, 홍보자료, 서적의 출간과 스페인 정부관료 및 지식인들과 맺은 인맥을 통해 스페인에 필리핀이 처한 상황을 알렸고, 필리핀에서도 스페인에서와 같은 스페인어가 사용된다는 것을 인식시키려고 노력했다. 그리고 산토 토마스대학(Santo Tomás)에서 이수한 학점들도 스페인 대학에서 그대로 인정을 받아 이 대학 졸업생들은 아무런 어려움 없이 스페인에서 학업을 계속할 수 있었다. 이렇게 해서 필리핀 역사상 처음으로 정치, 경제, 역사, 문학의 주제를 스페인어로 발표한 일단의 작가들이 탄생했다. 호세 리살(José Rizal), 마르셀로 필라르(Mercelo Pilar), 호세 마라이 팡가니반(José María Panganiban), 그라시아노 로페스 하에나(Graciano López Jaena), 마리아노 폰세(Mariano Ponce) 등이 이 세대의 대표적인 인물들로 이들은 모두 스페인계 후손이 아니라 원주민 출신들로 스페인어로 교육을 받은 사람들이다. 이들 중 호세 리살은 필리핀에서 시와 소설의 선구자로 스페인으로부터 독립을 이끌어낸 필리핀 혁명에 많은 영향을 준 인물이다. 따라서 필리핀 혁명운동을 추동한 국가 의식은 스페인어로 형성되었다고 할 수 있다 (Fernández, 2013).

당시 필리핀 계몽주의자들은 스페인의 식민 통치에 대한 반감을 드러냈을지라도 반 스페인주의를 기치로 내건 것은 아니었고, 식민정부의 부패와 독재에 대해 저항하면서 정교분리, 자유, 평등을 요구했다. 그러나 언어적인 면에서는 다른 중남미 식민지들과 마찬가지로 정복자의 언어인 스페인어에 대해 별다른 반감을 보이지 않았다. 따라서 독립혁명 과정이나 당시의 모든 문서들이 스페인어로 작성되었고 혁명가들의 의식에도 스페인의 관습과 문화가 많이 녹아 있었다.

계몽주의자들 역시 필리핀이 당시 유럽과 같은 선진국이 되기 위해서는 문명의 언어인 스페인어를 교육해야 한다는 생각을 가지고 있었다. 최소한 19세기 말에는 독립과 함께 원주민어를 공용어로 해야 한다는 의식은 거의 없었다. 당시의 상황을 보면 비록 스페인 왕실과 교회의 정치적인 계획과 야심은 실패했을지 몰라도 스페인의 언어와 문화는 토착적인 것과 섞여 사회에 깊숙이 들어와 필리핀 사람들의 정체성의 일부를 형성했다(Sueiro, 2002).

그러나 현지에서의 스페인어 교육을 명하는 왕실의 칙령을 무시한 성직자들의 소극적인 태도, 원주민들의 스페인어를 배우고자 하는 동기 부족, 교사 및 재원의 부족, 다양한 원주민어로 인한 상호 간의 소통 부족 그리고 얼마 되지 않은 스페인 이민자 수와 같은 요인들로 인해 거대한 도서국가인 필리 핀에서 스페인어가 널리 확산되지 못했고 그 결과 식민지 기간 동안 필리핀 에서 스페인어를 제1언어로 사용한 인구는 전체 인구의 3%를 넘지 못했다 (Sánchez-Jiménez, 2014).

그러나 3세기 반에 걸친 스페인의 식민 통치는 필리핀 사회에 스페인적인 특성들을 남겼다. 이러한 특성들은 종교, 지명, 인명, 음악, 음식, 춤 등에서 나타나며 이로 인해 미국이 통치한 1940년대까지도 스페인어와 문화가 유 지될 수 있었다.

3. 필리핀 혁명과 미국-필리핀 전쟁

1898년 미국-스페인 전쟁에서 스페인이 패함에 따라 스페인 식민지였던 필리핀 영토에 대한 주권은 미국으로 넘어갔다. 1896년부터 스페인과 독립 투쟁을 하고 있던 아기날도(Aguinaldo)가 이끄는 필리핀 독립군은 필리핀 영토를 미국에 넘기기 위한 비준안이 미국 의회에서 논의되는 동안에 필리 핀 북쪽의 마놀로스(Manolos)에서 독립을 선포하고 필리핀 최초의 공화국 헌법을 선포했다. 그리고 스페인어를 공용어로 채택하고 헌법과 국가 (national anthem)를 스페인어로 제정했다. 당시 스페인어가 공용어로 채택 된 것은 우선, 많은 원주민어 중에 우월적인 지위를 가진 언어가 존재하지 않았기 때문이고, 또 다른 이유는 독립운동을 주도했던 사람들이 스페인어 로 교육을 받은 소위 말하는 계몽주의자들이었기 때문이다. 당시 이들의 생 각에는 스페인어 외에 공용어로서 생각하고 있는 언어는 없었다.

한편 미국은 필리핀 독립정부를 인정하지 않고, 국제적인 승인을 받으려는 모든 노력을 봉쇄하면서 필리핀에서 스페인의 잔존 세력을 완전히 제거한 후 필리핀 독립정부에 대한 와해작전에 들어간다. 이렇듯 미국이 당초 약속했던 필리핀의 독립을 인정하지 않자, 필리핀 사람들은 자신의 국가를 식민지로 만들려는 기도에 맞서 1899년에 미국과의 전쟁을 선포한다. 그러나 필리핀은 이 전쟁에서 패하며 또다시 다른 나라의 식민지가 되었다. 당시 필리핀은 근대 국가로서 갖춰야 할 정치, 경제, 문화, 군사적인 자원들을 보유하고 있었음에도 불구하고 미국의 식민지로 전락함에 따라 19세기 말 독립투쟁 과정에서 본격적으로 형성되기 시작한 국가 정체성의 혼란을 겪게된다. 미국-필리핀 전쟁의 결과는 당시 필리핀의 국가 공용어로 사용되었던 스페인어의 운명에도 지대한 영향을 끼쳤다(Caudmont, 2009).

스페인으로부터 정치적인 독립을 한 후에도 스페인화 과정이 계속된 중남미와는 달리 필리핀에서는 미국의 점령으로 인해 미국화가 진행되었다.[3] 이러한 차이로 인해 중남미에서는 스페인어가 일반 사람들이 널리 사용하는 공용어가 될 수 있었던 반면에 필리핀에서는 공용어로서의 지위가 흔들리기 시작했다.

미국이 필리핀을 점령했던 19세기 말 상황과 중남미에서도 스페인 출신자들이 소수이고 원주민들의 수가 절대다수였던 볼리비아, 과테말라, 파라과이의 독립 당시의 상황을 비교해보면 스페인화 정도에 있어서 필리핀과 이 국가들과 그렇게 큰 차이가 없었음을 알 수 있다. 왜냐하면 필리핀이 미국에 점령되기 전의 상황을 보면 수도인 마닐라에 산토 토마스대학, 중등학교, 언론, 신학교 등 스페인화를 상징하는 많은 교육기관들이 존재했고, 스페인어 역시 전국의 공용어로 기능했다는 것이 기록으로 나와 있기 때문이다(Fernández, 2013).

---

3 미국화 과정은 곧 탈스페인화 과정을 의미했다.

중남미 식민지에서는 비록 정치적으로는 독립을 했을지 몰라도 문화적인 면, 특히 언어는 그들을 하나로 묶어줄 중요한 요소로 간주되었기 때문에 독립 후에도 스페인화가 중단 없이 지속되었다. 반면에 필리핀에서는 미국의 미국화정책으로 인해 탈스페인화 과정이 체계적이고 의식적이고 지속적으로 전개되었다. 이로 인해 필리핀에서 스페인화 과정은 종말을 고하게 되었고 그 결과 스페인어는 영어의 위세에 눌려 필리핀의 공용어가 될 가능성을 상실하기 시작한 것이다.

1898년 스페인-미국 전쟁에서 스페인이 패함에 따라 필리핀과 함께 쿠바와 푸에르토리코도 미국의 점령하에 들어간다. 그러나 같은 역사적 경험을 공유하는 쿠바와 푸에르토리코의 경우에는 계속해서 스페인어가 유지되었으나 이들 국가보다 스페인화가 더디게 진행된 필리핀의 경우에는 이들 국가와는 전혀 다른 언어 상황이 전개된다. 쿠바는 권력이 쿠바인에게 이양되어 스페인어가 유지될 수 있었고, 필리핀과 함께 미국의 식민지가 된 푸에르토리코에서는 스페인어가 영어에 밀리는 상황이 될 뻔했으나 푸에르토리코인들의 강력한 저항 덕분에 스페인어가 살아남을 수 있었다(Quilis y Casado, 2008).

그러나 필리핀의 경우는 사정이 달랐다. 필리핀 영토가 미국에 점령당한 것처럼 스페인어도 영어에 점령을 당한 상황이 되어버렸기 때문이다. 미국은 필리핀을 점령하자마자 당시 필리핀의 공용어인 스페인어의 흔적을 지우기 위해 영어의 사용을 강요하기 시작했다.

당시 계몽주의자들은 필리핀이 후진적인 상황을 극복하고 발전의 길로 나가기 위해서는 스페인어를 공용어로 하는 것이 필요하다는 생각을 가지고 있었으나 스페인은 필리핀 사람들에게 이런 공용어를 갖도록 하는 데 실패했다. 이제 미국이 필리핀 계몽주의자들의 논리를 이용해서 영어를 필리핀 사람들의 공용어로 만들려고 시도했다.

4. 미국 식민통치 기간의 언어정책

스페인으로부터 필리핀을 넘겨받은 미국은 통치 초기부터 스페인 식민통치의 흔적을 제거하기 위해 대대적인 반 스페인 공세를 펼치기 시작했다. 이러한 공세는 가장 눈에 띄고 구체적인 문화유산인 스페인어를 시작으로 해서 문화, 건축, 행정과 같은 다른 분야로 확대되었다.

우선 미국은 영어를 가르칠 수 있는 교사들과 군인들을 필리핀에 대규모로 배치했다.[4] 이렇게 파견된 사람들 중 대표적인 것이 그들을 필리핀으로 싣고 온 선박 이름을 따라서 부른 500명의 토마스호 파견대(Thomasites)이다. 미국은 영어교육을 위해 이미 스페인이 1860년부터 구축해놓은 공교육의 인프라를 활용했고 새로운 학교를 짓는 데 많은 투자를 했다. 또한 당시까지 각급 학교의 교육에서 사용했던 언어인 스페인어는 영어로 대체되었고, 1920년대에 가면 모든 공립학교에서 스페인어 사용이 금지되었다.

이러한 언어정책을 통해 미국은 필리핀에서 스페인의 흔적을 지우고자 스페인 식민통치 시절을 낙후와 부패로 점철된 시기로 규정하고, 미국의 통치는 필리핀의 민주주의와 발전을 위한 것이라고 선전했다. 또한 미국은 스페인 식민통치에 대한 검은 전설(black legend)의 유포를 통해 필리핀에 남아 있는 스페인적인 요소들을 끊임없이 제거하면서 이 나라에서 전개하고 있었던 탈스페인화 정책을 정당화시키려 했다. 이를 위해 필리핀에서 스페인어를 말살하는 데 많은 비용과 노력을 아끼지 않았다(Montoya, 2003).

미국이 점령한 지 10년이 채 되지 않아 영어의 위상은 급격하게 높아졌다. 1914년에 가면 필리핀 전역에 영어 교육을 위한 자격증을 갖춘 교사가

---

4   미국의 경우는 식민 초기부터 교사들과 군인들이 정부의 언어정책에 적극적인 협조를 했으나 스페인의 경우는 식민 초기 스페인어 교육을 담당한 성직자나 선교사들이 원주민들에게 스페인어를 교육하라는 왕의 칙령을 준수하지 않은 경우가 많았다. 이러한 차이로 인해 같은 식민 언어인 영어와 스페인어가 필리핀에서 겪는 운명이 달라진다.

8,000명에 달했다. 그럼에도 불구하고 이 시기에 스페인어는 필리핀 사회에서 계속해서 유지되었다. 윌슨 대통령이 영어교육 현장 실사단으로 필리핀에 파견한 헨리 존스의 보고서(1916: 213-14)에 따르면 당시 학교에서 시행하는 영어교육과 관련된 통계자료를 보면 필리핀에서 영어가 다른 언어보다 더 많이 사용되고 있는 것처럼 보이지만 실제 삶의 현장에서는 그렇지 않았다. 도처에서 비즈니스와 사교 언어로 스페인어가 사용되었고, 누구나 서비스를 빨리 받기 위해서는 영어보다는 스페인어를 사용하는 것이 효과적이었다고 기술하고 있다. 이는 미국 정부의 많은 노력에도 불구하고 필리핀에서 영어를 공용어로 채택하려는 계획이 성공하지 못했음을 보여주고 있다(Fernández, 2013: 369).

그러나 다른 한편으로는 미국의 필리핀 식민통치와 함께 영어가 새로운 문명의 언어로서 부상하기 시작했고 많은 필리핀 엘리트들은 정치 및 경제 분야에서 재빨리 미국 쪽에 줄을 서게 된다. 일부 지식인들은 필리핀이 종국에는 미국의 새로운 주가 될 수도 있다는 환상을 갖기도 했다. 그러나 문화적인 측면에서 필리핀 엘리트 계층은 필리핀의 미국화에 대해 강력한 저항을 전개했다. 이들은 스페인 문화에 동화된 사람들로 문화의 언어로서뿐만 아니라 가정이나 사회생활에서도 스페인어를 사용했으며 스페인어 신문을 구독했다. 1903년 인구조사에 따르면 스페인어 신문의 수가 영어 신문의 2배에 달했다. 당시 영어 신문의 구독자는 주로 미국인에 한정되어 있었다. 19세기 말부터 계몽주의자들의 모든 글은 스페인어로 발표되었다(Bernabe, 1987: 24-26).

이렇듯 미국이 시행한 탈스페인화 정책은 초기에 만만치 않은 저항에 부딪힌다. 대표적인 것이 산토 토마스대학과 같은 교육기관의 저항인데 이 대학에서는 일반 스페인어 강좌를 1970년대까지 유지했다. 또한 필리핀 스페인어 한림원의 창설과 같은 문화기관들의 설립을 통한 저항도 있었다. 그리고 사법체계에서도 계속해서 스페인어가 사용되었으며, 공용어로서 스페인어의 사용중지 계획이 여러 차례 연기되어 결국은 1940년대까지 계속 공용어로 사용되었다(Villaroel, 2014).

스페인어 및 문화에 대한 파괴활동과 병행해서 영어 및 미국문화의 이식이 대규모로 진행되었다. 예를 들어 1930년경에는 영어로 제작된 영화만 상영이 허가되었으며 스페인어로 제작된 것은 당시 대중들 사이에서 인기가 있었음에도 불구하고 상영이 금지되었다(Fernández, 2013: 377).

스페인어 및 문화의 말살은 제도적인 면에서만 이루어진 것이 아니라 스페인어 사용자에 대한 물리적인 공격에서도 나타났다. 필리핀 역사에서 스페인어 사용자와 관련해서 두 번의 대량학살이 이루어졌다. 하나는 미국-필리핀 전쟁에서이고 다른 하나는 제2차 세계대전에서이다. 고메스(2008)에 따르면 미국-필리핀 전쟁에서 인구의 1/7이 실종되었는데 이 중 대부분이 스페인어 사용자였다. 이들은 필리핀 독립투쟁에서 스페인에 대항하여 싸운 사람들이고 필리핀 사회에 민주, 자유, 평등을 전파한 사람들이다. 이런 스페인어 사용자들에 대한 의도적인 공격은 제2차 세계대전에서 퇴각하는 일본군을 포위하면서 벌어진 2차 학살의 예고편에 불과했다. 당시 일본군은 석조건물, 성당과 같은 스페인 유산이 있었던 인트라무로스(Intramuros)나 에르미타(Ermita) 지역의 사적지로 피신을 했다. 이들을 향한 미국의 무차별적인 공격으로 이 지역은 폐허로 변했다. 이는 스페인어와 문화를 말살하기 위한 두 번째 의도적인 공격으로 필리핀에서 스페인 사람들의 대표적인 거주지인 이 두 지역을 파괴함으로써 대표적인 스페인 문화유산을 말살시키려고 한 것으로 보인다. 이 공격으로 10만 명 이상의 스페인어 사용자들이 사망해 스페인어 인구가 1/10로 줄었다. 이뿐만 아니라 이 폭격에서 살아남은 사람들은 대부분 해외나 다른 지역으로 떠나야 했다. 이로 인해 필리핀의 스페인어 사용 인구는 급감하게 되었다(Sueiro, 2002).

제2차 세계대전에서 일본이 필리핀을 침공할 때만 해도 필리핀 사람들은 일본이 서구 제국주의로부터 자신들을 해방시키는 것으로 믿고 있었으나 시간이 지나면서 일본이 또 다른 제국주의적 야망을 가지고 있다는 것을 인식했다. 이 전쟁에서 미국이 일본을 무찌르고 필리핀을 해방시키자 필리핀 사람들 사이에서 친미주의적 성향이 급격하게 증가했다. 또한 미국의 점령에 반대해서 반미주의 감정을 가졌던 스페인계 이민사회에서조차도 미국에 대해 해방자로서의 부드러운 이미지를 갖게 되었다. 따라서 제2차 세계대전의 종전은 필리핀에서 스페인적인 것의 종언과 함께 필리핀 사회가 가졌던 스페인과 그 문화에 대한 친근감의 결정적인 쇠퇴를 의미했다(Montoya, 2003).

한편 미국은 당시 프랑코가 통치하는 스페인 정부가 독일과 일본의 지지를 구실로 언론을 이용하여 스페인이 필리핀을 재정복하려는 꿈을 다시 꾸기 시작했다고 선전했다. 이러한 사실은 필리핀에서 스페인의 영향력을 감소시키는 데 기여했을 뿐만 아니라 스페인이 필리핀에 남긴 유산을 부정적으로 인식하는 데도 일조를 했다. 당시의 분위기에서는 반미적인 것은 반민주적인 것과 같은 것으로 인식되었다(Zapico, 2016).

당시 미국은 필리핀 사회를 미국화시키고 영어를 보급하는 가장 효과적인 방법으로 기숙학교 시스템을 도입하여 필리핀 젊은이들을 미국의 대학에 보내 교사, 엔지니어, 의사, 변호사로 양성했다. 그리고 미국에서 미래의 전문직 종사자들을 양성함으로써 미국의 언어와 문화로 무장된 엘리트 계층을 확보하는 데 성공했다. 그 결과 제2차 세계대전이 끝난 지 얼마 되지 않아 영어로 교육받은 신세대의 지도자들이 출현했다. 마누엘 로하스는 필리핀대학에서 영어로 교육받은 최초의 대통령이었다(Rodao, 1996).

미국 식민통치하의 필리핀에서 사회적으로 출세하기 위해서는 영어의 습득이 필수 요건이 되었다. 따라서 스페인어는 영어로 급격하게 대체되기 시작한다. 이는 과학기술의 발달과 밀접한 관련이 있는 영어가 필리핀 사람들에게 좋은 직업을 구하는 데 유리했고, 당시의 필리핀 사람들이 갖는 스페인어에 대한 이미지는 전통, 무기력, 착취, 저발전과 같은 것인 반면에 영어는 과학, 진보, 사회·경제적 발전을 의미했기 때문이었다(Fernández, 2013).

미국의 식민통치 기간 동안에 나타난 한 가지 흥미로운 사실은 스페인 식민통치 시절보다 미국이 점령한 20세기 초에 스페인어로 출간된 작품들이 더 많이 나왔다는 점이다. 이는 미국의 통치하에서 보다 많은 언론의 자유가 주어졌기 때문인 것으로 보인다. 또한 당시 필리핀의 사회, 문화, 종교적 전통과 양립하기 어려운 미국문화에 대한 지식인층의 반감의 표출로도 볼 수 있다(Villaroel, 2014: 30). 당시 스페인어는 중산층까지 확산될 수는 없었을지라도, 스페인어로 발표된 문학은 많은 수의 필리핀 젊은 시인, 수필가, 언론인들 덕분에 최고의 수준에 도달했다. 유명한 시인으로는 페르난도 마리아 게레로(Fernando María Guerrero), 세실리오 아포스톨(Cecilio Apóstol), 호세 팔마(José Palma) 등이 나왔고, 수필가로는 페드로 파테르노(Pedro Paterno), 에피파니오 델 로스 산토스(Epifanio de los Santos), 하이메 델라 베이라(Jaime de Veyra) 등이 활동했다. 또한 같은 시기에 일련의 스페인어 신문과 잡지가 발행되었는데, 『엘 레나시미엔토(El Renacimiento)』, 『엘 메르칸틸(El Mercantil)』, 『엘 코메르시오(El Comercio)』, 『라 방과르디아(La Vanguardia)』, 『라 데펜사(La Defensa)』, 『엑셀시오르(Excelsior)』 등은 상당한 독자 수와 영향력을 보유했으며 이 중 일부는 1941년 태평양전쟁이 발발했을 때까지 발행되었다.

미국의 통치기간 동안에도 스페인어가 일상적으로 사용되었던 지역은 스페인 거주지역이다. 그리고 외국인 거주지역에서도 당시의 상류층의 언어였던 스페인어가 사용되었다. 특히 중국인 혼혈인들 사이에서도 스페인어가 쓰였다는 기록이 있는데 이는 비즈니스에서 이 언어가 공통어로 사용되었기 때문이다. 이 밖에도 레바논인, 시리아인 등과 같은 외국인들도 스페인어를 사용했다(Rodao, 1996: 165).

미국의 식민통치 말기까지 스페인어가 영어보다 더 많이 사용되었던 기관은 사법부와 가톨릭교회이다. 스페인 법체계를 물려받은 필리핀에서는 법을 공부하는 사람들은 스페인어가 필수였다. 또한 입법부와 법원은 모든 문서를 스페인어로 작성했으며 영어로 된 번역본을 첨부했다. 당시에는 스페인어를 못하는 법률가보다는 영어를 못하는 법률가가 훨씬 찾기 쉬웠다. 마닐라를 제외한 작은 도시에서도 다른 사람들과 차별화를 위해 지도층들이 스페인어를 영어만큼 광범위하게 사용했다(Rodao, 1996: 165).

당시 행정에서도 스페인어가 광범위하게 시용되었다. 이는 행정부처에 스페인 혼혈인들이 많이 근무했기 때문이다. 또한 스페인 사람, 혼혈인, 중국인들이 주도권을 가지고 있었던 비즈니스에서도 영어와 함께 스페인어가 공용어로 사용되었다. 미국 통치시기에 스페인어는 지식인층의 공통어로서 기능했으며 식민지 언어였음에도 미국의 식민지에 반대하는 반식민지투쟁의 언어로도 사용되었다.

그럼에도 불구하고 시간이 지남에 따라 스페인어는 계속해서 주변부의 언어로 밀려났다. 그 이유는 우선 스페인어가 민중의 언어가 아닌 엘리트 계층의 언어였기 때문이다. 스페인어를 구사하는 사람들은 도시지역이나 엘리트 계층에 한정되어 있었다. 미국의 영어 도입으로 스페인어의 위상이 약화되고 급격하게 무게중심이 영어로 이동함에 따라 필리핀의 스페인어 문학은 쇠퇴하기 시작한다. 스페인어의 소멸과정은 당시 발행되었던 스페인어 신문에도 나타난다. 제2차 세계대전 전에는 스페인어 신문이 80,000부가 발행되었으나 전후에는 10,000부로 발행부수가 급격히 줄어든 것이다(Rodao, 1996: 169). 또한 1920년 소벨(Zobel)가에 의해 만들어진 권위 있는 스페인어 문학상인 소벨상도 1942년에 중단되었다가 다시 1952년에 재개되는 등

문학작품들이 들어오지 않아 불규칙한 행보를 보였다.

필리핀의 탈스페인화는 프랑코가 통치하는 스페인의 국제적 고립, 스페인 문화유산의 소멸, 과거 가치에 함몰되어 있었던 스페인의 낙후성 그리고 미국의 스페인에 대한 부정적인 선전 등으로 인해 촉진되었다. 또한 그 당시에 필리핀 과두지배계급과 밀접한 관련이 있었던 스페인적인 것과 스페인어가 가졌던 부정적인 인식 또한 1940년대부터 본격적으로 시작된 탈스페인화에 일조를 했다. 이로 인해 미국이 도입한 영어로 교육을 받은 필리핀의 젊은이들이 스페인어 사용에 대해 부정적인 인식을 갖게 된다. 그 이후로 필리핀에서 스페인어는 사회의 하위 계층과 차별화를 위해 사용되는 필리핀의 상류층을 상징하는 언어가 되었다(Montoya, 2003).

또한 당시에 스페인어의 영향력 감소에 큰 영향을 준 것 중의 하나는 장차 국어로 스페인어를 대신할 토착어를 채택하려는 움직임이었다. 영어나 스페인어 말고 다른 원주민어를 국어로 채택하는 문제는 미국의 통치기간인 1920년대에 와서야 제기된다. 이러한 인식은 마닐라를 벗어나자마자 영어나 스페인어가 통하지 않아 연설하는 데 통역이 필요하다고 한 케손 대통령의 불평에서 잘 드러난다. 그래서 1935년에 미국이 약속한 독립을 이행하기 위해 만든 1937년 헌법에서 필리핀 국어 조항을 신설하고 국어를 타갈로그어에 기반을 둔 원주민어로 한다는 것을 명시했다. 이 외에도 필리핀에서 스페인어가 영어로 대체되는 중요한 이유는 1907년에서 1946년 사이에 있었던 정치 지도자들의 세대교체 때문이다. 다시 말하면 20세기 초에는 스페인어로 교육을 받는 지도자들이 정치 일선에 나섰으나 1930년대부터는 미국화 정책의 수혜자들인 미국 기숙학교 출신들이 정치 지도자로 전면에 나서게 된다. 따라서 사회 각 부문에 있어서 영어의 사용이 급격하게 확대된다.

5. 독립 이후의 언어정책

필리핀은 1946년에 미국으로부터 독립했다. 비록 정치적으로는 독립 국가가 되었지만 경제 및 문화, 특히 언어 사용에 있어서는 미국에 종속되는 상황이 지속되었다. 한편 스페인어는 돌이킬 수 없을 정도로 쇠퇴의 길을 가고 있었다. 그렇다고 스페인어를 보존하고자 하는 노력이 없었던 것은 아니었다. 각급 학교에서 스페인어를 필수로 가르치려는 시도가 법령 제정을 통해 이루어졌다. 1947년에는 비록 선택과목이긴 하지만 학교에서 스페인어를 가르치는 것을 목적으로 하는 소토법이 제정되었고 1952년에는 모든 대학교와 사립학교에서 2년 동안 연속으로 스페인어를 필수로 가르치게 하는 마그놀라법이 통과되었다. 그리고 1957년에는 쿠엔코법이 제정되었는데 이를 통해 필리핀 대학에서 교육학, 법학, 무역학, 인문학, 외교학을 전공하는 학생들에게 스페인어 24학점을 필수적으로 이수하도록 했다. 그 후 1967년에 제정된 법에서는 필수 이수학점을 절반인 12학점으로 줄였다(Fernández, 2013: 373).

Rodao(1996: 173)에 따르면 이러한 법안들은 필리핀에서 스페인어의 유지를 위해 도움이 된 것이 아니라 오히려 역효과를 가져왔다. 왜냐하면 이러한 법안들로 인해 스페인어가 자신들의 인생에 별 도움이 되지 않는다고 생각한 많은 학생들의 대규모 시위가 유발되었기 때문이다. 또한 미국식 교육에서 주입한 스페인 식민통치에 대한 검은 전설의 영향으로 필리핀의 낙후 상황의 원인이 스페인에 있다는 인식이 사회적으로 널리 확산됨에 따라 스페인어에 대한 뿌리 깊은 거부감이 생겨났다. 이처럼 학교에서 스페인어를 필수로 배우게 하는 정책은 제대로 준비가 되어 있지 않은 상태에서 실행한 결과 참담한 실패로 이어졌다. 그리고 학생들에게는 별다른 유용성이 없는 스페인어가 귀찮은 과목으로 여겨졌다.

이러한 사실과 맞물려 전후의 반제국주의와 반식민주의적 감정 때문에 스페인의 과거 식민통치에 대한 부정적인 인식이 강해져 1973년 헌법에서는 15조 3항에서 헌법을 제정하는 데 사용할 언어로 영어와 필리피노만을 규정함으로써 스페인어는 사상 처음으로 헌법상 공용어의 지위를 상실했고 공식적인 문서에서 사라졌다. 그러나 헌법에서는 공용어로 인정받지 못했지만 대통령령을 통해 정부 문서보관소에 있는 스페인어로 된 주요 문서들이 영어나 필리피노로 번역이 되어 있지 않은 경우 스페인어는 계속해서 공용어로서의 지위를 인정했다(1973년 3월 15일 대통령령 155). 1987년 헌법에서는 필리피노와 영어만을 공용어로 규정하고 스페인어는 자발적이고 선택적으로 사용을 진작할 것을 권고하고 있다. 따라서 스페인어는 필리핀 사회에서 공용어로서의 지위를 완전히 상실하게 되었다. 이로 인해 교육과정에서 스페인어가 필수과목에서 배제되었다.

필리핀이 미국으로부터 독립한 1946년부터 스페인어가 공용어의 지위를 완전히 상실한 1987년까지 필리핀에는 영어, 필리피노 그리고 스페인어라는 3개의 공용어가 사용되었다. 이 기간 동안 영어는 과학, 기술 그리고 국제공용어로서의 기능을 담당했고, 필리피노는 국가 정체성을 나타내는 언어였으며 스페인어는 건국의 문서들이 작성된 언어로서 과거의 전통을 연결시켜 주는 역할을 했다(Zapico, 2016).

현재 필리핀에는 두 가지 형태의 스페인어가 존재한다. 하나는 교양계층이 사용하는 표준 스페인어로 제2차 세계대전 이후 마닐라나 세부의 혼혈가정이나 상류층의 언어로 사용된다. 다른 하나는 스페인어와 타갈로그어, 세부아어 및 기타 원주민어가 혼합된 혼성어인 차바카노로 현재 마닐라, 카빗테, 테나테, 민다나오, 삼보앙가, 다바오, 바실란, 코타바토 등지에서 사용된다(Villaroel, 2014: 36).

6. 나가면서

스페인어는 16세기부터 필리핀에서 사용되기 시작한 이후 한 번도 국민 전체의 제1언어로 기능해본 적이 없었다. 다시 말하면 국가의 공용어로서만 기능을 했을 뿐, 전 국민들이 태어나면서부터 배운 언어가 되지 못했다는 것이다. 이러한 사실은 똑같이 스페인의 식민 지배를 받은 대부분의 중남미 국가들이 스페인으로부터 정치적 독립을 쟁취한 후 지금까지 스페인어를 공용어로 사용하는 데 반해 필리핀에서는 스페인어가 사라진 중요한 이유 중의 하나로 생각된다. 이 외에도 스페인어가 필리핀에서 널리 보급되지 못한 이유로는 식민지 시대 교육을 담당했던 수사나 성직자들의 스페인 교육에 대한 소극적인 태도, 본국과의 거리가 너무 멀고, 경제적인 부의 부재로 인해 스페인 이민자들의 숫자가 적어 원주민들과 광범위한 혼혈이 이루어지지 않은 점, 너무 늦게 도입된 보통 교육제도 그리고 많은 섬으로 이루어진 지리적 특성으로 인한 상호 간의 소통부재 등을 꼽을 수 있다.

스페인 식민지 시대 이후의 스페인어 운명은 1898년 미국-스페인 전쟁의 결과로 필리핀이 미국에 넘어간 후 진행된 미국화 정책과 깊은 관련이 있다. 미국은 점령하자마자 필리핀에서 스페인어를 말살하고 영어를 공용화하려는 정책을 펼치기 시작한다. 그 결과 필리핀에서는 미국이 통치한 지 50년 만에 영어가 350년의 역사를 가진 스페인어를 밀어내고 거의 모든 영역에서 공용어로서의 지위를 확립했다. 또한 과거 스페인 식민통치에 대한 부정적인 시각과 영어에 비해 스페인어가 갖는 낮은 유용성으로 인해 필리핀인들로부터 외면을 받은 결과 현재 필리핀에서 스페인어는 공적인 영역에서는 어떠한 기능도 못 하고, 대부분의 사람들에게는 일부 상류층에서 사용되는 과거 식민지 시대의 유산 정도로 간주되고 있다.

참고문헌

BBC News Mundo(2014), "En busca del castellano perdido en Filipinas", https://www.bbc.com/mundo/noticias/2014/01/140103_espanol_filipinas_aun_vive_sc.

Caudmont, Jean(2009), "El destino del español filipino." *Moenia* 15: 109-130.

Constitution of the Republic of the Philippines(1937), http://www.irishstatutebook.ie/eli/1937/act/40/enacted/en/html(2018.10.01.)

Constitution of the Republic of the Philippines(1973), http://www.gov.ph/constitutions/1973-constitution/(2018.10.01)

Constitution of the Republic of the Philippines(1987), http://www.gov.ph/constitutions/1987-constitution/(2018.10.01.)

Del Valle, José(2013), *A Political History of Spanish. The Making of a Language.* Cambridge: Cambridge University Press.

Donoso Jiménez, Isaac(2012), *Historia cultural de la lengua española en Filipinas: ayer y hoy.* Madrid: Verbum.

Fernández, Mauro(2013), "The representation of Spanish in the Philippine Islands." In Del Valle, José. 2013. *A Political History of Spanish. The Making of a Language.* Cambridge: Cambridge University Press. 364-421.

Fonacier Bernabe, Emma J.(1987), *Language Policy Formulation, Programming, Implementation and Evaluation in Philippine Education(1565-1974)*, Manila: Linguistic Society of the Philippines.

Ford, Henry Jones(1916), *Woodrow Wilson: The Man and His Work*, New York: D. Appleton & Co.

Franco F., Mariano(2000), "Notas sobre el español de Filipinas: documentos coloniales." *BFUCH* XXXVIII: 49-66.

Gómez Rivera, G.(2008), "El idioma español en Filipinas", *Revista Abril*, 74. http://www.arbil.org/(74)fili.htm(2018.10.30.)

Montoya, M.(2003), "Permanencia y perspectivas de la hispanidad en Filipinas." *Revista Filipina* VII(2): http://vcn.bc.ca/-edfar/revista/montoya.htm(2018.9.10.)

Muntenau Colán, Dan(2006), "La situación actual del español en Filipinas", *LEA* XXVIII: 75-89.

Phelan, John Laddy(2011), T*he hispanization of Philippines: Spainish Aims and Filipino Responses, 1565-1700, New Perspectives in Southeast Asian Studies*, Madison: University of Wisconsin Press.

Quilis, A. y Casado, C.(2008), *La lengua española en Filipinas.* Madrid: Consejo Superior de Investigaciones Científicas.

Rodao, Florentino(1996), "La lengua española en Filipinas en la primera mitad del siglo XX." E*studios de Ásia y África* XXX: 157-175.

Sueiro Justel, Joaquín(2002), *La política Lingüística Española en América y Filipinas(Siglos XVI-XIX)*, Galicia: TrisTram.

Villaroel, O. P., Fidel(2014), "Un país hispánico donde no se habla español: informe sobre el estado del español en Filipinas." *Journal of Peripheral Cultural Production of the Luso-Hispanic World* 4(1): 24-40.

Zapico Tejiero, Fernando(2016), "El idioma español en Filipinas. El valor de lo propio." *Boletín Económico de ICE* 3074: http://www.revistasice.com/CachePDF/BICE_3074_63-70__A13 B25A170D46163A067D472DEFCF074.pdf(2018.10.15.)

제3부 지중해 연구

지역연구 패러다임을 통해 본 지중해학*

하병주

1. 서론

(1) 문제의 제기

미국에서 지역학¹ 발전에 기반을 다진 홀(Robert B. Hall) 교수는 1947년 당시 지역학의 발전 노력은 더 이상 미래의 가치가 아니며, 현재 진행하여야 하는 당위성을 가지고 있다고 피력하면서 지역학의 학문적 담론의 형성에 강한 의지를 표명한 바 있다. 그로부터 50여 년이 경과한 시점에 알몬드 (Gabriel A. Almond) 교수가 1992년에 발표한 "The Political Culture of Foreign Area Research: Methodological Reflections"에서 학계에서 그동안 지역학의 비약적인 발전을 통해 지적 노력의 증대와 학문 간에 소통을 유도하는 등 궁극적으로 학문세계의 확대와 내실화가 이루어졌다고 자평(Almond, 199)하였다. 1996년 굴벤키안 위원회의 보고서에서도 아래와 같이 적어도 상당한 의미에서 지역학의 발전적 성공을 확인하고 있다.²

---

* 이 글은 『지중해지역연구』, 13(1), 2011에 게재된 논문 "지역연구 패러다임을 통해 본 지중해학"을 재수록한 것임.

1 '지역학'의 용어 사용에 대한 논쟁은 현재도 유효하며 더 많은 논의가 필요한 것도 자명한 사실이다. 그럼에도 본고에서는 특별한 경우를 제외하고 지역연구의 학문성(Disciplinarity)을 지향한다는 의미에서 '지역학' 용어를 사용하게 됨에 학문적 양해를 구하고자 한다.

"아마도 1945년 이후 가장 특기할 만한 학술적 혁신은 하나의 새로운 지적 작업의 제도적 범주로서 지역 연구의 태동이었다. 이 개념은 제2차 세계대전 중에 미국에서 처음 등장하였다. 그것은 전후 10년 동안에 미국 내에서 광범위하게 실행되었고, 뒤이어 세계의 다른 지역들의 대학으로 확산되었다. 지역 연구의 기본 발상은 아주 단순하였다. 지역은 어떤 전제된 문화적, 역사적, 그리고 언어적인 밀착성을 가진 커다란 지리적인 구역이었다. 이 대상 시역은 다양하게 구분되었다. 이 지역 범주에는 소련, 중국(혹은 동아시아), 라틴 아메리카, 중동, 아프리카, 남아시아, 동남아, 동중부 유럽, 그리고 훨씬 뒤에 서유럽이 포함되었다. 물론 모든 대학들이 정확히 이러한 지리적 범주들을 채택하지는 않았다. 수많은 변형이 있었다"(괼벤키안 위원회, 1996: 29).

이러한 지역학의 발전적 담론 형성의 노력과 지역연구에 대한 학문적 추구가 국내에서도 예외는 아니었다. 지중해학의 경우 국내에서는 1980년대부터 이 지역에 대한 관심을 보이기 시작하였다. 적어도 국내에서는 지중해지역과 관련한 지역연구의 학문적 담론의 물리적 장은 1997년 부산외국어대학교의 지중해연구소 설립[3]이라는 유형화와 함께 시작되었다. 그럼에도 이러한 사실이 지중해학이 새로운 학문의 장르로서 개척되었다는 것을 의미하는 것은 결코 아니다.

1990년대 말에는 지중해의 지역적 개념화 작업의 초기시대로 이해될 수 있으며, 부산외국어대학교의 지중해지역원(당시 지중해연구소)의 설립과 함

---

[2] 이 논고에서 인용된 괼벤키안 위원회의 보고서 관련 내용과 그와 관련된 상세한 내용은 하병주, 2007, 「지역학의 정체성과 패러다임 모색 Ⅰ」, 『지중해지역연구』, 제9권 제1호, 249-276을 참조 바람.

[3] 1997년 부산외국어대학교에서 교육과학기술부(당시 교육부)의 '지방대학 특성화사업'의 신청 일환으로 필자와 함께 박장식(미얀마어과), 이광윤(포르투갈어과) 교수 그리고 관련 학과 교수들이 협력하여 지중해연구소(현 지중해지역원)와 이베로아메리카연구소(현 중남미지역원)를 설립하였다. 당시 지중해연구소의 명칭은 '중동·지중해연구소'로 논의되기도 하였지만, 최종 학문성 및 시의성 등이 고려되어 '지중해연구소'로 확정되었다.

께 국내에서의 지중해학에 대한 학문적 관심을 도출하는 데 기여하였다는 것이다. 지중해학의 학문적 담론형성과 독립분과학문으로 치달으려는 노력은 현재로서는 아직 무모한 일일지 모른다. 더욱이 지중해학 연구자로서의 지중해학의 의미를 견강하려는 가치적 편의(偏倚)가 작용하는 것은 옳지 못한 방향일 수 있다. 현재 필요한 수준은 지역학을 근간으로 하는 지중해학의 거대 학문적 담론 형성을 유보하며, 최소의 학문성 수립 노력에 정진해야 할 필요성이 있다. 이는 현재 우리가 목격하고 있는 지역학의 거대담론과 함께 실제 지역학의 필요성이 인정되고 있으며, 현재도 그러한 틀 속에서 지역학(혹은 지역연구)이 발전해가고 있다는 사실에 잘 부합되는 일인 것이다.

이러한 측면에서 본 논고에서는 우선 지역학의 패러다임을 통해서 지중해학을 투영해보는 것을 주요 연구목적으로 한다. 이를 위해 기존의 지역학 논쟁에 대한 고찰과 함께 일반적으로 정리되고 있는 '지역단위'에 대한 개념과 지역학 연구방법론에 대하여 논의하고자 한다. 또한 지중해 지역 자체에 대한 개념 정립과 지중해에 대한 이미지 설정 등을 통해서 지중해 지역에 대한 지역단위의 정립을 명확히 하고자 한다. 그럼으로써 지중해학의 학문적 담론의 가능성을 모색해보고자 하는 것이다. 마지막으로 참고문헌 정리에는 본 논고에 직접 인용된 문헌을 비롯하여 지역학 방법론과 지중해학 관련 주요 자료를 대부분 포함함으로써 지중해학 연구의 확대에 도움이 되고자 하였음을 밝힌다.

(2) 국내 지중해학 현황

그동안 지중해학의 인문학적 담론 형성을 위해 국내에서 박상진 교수의 노력이 돋보인다. 박상진 교수는 아래와 같이 2003년 『국제지역연구』에 게재한 「지중해 지역 연구의 조건과 가능성」이라는 논문과 2005년 발간한

『지중해학: 세계화 시대의 지중해 문명』(서울: (주)살림출판사)을 통해 지중해에 대한 개념화와 지중해학의 가능성, 조건, 의미와 전망 등에 대하여 논의하였다.

① [지중해학의 인문학적 방법론 관련 연구 논저]
박상진, 2002, 「지중해 지역 연구의 조건과 가능성」, 『국제지역연구』, 제6권 제1호, 국제지역학회, 129-47.
박상진, 2005, 『지중해학: 세계화 시대의 지중해 문명』, 서울: (주)살림출판사.

또한 아래와 같이 현재 국내 지중해지역과 관련하여 지역의 중요성과 지역학으로서의 발전적 선상에서 발표된 단편적인 논저 혹은 단행본들을 확인할 수 있다.[4]

② [지중해지역의 중요성이 함축된 관련 연구 논저]
하병주, 1997, 「냉전종식 이후 아랍과 EU의 외교관계」, 『한국중동학회논총』, 제18호, 521-32.
하병주, 2000, 「Maghribi-EU Relations in the Mediterranean World」, 『21세기정치학회보』, 제10집 제2호, 271-82.
하병주, 2001, 「EU와 아랍국과의 협력관계를 통해 본 신지중해 네트워크」, 『21세기정치학회보』, 제11집 제2호, 255-71.
정수일, 2003, 「지중해 문명과 지중해학」, 『지중해지역연구』, 제5권 제1호, 1-23.
장니나, 2008, 「유럽, 지중해, 중동의 지역협력체제의 배경과 전망에 관한

---

4 이 논고에서는 지중해와 관련된 지엽적 저술은 별도로 정리되어야 할 부분으로 제외하였다.

연구: 바르셀로나 프로세스(지중해를 위한 연합)」, 『지중해지역연구』, 제10 권 제3호, 139-56.

황의갑, 2008, 「EU와 마그레브 공동체간의 협력관계 연구: 지중해연합 출범을 계기로」, 『지중해지역연구』, 제10권 제4호, 165-88.

이와 같이 현재 국내에서의 지중해학 관련 연구는 초보적인 단계에 머물 고 있으며, 연구의 긴 호흡이 필요함을 쉽게 확인할 수 있다.

2. '지중해'의 정의와 지역적 설정

(1) '지중해'의 어원 및 정의[5]

'Mediterranean'의 어원은 라틴어 'Mediterraneus(메디테라네우스)'로서 '지구 혹은 땅의 한가운데(Medius: 한가운데+Terra: 땅/지구)'를 의미한다. 로 마인들은 지중해를 '우리 바다(Mare Nostrum)' 혹은 '내해(Mare Internum)' 로 지칭하였다. 로마 외부(특히 아랍권)에서는 이를 '로마의 바다(Baḥr al-Rūm, البحر الروم)'로 칭하기도 하였다. 그리스어로는 '메소게이오스(Μεσόγ ειος: μεσο: 가운데+γαιος: 땅, 지구)'로 불리기도 하였다. 성서에서는 예 루살렘을 중심으로 '뒷바다' 혹은 '서해(서쪽 바다)' 그리고 '필리스틴의 바 다'로 지칭하기도 하였지만, 일반적으로 '대해' 혹은 '바다'로 지칭하였다. 현 대 히브리어로는 지중해를 독일어인 'Mittelmeer'를 차용하여 '중해(Hayam Hatikhon, הים התיכון)'[6]로 표현하고 있다. 아랍어로는 '백중해(Al-Baḥr

---

5   이에 대한 내용과 다음의 지중해 환경 및 지도 이미지 부분의 참조는 위키피디아(Wikipedia), Encyber 등 일반적인 백과사전의 내용을 검증하여 활용하였으며, 관련 내용은 일반적인 사전적 정의를 정리한 것으로 이해되어 특별한 경우를 제외하고는 상세한 출처 명기를 제외하였음을 밝힌다.

al-Abyaḍ al-Mutawassiṭ, البحر الأبيض المتوسط)'로, 터키어로는 '백해(Akdeniz)'
로 명명하고 있다.

'지중해(Mediterranean Sea, 地中海)'의 사전적 정의로는 육지에 둘러싸인
해수역을 지칭한다. 한 나라의 영토 내의 지중해는 전형적인 '내해(Inland
Sea, 內海)'로 징의된다. 이 범주의 지중해는 북극해를 비롯하여 멕시코만과
카리브해 사이의 아메리카지중해, 유럽과 북아프리카 사이의 지중해, 동인
도제도해, 발트해, 아랍만 등이 해당될 수 있다.

그럼에도 일반적으로 지중해는 이러한 지중해 중 유럽 대륙과 아프리카와
아시아 대륙이 교차하는 지역에 형성된 지역으로 지칭되고 있다. 현재 이 지
역이 '지중해'로 고유 명칭을 부여받고 있는 곳이다. 해양학에서는 일반적인
지중해와 구별하기 위해 '유럽·아프리카지중해(Eurafrican Mediterranean)'
혹은 '유럽지중해(European Mediterranean)'로 명명하기도 하였다.

(2) '지중해'의 주요 지역 환경

지중해는 크기에 따라 대지중해와 소지중해로 구분되며, 이의 기준은
흑해의 포함 여부와 관련된다. 대지중해는 지리적으로 남부유럽과 북아프
리카, 아라비아반도, 메소포타미아지역 등에 둘러싸인 동서로 약 4,000km
길이에, 최대 너비 약 1,600km, 면적 약 297만km²인 바다를 의미한다.
대서양의 관문인 지브롤터해협은 유럽과 아프리카대륙의 폭이 14km에
불과하다.

그러나 일반적으로 지중해는 흑해를 제외한 소지중해를 지칭(이하 소지중
해를 지중해로 간주함)한다. 지중해의 남부와 동부 해안선은 비교적 단조로

---

6   John Julius Norwich가 그의 저서 *The Middle Sea: A History of the Mediterranean*을 통해 지중해의
    명칭으로 '가운데 바다(중해)'를 선택하고 있다.

우며, 북쪽 해안선에는 이베리아, 이탈리아, 그리스 등의 반도가 자리 잡고 있다. 반도 이외에 발레아레스제도, 코르시카, 사르데냐, 시칠리아, 크레타, 키프로스 등의 섬 이외에도 에게해와 아드리아해에도 많은 작은 섬들이 위치하고 있다. 지중해는 지형적으로 튀니지로부터 시칠리아섬까지의 얕은 해령(깊이 약 400m)에 의해 동서의 두 지중해로 나누어진다. 이러한 구분은 지중해지역을 동서지중해로 나누는 근간이 되기도 하였다.

이러한 지중해라는 바다를 직접 대상으로 하는 특별한 경우를 제외하고는, 일반적으로 지중해는 지중해를 중심으로 하는 지중해 주변, 즉 지중해권역을 지칭하고 있다. 대륙적 구분에 기준을 두면 유럽·아시아·아프리카 등 세 대륙이 교차하고 있는 지역이다. 인류문명의 발상지로서 메소포타미아문명과 이집트문명이 번창한 곳이며 종교적으로도 세계 3대 종교인 유대교, 기독교, 이슬람교가 조우하는 지역이다.

이 지역은 '지중해성 기후'로 특징화될 정도로 이 지역의 대부분은 여름이 건조하고 강수의 대부분은 가을에서 이듬해 봄까지 내린다. 연간 강수량도 비교적 매우 적으며, 연안부 및 하천유역을 제외하면 일년생 식물의 식생이 빈약하다. 그럼에도 포도, 올리브, 오렌지, 코르크나무, 토마토 등을 풍부하게 재배하고 있다. 특히 올리브나무는 분포지역이 지중해성 기후와 가장 잘 일치하는 식종이다. 지중해성 기후라는 특징 외에도 실제로는 아틀라스산맥 등의 고산부에는 빙하 등이 잔존하고 있으며, 발칸반도는 유럽 내륙부와 비슷한 한랭기후의 특징을 보이기도 한다.

지중해지역은 동서로 길게 걸쳐 있기 때문에 인종적 분포도 다양하게 나타나고 있다. 인류학적인 상세한 분석은 유보하여도, 일반적으로 신체적 특징은 개략적으로 동쪽일수록 얼굴이 작으며, 코가 돌출하고 있음이 확인된다. 대부분의 지중해 인종은 백인계열로 분류되며, 북아프리카에 거주하는 지중해인 중 일부는 흑색 인종과 혼혈을 이루고 있는 경우도 있다. 인종의 다양성과 이 지역의 언어의 다양성과도 연결되어 있다. 주요 언어로는 아랍어, 스페인어, 프랑스어, 그리스어, 이탈리아어, 히브리어 등으로 예시할 수 있다.

3. 지중해의 이미지 설정

(1) 주요 역사 이미지

지중해지역은 인류의 고대문명 발상 중심지로서 메소포타미아문명과 이집트문명이 번성하였던 곳이다. 기원전 2,000년경부터는 동지중해의 크레타섬과 에게해를 중심으로 에게문명이 번창하였다. 기원전 13세기경부터는 페니키아인이, 기원전 8-6세기경에는 그리스인이 해상 항해와 무역을 확장해 나갔으며, 곳곳에 식민도시를 건설하기도 하였다. 페니키아인은 세력을 확장하여 서지중해권을 장악하였으며, 카르타고제국을 건설하여 지중해 해상권을 지배하게 되었다. 카르타고제국은 이후 로마제국과의 3차례 전쟁(포에니전쟁)으로 지중해 해상권을 로마제국에 넘겨주게 되었다. 로마제국은 지중해를 '내해'로 지칭할 정도로 지중해의 해상권을 거의 장악하였다.

중세 7세기경에 이르러서는 아랍인들이 시리아, 이집트, 북아프리카, 이베리아반도, 시칠리아 등을 점령하여 아랍화와 이슬람화에 성공하였다. 이후 지중해 주변 일대는 이슬람을 중심으로 하는 아랍인들의 세력에 들어가게 되었다. 이는 지중해를 이슬람교와 기독교라는 2종교 문화권이라는 지역 국제환경을 조성하는 계기가 되었다.

이후 11세기를 거쳐 14세기경까지는 노르만족의 이동, 십자군 원정 등으로 지중해지역은 이슬람교도, 동로마(비잔틴제국), 이탈리아 도시 간의 각축장이 되었다. 15세기 중엽에 이르러 오스만튀르크 제국이 콘스탄티노플을 함락시킴으로써 동지중해를 포함하는 대부분의 지중해 해상권을 주도하게 되었다.

오스만튀르크가 지중해 해상권을 장악하게 되자, 유럽해운의 중심이 북대서양의 동쪽으로 옮겨졌으며, 그럼으로써 지중해 해상로는 쇠퇴하게 되었다. 지중해의 중요성은 유럽의 중상주의 발전과 함께 부활되었다. 영국이 동인도 경영의 원활한 루트를 확보하기 위해 지브롤터와 미노르카섬 그리고 나폴레옹전쟁 후에 몰타섬과 이오니아제도에 영향력을 확대해나갔다.

오스만튀르크 제국이 쇠퇴하기 시작하자 서유럽 열강들은 중근동의 진출로로서 지중해지역으로 세력을 확장해나갔다. 1869년에는 수에즈운하 개통을 계기로 영국과 프랑스가 지중해의 남부지역 대부분을 영향권하에 두게 되었다. 수에즈운하의 개통은 지중해를 통한 유럽·아시아를 잇는 해상로를 크게 단축시킨 것이었다. 프랑스가 북아프리카 대부분의 지역을 식민지화하였지만, 지중해 해상권은 대부분 영국의 수중에 있었다. 제1, 2차 세계대전 중에는 지중해가 전략적 요충지의 역할을 하였으며, 중동지역의 석유자원 개발에 따라 지중해의 해상로, 즉 '에너지 실크로드'가 형성되기에 이르렀던 것이다.

(2) 주요 고지도를 통해 본 지중해 이미지[7]

지중해를 묘사하고 있는 고지도는 시대와 지역에 따라서 다양한 형태로 나타나고 있다. 여기에서는 지중해가 부각되어 있는 주요 고지도를 통해서

---

[7] 지역학에서 지도연구는 매우 중요한 분야 중의 하나임에 틀림없다. 그럼에도 본 논고에서는 직접 고지도에 대한 연구 목적이 아니기 때문에 고지도 자체에 대한 연구분석은 유보하였으며, 지도 자료는 一橋大學地中海研究會, 1998, 『地中海 という廣場』, 東京: 淡交社와 기타 백과사전류에서 재참조한 것임을 밝힌다.

지중해에 대한 이미지 설정을 하고자 한다. 그중에서 '톨레미의 세계지도'로 알려진 세계지도가 대표적이다. 이 지도(<그림 1> 참조)는 천문지리학자인 프톨레마이오스(Klaudios Ptolemaeos: 85?-165?)에 의해 저술된 8권의 『지리학(Georgraphia)』 내에 수록되어 있는 것이다. 프톨레마이오스의 세계지도 (一橋大學地中海研究會, 15)는 지구의 주위를 360도로 등분하여 간단한 원추투영법을 고안하여 세계 반구도 형식으로 제작하였다. 이런 점에서 이 지도는 근세지도의 기원 중 하나로 평가받고 있다. 이 지도에는 지중해 연안에서 북서 유럽에 이르는 지역이 다른 지역에 비해 상대적으로 상세하고 명료하게 묘사되어 있다.

〈그림 1〉 프톨레마이오스의 세계지도

<그림 2, 3>은 6세기경(560년대) 제작된 것으로 추정되며 현재 기독교 관련 지도로서 가장 오래된 것으로 인정된 지도이다. 이는 마다바지역의 교회 바닥에서 발견된 지도로서 '모자이크 마다바지도'(一橋大學地中海研究會, 10-11)이다. 이 지도는 예루살렘을 중심으로 동쪽을 위쪽으로 설정한 모자이크 지도 형태의 특징을 가지고 있다.

〈그림 2〉 마다바지도   〈그림 3〉 마다바지도(부분상세도)

<그림 4>는 'Gervase of Ebstorf', 혹은 'Tilbury of Ebstorf'가 제작한 것으로 알려진 엡스토르프지도(Ebstorf Map)로서 염소 가죽으로 제작된 약 3.6m×3.6m인 대형지도이다. 이 세계지도는 세계를 예수님의 신체로 은유한 것이다. 예수님의 머리에 해당되는 맨 위쪽에 아시아를 두었으며, 왼쪽 팔의 위치(지도를 바라보면서 왼쪽)에 아프리카를, 오른쪽 팔에 유럽대륙을 위치

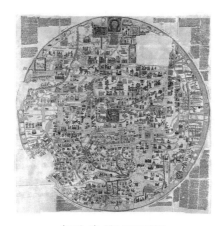

〈그림 4〉 엡스토르프지도

하였다. 그리고 예루살렘을 세계의 중심에 두고 지중해가 대서양으로 나아가는 지점에 예수님의 발을 위치하였다. 일반적으로 당시 세계지도는 O-T형이지만 이 지도는 Y형의 지도로 특징 지을 수 있다.

<그림 5, 6>은 1154년에 제작되었으며 현재까지는 이슬람권의 대표적 지도로서 인정되는 '이드리시지도'이다. 다른 지도에 비해 지중해지역의 모습이 비교적 상세하게 표현되어 있음을 확인할 수 있다.

〈그림 5〉 이드리시 세계지도   〈그림 6〉 이드리시 세계지도(위치변경)

카탈루냐(Cataluña)지도(<그림 7-10> 참조)는 중세 유럽에서 가장 우수한 지도 중 하나였으며, 14세기(1375년경) 12장의 양피지 위에 화려한 색깔의 물감과 금박을 사용해 지도를 그렸다. 12장으로 구성된 이 카탈루냐지도의 후반부 8장이 '세계지도(Mappamundi)'로 이루어져 있다. 8개의 지도 중 4개의 지도에서 지중해를 비교적 상세하고 정확하게 묘사하고 있다. 프랑스의 샤를 5세가 '왕립도서관'을 설립하여 지도를 보관한 것이 오늘날에 이르렀으며, 현재 프랑스 국립도서관에 보존되어 있다.

〈그림 7〉카탈루냐지도 ⅰ 〈그림 8〉카탈루냐지도 ⅱ

〈그림 9〉카탈루냐지도 ⅲ 〈그림 10〉카탈루냐지도 ⅳ

4. 지역학의 방법론과 지중해학의 모색

(1) 지역연구의 목적

1900년대 중반 미국에서는 국가연구회의(NRC, The National Research Council), 미국학술회회의(ACLS, The American Council of Learned Societies), 그리고 '사회과학연구회의(SSRC, The Social Science Research Council)'[8]의 노력으로 1946년 세계지역연구위원회(WARC, World Area Research Committee)를 발족하였다. 이 WARC의 학문적 활동으로 지역연

구 혹은 지역학(Area Studies)의 개념 정립 논쟁의 발전이 가능하게 되었다.[9]

홀 교수는 지역학 연구에 있어서 네 가지 주요 방향을 제시하고 있다 (Hall, 46-50).

첫째, 세계에 대한 전통적으로 축적된 지식의 부족을 보충해 나가는 것이 지역학 연구의 목적이다. 즉 세계와 세계를 구성하고 있는 다양한 지역에 대한 총합된 지식의 축적에 우선 연구목적을 두어야 한다. 둘째, 지식의 통합화(Integration)와 협력연구를 수행하여야 한다. 셋째, 문화 간 이해의 정립을 위해 각 지역의 다양한 문화에 대한 상세하고 체계적인 연구가 필요하다. 넷째, 지역에 대한 철저한 연구와 연구의 정확성을 높이기 위해 학제간 연구가 필요하다.

홀 교수의 정의를 보완하여 스튜워드(Julian Haynes Steward: 1902-1972) 교수[10]는 지역연구의 목적을 아래와 같이 네 가지(Steward, 1-2)로 정리하였다.

첫째, 세계 주요지역에 대한 실용적 가치와 지식의 제공.

둘째, 학자와 전문가들에게 문화적 상대주의에 대한 중요성을 인식시킴.

셋째, 지역에 대하여 있는 그대로의 사회 문화적 전체 모습에 대한 지식의 제공.

넷째, 보편적 사회과학의 발전에 기여.

---

8   1924년 미국정치학회(The American Political Science Association), 미국사회학회(The American Sociological Society), 미국경제학회(The American Economic Association), 미국역사학회(The American Historical Association), 미국통계학회(The American Statistical Association), 미국심리학회 (The American Psychological Association), 미국인류학회(The American Anthropological Association) 등 모두 7개 학회가 연합하여 법인으로 발족되었다.

9   이에 대한 상세한 내용은 하병주, 2000, 「미국의 지역연구 형성과정과 배경」, 『한국중동학회논총』, 제21-1호, 1-30을 참조하기 바람.

10   스튜워드 교수는 미국의 인류학자로서 문화생태학(Cultural Ecology)의 개념과 방법론을 정리하였으며, 그의 저서 *Area Research: Theory and Practice*(New York, N.Y.: Social Science Research Council, 1950)를 통해 지역연구의 이론적 기초를 마련하는 데 공헌하였다.

이의 대부분은 현재에도 유효하며, 다만 네 번째 목적의 '보편적 사회과학의 발전'에만 한정될 수 없으며, 이는 보편적 인문사회과학 분야로의 발전으로 확대 변용됨 직하다.

그리고 스튜워드 교수는 지역연구의 학제간 연구 패러다임 완성을 위하여 1) 지역단위의 특성, 2) 학제간 협력의 방법론, 3) 지역연구의 이론과 실제 (방법론과 연구주제 선정), 4) 지역에 대한 학제간 연구로 야기되는 특별한 문제점을 연구하여야 한다는 것으로 정리하고 있다.

(2) '지역단위' 설정과 지중해지역

세계지역의 단위는 다양한 기준에 따라 범주화될 수 있다. 역사적, 문화적, 언어적, 자연지리적 동질성에 따라 그리고 정치적, 경제적, 사회적 목적에 따라 분류될 수도 있다. 지역단위의 설정에 작용하는 이러한 다양한 기준은 서로 충돌하지는 않는다. 전통적으로 미국, 중남미, 서유럽, 스칸디나비아, 동유럽, 러시아, 중동, 아프리카, 남아시아, 동남아시아, 극동, 중국, 일본, 몽고, 태평양군도, 러시아, 극동, 남미(Area Research, 9) 등으로 분류되었다.

그럼에도 지역연구 초기부터 전통적으로 국가지상주의에만 충실한 지역구분을 한 것은 아니다. 이는 "하나의 지역(Area)은 일 국가(Nation)이거나, 하나의 문화영역(Culture Area)[11]이거나, 하나의 생태적 단위(Ecological Unit)이거나 혹은 그러한 하위 단위로 정의된다(Wagley, 1948: 49)"라는 이미 지역의 복합성과 다양성을 지적한 웨글리(Charles Wagley)의 '지역(Area)'에 대한 정의가 좋은 예임을 알 수 있다.

이러한 움직임은 일본학계에서도 시도되었다. 지역학의 분석단위를 '세계

---

[11] 'Area'에 대한 번역을 지역학에 있어서는 '지역'으로 통일하고 있지만, 문화인류학 용어에 충실하여 '영역'으로 표기하였다.

(World)단위'로 지칭하고, 그 분석의 기준을 생태학적, 역사 문화적 범주에서 찾으려는 노력을 기울여왔다.

그럼에도 실제 정책적 목적에 따라 연구의 지역단위가 형성되기 쉽다는 것이다. 이의 대표적인 지역단위의 사례가 '중동'일 것이다. 중동은 역사적으로 다양하고 복합적인 지역을 아우르는 지역단위로 자리매김하였다. 그럼에도 현재 국제환경에서 합목적적인 이유로 생명력을 그대로 유지하고 있는 대표적 사례인 것이다. 글로벌시대에 전통적인 지역단위의 틀에서 벗어날 필요성이 더욱 대두되고 있으며, '지중해'도 위와 같은 다양한 기준 속에서 탄생한 지역단위로 이해될 수 있을 것이다.

전술한 바와 같이 지중해지역의 광범위함, 모자이크 인종집단 및 언어군, 문명의 발상지와 학문의 발생지, 3대 종교의 탄생지라는 지중해의 특성이 이 지역의 다양성과 복합성을 충분히 설명하고 있다. 특히 시기적으로 글로벌시대의 지구촌문화 형성과 문화공존이라는 틀 속에서 3대 종교와 관련된 문화의 소통의 시험장으로서 큰 의미가 부각되고 있는 곳이기도 하다. 이러한 지중해는 시간성과 공간성을 내포한 문명교류의 보편적 장소로서 환원되어야 하는 것이다. 그럼으로써 이 지역은 단순한 패권 지중해적 해석에서 탈피하여 지역의 다양한 문명들의 상호 교차와 공존의 패러다임이 형성될 수 있는 문명의 교류 장소로서 자리매김하여야 할 것이다.

(3) 지역학의 학문성(Disciplinarity)과 연구접근방법론: 지중해학으로의 적용

'학문'의 사전적 정의는 일반적으로 '어떤 분야가 체계화된 지식'으로 정리될 수 있다. 즉 학문은 독자적으로 존재하는 불변의 대상이 있으며, 이론적인 체계를 가진 과학으로 정의된다. 일반적으로 광의의 학문적 의미는 인류가 오래전부터 경험과 사고를 통해 축적된 지식을 정리하여 통일한 체계로서 이해된다. 전통적으로 이러한 범주에는 과학, 철학, 종교, 예술 등에 관한 지식체계가 포함되어 왔다.

국내 원로인 서재만 명예교수는 지역학에 대하여 "학제연구(Interdisciplinary Study)를 기본으로 하는 지역학은, 인문, 사회과학을 동시에 수용하는 속성을 특징으로 한다. 특히 지역학 연구에서는 가치 평가적 당위(Sollen)에 근거한 접근이 아닌, 다분히 있는 그대로의 실상(Sein) 파악에 주안점이 두어져야 한다. 그렇다면 실상에 가장 쉽게 그리고 정확하게 접근하기 위하여 무엇보다 현지어의 해독과 현지문화의 이해가 바탕이 되어야 하겠다. 이러한 관점에서 지역학 연구에 언어를 포함한 인문학이 선행되어야 함은 매우 자연스러운 일일 것이다. 그럼에도 불구하고 왕왕 지역학은 인문학에서보다 사회과학에서 먼저 선도되고 있음을 보게 된다(서재만, 7)"라고 정의하고 있다.

1980년대 후반 일본의 야노 토루 교수는 다음과 같이 지역연구의 학문성을 정의하고 있다. '지역연구'란 인문과학, 사회과학 또는 자연과학의 어느 분야도 상관없이 제3세계의 모든 지역의 성립, 또는 그곳 인간의 삶에 대해서 어떤 지역의 전체상 혹은 개별적 국면을 대상으로 실증적 방법에 의해서 해명을 시험해보는 학술적 연구를 말한다(야노, 150).

탄즈만(Alan Tansman) 교수는 '지역학은 다양한 학제간 협력연구로서 해외문화를 이해하고, 분석하고 해석하려는 노력이며, 이런 점에서 지역학에 있어서 가장 중요한 것이 번역이다'(Tansman, 184)라고 정리하였다. 이는 지역학 연구방법 중에서 가장 중요한 목적이면서 동시에 방법론이 문헌에 대한 번역임을 강조하고 있는 것이다.

다카야 요시카즈(高谷好一) 교수는 이러한 지역을 파악하는 방법으로 몇 가지를 제시하고 있다(토루, 1997: 48-54). 첫째, 주제지도에 의한 구분이다. 주제지도는 지리학에서 주로 사용되며, 지질도, 식생도, 민족분포도 등과 같은 것들이다. 이는 그 자체가 지역을 구분하고 있지만 지역연구에 그대로 사용될 수 있지는 못하다. '지역'이란 그 지역이 지닌 특성의 본질에 의하여만 비로소 구분 가능하기 때문이다. 둘째, 추상적이며 직관적인 방법에 의하는 것이다.[12] 이는 지역을 특성과 목적에 맞게 구분하려면 인식되는 변수의 정리를 해낼 수 있는 직관력의 훈련이 필요하다는 것이다. 훈련된 직관력을 통해 지역의 구분과 지역에 대한 이해의 단계로 나아간다는 것이다. 마지막으로, 우메사오 다다오(梅棹忠夫)의 『문명의 생태사관』에서 제시되고 있는 문명의 생태학적 지역연구 분석방법이다.

지역학의 학제간, 다분과학문적 연구의 특성에 대하여서도 다음과 같이 괼벤키안 위원회의 보고서에 잘 묘사되어 있다.

"지역연구는 학문과 교육(Pedagogy)을 아우르는 분야로 간주되었다. 그 분야는 특정 '지역(혹은 그 지역의 일부)'에 관한 각자의 분과학문에서 공부하는 것에 대한 공통적인 관심을 근거로 모든 사람들—주로 여러 사회과학 학문들을 전공하는 사람들이었지만 종종 인문학 전공자들, 그리고 가끔은 심지어 몇몇 자연과학 전공자들—을 함께 모았다. 지역연구는 정의상 '다분과학문적'이었다. 지역연구의 기원과 같이 하는 정치적 동기는 아주 명백하였다. 전 세계적인 정치적 역할에 비추어 미국은 이들 다양한 지역들의 당면한 현실에 대한 지식, 그리고 전문가들을 필요로 하였다. 특히 이들 지역이 이제 정치적으로 아주 활발해지고 있었기 때문이다. 지역 연구 프로그램들은 그러한 전문가들을 길러내도록 고안되었다"(괼벤키안 위원회, 1996: 29).

이와 같이 지역학의 학문적 장르로의 확립 논쟁과 함께 논의되고 확대되어 온 내용을 중심으로 지역학의 특성을 정리할 수 있을 것이다. 이는 지역

---

12 다카야 요시카즈(高谷好一) 교수는 이를 '예술가의 방법'으로 규정하고 있다(토루, 1997: 51-52).

학의 전체적인 이해를 도모할 뿐만 아니라 새로운 방향 제시에도 주요한 근거가 될 수 있기 때문이다.[13] 이러한 특성은 지중해학의 형성에도 동일하게 적용되는 범용적 기준으로 작용할 수 있을 것이다. 이는 다음 여덟 가지로 정리될 수 있다.

첫째, 지역학은 해당 지역의 대표 언어에 대한 지식을 전제로 한다.

둘째, 지역학은 '비아(非我)'에 대한 해석과 이해를 목표로 하는 학문적 방법론이다.

셋째, 지역학은 기술과학보다는 인식과학의 특성을 지니고 있다. 이는 야노 토루(矢野 暢外)의 설명에서도 지역학의 인식론적 규정과 함께 인식(Episteme)에서 지적인 연마를 거쳐 과학적인 정밀도를 증가시킨 객관주의적 인식으로 탈피하여야 한다고 한다. 그는 현재의 인식론 자체가 방법론적으로 불안정한 상태에 놓여 있기 때문에 지역학은 자력으로 고유한 인식방법을 구축해나가야 한다고 설명하고 있다(토루, 1997: 33-34).

넷째, 지역학은 '주제별 연구(Monographic Study)'의 성격을 지니고 있다.

다섯째, 지역학(Area Studies)은 학문적 세분화와는 달리 통합화의 경향이 나타난다.

여섯째, 지역학은 학제적(Interdisciplinary) 연구의 특성을 지니고 있다. 지역학은 실제 공동연구에 여러 학자가 참여하느냐 않느냐의 여부는 별도의 문제이며, 실제 학제적 연구로서 지금까지 발전되어 온 것이 사실이다.

일곱 번째, 지역학은 홀리즘(Holism)[14]의 특성을 가지고 있다.

여덟 번째, 지역학은 학문적 홀론(Holon)이다.[15]

13 　정해조, 2007, 「지역학의 정체성과 패러다임 모색 II」, 『지중해지역연구』, 제9권 제1호, 277-98 참조. 이 논저는 필자와 함께 프로젝트를 수행한 결과 중 하나이며, 결론적 내용은 의견을 함께한 부분이다.

14 　'홀리즘'은 전체론(복잡한 체계의 전체는, 단지 각 부분의 기능의 총합(總合)이 아니라 각 부분을 결정하는 통일체라는 입장) 혹은 전체론적 [관점에 입각한] 연구[방법](한컴사전)를 의미한다.

15 　'홀론(Holon)'이란 보다 큰 전체 중 한 부분을 구성하는 하나의 완전체이며, 생물과 환경의 종합체

5. 결론

지역학의 기여는 학문적 고립성과 폐쇄성의 고리를 느슨하게 하였으며, 적어도 학문간의 소통과 학문의 대중과의 소통에 길을 밝혀준 공헌은 인정될 것이다. 이와 같이 현재까지 선행 지역학의 학문적 발전 노력이 나름대로 의미 있는 결과를 도출하고 있음을 확인하였다. 그럼에도 많은 부분에 있어서 지역학에 대한 학문적 논쟁은 유효하며, 쉽게 명확한 결론을 도출하기는 어려울 것이라는 데에도 재론의 여지가 없다. 이러한 문제점들은 현재 학계에서 쟁점이 되고 있는 지역학에 대한 비판적 담론을 고찰함으로써 확인될 수 있을 것이다. 그중 대표적인 논담으로 아래 샨톤(David Szanton) 교수의 네 가지 정리를 예로 들 수 있다.

첫째, 상대를 알려는 정치적 혹은 정책적 목적성을 배제하기 어렵다.

둘째, 분석적이지 못하고 서술적이며, 보편적 법칙주의보다 표의적인 연구이다.

셋째, 다소 모호한 면이 있지만, 지역전문가들은 자신의 지역에 관한 지식이 확고함에도 정책적 영향으로 무비판적으로 편견과 왜곡할 가능성이 상존하고 있다(Edward Said, 1987).

넷째, 글로벌시대에 지역학과 글로벌학과의 분명한 관계 정립이 어렵다.

위에 제시한 지역학의 제한성에 앞서 가장 근본적인 문제는 제3국인이 해당 지역을 실제로 완벽하게 이해하기 어렵다는 태생적인 한계성을 내재하고 있다는 것이다. 이러한 점이 더욱 보편적 이론을 요청하는 지역학의 '학문성'에 회의적으로 작용하는 것이다. 그럼에도 현시점에서는 지역학 연구의 필요성과 당위성은 경험적으로도 확보되고 있음에 주목하여야 할 것이다. 이에 복합성을 함축하고 있는 지중해학의 '지중해 지역단위'는 기존의 국민국가의 장벽을 넘어서는 의미 있는 연구대상 지역단위로서의 역할이 기대되

(Biotic Whole)를 의미하기도 한다(PC-Dic 9와 한컴사전).

는 것이다.16

이타에 대한 연구는 곧 국제질서에 있어서 평화정착을 위한 연구와도 연결되어야 함은 시대적 요청의 한 부분이기도 한 것이다. 이는 9·11 사태 이후 미국의 이문화 흡수 정책에 변화가 필요하다는 절대적 당위성을 확인시켜 주는 것이다. 그동안 미국의 이민정책에 있어서 미국 시민이 되기 위해서는 개인의 자문화를 포기하여야 하는 메커니즘이 작용하여 왔었다. 결국 미문화를 중심으로 하는 이문화의 흡수정책은 상당 부분 극단적인 문화적 충돌로 연결된 것이다. 이미 1998년 문명의 다양성에 대한 논의가 시작되어, 오늘날 문화의 다양성을 존중하면서 지구촌문화의 공존이 주요한 국제사회의 목표로 자리매김하고 있다. 그럼에도 미국문화의 정체성 확립을 위해 그동안 소수문화 유입을 허락하지 않았으며, 이는 결국 전 지구적인 측면에서는 문화 민족 간 불균형을 초래하는 악순환 구조로 왜곡되었던 것이다.

이는 그동안의 지역학적 노력에 새로운 변화를 요구하는 것이며, 지역학의 근본인 공존의 정신이 절실하게 요청되는 것이다. 이러한 관점에서 지중해학의 지중해지역이라는 지역단위는 그 특성상 그러한 목적 달성의 노력을 기울일 수 있는 중요한 '지역성'을 함의하게 된다는 것이다. 이러한 문화의 소통과 그를 통한 공존의 모습을 지향하기 위해 비록 지협적이든 혹은 거시적 주제이든 어느 경우를 통해서라도 해법을 찾는 노력을 지속하여야 하는 것이다.

---

16 최근 *Newsweek*에서 발표한 "The New World Order"의 내용이 시사하는 바가 크다. "The New World Order"에서는 기존의 국가지상주의적 국가분류 혹은 지역적 설정에서 '부족연대(Tribal Ties)'의 중요성이 재도래했음을 주장하며, 전 세계를 1) New Hans, 2) The Border Ares, 3) Olive Republics, 4) City-States, 5) North American Alliance, 6) Liberalistas, 7) Bolivarian Republics, 8) Stand-Alones, 9) Russian Empire, 10) The Wild East, 11) Iranistan, 12) Greater Arabia, 13) The New Ottomans, 14) South African Empire, 15) Sub-Saharan Africa, 16) Maghrebian Belt, 17) Middle Kingdom, 18) The Rubber Belt, 19) Lucky Countires 등 19개 블록으로 분류(NewsWeek, 2010)하고 있다. 이와 관련한 별도의 논의와 분석이 필요한 부분이다.

이에 국내에서는 정부에서 지역연구에 관심을 갖고 실제 예산을 반영하기는 1991년부터이다. 이 사업의 일환으로 1992년에는 서울대학교에 지역종합연구소를 설립하였다. 이후 지역연구 관련 사업을 서울대 지역종합연구소에서 관장하였으나, 기대에 미치지 못한 성과로 사업 자체가 축소 변경되었다. 이후 기초학문 육성이라는 큰 틀 속에서 지역연구에 대한 지원이 이루어졌으며, 해를 거듭할수록 비교적 규모 있는 예산을 투입하려는 노력이 보였다. 그럼에도 연구지원사업이 지역연구나 지역학의 발전이라는 선상에서의 체계 마련에는 성공적이지 못하였다. 결과적으로 부분적으로 개인연구의 성과는 있었지만, 연구소 중심의 지역연구 인프라 구축이라는 목적 달성에는 과부족할 수밖에 없었던 것이다.

2000년대 중반에 이르러 전국적으로 인문학 존속 여부의 위기감이 팽배해지면서, 이에 대한 대안이 필요하다는 공감대가 급속히 형성되었다. 이를 계기로 교육부에서도 2007년 인문한국(HK, Humanities Korea) 지원사업을 전격적으로 추진하게 되었다. 이러한 국내적으로의 큰 변화로서 지역학의 발전적 움직임에 새로운 선순환 구조의 구축에 전기를 마련하게 되었으며, 지속적인 효율적 성과가 기대되는 것이다. 이러한 선상에 지중해학의 발전축이 위치하고 있음은 매우 의미 있는 일인 것이다.

주제어: 지역학, 지역연구, 지중해, 지중해학, 지중해지역연구, 중동, 이슬람, 아랍

참고문헌

박상진, 2005, 『지중해학: 세계화 시대의 지중해 문명』, 서울: (주)살림출판사.

박상진, 2002, 「지중해 지역 연구의 조건과 가능성」, 『국제지역연구』, 제6권 제1호, 국제지역학회, 129-47.

부산외대 아시아지역연구소 역, 1999, 『지역연구와 세계단위론』, 아시아지역연구총서②, 서울: 전예원. 矢野 暢外, 1994, 『世界單位論』, 講座 現代の 地域研究㈢, 東京: 弘文堂.

서재만, 1999, 「한국 중동학 연구의 회고와 전망」, 『한국중동학회 20년사』, 한국중동학회, 7-14.

아시아지역경제연구회 역, 1997, 『지역연구의 방법』, 아시아지역경제연구총서①, 서울: 전예원. 矢野 暢外, 1993, 『地域研究の 手法』, 講座 現代の 地域研究㈠, 東京: 弘文堂.

정수일, 2003, 「지중해 문명과 지중해학」, 『지중해지역연구』, 제5권 제1호, 1-23.

정해조, 2007, 「지역학의 정체성과 패러다임 모색 II」, 『지중해지역연구』, 제9권 제1호, 277-98.

정해조, 1998, 「지역연구의 연구방법론(1)」, 『국제지역연구』, 제2권 제2호, 국제지역학회, 317-34.

하병주, 2007, 「지역학의 정체성과 패러다임 모색 I」, 『지중해지역연구』, 제9권 제1호, 249-76.

하병주, 2000, 「미국의 지역연구 형성과정과 배경」, 『한국중동학회논총』, 제21-1호, 1-30.

一橋大學地中海研究會, 1998, 『地中海 という 廣場』, 東京: 淡交社.

矢野 暢外, 1993, 『地域研究の 手法』, 講座 現代の 地域研究㈠, 東京: 弘文堂.

_____, 1993, 『地域研究の フロンテイア』, 講座 現代の 地域研究㈢, 東京: 弘文堂.

_____, 1993, 『地域研究と 「發展」の 論理』, 講座 現代の 地域研究㈣, 東京: 弘文堂.

_____, 1994, 『世界單位論』, 講座 現代の 地域研究㈢, 東京: 弘文堂.

Alcock, Susan E. and John F. Cherry, eds. 2004. *Side-by-side Survey: Comparative Regional Studies in the Mediterranean World*. Oxford: Oxbow Books.

Bennett, Wendell C. 1951. *Area Studies in American Universities*. New York: N.Y., Social Science Research Council.

Bouchard, Norma and Massimo Lollini, eds. 2006. *Reading and Writing the Mediterranean*. Essays by Vincenzo Consolo. Toronto: University of Toronto Press.

Brauch, Hans Günter, P. H. Liotta, Antonio Marquina, Paul F. Rogers and Mohammad El-Sayed Selim, eds. 2003. *Security and Environment in the Mediterranean: Conceptualising Security and Environmental Conflicts*. Berlin: Springer.

Braudel, Fernand. 1966. *La Méditerranée et le Monde Méditerranéen à l'Époque de Philippe II*. Second Revised Edition. Librairie Armand Colin. Reynolds, Siân, Trans. 1995<1972>. *The Mediterranean and the Mediterranean World in the Age of Philip II*. Volume I. Berkeley, CA: University of California Press.

Caraway, James E., ed. 1996. *Mediterranean Perspectives: Literature, Social Studies, and Philosophy*. N.Y.: Dowling College Press.

Chambers, Iain. 2008. *Mediterranean Crossings: The Politics of an Interrupted Modernity*. Durham: Duke

University.

Chiat, Marilyn J. and Kathryn L. Reyerson, eds. 1988. *The Medieval Mediterranean Cross-cultural Contacts*. St. Cloud, Minnesota: North Star Press of St. Cloud, Inc.

Columbia University. 1943. "Area Studies: Preliminary Report of a Committee on Area Studies [Typescript]."

European Community. 1998. *The Mediterranean Society: A Challenge for Islam, Judaism and Christianity*. New York, NY: St. Martin's Press.

Fox, Robert. 1993. *The Inner Sea: The Mediterranean and Its People*. NY: Alfred A. Knopf.

Gib, Hamilton, Sir. 1963. *Area Studies Reconsidered*. London: School of Oriental and African Studies, University of London.

Hall, Robert B. 1948. *Area Studies: With Special Reference to their Implications for Research in the Social Sciences*. Pamphlet 3. New York, N.Y.: Social Science Research Council.

Horden, Peregrine and Nicholas Purcell. 2000. *The Corrupting Sea: A Study of Mediterranean History*. Oxford: Blackwell Publishers.

King, Russell, Paolo De Mas and Jan Mansvelt Beck, eds. 2001. *Geography, Environment and Development in the Mediterranean*. Brighton: Sussex: Academic Press.

Marino, John A., ed. 2002. *Early Modern History and the Social Sciences: Testing the Limits of Braudel's Mediterranean*. Kirksville, Missouri: Truman State University Press.

Matvejević, Predrag. 1987. *Mediteranski brevijar*. Zagreb: Grafički zavod Hrvatske. Translated by Michael Henry Heim. 1999. *Mediterranean: A Cultural Landscape*. Berkeley, CA: University of California Press.

Newsweek: http://www.newsweek.com/2010/09/26/the-new-world-order-a-map.print.html

Norwich, John Julius. 2006. *The Middle Sea: A History of the Mediterranean*. NY: Vintage Books: A Division of Random House, Inc.

O'shea, Stephen. 2006. *Sea of Faith: Islam and Christianity in the Medieval Mediterranean World*. NY: Walker & Company.

Ostle, Robin, ed. 2008. *Sensibilities of the Islamic Mediterranean: Self-expression in a Muslim Culture from Post-classical Times to the Present Day*. London: I B Tauris.

Parliamentary Assembly, The Council of Europe. 1995. *Mediterranean Strategies*. Strasbourg: Council of Europe Press.

Steward, Julian Haynes. 1950. *Area Research: Theory and Practice*. New York, N.Y.: Social Science Research Council.

Szanton, David, ed. 2004. *The Politics of Knowledge: Area Studies and the Disciplines*. Berkeley, CA: University of California Press.

Tabak, Faruk. 2008. *The Waning of the Mediterranean 1550-1870: A Geohistorical Approach*. Baltimore, Maryland: The Johns Hopkins University Press.

Wagley, Charles. 1948. *Area Research and Training*. Pamphlet 6. New York, NY: Social Science Research Council.

지중해 연안의 링구아 프랑카의 교류의 특징과 유형*

1. 서론

19세기 근대 국민국가 형성 이후 하나의 국가는 하나의 언어를 갖는다는 단일언어주의가 오랫동안 국가통일을 위한 정치 원리로 작용해왔다. 학문적으로는 언어학이 언어와 방언을 구분하면서 언어를 '국가어langue nationale'라는 의미로 순수주의 및 정체성과 결부시켰고 방언을 귀족이 아닌 서민층, 도시가 아닌 시골, 문명이 아닌 야만의 언어로 정의하였다. 이러한 경계적 언어관은 일반 대중에게 은연중에 편견으로 자리 잡았고, 다언어주의는 부정적으로 인식되어 왔다. 그러나 이러한 사고가 오늘날에도 여전히 유효한지를 자문할 필요가 있다.

오늘날 도시화와 이주를 통하여 사람들의 이동이 증가하고 인터넷을 비롯한 정보통신의 발달 속에서 시공간을 초월한 언어소통이 가능해졌다. 언어는 형태나 기능 면에서 분명하고 명확한 경계선 내부에 국한되지 않고 경계를 넘어 사용된다. 가령 사람들은 자신의 언어를 뚜렷한 경계를 가지고 사용

---

* 이 글은 『지중해지역연구』, 16(4), 2014에 게재된 논문 「지중해 연안의 링구아 프랑카의 교류의 특징과 그 유형에 관한 고찰」을 재수록한 것임.

지중해 연안의 링구아 프랑카의 교류의 특징과 유형 | 최은순 **259**

하기보다는 상대방의 언어를 차용하거나 혼용함으로써 상호 이해의 목표를 달성하기도 하고, 모국어, 제2 언어, 외국어, 공식어 등의 다양한 언어를 상황에 따라 선택하여 사용할 줄 안다.

20세기 후반부터 코카콜라, 블루진으로 대변되던 세계화 현상이 미국화와 동일시될 것이라는 염려와 달리, 사람들은 일상적으로 전 지구화와 현지화 현상이 동시에 일어나는 글로컬 현상(글로벌+로컬)을 경험하고 있다. 한류 현상이 그렇듯이, 세계의 작은 지역단위 안에서 새로운 글로컬 현상이 출현하고 있다. 달리 말하면 보편성과 다양성이 모순되거나 배제되는 개념이 아니라 이 두 현상이 공존하는 세계를 우리는 일상생활 속에서 경험하고 있다. 이러한 현상은 곧 에드워드 글리상E. Glissant이 말하는 '보편다양성diversité'이나 '투몽드tout-monde' 개념, 혹은 메티사주 속에 차이의 공존이라는 문화현상으로 해석할 수 있을 것이다. 그렇다면 이러한 현상은 오늘날만의 특수한 현상인가? 19세기 국가주의 개념이 확립되기 이전에 국경을 넘어 공동의 문화, 공동의 언어를 지향한 시대는 없었는가? 우리는 그 역사적 흔적을 19세기 이전에 지중해 연안에서 발달한 링구아 프랑카Lingua Franca에서 찾고자 한다.

이탈리아어에서 유래하는 링구아 프랑카라는 명칭은 흔히 보통명사로서 공통어langue commune의 의미로 잘 알려져 있다. 가령 고대 그리스·로마의 그리스어나 라틴어, 18세기 유럽의 프랑스어, 오늘날의 영어 등이 링구아 프랑카의 예로 자주 언급된다. 반면 중세 말 지중해 연안에서 500년이 넘는 긴 시간 동안 기독교 문명과 이슬람 문명 간의 교류에서 사용되었던 교역어인 링구아 프랑카에 대해서는 잘 알려져 있지 않다. 학술적 차원에서 링구아 프랑카가 구어로만 사용되었고 이로 인해 기록으로 남아 있는 문헌 자료가 거의 없다는 점에서 연구의 어려움과 한계가 있다는 데서 그 이유를 찾을 수 있다. 실제로 문학작품이나 기행문에서 인용이나 증언 형식으로 링구아 프랑카의 존재와 언어적 흔적을 볼 수 있을 뿐이다. 국내 연구의 경우, 지중해 연안에서 사용되었던 링구아 프랑카에 대한 연구는 언어학서나 사전에서 혼합어의 유형으로 정의하는 것 이외에는 거의 전무한 상황이다. 학술 연구의 현 단계에서 우리는 왜 링구아 프랑카에 대해 주목하고자 하는가. 링구아 프랑카는 언어적 관점에서는 혼종어의 생성, 진화, 소멸의 단계를 간접적으로 이해할 수 있는 중요한 사례가 되며, 문화적으로 보면 21세기 전 지구화와 로컬화라는 시대를 살고 있는 우리에게 지중해 문명의 이질성과 동시에 동질성을 만든 문화교류의 유형으로서 문화교섭interaction culturelle의 사례를 제공하기 때문이다.

본 연구에서는 지중해 연안을 기독교 문명권과 이슬람 문명권이라는 이질적인 두 문명의 교류와 접촉의 공간이지만 지리적으로 종교적으로 이분되었다기보다는 지속적인 교류와 접촉을 통하여 공동의 문화 혹은 공동의 언어를 만들었던 공간으로 설정할 것이다. 윤용수 외(2012: 64)가 제안하듯이, 지중해를 독립된 지역단위로 설정하고, 지중해라는 공간적 틀 안에서 링구아 프랑카의 혼종적, 매개적, 탈경계적 교류의 특징을 보여주고, 링구아 프랑카가 지향했던 동질성과 이질성의 공존의 문화교섭 혹은 문화전이의 유형을 보여줄 것이다.

2. 링구아 프랑카의 정의와 문제 제기

링구아 프랑카라는 용어 이외에 지중해 연안의 혼종어를 가리키는 어휘는 다양하다. 이는 링구아 프랑카가 지중해 연안에서 다양한 언어를 말하는 사람들이 공유한 혼성어였기 때문일 것이다. 이탈리아어로 *Lingua Franca*[1]는

---

1   언어학자들은 첫 글자를 소문자로 표기한 *lingua franca*를 상호 소통을 위해 공통어로 사용되는 모든

스페인어로는 *franco*, 프랑스어로는 *langue franque*로 사용되며, 19세기부터 프랑스어로 *sabir*라는 용어가 앞서 등장한 *Lingua Franca*를 대신하여 학술 용어로 사용되고 있다.[2]

이 다양한 명칭들이 어떻게 유래되었는지를 살펴보면 링구아 프랑카의 기본 특징을 이해하는 데 도움이 될 것이다. *langue franque*에 해당하는 용어들(*Lingua Franca, franco, langue de Francs*)은 이슬람교도들이 기독교 유럽인을 가리키던 *Francs*(프랑크인)라는 단어에서 유래한다.[3] 프랑크인이 사용하는 말을 가리켜 *langue franque*라고 불렀던 것이다. 이후 *sabir*라는 용어가 19세기 프랑스의 알제리 정복 이후 일반화되었다.

*sabir*라는 용어는 프랑스어 *savoir*('알다'의 의미)에 해당하는 스페인어 *saber* 동사에서 차용한 단어이다. '언어'라는 의미로 처음으로 표기된 것은 1852년 "La langue sabir"라는 기사 제목으로 실린 알제리 신문 『*L'Algérien, Journal des intérêts de l'Algérie*』에서이다. *sabir*라는 용어 자체는 19세기 중반이 되어서야 용례가 나타나지만 이미 17세기에 문학작품의 소재로 삽입되거나 인용되어 널리 알려져 있었다. 자주 인용되는 몰리에르의 희곡 작품 『부르주아 귀족*Le Bourgeois Gentilhomme*』(4막 5장)에 삽입된 구절 "*Si ti sabir,*

종류의 언어를 포괄하는 의미의 보통명사로, 대문자로 표기하는 *Lingua Franca*는 중세 지중해 연안에서 말해지던 혼성어를 가리키는 고유명사로 구분하여 사용한다.

2 링구아 프랑카는 주로 미국 언어학계에서 '공통어'를 가리키는 의미로 사용되고 있다. 반면 사비르어는 링구아 프랑카와 동일한 의미로 프랑스 언어학자들만이 사용하는 기술 용어이다. 경우에 따라서는 한 논문 내에서 *링구아 프랑카, 프랑크어, 사비르어*라는 표현을 동일한 의미로 사용하기도 한다. 본고에서는 좁은 의미에서 사비르어를 중세의 지중해라는 지역성과 역사성을 갖는 혼성어라는 의미의 링구아 프랑카와 동일한 의미로 사용한다.

3 *Lingua Franca*라는 용어는 아랍어 표현 *lisân al faranj* 혹은 *lisân al-ifranj*(langue de Francs)를 직역하여 차용한 데서 유래한다. 십자군 전쟁 이후로, 아랍인들은 레반트의 해항도시들에서 만난 유럽인들을 *Farenja*(프랑크인)이라는 이름으로 불렀다. 당시 아랍인들은 프랑크인을 그들이 레반트의 해항도시에서 만난 유럽인들과 혼동하여 사용한 것으로 이해할 수 있다. 따라서 5세기경 게르만족의 이동 시기에 프랑스 북부에 정착한 프랑크족을 지칭하지 않는다. 프랑스 북부의 프랑크족들은 이미 8세기경에 프랑크어(*langue franque* 혹은 *francique*)를 포기하고 로만화 하였다. 오늘날 그들의 언어는 프랑스 북부의 지방언어 형태로 잔존한다. http:www.axl.cefan.ulaval.ca, Bannour(2004: 4).

ti respondir, se non sabir, tazir, tazir(만일 네가 알고 있다면, 대답하라/만일 모른다면, 침묵하라, 침묵하라)"은 사비르어의 명칭 자체가 동사 *sabir*에서 유래한 것임을 예시해준다.[4]

대부분의 프랑스어 사전[5]에서는 링구아 프랑카나 프랑크어라는 항목보다는 사비르어의 항목에서 지중해의 혼종어에 대한 정의를 상세히 기술하고 있다. 사비르어의 정의가 프랑크어라는 표현으로 주로 설명된다는 사실은 두 용어의 동의적 성격을 잘 보여준다. 사비르어의 항목에서 링구아 프랑카의 일차적 의미를 살펴보자.

"parler composite mêlé d'arabe, d'italien, d'espagnol et de français parlé en Afrique du Nord et dans le Levant."(*Trésor*)
북아프리카와 레반트에서 사용된 아랍어, 이탈리아어, 스페인어, 프랑스어 구어가 섞인 혼성어

"jargon mêlé d'italien, d'espagnol, de français et d'arabe que parlent les indigènes du Nord de l'Afrique, quand ils veulent converser avec les Européens."(*ELF*)
북아프리카 토착민들이 유럽인들과 대화할 때 사용한 이탈리아어, 스페인어, 프랑스어, 아랍어가 섞인 자곤

---

4 넓은 의미의 *sabir*는 영미 언어학에서는 *pidgin*에 해당한다. *pidgin*은 주로 아프리카, 중국, 멜라네시아 등지에서 사용되는 영어 기반의 피진어들을 가리킬 때 주로 사용된다. 반면 *sabir*는 프랑스 언어학에서 링구아 프랑카를 포함하는 상위개념으로 보통 이해된다. 특히 칼베(1981: 22)는 링구아 프랑카를 사비르어의 한 종류로 분류한다.
5 위에 인용된 사전은 다음과 같이 약어로 표시하였다.
GLLF: *Grand Larousse de la langue française*
Trésor: *Le Trésor de la Langue française*
Littré: *Littré Dictionnaire de la langue française*
ELF: *Dictionnaire étymologique de la langue française*

"Nom donné, dans le Levant et en Algérie, à ce qu'on nomme aussi langue franque, c'est-à-dire à un jargon mêlé d'italien, d'espagnol et à l'usage des Francs."(*Littré*)

레반트와 알제리에서 프랑크어라 부르는, 이탈리아어, 스페인어가 섞인 자곤이자 프랑크인들의 용례를 이르는 명칭

"parler composite (ancienne langue franque) comprenant des termes empruntés à différentes langues (surtout à l'italien et à l'espagnol, puis au français et à l'arabe), et utilisé comme langue de communication sur les bords de la Méditerranée."(*GLLF*)

여러 언어(특히 이탈리아어, 스페인어, 프랑스어, 아랍어)에서 용어를 차용하여, 지중해 연안에서 의사소통어로 사용된 혼성어(고대 프랑크어)

위 정의의 내용을 다음과 같이 정리해볼 수 있다. 첫째, 언어적 혼성의 정도와 관련하여 사비르어는 로망스어들langues romanes과 아랍어를 혼합한 자곤jargon에 해당한다. 로망스어들의 혼성어로만 정의하는 *Littré* 사전을 제외하면, 주로 이탈리아어, 스페인어, 프랑스어, 아랍어의 혼성으로 정의된다. 둘째, 사비르어의 사용 지역은 주로 레반트와 북아프리카, 특히 알제리 지역이다. 셋째, 사용 화자와 관련하여, 사비르어는 북아프리카의 토착민들이 유럽인들과 대화하고자 할 때 사용한 언어 아니면 프랑크인들이 사용한 언어였다. 넷째, 사비르어는 지중해 연안의 유럽인들 간 혹은 아랍인과 유럽인 사이에 사용된 교류언어였다.

여기에서 우리는 사비르어에 대한 정의가 부분적으로 일치되거나 모순되기까지 하다는 점을 발견한다. 자곤 형태의 혼종어를 만드는 데 기여한 언어들이 불명확하고 사전마다 조금씩 다르다는 것을 알 수 있다. 가령 언어들의 혼성이 주로 어떤 언어들을 기반으로 하였는지, 로망스어들과 아랍어의 기

여는 어느 정도였는지 또 북아프리카의 토착민, 프랑크인, 유럽인은 구체적으로 누구였는지가 의문점으로 남는다. 500년이 넘는 시간 동안 지중해 역내의 교류의 규모와 성격은 시대별로 달랐고 교류의 주역을 맡았던 사람들 또한 달랐다는 점을 고려할 때, 교역의 주체들이 사용한 언어들이 시기에 따라 링구아 프랑카의 혼성에 어떤 방식으로 기여하였는지를 밝히는 것이 필요하다. 기여한 바가 없다면 그 이유가 무엇인지를 설명해야 한다. 특히 로망스어나 아랍어 중 어느 언어가 기반 언어langue de base가 되었는지를 밝히는 것은 교역 당사자들의 교류의 특징과 유형을 이해하는 데 중요한 요소이다. 달리 말해 어떤 언어는 기반 언어로, 다른 언어는 단순한 차용어로 기여한다면 여기에는 언어적 비대칭성이 있는 것이며, 이는 링구아 프랑카를 사용한 사람들 간의 비대칭적 관계를 가정할 수 있기 때문이다. 다음 장에서 지중해 역사와 더불어 당시의 사회언어학적 상황을 통하여 링구아 프랑카의 출현, 진화 그리고 소멸의 과정을 이해해볼 것이다.

3. 지중해 연안의 교류의 역사와 사회언어학적 상황

링구아 프랑카는 엄격한 의미에서 15세기 혹은 16세기부터 1830년 프랑스의 알제리 정복 시기까지 지중해 연안에서 사용되었던 교류언어로 이해된다.6 16세기는 언어 사용자들이 링구아 프랑카를 공통어로 인지하기 시작했던 시기이며, 링구아 프랑카가 활발하게 발달하고 확산되었던 전성기(16-17세기)에 해당한다. 물론 이 시기는 지중해 연안, 특히 북아프리카 지역에서

---

6   다양한 학술 연구에서 보면 링구아 프랑카가 사용된 기간을 길게는 중세 말에서 20세기 중반까지, 짧게는 16세기에서 19세기(1830년)까지로 보고 있다. 이러한 차이는 링구아 프랑카와 관련한 문헌 자료가 빈약하고, 다른 한편으로는 링구아 프랑카의 언어적 특징과 기능을 어떻게 정의하느냐에 따라 출현과 소멸의 시기를 보는 관점이 다르다는 데 그 이유가 있다.

해적 활동과 노예무역을 포함하는 상업적 교류가 활발하던 전성기와도 일치한다는 점에서, 교역어로서 링구아 프랑카의 역할이 컸음을 짐작할 수 있다. 당시 교역 주체들이 그들이 사용하는 언어를 공통어로서 인지하였다는 것은 언어 혼성형태가 이미 오래전에 사용되었다는 것을 전제한다. 따라서 링구아 프랑카의 초기 형태가 출현하게 되는 시기는 지중해 연안에서 기독교도와 이슬람교도가 처음으로 충돌하게 되는 십자군 전쟁으로 거슬러 올라 간다

링구아 프랑카는 시공간적으로 보면 십자군 전쟁의 무대였던 동지중해에서 출현하여 이탈리아의 해상력이 확장되는 서지중해로 이어지는 진화의 과정으로 구분하여 이해할 수 있다. 시공간의 확장과 연속성으로 인해 링구아 프랑카가 보다 안정적인 혼성어로 진화하였다고 볼 수 있다. 역사적으로 10세기 말 1차 십자군 전쟁을 시작으로 8차례에 걸쳐 2세기(1095-1291) 동안 유럽 전역에서 동원된 군인, 선원, 상인들이 동지중해의 이슬람문명과 접촉하게 된다. 계속된 전쟁 속에서 초기의 종교적 사명은 점점 흐려지고 상업적 이익을 위한 교역이 발달하게 된다. 이 교역의 중심에는 이탈리아 상인들이 있었다. 이들은 종교적, 문화적 경계를 넘어 지중해 전역에서 가장 활발하게 상업 활동을 하였고, 12세기 후반부터 베네치아, 제노바, 피사와 같은 해항 도시들이 해상원거리 물자 수송, 선박 임대, 기독교도, 유대인, 이슬람교도를 망라한 순례 여행객의 수송 등을 맡았다(남종국, 2011: 135). 15세기에는 마그렙의 모든 해상무역을 이탈리아인(베네치아, 제노바)이 주도하였다(공일주·전완경, 1998: 150). 물론 카탈루냐인, 포르투갈인, 프로방스인의 역할을 간과해서는 안 되지만, 이탈리아 상인은 범지중해적 활동에 기초하여 기독교 문명과 이슬람 문명 간의 동질성을 만드는 데 가장 크게 기여하였다. 언어적으로는 동로마제국의 항해와 무역에서 우세한 로망스어, 특히 베네치아어를 기반으로 하여 아랍어, 그리스어, 터키어 등이 혼합된 매개어가 발달

하였다(Diaz, 2008: 224).

십자군 원정을 위해 이동하게 되는 기독교도들은 다양한 출신의 유럽인들이었으며 따라서 동일한 언어를 사용하지 않았다. 유럽인들이 동지중해의 레반트 지역에서 전쟁과 체류, 교역을 통해서 장시간 머물게 되면서 의사소통의 필요가 생겼다. 십자군 병사들은 우선 서로 다른 로망스어를 사용하는 기독교도들 간의 의사소통이 필요했고, 다른 한편으로는 로망스어를 사용하는 기독교도와 비로망스어를 쓰는 이슬람교도 간의 의사소통이 필요했다.[7] Diaz디아즈(2008: 224)에 의하면, 당시 혼성 형태는 로망스어와 아랍어를 섞어 쓰면서 제스처를 함께 사용하는 준언어paralanguage, 시블로 Siblot(2002)의 표현을 빌리면, 중간언어interlangue에 해당한다. 즉 동지중해에서 접촉하는 언어들은 기초적인 피진어를 만들지 못하고 단순히 로망스어들끼리 혹은 로망스어와 다른 언어들(아랍어, 그리스어, 터키어) 간의 간섭interférences과 섞임 현상으로 볼 수 있다.

16세기에 들어서면서 스페인어의 언어적 영향력이 추가된다. 이 시기는 마그레브 지중해로 황금 루트를 되찾기 위해 남하한 스페인과 포르투갈의 침략 시기와 일치한다. 1509년 스페인은 북아프리카 지역의 해적활동을 저지하기 위해 여러 해항도시를 침략한다. 스페인의 압박에서 벗어나려는 알제Alger의 사략선들은 터키 해적에게 원조를 요청하였고, 이를 계기로 오스만제국은 북부 마그레브를 점차 세력권에 넣었다. 오스만제국은 이 지역을 세 개의 속주로 나누어 알제, 튀니스, 트리폴리의 섭정을 통치한다(Lacoste, 2011: 32).

---

7 십자군 원정 시기에 상호 소통을 필요로 한 상대방이 누구였는지에 대한 견해는 학자들마다 조금씩 다르다. 아슬라노브Aslanov(2012)는 동지중해에서의 소통은 로망스어와 비로망스어의 접촉보다는 오히려 로망스어들 간의 접촉이 먼저 일어났으며, 말 그대로 당시에는 프랑크인들의 언어였고 초보적 수준의 혼성어였다. 따라서 엄격한 의미에서 링구아 프랑카는 근대 서지중해에서 출현한다고 주장한다.

16-17세기는 알제와 튀니스의 황금기이자 링구아 프랑카의 전성기였다. 서지중해에서 링구아 프랑카가 발달하게 되는 것은 주로 알제와 튀니스와 함께 유럽무역을 주도했던 마르세유, 제노바, 리보르노Livourne의 상인들의 공통어였다는 데 있다. 1609년에 유럽에서 추방당한 이탈리아의 리보르노의 유태인(스페인과 포르투갈의 마라노marranes)[8]이 북아프리카로 이주하였고, 스페인계 무어인, 세파라드séfarade 유태인,[9] 기독교 배교자들(코르시카, 이탈리아, 칼라브리아 출신 등) 귀환하였다(Bénouis, 1974: 579; Aslanov, 2012).[10] 다른 한편으로는 1492년 스페인에서 추방되어 북아프리카로 귀향한 무어인(maures)과 세파라드 유태인이 이미 정착한 상태였다. 이주자와 귀향자들은 그들의 로망스어 지식으로 통역가 혹은 중개상으로 상업과 외교에 중요한 역할을 하였다. 이와 같이 북아프리카의 해항도시들은 인구의 접촉과 브라사주brassage[11]가 그 어느 시기보다도 강하게 일어나고, 다양한 언어와 다양한 출신의 사람들이 모여드는 코스모폴리탄적 도시의 모습을 띠었다.[12]

---

8 마라노는 중세 후기 기독교도로 개종한 스페인의 유태인을 가리키는 명칭이다. 그러나 이들 마라노는 '은폐 유태인cripto-juifs'이라 불리듯이, 공식적으로는 기독교 개종자로 행세하면서 실제로는 유태교를 믿었던 사람들이며, 1492년 이후 스페인에서 추방당하여 포르투갈로 이주하여서도 표면상 개종자였을 뿐이다. 이들은 그 외 유럽지역(프랑스 남부, 이탈리아, 브르타뉴, 오스만제국 등)에 이주하여 정착하였다. http://fr.wikipedia.org/wiki/Marranisme

9 세파라드 유태인이란 마라노 중에서 스페인과 포르투갈에서 기독교로 개종한 유태인을 말한다. 711년 이슬람으로 개종한 북아프리카의 무어인이 이베리아반도를 이슬람화하면서 북아프리카에 살던 유태인들이 스페인으로 합류하였다. 1492년 이후 추방된 세파라드 유태인 상인은 북아프리카에서 유럽과의 거래, 포로상환의 중개, 무기제조에 대한 공식적인 독점권을 가지고 있어서 상업에 중요한 역할을 담당하였다(Lacoste, 2011: 177-178).

10 역사적으로 이미 이슬람 세계에 들어와 정착한 기독교 유럽 출신의 용병, 상인, 선교사 등이 있었다는 것을 주지할 필요가 있다. 11세기 말 이후 북아프리카에 기독교도 상인(주로 이탈리아 상인)이 침입하였다. 13세기 초에는 이슬람제국이 이들의 정착을 허용하고, 또 스페인 출신 기독교도를 용병으로 고용하면서 상인, 용병, 선교사들의 수가 점차 증가하였다(공일주·전완경, 1998: 149).

11 본고에서 브라사주는 민족이나 집단의 혼합 혹은 교류의 의미로, 메티사주métissage는 혼혈이라는 의미가 있듯이 완전하고 강도 높은 브라사주의 의미로 이 두 용어의 뉘앙스를 구분하여 사용한다.

12 16-18세기에 알제에는 주민 수가 8만 명에 달했고 이 중 25-35,000명의 포로들과 외지에서 온 수천 명의 배교자, 무역상, 중개상들을 합하면 알제 주민의 절반 이상이 외국어를 사용하는 외국인들이

언어적 관점에서 보면 이언어사용자 혹은 이 두 언어의 혼종 형태를 사용하는 사람들이 이슬람 세계로 들어오면서 복잡한 언어 상황을 만들게 된다. 디아즈(2008: 225)에 의하면 16세기 중반에 알제와 튀니스에는 터키인, 기독교 배교자, 기독교 포로, 유태인, 무어인의 5개의 언어공동체가 있었다.[13] 이들 공동체는 각기 모국어를 가지고 있었고 동일 공동체의 구성원들끼리 모국어로 서로 소통할 수 있었다. 이 중 터키어, 무어어, 링구아 프랑카만 다른 공동체 구성원과 소통할 수 있는 공동의 언어가 되었다. 터키어는 주로 터키인과 무어인과 접촉하는 기독교 배교자와 기독교 포로들이 주로 사용하였다. 두 번째로 무어어는 기독교로 개종한 무어인들뿐 아니라 이들과 접촉하는 터키인과 기독교도들이 사용하였다. 링구아 프랑카는 다양한 신분의 기독교도들과 이들과 관계있는 사람들(주인과 노예, 포로와 포로상인, 상인과 구매자, 이슬람교도와 기독교도, 기독교인들 간)의 일상적인 공통어였다. 언어사용 상황은 다음과 같이 도표로 정리할 수 있다.

었다. 튀니스의 경우는 광장, 거리, 카페가 무역 동향과 출항 소식을 듣고 정보를 수집할 수 있는 무역상들의 거점이었고, 주로 리보르노인, 코르시카인, 제노바인, 프랑스인, 플랑드르인, 영국인, 유태인, 베네치아인, 터키인, 무어인 등 다양한 출신의 상인들이 체류하였다. Siblot(2002), Bannour(2004) 참조.

13   이때 기독교 포로란 주로 스페인, 포르투갈, 프랑스, 이탈리아 출신을 말한다.

	출현	진화	소멸
지리적 공간	동지중해(레반트)	서지중해(북아프리카지역)	서지중해(알제, 튀니스 등)
시기	10세기말~ (십자군 전쟁시기)	15세기~18세기 (오스만제국시기)	19세기 이후~20세기 초 (1830년이후 프랑스 알제리 식민시기)
교류 주체	이탈리아인(베네치아인, 제노바인) 카탈루냐인 (군인, 상인)	리보르노출신 마라노 유태인 세파라드 유태인 스페인계 무어인 기독교 배교자(코르시카, 이탈리아 출신) 터키인 (상인, 중개상, 통역사, 해적, 기독교포로, 노예)	프랑스인 / 아랍-베르베르인 (군인, 행정가, 주민)
기반언어/어휘차용어	이탈리아어/ 아랍어, 민중그리스어, 터키어	이탈리아어+스페인어 아랍어, 터키어	
사용언어	로망스어, 비로망스어	알제, 튀니스의 경우 - 모국어 (각자) - 터키어 (터키인-기독교도, 무어인-기독교도) - 무어어 (무어인-터키인, 무어인-기독교도) - 링구아프랑카 (기독교도와 접촉한 사람들)	프랑스어, 유사 사비르어, 피엔누아르어

〈중세 이후 19세기까지 지중해연안의 사회언어학적 상황〉

이런 일련의 교류의 역사적 사건 속에서 서지중해 연안은 이탈리아, 스페인, 오스만제국 간의 활발한 해상교역(물자 교역, 해적활동, 노예매매)을 통하여 링구아 프랑카가 진화할 수 있는 다언어사용 상황의 여건을 가지고 있었다고 말할 수 있다. 동지중해와 서지중해를 망라하여 이탈리아 상인의 해상무역의 주도권은 이탈리아어의 영향력과 비례한다. 여기에 추가하여 16세기 초부터 스페인어가 우세한 언어로 등장하고 이는 링구아 프랑카의 발전에 기여한다. 이런 관점에서 동지중해와 서지중해에 따른 두 가지 지리적 변이형이 있다고 주장하는 학자들이 있다. 아슬라노브(2012)는 동지중해의 링구아 프랑카는 단순화된 이탈리아어라면, 서지중해의 링구아 프랑카는 스페인어화한 이탈리아어에 가깝다고 본다.

지중해 연안의 이슬람 문명권 내에서 접촉했던 다양한 신분의 기독교도들은 링구아 프랑카의 진화에 중요한 주역이었다고 말할 수 있다. 링구아 프랑카의 로망스어적 성격에는 특히 이슬람 배교자와 유태인의 역할이 컸다. 아울러 바르바리 제국Etats barbaresques이 그들이 고용한 해적들과의 소통에

서 링구아 프랑카를 사용하였다는 점은 언어적으로 아랍어의 비율이 상당히 증가하는 이유가 되었다.[14]

그러나 16세기까지 동방과의 지중해 무역을 거의 독점하던 베네치아와 제노바가 퇴조하고, 그 뒤를 프랑스와 영국이 차지하기 시작하면서 링구아 프랑카의 진화는 소멸이라는 방향으로 기울어지게 된다. 결정적으로 19세기 오스만제국의 해상력이 약화되고 1830년 프랑스가 알제를 정복하면서 지중해 연안의 정치적, 경제적 헤게모니는 프랑스로 넘어간다. 언어적으로는 알제리의 식민화로 인해 그때까지 이탈리아어와 스페인어에 기반한 링구아 프랑카가 프랑스어화하는 과정을 거치게 된다. 링구아 프랑카의 소멸과 관련하여서는 4장에서 살펴볼 것이다.

4. 언어 형태의 혼종성

(1) 문법적 단순화와 어휘 차용: 언어적 비대칭성

지중해 연안에서 사용된 링구아 프랑카는 언어적으로 보면 혼성어parler composite 혹은 사비어(초보적 단계의 피진어)로 정의된다. 일반적으로 자아와 타자의 언어가 아닌 공동의 언어를 만들어야 하는 상황에서 대화자들은 빠르고 효율적으로 사용 가능한 언어 형태를 찾게 된다. 칼베(1993: 455)에 의하면, 이는 언어 형태의 단순화가 매개적 기능에 적합하기 때문이다. 링구아 프랑카의 혼성의 내용과 정도는 문법적 단순화simplification와 언어 차용emprunt이라는 두 가지 특징으로 설명 가능하다.[15]

---

14   16-17세기에 알제, 튀니스, 살레(모로코)의 바르바리 해적들은 세 개의 언어, 즉 아랍어(무어어), 터키어, 링구아 프랑카를 사용하였다(Bannour, 2004: 5).

15   역사적으로 혼합어 혹은 혼종어로 분류되는 예는 피진어, 링구아 프랑카, 크레올어 등이 대표적이다.

먼저 문법적 단순화를 살펴보면, 1장에서 제시된 사전적 정의에서 보듯이, 언어의 형태적 특징은 *jargon mêlé*(혼합 자곤), *parler composite*(혼성말)이라는 표현으로 일반적으로 설명된다. 자곤은 원래 은어argot라는 의미를 내포하듯이, 한정된 그룹이나 사회공동체에서 사용되는 공통어이다. 자곤은 기초석인 수준의 피진어 혹은 단순한 섞임으로 이해되는 바라구앵 baragouin, 샤라비아charabia와 거의 동일하게 사용된다. 칼베의 정의에서 사비르어는 피진어보다 훨씬 더 제한된 소통 필요를 충족시키므로, 따라서 더 빈약한 통사와 어휘를 가진 말이다. 그에 의하면 링구아 프랑카는 '근사어 langue approximative'에 해당한다(Calvet, 1981: 22, 1993: 21).

대부분 언어학자들[16]이 말하는 링구아 프랑카의 몇 가지 공통된 통사·어휘적 특징을 다음과 같이 정리해볼 수 있다. 다음 예시는 1830년 마르세유 상공회의소에서 발간한 사전 *Dictionnaire de la Langue franque ou petit Mauresque*의 용례에서 인용한 것이다.[17]

> ▷ 명사의 복수 형태 부재: *l'amigo* ← 프랑스어의 *les amis*
> ▷ 대명사의 단순화: *ti* ← *tu, te, toi*
> ▷ 동사활용부재(부정법사용), 단 2가지 동사시제 구분
>   (현재미래형: -ir, 과거형: -ito):

링구아 프랑카가 가장 기초적인 형태의 자곤 수준이며, 피진어는 보다 복잡한 체계로, 크레올어는 이보다 완전한 언어체계로 정의된다. 다른 한편 기능 면에서 링구아 프랑카와 피진어는 제2언어로 사용될 뿐 모국어가 되지 못한 언어라면, 크레올어는 한 그룹에서 모국어의 기능을 한다. 전자와 후자 간의 사회적 조건의 차이는 지배/피지배관계의 여부에 있다고 생각된다. 전자의 경우 어느 정도 수평적인 상업적 교류를 전제로 한다면, 크레올어는 플랜테이션 농장에서 노동력의 착취를 통하여 억압적 상황에서 만들어진 혼종어이다.

16 Pérégo(1968), Bannour(2004), Aslanov(2012) 참조.
17 이 사전은 19세기에 발간되었지만 프랑스 식민 이전에 사용된 링구아 프랑카가 어떤 혼합어의 양상을 띠었는지를 보여주는 유일한 문헌 자료이다. 마르세유 상공회의소가 프랑스의 상인, 군인과 행정가들이 북아프리카의 무역 및 통치에 필요한 지역학적 정보를 수집하고 토착민과 소통하는 데 도움을 주기 위해 만든 일종의 어휘집 혹은 실용 회화 가이드북에 가깝다.

- *fazir* (*faire*), *fazito* (*fait*)
- *fazir vento* ← *Il fait du vent*
▷ 조동사의 단순화: *star* (프랑스어의 *être*)
- *mi star andato* ← *J'aurais été* (직역: *moi être allé*)

두 번째 언어 차용의 관점에서 어떤 언어들이 주로 혼성이 되었는지를 알아보자. 링구아 프랑카 혹은 사비르어라는 명칭이 암시하듯이, 이탈리아 어와 스페인어가 기반언어로서 중요한 역할을 하였다는 것이 일반적인 견해 이다. 좀 더 세부적인 사항과 관련하여서는 학자들마다 조금씩 견해가 다르 지만, 아랍어와 터키어의 기여가 적다는 점에서는 어느 정도 의견이 일치한 다. 예를 들어 다클리아Dakhlia(2008)에 의하면, 링구아 프랑카는 주로 이탈 리아어, 스페인어, 프로방살어의 혼합어이다. 이 혼성에서 몰타어, 터키어, 아랍어의 기여는 미미하다. 다른 한편 페레고Pérégo(1968: 599)에 의하면, 이탈리아어의 영향이 가장 크며, 여기에 스페인어(서지중해의 경우)가 크게 기여를 하였다. 반면 프랑스어, 프로방살어, 카탈루냐어, 그리스어, 터키어의 차용은 드물며, 아랍어는 거의 없다고 말한다. 아슬라노브(2012)는 이탈리아 어와 스페인어의 기여 이전에 포르투갈어의 기여를 강조한다는 점에서 새로 운 입장을 추가하고[18] 링구아 프랑카의 문법요소의 분석을 통하여 아랍어의 기여가 적다는 것을 증명한다. 이와 같이 링구아 프랑카의 혼성을 위한 각 언어들의 기여는 다르지만, 적어도 학자들이 언급하는 언어들은 분명 교역 주체들이 누구였으며, 이들이 어떤 강도로 접촉하였는지를 간접적으로 엿볼 수 있는 단초를 제공한다. 그러나 두 문명권의 교류에서 아랍어와 터키어의 기여가 적다는 점은 오스만제국의 상업적 우위를 고려할 때, 상세한 설명이

---

18 아슬라노브(2012)의 견해에 따르면, 15세기 초부터 포르투갈인과 모로코인들 간의 수차례의 전쟁을 통하여 아랍-포르투갈 피진어 형태가 등장하였고 이 형태가 이후 스페인-이탈리아어에 영향을 주어 혼성과정을 다시 거치게 되었다.

필요하다. 이는 4장에서 언어 외적 요인을 통하여 설명할 것이다.

(2) 링구아 프랑카의 소멸과 유사 사비르어의 등장

앞 절에서 보듯이, 1830년 이전 시기에 링구아 프랑카를 이탈리아어와 스페인어에 기반한 혼종어로서 이해한다면, 1장의 사전적 정의에서와 달리, 프랑스어의 기여는 거의 없었다고 말할 수 있다. 오히려 프랑스어는 프랑스의 알제리 정복 이후에 유사 사비르어pseudo-sabir의 기반언어로서의 역할이 더 크다. 알제리 정복 50년이 지난 1880년경에는 링구아 프랑카가 변형된 프랑스어의 양상을 띠는 새로운 혼합으로 진화되어 이전의 언어 모습을 상실한다. 19세기 이전 링구아 프랑카, 즉 사비르어가 사라지고 유사 사비르어 혹은 근대 사비르어[19]라 불리는 혼종형태가 출현한 것이다. 언어 사용자의 관점에서 보면 북아프리카의 교류 주체들은 이제 지배자인 프랑스인과 피지배자인 아랍토착민으로 축소된다. 따라서 유사 사비르어는 지배/피지배라는 비대칭적인 관계를 반영하는 언어가 되었다. 서로 다른 언어를 사용하는 화자들 간에 어느 쪽의 언어도 아닌 두 언어를 간소화하여 사용한 쌍방적인 bilatéral 사비르어가 아니라, 다른 한쪽의 언어를 흉내내어 말하려고 애쓰는 반면, 상대방은 이 틀린 말을 사용하지 않는 일방적인unilatéral 유사 사비르어를 사용하게 된다(Pérégo, 1968: 600). 유사 사비르어의 언어적 특징은 카투르Kaddour가 라퐁텐느의 우화 *"La cigale et le fourmi"*를 사비르어로 패러디한 *"La cigale y la formi"*에서 일부 발췌한 문장을 예시로 살펴보자.[20]

---

[19] 페리고의 사비르어/유사 사비르어 구분은 베누이의 구 사비르어ancien sabir/근대 사비르어sabir moderne 구분에 해당한다. 이러한 구분은 학술적 차원일 뿐 실제 일반 사람들이 사용하는 용어는 아니다. 1830년 이후 북아프리카의 일반 대중은 링구아 프랑카를 여전히 사비르어라는 용어로 사용하였다. 이는 당시의 사비르어가 이전의 혼성형태와 특징을 상실하였음에도 불구하고 상호 간의 매개어로 사용되는 언어를 사비르어로 인식하였던 것으로 보인다.

[20] Kaddour는 라퐁텐느의 『우화집Les Fables』을 각색하여 1927년경에 *Fables et contes en sabir*라는 저서를 발간하였다. 그는 튀니지 사람으로 전직 식민지 군인이었으며, 양차 세계대전에 튀니스의 코스폴

J'y conni one cigale qui tojor y rigole

Y chante, y fir la noce, y rire comme one folle,

Y s'amouse comme y faut

Tot l'temps y fi chaud…

위 발췌문에서 우리는 프랑스어에 보다 유사해진 어휘 형태를 볼 수 있으며, 프랑스어를 아는 사람이라면 어느 정도 이해가 가능한 수준이다. 예를 들어 *conni, fir*는 프랑스어로 *connais*와 *faire*에 해당한다. [i] 소리가 프랑스어의 [ɛ] 소리로 대체되어 사용되지만 이해하는 데에는 무리가 없다. 주어대명사 *je*가 사용되었고, 어순 또한 프랑스어에서처럼 대명사가 동사 앞에 위치한다. 토착아랍인들이 프랑스어의 형태통사적 특징을 약간의 변형을 통하여 프랑스어를 재생산한 형태라고 분석 가능하다.

유사 사비르어는 사비르어와 달리 화자 개인이 지배자의 언어를 흉내내면서 변형시켜 말한다는 점에서 개인 간의 정도 차가 큰 불안정한 말이다. 그렇기 때문에 이러한 언어 사용은 보통 새로운 언어 형태의 출현을 가능케 한다. 특히 식민지적 상황은 언어의 불안정성을 더욱 극대화하였다고 볼 수 있다. 당시 알제리에는 많은 이민자들이 유입되었고, 프랑스식의 학교 교육이 정착하면서 대도시의 아랍-베르베르 토착민들은 이언어사용화자(아랍어와 프랑스어) 혹은 삼중언어사용화자(아랍어, 프랑스어, 스페인어나 이탈리아어)가 된다(Bénouis, 1974: 580). 접촉언어 간의 간섭 현상에 의해 아랍어는 프랑스어를, 프랑스어는 아랍어를 상호 차용하는 과정을 거치면서 '피에누아르 말parler pied-noir'이라 불리는 프랑스어의 변이형이 출현하게 된다.[21] 피에누아르어는 기본적으로 프랑스어를 기반언어로 하고 아랍어를 차

리탄적인 도시에서 사용되는 혼합어에 매료되어 사비르어로 작품을 쓰게 되었다고 전해진다. http://alger-roi.fr/Alger/sabir/sabir.htm (2014.9.25.)

[21] *parler pied-noir* 라는 용어는 1830년부터 식민지 이후 북아프리카에 이주한 유럽인들을 가리키는

용한 형태이다. 여기에 언어푸딩 혹은 언어쿠스쿠스라고 불릴 정도로 다양한 유럽 언어들, 즉 이탈리아어, 스페인어, 카탈루냐어, 사보아어, 아리에주어ariégeois, 가스코뉴어, 코르시카어, 프로방살어, 파리어, 로렌어, 유태인의 표현 등의 어휘가 섞인 혼성어가 된다. 피에누아르어의 기반언어는 표준프랑스어가 아니라 통속적 프랑스어français naturel이며, 차용된 아랍어의 경우도 토착 아랍어arabe vulgaire이다. 따라서 피에누아르어는 서민의 언어이자 속어로 사용된다(Mazzella, 1989: 9-11). 베누이(1974: 580-581)는 피에누아르어가 식민지 상황에서 알제리 사람들이 프랑스어를 단순히 재생산한 결과이며 그들의 언어요소(아랍방언과 더불어 스페인어와 이탈리아어)를 섞어서 만든 프랑스어의 지역 방언으로 정의한다. 마젤라가 편집한 어휘집 『Le parler pied-noir』에서 발췌한 피에누아르어의 몇 가지 용례를 예시해보자.

> ▷ 아랍어의 영향:
> - *maboul* (← 아랍어의 *mahbul*, 프랑스어 *fou*의 의미)
>   ex) "T'ies maboul ou quoi, ma parole!"
> - *Yallah!* (프랑스어로 *partons, allons-y*의 의미)
>   ex) "Allez, perdons pas d'temps! Yallah!"
> ▷ 스페인어의 영향:
> - *Yasta!* (← 스페인어의 *ya está*, 프랑스어로 *Ça y est!*의 의미)
>   ex) "Ties pret, Toinou?" - "Yasta, yasta, j'arrive!"

이와 같이 식민지정복 이후 출현한 유사 사비르어와 피에누아르어는 언어적

피에누아르인들Pieds-Noirs이 사용하는 언어를 의미한다. 프랑스를 비롯하여 이탈리아, 스페인, 안달루시아, 카탈루냐, 발레아스, 몰타에서 유입된 이주민들이 사용하는 언어가 피에누아르어의 혼종에 기여하였다. 초기 피에누아르인들의 사회적 출신은 다양했다. 1차 식민자들은 군인, 행정관료가 주를 이루었다. 이후 경제적, 정치적 이유로 이주한 유럽인들은 하층민 출신이었고 알제리에 정착하여 농사나 상업에 종사하였다(Mazzella, 1989: 11).

특징 면에서 식민화 이전의 링구아 프랑카와 단절된 형태로 이해할 수 있다.[22]

5. 언어적 기능으로서 매개성

링구아 프랑카는 서로 다른 언어를 사용하는 화자들이 지중해 연안에서 의사소통의 수단으로 사용한 공통어이다. 언어학에서는 이 공통어를 '매개어 langues véhiculaires'라 부른다. 매개성véhicularité은 링구아 프랑카의 출현, 진화, 소멸의 과정을 설명할 수 있는 중요한 키워드이다. 그렇다면 매개어가 되는 조건은 무엇인가? 뒤부아Dubois(1994: 504)는 상호 소통에서 보다 우세하게 사용되는 언어가 매개어 혹은 초지역어langue supralocale가 된다고 정의한다. 칼베(1993: 451)는 우세한 언어가 다언어 상황에서 사용되는 언어들 중 하나가 될 수 있지만 이들 언어 중 어느 것도 아닌 삼자의 언어를 사용할 수도 있으며, 아니면 기존 언어들을 혼합하는 혼종어를 사용할 수도 있다고 말한다. 이 두 정의에 의거해 볼 때, 링구아 프랑카는 당시 접촉하였던 로망스어와 비로망스어 중에서 우세한 언어인 이탈리아어와 스페인어를 기반으로 하여 만들어진 혼종어가 매개어의 역할을 하게 된 경우이다.

칼베(1981: 80)에 의하면, 여러 언어 가운데 한 언어가 매개어가 되는 데는 크게 경제적 상황(생산지의 입지, 은행지점, 무역의 유형) 및 지리적 상황(대상경로, 하천, 항구에서 어떤 언어를 말하는지)과 밀접한 관련이 있다. 그 외 몇 가지 언어 외적 요인(도시, 권위, 역사, 언어, 종교)들도 매개어가 되는 데 유리하게 작용하는 조건들이다. 우리는 칼베가 열거하는 조건들을

---

[22] 20세기 중반 알제리 전쟁 이후 북아프리카에서 프랑스 본국으로 귀환한 피에누아르들은 프랑스 전역에 흩어졌고 프랑스로의 동화과정에서 그들이 사용하던 피에누아르어의 흔적은 많이 사라졌다. 몇몇 어휘가 프랑스어에 흡수되어 그 흔적을 찾아볼 수 있는 정도이다.

링구아 프랑카의 매개성을 이해하는 데 적용하여 설명하고자 한다.

링구아 프랑카의 경우, 경제적, 지리적 조건이 매개어의 역할에 중요한 요인이었다. 해항도시의 지리적 입지는 상업적 교류라는 경제적 필요에 유리하게 작용하였다. 바닷길은 해상교통로의 역할을 하고 해항도시, 특히 항구는 바닷길의 귀착지로서 상업 중심지를 형성한다. 피터 버크가 말하듯이, "모든 문화는 혼종적이고 혼종화의 과정이 항상 일어나지만 어떤 문화가 다른 문화보다 더 혼종적이다"(Burke, 2009: 102)라고 본다면, 지중해 연안의 해항도시들은 역사적으로 지리적으로 격렬한 혼종화가 일어날 수 있는 여건들을 갖고 있는 접촉지대zone de contact였다. 즉 해항도시들은 이미 타문화, 기독교도는 이슬람문화를, 이슬람교도는 기독교문화를 경험한 경계인들이 이주하여 정착하거나 교역을 위해 접촉하는 공간이었다. 이런 해항도시의 공간은 인구의 브라사주를 가능하게 만들고 경제적 유인의 장소였으며 언어적으로는 매개어의 지위를 강화하고 확산시키는 결절점이었다. 아울러 직접적인 요인은 아니지만, 종교적, 정치적 이유로 1492년 스페인의 유태인 추방 이후로 북아프리카 지역에 흩어져 정착한 유태인, 기독교 배교자 등이 기독교문명과 이슬람문명 간의 교류 주체였다는 점에서, 복합적인 요인들이 링구아 프랑카의 매개적 역할을 용이하게 하였다고 볼 수 있다.

문제는 이 매개어가 어떤 종류의 교류를 위해 필요했는지를 아는 것이다. 어느 쪽의 언어도 아닌 혼성어를 사용한 이유는 무엇일까? 당시의 현지 언어가 왜 매개어가 되지 못하였을까? 링구아 프랑카는 크레올어와 같이 식민지 배하에서 지배/피지배의 수직적인 관계라는 강력한 힘의 논리에서 생성된 것과는 분명 다르다. 적어도 경제적 힘의 논리를 완전히 배제할 수는 없지만, 지중해 연안의 경우는 경제적 힘의 논리로만 이해하기에는 사정이 보다 더 복잡하다. 이탈리아어나 스페인어와 같은 로망스어가 기반언어가 되고 아랍어와 터키어는 어휘 차용에 기여하였다고 보는 것은 언뜻 보아 상업 교류의 관계와는 불일치한다는 인상을 받게 된다. 사실 상업 교류에서 이탈리아는 오스만제국과의 교역에서 갑이 아닌 을의 위치였다. 더욱이 교역의 장소는 오스만제국이 지배하는 남지중해 연안의 해항도시들이었다. 단순히 경제적 힘의 논리로 보면 왜 터키어나 아랍어가 기반언어가 되지 않았는지를 납득하기 어렵다.

이는 칼베가 말하는 언어들의 기능적 분담이라는 관점에서 설명이 가능할 것이다. 다언어사용 상황에서 화자들은 토착어, 매개어, 공식어와 같은 언어적 기능에 따라 언어를 선택하여 사용하게 된다. 당시 토착어는 아랍방언(마그레브아랍어 혹은 구어체아랍어에 해당), 베르베르어 등으로 일상의 소통 수단으로 주로 가정에서 사용되었다면, 공식어는 행정, 외교, 문학, 종교에서 사용되는 언어로서 터키어와 고전 아랍어였다. 고전 아랍어는 일반 서민조차 사용하지 않는 문어이며, 코란의 언어이자 종교어의 역할을 하였다. 상업적 매개어는 링구아 프랑카였다.[23]

개인의 언어 사용을 보면, 적어도 당시 접촉한 이슬람교도와 기독교도들은 3개 언어를 사용할 줄 알았다. 이슬람교도의 경우 모국어는 주로 아랍어, 터키어, 베르베르어였다. 그 외 제2 언어 혹은 외국어로서 로망스어 중 하나를 사용할 줄 알았다. 가령, 이슬람교도는 튀니스와 트리폴리에서는 이탈리아어, 바르바리 제국에서는 스페인어, 모로코에서는 스페인어와 혹은 포르투갈어를 말할 줄 알았다. 반면 기독교도들[24]은 모국어 이외 아랍어를 제2

---

[23] 링구아 프랑카의 매개어의 기능에 대해서 학자들마다 의견이 다르다. 라피Lafi(2004: 218)는 링구아 프랑카가 바다와 항구를 넘어서 확산되지 않았다고 주장하는 반면, 다클리아(2011)는, 사회적 경계, 지리적 경계를 넘어서 링구아 프랑카는 널리 확산되었다고 주장한다. 후자의 경우, 교역어의 기능 이외에도 사적, 공적 영역에서, 가령 가정에서 여성과 아이들도 링구아 프랑카를 사용하였다. 또한 외교문서가 아닌 구두로 이루어지는 외교 의전이나 대화에서는 외교어로 사용되었다. 지리적으로도 해항도시들의 언어로 한정되기보다는 사하라 경계에 이르는 내륙까지도 링구아 프랑카가 사용되었다고 주장한다.

[24] 1609년 대추방 이후 알제, 튀니스, 트리폴리로 이주한 기독교 배교자, 세파라드 유대인, 스페인계 무어인들을 의미한다.

언어로 사용하였다(Aslanov, 2002). 다시 말하면, 이슬람교도와 기독교도들은 상대방의 언어를 제2 언어로 말할 줄 알았지만 두 집단 간의 소통에서는 또 다른 제2 언어인 링구아 프랑카를 매개어로 사용하였다고 말할 수 있다.

여기에서 터키어와 베르베르어는 기독교도들이 접촉한 언어가 아니었는가 하는 의문이 남는다. 이는 오스만제국의 통치 성격과 관련이 있다. 터키어는 표면상 바르바리 제국에 정착한 언어일 뿐 일반적인 소통어로 사용되지 않았다. 이는 16세기 오스만제국이 마그레브 지역을 지배하였지만, 외국인이자 통치자로서 군대의 통치 영역에만 관여하였고 따라서 아랍-베르베르인들을 동화시키거나 터키어의 사용을 강요하지 않았다(임기대, 2009: 442-443)는 데서 그 이유를 찾을 수 있다. 그리고 베르베르어는 —일부 해항도시에서 상업 활동을 하였다 하더라도— 주로 산간 지역, 사막의 외곽에 은둔한 베르베르인의 언어이다. 따라서 지중해의 다른 언어들과 접촉할 기회가 없었던 언어라고 말할 수 있다. 이와 같이 터키어와 베르베르어는 당시 기독교도와 이슬람교도 간의 소통어가 될 수 없었다고 볼 수 있다.

그렇다면 아랍어는 왜 매개어가 되지 못하였을까? 사실 이슬람 사회는 모든 사회계층, 정부 수장, 이민족 출신자, 기독교 유럽 출신의 노예나 용병에게 사회적 신분 상승의 기회를 줄 정도로 타자에게 개방적인 사회이고 통합사회를 유지하려고 노력하였다. 우리는 부분적인 답을 아슬라노브(2012)의 견해에서 찾고자 한다. 아슬라노브는 아랍어, 터키어, 베르베르어의 기여가 적다는 점에서 서지중해의 링구아 프랑카는 무엇보다도 로망스어들 간의 접촉언어라는 가설을 주장한다. 이는 기독교도들 간의 소통의 필요에서 나중에는 기독교도와 이슬람교도 간의 소통의 필요가 추가되면서 아랍어, 터키어, 그리스어 등에서는 일부 어휘를 차용하는 정도의 혼성어로 발달하였다고 보는 견해이다. 아슬라노브가 분석하듯이, 링구아 프랑카가 이미 로망스어를 기반으로 한 매개어로서 이미 오래전부터 사용되어 오던 상황이라면,

아랍어가 이 역할을 대체하기란 힘들었을 것으로 생각된다. 다클리아가 언어학적 해석을 적용한 또 다른 설명이 도움이 될 것이다. 다클리아(2008)에 따르면, 기독교 포로들이 북아프리카의 해항도시에서 아랍계 주인과 기독교 노예 간의 소통에서 노예의 언어를 배우는 쪽은 주인이었다. 이 점은 크레올어의 경우도 마찬가지이다. 다른 한편 전통적으로 이슬람 세계에서는 기독교도들이 아랍어를 배우고, 아랍어를 쓰는 것을 금지했을 정도로 아랍어의 신성성과 순수성을 보전하려고 했던 것과 관련이 있다.

그렇다면 링구아 프랑카의 매개적 기능의 상실을 어떻게 설명할 것인가? 우리는 링구아 프랑카의 매개적 기능에 유리했던 언어 외적 요인이 사라지면서 링구아 프랑카가 사라졌다는 논리로 이 문제를 이해해볼 것이다.

첫째, 경제적 요인의 변화이다. 매개어는 의사소통의 필요에서 사용되는 언어라는 점에서 정체성의 개념이 없는 도구적 수단일 뿐이다. 따라서 논리적으로 상업적 교류를 위해 만들어진 링구아 프랑카는 바로 이 상업적 이유가 사라지면서 소멸하였다고 보는 것이 타당하다. 일반적으로 링구아 프랑카의 소멸 시기는 19세기 프랑스의 알제리 점령 이후로 보고 있다. 2장에서 간단히 언급했듯이, 이탈리아와 스페인의 경제적, 정치적 영향력이 쇠퇴하고 영국, 네덜란드, 프랑스 등의 강대국이 지중해 연안의 헤게모니를 잡으면서 교역 주체들이 바뀌었다고 볼 수 있다. 더욱이 1789년 프랑스 대혁명 이후 유럽에서 자유주의 사상이 확산되고, 사회경제적 변화로 인해 노예제도를 유지하는 비용이 많이 들고 불편해졌기 때문에 노예무역의 중단을 초래하였다(들라캉파뉴Delacampagne, 2013: 165, 166). 따라서 상업교류에 있어 특히 노예무역의 중단이 중요한 요인으로 작용했을 것으로 추정할 수 있다.

둘째, 정치적 요인의 변화이다. 링구아 프랑카는 프랑스의 알제리 정복에 따른 프랑스화 정책으로 인해 교류 주체들의 상호적 관계가 수직적 관계로 변하면서 언어 지형에도 변화가 생기게 된다. 예를 들어, 인도네시아의 경우, 정치적으로 국가통일을 위해 당시의 상업적 매개어로 널리 사용되고 있던 말레이어를 공식어로 삼았던 예와 달리, 링구아 프랑카는 서로 다른 문명과 국가들을 초월하여 사용되었고, 하나의 단일 문화권 내에 사용되지 않았기 때문에 말레이어처럼 하나의 국가 단위 안으로 들어갈 수 있는 매개어가 아니었다. 근대국가 개념이 적용되면서 식민자가 피식민자에게 언어를 강요하는 불평등한 관계에서 링구아 프랑카는 더 이상 필요하지 않았다. 더욱이 정치적으로 공식어로 강요된 것은 프랑스어였다. 당시 알제리는 아랍어, 베르베르어, 링구아 프랑카, 터키어가 사용되는 복잡한 언어 상황을 가지고 있었다. 이런 상황에서 프랑스어가 군대와 행정기관의 업무어가 되고 식민자와 토착민 간의 매개어가 되면서 복잡한 다언어 상황은 좀 더 단순한 구도로 변하게 된다. 이전에 행정과 군대에 의해서만 사용되었던 터키어는 프랑스어로 대체되고, 사람들은 모국어 이외에 제2 언어로서 프랑스어를 배워야 하는 상황이었다. 아랍 방언과 베르베르어는 식민지 이후 점점 가정과 사적 공간에서만 사용되는 토착어가 된다. 링구아 프랑카는 식민화 이후 빠른 속도로 사라진다(Mahtout et Gaudin, 2010: 833).

셋째, 언어표상(칼베의 용어에서는 '권위prestige'의 요인에 해당)의 문제이다. 링구아 프랑카는 구어로 사용되었을 뿐 문어로 표준화되거나 문학어가 되지 못하였다. 특히 17세기는 언어순수주의 이데올로기의 영향으로 혼합어를 경멸하는 언어관이 유럽에서 형성되는 시기였다. 더욱이 레판토 해전(1571)에서의 승리 이후 난공불락의 오스만제국의 신화가 깨어지면서 17-18세기에 문학작품 속에서는 터키인들을 희화하는 소재들이 등장하고 터키풍 취향을 야만적인 풍습으로 조롱하였다(Siblot, 2002). 대표적인 것이 잘 알려진 몰리에르의 『부르주아 귀족』이다. 링구아 프랑카는 주로 불법거래나 밀무역을 하는 상인들, 개종자, 노예들이 사용하는 저속하고 타락한 잡탕의 언어라는 언어표상이 만들어진다. 이러한 언어표상은 링구아 프랑카를 주변화시키고 특정 집단의 유희나 은어로 만드는 계기가 되었을 것이다. 이러한 편견의 연장선에서 *sabir*라는 용어가 19세기 프랑스의 알제리 정복 이후 링구아 프랑카를 대신하는 학술 용어로 사용되었다는 것은 식민주의적 언어관과 무관하지 않다고 본다. 1830년에 마르세유 상공회의소가 발행한 사전의 제목은 "프랑크어 혹은 프티-무어어*La langue franque ou le petit-mauresque*"이다. 프랑스어에서 *petit*는 주로 식민지에서 *petit-nègre*나 *petit français*의 경우처럼, 프랑스어를 잘못 이해해서 변질시켜 사용하는 언어에 대해 붙는 수식어이다. 오늘날 알제리 프랑스학계에서 '언어적 사비르화*sabirisation linguistique*'라는 표현으로 이언어사용화자*bilingue*의 교육 실패를 지칭한다는 사실은 혼종어에 대한 부정적 시각이 여전하다는 것을 보여준다(Chachou, 2011: 114).

넷째, 탈경계적 정체성의 문제이다. 칼베에 의하면, 프랑스의 알제리 정복에서 아랍어와 베르베르어는 프랑스어에 저항하는 토착어였다(Calvet, 2004: 95). 반면 터키어와 링구아 프랑카는 2장에서 언급했듯이, 식민자가 피식민자에게 강요하는 지배언어에 저항하는 토착어가 아니었다. 다시 말해 특정 민족 집단의 정체성을 표시하는 언어가 아니었다. 링구아 프랑카가 정체성의 언어가 아니라는 점에서 의사소통의 필요가 없어지면서 쉽게 사라질 수 있었다. 링구아 프랑카를 사용하는 화자들은 역사적으로는 유태인, 무어인, 포로와 노예, 개종자 등과 같이 기독교 세계와 이슬람 세계의 경계에 위치하는 중간지대 혹은 접촉지대에서 접촉하는 사람들이었다. "경계 없이 이 세계에서 다른 세계로 넘어가고 극단적으로는 그가 누구인지를 더 이상 알지 못하는 사람들이다"(Dakhlia, 2008). 화자들의 정체성의 경계가 항상 명확하게 구분되지 않는다는 것은 언어경계 또한 모호하고 불분명하다는 것을 함축한다. 지중해 연안의 혼종어는 원래 이슬람교도들에 의해 '프랑크인들의 언어*langue franque*'라고 불렸지만, 실제 사용 화자들은 이 혼종어를 누구에게도 속하지 않는 쌍방의 언어로 이해하였다는 것이다.

이러한 관점에서 우리는 링구아 프랑카를 사용한 경계인들의 정체성을 다클리아가 말하는 '역경적 상황situation liminale' 혹은 지정학 분야에서 사용하는 '역경성(閾境性, *liminalité*)'을 '문지방'의 은유로 설명할 수 있을 것이다. 문지방은 이중적이다. 한 발을 내디디면 어떤 과정으로 들어가는 출발선이기도 하고 한 발을 내딛기 이전에는 위험수위에 해당하는 한계선이기도 하다. 링구아 프랑카의 사용자들은 경계를 넘나들며 중간지대에서 서로 만나지만 각 문화의 접촉지대에만 머물 뿐 상대방의 주류 문화 속으로 들어가지는 않는다. 이 점에서 다클리아는 브로델Braudel의 견해에 따라 문화전이 transfert culturel 혹은 문화교섭interaction culturelle으로 링구아 프랑카의 문화유형을 이해하는 것 같다. 브로델이 말하는 짐가방bagages의 비유로 링구아 프랑카의 문화전이 현상을 설명해보면, 기독교 문명이나 이슬람 문명에 속한 언어사용자들은 자신의 언어를 짐가방에 넣고 경계를 넘어 교류한다. 때로는 유럽어든 아랍어든 자신의 언어를 고수하지 않고 혼용하고 차용하면서 자유로운 언어여행을 할 것이다. 그러나 경계인들은 이러한 혼용행위를 어느 선에서 멈추어야 하는지도 잘 알고 있다. 결국 브로델의 짐가방의 은유는 경계인들은 교류하는 접촉지대에서 자유롭지만, 그들의 문화전이는 상대문화의 핵심을 흔들어놓지 않는 선에서 이루어진다는 점을 강조한다.[25]

---

[25] 브로델에 따르면, 문명 간 접촉 혹은 문화전이를 위해서는 특별한 장소가 있다. 브로델은 이를 짐가방이라는 비유로 설명한다. 출신 문화는 경계가 분명한 고정된 문화라면 이 고정된 양 경계를 넘나드는 사람들만이 짐가방을 들고 접촉하고 브라사주를 경험한다는 것이다. 링구아 프랑카가 주로 연안지역 특히 항구에서 발달하였다는 점에서 접촉공간 및 브라사주의 공간의 제한된 장소와 관련이 된다. 따라서 이 접촉공간 이외의 다른 공간들은 접촉이 일어나지 않는 공간임을 전제한다. 즉 두 문화 공간의 경계는 영속적으로 유지되는 동시에, 이 경계의 중간지대 혹은 접촉지대에서만 문화의 역동성이 있다고 보는 관점이다. 이러한 관점에 대해 다클리아는 브로델의 생각과는 조금 다르게 링구아 프랑카가 상대 문화의 주류문화에도 영향을 미쳤다고 본다(Dakhlia, 2011). 앞서 주에서 언급하였듯이, 교역어 이외에 일상생활의 언어로도 사용되었다는 점에서이다.

이러한 견해에 따르면, 서로 다른 문명들의 언저리에서 만나는 경계인들은 해항도시를 주요 무대로 삼고 각 문화의 경계를 넘어 링구아 프랑카로 교류하였고, 이러한 탈경계성은 역경(閾境)을 넘지 않는 범위 안에서 이루어졌다고 말할 수 있다.

6. 결론

우리는 십자군 전쟁 이후 19세기에 이르는 시기 동안 지중해 연안에서 사용되었던 링구아 프랑카의 교류의 특징과 그 유형을 크게 혼종성, 매개성, 탈경계적 정체성이라는 개념으로 설명하고자 하였다. 십자군 전쟁은 문명충돌의 역사적 사건이지만 언어적 관점에서 보면 공통의 소통방식을 만들어낸 탈경계적 교섭의 역사였다. 마찬가지로 링구아 프랑카는 근대국가 이전에 서로 다른 언어를 사용하는 사람들이 만들어낸 공동의 언어였다는 점에서 탈경계의 언어이자 교섭어langue d'interaction였다. 링구아 프랑카가 교섭어였던 이유는 정체성에 뿌리를 둔 토착어도 강제성을 띤 지배자의 언어도 아닌 자발적인 의사소통의 필요에서 생겨난 매개어였기 때문이다. 전쟁과 상업적 이익을 위해 교류한 상인, 중개인, 배교자, 포로와 노예 등은 기독교 문명과 이슬람 문명을 오고 가는 디아스포라를 경험한 기독교도, 이슬람교도, 유태인들이었으며, 따라서 탈경계적 정체성 오히려 어디에도 속하지 않는 비정체성을 가진 경계인들이었다. 이들이 필요로 한 매개어는 특정 언어에 국한되지 않고 서로의 언어를 혼성하여 만들어낸 링구아 프랑카였다.

이러한 매개성은 또한 두 문명 사이에서 접촉한 사람들의 탈경계적 정체성을 설명해준다. 기독교 문명과 이슬람 문명이 500년 동안 접촉한 방식은 완전한 동질성을 만든 것이 아니라 이질성을 함께 공존시킨 교류였다. 바로 이러한 교류 유형이 적어도 힘의 관계에서 수직적이기보다는 상호적인 관계에 토대를 두었고, 경계인들은 서로의 문화를 개방하지만 문지방이라는 역경성을 고민하면서 타자와 거리 두기를 유지하였던 것이라 말할 수 있다. 그렇기 때문에 완전한 메티사주가 아닌 차이가 공존하는 사회가 되며, 이러한 사회는 지중해 연안의 개방성과 혼종성을 만들어낼 수 있는 원동력이 되었다. 결국 링구아 프랑카는 지중해 연안이라는 지역단위 내에서 이질성과 동시에 동질성을 만드는 문화 요소였으며, '탈경계적 정체성을 가진 화자들이 매개어로 사용한 혼종어'라는 점 때문에 의사소통의 필요가 사라졌을 때 쉽게 소멸할 수밖에 없었다.

이렇게 고유명사로서 링구아 프랑카는 소멸하였지만 매개어를 필요로 하는 사람들이 보통명사로서 링구아 프랑카를 지속적으로 사용하고 있다고 보아야 할 것이다. 예를 들어 이민자들의 언어, 젊은이들의 신조어 등이 경계를 넘어 혼종어를 만들고 그들만의 언어소통 방법으로서 매개어를 선택하고 있다는 것은 하나의 예시가 될 수 있다. 이들은 짐가방을 들고 한 문화에서 다른 문화로 오고 가는 문화교섭의 주역이며, 주류문화보다 주변 문화 속에서 브라사주와 융합의 장소를 만들고 동질성 속에 이질성을 만들며, 메티사주 속에 차이를 만드는 주체가 될 것이다. 짐가방을 든 경계인들은 어느 시대나 어느 사회에서나 접촉지대, 중간지대, 탈중심적 공간의 소통언어를 만들어갈 것이다.

주제어: 링구아 프랑카, 사비르어, 경계, 지중해, 언어 혼종성, 매개적 기능, 역경성, 탈경계적 정체성

참고문헌

공일주·전완경, 1998, 『북아프리카사』, 세계각국사, 13, 대한교과서.

남종국, 2011, 『지중해 교역은 유럽을 어떻게 바꾸었을까?』, 서울: 민음인.

윤용수·임병필·임지영·최춘식, 2012, 「지중해 지역 연구의 과제와 지중해학-교류의 단위와 유형화를 중심으로-」, 『지중해지역연구』, 제14권, 제3호, 지중해연구소, pp.61-90.

임기대, 2009, 「알제리 식민지배 초기(1830-1870)의 프랑스의 언어문화정책」, 『프랑스학연구』, 48집, 프랑스학회, pp.439-469.

Bénouis, Mustapha K. 1974. "Parlez-vous sabir···ou pied noir?." *The French Review.* Vol.XLVLL. No.3. pp.578-582.

Burke, Peter. 2000. *Cultural Hybridity.* Pirnceton University Press. 강상우 역, 2009, 『문화혼종성』, 서울: 이음.

Calvet, Louis-Jean. 1981. *Les langues véhiculaires*, Que sais-je?. Paris: PUF.

Calvet, Louis-Jean. 1993. "Véhicularité, véhicularisation." *Le français dans l'espace francophone.* pp.451-456.

Calvet, Louis-Jean. 2002. *Linguistique et colonialisme.* Paris: Payot & Rivages. 김병욱 역, 2004, 『언어와 식민주의』, 서울: 유로서적.

Calvet, Louis-Jean. 2006. *La sociolinguistique.* Que sais-je?, 5e éd. Paris: PUF.

Chachou, Ibtissen. 2011. "L'algérisation du français. Vous avez dit ≪sabir≫?." *Lengas 70.*

Delacampagne, Christian. 2000. *Une histoire du racisme.* Paris: Librairie Générale Française. 하정희 역, 2013, 『인종차별의 역사』, 서울: 예지.

Diaz, Eva Martinez. 2008. "An Approach to the Lingua Franca of the Mediterranean", *Quaderns de la Mediterània 9.* Barcelone: European Institue of Mediterranean.

Dubois, Jean et ali. 1994. *Dictionnaire de la Linguistique et des sciences du langage.* Paris: Larousse.

Lacoste, Yves. 2004. *Maghreb, peuples et civilisations.* La Découverte. 김정숙 외 역, 2011, 『마그레브, 북아프리카의 민족과 문명』, 마그레브연구소, 서울: 한울.

Mazzella, Léon. 1989. *Le parler pied-noir: mots et expressions de là-bas.* Paris: Rivages.

Perego, Pierre. 1968. "Les sabirs." *Le langage.* Paris: Gallimard, pp.597-607.

사전자료

Dictionnaire étymologique de la langue française. 1989. O. Bloch-W. Von Wartburg. 8e éd. Paris: PUF.

Grand Larousse de la langue française. 1971-1978. Vol.1-6. Paris: Larousse.

Le Robert Dictionnaire historique de la langue française. 1985. Tome 1,2. Paris: Dictionnaires le Robert.

Le Trésor de la Langue française. 1978. Tome 1-16, Paris: CNRS.

Littré Dictionnaire de la langue française. 1963. Tome 1, 2. Paris: Gallimard/Hachette.

인터넷 자료

Aslanov, Cyril. 2012. "La lingua franca en Méditerranée entre mythe et réalité." *Mélanges de l'école française de Rome - Italie et Méditerranée modernes et contemporaines.* 124-1. mis en ligne le 19 décembre 2012. URL: http://mefrim, revues.org/112 (검색일: 2014.4.4.).

Bannour, Abderrazak. 2004. "Brève mise au point sur la Lingua Franca en Méditerranée." *Trames de langues. Usages et métissages linguistiques dans l'histoire du Maghreb.* éd. J. Dakhlia. Paris: Maisonneuve et Larose. (검색일: 2014.4.4.).

http://abannour.b.a.f.unblog.fr/files/2014/01/lingua-franca.pdf

Dictionnaire de la Langue franque ou petit mauresque. 1830. http://gallica.bnf.fr/ark:/12148/ bpt6k6290361w (검색일: 2014.4.4.).

Dakhlia, Jocelyne. 2008. "La langue franque méditerranéenne." *Les Cahiers du Centre de Recherches Historiques.* 42. mis en ligne le 18 octobre 2011. URL: http://ccrh.revues.org/3439; DOI: 10.4000 /ccrh.3439 (검색일: 2014.4.14.).

Lafi, Nora. 2004. "La langue des marchands de Tripoli au XIXe siècle: langue franque et langue arabe dans un port méditerranéen." *Trames de langues. Usages et métissages linguistiques dans l'histoire du Maghreb.* éd. J. Dakhlia, Paris: Maisonneuve et Larose. www.zmo.de/···/ *Lafi/la-langue-des - marchands.pdf* (검색일: 2014.4.4.).

Mahtout, Mahfoud. Gaudin, Francois. 2010. "Approche historique et sociolinguistique de la lexicographie bilingue missionnaire et les langues minoritaires en Algérie coloniale (1830-1930): le cas du berbère." http://www.euralex. org/proceedings-toc/euralex_2010/ (검색일: 2014.6.9.).

Siblot, Paul. 2002. "Relations interéthniques et figurations de l'interlangue" euxin.fltr.ucl.ac.be/ files/Siblot2002.pdf (검색일: 2014.4.4.).

Voyat, Raymond. 2002. "*Les langues de relation.*" Hieronymus. 4. Bern. www.tradulex.com/ en/translators/articles (검색일: 2014.4.4.).

http://alger-roi.fr/Alger/sabir/sabir.htm (검색일: 2014.6.9.).

http://fr.wikipedia.org/wiki/Marranisme (검색일: 2014.9.25.).

http:www.axl.cefan.ulaval.ca/francophonie/HIST_FR_s2_Periode-romane.htm (검색일: 2014.6.9.).

중세 지중해의 문명 교류와 이슬람*

윤용수

1. 서론

지중해의 역사를 각 단계별로 구분해보면 고대 오리엔트 시대→헬레니즘 시대→로마 제국 시대→비잔틴 제국 시대→아랍·무슬림 제국 시대→오스만 튀르크 제국 시대→서양 제국주의 시대→현대의 순으로 구분할 수 있을 것이다.

역사 단계별로 지중해의 정치적, 군사적 패권을 장악한 제국은 막강한 국력을 바탕으로 인근 국가에 영향력을 행사하며 자신의 문명을 확산시켰다. 피지배국은 수용된 지배국의 문명에 동화→변용→재생산의 과정을 거쳐 자국의 문화로 수용했다.[1] 강물이 높은 곳에서 낮은 곳으로 흐르듯, 문명도 문명이 발전된 지역에서 낙후된 지역으로 확산된 것이다.

시간의 흐름에 따라 피지배국의 국력이 강화되어 지배국의 위치를 차지하면, 신흥 지배국의 문명이 다시 주변국으로 확산되는 문명의 순환과정을 거치는 것이 지중해 지역 문명 발전의 일반적인 과정이다. "문명은 상태가 아

---

* 이 글은 『지중해지역연구』, 19(3), 2017에 게재된 논문 「중세 지중해의 문명 교류와 이슬람」을 재수록한 것임.
1 물론, 피지배국의 문명이 지배국의 문명에 역류되어 주류 문화를 이루는 경우도 있었으나, 전체적인 흐름에서는 지배국의 문화가 피지배국으로 유입되는 것이 일반적이었다.

니라 운동이며, 항구가 아니라 항해다"(홍사중 역, 2007)라는 역사학자 토인비(Arnold J. Toynbee, 1885-1975)의 일언은 지중해 문명의 이러한 역동적인 속성을 반영한 것이다.

문명은 그 특성상 상호 접촉을 통해 상대 문명의 자양분을 섭취하며 성장한다. 흡수된 문명은 외형상 소멸된 것처럼 보일 수 있으나, 변형된 형태로 흡수한 문명의 일부분을 차지하며 그 생명을 이어간다. 문명 발달의 이러한 속성들은 인류 문명의 저장고인 지중해에서도 예외 없이 발견할 수 있다.

지중해의 개별 문명들은 예외 없이 이(異)문화에 빚을 지고 있다 할 수 있다. 고전 그리스 문명은 고대 오리엔트 문명의 성취를 수용함으로써 탄생할 수 있었다. 로마 문명은 고전 그리스 문명을 근간으로 동서양 문명을 혼합한 국제 문명인 헬레니즘 문명을 근간으로 했다. 중세 시대 아랍·무슬림들이 이끈 이슬람 문명 역시 로마와 비잔틴 제국의 문화적, 학문적 성취를 자양분으로 삼아 발전한 것이다. 르네상스의 부활은 이슬람 문명의 학문적 성취와 문화적 유산이 있었기에 가능했다. 따라서 기독교와 이슬람 문명, 아시아, 유럽과 아프리카가 공존하고 있는 지중해 지역은 이 지역에서 명멸해간 수많은 제국과 문명들의 흔적과 발자취가 퇴적되어 있는 복합문명공간이라 할 수 있겠다.

아랍·무슬림들이 일군 이슬람 문명은 지중해의 중세 시대를 이끈 문명이다. 서구인들에게 '사막의 야만인'으로 알려져 있던 아랍·무슬림들은 7세기부터 15세기까지 약 800년간 지중해 문명의 발전을 이끈 주역들이었다. 이들은 동으로는 인도에서 서로는 이베리아반도에 이르기까지 지중해는 물론 중앙아시아까지 이슬람화시켰고 그 영향력은 지금까지 지속되고 있다. 사가(史家)들이 '이슬람의 기적'이라 부를 정도로 이슬람은 지중해 지역은 물론 전 인류의 삶과 문명에 지대한 영향을 끼치고 있다.

따라서 본 연구에서는 중세 시대를 중심으로 교류와 확산의 관점에서 이슬람 문명과 유럽 문명 간의 관계를 연구하고자 한다. 특히, 중세 시대 지중해 지역의 주류 문명이었던 이슬람 문명이 발달한 배경과 유럽 문명에 확산되어 가는 과정을 통해 인류 문명에 대한 아랍·이슬람 문명의 공헌을 파악하고자 한다.

2. 중세의 지중해와 아랍·이슬람 세계

본 연구는 지중해의 역사 단계 중 중세시대를 연구 대상으로 하고 있다. 우리가 일반적으로 언급하는 중세란 시대 개념은 서양의 시대 개념을 수용하여 일컫는 표현으로서 비서양의 시각에서는 타당하지 않을 수 있다.

지중해는 유럽과 아랍을 포괄하는 지역이기 때문에 시대 구분에 있어 양자 간에 차이가 발생할 수 있는 것이다. 즉, 유럽인이 생각하는 중세와 아랍인의 중세가 다를 수 있다. 이는 역사에 대한 관점과 위치에 따른 차이다.

본 연구는 지중해 전체를 거대사적인 관점에서 고찰하고 있으므로, 유럽과 아랍의 위치와 관점에서 벗어난 제3자의 시각에서 중세 지중해의 문명 교류를 다루고자 한다. 따라서 문명 교류의 관점에서 중세의 시간 개념을 새로이 정의하고자 한다.

본 연구에서 지중해의 시대 구분은 아래와 같이 한다.

구분	시기	주요 특징과 사건
고대	기원전-7세기	지중해 문명의 잉태기(오리엔트 문명)
		지중해 문명의 토대 구축기 (그리스·헬레니즘 문명, 로마·비잔틴 제국)
중세	7-15세기	유목 문명 시대(아랍·이슬람제국)
공존기	15-17세기	문명 공존 시대(르네상스 유럽, 오스만튀르크 제국)
근대	17-19세기	산업 기술 문명의 시대(산업혁명, 제국주의 국가)

상기의 구분은 지중해의 역사를 문명 교류를 중심으로 문명 발전의 주체와 패러다임의 교체를 기준으로 구분한 것으로서, 기존의 유럽 중심적 지중해의 시대 구분과는 다소 차이가 있을 수 있다.

고대는 인류 문명의 시원(始原)인 오리엔트 문명 시대를 포함하는 지중해 문명의 잉태기와 국가의 형태를 갖추고 전쟁과 정복을 통한 문화 교류와 전파가 일어난 헬레니즘 시대, 로마 제국과 비잔틴 제국의 전반기를 포함한다. 즉, 본 연구에서 고대는 문명의 잉태기와 유럽인들이 지중해의 패권을 차지하고 있던 시대를 의미한다.

서양의 역사에서는 서로마 제국이 멸망한 AD 5세기까지를 고대로 간주하는 경향이 있지만, 문명 교류의 관점에서는 문명이 잉태(오리엔트문명)되고, 문명 발달의 토대가 구축된 시기(그리스·헬레니즘·로마문명)를 고대로 규정하고, 지중해 문명 발달의 주체가 로마인에서 아랍인과 무슬림으로 교체되어 이슬람문명이 본격적으로 등장하기 시작한 AD 7세기 이후를 지중해 문명 발전의 다음 단계인 중세로 구분하는 것이 보다 타당할 것이다.

중세시대가 시작된 7세기의 지중해는 기존의 질서가 무너지고 새로운 질서가 등장하는 변혁의 시대였다. 지중해를 1천 년 동안 완전히 장악했던 로마제국의 몰락은 기존의 법, 행정 시스템, 사회 가치 체계 등 지중해 사회 전반에 걸친 대 변화를 예고했다. 로마의 뒤를 이은 비잔틴 제국이 로마의 가치를 보존하고 위상을 회복하려 노력했으나, 과거 로마 제국과 비견될 수는 없었다.

이 시대에 동지중해 아라비아반도에서 아랍인들에 의해 태동된 이슬람문명은 로마와 비잔틴 제국의 점령 지역을 빠르게 차지해갔고, 기존의 질서인 로마의 질서를 새로운 이슬람의 질서로 개편해 나갔으며, 향후 약 8세기 동안 지중해 문명은 아랍·무슬림들이 주도한 이슬람문명에 의해 주도되었다.

따라서 본 연구에서 중세는 헬레니즘·로마·비잔틴 문명을 계승한 아랍·

이슬람 문명이 지중해 문명 발전을 주도한 시기인 7-15세기로 설정했다.

공존기로 명명한 15-17세기는 지중해에서 라틴·그리스 세력의 몰락을 의미하는 비잔틴 제국의 멸망, 서구 문명의 부활을 의미하는 르네상스를 포함하고 있다. 즉, 중세의 어둠에서 깨어나기 시작한 서구 세력과 아랍인을 대신해 지중해의 절대 강자로 부상한 오스만튀르크가 공존하는 시대이기 때문에 공존기로 별도로 구분했다.

근대는 산업혁명 이후 자본과 기술을 확보한 서방 유럽 국가들이 제국주의로 무장하고서 식민지를 확장하며 강제적인 문명 주입을 한 17-19세기로 구분했다.

(1) 아랍·이슬람 세계의 발달

많은 사람들은 아랍 문화와 이슬람 문화를 동일시하는 경향이 있지만 이는 일종의 착시 현상으로 인한 오류다. 지리적으로 아랍 지역과 이슬람 지역이 구분되는 것처럼 이 두 문화도 구분되어 이해되어야 한다.

아랍 문화는 베두인들에 의해 발달한 아라비아반도의 기층문화인 반면, 이슬람 문화는 아라비아반도의 멕카 출신인 사도 무함마드에 의해 시작되었고, 그를 계승한 아랍·무슬림들에 의해 발전·확산된 글로벌 문화라는 점에서 뚜렷하게 구분된다. 아랍 문화의 상당 부분이 이슬람 문화에 흡수되어 발전했지만 양자는 역사적, 문화적으로 그 성격을 달리한다. 여성 할례나 무한정의 일부다처제는 아랍의 관습이지 이슬람의 관습은 아니다. 한반도의 전통문화와 불교문화(또는 유교문화)가 일치하지 않는 것과 같은 맥락이라 하겠다. 따라서 본 연구에서도 용어상 아랍 문화와 이슬람 문화는 구분해서 사용하겠다.

① 이슬람 이전 시대의 아랍 세계

서양 학자들은 이슬람 이전 시대(AD 7세기 이전) 아랍인들의 거주지인 아라비아반도에 발달된 문화가 있었다는 전제 자체에 부정적인 견해를 보이지만, 아라비아반도는 인간이 최초로 정착 생활을 시작하고, 농경과 가축을 키우기 시작한 곳이다. 또한 수많은 왕국들이 명멸해갔으며 그들이 남긴 유산은 인류 문명의 시원(始原)이 되었다.

아랍인들의 주 무대인 아라비아반도의 혹독한 자연환경은, 아랍인들로 하여금 생존을 위해 지리, 식물, 동물, 천체 등 자연환경에 대한 매우 실질적인 탐구를 하게 하였고 이러한 탐구는 아랍인들이 자연과학에 관심을 기울이게 된 기반이 되었다.

아라비아반도 문명의 기원은 수메르인들이 BC 4000년경 인류 최초의 도시국가를 메소포타미아 지역에 건설하면서 시작된다. 이들은 인류 최초의 문자인 쐐기문자를 만들어 사용했고, 이 문자는 이후 아랍어 문자의 기원이 되었다.

이후 메소포타미아 지역은 아카드인, 아무르인, 히타이트인, 아시리아인들이 차례로 지배하며 국가를 건설했다. 아무르인들이 세운 바빌로니아왕국의 6대 왕 함무라비대왕(Hammurabi, BC1792-1750 재위)의 함무라비법전을 통해 알 수 있듯이 고대 메소포타미아의 국가들은 이미 법치를 시행했다. 히타이트인들은 철제 무기와 전차를 사용하는 과학적 발전을 보였다.

현재 레반트(Levant) 지역으로 불리는 지중해의 서해안 지역은 페니키아인들이 이주하여 도시국가를 만들어 해상 중계무역으로 부(富)를 축적하고 번영을 누렸으며, 이들은 오늘날 알파벳의 기원이 되는 문자를 만들어 사용하기도 했다. 이들은 뛰어난 항해술로 지중해를 가로질러 이베리아반도에 이르렀고 현재의 튀니지에 카르타고왕국을 건설하여 지중해의 제해권을 장악한 후 로마와 대적하기도 했다.

이집트에서는 BC 3000년경 이집트 최초의 통일 왕국이 건설되었다. 이집트의 지배자인 파라오들은 이집트의 통일에 만족한 것이 아니라 아라비아반도에도 관심을 가져 BC 1525-1448년에 누비아와 시리아를 정복하여 직접 통치하며 양 지역의 문화를 소통시켰다.

아라비아반도의 남부 지역은 이슬람 이전 시대 아랍 문명의 가장 중요한 지역이다. BC 10세기경 지금의 예멘지역에 건국된 사바(Saba) 왕국은 일찍부터 관개 시설과 댐을 이용한 농업이 발달하였다. 사바인들은 로마에 향료를 수출하여 부를 축적하는 등 외부 세계와의 교역에 적극적이었다.

아라비아반도의 중부 지역은 아랍 유목민들의 지역이었다. 대부분이 사막인 지리적 환경 때문에 외부의 침입을 거의 받지 않았고, 독자적인 유목 문화를 이어나갔으며, 후대 이슬람 문화의 발흥지가 되었다.

이슬람 이전의 아라비아반도를 아랍인들도 '무지의 시대(ʕaṣr Jāhiliya)'라 칭하고 있지만, 이는 종교적 관점에서의 표현이며, 문명의 관점에서는 상기에서 본 것처럼, 이런 표현은 적절하지 않다. 아랍인들이 서구의 비행기와도 바꾸지 않겠다는 문화적 자긍심의 핵심인 아랍 시는 당시에 이미 고도로 발달되어 있었고, 자힐리야 시대의 시는 지금도 아랍의 대학에서 연구와 강의의 대상이 되고 있다. 특히, 당시의 대표적인 7인[2]의 시를 모아서 만든 7편의 송시(Sabʕa Muʕallaqat)는 이슬람 이전 아랍 문화의 정수를 보여주고 있다. 이들의 시는 지금도 메카 카바사원의 벽에 금가루로 기록되어 보존되어 있다. 아랍의 시 전통은 이슬람 시대에도 계속 유지되었고, 이후 아랍의 시는 유럽에서 새로운 유형의 시 탄생에 일정 부분 영향을 끼쳤다는 평가도 받고 있다(Landau Rom, 1958: 55).

기원 전후 시대에 아라비아반도는 당시 지중해의 강국인 로마와 동방의

---

2   7편의 송시에 기록된 시인들은 Imru' al-ays, Tarfah, Zuhair, Labid, Antar, Amru ibn Kalthoom, Al-Harith ibn Hillizah이다.

절대 강국인 페르시아의 영향을 동시에 받고 있었다. 갓산(Ghassanids, AD 220-638)왕국을 통해서 로마의 문화가, 라크미드(Lakhmids, AD 300-602) 왕국을 통해서 페르시아 문화가 아라비아반도로 유입되고 있었다.

따라서 이슬람 이전 시대 아라비아반도는 문명의 사각지대가 아니라, 로마 문명과 페르시아 문명 그리고 아라비아반도의 기층문화인 베두인 문화가 공존하고 있는 문화 혼종(hybridity) 지역이었다 할 수 있겠다.

일반적인 문명의 발달 과정을 통해 볼 때, 이질적인 문명의 만남은 보다 진화된 문명 발전을 위한 필요충분조건이었다. 따라서 이슬람 도래 이전의 아라비아반도는 동지중해 지역의 혼종 문화의 특징을 갖추고서 중세 지중해 문명 발달을 이끈 이슬람 문명의 탄생을 예고하고 있었다 할 수 있다.

② 이슬람 문명의 형성과 발전

아랍인들은 사도 무함마드 사후(死後) 이슬람의 선교와 세력 확장을 위해 중앙아시아에서 이베리아반도에 이르는 광활한 영토를 차지했고 동서양을 잇는 지중해는 아랍인들의 호수가 되었다.

그러나 유목 문화의 전통으로 인해 체계적인 행정 및 학문 체계를 갖고 있지 못했던 아랍인들은 넓은 제국의 통치를 위해서 선진적인 행정 시스템과 높은 수준의 학문과 지식을 필요로 했다. 빠른 시간에 이를 해결할 수 없다는 것을 파악한 아랍인들은 이를 해결할 차선책으로 페르시아와 그리스 등 주변국으로부터 선진 외래 학문을 적극적으로 수용했다. 특히, 압바스조 칼리파들의 학문에 대한 욕망과 적극적 후원은 이슬람 문명이 황금기를 구가하는 데 결정적인 뒷받침이 되었다. 하디스의 '요람에서 무덤까지 지식을 구하라', '지식을 구하기 위해 중국까지 가는 한이 있더라도 지식을 찾아라', '학자의 잉크는 순교자의 피보다 더욱 신성하다' 등의 격언은 칼리파들의 학문 탐구에 대한 의지를 뒷받침했다.

중앙아시아에서 스페인 안달루시아에 이르는 광대한 영토에는 다양한 문명과 언어가 존재했었고 이들 개별 문명의 문화적 자양분은 아랍인들에 의해 빠른 속도로 흡수되었다.

이슬람 문명의 성장과 발전에는 아랍계 무슬림뿐만 아니라, 마왈리(mawali, 비아랍계 이슬람교도)와 기독교, 유대교도, 조로아스터교 등 다양한 인종과 종교적 배경을 가진 이들이 결정적인 기여를 했다. 이는 이슬람 문명이 아랍인들만의 전유물이 아닌 세계인이 공유할 수 있는 보편성을 지녔음을 의미한다.

이슬람 문명의 토대가 된 아랍·무슬림들의 외래 문명 수용은 이슬람시대 초기부터 이슬람의 전 지역에서 꾸준히 지속되었다. 아랍 최초의 왕조인 우마이야왕조(AD 660-750년)의 다마스쿠스, 이슬람 문명의 정점이자 황금시대인 압바스조(AD 751-1258년)의 바그다드, 파티마왕조(AD 909-1171)의 카이로, 안달루시아왕조의 코르도바와 그라나다 등 연대기의 차이는 있지만 이슬람 문명의 중심지는 전 이슬람 세계에 골고루 분포되어 있고, 이런 분포는 이슬람 문명을 살찌우게 하는 요인이기도 하다.

우마이야왕조에서는 아랍인 우월주의가 지배한 반면, 왕조에서는 아랍인 우월주의가 퇴색하고 모든 무슬림은 이슬람의 우산하에서 평등하다는 평등사상이 팽배해짐에 따라 다양한 국적의 무슬림들이 왕조의 운영에 직접적으로 참여했고 이들의 문화적 역량은 압바스조의 문화와 학문의 발전에 직접적인 공헌을 했다. 특히, 페르시아 출신의 마왈리들이 압바스조의 지배층을 차지함에 따라 고대 페르시아제국의 왕정제, 관료제 및 행정제도가 압바스조의 통치 제도에 커다란 영향을 끼쳤다. 특히, 이들 마왈리들은 사산조 페르시아의 행정조직을 복원하여 압바스조에 적용하려 노력했다(김정위, 1986: 116).

8세기부터 13세기까지 압바스조의 수도였던 바그다드는 당시 전 세계의 상업과 학문, 예술의 중심지로서, 국제도시로서의 면모를 갖추고 있었다. 바그다드에는 전 이슬람 세계와 중국까지 개설된 은행 지점이 있었고, 병원, 약국, 도서관, 학교와 서점이 있었다. 종이는 중국인들이 만들었지만, 바그다드에는 제지공장이 만들어져 종이를 대량으로 공급하고 있었다. 12세기까지 유럽인들은 양피지를 사용해 기록하고 있었고, 십자군전쟁을 통해 유럽인들은 아랍인들로부터 제지술을 습득한 후 유럽에 종이를 보급했다. 또한 당시 바그다드에는 농사를 위한 관개 수로시설과 하수시설이 이미 만들어져 사용되고 있었다.

무슬림 상인들은 해로를 개척하기 시작하여 아랍의 선박들이 수마르타, 인도, 중국, 마다가스카르로 항해하는 등 해상 실크로드가 개척되어 비이슬람 문명과의 교류가 증가했고, 이런 해상 교류 역시 아랍·이슬람 문명을 살찌우게 했다(윤용수, 2005: 214).

압바스조는 초기에는 바그다드 칼리파를 중심으로 정치적 안정을 취하며 문화적 황금기를 구가했으나, 점차 제국의 분열 양상을 보였다. 지나치게 광활한 영토로 인해, 효과적인 통치가 이루어지기 힘들어 제국이 여러 왕조로 분열되는 현상이 나타난 것이다. 그 결과 바그다드 칼리파의 영향력은 바그다드 인근 지역에 국한되었고, 바그다드의 칼리파는 제국의 상징적인 존재로 남게 되었다. 그러나 제국의 정치적 분열에도 불구하고 압바스조는 종교적으로 이슬람과 언어적으로 아랍어라는 큰 틀에서는 벗어나지 않았다. 또한 학문과 문화에 대한 욕구는 식지 않았으며, 오히려 각 지역의 칼리파들이 경쟁적으로 학문을 후원하는 양상을 보였기 때문에 중세시대 이슬람 문명의 발전은 멈추지 않았다.

칼리파들의 학문에 대한 의지는 이슬람 제국의 칼리파들이 경쟁적으로 고등 교육 기관을 설립한 것에서도 알 수 있다. AD 859년 모로코의 페즈(Fez)의 까이라완(Qairawan) 사원에서는 세계 최초의 종합 고등 교육이 시행되었고, AD 970년에는 이집트 카이로의 알 아즈하르(Al-Azhar) 사원이 그 뒤를 이었다. 이들 사원은 교육 체계라는 점에서는 현대식 대학이라 할 수 없으나, 고등 종합 교육을 세계 최초로 시행한 최초의 고등 교육 기관이라는 점은 분명한 것 같다. 이런 연대기는 교육 체계를 갖춘 서양 최초의 고등교육기관인 이탈리아의 볼로나(Bologna) 대학이 AD 1088년에 세워진 것과 비교하면 200년 이상 앞선 것이다(윤용수, 2005: 216).

이처럼 이슬람 문명은 칼리파들의 적극적인 지지와 후원에 힘입어 전통적인 아랍 문화에 인근 선진 문화를 적극적으로 수용하여 한 단계 더 발전된 고급 문명으로 발전하였고 중세 지중해 지역을 대변하는 문명으로 발전할 수 있었다.

3. 중세 지중해의 문명 교류와 이슬람의 역할

유럽 역사에서 중세는 암흑의 역사로 간주된다. 중세시대 유럽은 헬레니즘과 고대 로마의 빛나는 문화유산은 잊히고 봉건제도의 계급과 장원제도의 착취, 야만과 주술, 마녀가 활개 치던 시대였다. 더욱이, 유럽인들이 야만시하던 아랍인들이 문명의 꽃을 피우고 지중해 역사를 주도하며, 유럽인들보다 앞선 선진 문화를 누리고 있었기에 유럽인들은 중세 역사를 외면하는 경향마저 보인다.

이슬람 문명이 황금기를 구가하고 있던 시대에 유럽인들에 대한 아랍인들의 인식은 아랍의 역사가이자 문학가인 아부 하산(Abu Hasan al-Mas'udi, 956년 사망)의 아래와 같은 언급에서도 알 수 있다.

"북쪽의 사람들은 춥고 습한 곳에 살고 있다. 얼음과 눈이 끝없이 계속되고 있다. 그들 사이에는 따뜻한 유머가 부족하고, 몸은 크고, 성격은 거칠며

예의는 세련되지 못하다. 그들은 이해력이 부족하고 언어도 발달하지 못했다. 그들의 종교적 믿음은 견고하지 못하다. 그들 중 가장 북쪽에 살고 있는 사람들은 어리석고, 야만적이다"(Bernard Lewis, 1993: 180).

아부 하산의 언급처럼 아랍인들은 중세 유럽인들을 세련되지 못한 야만인으로 간주하고 있었다. 실제로 중세의 유럽인들은 가난과 기아, 무지, 질병, 폭력과 불결에 시달리고 있었다. 그들은 흙으로 만든 오두막집에 거주했고, 도시의 하천도 정비되지 않아 질병의 온상이 되곤 했다. 심지어 피부의 손상을 염려하여 목욕도 자주 하지 않았다(David E. Standard, 1992: 58).

그러나 유럽 학자들 사이에 중세에 대한 평가를 달리하고 있는 이들도 있다. 기본(Edward Gibbon, 1737-1794)은 중세를 고전 문명과 고전 문명을 이어받은 현대와의 사이로 인식하고 있고, 일부 현대 유럽 사가들은 중세는 현대의 발달된 문명을 준비한 휴식기이며 암흑기가 아니라고 규정하고 있다. 즉, 유럽의 중세는 근대의 발전을 준비하기 위한 과정이며 결코 암흑이나 야만의 시대가 아니라고 항변하고 있다(Wendell Philips, 1986: 3).

역사의 발전 과정은 잉태기와 성장기, 발전기와 쇠퇴기를 반복하는 것이 일반적인 과정이기 때문에 유럽 학자들의 중세 유럽에 대한 이러한 평가는 타당한 측면이 있다. 그러나 인류 문명의 발달은 그 어느 한순간도 중단되지 않았고, 유럽인들이 지중해 문명의 무대에서 물러나 있을 때 지중해 문명의 주역은 아랍인들이었으며, 이들이 이룩한 이슬람 문명에 의해 유럽인들이 암흑의 시대에서 벗어날 수 있었음도 사실이다. 유럽인만이 문명의 발전을 이끌 수 있다는 생각은 그들의 지적 오만이라 하겠다.

따라서 중세 시대 지중해 문명의 주체 세력은 무슬림과 이슬람 문명이었으며, 유럽은 이슬람 문명을 수용하는 입장이었다. 로마 제국이 지중해 지역을 지배하던 고대 시대의 상황과 역전된 것이라 할 수 있다.

아랍·무슬림들이 주도한 중세 지중해 문명은 이슬람 문명의 황금기라 불리는 압바스조 시대에 절정에 달했다. 이베리아반도에서 중앙아시아를 거쳐 인도까지 영향력을 확장한 압바스조는 3개 대륙을 넘나드는 광대한 지역의 정치적, 군사적, 경제적, 종교적 통일을 이루었고, 각 지역의 문명들이 빠르게 소통할 수 있는 내부적 환경을 마련했다. 바그다드에서 발행한 어음이 카사블랑카에서 환전될 수 있는 경제 공동체를 구축했기 때문에 압바스조에서 지역 간 교류에는 아무런 장애가 없었다. 즉, 압바스조 초기의 정치적 안정과 제국 내의 신속하고 원활한 소통 체계는 중세 지중해 문명 교류를 가능하게 한 가장 중요한 요인 중의 한 가지라 할 수 있겠다.

중세시대 지중해 지역에서 이슬람 문명과 유럽의 접촉은 각 지역 거점을 중심으로 진행되었다. 지중해 서부 지역은 주로 이베리아반도의 안달루시아 왕조(AD 711-1493)를 통해서 이루어졌고, 중부 지중해 지역은 시칠리아를 통해서 진행되었다. 동지중해 지역은 압바스조와 비잔틴 제국이 국경을 맞대고 대립하고 있었기 때문에 크고 작은 전쟁, 특히 십자군 전쟁을 통해 문명 간 교류가 진행되었다는 특징이 있다.

(1) 서부 지중해 지역의 문명 교류

이슬람 문명의 서지중해 지역 진출은 639년 아랍·무슬림 군대의 이집트 정복을 위한 출병이 시작이었다. 동지중해의 전략적 요충지인 이집트를 정복하기 위해 출병한 아랍·무슬림 군대는 643년 이집트, 647년 튀니지, 683년 모로코 등 불과 50여 년 만에 북부 아프리카를 정복했고 711년에 마침내 지브롤터 해협을 거쳐 이베리아반도에 진입하기에 이르렀다(David Nicole, 2009: 10-12).

아랍·무슬림 군대가 군사적으로 영토를 확장해 나갔지만, 이들이 정복지에서 취한 정책은 기본적으로 정복지의 문화를 파괴하기보다는 정복지의 기층문화를 수용하는 것이었고, 이 정책은 피정복민의 지지와 이슬람의 확산이라는 큰 성과를 거두었다.

아랍인들이 이슬람의 확장을 위해 최초로 아라비아반도를 벗어나 이집트를 공격할 때의 군사는 4,000명에 불과했다(윤용수, 2014: 10). 이후 전쟁을 거듭할수록 이슬람 군대에 참전한 군사의 수는 늘어났고, 이슬람 군대가 이베리아반도를 점령하기 위해 지브롤터 해협을 건널 때의 군사는 피정복민의 참전으로 12,000명으로 늘어났다.

이는 아랍·이슬람 군대가 북아프리카를 점령해 나가면서 점령지 원주민들에게 그들의 종교와 문화 및 언어를 존중하는 포용정책을 실시한 것과 관련이 있다고 판단된다. 즉, 피정복민을 억압하기보다는 그들을 포용함으로써 이슬람으로 개종한 피정복민의 숫자가 증가한 것이다.

지브롤터 해협을 건너 이베리아반도에 상륙한 아랍·이슬람 군대(아랍+베르베르 연합군)는 거의 아무런 저항도 받지 않고 마치 정해진 코스를 따라가듯이 이베리아반도 내부로 진입해 들어갔으며, 여기에 저항하는 이베리아반도의 도시도 극소수에 불과하였다.

아랍·이슬람 군대가 지브롤터 해협을 건넌 것은 711년이고, 그들이 '위대한 길(Al-ʔarḍ al-kabīr)'이라 명명한 북진로를 따라 승승장구하며 전진을 계속하다 피레네산맥에서 프랑크 왕인 칼 마르텔(Charles Martel, 688-741)과의 푸르(La Tour)전투에서 패배하여 이베리아반도 점령이 중단된 것은 717년으로서 불과 6년 만에 이베리아반도 거의 전체를 실질적으로 점령한 것이다(D.M.Dunlop, 1985: 15).

이는 아랍·이슬람 군대의 이베리아반도 정복이 그만큼 빠르고 전격적으로 진행되었음을 의미한다. 이베리아반도에 살던 이베로-로마인들은 서고트 왕국의 과도한 세금과 강압적인 통치에 고통받고 있었기 때문에, 서고트 왕국을 무너트린 아랍·이슬람 정복군을 환영한 측면도 있었다. 그들은 단지 아랍인들의 진격을 돕는 것에 그친 것이 아니라 비밀 협약을 맺고, 지원을 했을 가능성도 배제할 수 없다(김호동, 2003: 332-333).

안달루시아 왕국의 수도였던 코르도바와 그라나다는 이슬람 문명을 유럽에 전파하는 중심지였다. 코르도바의 대 모스크인 메스키타(Mezquita), 알람브라 궁전, 아랍 시에 기반을 둔 자잘(zajal), 관개 시설을 갖춘 세비야와 발렌시아의 정원과 안달루시아에서 발달한 철학과 과학 등은 대표적인 스페인-이슬람의 유산이다(신연성 역, 2009: 518). 특히 코르도바의 메스키타는 이슬람 건축양식에 서고트와 로마의 요소가 가미되었다. 메스키타는 다마스쿠스의 우마이야사원처럼 이슬람 문명이 과거의 가치를 흡수하고 나아가 그것을 대체하고 있다는 것을 상징했다(신연성 역, 2009: 522). 알람브라 궁전은 아랍인들이 건축한 전 세계에서 가장 아름다운 건축물로 남아 있으며, 세빌라와 톨레도는 안달루시아왕조 지식의 요람이었다. 특히 톨레도는 과학 문헌을 아랍어에서 라틴어로 번역하는 중심지였다(Abdullah M. Sindi, 1999).

언어를 포함한 학문적인 측면에서 이슬람 문명은 중세 유럽을 계몽시켰다. 이슬람 문명이 안달루시아왕조를 통해 암흑기의 중세 유럽으로 전해지는 과정에서 많은 아랍어 단어들이 유럽어에 영향을 끼쳤고 스페인어와 포르투갈어에는 수많은 아랍어 어휘가 포함되어 있다는 점에서도 아랍어의 유럽어에 대한 영향은 입증된다.

이슬람이 스페인을 지배했었던 700여 년 동안 중세 안달루시아에서는 일반인들에 대한 초등교육이 시행되었고 대부분의 국민들은 아랍어를 읽고 쓸 수 있었다. 그러나 무슬림이 점령하지 못한 스페인 북부 지역과 유럽 국가의 국민들은 서기와 같은 전문직 종사자를 제외하고는 대부분이 문맹이었다. 그래서 많은 기독교 유럽인들은 교육을 받기 위해 안달루시아로 이주해 왔다.

이 과정에서 유럽인들은 아랍어를 자연스럽게 익히게 되었고, 그 결과 유럽어에 아랍어가 유입되어 그동안 유럽어로 표현하지 못했던 과학, 기술, 학문 분야의 개념들을 표현할 수 있게 되었다. 아랍어가 유럽어를 한 단계 발전시켜 놓은 것이다(윤용수·최춘식, 2015: 20).

중세 시대 아랍·이슬람 문명의 기여는 번역과 문학작품에서도 나타난다. 역사적으로 중세 아랍 번역가들의 번역 활동은 고대 서구 문명의 보존이라는 측면에서 중요한 의미를 갖는다. 비잔틴 제국의 몰락 이후 암흑기에 접어들던 유럽인들은 자신의 조상들의 학문, 사상, 철학, 문학적인 성과를 보존, 발전시키지 못하고 있었다. 그러나 아랍인들이 이를 아랍어로 번역하여 보존하였고, 근대 유럽 사회에 다시 되돌려 주었다는 것은 인류 문화에 공헌한 아랍인들의 기여이며, 서구 중심의 역사관에 젖어 있는 서구인들에 대한 역사적인 깨우침이다.

동서양을 잇는 가교로서의 아랍인들의 역할은 주변국들의 학문적, 문학적 산물을 수입해 아랍화(Arabization)하는 것에 그친 것이 아니라, 이를 다시 주변국에 전파시켰다는 점에서 그 중요성이 강조된다. 설화를 포함하여 아랍인들에 의해 각색된 인도와 페르시아 문학은 유럽으로 건너가 유럽인들에 의해 또다시 유럽적인 설화로 개작되었다. 예를 들어, 인도와 페르시아, 아랍의 기담을 모아 놓은 아랍의 대표적인 설화 문학인 『천일야화』는 많은 서구어로 번역되었고, 서구의 소설 쓰기에 새로운 요소들을 제공했다. 구체적으로 토머스 무어(Thomas Moore)의 소설 *Lalla Rookh*는 『천일야화』를 모방한 흔적이 뚜렷하며, 찰스 디킨스(Charles Dickens)의 *Thousand and one Numbugs*도 이야기 형식 면에서 천일야화의 영향을 보이고 있다. 또한 에드거 앨런 포(Edgar Allan Poe)의 *The Thousand and Second Tale of Scheherazade*나 테오필 고티에(Theophile Gautier)의 *Un Repas Au Desert de L'Egypte*, 등에서는 『천일야화』의 흔적이 구체적으로 나타나고 있다(조희선, 1999: 25-27).

이러한 작품들은 아랍의 산문 문학이 유럽 문학에 영향을 끼친 구체적인 사례로서, 동서양 문화 교류의 경향을 파악한다는 점에서 동서 문화 교류사에서 중요한 증거가 된다.

이슬람 문명 초기부터 이슬람 학자들은 새로 정복한 비이슬람 지역의 지적 유산을 깊이 이해하고 연구하는 데 엄청난 열정을 보였다. 특히, 고대 그리스와 인도 및 페르시아의 사고 체계를 갖춘 철학적 기록물에 관심을 가졌다.

초기 무슬림 철학자들은 수 세기 전에 그리스와 로마 등에서 이미 형성된 서구 세계의 사색적 과정과 철학적, 물리적 분류 체계의 일부를 그들의 목적에 맞게 수용한다면 그들 자신의 철학이 발전하거나 적어도 좀 더 질서 있고 생산적이 될 수 있음을 알게 되었다(정규영, 2002: 43). 즉, 이슬람 학자들의 주요 목표는 고대 그리스의 사상을 이슬람의 가르침과 조화시킴으로써 이슬람의 신학과 사상을 발전시키는 것이었다.

아랍·무슬림의 중요 철학자들 중 이븐 시나(Ibn Sina, 1037년 사망)와 이븐 루시드(Ibn Rushd, 1198년 사망)는 중세 이후 서양 철학과 학문에 지대한 영향을 끼친 인문들이다.

서구 세계에 '아비세나(Avicenna)'로 알려진 이븐 시나는 우주의 본질을 다루면서 플라톤적 개념을 아리스토텔레스적 개념과 조화시키려 노력했다. 그가 죽은 뒤 그의 저서들은 이단으로 간주되어 압바스조의 칼리파들에 의해 불태워졌지만 그의 견해는 이슬람 세계를 넘어 서구에 큰 영향을 끼쳤다. 결국 그의 철학은 서구의 기독교 중세 신학과 철학이 주를 이루었던 스콜라 철학에 영향을 주었다.

서구에 '아베로에스(Averroës)'란 이름으로 알려진 이븐 루시드는 11-12세기 안달루시아의 문화적 전성기에 가장 빛나는 인물이었다. 그는 합리적 근거만으로 신의 존재를 증명할 수 있다고 주장하였으며, 기독교인과 유대교인의 사고에 뚜렷한 흔적을 남겼다.

서양 기독교 철학과 신학이 아랍 사상가와 철학가로부터 영향을 받은 증거는 여러 곳에서 발견된다. 이탈리아의 신학자 토마스 아퀴나스(Thomas Aquinas, 1224-74)와 프랑스의 데카르트(Rene Descartes, 1596-1650)는 가장 위대한 이슬람 철학자로 간주되는 이븐 루시드의 영향을 많이 받았다.

이처럼 아랍인들이 스페인에 머문 781년 동안 유럽에 전달된 이슬람 문명은 발달된 학문과 과학뿐만 아니라 종교적 관용, 인종 간 화합, 개인과 공공의 청결과 같은 문명사회의 기본적인 부분까지 포함하고 있었다. 유럽이 중세의 암흑시대를 겪고 있을 때 아랍·이슬람의 지배를 받고 있던 이베리아반도는 역설적으로 유럽에서 학문과 문화에 있어 가장 선진화된 지역이었다. 유럽의 지식인과 학생들이 선진 문물과 학문을 공부하기 위해서 코르도바로 모여든 것은 당시 지중해 문화와 학문을 선도한 이들이 아랍·무슬림이었음을 실증적으로 보여주고 있다. 중세 유럽의 암흑시대에 이베리아반도가 유럽 문명의 명맥을 유지할 수 있었던 것은 아랍·무슬림의 지배를 받고 있었기 때문에 가능했다는 역사적 아이러니를 발견할 수 있다.

(2) 중부 지중해 지역의 문명 교류

지중해의 중앙에 위치한 이탈리아반도의 시칠리아는 북아프리카와 지리적으로 가장 근접해 있어 유럽과 아프리카 교역의 중심지다. 이런 지리상의 이유로 인해 고대에도 카르타고와 로마의 갈등과 전쟁은 이탈리아반도 남부의 시칠리아섬의 지배권을 중심으로 일어났었고, 동시에 두 지역 간의 상업적 교류도 시칠리아를 중심으로 활발하게 진행되었다.

7세기 이탈리아반도는 피사, 베니스, 제노아 등 독립된 도시국가로 구성되어 있었고 비잔틴 제국의 지배하에 있었다. 이탈리아반도의 북부에 위치하고 있는 이들 도시국가와 북부 아프리카의 아랍·이슬람 국가들은 상업적인 교역을 하며 교류를 하고 있었기 때문에, 시칠리아는 아랍·무슬림과 비잔틴 제국 모두에 지리적, 경제적 요충지였다.

이러한 지리적 특징을 반영하여 중부 지중해지역에서 시칠리아는 이슬람 문명을 수용하는 터미널 역할을 했고, 팔레르모를 비롯한 대부분의 시칠리아 지역에 이슬람 문명의 흔적이 남게 되었다(윤용수, 2016: 236).

아랍·이슬람 군대의 시칠리아 정복은 비잔틴의 제독이었던 에우페미우스(Euphemius, 827 사망)에 의해 유발되었다는 점은 역사적인 아이러니다. 비잔틴으로부터 시칠리아의 제독으로 임명되었지만, 본인이 저지른 여러 가지 과오로 비잔틴으로부터 처벌받을 위기에 처하자 에우페미우스는 아글라브(Aghlabid) 왕국[3]으로 도망갔고 아글라브 왕국의 왕인 지야다 알라(Ziyādat Allāh, 817-838 재위, 838 사망)에게 시칠리아 정복을 권유했다. 827년 아랍인, 페르시아인, 수단인과 베르베르인들로 구성된 30,000여 명의 아랍·이슬람 연합군은 시칠리아 정벌대를 구성하여 아사드 알 푸라트(Asad ibn Al-Furat, 759-828) 지휘하에 함선 70-100척에 나누어 타고 튀니지 수스에서 출항하였고, 이 정복 사업에 에우페미우스 자신도 참전했다(윤용수, 2016: 232).

아랍·이슬람 연합군은 시칠리아 서남부의 마자라(827)에 상륙하였고, 팔레르모(831), 메시나(843), 부테라(859), 시라쿠사(878) 등을 차례로 점령해 나갔고, 마침내 902년에 타오르미나를 점령함으로써 시칠리아 정복을 마무리 지었다.

아랍·이슬람 군대의 시칠리아 정복은 개전 이후부터 점령을 마무리 지을 때까지 약 75년(827-902)이라는 긴 시간이 소요되었다. 이슬람 군대가 이베

---

3   아랍·이슬람 정복군에 참전한 타밈 부족(Banu Tamim) 출신들이 현재의 튀니지와 알제리에 건국한 압바스조의 위성 국가(AD 800-909). 이집트의 파티마왕국에 합병되었다.

리아반도를 점령하는 데 약 7년이 걸렸다는 점을 감안하면 이슬람 군대의 시칠리아 정복은 오랜 시간이 걸린 것이다.

이는 시칠리아는 산악과 요새 중심의 지형이기 때문에 평지 전투에 익숙한 아랍·이슬람 군대에는 힘든 전쟁이었다. 또한 아랍·이슬람 세력의 확장을 막기 위한 최후의 방어선인 시칠리아를 방어하기 위한 비잔틴의 강력한 저항도 그 주요 원인이라 하겠다(이유경 역, 2008: 112). 시칠리아를 점령한 아글라브조는 시칠리아 토후국(Sicily Emirate State)을 건국했고, 아글라브조 이후에는 이집트에 근거지를 둔 파티마조가 시칠리아를 지배했다.

아랍·이슬람 연합군은 시칠리아 정복에 머물지 않고 이탈리아반도 본토 정복도 시도하였다. 이탈리아 남부의 바리와 타란토를 점령하여 이탈리아반도 중북부의 로마, 나폴리 등을 위협하였고, 교황에게 아랍·이슬람 연합군에 대한 헌사를 요구하기도 했다(Bernard Lewis, 1993: 127-128).

시칠리아를 정복한 아글라브 왕국은 초기에는 자신들이 직접 주지사를 파견하였으나, 팔레르모인들 중에서 유력 인사를 지방 주지사로 임명하기도 했다. 아글라브 왕국이 909년 파티마 왕국에 합병된 이후 시칠리아의 관리권을 확보한 파티마 왕국 역시 시칠리아인들에게 상당한 자치권을 허용했으며, 947년에 이르러서는 시칠리아의 무슬림 가문인 칼비드(Kalbid) 가문에서 주지사를 세습으로 임명했다(이유경 역, 2008: 112).

이는 파티마 왕국의 시칠리아에 대한 영향력과 중앙 통제력이 약화되었음을 의미하지만, 시칠리아의 아랍·이슬람 문화는 이미 뿌리를 내리고 자생력을 갖고서 확산되고 있었다(Bernard Lewis, 1993: 128).

아랍·무슬림 치하의 시칠리아의 모습은 여러 기록들을 통해서 확인할 수 있다. 이슬람 학자이자 여행가인 이븐 하우깔(Ibn Hawqal, 978 사망)은 팔레르모 여행기에서 '팔레르모에는 300개가 넘는 모스크가 있고, 이런 수는 이 도시보다 2배나 더 큰 도시에서도 볼 수 없었다'라고 기록하고 있다(A.L.

Udovitch, 1980: 262).

또한 스페인 출신의 무슬림 여행가인 이븐 주바이르(Ibn Jubayr, 1145-1217)는 팔레르모를 "이 도시는 이 섬의 수도이며 부와 화려함을 갖추고 있으며, 사람이 기대하는 모든 미를 갖고 있다. 오래된 이 우아한 도시는 웅장하고 고상하며 아름다움으로 가득 차 있다. …(중략)… 거리의 기독교 여성은 무슬림 여성의 복장을 하고 있고 망토로 그녀의 몸을 감싸고 있다"라고 묘사하고 있다(R.J.C. Broudhurst, 1952: 348).

이러한 묘사들은 아랍·이슬람의 정복하에서 시칠리아는 이미 이슬람의 도시가 되어 있었고, 원주민들과의 동화와 종교적 화합도 이루어지고 있었음을 알 수 있다.

시칠리아를 정복한 아랍·이슬람 연합군은 다른 점령지에서처럼 종교적 관용정책을 취했고, 원주민들에게 일정 부분 행정적 자치권도 허용하였기 때문에 원주민들의 저항이 비교적 적었다. 시칠리아의 기독교도들은 이슬람 사회의 3번째 계급인 딤미(dhimmis)로서 인두세(jizya)를 부담하면 신변의 안정과 사회적 보호 및 종교의 자유도 누릴 수 있었다(A.L. Udovitch, 1980: 262).

시칠리아에서 아랍·이슬람 문화의 영향력은 아랍인들이 시칠리아에서 철수한 이후에도 한동안 계속되었다. 시칠리아 원주민과 북부 아프리카에서 건너온 아랍인들 간의 갈등과 내전으로 칼비드 가문이 시칠리아에 대한 통제권을 상실해가고 있을 무렵인 1061년에 로베로 기스카르(Robert Guiscard, 1015-1085)와 그의 동생 로저 보소(Roger Bosso, 1031-1101)의 지휘하에 이탈리아반도에서 건너온 노르만인들은 시칠리아를 공격하기 시작했고 그 지배력을 확장해나갔다. 교황의 후원을 받은 노르만 세력은 1091년에 아랍인을 시칠리아에서 완전히 물리침으로써 시칠리아를 아랍·이슬람의 지배로부터 벗어나게 했고 시칠리아왕국(County of Sicily)을 건설했다.

노르만인들이 군사적으로 시칠리아를 정복하고 이슬람 세력을 물리쳤지만, 노르만족의 시칠리아 왕국은 아랍인의 제도와 언어 및 이슬람 문화를 적극적으로 수용했다. 특히, 시칠리아를 기반으로 북부 아프리카, 예루살렘과 소아시아를 포함하는 대제국 건설의 꿈을 갖고 있던 로제 2세(Roger II, 1130-1154)는 이슬람 문화의 수용에 적극적이었다.

로제 2세의 통치 시대에 시칠리아는 시칠리아 원주민 이외에 아랍인, 그리스인과 유대인 등이 혼합되어 공동체를 이루고 있는 다인종, 다민족 국가였기 때문에 국가 통치와 운영을 위해서는 이들 다민족, 다인종들을 통합하는 융화 정책이 필요했다.

왕국 내의 모든 민족에게는 이슬람 시칠리아 왕국 시대처럼 종교와 언어의 자유가 허용되었다. 당시의 팔레르모 모습을 이븐 아시르(Ibn Athir, 1160-1233)는 "무슬림은 진심으로 대우받고 보호받았다. 심지어 시칠리아 왕국의 왕은 프랑크족에 대항하면서까지 무슬림을 보호했다. 그래서 무슬림들은 왕을 매우 사랑했다"라고 기록하고 있다(김차규, 2013: 35).

로제 2세의 이러한 포용 정책은 자신이 꿈꾸는 대제국을 건설하기 위해서는 국민 통합이 필요했고, 다수 인종인 아랍인의 도움과 지지가 필요했기 때문인 것으로 보인다. 로제 2세는 이슬람과 노르만의 건축 양식을 혼합한 사라센-노르만 양식의 건축물(예, 팔레르모 성요한 성당 등)을 축조했고 (Lewis Bernard, 1993: 129), 아랍어의 초기 서체인 쿠피(Kufic) 서체로 이슬람력(Hijra)을 명각(銘刻)한 동전(Tari)을 주조하여 유통시켰고, 이 동전은 19세기 중반까지 시칠리아, 몰타와 이탈리아 남부에서 유통되었다(김차규, 2013: 39-40).

그는 자신이 아랍어를 쓰고 읽을 수 있었으며 아랍인 무슬림을 그의 신하로 두었고, 이슬람의 칼리파처럼 궁정 시인을 두어 자신과 그의 왕국을 예찬하게 했다. 즉, 로제 2세와 프레드릭 2세 시대 노르만 왕의 궁전은 시칠리아와 남부 이탈리아반도에 아랍어를 확산시키는 근거지였다(Maria Rosa Menocal, 2004: 61).

13세기 아랍·무슬림이 철수한 이후에도 시칠리아는 한동안 아랍어사용권역(Arabophone)으로 남아 있었고 오늘날까지 시칠리아 지역 방언에는 아랍어를 어원으로 한 어휘들이 남아 있다. 아랍인들은 시칠리아를 지배했던 2세기 동안 시칠리아에 다양한 농업 기술과 산업 기술들을 보급했고, 이 기술들이 보존·발달되면서 시칠리아에 놀라운 번영을 가져왔다(김차규, 2013: 43-44). 아랍인들이 가져온 새로운 농작물과 그들의 선진 농업 기술을 시칠리아인들은 그대로 수용했고, 그 과정에서 농업 분야에서 시칠리아에 없던 새로운 아랍어 어휘들이 토착어의 별다른 저항 없이 이탈리아어에 수용된 것이다. 즉, 토착어에 적당한 대용어가 없을 경우 외국어가 그대로 수용된다는 차용의 일반적인 현상이 이 경우에도 적용된 사례라 하겠다.

이베리아반도의 경우와 같이 이탈리아반도에서도 아랍·이슬람의 지배로부터 벗어난 이후, 일종의 문화 부흥 운동이 일어났고 이는 대규모 번역 사업을 동반하였다. 이 과정에서 르네상스 시대 서양 학자들은 팔레르모, 나폴리 등을 중심으로 고대 유럽의 학문, 지식, 문예를 발굴하고 재현하기 위해서 고대 그리스어, 페르시아어, 산스크리트어, 고대 라틴어와 아랍어 문헌을 중세 라틴어로 번역했다. 이 과정에서 아랍어가 라틴으로 가장 많이 번역되었고 아랍어 어휘가 라틴어로 자연스럽게 차용되어 수용된 것이다(Vennemann, 2014).

(3) 동부 지중해 지역의 문명 교류

전술한 바처럼, 동부 지중해 지역은 비잔틴 제국과 압바스조가 서로 국경을 접하고 갈등을 빚고 있었기 때문에 아랍·이슬람 문명이 비잔틴 지역에 곧바로 수용되지는 못했다. 양 진영 간에는 십자군전쟁을 비롯한 크고 작은 전쟁이 잇따르고 있었다. 그러나 문명 교류에 있어서 전쟁은 교류를 유발시키는 주요 동기 중의 한 가지다. 중국에서 발명된 종이가 아랍을 거쳐 유럽으로 전파된 것은 십자군전쟁이 결정적 계기가 되었음은 알려진 사실이다.

동지중해의 기독교 세력과 이슬람 세력 간의 교류를 유발시킨 가장 큰 사건은 십자군전쟁이었다. 십자군전쟁은 교황 우르바노 2세(Urbanus pp.II, 1088.03.12.-1099.07.29. 재위)의 선동으로 중세 서유럽의 로마 가톨릭 국가들이 이슬람 국가에 대항하여 성지 예루살렘 탈환을 명분으로 일으킨 침략 전쟁이었다.

십자군전쟁은 성지 탈환이라는 종교적 명분을 내세웠지만, 교황은 교황권 강화, 영주들은 영토 확장과 같은 각자의 종교적, 정치적, 경제적 이권의 획득이 주요 목적이었기 때문에 한계가 있는 전쟁이었다.

십자군전쟁 이후 유럽으로 회군한 십자군들은 발달된 아랍의 문명과 학문을 유럽에 들여왔다. 귀환한 십자군은 아랍어를 통해 유럽어를 확장시키며 풍부하게 했다. 이들은 전쟁을 끝내고 고향으로 돌아간 뒤 유럽 전역으로 흩어졌고 이들의 입을 통해 아랍어가 유럽에 확산된 것이다. 특히, 건축, 농업, 식품, 제조와 무역 분야의 어휘가 확장되었다. 이 과정에서 아랍어를 기원으로 한 많은 유럽어가 생겨나게 되었다(윤용수·최춘식, 2015: 22). 당시 유럽에서 볼 수 없었던 진기한 물건의 아랍어 명칭은 유럽에 아무런 변형 없이 그대로 수용되었고, 아랍 국가에서 발달된 새로운 개념과 지식 및 학문도 그대로 유럽에 수용되었다. 유럽에 아랍어를 확산시킨 일등 공신은 아랍인이 아닌 십자군전쟁에서 귀환한 십자군 병사들이었다는 것은 역사적인 아이러니라 하겠다.

십자군전쟁 자체는 십자군 내부의 동력 저하와 분열 등의 본질적으로 잉태된 다양한 요인으로 인해 성공할 수 없는 전쟁이었지만, 이슬람 세계에서 약탈해온 유물, 서적, 과학 기술, 제지법 등의 선진 문물을 중세 유럽 세계에 도입하는 결정적 계기가 되었다. 즉, 당시 암흑시대를 지나고 있던 중세 유럽에 고급 문명의 빛을 비추었고, 중세 유럽이 암흑에서 벗어나 르네상스를 향하는 결정적 계기가 되었다(Nicholson, Helen, 2004: 96).

결국 이슬람의 문명과 학문이 암흑에 빠져 있던 유럽을 깨어나게 하는 자극이자 촉매가 된 것이다. 현대 사회에서 절대적인 영향력을 갖고 있는 서구 문명이 전 세계에 확산되며 그 사용 영역을 확장하고 있는 것처럼, 중세 지중해에서는 이슬람 문명이 그 역할을 수행하고 있었다 할 수 있다.

4. 결론

지중해 지역은 다양한 민족과 국가들이 지중해를 중심으로 자리 잡고 상호 교류를 통해 인류 문명을 함께 발전시켜 온 열린 공간이다. 지중해 문명의 역사 발전은 인류 문명의 시원(始原)으로 간주되는 오리엔트문명을 시작으로 그리스·헬레니즘문명→로마문명→비잔틴문명→이슬람문명→르네상스와 튀르크문명→근대 제국주의 시대로 계승·발전해 왔다. 이 역사 발전 단계는 각 단계가 분절적으로 구분되어 있는 것이 아니라, 각 문명들이 상호 긴밀하게 연관되어 있으며, 후대 문명이 전(前) 시대의 문명을 수용·계승·발전시켜 나갔다는 연속성의 특징을 갖고 있다.

이런 측면에서 지중해의 문명 교류와 발전 과정은 상호 교차적이며 복합적 순환 구조를 갖고 있다 하겠다. 지중해 지역은 지중해를 가운데 두고 기독교 문명과 이슬람 문명권이 서로 시소게임을 하며 지중해 문명을 발전시켜 온 것이며, 개별 문명의 지층에는 원래의 토착 문화와 함께 다양한 이문화적 요소들이 퇴적되어 각 문명의 정체성을 구성하고 있다 하겠다.

지중해의 기존 문명은 후발 문명에 지중해 문명의 주도권을 넘겨주면서, 자신이 이룩한 문화적 성취와 업적을 후발 문명에 고스란히 넘겨주었고, 이를 인수한 후발 문명 역시 같은 과정을 반복했다.

본 연구에서는 지중해의 중세시대를 중심으로 상기의 문명 교류 과정을 연구했다. 로마 제국의 몰락과 함께 시작된 지중해 지역의 중세 시대는 지배 계층의 변화와 함께 문명 패러다임의 변화를 가져왔다. 고대 시대에 유럽과 로마 중심의 기독교 문명이 주도하던 지중해 문명은 중세에 들어 아라비아 반도를 중심으로 아랍인이 일구어낸 이슬람 문명으로 빠르게 대체되어 갔다. 수용성과 확장성으로 특징지어지는 이슬람 문명은 피지배 국민들에게 일방통행식으로 강요된 기독교 로마 문명에 비해 관용적인 통치 체계로 간주되었기 때문에 빠른 속도로 확장되었고, 중세 지중해의 새로운 대안으로 빠르게 자리 잡았다.

아랍·무슬림들은 자신들의 이슬람 문명을 피지배 민족에게 강요하지 않았고, 오히려 기층문화를 흡수하여 자신들의 이슬람 문명을 더욱 살찌워 나가는 지혜를 보였다. 이는 자생적이며 항구적인 이슬람 문명 발전의 동력이 되었고, 지속적인 발전을 가능하게 했다. 지중해 전 지역은 물론 중앙아시아와 중국, 동남아시아에까지 확장된 이슬람 문명은 각 지역별 모습을 달리하고 있지만, 이러한 다양성은 각 지역에서 이슬람이 독자적으로 생존할 수 있는 동력이 되었다.

이슬람 문명의 모태는 아랍인과 아랍 문명이지만, 이슬람 제국이 확장되어 가는 과정에서 다양한 외부 문화와 인종이 이슬람 문명의 형성과 발전에 기여했기 때문에 이슬람 문명의 성격은 국제적인 성격을 띠고 있는 인류 공통의 문명이라 할 수 있다.

서양학자들은 이슬람 문명의 이러한 다양한 특징 때문에 이슬람 문명을 기존의 동양과 서양문명의 복사 또는 변형이라고 주장하지만 이는 서구중심 주의에서 비롯된 아집이다.

오히려 알라(Allah) 앞에서의 인간의 평등을 주요 사상으로 삼는 이슬람교는 로마 제국의 탄압과 수탈에 시달리던 지중해의 피지배 국가와 계층에게 희망이 되었고, 이슬람을 기독교와 구분 짓는 특징이 되었음은 물론 이슬람이 확산되고 유지되는 사상적 동력이 되었다.

외래 학문과 과학의 수용에 서슴지 않았던 아랍·무슬림들의 새로운 학문에 대한 지적 호기심과 칼리파들의 학문에 대한 후원은 이슬람 문명이 지배하던 중세 지중해 지역에 학문과 과학을 포함한 문화가 발전할 수 있는 토양이 되었다.

이베리아반도의 안달루시아 왕조를 통해서 유럽으로 전달된 이슬람의 학문과 과학은 서유럽 문화의 등불이 되었고, 시칠리아를 통해 전달된 이슬람 문명은 르네상스의 토대가 되었다. 전 유럽의 크고 작은 왕국들이 참전한 십자군전쟁의 병사들을 통해 이슬람 문명의 성과는 전 유럽에 확산되었다. 십자군전사들이 아이러니하게도 유럽에 이슬람 문명을 확산·보급하는 전도사의 역할을 수행한 것이다.

인류의 문명은 끊임없이 발전하며 한순간도 발전을 멈춘 적이 없다. 문명 발전을 이끈 주체는 역사 단계마다 바뀔 수 있고 이는 자연스러운 변화라 하겠다. 발전을 이끈 주체의 특성에 따라 기존 문명을 수용 또는 배척할 수 있으나, 지중해 전체 역사를 통해 볼 때 새로운 지배 계층의 문명적 업적과 성과는 구 지배 계층의 기존의 성과를 바탕으로 하고 있다는 것은 부정할 수 없다.

오랜 기간 사막의 야만인으로 살아온 아랍·무슬림들이 중세 지중해 문명의 주역으로 등장한 것은 역사의 순환에 따른 자연스러운 과정이라 할 수 있다. 역사는 그 어떤 민족과 국가에도 영원한 주연을 맡기지는 않았다. 중세 지중해의 주역으로 등장한 아랍·무슬림들은 자신들의 학문적, 문화적 배경이 한 시대를 주도하기에는 일천함을 직시했고, 이를 만회하기 위한 수단으로 외래 학문의 적극적 수용을 선택했다. 학문적으로 솔직했던 것이다. 이들은 여기에서 그친 것이 아니라 자신들이 문명적 성과를 주변과 공유 및 확산시킴으로써 중세 지중해 전체 문명의 발전을 견인했다는 점에서 아랍·무슬림의 공헌과 기여를 평가할 수 있을 것이다.

주제어: 중세, 지중해, 문명, 교류, 이슬람, 아랍, 이베리아반도, 시칠리아

참고문헌

김정위, 1986, 『중동사』, 대한교과서주식회사.

김차규, 2013, 「12세기 시칠리아의 노르만 – 아랍 – 비잔티움 문화의 융합과 발전-로제2세 시대와 윌리엄 2세 시대를 중심으로 – 」, 『지중해지역연구』, 제13권 4호, 부산외국어대학교 지중해지역원.

김호동 역, 2003, 『이슬람 1400년』, 까치. Bernard Lewis, 1976, *The World of Islam,* Thames and Hudson.

신연성 역, 2009, 『이슬람의 세계사』, 이산. Ira M. Rapidus, 2002, *A History of Islamic Societies,* Cambridge University Press.

윤용수, 2005, 「중세 유럽에 대한 이슬람 문명의 영향 연구」, 『지중해지역연구』, 제7권 2호, 부산외국어대학교 지중해지역원.

윤용수, 2014, 「이집트의 아랍·이슬람 문명 수용 연구-정통 칼리파 시대를 중심으로-」, 『지중해지역연구』, 제16권 2호, 부산외국어대학교 지중해지역원.

윤용수·최춘식, 2015, 『지중해 언어의 만남』, 산지니.

윤용수, 2016, 「아랍어의 확산과 교류 유형 연구-중세 로망스어와의 교류를 중심으로-」, 『한국중동학회논총』, 제37권 1호, 한국중동학회.

이유경 역, 2008, 『이슬람, 고대 문명의 역사와 보물』, 서울: 생각의 나무. Francesca Romana Romani, 2007, *Islam, History and Treasures of an Ancient Civilization,* Italy.

정규영 역, 2002, 『이슬람의 과학과 문명』, 르네상스. Howard R. Turner, 1997, *Science in Medieval Islam,* University of Texas Press.

조희선, 1999, 『아랍 문학의 이해』, 명지출판사.

홍사중 역, 2007, 『역사의 연구』. Arnold J. Toynbee, *A Study of History*, 동서문화사.

Broudhurst. R.J.C. 1952. *The Travels of Ibn Jubayrs.* London. Jonathancape.

Dunlop D.M. 1985. *Arab Civilization to AD 1500.* Lebanon. Librairie du Liban Publishers.

Helen Nicholson. 2004. *The Crusades.* Greenwood Publishing Group.

Lewis Bernard. 1993. *The Arabs in History.* Oxford University Press.

Menocal Maria Rosa. 2004. *The Arabic Role in Medieval Literary History.* Philadelphia. University of Pennsylvania Press.

Nicole David. 2009. *The Great Islamic Conquests AD632-750.* OSPREY.

Phillips Wendell. 1986. *The Arabs and Medieval Europe.* Lebanon. Librairie du Liban Publishers.

Rom Landau. 1958. *Arab Contribution to Civilization.* San Francisco: The American Academy of Asian Studies.

Sindi Abdullah Mohammad. 1999. Arab Civilization and its Impact on the West. *The Arabs and the West: The Contributions and the Inflictions.* Daring Press.

Udovitch. A.L.1980. Islamic Sicily. *Dictionary of Middle Ages.* J.R. Strayer(ed.). New York.

Vennemann Theo. 2015. *The Linguistic Roots of Europe: Origin and Development of European Languages.* Copenhagen Studies in Indo-European. Museum Tusculanum Press.

제4부 지역학과 세계정치

바이든 행정부의 대외정책*

김동수

1. 서론

코로나19 팬데믹은 2020년의 세계를 대혼란에 빠트렸고 전 세계는 그것으로 인한 심각한 고통을 겪고 있다. 정상적인 정치과정마저 어려워진 혼란의 와중에 지난 2020년 11월 3일 미국에서는 제46대 대통령을 선출하기 위한 선거가 치러졌고 이례적으로 길었던 개표과정을 거쳐서 최종적으로 조 바이든이 미국의 차기 대통령으로 결정되었다. 이로써 지난 4년간 트럼프 체제에서 흔들렸던 미국의 리더십이 회복될 수 있을지, 그리고 자유주의 국제질서가 다시 제자리를 찾을 수 있을지의 여부가 주목된다.

2020년 미국 대통령 선거를 좌우했던 의제는 다름 아닌 코로나19 팬데믹이었다. 트럼프 행정부하에서 호황을 구가하던 미국 경제는 2020년 초 코로나19 사태를 겪으면서 급전직하하였다. 코로나19 팬데믹과 그에 따른 경제적 타격은 트럼프 행정부에 대한 부정적인 평가를 배가시키기에 충분했다. 코로나19 사태에 대한 부실 대응 논란과 함께 지난 5월 조지 플로이드 사망 사건이 흑인유권자들의 반트럼프 정서를 자극하면서 트럼프 대통령에 대한

---

* 이 글은 『인문사회과학연구』, 21(1), 2021에 게재된 논문 「바이든 행정부의 대외정책: 자유주의적 헤게모니로의 회귀」를 재수록한 것임.

지지율은 더욱 떨어지게 되었다. 유례없이 높은 우편 투표율 때문에 개표에 많은 시간이 걸리고 트럼프 대통령이 부정 선거 의혹까지 제기하고 선거 결과를 법정까지 끌고 갔지만 결과를 뒤집기에는 역부족이었고 바이든이 최종 승자가 되면서 미국의 제46대 대통령으로 확정되었다.

이 시점에서 중요한 것은 바이든 리더십이 트럼프 리더십과 얼마나 다를 것이며 바이든 리더십하의 미국과 세계는 어떤 모습일지를 예측하고 대비하는 것이라고 할 수 있다. 트럼프 대통령은 취임 당시부터 전임 미국 대통령들과는 출신 배경에서부터 달랐다. 워싱턴의 정가와는 거리가 있는 부동산 사업가라는 그의 전직이 말해주듯이 트럼프는 전임 대통령들과는 여러 가지 면에서 다른 면모를 보였다. 트럼프 행정부에서 달라진 미국의 대외정책으로 인하여 세계질서를 이끌어가던 미국의 리더십이 의심받는 지경에까지 이르게 된 것이다. 바이든은 미국의 세계 리더십 회복을 슬로건으로 내걸고 과거 민주당의 전통적인 아젠다들을 대부분 반영하는 정책을 표방하고 있다. 트럼프 행정부에서의 대외정책을 '자유주의적 헤게모니(Liberal Hegemony)'와의 거리 두기라고 한다면 바이든 행정부의 대외정책은 '자유주의적 헤게모니'로의 회귀가 될 가능성이 높다.

이러한 맥락에서 본 연구는 바이든 행정부의 대외정책 성향을 분석하고 실제 대외정책을 예측하는 것을 목표로 한다. 특히, 대외정책 분석을 위한 세 가지 차원을 분석의 틀로 활용하여 바이든 행정부의 안보 및 경제정책을 트럼프 행정부에서의 그것과 어떻게 다른지를 분석하고 실제 정책을 전망하고자 한다. 특히, 우리의 큰 관심사인 바이든 행정부의 대 동아시아 정책과 대 한반도 정책도 분석하고 전망하는 작업도 함께 이루어질 것이다. 결론에서는 바이든 행정부의 출범과 미국의 새로운 대외정책에 대비하는 문재인 정부에 대한 정책적 함의를 논할 것이다.

2. 이론적 분석틀: 대외정책 분석을 위한 세 가지 차원

원론적인 의미에서 모든 국가는 외교정책(foreign policy)을 통해서 국가의 이익을 추구한다. 따라서 외교정책이란 일반적으로 "국가의 목표를 추구하기 위하여 국가의 범위를 넘어서는 행동에 대한 지침(a guide to actions beyond the boundaries of the state to further the goals of state)"이라고 정의된다.[1] 다시 말하면, 외교정책이란 국가의 목표를 달성하기 위하여 정부에 의해서 타국 혹은 국제사회를 대상으로 취해지는 일련의 정책을 의미한다. 외교정책의 목표와 방법은 일반적으로 현실주의, 자유주의, 구성주의 등 국제관계의 이론뿐만 아니라 인간의 필요(Human Needs) 이론도 참고할 필요가 있다.[2] 국제관계 이론과 인간 필요 이론을 원용하여 한 국가의 외교정책의 목표는 '안보', '경제적 번영', 그리고 '공동체'의 이익'으로 구분할 수 있다.

'공동체(community)' 가치는 국제관계 이론의 구성주의와 인간 필요 이론의 사회적 관계(social affiliation)에 근거하고 있다. '공동체' 차원은 개별 정책결정자가 정책결정을 할 때 가장 강하게 느끼는 관심과 이익이 '공동체'에 있다는 것이다. 정책결정자가 평등, 보편성, 일반성과 같은 통합의 가치를 강조한다면 보다 포괄적인 공동체를 표방하게 될 것이다. 국제정치 혹은 외교정책에서 이런 관점은 '세계주의자(cosmopolitanist)'라고 일컬어진다. 반대로 정책결정자가 자유와 독립 등의 가치와 좀 더 배타적인 공동체를 중요시한다면, '공동체주의자(communitarian)'라고 간주된다. 그러므로 공동체의 영역은 가치와 목표의 관점에서 '통합(unification)'이라는 한쪽 극단에서 '독립(independence)'이라는 다른 한쪽 극단에 이르기까지 다양한 형태를 띨

---

[1]   David Kinsella, Bruce Russett, and Harvey Starr, *World Politics: The Menu for Choice*, 10th ed., (New York: Wadsworth, 2013), p.99.

[2]   인간의 필요(Human Needs)에 관한 이론에 대해서는 David C. McClellan, *Human Motivation* (Cambridge: Cambridge University Press, 1987)을 참조할 것.

수 있다.

외교정책의 세 영역에는 그것의 목표와 가치뿐만 아니라 수단(method)도 함께 고려되어야 한다. 공동체 영역에 해당하는 목표를 달성하는 방법은 크게 다자주의(multilateralism)과 일방주의(unilateralism)으로 나누어볼 수 있다. 즉, 통합된 공동체를 중요시하는 행위자 혹은 정책결정자들은 동맹국들 혹은 동일한 이익을 추구하는 타국들과 보조를 맞추어 행동하는 다자주의(multilateralism)의 원칙에 따라서 행동할 것으로 예상된다. 반대로 자국의 이익을 일방적, 배타적으로 추구하는 정책적 수단을 추구하는 원칙은 '일방주의(unilateralism)'라고 부를 수 있다. 따라서 공동체 차원의 외교정책 수단은 다자주의-일방주의 스펙트럼으로 분석할 수 있다.

'안보(security)'의 가치는 현실주의 국제관계 이론과 인간 필요 이론의 권력 개념에 기초한다. 안보라는 목표는 행위자가 느끼는 위협의 정도와 밀접하게 연관되어 있는데, 행위자가 느끼는 위협의 수준이 높으면 그만큼 높은 수준의 안보를 제공할 수 있는 상황을 요구할 것이며, 반대로 낮은 수준의 위협을 느낀다면, 그만큼 낮은 수준의 안보 상황에도 만족할 수 있다는 설명이 가능하다. 따라서 안보 영역은 한쪽 극단에 '지배(domination)', 그리고 다른 한쪽 극단에 '포용(accommodation)'의 스펙트럼 위에서 움직인다고 할 수 있다.

정책결정자의 안보 목표의 선택은 그 목표를 달성하기 위한 방법의 선택에도 영향을 준다. 외교정책행위자가 '지배(domination)'를 추구하게 되면, 그 목표를 달성하기 위해 '물리적 힘(force)'이나 강제력(coercion)을 사용하게 될 가능성이 높다. 물리적 힘은 다른 국가로 하여금 자국의 의사에 반하는 무엇인가를 하도록 강제할 수 있는 능력을 말한다. 그것은 군사력의 사용이나 위협을 포함할 수 있고, 또 경제적 수단을 포함할 수도 있다. 안보 위협을 느끼는 정도가 현저히 낮고 진정한 안보는 상호 동의에 기초한다고 느낀다면, 그 국가 행위자는 협상 혹은 설득과 같은 비강압적(non-coercive) 방법을 쓸 수 있을 것이다. 따라서 안보 목표를 달성할 수 있는 수단은 강압적(coercive)-비강압적(non-coercive) 방법의 스펙트럼 위에 있다고 볼 수 있다.

마지막으로, 공동체와 안보의 목표와 더불어, 경제적 번영(economic prosperity)의 목표 또한 외교정책결정자가 고려해야만 하는 중요한 목표 중의 하나이다. 경제적 번영이라는 가치는 일차적으로 자국의 문화와 경제에 대한 자신감과 결부되어 있다고 볼 수 있는데, 일반적으로 자국의 문화와 경제에 대한 자신감이 클수록 타국에 대해 개방적인 외교정책을 추구할 가능성이 크다. 자신감이 있는 국가는 타국과의 관계에 있어서 개방적인 관계를 두려워하지 않는 반면에 자신감이 결여된 국가는 자국 경제와 문화에 대한 악영향에 대한 두려움 때문에 타국과의 개방적인 관계를 두려워하는 경향이 있다.

경제적 번영이라는 목표를 성취하기 위한 방법에 있어서 정책결정자들은 적극적인 개방정책과 소극적이고 방어적인 보호정책 사이에서 고민할 수 있다. 적극적인 개방정책은 국제무대에서 적극적으로 타국과 교류하고 관계를 증진하고자 하는 반면에 소극적, 수동적인 보호정책은 국제체제에 관여를 최소화함으로써 자국을 보호하고자 한다. 따라서 경제적 번영을 위한 수단은 적극적(proactive)이냐 아니면 수동적(reactive)이냐의 차이로 구분할 수 있다.

위에서 설명한 세 가지 차원의 외교정책 목표와 수단에 대한 정의와 서술은 아래의 표로 요약할 수 있다.[3]

---

3   William O. Chittick, *American Foreign Policy* (Washington, D.C.: CQ Press, 2006), p.?

〈표 1〉 외교정책의 수단과 방법에 관한 세 가지 차원

국제관계이론	인간욕구(필요)	외교정책목표	외교정책수단
현실주의	권력	안보	강압적-비강압적
자유주의	경제적 이익	경제적 번영	적극적-수동적
구성주의	사회적 관계	공동체	다자주의-일방주의

3. 바이든 행정부의 대외정책 성향 분석: 트럼프 행정부와의 비교

제2차 세계대전 이후 미국의 대외정책은 '자유주의적 헤게모니' 전략에 기초해 있었다고 할 수 있다. 다시 말하면, 미국은 전후 반세기 동안 다양한 수단을 동원하여 전 세계에 친미적인 자유주의적 질서를 건설하고자 노력하였고 상당한 성공을 거두었다. 그 수단에는 안보 및 경제에 관한 다자기구 설립, 민주주의와 자본주의의 확산, 그리고 필요한 경우 막강한 군사력의 사용 등이 포함된다.[4] 냉전 기간에는 미국이 주도하는 자유주의 질서가 소련이 주도하는 공산주의적 질서와 경쟁관계에 있었으나 1980년대 후반-1990년대 초반에 걸쳐 공산주의 진영이 무너지고 냉전이 해체되면서 미국 주도의 자유주의적 질서는 한층 더 강화되었다.

냉전 이후 미국의 각 행정부들은 '자유주의적 패권'이라는 이상을 조금씩 다른 방식으로 추구하였다. 클린턴은 자유민주주의의 확장과 구 공산권 국가들의 주류 세계질서로의 편입을 의미하는 '확장(enlargement)과 관여(engagement)'라는 이름의 전략으로 그 목표를 달성하고자 했다. 클린턴은 특히 교토의정서에 합의하고 안보동맹체제를 강화하는 등 다자주의적 방법을 선호하였고 미국의 이상을 전 세계로 확산시키기 위해 세계 문제에 적극

---

4   Barry *Posen, Restraint: A New Foundation for U.S. Grand Strategy* (Ithaca: Cornell University Press, 2014).

적으로 개입하는 것을 주저하지 않음으로써 미국외교정책의 '국제주의 (internationalism)'의 적극적 옹호자가 되었다. 그다음에 들어선 부시 행정부도 비슷한 맥락에 있었다. 수단과 방법의 측면에서 다자주의보다는 일방주의에, 외교적 방법보다는 군사적 방법에 경도된 측면이 없지 않았으나 '부시독트린' 또한 전통적인 '자유주의적 패권'의 원칙에서는 크게 벗어나지 않았다. 오바마 행정부는 부시 행정부의 대외정책이 과도한 팽창주의에 반향으로, 오바마 행정부는 절제(restraint)와 주의(caution)를 강조하였다. 이러한 맥락에서 소위 '오바마 독트린'은 '실용적 국제주의(practical internationalism)'로 알려졌는데, 그것은 곧 오바마 정부의 국제 문제에 대한 개입이 주의 깊고, 선택적이고, 실용적인 관점에서 이루어졌다는 것을 의미한다.[5] 그러나, 다소 조심스럽고 실용적인 접근방식을 취했다고 해도 오바마 행정부 역시 큰 틀에서 '자유주의적 패권'의 흐름에서 크게 벗어나지 않았음을 부인할 수는 없다.

트럼프는 외교정책의 목표와 전략에 있어서 위에서 언급한 전임 대통령들과는 사뭇 다르다. 전통적인 워싱턴 정계의 주류 정치인들과는 달리 성공한 기업가 출신답게 트럼프는 대외정책의 노선에서도 그들과는 다른 모습을 보였다. 트럼프의 대외정책 성향은 한마디로 '자유주의적 패권과 거리 두기'로 규정할 수 있다. 그의 대외정책 성향을 앞에서 설명한 분석틀을 활용하여 다음과 같이 분석할 수 있다.

첫째, 공동체의 영역에서, 트럼프 행정부는 세계주의자의 가치보다는 독립과 개인주의의 가치를 더 중요시하였다. 따라서 그들은 다자주의적 방법보다는 일방주의적 방법을 더 선호했다고 볼 수 있다. 트럼프 대통령은 자주 현존하는 다자 국제기구들이 제대로 기능하지 못하고 있으며 미국의 국익을

---

5   John G. Ikenberry, "Obama's Pragmatic Internationalism", *The American Interests*, Vol.9, No.5.
     <https://www.the-american-interest.com/2014/04/08/obamas-pragmatic-internationalism/>.

훼손하고 있다는 인식을 피력했다. 그는 오바마 대통령 당시에 시작되었던 TPP(Trans-Pacific Partnership)에서 탈퇴했고, NATO(North Atlantic Treaty Organization)나 NAFTA(North America Free Trade Agreement), 심지어 UN(The United Nations) 등의 다자기구에 대한 비난도 서슴지 않았다. 트럼프 행성부의 일방주의적 성향은 그의 선거 구호였던 '미국을 다시 위대하게(Make America great Again)'에서도 잘 드러난다. '미국을 다시 위대하게'는 지난 몇십 년 동안 미국이 경제적, 군사적으로 쇠퇴하였다는 인식에 바탕을 두고 있는데, 트럼프는 이전 정권에서 추구하였던 '국제주의(internationalism)'가 미국 쇠퇴의 원인이기 때문에 그동안 미국 대외정책의 근간을 이루었던 '자유주의적 패권'을 폐기해야 한다고 보았다. 트럼프의 또 다른 선거구호였던 '미국 우선주의(America First)'도 미국과 미국의 국익 중심의 대외정책을 전면에 내세운 것이고 그것이 미국 유권자들의 표심을 자극한 면이 없지 않다. '미국 우선주의(America First)' 원칙은 민주주의, 인권, 개방, 관여 등 전통적인 미국의 이상이나 가치 대신에 현실적인 미국의 국가 이익에 집중할 것을 천명한 트럼프 행정부의 대외정책 기조라고 할 수 있다.

둘째, 안보 영역에서 트럼프 정부는 '포용(accommodation)'보다는 '지배(domination)'의 목표를, 그리고 그것을 달성할 수 있는 사단으로 '비강압적(non-coercive)' 방법보다는 '강압적(coercive)' 방법을 선호하였다. 트럼프 행정부가 내걸었던 '힘을 통한 평화(Peace through Power)'라는 슬로건은 마치 30년 전의 레이건 행정부 당시의 정책을 연상시키는 강압적 수단에 대한 선호를 가장 단적으로 보여주는 예라고 할 수 있다. '힘을 통한 평화' 원칙은 IS의 테러리즘, 이란과의 핵합의, 러시아, 중국의 부상 등 안보에 관련된 여러 이슈에서 핵심적인 원칙으로 자리 잡았다. 북한과의 핵협상에서도 트럼프 행정부는 북한에 대한 경제제재의 원칙에서 한 치도 물러서지 않았다. 한마디로, 트럼프 행정부는 민주주의, 인권, 다자주의, 국제제도 등 국제관계의 자유주의 이상보다는 '국력(power)'과 같은 현실주의의 원리를 선호했다고 할 수 있다.

마지막으로, 경제적 번영의 영역에 있어서 적극적인 글로벌 정책보다는 소극적 고립주의 정책을 추구하였다. 취임 초기부터 트럼프 대통령은 기존에 체결된 자유무역협정을 폐기 또는 수정하고 다자무역기구를 비난하는 등 보호무역과 고립주의의 원칙을 선호하는 모습을 보였다. 세계시장에서 미국의 이익을 적극적으로 찾기보다는 미국의 국내 경제의 이익, 특히 그에게 지지를 보냈던 백인 노동자 계층의 이익을 보호하는 데 더욱 많은 노력을 기울였다. 중국과의 무역 전쟁과 기술 전쟁도 비슷한 맥락에서 이해할 수 있다. 트럼프와 그를 지지하는 노동자 계층은 불공정한 자유무역협정, 특히 중국의 불공정한 무역 행태 때문에 미국에서의 일자리가 줄어들었고, 따라서 보호무역이 지금보다 확대되어야 한다는 입장을 유지했다.

요약하면, 트럼프 정부의 대외정책은 그의 전임자들과는 달리, 전후 몇십 년 동안 미국이 견지해오던 '자유주의적 헤게모니'의 대전략과는 거리를 두고, '미국우선주의', '힘을 통한 평화', '고립주의' 등을 주요한 원칙으로 삼았다. 좀 더 구체적으로 들여다보면, 트럼프의 정책적 선호는 전 세계적, 포용적, 장기적, 정치적 이익보다는 개인적, 지배적, 단기적, 물질적 이익에 치우쳤다고 볼 수 있다. 아울러 그러한 목표를 달성하기 위한 방법론으로는 다자주의보다는 일방주의, 비강압적 방법보다는 강압적 방법, 그리고 적극적 방법보다는 소극적 방법을 선호했다.[6]

바이든이 그리는 미국 대외정책의 핵심은 한마디로 트럼프에 의해서 위기에 처한 미국의 리더십과 자유주의 세계질서를 원래의 위치로 돌려놓는 것이라고 할 수 있다. 그는 트럼프의 반 민주주의적 행태와 반 다자주의적 정

---

6   바이든은 그의 오랜 정치 경력 동안 외교 분야에서 가장 오랜 기간 활동한 만큼 이 분야에서 가장 강점을 갖고 있다고 할 수 있다.

책들이 미국의 국제적 위상을 훼손시켰으며 국제사회의 불확실성이 높아졌다고 보고 있다. 따라서 바이든 행정부의 가장 중요한 과제는 추락한 미국의 국제적 위상과 리더십을 회복하고, 트럼프 시대 이전에 상당 기간 안정적으로 구축되어 있던 자유주의 국제질서를 회복하는 것이다. 다시 말하면, 바이든 행정부는 자유민주주의의 가치, 자유무역 질서, 글로벌 동맹체제를 기반으로 하는 '자유주의적 패권'으로의 회귀를 미국 대외정책의 최우선 목표로 하고 있다. 그는 *Foreign Affairs*에 기고한 글에서 "미국의 위상을 재고하고, 미국의 리더십을 재구축하며, 미국의 앞에 놓은 도전들에 재빠르게, 역동적으로 대응할 것"[7] 등을 약속했다.

좀 더 구체적으로 들여다보자면, 바이든 행정부의 대외정책을 위에서 제시한 세 가지 차원의 대외정책 노선으로 분석할 수 있다. 첫째, 현실주의 국제관계 이론과 권력의 인간 필요/욕구 이론에 근거한 안보 영역에 있어서 바이든 행정부는 '지배(domination)'보다는 '포용(accommodation)'에 가까운 대외정책 성향을 보인다. 이는 트럼프 행정부가 '지배' 패러다임에 기초한 '힘을 통한 평화'를 추구한 것과는 확연한 대조를 보인다. 바이든은 "힘이 아닌 모범이 됨으로써 세계를 이끌겠다(Not just with the example of our power but also with the power of our example)"[8]는 점을 분명히 했다. 강압적인 방법보다는 외교적인 방법으로 추락한 미국의 위상을 높이고 세계를 리드하겠다는 의지를 분명히 하고 있다. 원론적인 표현이라고 할 수 있지만, 세계무대에서의 무력사용에 대해서도 단호한 입장을 천명함으로써 그의 외교적 수단에 대한 선호는 다음과 같은 원칙에서도 드러나고 있다.

---

7   Joseph R. Biden Jr., "Why America Must Lead Again: Rescuing U.S. Foreign Policy After Trump", *Foreign Affairs*, March/April 2020. <https://www.foreignaffairs.com/articles/united-states/2020-01-23/why-america-must-lead-again>.

8   Joseph R. Biden Jr., ibid, p.3.

"The use of force should be the last resort, not the first. It should be used only to defend U.S. vital interest, when the objective is clear and achievable, and with the informed conset of the American people."[9]

바이든의 '포용(accommodation)'에 기초한 외교적 방법에 대한 선호는 미국 대외정책의 윤리적 전통을 회복하는 것이라고 할 수 있다.[10] 그는 우드로 윌슨에서 시작되어 카터와 오바마에게로 전승된 미국 대외정책의 이상주의적 전통을 새롭게 구현하겠다는 의지를 표명한 것으로 볼 수 있다. 그의 미래 정책에는 민주주의와 인권 보호를 확대하고 비슷한 가치를 추구하는 국가들의 동맹을 중심으로 이상주의적 가치를 '국제사회(international society)'에 구현한다는 구상이 담겨 있다.[11]

둘째, 자유주의 이론에 기초한 경제 영역에서 바이든은 트럼프 행정부에서의 고립주의를 벗어나 적극적인 자유무역 질서를 회복할 것을 천명하고 있다. 더 나아가서 대외 시장에서 적극적으로 기회를 찾고 미국의 국익을 극대화해야 한다는 의견을 피력하고 있다. 그는 다음과 같이 주장한다.

"I believe in fair trade. More than 95 percent of the world's population lives beyond our borders-we want to tap those markets. We need to build the very best in the United States and seel the very best around the world. That means taking down trade barriers that penalize Americans and resisting a dangerous global slide toward protectionism. That's what happenned a

---

9   Joseph R. Biden Jr., ibid, pp.9-10.
10 David Mayers, "Biden's chance to revive US tradition of inserting ethics in foreign policy", *The CONVERSATION* (December 11, 2020), <https://theconversation.com/bidens-chance-to-revive-us-tradition-of-inserting-ethics-in-foreign-policy-151534>.
11 '국제 사회(international society)'의 개념은 Hedley Bull에 의하여 체계화되었으며, 국제관계이론의 이상주의의 중요한 부분으로 자리 잡았다. Hedley Bull, *The Anarchical Society: A Study of Order in World Politics*, 2nd ed. (New York: Columbia University Press, 1995).

century ago, after World War I-and it exacerbated the Great Depression and helped lead to World War II."[12]

한 가지 주목할 점은 그가 무조건적인 자유무역 질서의 확대를 주장하는 것이 아니라 '공정한 무역(fair trade)'을 강조하고 있다는 것이다. 트럼프의 대외경제정책 노선과 닮은 듯한 이러한 표현은 다분히 중국을 겨냥한 경고의 메시지가 담겨 있다고 볼 수 있다. 그러나 전체적인 그림에서 바이든의 대외경제정책은 보호무역을 표방했던 트럼프 행정부에서의 그것과는 분명히 차별화된다. 따라서 이러한 바이든의 대외경제정책 노선에 따르면 바이든 행정부는 경제 영역의 적극적 자유무역-소극적 보호무역의 스펙트럼에서는 적극적 자유무역 노선으로 정의될 수 있다.

셋째, 공동체의 영역에서 바이든 행정부의 노선은 트럼프 행정부에서의 일방주의 노선에서 벗어나 다자주의 노선을 채택할 가능성이 크다. 오랜 공직생활 동안 외교 분야에서 전문성을 키운 사람답게 바이든은 동맹과 우방, 국제기구의 역할을 중요하게 고려하고 있다. 바이든은 트럼프의 '미국 우선주의'가 '외톨이 미국(America Alone)'을 만들었다고 지적하고 지난 8월 민주당 대선 후보 수락연설에서 이미 "동맹 및 우방과 함께하는 대통령"이 될 것이라고 천명했으며, 11월 8일 대선 승리를 선언하는 대국민 연설에서도 미국의 국제적 지도력을 강조했다.[13]

바이든은 특히, 민주주의의 가치를 공유하는 국가들과의 협력을 강조하고 있는데 민주주의 국가들과의 연합체를 구성하여 국제사회에 민주주의 확대를 위한 토대를 만들고자 한다. 민주주의 국가들의 연합체를 통하여 1) 부패와의 전쟁, 2) 권위주의 국가로부터 민주주의 국가들을 보호, 3) 국제사회에

---

12   Joseph R. Biden Jr., ibid, p.7.
13   조한범, 「바이든 행정부의 한반도 정책 전망과 대응방안」, 온라인 시리즈 (통일연구원), 2020.11.11.

서의 인권 개선 등을 추진할 것을 약속하였다.[14] 개별 국가의 정부뿐만 아니라 비정부기구(Non-Profit Organization), 즉 시민사회나 언론, 다국적기업 등도 민주주의의 전 세계적 확산과 효율적인 글로벌 거버넌스에 참여할 것을 촉구한다. 민주주의와 인권이라는 가치를 공유하는 모든 행위자들과 연대할 의지를 표명한 것이라고 할 수 있다. 군사적인 측면에서의 동맹 강화 의지도 언급하지 않을 수 없다. 제2차 세계대전 후 미국과 유럽의 안보의 핵심을 이루었으나 트럼프 대통령의 비판의 대상이 되었던 NATO의 능력과 위상을 회복하는 것을 첫 번째 과제로 삼고 있다. 이와 더불어 한국, 일본, 호주, 인도 등 전통적인 동맹국들과의 협력을 통해 미국의 리더십을 강화한다는 구상도 함께 그리고 있다.

바이든은 정치·군사 동맹뿐만 아니라 환경, 이주 등 글로벌 이슈에 대한 대응도 다자주의적 접근을 통해서 해결해나갈 것을 분명히 하고 있다. 트럼프 행정부에서 탈퇴했던 파리기후협약에 재가입하고 다른 나라들을 독려하여 미국의 리더십하에 기후변화에 공동으로 대응해나갈 것도 함께 약속하고 있다. 코로나19 팬데믹으로 적나라하게 드러난 허약한 글로벌 거버넌스 시스템이 바이든 행정부가 이끄는 미국의 리더십하에서 제 기능을 발휘하게 될 것인지는 앞으로 주목해볼 만한 포인트이다.

이상에서 분석한 결과는 바이든의 대외정책 노선이 트럼프의 그것과는 정반대의 양상을 띠게 될 것을 예견하고 있다. 대외정책의 세 가지 차원에서 분석해보았을 때, 트럼프 행정부의 경우, 안보 영역에서 강압적 방식을 선호하고, 경제 영역에서는 소극적 보호무역과 고립주의를 선호한 것으로 분석되었다. 공동체의 영역에서는 다자주의보다는 일방주의의 경향을 보였다. 바이든 행정부는 안보 영역에서 비강압적 방식을 선호하고, 경제 영역에서

---

14   "The Power of America's Example: The Biden Plan for Leading the Democratic World to Meet the Challenges of the 21st Century." <joebiden.com/americanleadership>.

는 적극적인 자유무역 정책을 펼칠 것으로 예상된다. 공동체의 영역에서도 트럼프 행정부에서의 일방주의 대신 다자주의를 추구할 것으로 예상된다. 이상의 분석 결과를 종합하면 아래의 표와 같다.

〈표 2〉 트럼프 행정부와 바이든 행정부의 정책 노선 비교

국제관 계이론	인간욕구 (필요)	외교정 책목표	외교정 책수단	트럼프 행정부	바이든 행정부
현실주의	권력	안보	강압적-비강압적	강압적	비강압적
자유주의	경제적 이익	경제적 번영	적극적-소극적	소극적	적극적
구성주의	사회적 관계	공동체	다자주의-일방주의	일방주의	다자주의

위의 분석 결과에 따르면 바이든 행정부가 트럼프 행정부에서의 '미국 우선주의(America First)'를 폐기하고 미국의 전통적인 '자유주의 패권(Liberal Hegemony)'의 전략으로 회귀할 것으로 전망된다. 바이든 행정부는 미국 대외정책의 전통적인 가치인 자유무역과 민주주의 확대, 그리고 다자주의에 대한 명백한 정책적 선호를 드러내면서 미국의 자유주의 리더십으로 국제사회를 이끌어나갈 것을 천명하였다.

4. 바이든 행정부의 대 중국 정책과 대 북한 정책 전망

바이든 행정부의 성격과 노선은 향후 4년간 미국의 실제 대외정책을 결정할 것이다. 본 절에서는 그중에서도 향후 4년간 미국의 대 동아시아 정책, 특히 대 중국 정책과 대 한반도 정책을 전망해보고자 한다.

(1) 바이든 행정부의 대 중국 정책 전망

주지하는 바와 같이 바이든은 오바마 행정부 8년 동안 부통령을 지냈다. 그의 이런 이력 때문에 바이든 행정부가 오바마 행정부의 제3기가 될 것이라는 비아냥을 비관론자들로부터 들어왔다. 그러나 바이든 행정부는 트럼프 행정부와 다를 뿐만 아니라 오바마 행정부와도 다르다. 대 중국 정책에 있어서도 그럴 수밖에 없는 이유는 미중관계를 둘러싼 전략적 환경이 달라졌기 때문이다.

오바마 행정부 당시에 미국과 중국은 협력과 갈등이 중첩된 관계의 양상을 보였다. 2000년대 중반 이후 중국의 부상이 현실화하고 때마침 터진 미국발 글로벌 금융위기로 미국의 국력이 쇠하고 있다는 지적이 잇따르면서 오바마 행정부는 눈에 띄게 중국과의 관계에 공을 들이기 시작했다. 2010년까지는 무역 갈등과 대만 문제, 그리고 달라이 라마의 방미 이슈 등을 두고 중국과 갈등적 상황이 자주 연출되었지만 2011년 오바마-시진핑의 미중 정상회담을 계기로 양국 간의 관계가 협력 관계로 재정립되었고 2013년 정상회담에서는 '신형대국관계'라는 신조어가 양국 관계를 새롭게 정의하기에 이르렀다.[15] 그러나 다른 한편에서는 오바마 행정부가 중국의 부상을 견제하기 위한 전략과 정책이 적극적으로 추진되기도 하였다. '아시아로의 회귀(Pivot to Asia)' 혹은 '아시아 재균형(Rebalancing Asia)'으로 명명된 이 정책으로 오바마 행정부는 미국의 전략적 중심을 대서양과 유럽에서 아시아·태평양으로 옮길 것을 천명하였다.[16] 이러한 전략을 통하여 오바마 행정부는 중국의 부상을 최대한 지연시키고 미국의 패권을 도전하는 것을 견제하고

---

15   김동수, 「미중 관계의 변화와 신동북아 질서: 한국외교정책에 주는 시사점」, 『CHINA연구』, 제18집 (2015), pp.64-69.
16   Hillary Clinton, "America's Pacific Century", Foreign Policy, Vol.189, No.1 (November 2011). <https://foreignpolicy.com/2011/10/11/americas-pacific-century/>.

자 하였다.

오바마 행정부 당시 미중 관계에는 경쟁과 협력이 중첩된 형태로 나타났지만 무게중심을 협력에 두었다고 보는 것이 일반적인 시각이다. 자유무역과 민주주의, 그리고 다자주의 등 자유주의 가치를 중시한 오바마 행정부는 중국을 미국의 파트너로 대우하면서 미국 중심의 세계체제 안으로 끌어들이고자 노력하였다. 그렇게 함으로써 중국으로 하여금 자유주의적 가치를 받아들이도록 유도하고 중국으로부터 파생되는 전략적 위험성을 통제하고자 하였던 것이다. 그러나 이러한 복합적 미중 관계는 트럼프 행정부 들어와서 완전히 다른 국면을 맞게 된다. 트럼프 행정부는 중국과의 무역 전쟁을 불사하고, 급기야는 기술 전쟁과 최근의 코로나19 사태를 계기로 바이러스 전쟁까지 이어나갔다. 미국과 중국이 거의 전 분야에서 광범위하게 충돌하고 있는 양상을 보이면서 양국 간의 패권 경쟁이 본격화하고 있는 것이다.

바이든 행정부가 처한 전략적 환경은 오바마 당시와는 확연히 달라졌다. 오바마 대통령 4년의 재임 기간 동안 추진했던 대 중국 전략은 실패로 판명이 났고 중국은 여전히 자유주의 국제질서와는 거리가 먼 행태를 보이고 있다. 그럼에도 불구하고 바이든 행정부는 트럼프식의 강경 일변도의 대 중국 정책과는 거리를 둘 것으로 보인다. 바이든의 대 중국 정책의 기본 노선은 중국에 대한 미국의 전략적 우위를 공고히 해나가겠다는 것인데, 그것을 추진하는 방식이 오바마나 트럼프와는 구별되는 동맹과 국제기구의 역할을 강화하는 다자주의의 방식을 활용하는 것이다. 바이든은 다음과 같이 자신의 생각을 표현하고 있다.

"The United States does need to get tough with China. If China has its way, it will keep robbing the United States and American companies of their technology and intellectual property⋯.The most effective way to meet this challenge is to build a united front of U.S. allies and partners to confront China's abusive behaviors and human rights violations…"[17]

앞에서 분석한 바와 같이 다자주의 정책 노선은 바이든 행정부의 대 중국 정책에도 그대로 적용될 것으로 보인다. 그러나 그것이 트럼프가 보여주었던 직접적인 '중국 때리기'와는 거리가 있으며 동맹들을 규합하고 국제기구에 힘을 실어주어 중국을 국제사회에서 고립시키는 전략으로 나가는 것일 가능성이 크다.

그러나, 다른 한편으로 바이든 행정부는 중국과의 협력 가능성도 열어놓고 있다. 특히, 국제사회의 공동 노력을 필요로 하는 이슈의 글로벌 거버넌스에서는 중국과의 협력을 적극적으로 추진하고 있다. 예를 들면, 기후 변화, 비확산, 공중 보건 등 글로벌 이슈는 미국과 동맹들의 노력만으로 제대로 대처하기 어렵다. 한 예로, 최근의 코로나19 팬데믹 사태에서 보듯이 갈등적인 미중 관계로 인한 글로벌 리더십의 부재는 글로벌 거버넌스의 효율적인 작동을 심각하게 저해한다.

바이든 행정부에서 대외정책을 담당할 인물들의 면면은 바이든 행정부가 오바마 행정부보다는 강경한 대 중국 정책을 펼칠 것을 예고하고 있다. 국무장관 지명자 앤서니 블링컨(Anthony Blinken), 국가안보 보좌관 지명자 제이크 설리반(Jake Sullivan), 국방장관 지명자 로이드 오스틴(Lloyd Austin), 인도태평양 담당 조정관 커트 캠벨(Curt Campbell) 등은 모두 오바마 대통령 시절부터 함께 일해온 사람들이다. 바이든의 대 중국 정책이 오바마 대통령 당시와 별반 차이가 없을 것이라고 예상하는 하나의 근거이기도 하다. 그러나, 위의 인물들 중 그 당시 오바마 행정부의 대 동아시아 정책 혹은 대 중국 정책에 관여했던 사람은 강경론자로 알려진 커트 캠벨뿐이다. 그것

---

17 Joseph R. Biden Jr., ibid, p.8.

보다 더 중요한 것은 그 당시와는 확연하게 달라진 전략적 환경이다. 최근 들어 중국은 미국의 패권에 맞서겠다는 야망을 공공연히 드러내고 있으며 그 목표를 위하여 군사적, 경제적, 기술적 수단을 총동원하고 있다.[18]

요약하면, 바이든 행정부에서의 대 중국 정책은 전략적 환경의 변화로 인하여 트럼프 행정부와도 다르고 오바마 행정부와도 다를 수밖에 없다. 상대적인 의미에서 트럼프 행정부에서의 일방적인 중국 때리기보다는 오바마 행정부에서의 갈등과 협력이 중첩되는 형태와 비슷하겠지만 협력보다는 갈등이 더 부각된다는 측면에서 양자는 차별화된다고 할 수 있다.

(2) 바이든 행정부에서의 대 한반도 정책 전망

바이든 행정부의 공식적인 대 북한 정책의 최종 목표는 '북한의 완전한 비핵화'이다. 이 목표를 위해서 바이든 행정부는 한국, 일본과 같은 미국의 동맹국들뿐만 아니라 필요하다면 중국과도 협력할 용의가 있음을 밝히고 있다.[19] 북한의 비핵화라는 목표는 2001년 이후 미국의 모든 정권의 공통된 목표가 되어 왔기 때문에 이견이 없지만, 그 방법론에 있어서는 정권마다 차별을 보여 왔다.

오바마 행정부에서의 대북 정책은 '전략적 인내(strategic patience)' 정책의 핵심은 북한이 먼저 변화하고 비핵화의 가시적인 조치를 취하면 미국은 그에 상응하는 대가를 지불하겠지만 미국이 먼저 북한에 비핵화를 위한 협상을 재촉하지는 않을 것이라는 점을 명확히 한 것이다. 오바마 행정부는 2012

---

18 특히, 중국이 심혈을 기울이고 있는 5G 통신 기술 분야에서는 상당한 성과도 거두고 있으며, 이에 맞서 바이든 행정부는 중국의 기술력을 앞지르기 위하여 6G 분야에 공격적으로 투자하여 미국 중심의 글로벌 가치사슬(GVC: 공급망)을 구축하고자 노력하고 있다. "바이든 시대 기술패권 힘겨루기…미국은 中에 대해 양자택일로 간다" <https://www.donga.com/news/Inter/article/all/20210109/104842964/1>.

19 "The Power of America's Example: The Biden Plan for Leading the Democratic World to Meet the Challenges of the 21ˢᵗ Century" <https://joebiden.com/americanleadership/>.

년 2·29 합의를 통하여 북한과 관계 개선을 꾀하였다. 미국은 북한을 적대시하지 않으며 24만 톤의 영양 지원을 북한에 제공하고, 북한은 비핵화에 대한 의지를 보이기 위해 장거리 미사일 발사 및 핵실험을 포함한 모든 핵활동을 중단한다는 데에 양국이 동의한 것이다. 그러나 발표 직후부터 북·미 양측은 장거리 미사일 발사 유예 조항의 해석에 대해 이견을 보였고, 북한이 4월 13일 장거리 미사일 발사를 강행함으로써 2·29 합의는 결렬되었다. 그 이후 오바마 행정부는 모든 북한과의 협상을 중단하고 '전략적 인내'의 길로 들어섰다. 전략적 인내의 명목하에 오바마 행정부는 북한의 비핵화라는 목표에 한 걸음도 다가서지 못했다.

오바마 행정부와 달리 트럼프 행정부는 북한과의 협상에 적극적이었다. 2018년 6월 싱가포르에서 트럼프는 북한의 김정은과 역사적인 첫 번째 북미 정상회담을 개최하면서 북미 관계 개선과 북한 비핵화의 물꼬를 텄다. 여기에 한국의 문재인 정부의 적극적인 중재가 더해져 한반도 평화와 통일에 대한 기대감은 한층 더 높아졌다. 그러나 2018년의 이런 기대감은 2019년 2월 하노이에서의 제2차 북미 정상회담이 결렬됨으로써 아무런 성과 없이 무위로 돌아갔다. 결국 트럼프 행정부에서도 북미 관계 개선이나 북한 비핵화에 대한 어떠한 진전도 이루어내지 못한 채, 북한의 핵능력은 더욱 고도화되어 왔다.

다시 말하면, 오바마 행정부에서의 관여정책과 전략적 인내, 그리고 트럼프 행정부에서의 경제 제재와 비핵화 협상 중 그 어느 방법도 북한 비핵화라는 목표에 다가가지 못했다는 점은 북한 비핵화가 그만큼 어려운 이슈라는 것을 간접적으로 보여준다. 바이든은 트럼프식의 탑다운(top-down) 협상보다는 바텀업(botom-up) 방식을 지향하며, 비핵화를 진전시키기 위한 전략의 한 부분으로서 김정은과 만날 수는 있겠지만 김정은과 직접적이고 개인적인 외교는 하지 않을 것이라고 공공연히 밝히고 있다. 더 나아가서 북한이 먼저 비핵화를 위한 선제적 조치를 취한다면 제재 완화와 비핵화 조치를 교환하는 협상에 적극적으로 나설 의사가 있다는 점도 여러 번 표명했다. 다시 말하면, 북한의 태도 여하에 따라서 바이든 행정부의 대북 정책도 유연하게 변할 가능성이 있지만, 바이든 행정부가 먼저 북한 비핵화를 위한 협상에 적극적으로 나설 가능성은 크지 않다는 것이다. 바이든 행정부의 대북 정책이 전략적 인내 2.0이 될 가능성도 배제하지 못한다.[20]

공식적인 대 북한 정책과 바이든 행정부가 북한의 비핵화를 위해서 얼마나 노력할 것인가의 문제는 별개의 문제이다. 바이든 행정부가 북한 비핵화 문제를 정책의 우선순위에 놓을 가능성은 크지 않다. 코로나19 팬데믹으로 인해 막대한 인명·경제적 피해를 입고 있으며, 대통령 선거 과정에서 적나라하게 드러난 인종 갈등과 국민 분열이 바이든 행정부가 해결해야 할 가장 긴급한 현안이라는 분석에 대해서는 이견이 없다. 대외정책에 있어서도 중국, 유럽, 중동, 인권, 다자기구 등의 이슈가 정책 우선순위에 놓을 가능성이 크다.[21] 북한 비핵화 이슈가 우선적으로 주목을 받지 못할 중요한 이유 중 하나는 앞에서도 지적한 것처럼 그 이슈가 이전의 여러 정권에서도 풀지 못한 난제 중의 난제이며 많은 시간이 걸리는 과제이기 때문이다. 특히, 두 번째 임기에 도전하지 않겠다고 공언한 바이든의 입장에서는 북한 비핵화 문제를 해결하고자 하는 유인이 부족할 수밖에 없다. 다른 하나의 이유는 미국의 북한에 대한 인식과 관련되어 있다. 즉, 미국이 북한의 핵과 미사일을 긴급한 위협으로 느끼는가의 문제이다. 만약 북한이 미국이 설정한 레드라인을 넘어서는 도발을 감행한다면 미국이 즉각적인 행동에 나서겠지만 그렇

---

[20] 김현욱, 「바이든 행정부의 대중국 및 한반도 정책 전망」, IFANS 주요국제문제분석 2020-37. <https://www.ifans.go.kr/knda/ifans/kor/act/ActivityAreaView.do?csrfPreventionSalt=null&sn=13672&boardSe=pbl&koreanEngSe=KOR&ctgrySe=08&menuCl=&searchCondition=searchAll&searchKeyword=&pageIndex=2>.

[21] "The Seven Pillars of Biden's Foreign Policy", The New Yorker (November 11, 2020). <https://www.newyorker.com/news/our-columnists/the-seven-pillars-of-bidens-foreign-policy>.

지 않다면 바이든 행정부는 북한 비핵화를 적극적으로 다루지 않을 가능성이 크다. 북한보다는 오히려 이란의 비핵화를 더욱 중요한 이슈로 다룰 것이라는 신호를 여러 군데에서 만들어내고 있다. 따라서 바이든 행정부의 대북한 정책 또는 북한 비핵화 정책은 협상의 문은 열어놓되 적극적으로 나서지는 않는 위험 관리 중심의 정책이 될 가능성이 높다.

바이든 행정부의 대 한국 정책에 대해서도 트럼프 행정부와는 다른 정책을 펼칠 것으로 전망된다. 트럼프 행정부 당시 역사적인 북미 정상회담이 두 차례나 열렸던 것과는 별도로 한미 간에는 방위비 분담을 둘러싸고 갈등이 적지 않았다. 이런 갈등은 기본적으로 트럼프 대통령이 동맹과 다자주의의 가치를 불신하고 외교관계를 단기적인 경제적 이익의 관점에서 바라보기 때문에 생겼던 문제들이다. 전통적인 외교관계로의 회복을 공언한 바이든 행정부는 미국의 대전략과 동아시아 정책에 있어서 한미 동맹의 역할의 중요성을 인식하고 있다는 점에서 한미 간 갈등의 여지는 크지 않다는 것이 전문가들의 공통된 견해이다.

5. 결론: 한국 정부에 주는 시사점

안보, 경제, 공동체의 세 가지 차원에서 분석해보았을 때, 바이든 행정부의 대외정책은 트럼프 행정부의 그것과는 많이 다를 것으로 전망된다. 먼저, 안보의 영역에서 트럼프 행정부가 '힘에 의한 평화(Peace through Power)'에 기초한 강압적 방법을 추구했다면, 바이든 행정부에서는 민주주의와 인권을 강조하고 동맹을 강화하는 방식으로 비강압적 방법을 추구할 것으로 전망된다. 경제 영역에서는 트럼프 행정부가 보호무역과 고립주의 방식으로 미국의 국익을 추구한 반면에, 바이든 행정부는 전통적인 미국의 정책 노선이었던 자유무역과 글로벌리즘을 추구할 것으로 보인다. 공동체의 영역에서도 트럼프 행정부와 바이든 행정부의 정책은 큰 차이를 보인다. 트럼프 행정부가 동맹과 국제기구의 가치와 역할을 축소하고 '미국 우선주의(America First)'에 입각한 일방주의를 추구하면서 세계 각국으로부터 신뢰를 잃은 데 반하여, 바이든 행정부는 동맹과 국제기구의 역할을 강조하는 다자주의를 표방하며 트럼프 이전에 미국이 누렸던 국제적 리더십을 회복하고자 한다. 바이든 행정부하의 미국의 대외정책을 한마디로 정의한다면 '자유주의적 헤게모니'로의 회귀라고 할 수 있을 것이다.

바이든 행정부의 동맹과 다자주의의 가치에 대한 존중은 한국에 많은 기회와 도전의 요인을 동시에 제공한다. 기회는 다자주의에서의 중견국의 역할 확대에서 올 수 있다. 특히, 기후변화, 테러리즘, 비확산, 공중보건 등 글로벌 이슈에 대처하는 글로벌 거버넌스가 제대로 작동하기 위해서는 미국과 같은 강대국들의 리더십과 중견국들의 지원이 동시에 필요하다. 바이든 행정부가 미국이 글로벌 이슈에 주도적인 리더십을 행사하겠다고 밝히고 있는 바, 한국과 같은 중견국들의 역할이 더욱 중요해지고 있는 것이다. 글로벌 이슈뿐만 아니라 미국의 아시아·태평양 전략에 있어서도 한국은 매우 중요한 위치를 차지하고 있다. 바이든 행정부는 중국과의 패권 경쟁에 한국, 일본, 호주, 인도 등 전통적 동맹국들과의 협력으로 대처하겠다는 의지를 밝히고 있다. 그 과정에서 동맹국들의 역할과 목소리가 커질 수밖에 없을 것으로 전망된다.

반대로 다자주의와 동맹의 역할 확대는 중국과의 패권 경쟁과 맞물려 한국에 큰 도전적 요소를 제공하기도 한다. 자칫 중국과의 패권 경쟁이 격화될 경우 바이든 행정부는 동맹국들에게 미국의 편에 설 것을 강하게 요구할 수 있다. 안보는 미국에, 경제는 중국에 크게 의존하고 있는 한국의 입장에서 이것은 쉬운 결정이 아니다. 지금까지는 미·중 양국이 패권 경쟁을 적절한 수준에서 관리하고 있는 만큼 한국의 일종의 '양다리 걸치기'가 유효한 전략이 되어 왔지만 앞으로도 그럴 것이라는 낙관적인 전망은 더 이상 유효하지 않을 가능성이 이전보다 커졌기 때문이다. 시간이 흐를수록 글로벌 패권에 대한 중국의 야망은 점점 더 커져가고[22] 이를 저지하기 위한 미국의 의지도 그에 비례하여 커지고 있기 때문이다. 한국의 '전략적 모호성' 전략을 양국에 동시에 어필할 수 있는 새로운 전략으로 전환해야 할 시점이 다가오고 있다.

바이든 행정부는 한반도 평화 프로세스에는 한국에 기회의 요인을 제공하고 있다. 앞서 지적한 것처럼 바이든 행정부의 긴급 현안은 코로나19 대처와 경제 회복, 인종 갈등 등의 국내 문제일 수밖에 없다. 북한 비핵화나 북미 관계 개선 등은 후순위로 밀릴 수밖에 없는 상황에서 한국 정부가 북한과 미국 사이에서 중재자의 역할을 할 수 있는 공간은 더 늘어날 수 있다. 미국이 한반도의 리스크를 관리하는 수준으로 대북 정책을 끌고 간다고 하더라도 남북 관계 개선을 통해서 한반도 평화 프로세스가 가동되면 결정적인 순간에는 북한과 미국이 협상테이블을 차릴 수밖에 없다. 현재는 미국은 북한이 먼저 비핵화를 위한 선제적 조치를 취할 것을 기다리고 있고, 북한은 미국이 먼저 대북 적대시 정책을 폐기할 것을 원하고 있다. 이런 상황에서 한국 정부가, 2018년 당시에 했던 바와 같이 적극적으로 남북 관계 개선을 위해서 노력하고 바이든 행정부를 설득한다면 2022년 혹은 2023년에는 북한 비핵화와 북미 관계 개선을 위한 가시적인 성과가 나올 가능성도 없지 않다. 한반도 평화 프로세스가 성공하기 위해서는 두말할 나위 없이 한국의 역할이 가장 중요하다.

22 　마이클 필스버리는 글로벌 패권에 대한 중국의 야심을 '백 년의 마라톤'으로 정의한다. 마이클 필스버리 저, 한정은 역, 『백년의 마라톤』 (서울: 영림카디널, 2016).

참고문헌

국내 문헌

김동수, 「미중 관계의 변화와 신동북아 질서: 한국외교정책에 주는 시사점」, 『CHINA연구』, 제18집 (2015).

김현욱, 「바이든 행정부의 대중국 및 한반도 정책 전망」, IFANS 주요국제문제분석 2020-37. <https://www.ifans.go.kr/knda/ifans/kor/act/ActivityAreaView.do?csrfPreventionSalt=null&sn=13672&boardSe=pbl&koreanEngSe=KOR&ctgrySe=08&menuCl=&searchCondition=searchAll&searchKeyword=&pageIndex=2>.

동아일보, "바이든 시대 기술패권 힘겨루기: 미국은 中에 대해 양자택일로 간다." <https://www.donga.com/news/Inter/article/all/20210109/104842964/1>.

조한범, 「바이든 행정부의 한반도 정책 전망과 대응방안」, 온라인 시리즈 (통일연구원), 2020.11.11. <https://www.kinu.or.kr/www/jsp/prg/api/dlV.jsp?menuIdx=351&category=53&thisPage=1&searchField=&searchText=&biblioId=1538942>.

국외 문헌 및 번역물

마이클 필스버리 저, 한정은 역, 『백년의 마라톤』, 영림카디널, 2016.

Biden, Joseph R. Jr., "Why America Must Lead Again: Rescuing U.S. Foreign Policy After Trump", *Foreign Affairs* (March/April, 2020). <https://www.foreignaffairs.com/articles/united-states/2020-01-23/why-america-must-lead-again>.

Bull, Hedley, *The Anarchical Society: A Study of Order in World Politics,* 2nd ed., Columbia University Press, 1995.

Chittick, William O., *American Foreign Policy,* CQ Press, 2006.

Clinton, Hillary R, "America's Pacific Century", *Foreign Policy,* Vol.189, No.1 (November 2011). <https://foreignpolicy.com/2011/10/11/americas-pacific-century/>.

Ikenberry, John G., "Obama's Pragrmatic Internationalism", *The American Interests,* Vol.9, No.5. <https://www.the-american-interest.com/2014/04/08/obamas-pragmatic-internationalism/>.

Kinsella, David, Brice Russett, and Harvey Starr, *World Politics: The Menu for Choice*, 10th ed. Wadsworth, 2013.

Mayers, David, "Biden's chance to revive US tradition of inserting ethics in foreign policy", *THE CONVERSATION* (December 11, 2020). <https://theconversation.com/bidens-chance-to-revive-us-tradition-of-inserting-ethics-in-foreign-policy-151534>.

McClellan, David C., *Human Motivation*, Cambridge University Press, 1987.

Posen, Barry, *Restraint: A New Foundation for U.S. Grand Strategy*, Cornell University Press, 2014.

The New Yorker, "The Seven Pillars of Biden's Foreign Policy" (November 11, 2020). <https://www.newyorker.com/news/our-columnists/the-seven-pillars-of-bidens-foreign-policy>.

웹사이트

"The Power of America's Example: The Biden Plan for Leading the Democratic World to Meet the Challenges of the 21st Century" <joebiden.com/americanleadership>.

브라질 여성의 정치적 과소대표성 추동요인*

정호윤

1. 들어가며

라틴 아메리카는 세계 최초의 여성 대통령인 아르헨티나의 42대 대통령 이사벨 페론(Isabel Perón, 1974-1976)[1]을 위시하여 오늘날까지 11명의 여성 대통령을 배출한 지역으로,[2] 국민적 수준에서 뿌리 깊은 마초문화, 남성우월주의 및 가부장제에 비해 여성 지도자의 탄생이 빈발한 곳이다. 비교적 선진적 민주정치체제를 구축해왔다고 평가받는 미국이 조지 워싱턴(George Washington)부터 조 바이든(Joe Biden)까지 46명의 대통령이 모두 남성이었

---

* 이 글은 2022년 『세계지역연구논총』, 제40권 1호에 게재된 논문 「무엇이 브라질의 젠더쿼터법을 비효율적으로 만드는가?: 브라질 여성의 정치적 과소대표성 추동요인 고찰을 중심으로」를 수정·보완한 것임.

1 이사벨 페론의 본명은 마리아 에스텔라 마르티네스 카르타스 데 페론(María Estela Martínez Cartas de Perón)으로, 이사벨은 그녀가 가톨릭에 귀의할 당시의 세례명이다. 본명 대신 이사벨 페론이라는 이름으로 널리 알려지게 되었다.

2 이사벨 페론에 이어, 볼리비아의 리디아 궐러(Lidia Gueiler, 1979-1980), 니카라과의 비올레타 차모로 (Violeta Chamorro, 1990-1997), 에콰도르의 로살리아 아르테아가(Rosalía Arteaga, 1997-1997), 가이아나의 자넷 제이건(Janet Jagan, 1997-1999), 파나마의 미레야 모스코소(Mireya Elisa Moscoso Rodríguez de Arias, 1999-2004), 칠레의 미첼 바첼레트(Michelle Bachelet, 2006-2010, 2014-2018), 아르헨티나의 크리스티나 페르난데스 데 키르치네르(Christina Fernández de Kirchner, 2007-2015), 코스타리카의 라우라 친치야 미란다(Laura Chinchilla Miranda, 2010-2014), 브라질의 지우마 호우세피(Dilma Rousseff, 2011-2016), 그리고 볼리비아의 헤아니네 아녜스(Jeanine Áñez, 2019-2020)까지 대통령직을 각각 수행하였다.

다는 점을 상기해본다면, 적어도 라틴 아메리카지역에서는 국가 지도자 수준에서 여인천하(女人天下) 열풍이 거세다는 사실은 자명하다고 볼 수 있다. 라틴 아메리카 국가들은 또한 국가원수로서의 대통령 수준을 넘어 전반적, 포괄적인 여성의 정치참여 확대를 위해 제도적 차원에서의 개선 노력을 지속적으로 전개해나가고 있다. 이러한 맥락에서 동 지역 국가들은 특히 1990년대 이래 젠더쿼터법을 마련하여 여성의 지속 가능한 정치참여의 확장을 도모하고 있음을 주목할 필요가 있다. 아르헨티나는 1991년 라틴 아메리카 최초이자 세계 최초로 젠더쿼터제도를 시행하였으며, 이후 멕시코, 파라과이(1996년)를 포함하여 많은 지역 내 국가들이 젠더쿼터법을 제정[3]하는 등 지역 차원에서 여성의 정치 영역에서의 과소대표성을 해소하기 위한 제도적 장치를 마련하였다.

브라질은 라틴 아메리카에서 가장 역동적이면서 다양한 페미니즘 운동이 전개되어 온 국가 중 하나로, 브라질 여성의 능력과 기회가 기대수명, 문해(literacy), 노동시장 등의 분야에서 꾸준히 진보하는 등 여성의 권리를 증진하는 정책 변화를 선도하고 있다.[4] 특히 정치 분야에서의 여성 참여 증진을 위해 1997년 젠더쿼터법을 제정하였으며, 2011년에는 노동자당의 지우마 호세프(Dilma Rousseff)가 대통령에 취임하며 사상 첫 여성 대통령을 배출하기도 하였다. 하지만 이와 동시에 브라질은 정치 영역에서의 여성 대표성이 가장 낮은 라틴 아메리카 국가 중 하나라는 모순성을 보여주고 있다. 유엔여성기구(UN Women)에 따르면, 2021년 1월 기준 브라질의 19개 장관직 중 여성은 단 2명으로 10.5%의 여성대표성을 기록하며 전 세계에서 144위에 위치하고 있으며, 하원과 상원의원 각각 15.2% 및 12.4%의 여성대표

---

3 이와 관련하여, 자세한 사항은 제3장을 참조할 것.

4 Mala Hunt, "Puzzles of Women's Rights in Brazil", Social Research: An International Quarterly, Vol.69, No.3 (2002), pp.733-751.

성을 나타내며 전 세계 142위를 차지하는 불명예를 차지하였다.[5] 브라질 여성의 저조한 의회대표성은 같은 중남미 지역의 쿠바(53,4%, 2위), 니카라과(48.5%, 4위), 멕시코(48.2%, 6위), 볼리비아(46.2%, 10위), 코스타리카(45.6%, 13위), 아르헨티나(42.4%, 18위) 등 여러 국가들에 비해 더욱 두드러신다.

그렇다면, 브라질의 활발한 페미니스트 운동과 그로 인한 여성의 실질적 권익 증가 현상이 목도되고 있을 뿐만 아니라 여성의 정치참여 증진을 위한 젠더쿼터제도가 법적으로 시행되고 있음에도 불구하고 브라질 여성의 의회 내 극단적 과소대표성이 지속되는 이유는 무엇인가? 구체적으로 어떠한 요인들이 이러한 모순적 동학을 추동하는가? 본 연구는 상술한 모순적 현상의 근원에 대해 탐구하는 것이 주요 목적이다. 그간 브라질 정치에서 여성의 과소대표성을 설명하기 위한 여러 선행연구가 진행되어 왔으나, 대부분의 학자들은 브라질 젠더쿼터법의 취약성과 브라질의 선거시스템의 불완전성을 지적하고 있다.[6] 본 연구는 이러한 제도적 불합리성을 주요 원인으로 제시하는 시각에 동의하며 이에 대한 상세한 검토를 진행할 것이나, 한편으로는 브라질이 당면한 모순적 현상에 대한 보다 추가적인 설명력 확보를 위해 '정치적 자원(political resources)의 불평등한 배분' 및 '정치적 자원의 일환으로서의 기성매체 및 소셜미디어 주목도'를 일종의 변수로 고려해야 한다고 주장하는 가설생성적 연구(hypothesis-generating research) 목적을 갖고 있

---

[5] https://eca.unwomen.org/en/digital-library/publications/2021/3/women-in-politics-map-2021 (검색일: 2021.11.30).

[6] 조희문, 「여성의 정치참여확대와 법의 역할: 라틴 아메리카의 젠더쿼터법 적용 사례」, 『포르투갈·브라질 연구』, 제10권 1호 (2014), pp.57-87; Kristin Wylie, "Brazil's Quota Law and the Challenges of Institutional Change Amidst Weak and Gendered Institutions", in K. Wylie (eds.), Party Institutionalization and Women's Representation in Democratic Brazil (Cambridge: Cambridge University Press, 2018), pp.55-77; Malu Gatto and Kristin Wylie, "Informal institutions and gendered candidate selection in Brazilian parties", Party Politics, Vol.1, No.12 (2021), pp.1-12.

다. 구체적으로 본고는 브라질 정당 내 정치자원 배분이 젠더화 되어 있을 뿐만 아니라 오늘날 디지털 혁명이 가속화됨에 따라 발생하고 있는 소셜미디어의 정치사회적 영향력 증대의 맥락에서 남성 후보자에 비해 여성 후보자에 대한 소셜미디어 주목도(social media attention)가 상대적으로 부족하다는 점을 브라질 여성의 과소대표성 현상과 관련시킨다.

본고는 총 5장으로 구성되어 있다. 2장에서는 브라질 젠더쿼터와 정치 영역에서 여성의 과소대표성에 대한 선행연구를 분석하며, 나아가 여성의 정치참여와 정치적 자원 간의 관계에 대한 이론적 고찰을 시도한다. 3장은 라틴 아메리카 국가들과의 비교를 중심으로 브라질 여성의 정치참여 동향에 대해 검토한 후, 4장에서 브라질 젠더쿼터법, 선거시스템의 제도적 불완전성 및 정치적 자원의 불평등한 배분 현상에 대해서 고찰한다. 마지막 결론에서는 연구결과를 요약하고, 후속 연구에의 함의와 시사점을 제시한다.

2. 선행연구 및 이론적 고찰

(1) 젠더쿼터와 정치 영역에서 여성의 과소대표성

일반적으로 젠더쿼터제도는 여성의 정치참여를 증대시키는 데 있어 그 효과성을 인정받고 있으며, 여러 학자 및 연구자들 또한 제도적 유효성에 대한 연구를 통해 이를 실증하고 있다. 대표적으로 Paxton과 Hughes는 1990년에서 2010년 사이 145개국의 데이터를 분석한 결과 조사대상국에서 젠더쿼터제도와 여성의 정치참여 간에 양의 상관관계가 있음을 밝혀내었으며, 나아가 젠더쿼터제도가 국내적 수준에서의 양성평등 규범 형성에도 일조하며 제도의 효과성을 더욱 배가시키고 있다고 주장하였다.[7] 조희문은 라틴 아메리카 여성의 의회 의석 점유율 통계를 통해 동 지역에서 1990년대와 2000년대에 걸쳐 제도화된 젠더쿼터법의 효과성을 확인할 수 있다고 주장한다. 2000년 라틴 아메리카 여성의 의회 의석 점유율의 평균은 약 13%에 불과했으나, 2010년에는 21%로 증가했으며, 2020년에는 33.6%까지 기록한 것은 젠더쿼터법의 역할이 지대했다는 것이다.[8]

물론 젠더쿼터법이 여성의 정치참여를 증대시키기 위한 만병통치약은 아니다. 이러한 맥락에서 많은 학자들은 젠더쿼터제도의 실질적인 완전성, 강제성뿐만 아니라 젠더쿼터제도가 구현되고 작동되는 국가 내 선거제도의 특성이라는 매개변수를 중심으로 제도의 효과성을 파악하고자 하였다. 특히 젠더쿼터의 강제성과 정당 차원에서 쿼터 불이행 시 엄격하고 강력한 제재를 규정한 국가는 그렇지 않은 사례에 비해 여성의 정치대표성이 두드러졌다.[9] 또한 특정 국가의 선거제도가 개방형 정당명부 비례대표제(open-list proportional representation)를 채택하고 있는지, 아니면 폐쇄형 정당명부 비례대표제(closed-list proportional representation)를 운용하는지에 따라 젠더쿼터제도의 효과성은 극명히 갈린다는 연구 또한 존재한다. 대체적으로 개방형 정당명부 비례대표제를 채택하는 선거제도하에서 각 정당은 여성 후보자 대신 유력 남성 후보자를 명부의 상단에 배치하는 경향이 있는데, 이는 유권자의 투표 행태상 여성 후보자에게 매우 불리하다는 것이다. 즉, 개방형 정당명부 비례대표제는 폐쇄형보다 젠더쿼터제도의 효율성을 감소시키는 선거제도이며, 이는 라틴 아메리카지역에서 특히 두드러지는 현상이라 볼 수 있다.[10]

7   Paxton Pamela and Melanie Hughes, "The Increasing Effectivenessof National Gender Quotas,1990-2010", Legislative Studies Quarterly, Vol.40, No.3 (2015), pp.331-362.

8   조희문(2014), p.58; https://oig.cepal.org/en/indicators/legislative-power-percentage-women-national-legislative-body-0 (검색일: 2021.11.30).

9   조희문(2014); Clara Araújo(2003), "Quotas for Women in the Brazilian Legislative System", Paper Presented at International IDEA Workship, https://aceproject.org/ero-en/topics/parties-and-candidates/CS_Araujo_Brazil_25-11-2003.pdf (검색일: 2021.11.30).

10   Mark Jones, "Gender Quotas, Electoral Laws, and the Election of Women Evidence From the Latin

하지만 몇몇 실증연구들에서 개방형 정당명부 비례대표제와 폐쇄형 정당명부 비례대표제 간의 유의미한 차이가 존재하지 않는다는 주장 또한 존재한다. 폐쇄형 정당명부 비례대표제를 운용하는 몇몇 국가에서도 정당들은 여성을 당선 가능한 순번에 배치시키지 않기 때문이라는 것이다. 이러한 측면에서 Mirjam Allik는 개방형 명부제이든 폐쇄형 명부제이든 여성의 수적 대표성(descriptive representation) 확대에 큰 영향이 없다고 주장하며,[11] 극단적으로 Jones는 여성 할당률이 지나치게 높은 국가의 경우 그 크기를 줄이는 것이 오히려 정책저항의 감소를 불러일으켜 여성의 정치대표성 확대에 더욱 효율적일 것이라 주장하기도 한다.[12]

이상의 논의를 종합하면, 젠더쿼터제가 여성의 정치참여 및 수적 대표성 확대에 유의미한 영향을 미치긴 하나, 쿼터의 크기, 선거제도, 후보배치(placement mandate) 및 법적 강제성 및 처벌 여부 등 세부적인 제도화 수준에 따라 그 효과성이 달라진다. 즉, 폐쇄형 명부제를 시행함과 동시에 성별에 따른 후보배치 규정이 존재하고, 쿼터 미준수 시 실질적인 처벌 방안이 존재하는 강제력이 마련되어 있으며, 쿼터의 사이즈가 클수록 효과는 더욱 배가된다.[13] 하지만 젠더쿼터제와 여성의 정치참여 간의 상관관계를 규명하는 이러한 기존의 연구들은 지나치게 제도적 측면에만 천착하는 한계점이 있으

American Vanguard", Comparative Political Studies, Vol.42, No.1 (2009), pp.56-81.

11 Mirjam Allik, "Who Stands in the Way of Women? Open vs. Closed Lists and Candidate Gender in Estonia", East European Politics, Vol.31, No.4 (2015), pp.429-451.

12 Mark P. Jones, "Assessing the Effectiveness of Gender Quotas in Open-List Proportional Representation Electoral Systems", Social Science Quarterly, Vol.80, No.2 (1999), pp.341-355.

13 Mala Htun and Mark Jones, "Engendering the Right to Participate in Decision-making: Electoral Quotas and Women's Leadership in Latin America", in N. Craske and M. Molyneux (eds.), Gender and the Politics of Rights and Democracy in Latin America (London: Palgrave Macmillan, 2002), pp.32-56; Jennifer Rosen, "Gender Quotas for Women in National Politics: A Comparative Analysis across Development Thresholds", Social Science Research, Vol.66 (2017), pp.82-101; Leslie Schwindt-Bayer, "Making Quotas Work: The Effect of Gender Quota Laws On the Election of Women", Legislative Studies Quarterly, Vol.34, No.1 (2011), pp.5-28.

며, 정당 내부에서 발생하는 남성과 여성의 차별 대우를 위시한 정치자원 접근에의 불평등성에 대한 설명을 제공하지 못한다. 또한, 기존 연구는 본고가 제시하고자 하는 오늘날 정치적 자원의 하나의 중요한 요소로 간주되고 있는 소셜미디어 주목도에 대한 통찰력을 제공해주지 못한다는 한계점을 노출하고 있다. 이러한 문제점에 착안하여 다음 절에서는 여성의 정치참여와 정치적 자원과의 관계에 대한 본고의 이론적 배경을 살펴본다.

(2) 여성의 정치참여와 정치적 자원

정당 차원에서 정치적 자원의 불균등한 배분으로 인해 여성 후보자들이 정치적 자원에의 접근성이 상대적으로 떨어지고 있음에도 불구하고 이와 관련된 연구는 드문 실정이다. 일반적으로 정치적 자원이라 함은 정치적 참여나 의사결정에 사용되는 자원을 의미하며, 자원은 결과에 영향을 미치는 데 있어 사용될 수 있는 모든 수단과 도구를 통칭한다. 이러한 정치적 자원이 불균등하게 배분되는 구조는 정치적 불평등(political inequality)을 야기하는 가장 결정적인 변수라 할 수 있다.[14]

본고는 연구 목적상 정치적 자원이라는 개념적 범위를 정당이 보유한 자원, 그리고 정당에 소속된 정치인 및 선거후보자들이 획득할 수 있는 일련의 자원으로 한정하여 논의를 진행한다. 정당 측면에서 보면, 어느 정당이건 적정 수준의 정치적 자원을 보유하고 있으며, 이러한 정치적 자원은 정당의 생존과 영향력 확대를 위해 사용된다. 정치적 자원이 상대적으로 부족한 신생군소정당 혹은 틈새정당(niche party)의 경우 의회 내 신규 진입을 위해 이를 최대한으로 획득하려 노력하기도 한다. 정당은 선거라는 맥락하에서

---

14 Frances Piven and Richard Cloward, "Rule Making, Rule Breaking, and Power" in T. Janoski et al.(eds.), The Handbook of Political Sociology: States, Civil Societies, and Globalization (Cambridge: Cambridge University Press, 2005), pp.33-53.

누구를 선거에 출마시킬 것인지, 그리고 어떤 정치적 자원을 얼마나 제공할 것인지 결정함으로써 선거 결과를 형성한다. 또한, 이러한 정치적 자원은 정당 차원뿐만 아니라 정당에 속한 개별 정치인들 및 후보자들 또한 독립적으로 보유하고 있다. 이러한 측면에서 본 연구에서 사용되는 정치적 자원이라는 개념은 정당의 재정과 같은 물질적 자원(material resources) 및 정치인들의 정치적 리더십, 그리고 미디어 주목도를 포괄한다. 여기서 말하는 미디어 주목도란 기성매체에 의한 언론 노출뿐만 아니라 유권자들에 의해 소셜미디어상에서 받는 주목도 또한 포함한다. 특히 언론 보도와 같은 미디어 주목도는 정당 및 후보자들이 더 많은 유권자들에게 다가갈 수 있는 효과적인 수단이기 때문에 매우 중요한 정당 자원으로 분류된다.[15] 군소정당 혹은 인지도가 낮은 후보자의 경우 언론의 스포트라이트를 쉽게 받을 수 있는 기성 정당 및 기성 정치인에 비해 미디어 노출에 어려움을 겪는 경우가 많으나, 디지털 기술의 발전으로 인해 인터넷이라는 공간은 상대적으로 가시성을 얻기 위한 비용이 적게 들면서 평등한 공간에서 경쟁할 수 있는 분위기가 조성되었다.[16] 이러한 소셜미디어는 2008년 미국 대선을 통해 본격적으로 그 영향력을 인정받기 시작했으며 세계 각국에서 선거에 강력한 영향력을 행사할 수 있는 새로운 정치자원으로 주목받고 있다.[17]

여성의 정치참여와 정치적 자원에 대한 기존 연구들은 정당이 보유한 물질적 자원, 특히 선거캠페인 자원 배분의 젠더화에 주요한 관심을 기울이고 있다. 즉, 여성 후보자들은 남성 후보자들에 비해 선거 자금(campaign finance)

---

15   Hoyoon Jung, "Social Media and Niche Party Success: The Case of the Portuguese Green Party, PAN", The Korean Journal of Area Studies, Vol.39, No.1 (2021), pp.409-434.

16   Carol Galais and Ana Sofia Cardenal, "When David and Goliath Campaign Online: The Effects of Digital Media Use during Electoral Campaigns on Vote for Small Parties", Journal of Information Technology & Politics, Vol.14, No.4 (2017), pp.372-386.

17   금혜성, 「정치인의 SNS 활용: 정치적 소통 도구로서의 트위터」, 『한국정당학회보』, 제10권 2호 (2011), pp.189-220.

에의 접근성이 떨어지는데, 이는 정당, 특히 정당 엘리트들의 선택이라는 것이다. 선거 비용에 대한 정당 차원의 재정적 지원은 표를 획득하는 데 있어 매우 중요한 수단으로, 여성 후보자들의 과소대표성은 정치적 자원의 부족이라는 측면에서 잘 설명될 수 있다. 대표적으로 Buckley와 Mariani의 연구는 아일랜드 사례연구를 통해 여성 후보자는 남성 후보자에 비해 선거자금의 지출이 적었고, 개인적 모금 측면에서도 남성 후보자들에 비해 뒤처져 있다는 사실을 밝혀내었으며, 이를 통해 젠더쿼터의 효과성은 정당 내의 선거자금 배분 시스템 및 정치적 기회 구조와 긴밀히 연동되어 있다고 주장하였다.[18]

브라질의 선거 분석을 통해 정당과 선거캠페인 자원배분에 관해 고찰한 선행연구 또한 존재한다. Janusz 외 2명은 브라질이 젠더쿼터제를 도입하며 정당의 지도부들이 더 많은 여성 후보자를 전면에 내세웠음에도 불구하고 남성에 비해 여성이 불균형적으로 낙선하는 원인을 효율적인 선거 운동을 전개하는 데 필수적인 선거 자원의 성별 격차라고 주장한다.[19] 마찬가지로 Sacchet의 연구는 브라질 여성 의원의 과소대표성을 설명할 수 있는 핵심변수는 선거 자금 관리방식이라 역설한다. 선거제도하에서 후보자들 간 선거운동 자금 및 모금의 차이는 득표 싸움에서 불균형을 낳기 마련인바, 여성 후보자들의 정치적 자원에의 불균등한 접근성은 선거 결과에 부정적인 영향을 끼칠 수밖에 없는 것이다.[20] 이러한 연구결과들은 정당 엘리트들이 여전히 여성 후보자의 선거 전망을 훼손할 수 있다는 것을 암시하는 것이다.

전술한 바와 같이, 본 연구에서 사용되는 정치적 자원의 개념적 범위는

---

18 Fiona Buckley and Mack Mariani, "Money Matters: The Impact of Gender Quotas on Campaign Spending for Women Candidates", International Political Science Review, online first (2021).

19 Andrew Janusz, Sofi-Nicole Barreiro and Erika Cintron, "Political Parties and Campaign Resource Allocation: Gender Gaps in Brazilian Elections", Party Politics, Online First (2021).

20 Teresa Sacchet, "Why Gender Quotas Don't Work in Brazil? The Role of the Electoral System and Political Finance", Colombia Internacional, No.95 (2018), pp.25-54.

기성매체와 새롭게 각광받고 있는 소셜미디어를 아우르는 미디어 주목도를 포괄한다. 그러나 이러한 일련의 미디어 주목도를 여성의 정치적 과소대표성을 설명하는 데 있어 주요 변수로 상정하여 진행한 선행연구는 매우 부족하다. 이에 본고는 브라질 젠더쿼터법 및 선거제도, 그리고 정당 내 젠더화된 정치적 자원의 배분을 브라질 정치 영역에서의 여성의 과소대표성을 설명하는 요인으로 제시함과 동시에 여성 후보자와 남성 후보자 간의 미디어 주목도 사이의 간극 또한 추가적인 변수가 될 수 있음을 주장하며, 이는 제4장에서 상세히 검토한다.

3. 브라질의 젠더쿼터법 도입 과정과 여성의 과소대표성

세계 각국에서 운용 중인 젠더쿼터제도는 크게 세 가지 유형으로 나뉠 수 있는데, 정당의 자발적 할당제(voluntary party quotas), 의석할당제(reserved seats quota), 그리고 법적 후보할당제(legal candidate quotas)가 각각 그것이다. 의석할당제의 경우 헌법 혹은 선거법에 명시적으로 규정하여 일정 수의 의석을 여성에게 할당하도록 하고 있으며 아시아, 중동 및 아프리카 국가 등 젠더 불평등이 심하고 민주주의의 수준이 낮은 곳에서 선호하고 있다. 법적 후보할당제는 가장 많이 활용되는 젠더쿼터제도로 법을 통해 정당이 선거에 참가할 여성 최종 후보를 일정 비율 할당하는 것이다. 정당에 의무적으로 적용되는 이러한 법적 후보할당제는 주로 비례대표제에서 사용되며, 브라질을 포함한 대다수의 라틴 아메리카지역의 국가들은 이러한 법적 후보할당제를 운용하고 있다. 마지막으로 정당의 자발적 할당제의 경우 여성에게 일정 수의 의석을 주거나 여성 후보의 비율을 할당하는 방식이 아닌 정당 자체적으로 여성 후보의 수를 지정하는 방식이다. 이는 양성평등에 대한 규범이 확보되어 있고, 정당민주주의의 역사가 오래된 유럽 국가들에서 활용되고 있다. 이러한 정당의 자발적 할당제는 단기간 내 여성의 과소대표성을 해결하는 데에는 그리 효율적이지 않은 방식이다.[21]

브라질은 26개 주(州) 및 1개의 연방특별구(브라질리아)로 구성된 연방공화국으로, 대통령제 및 연방상원과 하원의 양원제(bicameralism)를 채택하고 있다. 입법권은 연방 의회, 주 의회, 시 의회 등 세 단계로 구성된다. 상원의원의 임기는 8년이며, 하원의원은 4년이다. 상원을 제외하고, 선거제도는 비례대표제를 표방하고 있다. 투표 시스템은 공개 정당 명부에 기초하며, 크고 작은 30여 개의 공식 정당들이 선거에 참여하고 있다. 브라질에서는 군사독재(1964-1985)가 종식되고 민주화 과정을 거치며 1980년대 후반부터 정치기구 및 당 지도부 차원에서 여성의 정치대표성을 증대시키기 위한 수단으로 젠더쿼터제도를 도입하는 것에 대한 논의가 시작되었고, 결과적으로 1991년에 노동자당(Partido dos Trabalhadores, Worker's Party)이 자발적 할

〈표 1〉 브라질 여성의 정치참여 제도적 변화과정

연도	내용
1932	대통령령 제21.076/32호는 브라질 여성의 제한적 투표권 인정
1934	선거법을 통해 기존 여성의 투표권제한 규정 철폐
1946	완전한 여성투표권 보장
1996	법률 제9.100/95호를 통해 지방자치 선거후보자의 20%를 여성으로 할당할 것을 규정
1997	법률 제9.504/97호를 통해 여성후보자 할당량을 30%로 확대
2009	법률 제9.504/97호에서 규정한 30% 조항이 의무규정임을 명시 선거법 개정안을 통해 정당의 선거 방송시간의 최소 10%, 선거자금의 최소 5%를 여성의 정치참여확대를 위해 사용해야 함을 명시
2010	브라질의 선거대법원(TSE) 또한 30% 조항이 의무규정임을 확인
2012	젠더쿼터법 도입 이후 처음으로 여성후보가 31.7%를 차지하며 최저기준을 넘어섬

출처: 조희문(2014), International IDEA(2021)

---

[21]   조희문(2014), pp.64-65.

당제를 채택하기도 했다. 그 이후, 주로 좌파 정당들이 20-30%의 할당률 사이에서 정당 차원의 할당제를 시행하였다.[22]

1932년 브라질 여성은 남편의 허가 혹은 소득 증빙이 있는 경우 투표할 수 있는 제한적 투표권을 보장받았으며, 1946년 완전한 여성투표권이 보장되었다. 1995년 브라질 노동자당 소속 하원의원이었던 Marta Suplicy는 젠더쿼터법안을 처음 발의했으며, 연방선거가 아닌 지자체 선거 후보 중 최소 20%의 후보자들이 여성이어야 한다는 것을 규정하며 본격적인 여성의 정치 참여에 대한 사회적 차원의 논의가 시작되었다. 이러한 젠더쿼터제도가 법으로 규정된 것은 1997년으로 선거법(법률 제9504/97호)을 통해 각 정당이나 연립 정당에 비례대표제를 통해 연방하원선거 여성 후보자를 최소 30% 수준에서 지명토록 하는 젠더쿼터법이 마련되었다. 게다가 2009년 선거법 개정안은 정당들이 선거 방송시간의 최소 10% 및 선거 자금의 5%를 여성의 정치참여를 촉진하는 데 사용하도록 규정하고 있다. 이 법안에 따르지 않는 정당들은 여성의 참여를 촉진하기 위해 할당되어야 하는 금액의 12.5%의 벌금을 부과받게 된다.[23] <표 1>에서 확인할 수 있듯 2012년에 젠더쿼터법 도입 이후 최초로 30% 조항을 넘어서며 여성 후보자가 31.7%를 차지하였다. 그러나 여전히 30%를 훌쩍 뛰어넘는 할당량은 보이지 않고 있다. 2018년 기준 브라질 하원의원 후보자는 총 8,588명으로, 여성 후보자는 2,767명을 차지하며 32.2% 정도에 그치고 있다.[24]

본고에서 반복하여 강조하듯, 이러한 브라질의 제도적 뒷받침에도 불구하고 여성의 과소대표성은 쉽사리 해결되지 않고 있다. 유럽의 싱크탱크인 International IDEA에 의하면, 2021년 기준 세계적으로 이러한 세 가지 형태

---

22   조희문(2014), pp.64-65.
23   https://www.idea.int/data-tools/data/gender-quotas/country-view/68/35 (검색일: 2021.12.14.).
24   https://www.ipu.org/file/8263/download (검색일: 2021.12.19.).

의 젠더쿼터제도를 운용 중인 국가들은 132개국이며, 이러한 제도를 실행 중인 국가들의 여성의 정치대표성 평균은 약 27.4%인 것으로 밝혀졌다.[25] <그림 1>에서 확인할 수 있듯, 라틴 아메리카지역은 약 33.6%로 비교적 높은 수준의 여성대표성을 보여주고 있다. 이는 라틴 아메리카지역에서 1990년대에 걸쳐 도입된 법적 후보할당제에 기인한 것으로 보아도 무방하다. 브라질 또한 여성 대표성을 도모하기 위해 관련 젠더쿼터법을 선거법 차원에서 마련하고 있음에도 불구하고 최하위권 수준인 15.2%를 기록하며 극심한 여성의 과소대표성을 보여주고 있다.

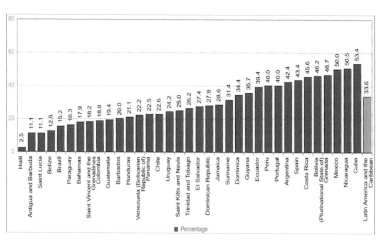

Source: UN(2021)26

〈그림 1〉 2021년 기준 중남미지역 정치 영역에서의 여성대표성 동향

---

25 https://www.idea.int/data-tools/data/gender-quotas/country-overview (검색일: 2021.12.14.).

26 UN(2021), https://oig.cepal.org/en/indicators/legislative-power-percentage-women-national-legislative-body-0 (검색일: 2021.12.15.).

이처럼 브라질이 여성의 정치참여 측면에서 라틴 아메리카 최하위 수준을 기록하고 있음에도 불구하고, 젠더쿼터법의 효과성을 완전히 부정하기는 어렵다. <표 2>에서 확인할 수 있듯, 1946년 여성의 참정권이 인정된 이후 1950년 0.3%였던 연방하원 여성 의석 비율은 권위주의 정권 시절이던 1982년 1.7%까지 소폭 상승하는 데 그쳤으나, 민주화과정을 거치면서 5-6%까지 증가한 이후 2018년 기준 약 3배에 해당하는 15.0%까지 도달하였다는 사실을 고려해본다면 젠더쿼터법이 일정 정도는 브라질 여성의 정치참여 확대에 기여했다고 평가할 수 있을 것이다.

〈표 2〉 브라질 연방하원 여성 의석 비율, 1945-2018

연도	총 의석	여성 의석	비율(%)
1945	286	0	0
1950	304	1	0.3
1954	326	3	0.9
1958	326	2	0.6
1962	409	2	0.5
1966	409	6	1.5
1970	310	1	0.3
1974	326	1	0.3
1978	420	4	1.0
1982	479	8	1.7
1986	478	26	5.3
1990	503	28	6.0
1994	513	32	6.2
1998	513	29	5.6
2002	513	42	8.2
2014	513	51	9.9
2018	513	77	15.0

출처: Araujo(2003), Inter-Parliamentary Union(2019),[27] Agência Brasil(2018)[28]

---

[27]   https://www.ipu.org/file/8263/download (검색일: 2021.12.19.).
[28]   Agência Brasil, https://agenciabrasil.ebc.com.br/en/politica/noticia/2018-10/women-take-14-brazil-lower-

하지만 여기서 중요한 문제는, 비슷한 시기에 젠더쿼터법을 제정했던 타 라틴 아메리카 국가들, 특히 니카라과, 멕시코, 볼리비아, 코스타리카, 아르헨티나, 페루 등이 40%를 상회하는 여성의 정치대표성을 보여주고 있음에도 불구하고 브라질은 왜 여전히 15%대에 머물고 있는가라는 질문이다. 이에 다음 4장에서는 어떠한 요인이 브라질 정치 영역에서의 여성대표성을 저해하고 있는지 상세히 검토하도록 한다.

4. 브라질 정치영역에서의 여성의 과소대표성 추동요인 고찰: 제도적 불완전성과 정치적 자원의 불평등한 배분을 중심으로

(1) 제도적 불협화음: 젠더쿼터법 및 선거제도를 중심으로

브라질이 젠더쿼터법을 운용 중임에도 불구하고 라틴 아메리카 타 국가들에 비해 상대적으로 이례적인 여성의 과소대표성이 나타나는 까닭은 여러 가지 요인으로 설명될 수 있다. 이러한 요인들 가운데 가장 대표적으로 브라질의 젠더쿼터법 자체의 비효율성뿐만 아니라 젠더쿼터법과 맞물려 작동되는 브라질 특유의 선거제도와 같은 제도적 불완전성이 지적될 수 있다. 이에 대한 구체적인 변수는 쿼터의 크기, 비례대표 선출방식(개방형 혹은 폐쇄형 명부제), 후보배치 규정, 그리고 법적 강제력이 있다. 브라질 내 정치 영역에서의 여성의 과소대표성을 추동하는 요인은 이 네 가지 변수를 살펴보면 명확히 드러나며, 이는 타 라틴 아메리카 국가와의 비교를 통해 봤을 때 더욱 두드러짐을 알 수 있다. 아래의 <표 3>은 이를 정리한 것이다.

---

house-seats (검색일: 2021.12.19.).

국가	쿼터(%)	선거제도 (비례대표제)	후보배치 규정	강제력	여성의석 비율 (2021년)
니카라과	50	폐쇄형 명부제	존재	약함	50.5
멕시코	50	혼합형	존재	강함	50.0
볼리비아	50	혼합형	존재	강함	46.2
코스타리카	50	폐쇄형 명부제	존재	강함	45.6
아르헨티나	50	폐쇄형 명부제	존재	강함	42.4
페루	40	개방형 명부제	부재	강함	40.0
에콰도르	50	개방형 명부제	존재	강함	39.4
도미니카공화국	33	폐쇄형 명부제	존재	강함	34.4
엘살바도르	30	폐쇄형 명부제	부재	약함	27.4
우루과이	33	폐쇄형 명부제	존재	강함	24.2
칠레	40	개방형 명부제	존재	강함	22.6
파나마	50	혼합형	존재	약함	22.5
베네수엘라	n/a	혼합형	-	-	22.2
온두라스	40	폐쇄형 명부제	존재	약함	21.1
과테말라	n/a	폐쇄형 명부제	-	-	19.4
콜롬비아	30	개방형 명부제	부재	강함	18.8
파라과이	20	폐쇄형 명부제	존재	강함	16.3
브라질	30	개방형 명부제	부재	약함	15.2

출처: Sacchet(2018) 및 UN(2021)을 바탕으로 저자 재구성

라틴 아메리카지역에서 젠더쿼터법이 도입된 지 20-30여 년이 지난 오늘날 우리가 얻을 수 있는 큰 교훈은 단순히 할당제를 법으로 지정하는 것만으로는 여성의 정치대표성을 담보하지 못한다는 사실이다. 이는 할당의 크기가 중요한 변수로 작용함을 시사한다. 다시 말하면, 쿼터의 사이즈가 클수록 여성의 정치대표성이 높은 경향을 보인다는 것이다. 이는 〈표 3〉에서 여성의석 비율이 높은 니카라과, 멕시코, 볼리비아, 아르헨티나, 에콰도르, 페루와 같은 국가들은 대체적으로 40-50%의 쿼터를 두고 있으나, 여성의 극심한 과소대표성이 나타나는 브라질, 파라과이, 콜롬비아의 경우 쿼터는 20-30%

수준에 머물렀음을 통해 그 근거를 찾을 수 있다. 아래에서 설명하겠지만, 젠더쿼터법의 효과성이 극대화되는 폐쇄형 명부제의 시행, 후보자 배치규정의 존재 및 젠더쿼터법 위반 시 제재 가능한 강제력 등이 고루 갖춰진 파라과이에서 매우 낮은 수준의 여성대표성을 나타내고 있는 데는 젠더 할당의 크기가 고작 20% 수준에 머물러 있기 때문임을 짐작할 수 있다.

두 번째 변수는 개방형 명부제, 폐쇄형 명부제와 같은 비례대표 선출 방식이다. 제2장에서 검토한 바와 같이 일반적으로 선호 정당을 선택하는 폐쇄형 명부제를 채택하는 국가들에서 여성의 정치대표성이 높은데, 이는 라틴 아메리카 국가들 사이에서도 마찬가지이다. 또한 <표 3>에서 확인 가능하듯, 지역구의 다수제 선거에서 후보자를 선택하고, 이와 동시에 폐쇄형 명부제를 통한 비례대표 투표를 시행하는 혼합제(mixed system) 또한 그 효과성이 높은 것을 확인할 수 있다. 반면, 개방형 명부제를 채택하고 있는 브라질, 콜롬비아와 같은 국가들의 경우 낮은 수준의 여성 정치대표성을 보여주고 있다.

셋째, 후보자 배치규정 또한 젠더쿼터법의 효과성을 좌우할 수 있는 중요한 변수로서 작용한다는 점을 라틴 아메리카 국가들의 케이스에서 확인할 수 있다. 다시 말하면, 젠더쿼터법이 제대로 작동하려면 후보자 배치규정 혹은 서열의무조항을 명시하여 여성 후보자를 당선 가능성이 있는 서열에 배치하며 차별받지 않도록 배려하는 것이 효율적이라는 것이다. 이러한 후보자 배치규정은 각국의 상황마다 상이하게 적용되고 있는데, 대표적으로 여성과 남성을 교대로 배열하는 교호(交互)순번제 혹은 순환배열방식이라 불리는 Zipper Placement가 활용되고 있다. Piscopo에 따르면, 젠더쿼터법이 시행되기 시작한 초기 라틴 아메리카 국가들 사이에서는 후보자 배치 혹은 배열규정이 없었기 때문에 정당들이 여성들을 당선 가능성이 낮은 명부의 아래쪽에 배치하는 경향이 존재했다. 하지만 오늘날 라틴 아메리카의 많은 국가에서 후보자 배치규정을 마련하여 여성의 정치대표성을 도모하려는 노력을 지속해오고 있다. 브라질의 경우 후보자 배치규정이 부재한데, 이 또한 여성의 과소대표성을 추동하는 하나의 요인으로 작용하고 있다.[29]

마지막으로 젠더쿼터법의 강제력, 즉 제재방안이 마련되어 있고 처벌이 실질적으로 이루어지고 있는지의 여부에 따라 제도의 효과성이 엇갈림을 알 수 있다. 젠더쿼터법의 불이행 시 규정 미준수 정당에 대한 제재 강도가 높을수록 젠더쿼터법의 이행률이 높은데,[30] 이는 멕시코, 볼리비아, 코스타리카, 아르헨티나, 페루, 에콰도르, 도미니카공화국 등 라틴 아메리카지역에서 여성의 정치대표성이 높은 주요 국가들이 불이행 제재조항을 보유하고 있는 것에서 알 수 있다. 예를 들어, 멕시코의 젠더쿼터법은 강제력이 매우 높은 편으로, 선거법 제219조 및 220조 미준수 시 48시간의 명부 수정 기간을 부여하고 이 기간이 지난 후에도 여전히 미준수인 것으로 확인될 시 연방선거연구소(IFE, Institute Federal Electoral) 총회에서 미준수 정당을 공개함과 동시에 24시간의 추가 기간을 부여해 명단을 수정할 기회를 부여한다. 마지막으로 24시간이 지났는데도 정당이 여전히 할당량 규정을 준수하지 않는 상태라면 선거인 명단은 선거법 제221조에 의해 거부된다.[31] 아르헨티나의 경우에도 선거법 제60조를 통해 성별 쿼터 요건을 준수하지 않는 정당의 명부는 승인되지 않는다고 밝히고 있으며, 정당명부가 후보자 배치요건을 준수하지 않을 경우 관할 선거판사가 관계자에게 통지하여 48시간 이내에 후보자 명단의 순서를 변경해야 한다. 만약 정당이 이러한 요건을 준수하지 않을 경우 관할법원은 정당명부의 여성 후보자를 적절한 위치에 배치해야

---

29 Piscopo Jennifer, "Why Do Quotas in Politics Work? Latin America Offers Lessons", Americas Quarterly (2020). https://americasquarterly.org/article/when-do-quotas-in-politics-work-latin-america-offers-lessons/ (검색일: 2021.12.30.).

30 조희문(2014), p.70; Sacchet(2018).

31 https://www.idea.int/data-tools/data/gender-quotas/country-view/220/35 (검색일: 2021.12.13.).

한다고 규정하며 젠더쿼터법에 강제력을 부여하였다.

반면, 브라질의 사례를 살펴보면 젠더쿼터법의 강제력이 약해 그 실효성이 떨어진다는 지적이 있다. 브라질은 2009년 이전 정당들이 젠더쿼터법을 회피할 수 있도록 한 비효율적인 통제 메커니즘을 보유하고 있었다. 그러나 일성 수준의 강제력을 위시한 2009년 선거법에 의해 만들어진 일련의 변화는 젠더쿼터법 정책을 강화시켰고, 정당이 할당량을 준수하지 않으면 선거명부 등록을 할 수 없게 만들었다.[32] 그러나 이러한 젠더쿼터법의 강제법안은 여전히 비효율적이며 모순적이다. 법률 12.034호에 따르면, 성별 할당량이 충족되지 않을 경우 과대표된 성별의 후보들은 명단에서 제거될 수 있다고 명시했으나 역설적으로 과소대표된 성별의 후보들로 대체될 수 없다고 규정되어 있다. 이는 당이 선거구당 최대 한도까지 후보를 제출한 경우에만 강제력이 적용되며 이 최대 의석은 선거구당 총의석의 100%에서 150%로 증가하였다. 이 경우 사실상 남성 후보로 명단을 모두 채울 수 있다는 허점이 존재하기에 동 조항은 젠더쿼터법의 효과성을 최소화하는 데 영향을 끼쳤다.[33]

본 절의 논의를 종합하면, 브라질 여성의 정치 영역에서의 과소대표성은 쿼터의 크기가 작고(30%), 개방형 명부제를 실시하며, 후보배치 규정의 부재와 동시에 젠더쿼터법을 유명무실하게 만드는 불이행 제재조항의 불완전성이 일정 수준 영향을 미치고 있음을 확인할 수 있다. 다음 절에서는 지금껏 살펴본 요인뿐만 아니라 브라질 정당 내, 그리고 유권자 수준에서 여성 정치인에 대한 정치적 자원의 불균등성과 자원배분의 불평등을 주요 변수로 고려해야 함을 역설한다.

---

32 Sacchet(2018).

33 https://www.idea.int/data-tools/data/gender-quotas/country-view/68/35 (검색일: 2021.12.14.).

(2) 정치적 자원의 불균등한 배분

브라질의 젠더쿼터제가 효율적으로 작동하지 않는 또 하나의 원인은 앞서 언급한 바와 같이 여성에 대한 차별이 정치적 자원의 배분 영역에까지 영향력을 행사하고 있다는 점을 들 수 있다. 정치적 자원의 대표적인 예로는 정당에서 지원하거나 모금을 통해 구축하게 되는 선거 자금이다. 이러한 정당 내 선거 자금이 여성 후보자들에게 차별적으로 배분된다면 남성 후보자들에 비해 선거에서 불리하다는 사실은 자명하다고 볼 수 있다. 본 절에서는 이러한 사실뿐만 아니라 브라질의 전자투표 시스템에서 유권자가 후보자에게 표를 행사하기 위해 입력해야 하는 후보자 식별번호(candidate identification numbers), 방송 광고시간, 그리고 소셜미디어 주목도 또한 정치적 자원의 맥락에서 여성 후보자들이 남성 후보자들에 비해 불리한 환경에 직면해 있음을 제시한다.

브라질은 하원의원 513석이 개방형 정당명부 비례대표제 규정에 따라 주 전체 선거구에서 경쟁하는 선거제도의 특성상 정당이 아닌 후보자 중심의 선거운동 환경이 조성되어 있다. 특히 후보자들은 자신의 정당뿐만 아니라 다른 정당의 후보자들과 경쟁하기 때문에 개인주의적인 캠페인을 실행하며, 선거운동 및 캠페인 광고 및 홍보에서 자신의 개인적인 요소를 어필하는 반면 소속 정당에 대해 강조하지 않는 특징이 있다.[34] 그러나 제아무리 후보자 중심적인 캠페인 활동을 전개한다 하더라도 정당정치 시스템하에서의 정당은 선거와 불가분의 관계에 있다는 사실은 자명하다. 다른 나라와 마찬가지로 브라질 정당 엘리트 또한 선거 자금 등을 포함한 선거운동에 있어 매우 중요한 정치적 자원의 분배에 대한 재량권을 보유하고 있다. 일반적으로 이

---

34   David Samuels, "When Does Every Penny Count? Intra-Party Competition and Campaign Finance in Brazil", Party Politics, Vol.7, No.1 (2001), pp.89-102.

러한 정치적 자원은 의회 선거에서 선거의 성공을 가늠하는 중요한 요소로 간주되고 있다.

이론상 정당 엘리트는 자신이 속한 정당의 의석수를 최대화하기 위해 경험이 많은 정치인이나 당선 가능성이 높은 후보자에게 선략적으로 보다 많은 자원을 분배한다. 하지만 브라질 정당 내 자원 분배의 기준은 불분명하며, 심지어 당내 핵심 지위를 보유한 정당엘리트가 아닌 일반 정당 내 정치인들 자신들도 재정 자원의 할당 방식에 대해 무지하다고 알려져 있다.[35] 그러나 브라질 정당 내 후보자의 성별과 정치적 자원 배분 결정 사이에는 밀접한 관계가 존재한다. Sacchet(2011)의 연구에서는 브라질의 2006년 및 2010년 의회선거에 대한 분석을 통해 브라질 각 정당들이 여성 후보자들에 비해 남성 후보자들에게 더 많은 캠페인 자금을 배분하였다는 사실을 밝혀내었다.[36] Janusz 외 2명의 연구에 따르면, 브라질 정당 내 캠페인 자금의 분배에서 가장 큰 수혜자는 현직 의원으로, 초선에 도전하는 후보자보다 약 43,500 달러를 더 확보한다는 사실을 밝혀내었다. 그 외에도 남성 후보자들이 여성 후보자들에 비해 선거운동 자금을 평균 3,050달러를 더 지원받는다는 결과를 제시하였으며, 여성의 경우 남성에 비해 후원과 같은 사적 자금 조달에도 어려움을 겪는 것으로 드러났다.[37]

캠페인 자금뿐만 아니라 브라질의 정당 엘리트들은 인기 정치인, 현직 정치인, 그리고 남성에게 유리한 후보자식별번호(candidate identification numbers)를 제공하고 있다. 브라질에서 특정 후보자에게 투표를 하기 위해서 유권자는 선거일에 해당 후보의 식별번호를 전자 투표기에 입력해야 하

---

[35] Clara Araújo and Doriam Borges, "Trajetórias Políticas e Chances Eleitorais: Analisando o Gênero das Candidaturas em 2010", Revista de Sociologia e Política, Vol.21, No.46 (2013), pp.69-92.

[36] Teresa Sacchet, "Partidos Políticos e Sub-representação Feminina: Um Estudo Sobre Recrutamento Legislativo e Financiamento de Campanhas no Brasil", in D. Pavia and H. D. Bezerra (eds.), Mulheres, Política e Poder (Goiânia: Cânone Editorial, 2011).

[37] Janusz, Barreiro and Cintron(2021).

는데, 따라서 후보자들은 이러한 4자리 수의 식별번호를 홍보하는 방식으로 선거운동을 치르고 있다. 4자리가 반복되는 숫자, 혹은 연속으로 이어지는 숫자와 같이 쉽게 기억에 남는 식별번호의 수는 한정되어 있고, 따라서 많은 후보자들이 이를 확보하기 위해 노력하고 있다.[38] 예를 들어, 상파울루(São Paulo)주에서는 프란시스코 올리베이라 실바(Francisco Oliveira Silva)가 2222라는 식별번호를 가지고 있었으며, 이와 비슷하게 바이아(Bahia)주에서는 2011년부터 하원의원으로 활동해온 펠릭스 멘돈사 주니어(Félix Mendonça Jr.)가 식별번호 1234번을 가지고 있었다. 이처럼, 브라질 정당 엘리트들은 당선 가능성이 낮은 여성 후보자보다 남성 후보자들에게 기억하기 쉬운(memorable) 후보자 식별번호를 제공하고 있다.[39] 이러한 결과들을 고려해본다면, 제아무리 젠더쿼터법이 시행되고 있다 하더라도 뿌리 깊은 여성에 대한 차별과 이로 인한 성별 격차가 정당 내 정치적 자원의 분배까지 영향력을 미치고 있으며, 정당 엘리트가 여성의 정치대표성 증대에 큰 관심이 없는 연유로 제도의 효과성이 확보되지 않고 있음을 알 수 있다.

브라질의 각 정당은 자체적으로 마련한 기준에 따라 자신들이 보유한 정치적 자원을 후보자들에게 배분한다. 이러한 정치적 자원에는 후보자 홍보방송의 시간 및 길이도 포함된다. 브라질 선거법상 공식 선거운동 기간 동안 선거에 참여하는 모든 정당에 라디오와 텔레비전을 통한 후보자 홍보를 허용하는 선거운동 시스템하에서, 후보자 식별번호 부여와 마찬가지로 각 정당 엘리트들이 어떤 후보자에게 어느 정도의 방송 홍보시간(airtime)을 배정하는지는 정치적 자원의 배분과 관련된 중요한 부분 중 하나이다.[40] 이러한 후보자 홍보방송 시간은 득표율과 밀접한 관계가 있다는 사실은 여러 연구

---

38   Wylie(2018).
39   Janusz, Barreiro and Cintron(2021).
40   Araúju(2003).

에서 실증적으로 밝혀진 사실이며, 특히 텔레비전 광고 노출도 및 길이가 선거 결과와 커다란 상관관계가 존재한다는 것이 여러 연구에서 증명된 바 있다.[41]

브라질은 1988년 헌법개정을 통해 유권자들이 다양한 정치 스펙트럼을 가진 후보자들의 자격 및 정책적 견해에 대한 정보를 제공받을 수 있도록 공공 재정으로 운영되는 선거 프로그램인 '무료 정치광고 시간(Horário Gratuito de Propaganda Eleitoral, Free Political Advertising Time)'을 마련하였다. 동 프로그램은 선거 45일 전부터 TV와 라디오를 통해 후보자 홍보방송을 할 수 있는 기회를 정당에 부여하며 당 지도부의 재량에 따라 방송 시간이 각 후보자들에게 배분된다.[42] 브라질 정부에 의해 제공되는 무료 정치광고 시간은 정당정치와 민주주의의 공고화에 일조했지만 이것이 반드시 후보 간 경쟁의 장을 평준화하지는 않는다. 즉, 선거 자금, 후보자 식별번호 사례와 마찬가지로 후보자 홍보 방송 또한 당선 가능성이 높은 현역 후보자들, 그리고 남성 후보자들에게 더욱 긴 시간이 제공되고 있다.[43] 여기서 중요한 것은 남성과 여성 후보자 간 정치적 자원으로서의 방송 시간의 차별적 분배는 궁극적으로 선거 결과에 있어 남성 후보자에게 유리한 환경이 조성될 수밖에 없다는 점이다. 이러한 측면에서 브라질 정부는 2009년 법률 12.034호를 통해 무료 정치광고 시간의 10%를 여성 후보자들에게 할당하는 방안을 마련하였으나 여전히 남성 후보자들은 특혜를 받고 있다. 2014년

---

[41]   Bruno W. Speck and Emerson Cervi, "Dinheiro, Tempo e Memória Eleitoral: Os Mecanismos que Levam ao Voto nas Eleições para Prefeito em 2012", Dados-Revista de Ciências Sociais, Vol.59, No.1 (2016), pp.53-90; Bernardo Silveira and João Mello, "Campaign Advertising and Election Outcomes: Quasi Natural Experiment Evidence from Gubernatorial Elections in Brazil", The Review of Economic Studies, Vol.78, No.2 (2011), pp.590-612.

[42]   Luciana Panke and Ricardo Tesseroli, "Horário Gratuito de Propaganda Eleitoral: características e aceitação dos eleitores", São Bernardo do Campo, Vol.38, No.2 (2016), pp.103-127.

[43]   Araúju and Borges(2013).

브라질 리우데자네이루(Rio de Janeiro)시의 선거를 연구한 Janusz 외 2명에 따르면, 정당들은 총 422분의 방송시간을 후보자들에게 배분했는데 모든 조건이 같다면 여성 후보자들은 남성 후보자들에 비해 약 9.3초 적은 시간을 배분받는다는 사실을 밝혀냈다. 이는 브라질의 선거구 규모와 유권자들이 선거와 관련된 정치 정보 획득을 위해 텔레비전에 의존한다는 점을 고려하면 여성 후보자들이 상당히 불리한 상황에 직면해 있음을 알 수 있다.[44]

선거 자금, 후보자 식별번호, 그리고 후보자 방송 시간과 같은 선거 결과에 중대한 영향을 미치는 정치적 자원이 정당 엘리트들에 의해 여성 후보자들에게 불평등하게 배분되는 현상 이외에도 브라질 내 젠더쿼터법의 효과성을 저해하는 다른 요소가 존재한다. 이는 앞서 밝힌 바와 같이 디지털 혁명이 가속화되고 있는 오늘날 중요한 정치적 자원으로 부상하고 있는 소셜미디어 주목도(social media attention)이다. 전통적으로 정당 및 후보자들이 기성언론을 통해 유권자들에게 다가갔다면, 네트워크 시대라 불리는 21세기는 정치인들이 소셜미디어를 활용해 유권자와 소통하며 효과적으로 정치적 지지기반을 확보하고 있다. 이처럼 소셜미디어는 선거에 있어 주요 정당자원으로 분류될 수 있다는 인식하에서, 본고는 브라질 여성 후보자들이 남성 후보자들에 비해 소셜미디어상에서의 주목도가 현저히 낮은 현상을 여성의 정치 영역에서의 과소대표성을 추동하는 주요 요인 중 하나라고 제시한다.

〈표 4〉 브라질 상원의원 성별에 따른 소셜미디어 팔로워 수(2022년 1월 1일 기준)

지역	성명 (정당)	성별	페이스북 팔로워	트위터 팔로워
Acre	Mailza Gomes (PP)	여	10,533	8,856
	Márcio Bittar (MDB)	남	71,024	13,955
	Sérgio Petecão (PSD)	남	17,769	12,021
Alagoas	Fernando Collor (PROS)	남	102,827	86,411

---

44 Janusz, Barreiro and Cintron(2021).

지역	성명 (정당)	성별	페이스북 팔로워	트위터 팔로워
	Renan Calheiros (MDB)	남	310,715	260,292
	Rodrigo Cunha (PSDB)	남	82,905	11,597
Amapá	Davi Alcolumbre (DEM)	남	94,345	414,718
	Lucas Barreto (PSD)	남	14,038	3,238
	Randolfe Rodrigues (REDE)	남	283,880	546,627
Amazonas	Eduardo Braga (MDB)	남	308,553	85,842
	Omar Aziz (PSD)	남	1,325	239,296
	Plínio Valério (PSDB)	남	34,340	19,331
Bahia	Angelo Coronel (PSD)	남	247,387	10,167
	Jaques Wagner (PT)	남	240,093	116,412
	Otto Alencar (PSD)	남	63,190	99,211
Ceará	Cid Gomes (PDT)	남	131,164	174,606
	Eduardo Girão (PODE)	남	77,918	108,235
	Tasso Jereissati (PSDB)	남	87,183	55,776
Espírito Santo	Fabiano Contarato (PT)	남	146,462	226,637
	Marcos do Val (PODE)	남	3,954,659	123,682
	Rose de Freitas (MDB)	여	23,618	22,042
Federal District	Izalci Lucas (PSDB)	남	43,539	10,831
	Leila Barros (CIDADANIA)	여	48,173	35,826
	José Reguffe (PODE)	남	104,729	136,097
Goiás	Jorge Kajuru (PODE)	남	17,899	271,517
	Luiz Carlos do Carmo (MDB)	남	7,903	15,339
	Vanderlan Cardoso (PSD)	남	91,220	12,163
Maranhão	Eliziane Gama (CIDADANIA)	여	47,969	104,963
	Roberto Rocha (PSDB)	남	76,767	33,111
	Weverton Rocha (PDT)	남	125,424	19,672
Mato Grosso	Carlos Fávaro (PSD)	남	28,819	2,783
	Jayme Campos (DEM)	남	29,559	380
	Wellington Fagundes (PL)	남	28,405	7,691
Mato Grosso do Sul	Nelsinho Trad (PSD)	남	46,568	9,978
	Simone Tebet (MDB)	여	153,741	300,833
	Soraya Thronicke (PSL)	여	70,058	127,698
Minas Gerais	Antônio Anastasia (PSD)	남	108,666	65,190
	Carlos Viana (PSD)	남	143,482	46,848

지역	성명 (정당)	성별	페이스북 팔로워	트위터 팔로워
	Rodrigo Pacheco (PSD)	남	182,094	71,624
Pará	Jader Barbalho (MDB)	남	73,422	22,636
	Paulo Rocha (PT)	남	96,392	52,939
	Zequinha Marinho (PSC)	남	92,252	3,225
Paraíba	Daniella Ribeiro (PP)	여	25,988	14,973
	Nilda Gondim (MDB)	여	698	5,064
	Veneziano Vital do Rêgo (MDB)	남	80,372	22,836
Paraná	Alvaro Dias (PODE)	남	1,406,017	431,745
	Flávio Arns (PODE)	남	57,759	12,002
	Oriovisto Guimarães (PODE)	남	84,821	26,500
Pernambuco	Fernando Bezerra Coelho (MDB)	남	100,089	28,874
	Humberto Costa (PT)	남	753,399	337,637
	Jarbas Vasconcelos (MDB)	남	24,982	5,123
Piauí	Eliane Nogueira (PP)	여	495	84
	Elmano Férrer (PP)	남	26,097	10,799
	Marcelo Castro (MDB)	남	20,476	5,849
Rio de Janeiro	Carlos Portinho (PL)	남	7,100	1,308
	Flávio Bolsonaro (PATRI)	남	1,713,831	1,711,638
	Romário Faria (PL)	남	2,584,990	2,507,251
Rio Grande do Norte	Jean-Paul Prates (PT)	남	14,157	21,841
	Styvenson Valentim (PODE)	남	200,874	20,850
	Zenaide Maia (PROS)	여	39,208	8,664
Rio Grande do Sul	Lasier Martins (PODE)	남	65,568	98,346
	Luis Carlos Heinze (PP)	남	101,675	52,487
	Paulo Paim (PT)	남	133,794	145,767
Rondônia	Acir Gurgacz (PDT)	남	49,730	7,643
	Confúcio Moura (MDB)	남	71,274	9,216
	Marcos Rogério (DEM)	남	163,296	233,185
Roraima	Chico Rodrigues (DEM)	남	21,009	1,104
	Mecias de Jesus (REPUBLICANOS)	남	22,176	4,134
	Telmário Mota (PROS)	남	39,045	10,620
Santa Catarina	Dário Berger (MDB)	남	38,918	10,073
	Esperidião Amin (PP)	남	44,030	22,221

지역	성명 (정당)	성별	페이스북 팔로워	트위터 팔로워
	Jorginho Mello (PL)	남	69,101	70,953
São Paulo	Alexandre Giordano (MDB)	남	877	318
	José Serra (PSDB)	남	187,613	1,391,525
	Mara Gabrilli (PSDB)	여	365,053	58,725
Sergipe	Alessandro Vieira (CIDADANIA)	남	46,468	211,176
	Maria do Carmo Alves (DEM)	여	8,822	139
	Rogério Carvalho (PT)	남	179,883	94,508
Tocantins	Eduardo Gomes (MDB)	남	5,402	6,765
	Irajá Abreu (PSD)	남	23,645	n/a (0)
	Kátia Abreu (PP)	여	140,747	171,891
남성 의원 팔로워 평균			230,498	160,358
여성 의원 팔로워 평균			71,931	89,699

출처: 각 의원 소셜미디어 페이지 방문 후 저자가 직접 구성

<표 4>는 2022년 1월 1일 기준, 브라질 상원의원들의 소셜미디어 주목도를 나타내고 있다. 소셜미디어 주목도는 정치인들이 주로 활용하는 페이스북과 트위터 팔로워 수로 측정하였으며, 상원의원 81명의 소셜미디어를 모두 방문하여 남성의원과 여성의원 간의 차이를 비교하였다. 81명의 상원의원 가운데 남성은 68명으로, 페이스북 및 트위터 팔로워 수의 평균은 각각 230,498명, 160,358명이었으며, 13명의 여성 의원 각각의 평균인 71,931명 및 89,699명에 비해 약 2-3배 높은 수준을 기록하고 있는 것을 확인할 수 있다. 이는 정당 엘리트에 의한 정치적 자원의 불균등한 배분뿐만 아니라 유권자 수준에서 또한 여성 후보자를 향한 관심도가 낮았음을 시사하는 것이다. 특히 브라질 하원의원 선거 득표율과 트위터 팔로워 수 간에 양의 상관관계에 있다는 Marques 외 2명의 연구 결과[45]에 비춰본다면, 소셜 미디어상에서의 낮은 주목도는 브라질 내 여성 후보자의 저조한 정치대표성을 추

---

[45] Francisco Marques, Jakson A. de Aquino and Edna Miola, "Congressmen in the Age of Social Network Sites: Brazilian Representatives and Twitter Use", First Monday, Vol.19, No.5 (2014).

동하는 하나의 원인으로 부각될 수 있을 것이다.

이상의 논의를 종합하면, 브라질이 젠더쿼터제도를 법적, 실효적 장치를 통해 구현해나가고 있음에도 불구하고 라틴 아메리카 지역에서 여성의 정치 대표성이 가장 낮은 국가 중 하나인 이유는 브라질의 제도적 취약성과 정당 및 풀뿌리 차원에서의 정치적 자원이 지나치게 남성 중심적으로 배분된다는 점으로 설명될 수 있다.

5. 나가며

라틴 아메리카지역은 과거부터 뿌리 깊은 남성우월주의와 가부장적 문화에도 불구하고 여성 대통령 배출을 위시하여 여성의 정치참여도를 증대시키기 위한 제도적 노력을 지속해왔다. 특히 1990년대 이래 아르헨티나를 시작으로 많은 지역 내 국가들은 젠더쿼터제도를 법제화하여 여성의 과소대표성을 해소하는 데 앞장서기 시작했다. 브라질 또한 정치 영역에서의 여성 참여 증진을 위해 1997년 젠더쿼터법을 시행하기 시작하였으며, 여성 권리 증진을 위한 정책 마련 및 역동적인 페미니즘 운동과 더불어 2011년에는 지우마 호세프(Dilma Rousseff)가 브라질 사상 첫 여성 대통령으로 당선되는 등 몇몇 고무적인 결과를 도출하기도 했다. 그러나 이와 동시에 브라질은 라틴 아메리카지역 내에서 여성의 과소대표성이 극심한 국가 중 하나라는 모순적인 면모를 보여주고 있다. 라틴 아메리카지역에서 여성의 정치대표성은 2021년 기준 평균 33.6%를 기록하였으나, 브라질의 경우 15.2%에 그치는 등 젠더쿼터법의 시행에도 불구하고 그 효과성이 제대로 구현되지 않고 있다.

이러한 맥락에서 본 연구는 브라질 여성의 의회 내 극단적 과소대표성이 지속되는 원인을 분석하였다. 연구 결과, 크게 두 가지 측면에서 브라질 여성의 낮은 정치대표성의 동인을 도출하였다. 첫째는 브라질의 젠더쿼터법의 비효율성과 이것이 작동하는 브라질 특유의 선거제도와 같은 제도적 불완전성을 꼽을 수 있다. 구체적으로 브라질 여성의 정치 영역에서의 과소대표성은 쿼터의 크기가 작고(30%), 개방형 명부제를 실시하며, 후보배지 규정의 부재와 동시에 젠더쿼터법을 유명무실하게 만드는 불이행 제재조항의 불완전성이 일정 수준 영향을 미치고 있음을 확인할 수 있다. 둘째, 여성에 대한 차별이 정치적 자원의 배분 영역까지 그 영향을 미치고 있다는 점을 지적할 수 있다. 특히 정당 엘리트들이 배분하는 선거 자금뿐만 아니라 후보자 식별 번호, 후보자 방송 광고 시간 등에서의 혜택이 여성에 비해 남성 후보자에게 편중되고 있으며, 이와 동시에 유권자 수준에서의 소셜미디어 주목도 또한 남성 후보자가 여성 후보자에 비해 높음을 확인할 수 있다. 소셜미디어 주목도는 특히 선거에서 매우 중요한 정치적 자원으로 부상하고 있는바, 여성 후보자의 낮은 주목도는 낮은 수준의 정치적 자원의 확보로 귀결될 수밖에 없다.

이처럼 1997년부터 젠더쿼터법이 시행 중임에도 불구하고 지금껏 브라질 여성의 저조한 정치대표성이 나타나는 까닭으로 하나의 특정 요인이나 가장 중요한 요인을 꼽는 것은 불가능하다. 결국, 본 연구에서 제시한 요인들이 상호 맞물리는 동학 속에서 그러한 결과가 나타났다고 보는 것이 보다 정확할 것이다. 향후 브라질 정치 영역에서의 여성대표성 확대에는 앞서 밝힌 요인들을 얼마나, 그리고 어떻게 해소해 나가느냐에 달려 있다고 해도 과언이 아니다.

본 연구는 여성의 의회 내 과소대표성에 대한 원인을 브라질의 사례를 바탕으로 제도적 요인에 대한 논의를 넘어 정치자원에 대한 고찰을 시도했다는 점에서 의의가 있다고 사료된다. 서론에서도 기술한 바와 같이, 본 연구는 일종의 가설생성적 목적을 갖고 있다. 후속연구에서는 본 연구에서 발견한 주요 변수들을 중심으로 가설을 설정한 후 실증분석을 진행하는 작업이 필요할 것이다. 또한 최대유사체계(Most Similar Systems Design) 혹은 최대상이체계(Most Different Systems Design)를 활용하여 브라질과 타 국가의 사례 간의 비교연구를 통해 구체적인 인과관계 도출 또한 후속연구의 몫이라 판단된다.

참고문헌

금혜성, 「정치인의 SNS 활용: 정치적 소통 도구로서의 트위터」, 『한국정당학회보』, 제10권 2호 (2011), pp.189-220.

조희문, 「여성의 정치참여확대와 법의 역할: 라틴 아메리카의 젠더쿼터법 적용 사례」, 『포르투갈-브라질 연구』, 제10권 1호 (2014), pp.57 - 87.

Allik, Mirjam. "Who Stands in the Way of Women? Open vs. Closed Lists and Candidate Gender in Estonia." East European Politics, Vol.31, No.4 (2015), pp.429-451.

Araújo, Clara (2003). "Quotas for Women in the Brazilian Legislative System." Paper Presented at International IDEA Workship, https://aceproject.org/ero-en/topics/parties-and-candidates/CS_Araujo_Brazil_25-11-2003.pdf (검색일: 2021.11.30.).

Araújo, Clara and Doriam Borges. "Trajetórias Políticas e Chances Eleitorais: Analisando o Gênero das Candidaturas em 2010." Revista de Sociologia e Política, Vol.21, No.46 (2013), pp.69-92.

Buckley, Fiona and Mack Mariani. "Money Matters: The Impact of Gender Quotas on Campaign Spending for Women Candidates." International Political Science Review, online first (2021).

Galais, Carol and Ana Sofia Cardenal. "When David and Goliath Campaign Online: The Effects of Digital Media Use during Electoral Campaigns on Vote for Small Parties." Journal of Information Technology & Politics, Vol.14, No.4 (2017), pp.372-386.

Hunt, Mala. "Puzzles of Women's Rights in Brazil." Social Research: An International Quarterly, Vol.69, No.3 (2002), pp.733-751.

Htun, Mala and Mark Jones. "Engendering the Right to Participate in Decision-making: Electoral Quotas and Women's Leadership in Latin America." in N, Craske and M. Molyneux (eds.), Gender and the Politics of Rights and Democracy in Latin America (London: Palgrave Macmillan, 2002), pp.32-56.

Janusz, Andrew Sofi-Nicole Barreiro and Erika Cintron. "Political Parties and Campaign Resource Allocation: Gender Gaps in Brazilian Elections." Party Politics, Online First (2021).

Jennifer, Piscopo. "Why Do Quotas in Politics Work? Latin America Offers Lessons." Americas Quarterly (2020). https://americasquarterly.org/article/when-do-quotas-in-politics-work-latin-america-offers-lessons/ (검색일: 2021.12.30.).

Jones, Mark. "Gender Quotas, Electoral Laws, and the Election of Women Evidence From the Latin American Vanguard." Comparative Political Studies, Vol.42, No.1 (2009), pp.56-81.

Jones, Mark P. "Assessing the Effectiveness of Gender Quotas in Open-List Proportional Representation Electoral Systems." Social Science Quarterly, Vol.80, No.2 (1999), pp.341-355.

Jung, Hoyoon. "Social Media and Niche Party Success: The Case of the Portuguese Green Party, PAN." The Korean Journal of Area Studies, Vol.39, No.1 (2021), pp.409-434.

Marques, Francisco and Jakson A. de Aquino and Edna Miola. "Congressmen in the Age of Social Network Sites: Brazilian Representatives and Twitter Use." First Monday, Vol.19, No.5 (2014).

Pamela, Paxton and Melanie Hughes. "The Increasing Effectivenessof National Gender Quotas,1990-2010." Legislative Studies Quarterly, Vol.40, No.3 (2015), pp.331-362.

Panke, Luciana and Ricardo Tesseroli. "Horário Gratuito de Propaganda Eleitoral: Características e Aceitação dos Eleitores." São Bernardo do Campo, Vol.38, No.2 (2016), pp.103-127.

Piven, Frances and Richard Cloward. "Rule Making, Rule Breaking, and Power" in T. Janoski et al.(eds.), The Handbook of Political Sociology: States, Civil Societies, and Globalization (Cambridge: Cambridge University Press, 2005), pp.33-53.

Rosen, Jennifer. "Gender Quotas for Women in National Politics: A Comparative Analysis across Development Thresholds." Social Science Research, Vol.66 (2017), pp.82-101.

Sacchet, Teresa. "Why Gender Quotas Don't Work in Brazil? The Role of the Electoral System and Political Finance." Colombia Internacional, No.95 (2018), pp.25-54.

Sacchet, Teresa. "Partidos Políticos e Sub-representação Feminina: Um Estudo Sobre Recrutamento Legislativo e Financiamento de Campanhas no Brasil." in D. Pavia and H. D. Bezerra (eds.), Mulheres, Política e Poder (Goiânia: Cânone Editorial, 2011).

Samuels, David. "When Does Every Penny Count? Intra-Party Competition and Campaign Finance in Brazil." Party Politics, Vol.7, No.1 (2001), pp.89-102.

Schwindt-Bayer, Leslie. "Making Quotas Work: The Effect of Gender Quota Laws On the Election of Women." Legislative Studies Quarterly, Vol.34, No.1 (2011), pp.5-28.

Silveira, Bernardo and João Mello. "Campaign Advertising and Election Outcomes: Quasi Natural Experiment Evidence from Gubernatorial Elections in Brazil." The Review of Economic Studies, Vol.78, No.2 (2011), pp.590-612.

Speck, Bruno W. and Emerson Cervi. "Dinheiro, Tempo e Memória Eleitoral: Os Mecanismos que Levam ao Voto nas Eleições para Prefeito em 2012." Dados-Revista de Ciências Sociais, Vol.59, No.1 (2016), pp.53-90.

Wylie, Kristin. "Brazil's Quota Law and the Challenges of Institutional Change Amidst Weak and Gendered Institutions." in K. Wylie (eds.), Party Institutionalization and Women's Representation in Democratic Brazil (Cambridge: Cambridge University Press, 2018), pp.55-77.

인터넷 자료

https://eca.unwomen.org/en/digital-library/publications/2021/3/women-in-politics-map-2021 (검색일: 2021.11.30.).

https://www.idea.int/data-tools/data/gender-quotas/country-overview (검색일: 2021.12.14.).

UN(2021), https://oig.cepal.org/en/indicators/legislative-power-percentage-women-national-legislative-body-0 (검색일: 2021.12.15.).

https://www.idea.int/data-tools/data/gender-quotas/country-view/68/35 (검색일: 2021.12.14.).

https://www.ipu.org/file/8263/download (검색일: 2021.12.19.).

Agência Brasil, https://agenciabrasil.ebc.com.br/en/politica/noticia/2018-10/women-take-14-brazil-lower-house-seats (검색일: 2021.12.19.).

https://www.idea.int/data-tools/data/gender-quotas/country-view/220/35 (검색일: 2021.12.13.).

https://oig.cepal.org/en/indicators/legislative-power-percentage-women-national-legislative-body-0 (검색일: 2021.11.30.).

미얀마 군부 정권의 대중동원 메커니즘*

문기홍

1. 들어가며

올해 2월 1일 발발한 군사 쿠데타에 대한 시민불복종운동(CDM, Civil Disobedience Movement)과 쿠데타 반대 시위(anti-coup protests)가 한창이던 2월 24일 소위 군부 정권 지지자들이 양곤 시내에 모였다. 약 1,000여 명 규모로 알려진 친군사정권 시위에 참여한 사람들은 칼, 철제봉, 새총과 같은 무기로 무장을 한 채 모였다(The Guardian, 2021/02/25). 그들은 시내 중심 술래 파고다에서 양곤 역까지 행진을 벌였는데, 집회 도중 쿠데타 반대 시위에 참여한 지지자들을 공격하기도 했다. 땃마도(Tatmadaw, 미얀마 군부)가 쿠데타로 민주 정권을 전복한 이래 처음 대규모로 군부 정권 지지자들이 대중 집회를 가진 것이다. 이러한 친군부 지지자들의 활동은 폭력적인 양상을 띠고 있다. 특히, 친군부의 강경파 지지자 그룹으로 알려진 퓨소티(Pyusawhti)라는 단체는 시민불복종운동에 참가하는 시민들, 민족민주동맹(NLD, National League for Democracy) 지지자들에 대해 폭력, 살해 위협을 가하고, 그것을 실제로 행동으로 옮기고 있는 것으로 알려졌다(Frontier

* 이 글은 『동남아시아연구』, 31(4)에 게재된 논문 「미얀마 군부 정권의 대중동원 메커니즘」을 재수록 한 것임.

Myanmar, 2021/07/14). 특히, 프론티어 미얀마가 민주화 운동 활동가들을 인터뷰한 내용에 따르면 쿠데타 정권은 퓨소티와 같은 조직을 활동해 시민들의 불안을 조장하고, 군부에 저항하는 운동에 위해를 가하고 있다고 증언했다(Frontier Myanmar, 2021/07/14).[1]

앞선 미얀마의 사례에서 보듯이 일련의 대중집회는 권위주의 체제에 맞서 저항하는 소위 민주화 운동의 양상과는 다르게 나타났다. 민주주의를 요구하는 세력이 집단행동(collective action)을 조직하며 권위주의 체제의 민주화를 요구하게 되는 것이다. 따라서 권위주의 정권하에서의 대중동원은 소위 민주화 운동에 주로 초점을 맞추고 있다(Hellmeier et al., 2020). 하지만, 권위주의 정권 역시 그들의 통치 정당성 확보를 위해 대중 지지기반을 확보하려고 노력을 하는데, 이는 곧 친정부조직 형성과 동원으로 이어지게 된다. 이 연구는 권위주의 정부의 대중동원이 어떤 형태와 목적으로 이뤄지는지 또 어떻게 권위주의 정권의 권력 강화에 어떤 영향을 미치는지 살펴보고자 한다. 이를 위해 저자는 이 연구에서 미얀마의 군부 권위주의 정권의 대중동원 사례에 집중하여 국가가 주도하는 정치 폭력의 또 다른 양상을 보고자 한다. 지난 60년간의 군사 통치 기간 동안 일반 대중을 동원해 지지 세력의 존재를 과시하고 민주화 운동 인사를 포함한 반군부정권 지지자들에게 폭력을 가한 사례는 어렵지 않게 찾아볼 수 있다. 이 연구에서는 미얀마 군부 정권의 일상적 대중동원 메커니즘에 주목하는데, 특히 군부 정권의 어용단체인 연방단결발전위원회(USDA, Union Solidarity and Development Association)에 주목한다.

2절에서는 권위주의의 정의와 그 형태는 어떠한지 살펴보며, 권위주의 정권의 정당성 그리고 대중조직에 관한 선행연구를 살펴본다. 그럼으로써 미

---

[1]   자세한 내용은 Frontier Myanmar(2021)의 'A threat to the revolution': Pyusawhti returns to post-coup Myanmar를 참고하라.

얀마 땃마도 정권의 정당성은 어떤 근거로 이루어지고 있는지 살펴본다. 3절에서는 미얀마 군부 정권의 대중조직 역사를 살펴본다. 4절에서는 1988년 민주항쟁 이후 본격화된 군부 정권의 대중동원 노력의 하나로 진행된 USDA의 설립과 그 목적에 대해서 살펴본다. 5절에서는 USDA의 활동을 크게 네 가지로 분류해서 정리하였으며, 대중집회 개최, 민주화 세력 위협, 국민회의 참가, 군부 대리 정당으로서의 활동으로 나누었다. 결론에서는 미얀마 군부 정권의 대중조직 활동이 군부 정권 역량 강화에 가지는 함의와 2021년 쿠데타 이후 정국에 어떤 의미가 있을지를 논의하며 마치고자 한다.

2. 권위주의 정권의 통치 정당성 및 미얀마 군부 정당성 주장의 기원

이번 장에서는 미얀마 군부 정권의 정당성 확보 노력과 대중동원 메커니즘을 본격적으로 살펴보기 전에 권위주의 정권의 형태는 어떠한지 또 그 정당성은 어디서 오는지에 대한 문헌을 살펴보고자 한다.

(1) 권위주의 정권의 통치 정당성

일반적으로 권위주의를 정의하는 데 있어 정치적 의사 결정 과정과 그 권한이 어디에 있는가에 주목한다. 권위주의 정권은 "광범위한 정치적 동원과 같은 정치적 다원주의 없이 한 명의 지도자 혹은 소수로 구성된 집단이 권력을 행사하는 체제"라고 정의된다(Linz, 1975: 2). 그렇기에 소위 독재 정권으로도 분류되는 권위주의 체제는 "국민 다수로부터 정기적이고 제도화된 형태의 합의가 없는" 정치 체제라고 볼 수 있다(Svolik, 2013: 767). 권위주의 정권은 그 지도자의 형태와 소수의 집단을 어떻게 보느냐에 따라 권위주의 정권은 다양한 형태로 존재할 수 있다. 게디스는 크게 일당 권위주의 (single-party), 개인주의적 권위주의(personalist), 군부 권위주의(military)로 나누었는데, 이 세 가지 형태가 혼합된 권위주의(amalgam) 체제도 존재한다 (Geddes, 1999: 121).

반면, 정치적 정당성이란 "국가의 정당성, 명령을 내릴 수 있는 권한에 대한 믿음을 지칭하는데, 그 믿음은 명령을 받는 대상은 단순히 두려움이나 이기심 때문에 명령에 복종하는 것이 아니라 명령을 내리는 사람에게 도덕적 권위가 있고, 순종해야 한다는 믿음"을 의미한다(Barker, 1990: 11). 광범위한 의미에서 정치적 정당성은 정치 체제의 형태가 어떠하든 피지배자가 그들의 정부가 "도덕적으로 옳고 복종할 의무가 있다고 생각하는 확신"에 달려 있다고 한다(Alagappa, 1995: 2). 즉, 민주주의, 권위주의 체제하에서도 정치적 정당성에 대한 논의는 가능하다는 것을 알 수 있다.

위의 정의에서 보듯이 권위주의 체제는 통치 권력의 근원은 피지배자들로부터 오지 않으며 그 책무성 역시 국민에게 지는 것이 아니라 지배자들이 임의로 정한 범위까지 확장될 수 있는 것이다. 그래서 정치적 의사 결정에 대한 책무성이 다수에게 있지 않은 권위주의 체제 지도자들이 대중의 지지를 갈망하는지 반문할 수 있다. 하지만 실제로 권위주의 정권은 다양한 방법을 통해 그들의 통치를 유지하려고 하며, 또한 집권의 정당성을 확보하려고 한다. 대표적인 방법으로는 선거 권위주의(electoral authoritarianism) 혹은 경쟁적 권위주의(competitive authoritarianism) 논의에서 볼 수 있는 것처럼 정치 제도를 활용해 권력을 유지하고 통치 정당성에 관해 주장하는 것이다. 이러한 정치 제도에는 선거 제도, 정당, 의회, 헌법과 같은 민주주의의 바탕을 이루는 제도가 포함된다.

핸들린(Handlin, 2016)은 경쟁적 권위주의 체제 상황에서 대중조직의 중요성에 관해서 연구했다. 그의 연구는 대중조직이 각기 다른 권위주의 체제에서 각기 다른 수준의 영향력을 행사한다고 주장을 했는데, 특히 경쟁적 권위주의 체제(competitive authoritarian regimes)에서 체제 연장에 필요한 역할을 수행한다고 했다. 그러면서 다음과 같은 세 가지 이유를 제시했다. 첫째, 경쟁적 권위주의 체제하에서 대중조직은 독재 정권의 내구성 (endurance)을 증대시키는 메커니즘으로 작용할 수 있다. 둘째, 실제로 어느 정도 수준의 선거가 이루어지는 체제이기 때문에 대중조직은 재임 중인 정권(incumbents)의 선거 승리에 영향력을 미칠 수 있다. 마지막으로, 대중조직에 대한 자원 배분을 강조했는데, 대중조직의 재임 정권에 대한 지지의 수준과 그 영향력은 대중조직을 통해 어떤 식으로 자원이 배분되는지에 달려 있다고 했다(Handlin, 2016: 1239). 권위주의 정권의 대중조직은 엘리트 결속(cohesion) 메커니즘보다 덜 주목받았다. 하지만, 대중조직은 사회적 통제를 촉진하고, 대중 지지를 동원하며 후원(patronage) 분배의 매개체 역할을 함으로써 권위주의 정권의 내구성(endurance) 향상을 뒷받침할 수 있다 (Handlin, 2016: 1242). 따라서 전제 정권 내부 엘리트의 결속력 강화 메커니즘의 중요성과 더불어 대중조직은 사회 전반에 대한 "권위주의적 통제의 문제(problem of authoritarian control)"를 해결하는 데 일조한다(Svolik, 2012: 2).

(2) 미얀마 군부 지배 정당성의 기원

1948년 버마 연방(Union of Burma)을 수립하며 영국과 일본의 식민지배에서 벗어나 본격적인 근대국가 형성(nation building)의 과정을 시작하게 된다. 하지만 독립 이후 많은 세력이 국가 형성과정에서 수립되는 가치와 이념에 도전하였었다. 우선 느슨한 형태의 준연방제(quasi-federal) 이념에 대해서 소수민족 집단은 무장 항쟁 형태로 저항하기 시작했다. 1949년부터 본격적으로 시작된 카렌민족연합(KNU, Karen National Union)과 당시 집권 세력이었던 반파시스트 인민자유연맹(AFPFL, Anti-Fascist People's Freedom League)과의 내전을 시작으로 이후 샨주의 소수민족 무장 항쟁, 까친족의 무장 항쟁 등 내전은 전국적 양상을 띠게 된다(Linter, 1984; Yawnghwe, 1995; Cheesman, 2002). 이념적인 측면에서는 AFPFL로부터 떨어져 나와 따킨 딴 툰(Thakin Than Tun)에 의해 주도된 버마공산당(CPB, Communist Party of Burma)이 그 세력을 키우고 있었고, 정치적으로는 AFPFL이다. 정치적으로는 집권 여당인 AFPFL이 우누(U Nu)가 이끄는 청렴파(Clean faction)와 쪼네인(Kyaw Nyein)과 바쉐(Ba Swe)가 이끄는 온건파(Stable faction)로 나뉘어 권력 다툼을 하고 있었다(Silverstein, 1959).

이러한 상황에서 땃마도는 쿠데타를 통해 정권을 잡으며 미얀마 중앙부의 전통적 지배 계급인 바마족의 관점에서 통치의 정당성을 주장하였다. 역사적 측면에서 볼 때 다수 종족인 바마족은 미얀마 중앙부의 전통적 지배 계층이었다는 것이다. 영국 식민지배를 거치며 식민지 정부의 전략적 필요에 의해 변경지역의 소수민족이 중앙으로 진출하기도 했다. 그래서 미얀마의 독립운동은 당시 버마 민족주의 정서에 기반하고 있다고 볼 수 있다. 도바마 아시아용(Dobama Asiayone) 혹은 따킨(Thakins)으로 알려진 버마 민족주의 단체는 1930년대 식민 통치에 불만 있는 젊은 지식인들을 기반으로 이루어진 단체로 전통주의, 불교 민족주의와 같은 요소들을 새로운 정치적 이념과 함께 추구하고자 했다(Khin Yi, 1988). 이 운동은 당시 지식인 계층이라고 할 수 있는 학생들에게 반향을 불러일으켰고, 아웅산과 같은 지도자에 의해 독립운동에 앞장서게 된다. 당시 그들이 내세웠던 구호는 아래와 같은데, 이러한 기치 아래 소수민족을 동화시키려고 했다.

"버마(미얀마)는 우리나라다. 버마 문학은 우리의 문학이다. 버마어는 우리의 언어이다. 조국을 사랑하고, 문학의 수준을 높이고 언어를 존중해야 한다"(Kratoska, 2008: 289).[2]

이렇듯 땃마도(Tatmadaw)는 지배 계층으로서 또 민족주의 정서를 이어받았다고 주장을 하며, 독립 이후 정치적, 사회적 혼란의 시기를 수습하기 위한 역할, 즉 수호자(guardian)로서의 정당성 주장을 하는 것이다. 이렇게 권력을 잡은 군부는 버마식 사회주의(Burmese Way of Socialism)를 천명하며 1974년 헌법을 공포하며 버마사회주의계획당(BSPP, Burma Socialist Programme Party)을 유일한 정당으로 인정하는 일당 통치체제를 갖추었다. 하지만, 이후 지속된 내전 상황과 경제난으로 말미암아 다시금 아래로부터 통치 정당성에 도전을 받게 된 것이다. 그런 의미에서 1988년 신군부 쿠데타로 정권을 잡은 국가법질서회복위원회(SLORC, State Law and Order Restoration Council)의 통치 정당성 주장은 더 정치적 정쟁(contentious politics)의 관점에서 우위를 점하기 위한 것이라 할 수 있다. 신군부 정권은 88년도 8월 8일 민주항쟁 이후 버마식 사회주의가 실패했음을 인정하고 민주화 세력의 요구에 맞추어 다당제 민주주의 체제(multi-party democracy system)를 실현하겠다고 선언을 하며 정치적 아젠다를 설정하였다.

"우리의 정치 체제는 다당제 민주주의 체제로 전환되어야 하며, 땃마도 군인들(Tatmadawmen)과 공무원 모두 "다당제에서 요구되는 행동 규범을 준수해야 한다. 땃마도 군인들은 자유롭게 투표를 할 수 있지만 어느 정당의 구성원이 되어서는 안 된다. [중략] 정당을 선출하기 위해 자신의 영향력과 권력을 사용해서는 안 되며, 선거 규정을 준수하고 땃마도 군인으로서 이미지를 손상하는 행동과 말을 해서는 안 된다"(MacDougall, 1988).

2　"Burma(Myanmar) is our country. Burmese literature is our literature. Burmese language is our language. Love our country, raise the standards of our literature, respect our language."

1988년 쿠데타 직후 국가의 이름을 미얀마로 변경한 것 역시 그 정당성 확보의 노력 중 하나라고 볼 수 있다. 1990년도 총선 이후 군부정권이 줄곧 주장해온 신헌법 제정과 그에 기반한 정권 이양이 그 핵심이라고 볼 수 있다. 1993년부터 1996년까지 국민회의(National Convention)를 통해 헌법 제정을 시도하였으나 당시 거대 야당이었던 NLD의 반대와 국제사회의 비판 여론 등 헌법 제정 절차를 마무리 짓지 못하였다. 이후 2003년 Khin Nyunt 총리가 "규율 민주주의(disciplined-flourishing democracy)를 향한 로드맵"을 발표한 이후 2004년부터 국민회의를 다시 소집해 헌법 제정 절차에 재착수했고, 2007년 국민회의 마무리, 2008년 국민 투표를 통해 신헌법을 공포했다. 헌법 제정을 위한 각종 절차에 대한 내외부적 비판에도 불구하고 땃마도는 2008년도 헌법을 민주주의로의 이행에 가장 근간이 되는 제도적 장치로 삼고 있다.

이러한 정치 제도 공학(institutinoal engineering)은 2008년 신헌법과 2010년 총선거 결과에 따라 준민간정부로 정권을 이양할 때까지 소위 스스로 설계한 규율 민주주의(discipline-flourishing democracy)의 필요성과 그 이행과정에서 군부 역할의 정당성에 대한 근간을 이루었다. 땃마도가 주장하는 존재 및 정치적 참여의 정당성은 2015년도에 발표된 국방백서의 근본적인 틀을 제공하고 있다. 2015년 국방백서에 따르면 3대 국익 추구를 위해 땃마도는 국가의 수호자 역할을 해야 한다고 밝히고 있다. 여기서 3대 국익이란 "연방의 비분산(non-disintegration of the Union)", "국가 단결의 비분산(non-disintegration of the National Solidarity)", "연방 주권의 영속(perpetuation of the Union Sovereignty)" 이다. 이러한 3대 원칙을 근간으로 국가 정책, 외교 정책, 국방 정책에서 땃마도의 역할을 강조하고 있다 (Defense White Paper, 2015: 13-21).

3. 미얀마 군부 대중동원 조직의 역사

군부가 대중으로부터 지지를 받기 위해 단체를 설립한 기원은 1960년 과 도정부(Caretaker government) 시기까지 거슬러 갈 수 있다. 1958년 우누(U Nu)로부터 정권을 넘겨받은 네윈(Ne Win)은 2년간의 임시 통치를 약속하고, 1960년 선거로 승리하는 정당에 다시금 정권을 이양하기로 했다. 당시 거대 정당이었던 AFPFL은 우누가 이끄는 '청렴파(Clean faction)'과 우 바 쉐(U Ba Swe) 및 우 쪼 네인(U Kyaw Nyein)이 주축으로 구성된 '안정파(Stable faction)'로 분열되어 정쟁하는 상황이었다(Bigelow, 1960). 따라서 1960년 총선은 어떤 정파가 정권을 넘겨받을지 결정되는 중요한 선거였다. 특히, 우누는 불교의 국교화, 소수민족과의 연방제 수립 추진 등 군부와 대치되는 정책을 추진해왔기에, 땃마도는 안정파의 승리를 선호했던 것으로 알려져 있다(Taylor, 2009).

〈표 1〉 1960년 총선 결과

정당	득표수	득표 비율	의석수
청렴파	3,153,934	57.2	149
안정파	1,694,052	30.7	30
NUF(National Unity Front)	262,199	4.8	0
Others	403,710	7.3	4
합계	5,513,895	100	183

출처: Biglow(1960)

그럼에도 불구하고 위의 표에 나와 있는 것처럼 1960년 선거에서 우누의 청렴파는 안정파 득표의 약 두 배의 득표를 거두며 총 183석의 의회 의석 중 149석, 약 81%를 차지하며 크게 승리를 거두게 된다. 이에 총선의 결과에 따라 우누는 다시금 정권을 잡게 된다. 이에 1962년 쿠데타를 통해 다시금 정권을 잡은 혁명평의회(RC, Revolutionary Council)의 지도자들은 총선의 패배 경험을 잊지 않고 대중과의 연결점을 찾는 방안을 모색하기 시작한다(Silverstein, 1977). 그중 하나는 전국연대연합(NSA, National Solidarity Association)이라는 준정당조직(quasi-political organization)을 설립하는 것이었다.

이는 당시 미얀마의 정치계에서 처음으로 나타난 현상이라고 할 수 있는데, 전국연대연합 운동의 목표는 도시 및 농촌 지역에서 조직된 시민단체가 "불법 퇴치(combating lawlessness), 암시장 행위 및 기타 형태의 경제적 교란 행위 퇴치(black marketing and other forms of economic insurgent), 시민권과 시민 교육에 대한 국민 교육(educating people's civic rights and duties)" 등을 수행하는 것으로 하고 있었다(Butwell, 1960: 23). 하지만, 그들이 설립 당시 주장했던 초당파적(non-partisan) 활동은 실질적으로는 정권의 이념에 맞춘 활동에 더욱 가까웠다. 예를 들어, 탄 페(Than Pe) 해군 제독은 전국연대연합은 헌법에 구현된 원칙을 지키고 헌법에 명시된 국가 이념을 구현하기 위해 노력하는 것이 그 주된 의무라고 말한 바 있다(Butwell, 1960: 23).

이후 땃마도는 NSA 운동을 펼치게 되는데, 독립 이후 AFPFL 중심의 정당 정치는 소위 엘리트 중심 정치 체제로 대중의 정치 참여는 먼 얘기였다. 이런 의미에서 NSA 운동의 출현은 당시 대중의 정치적 영향력 행사를 목표로 한 국가가 주도해 설립한 시민단체의 성격을 띠고 있다. 하지만, 그런 의미에서 순수한 대중조직이라고 보기는 어렵다. 조직의 구성을 보면 땃마도가 그 중심에 있는 것을 알 수 있는데, NSA 최고 집행위원회는 육군 준장인 아웅지(Aung Gyi)로 육군 참모 차장이며, NSA의 총서기는 마웅마웅(Maung Maung) 대령으로 국가안보위원회 의장을 맡고 있다.

NSA가 설립되기 이전에도 소위 민간 조직이 존재했다. 퓨소티(Pyusawhti)

라는 민병대 조직이었다.[3] 이는 정부에 의해 1955년 혹은 1956년 처음 설립 되었다고 알려진 이 민병대 조직은 지역 경찰, 땃마도와 민간 행정부의 공무 원으로 구성된 지방 위원회 산하에서 지역 민병대를 조정하는 역할을 했으 며 다양한 방법으로 활용되었다(Pho Thar Aung, 2003; Buchanan, 2016). 독립 이후 내전으로 인해 사회적 안정을 이루지 못하자 지역 차원에서 결성 된 조직인데, 설립 의도와는 다르게 퓨소티는 폭력적 행위를 일삼았다고 전 해진다. 포 따 아웅(2003)에 따르면 퓨소티는 그들의 탐욕을 채우기 위해 농촌 마을과 주민들을 공격하고 억압했으며, 선거 기간 동안에는 투표를 하도록 강요했다고 한다. 또 선거를 조작하고 야당 간부를 살해하는 등 정치적 압력을 행사하기도 했다고 한다. 이런 이유로 당시 중앙 정부와 연방군 모두 퓨소티가 문제적 존재임을 인정하기도 했다. 퓨소티는 연방군 또는 연방 경찰에 포함되지 않는다고 한 데 이어, 우누도 심각한 우려의 목소리를 표하며 "퓨소티가 개혁되지 않는 한 그것은 민주주의의 종말을 알리는 전조(death-knell of democracy)"가 될 것이라고 했다(Fairbairn, 1957: 303).

1962년 쿠데타로 정권을 잡은 이후, 군부는 미얀마의 시민사회를 억압해 왔다. 특히, 가장 하위 수준의 마을이나 사찰 등 사회적 영향력을 행사할 가능성이 있는 조직들을 통제, 수용 또는 제거하려고 노력했다. 그러므로 BSPP 통치 기간 동안 존재했던 민간이라는 명목의 단체는 사실상 국가의 지원과 관리를 받는 준국가기관의 형태를 하고 있었던 것이 사실이다. 1962 년 처음 군 지도층 주요 인사들로 조직된 BSPP는 1971년 6월 첫 대규모 전당대회를 가진 후 대중조직으로 확대되었다.

---

3   퓨소티는 미얀마 전설 속의 왕자인데, 전설에 따르면 태양신이 암컷 용과 결혼했고 그들 사이에 전사 왕자가 태어났다고 한다. 퓨소티로 이름 지어진 왕자는 2세기에 적을 물리고 왕이 되었다고 전해진다(Pho Thar Aung, 2003).

<표 2> BSPP 당원 수

	1966년 당원 신청자	허가된 당원 수	1972년 당원 신청자	허가된 당원 수
군인	54,208	20	63,537	42,359
노동자	91,999	-	123,098	20,316
소작농	15,383	-	43,553	8,207
경찰	3,875	-	4,644	308
기타	21,662	-	26,025	2,179
합계	185,947	20	260,857	73,369

출처: Silverstein(1977), Steinberg(1981)

위의 표에서 볼 수 있듯이 1966년까지는 당원으로 가입하겠다는 신청자 수는 약 20만 명에 이르지만, 실제로 당원 지위를 받은 사람은 20명밖에 지나지 않는다. 그야말로 RC의 간부정당(cadre party) 역할을 한 것이다. 선술한 것처럼, 1971년 전당대회 이후 정당의 대중적 지지기반 확대를 꾀했는데, 이후 표에 나온 것처럼 약 7만 3천여 명으로 당원이 급증했고, 1981년 1월쯤에는 당원 수는 약 1백5십만 명에 이르렀다(Steinberg, 1981: 246). 이런 당의 운영 방식에 대한 변화는 1974년도 신헌법에 근거해 실행될 의회 중심의 일당 정치 체제에 국민을 동원하고, 또 국민을 효과적으로 통제할 수 있는 수단이 필요하다는 땃마도의 인식이 반영된 것이라고 볼 수 있다. 물론 BSPP 이외의 정당은 존재할 수 없기 때문에 야당은 존재할 수 없지만, 국회의원 선출을 위해서는 여전히 투표 절차를 거쳐야 하기에 조직적인 지지가 필요했던 것은 사실이다. 그러한 이유로 1971년부터 1973년까지 버마 사회주의 헌법 제정 절차를 끝내고 BSPP가 대중적 기반 조직이 된 후에 국민 투표로 신헌법을 공포하고 승인한 것은 대중적 지지기반 확보를 통해 정당성을 찾기 위한 절차였다고 볼 수 있다.

4. 연방단결발전위원회(USDA, Union Solidarity and Development Association) 설립

버마식 사회주의 체제의 몰락과 더불어 미얀마 시민들의 정치적 요구는 이전과 다른 양상으로 나타났다. 그것이 1988년 8월 8일 항쟁으로 대표되는 본격적인 아래로부터의 민주화 운동이다. 1974년 헌법 공포를 시작으로 시작된 버마식 사회주의 체제는 그들 자신이 원했던 정치적, 사회적, 경제적 목표를 달성하는 데 실패했다. 이에 쿠데타로 정권을 잡은 신군부 정권은 대중적 기반 확대를 위해 이전의 BSPP와는 다소 다른 방법을 선택했다. 이전의 정당으로서 BSPP는 주로 군인과 공무원을 대상으로 회원 모집을 했기에 그 대중적 지지기반이 넓지 않았다고 볼 수 있다. 특히, 1988년 8월 8일 항쟁을 겪으며 군부의 위협에 대한 독트린(doctrine)에 변화가 있었는데 그 중 하나가 인민 전쟁에서 승리하기 위해서는 국민의 지지가 필수적임을 강조한 것이다.4 이에 땃마도의 총사령관은 다음과 같이 연설을 한 바 있다.

> "모든 전쟁에서 국민의 지지는 필수적이다. 전쟁의 승패는 국민의 지지에 달려 있다는 점을 잊지 않는 것이 중요하다. 인민 전쟁을 위해 미리 계획을 세울 필요가 있다. 지휘관들은 폭동을 진압하면서 민병대의 동원 및 훈련 경험을 익히고 인민 전쟁에 대비해야 한다. 우리는 민병대와 인민 전쟁을 위한 전국적인 동원, 훈련, 지휘 통제 체계를 마련해야 한다"(Working People's Daily, 1988/10/28).

---

4 땃마도의 독트린과 그에 따른 전략은 총 세 단계로 구분될 수 있다. 첫 번째 단계인 1948년부터 1960년대 초까지는 외부 침입 세력에 대응하는 것을 중심으로 했고, 두 번째 단계인 1960년대 초부터 1988년까지는 내전에 대응하고 전반적인 인민전쟁의 개념을 설립하는 데 초점을 두었다. 세 번째 단계인 1988년부터는 인민전쟁의 개념을 현대화시켰다. 자세한 것은 마웅 아웅 묘(Maung Aung Myoe, 2009)를 참고하라.

1988년 민주항쟁 기간에 권력을 잡은 SLORC는 대규모 민중 시위 발발과 선거로 인해 이전에 비하면 시민사회단체나 정당에 대해 허용적 태도를 보인 것처럼 보이나, 시민사회는 항상 군부 정권의 감시와 통제 아래에 있었다. 당시 SLORC는 1990년부터 1992년까지 1990년도 총선을 위해 등록했던 정당 국민회의에 참가할 자격이 있다고 판단한 8개의 정당을 제외하고 모든 정당을 해산했다.5 명분은 정당 중앙조직위원회가 제대로 갖추어져 있지 않거나, 반정부 활동에 관여한 혐의 등을 들며 정당 해산을 명령했다. 군부 정권 설립 이후부터 시민들의 정치 참여는 제한되어 있었고, 이러한 정당 해산의 과정을 통해 시민들의 정치적 의사 표현 및 방식에 제약을 둔 것이다.

그럼에도 불구하고 SLORC는 나름대로 시민사회를 재현하려고 시도했다. 물론 이 시민사회라는 것은 자생적 발생으로 조직된 것이라기보다는 정부가 주도하여 설립한 비정부 기구 단체들(GONGOs, Government Organized Non-Governmental Organizations)로 볼 수 있다.6 그중 군부 정권에 의해 조직된 USDA는 군부 정권의 국가발전과 통합에 대한 이념을 전파하고, 젊은 층을 끌어들임으로써 대중 지지기반 확대를 꾀하기 위해 설치되었다고 볼 수 있다. 1993년 8월 5일 정식으로 출범한 이 단체 USDA는 설립 당시 정당이 아닌 내무부 산하의 시민단체로 등록이 되었었다. 따라서 겉으로 보기에는 단순히 정치적 활동을 하기 위한 단체로 보기는 어려울 수도 있다. SLORC의 수장이 단체의 가장 높은 위치에 있는 후원자로 되어 있으며 명시적으로 정의된 역할은 군부 정권의 활동과 정책을 지원하는 것이다.

---

5 1991년 1월부터 12월까지 총 13개의 정당이 선거관리위원회의 발표(Election Commission Announcement)를 통해 해산되었고, 1992년 1월부터 3월까지 SLORC의 명령(SLORC Order)과 선거관리위원회의 발표에 따라 총 63개의 정당이 해산되었다.
6 미얀마 모자복지협회(MMCWA, Myanmar Maternity and Child Welfare Association), 미얀마 적십자회 (MRCS, Myanmar Red Cross Society) 등을 포함한다.

〈표 3〉 USDA의 활동 목표

1. 연방의 비분산(non-disintegration of the Union)
2. 국가 단결의 비분산(non-disintegration of the National Solidarity)
3. 연방 주권의 영속(perpetuation of the Union sovereignty)
4. 민족 자긍심 고취 및 활성화(Promotion and vitalization of national pride)
5. 번영하고 평화로운 연방 국가의 출현(Emergence of a prosperous, peaceful modern Union)

출처: The New Light of Myanmar(1993/09/16)

위의 표에서 보듯이 USDA의 첫 세 개의 활동 목표는 땃마도가 내세우는 3대 국익 추구를 위한 목표와 같은 것을 알 수 있다. 그 외의 두 가지 활동 목표 역시 군부 정권이 추구하고자 했던 정책적 목표와 맞닿아 있는 것을 알 수 있다. 더불어 대표적인 USDA 회원들의 책무 사항을 보게 되면, "땃마도를 전방위적으로 지원한다(to render the Tatmadaw all-round assistance)" 라고 명시하고 있다. 그 외에도 기본적으로 군부 정권이 USDA의 활동 자금을 지원했으며 단체 스스로 활동 자금 마련을 위한 사업을 한다. 단체의 활동과 목표에 명시되어 있듯이 주로 군부 정권의 정책적 의제 지지를 주 활동으로 삼지만, 회원을 모집하고 교육하기 위한 지역 개발 및 교육 훈련을 제공하기도 했다.

〈표 4〉 USDA의 조직 구조

구조	소속
중앙 위원회	Commander-in-Chief of Defence Services
	Deputy Commander-in-Chief of Defence Services, Commander-in-Chief (Army)
	Commander-in-Chief (Navy)
	Commander-in-Chief (Air Forces)
	Chief of Office of Strategic Studies
	Adjutant-General
	Quartermaster-General

구조	소속
	Chief of Staff (Army)
	Command Commanders
사무국	Secretary-General
	Joint Secretary-General
	Three members of the secretariat
집행 위원회	Central Executive Committee (no more than 15 members) [At national level]
	State or Division Executive Committee (with 1 Secretary and 8 EC members)
	District Executive Committee (with 1 Secretary and 6 EC members)
	Township Executive Committee (with 1 Secretary and 6 EC members)
	Ward or Village-tract Executive Committee (with 1 organiser and 2 EC members

출처: MacDougall(1994)

우선 위의 표를 보면 알 수 있듯이 USDA의 중앙 지도부는 땃마도의 주요 간부들이 차지하고 있는 것을 알 수 있다. 땃마도 총사령관을 위시해 부총사령관, 해군과 공군 사령관 등 군부의 주요 인사들이 조직의 중앙 위원회를 구성하고 있는 것을 볼 수 있다. 둘째, 집행위원회 조직을 살펴보게 되면 전국적 단위로 설치가 되어 있음을 알 수 있다. 전국적 차원의 중앙 집행 위원회 아래 주 단위, 구 단위, 타운십 단위, 그리고 마을 단위의 중앙 집행 위원회가 있음을 알 수 있다.

〈표 5〉 USDA 회원 수

연도	회원 수	지역 연합의 수			
		주 단위	지역 단위	타운십 단위	마을 단위
1993	N.A.	14	55	303	N. A
1994	830,322	16	55	316	12,161
1995	1,679,853	16	57	318	14,256
1996	4,635,377	16	57	318	14,356
1997	7,510,000	16	57	318	14,256

출처: Macdougall(1994; 1995; 1996b)을 참고하여 저자가 직접 작성

위의 표에서 알 수 있듯이 USDA의 회원 수는 1993년 설립 이후 4년간 폭발적으로 증가한 것을 알 수 있다. 설립 이후 다음 해 약 83만여 명의 회원을 보유했던 USDA는 설립 5년 만에 회원 수를 약 7백5만 명까지 늘리게 된다. 물론 이러한 수치는 지역별 위원회의 경쟁적 회원 유치로 인해 과장되었을 가능성이 매우 크다. 1997년 1월에 발간된 미얀마 관영 신문을 보게 되면, 지역별 위원회는 어느 정도의 회원 신청서가 접수되고 또 가입 허가가 났는지에 대해서 보도를 하고 있다. 예를 들어, 1월 7일 관영 신문에는 따톤(Thaton) 지역의 Thaton Township LORC(Law and Order Restoration Council)에 접수된 신청서의 숫자는 약 14,000건에 달하며 이 중 10,515건의 회원 가입이 이루어졌다고 보도하고 있다(The New Light of Myanmar, 1997/01/07). 이러한 폭발적 회원 수 증가의 배경에는 강압적인 회원 가입은 물론, 마을에서 비회원 가구에는 불이익이 따르는 등 강제적 수단이 동원되었다고 한다(NDD, 2006).

5. 연방단결발전위원회(USDA)의 활동

군부 정권은 USDA를 설립한 이후 다양한 목적으로 이 기관을 활용해 대중 동원을 하기 시작했다. 대중조직 활동은 그 형태와 목적으로 보았을 때, 크게 4가지 정도로 나눌 수 있다. 우선, 국민회의 지지 집회, SLORC의 반전복법(anti-subversion law) 지지 집회 등의 목적으로 대규모로 대중을 동원해 그 세를 과시했다. 둘째, 민주화 세력을 위협하는 데 USDA가 동원되기도 했다. 그 대표적인 예로 2003년 5월 NLD 전국 순회단을 공격한 디페인(Depayin) 사태가 있다. 셋째, 헌법 제정을 위한 국민회의에 USDA 조직원들로 구성된 대표단을 파견하여 군부 정권의 정치 제도 설계에 활용하였다.

마지막으로, 2010년도 총선을 앞두고 USDA는 USDP(Union Solidarity and Development Party)로 명칭을 바꾸며 군부 대리 정당으로서 구실을 했고, 선거에서 압승을 거두며 의회를 장악하게 된다.

(1) 대중집회 개최

USDA가 전국적으로 범위를 넓히기 시작하면서 군부 정권은 USDA 회원과 조직 네트워크를 동원하여 여러 차례 대규모 집회를 지원했다. 이러한 일련의 대중집회는 시민들이 자발적으로 모였다기보다는 군부 정권의 정치적 목표와 필요에 의해 조직한 것으로 USDA의 조직적 목표와 밀접하게 일치하고 정부의 선전을 전파하는 것을 목표로 했다.

SLORC하에서 여러 차례 국민회의 개최지지 성명을 발표하는 집회가 열렸었다. 1994년 1월 15일부터 1월 19일까지였다. 1994년 첫 번째 연례 회의에서 한 USDA 회원은 이 기간에 약 400만 명이 넘는 사람들이 대규모 집회에 참석했다고 보고했고, 관영 신문에는 26개 타운십에서 매일같이 조직된 대규모 집회가 있었다고 홍보했다.

1995년 12월 3일부터 1996년 2월 25일까지 국민회의 개최를 지지하는 집회가 열렸다. 이 역시 관영 신문을 통해 매일같이 홍보되었는데, 3개월 동안 지역에서 62건의 조직된 USDA 집회에 대한 보고가 있었다. 규모는 1995년 12월 5일 양곤(Yangon)의 파베단(Pabedan) 타운십에서 1,000명이 모인 집회부터 1995년 12월 9일 양곤의 42개 타운십이 연합해 실시한 약 120,000명 규모의 집회까지 다양하게 있었다. 수도 양곤 외부에서 가장 큰 규모의 집회는 다웨이(Dawei)에서 열렸고, 약 72,000명이 참석했다고 알려져 있다. 이 기간에 동원된 회원의 수를 단순히 더해보면 그 수가 약 1,447,000명에 이르는데, 1995년 USDA의 연차총회에서 보고된 회원의 규모를 고려할 때 회원의 약 86%가 대규모 집회에 동원되었다고 볼 수 있다 (MacDougall, 1995).

세 번째 대규모 집회는 SLORC가 반전복법(anti-subversion law)을 제정할 무렵인 1996년 6월에 열렸는데, 이번 집회는 정치적 반대파(민주화 세력)를 겨냥해 열렸다. 1995년 11월 NLD가 공식적으로 국민회의 참석을 거부했을 때, SLORC는 이를 국가 전복행위라며 비난한 적이 있다. 이후 군부 정권은 반전복법을 공포하는데, 이 법의 목적은 "평화롭고 체계적인 이전" 및 "국가 회의 기능의 성공적인 수행"과 같은 부여된 책임을 달성하는 데 있어 국가를 보호하는 데 있다. 이 법은 개인 및 또는 조직의 5가지 광범위한 범주의 활동을 금지했는데, 법을 위반할 경우의 형은 최고로 설정되어 최소 5년에서 최대 20년의 징역에 처하게 된다고 규정하고 있다(MacDougall, 1996a). 이 법의 공포를 지지하는 집회는 1996년 5월 31일부터 1996년 6월 27일까지 전국에서 실시되었고, 그 규모 역시 만달레이(Mandalay)에서 모인 약 6,000명의 기업가 모임부터 까친(Kachin)주 밋찌나(Myitkyina)에서 모인 약 77,000명 규모까지 다양했다.

(2) 민주화 세력 위협

군부 정권이 대중조직을 동원해 민주화 세력을 위협한 것 중 국제사회에도 널리 알려진 사건이 2003년 5월 30일에 발생한 디페인(Depayin) 사태이다. 당시에 발생한 폭력의 수위와 규모를 고려할 때 혹자는 디페인 대학살 사건이라고 칭하기도 한다. 가택 연금에서 풀려난 아웅산 수찌는 지방의 NLD 사무소 재개설을 점검하는 등 전국 순회 중이었다. 하지만, 당시 알려진 바에 따르면 USDA의 지도부를 포함해 최고 집행위원회(CEC, the Chief Executive Committee)는 NLD 순회단이 방문하는 지역에 먼저 도착해 그들의 행사를 방해할 계획을 비밀리에 세웠다고 전해진다. 이러한 지역별 USDA의 비밀회의 배후에는 지역 군사령관이 있다고 알려져 있다(NDD, 2006). 또한, 회원들을 동원해 NLD를 비난하는 플래카드를 들고 구호를 외치며 폭력으로 NLD 지지자들을 위협했다.

디페인 사태에는 약 5,000여 명의 군부 지지자들이 동원된 것으로 알려져 있으며, 준군사단체(para-military)인 스완 아신(Swan Ah Shin)도 동원되었 다고 알려져 있다(Ad Hoc Commission on Depayin Massacre, 2003). 사건 이후 조직된 진상규명 위원회의 보고서에 따르면 다음과 같은 몇 가지 이유 로 디페인 사태가 계획적으로 조직된 것이라고 결론을 내렸다. 사건 발생 전 USDA는 민병대 조직을 훈련했으며, 집단 공격을 할 때 사용할 무기를 고를 때 은폐까지 생각해 신중하게 계획을 했다고 한다. 또한, 시간과 장소를 신중하게 선정하였으며, 약 5,000여 명의 지지자들이 조직적으로 동원되었 다고 밝혔다(Ad Hoc Commission on Depayin Massacre, 2003).

(3) 국민회의 참가

2004년부터 재개된 국민회의(National Convention)에는 군부 정권은 USDA 회원들을 동원했다. 예를 들면, 2005년 2월 18일로 예정된 국민회의 본회의 기간 동안 라카인주의 USDA 임원과 회원들을 국민회의에 초청한 것이다. 당시 뉴스 보도에 따르면 라카인주 17개 타운십에서 34명의 대표가 국민회의에 대표단 자격으로 참가를 한 것이다. 좀 더 구체적으로는 라카인 주 USDA 사무소의 총비서인 우 쪼 인(U Kyaw Yin)은 대표단을 이끌고 양곤으로 갔으며 아짭(Akyab)[7] 지역 비서 우 툰 윈(U Tun Win), 짜욱 퓨 (Kyauk Phyu) 지역 서기 우 아웅 틴(U Aung Tin), 딴드웨(Thandwe) 지역

---

[7] 저자가 인용한 자료에는 아짭(Akyab)이라는 지명으로 사용되었으나, 이 지역은 시트웨(Sittwe)로 불리며 라카인주의 주도이다.

서기 우 쏘 민 우(U Saw Myint Oo)를 포함해 지역 및 타운십 수준 USDA 임원과 회원들이 국민회의에 참가했다.

국민회의에 참석한 대표단의 명단을 면밀하게 살펴보기는 어렵기에 위와 같은 USDA 임원과 회원의 집단적 회의 참가에 관한 사례는 찾기는 힘들었지만, 국민회의 진행 기간 동안 다른 주의 USDA의 회원이 민족대표로 참가하여 발의한 사례는 찾아볼 수 있었다. 예를 들어 우 아 파(U Ar Hpa)는 2006년 12월 27일 국민회의 본회의에서 "국기, 국장, 국가, 수도"와 관련된 논의에서 발의를 진행한 바가 있다(The New Light of Myanmar, 2007/10/02). 그는 2007년 10월 2일 샨주 동부의 껭퉁(Kengtung)에서 열린 대중집회에서 대표단으로 나서서 국민회의와 헌법 제정에 관한 대중 연설을 하기도 했다. 또 하나의 사례는 까친주 특별 구역-2(Special region-2)에 있는 USDA 회원 마남 뚜 자(Dr. Manam Tu Ja)도 국민회의의 민족대표단으로 초청되어 대표단 패널 의장으로 선출되는 등 헌법 제정에 관한 대표단의 역할을 충실히 수행하기도 했다(The New Light of Myanmar, 2005/12/07).

(4) 군부 대리 정당으로의 변신

USDA는 군부 정권의 어용단체에서 체제 이행을 앞두고 군부 정권의 대리 정당으로 그 형태를 바꾸었다. 2008년 2월 9일 국가평화발전평의회(SPDC, State Peace and Development Council)(SPDC, State Peace and Development Council)은 성명서를 통해 7단계 로드맵(Seven-step Road Map) 완성을 위해 두 단계의 실행 계획을 발표한다.[8] 하나는 신헌법 승인을

---

[8] 1997년 11월 군부는 국가법질서회복위원회(SLORC)에서 국가평화발전평의회(SPDC)로 이름을 바꾸었다. SLORC에 이어 SPDC의 최고 지도자인 의장은 딴쉐(Than Shwe) 장군이 맡았고, 부의장은 마웅예(Maung Aye) 장군이 차지했다. 그 외에도 주요 요직인 비서관 1, 2, 3에 킨늇(Khin Nyunt), 틴 우(Tin Oo), 윈 민(Win Myint)이 위치했다. 평의회에 참여하는 군부의 고위 관계자 수는 19명으로 늘었지만 오히려 권력은 의장, 부의장, 비서관 1, 2에 더 집중되었다고 평가받았다. 자세한

위한 국민 투표고, 다른 하나는 신헌법을 바탕으로 2010년 총선거를 치르겠다는 계획이었다(The New Light of Myanmar, 2008/02/02). 2008년 5월 사이클론 나르기스가 미얀마의 이라와디 지역에 막대한 인명·재산 피해를 준 상황에서 군부 정권은 계획대로 국민 투표를 시행했고, 전체 유권자 약 2천7백만 명 중 약 2천4백만 명, 92%의 찬성을 획득하여 신헌법을 공포하였다(The New Light of Myanmar, 2008/05/27). 이를 바탕으로 다음 단계인 총선거 준비에 돌입하게 되는데 이 과정에서 USDA는 연방단결발전당(USDP)으로 이름을 바꾸고 정당으로 등록하게 된다. 선거가 있기 한참 전부터 USDA가 군부의 대리 정당 역할을 할 것이라는 이야기는 있었다. NDD(Network for Democracy and Development) 보고서에 따르면 USDA 중앙 지도부는 2003년과 2005년에 다음 선거에 후보자 등록을 할 것이라고 전했으며, 어용단체에서 군부 대리 정당으로 정치 활동 영역을 확장할 것이라고 결론을 내렸다(NDD, 2006). 군부 역시 USDA의 정치적 역할에 대해 강조한 바가 있는데, 2002년 국방부 장관 마웅 보(Maung Bo)는 "USDA가 정치적 대결에서 다른 집단을 이기기 위해 열심히 노력해야 한다"라고 강조한 바가 있다.

총선을 약 7개월 앞둔 2010년 4월 29일, USDP의 지도자인 우 테인 세인(U Thein Sein)과 선거에 출마할 26명의 위원을 포함해 연방선거관리위원회(UEC, Union Election Commission)에 정당 등록을 신청했으며, UEC는 6월 8일 신청을 승인했다(The New Light of Myanmar, 2010/04/30). 아울러 국제사회에도 선거 참여 의지를 밝히기도 했는데, 2010년 5월 9일 군부, 미 국무부 동아시아태평양 담당 차관보 커트 캠벨(Kurt Campbell), USDA 사무총장 우 테이 우(U Htay Oo)와의 회의에서 USDA가 정당으로 전환되고 있는 상황을 설명했다. 우 테이 우는 USDA가 차기 정당의 기반이 될 것이라

내용은 Zaw(1999)를 참고하라.

고 선언하면서 "USDP는 USDA를 기반으로 구성될 것"이라고 밝혔고, 두 조직의 목표가 "국민이 지향하는 평화롭고 현대적이며 민주적인 민주주의 국가 건설"을 추구하고 국가의 지속 가능한 발전을 위해 국민과 협력하는 것이라고 밝힌 바가 있다(The New Light of Myanmar, 2010/05/12).

USDA는 USDP가 정당으로 등록이 완료된 후 해체 순서를 밟고 있었다. 선거법에 따라 20명 이상의 USDA 회원이 정당의 회원으로 등록하기 위해 직위를 사임했으며, USDA의 전국적 자산을 정당으로 이전하기 시작했다 (Borger, 2010; Kaung, 2010). 이는 정당으로서 USDP가 별다른 노력을 기울이지 않고도 더 수월하게 전국 네트워크와 후원자 관계를 구축할 수 있었음을 의미하며, 이에 따라 군부가 자신들의 대리 정당에 특혜를 부여하는 양상이 되었다.

따라서 야당 인사들과 국제사회는 군부 대리 정당의 창당은 선거의 공평한 경쟁 요건에 어긋나는 것이라며 비판의 목소리를 높였다. 예를 들어, 연방민주당(UDP, Union Democratic Party)의 표 민 뗀(Phyo Min Then)은 USDA가 정부에서 설립한 조직이기 때문에 국유재산 양도는 선거법에 어긋난다고 주장했다(Ko Htwe, 2010). 2010년 총선 참가 여부에 대한 의견 차이 때문에 NLD로부터 분리되어 나온 국가민주전선(NDF, National Democratic Front)의 의장 우 킨 마웅 쉐(U Khin Maung Swe) 역시 국유재산을 취득하는 것은 선거법을 위반하는 것이라고 주장했다. 그는 "자유롭고 공정한 선거를 위해 정부는 정당에 부과된 재정적 요구사항을 재고할 필요가 있다"라고 덧붙였다(Kaung, 2010). Human Rights Watch는 "버마의 가장 큰 대중 기반 조직을 군 정당으로 변형시키는 것은 예측할 수 없는 선거 과정의 왜곡은 아니더라도 뻔뻔한 일"이라며 군사 정부를 비판했다(Human Rights Watch, 2010).

이런 국내외적 비판에도 불구하고 군부 정권은 예정대로 총선을 실시하였다. 당시 NLD는 선거 불참을 선언했기 때문에 마땅한 민주 세력 정당이 존재하지 않았고, 또 기존 USDA의 전국적 네트워크와 군부 정권의 지지를 등에 업었기 때문에 USDP는 선거에서 압승을 거둘 수 있었다.

〈표 6〉 2010년 총선 결과 요약

	하원(*Pyihtu Hluttaw*)	상원(*Amyotha Hluttaw*)
USDP	259	129
소수민족 정당	46	29
NUP(National Unity Party)	12	5
민주화 운동 정당	8	4
무소속	1	1
선거 취소	4	0
군부	110	56
합계	440	224

출처: http://psephos.adam-carr.net/countries/b/burma/burma2010.txt

당시 하원(*Pyithu Hluttaw*)의 총 440개 의석 중 259개의 의석을 차지했고, 상원(*Amyotha Hluttaw*)에서는 총 224개 의석 중 129개를 차지하게 되었다. 군부가 2008년도 헌법에 의해 하원에서는 110석, 상원에서는 56석을 보장받는 점을 고려하면, 선거라는 절차적 제도를 거쳤지만, 의회는 군부의 세력과 그 대리 정당에 의해서 장악을 당한 셈이다.

(5) 그 외의 활동

이 외에도 USDA 지도부에게 상당한 이념적 훈련이 이루어졌으며 이러한 훈련에는 군사 훈련도 포함된 것으로 알려져 있다. 이는 SLORC의 의장인 딴쉐 장군의 연설에서도 알 수 있는데, 그는 1996년 개설된 USDA 고급관리 과정(Executive Advanced Management)에서 다음과 같이 연설했다. "[이 과정에] 참가하는 교육생들은 USDA의 핵심 세력일 뿐만 아니라 국가 및 공익을 위해 항상 땃마도와 손을 잡을 유일한 국가 물리력이다. 따라서, 예리한 국방력과 함께 도덕적으로나 육체적으로나 강건해야 하므로 훈련병들에게 열병식, 군사 전술, 무기 사용법 등을 배우게 될 것"이라고 말했다 (MacDougall, 1996b: 5).

USDA는 설립 이후 국가 및 지역 수준에서 다양한 경제 활동을 통해 전국적 수준의 협회 활동을 지원하고 있다. 명확한 통계 자료의 부족, 군부 경제의 비밀성 등으로 인해 활동 자금이 어느 정도 규모로 조달되는지 정확히 파악할 수는 없지만, 알려진 협회의 기업과 토지, 보석 채굴권 등의 규모로 미루어볼 때 수십억 짯 수준에 이를 것으로 보고 있다. 예를 들어 국가적 수준에서는 먄 공 민(Myan Gone Myint) 회사, 보석 시장, 떼인지(Theingyi) 시장 및 미예니공(Myenigone) 시장, 그리고 양곤의 흘라잉(Hlaing) 타운십의 토지 등을 소유하고 있는 것으로 알려져 있다(Steinberg, 1997: 9). 이에 더해 각 주에서 버스와 기차 운송 수단을 독점하고 있고, 어장, 농장, 지역 사업 및 활동에 대한 세금, 부동산, 정미 사업, 주택, 부동산, 수입 사업 등 미얀마 경제에서 광범위한 분야에서 사업을 하는 것으로 알려져 있다. 특히, USDA의 이러한 경제 활동은 관영 신문에서도 확인할 수 있는데, 1996년 9월 12일 신문에 따르면 "USDA는 상품 생산 및 주택 조정 서비스, 외국 경제 기관과의 합작 투자 계약 체결"과 같은 사업을 수행하고 있다고 한다 (MacDougall, 1996a: 8).

6. 맺으며

과거 군부 정권의 통치 정당성 주장은 통치를 할 수 있는 권리(right to rule)에 대한 정당성 확보와 함께 정치의 경계를 정할 수 있는 권한을 가지는 것에 그 목표를 두고 있다고 할 수 있다. 특히, SLORC 수립 이후 표면적으로 정치적 참여에 거리를 두며 외부의 정치 기관으로서 정치 및 정치적 활동에 대한 경계를 정하고, 반대 세력에 대해 비합법화시킬 수 있는 권한을 지속해서 추구했다. 앞서 USDA의 활동 사례에서 볼 수 있듯이 군부 정권은 주요한 정치적 사안이 있을 때 USDA를 통해 적극적으로 대중을 동원해 세력을 과시했고, 그러한 일련의 과정을 통해 군부 정권의 정치적 이념에 대해 홍보했다. 둘째, 지지자들을 동원해 반대 세력을 적극적으로 저지하였다. 단순히 지지 세력을 과시한 것뿐 아니라 대중조직을 동원해 정치 폭력을 행사하기도 했다. 민병대 조직을 만들고 군사 훈련을 시키기도 했으며, 무법을 자행하고 종교 갈등을 부추기는 등 "공포의 정치"를 대중조직을 통해 전달했다고 볼 수 있다. 마지막으로 USDA가 처음 설립되었을 때는 표면적으로나마 시민사회 조직으로 선전되었다. 그러나 USDA는 점차 군부 정권의 정치적 이념과 신념을 고스란히 전하면서 정치적 임무를 수행하기 시작했다. 특히, 2010년도 총선거에서 군부 정권의 대리 정당으로 자리매김하면서 선거 이후 거대 여당으로 의회를 장악했다. 명목상으로는 군부 정권이 선거를 통해 민간 정부에 권력을 이양한 것으로 보이지만, 실상은 군부 대리 정당이 국회에서 다수 의석을 차지함에 따라 군부 정권의 탈출 전략 및 후기 권위주의 체제에서의 안전에 기여했다고 볼 수 있다.

하지만 지난 두 차례 총선(2015년, 2020년)에서 NLD가 압승을 거두며 군부 대리 정당인 USDP는 별다른 영향력을 발휘하지 못했다. 그런 의미에서 과거 군부 정권으로부터 조직되어 온 대중동원의 힘이 다한 것으로 볼 수 있을지도 모른다. 하지만 2021년 쿠데타로 다시금 정권을 잡은 군부는 과거 자신들이 취했던 대중동원 전략을 비슷하게 답습할 가능성이 있다. 서론에서 제시했다시피 친군부 집단의 폭력성은 날이 갈수록 그 강도를 더하고 있다. 군부가 친군부 지지자 및 단체를 조직적으로 활용하는 사례는 저자가 양곤에서 활동한 시민활동가와의 서면 인터뷰에서도 여실히 드러난다. 인권 활동가인 슌레이(Shun Lei) 씨는 양곤에서 시민불복종운동에 참가하여 반쿠데타 시위를 했는데, 시위가 한창이던 시기 군부의 대응에 대해 다음과 같이 대답했다.

> "[땃마도] 그들은 실제로 커뮤니티를 겁주기 위해 [폭력집단 활용] 오래된 전술을 사용했다. 그들은 완전한 제복을 입은 군인들이 오기 전에 도시를 위협하기 위해 깡패와 방화범을 보냈습니다. [민주화 활동을 하는] 지역 사람들은 경계팀을 꾸리고 밤에 침입자를 체포하여 자신의 지역을 방어했습니다. [폭력집단에 가담한] 사람 일부는 코로나 사태로 출소해 갈 곳이 없다고 자백하고 군에 입대해 돈을 주고 범죄를 저질렀다. 몇몇 아이들은 연루되었고 그들의 계정에 따라 군대에 의해 마약을 받았습니다."[9]

2021년 8월 쿠데타가 발발한 지 6개월이 되는 시점에서 땃마도의 수장 민 아웅 흘라잉은 자신들의 집권을 최대 2023년 8월까지 연장할 수 있다고 밝혔다. 그 논리는 2008년 헌법에 명시된 국가 비상사태의 경우 1년간 집권 후 6개월씩 최대 두 번까지 그 기간을 연장할 수 있음을 밝혔고, 그 후 선거를 위해 6개월의 준비 시간을 더 가지겠다는 것이다(The Global New Light of Myanmar, 2021/08/02). 이후 치러질 선거에서 민주 진영에 대패하는 것

---

9 이메일을 통한 서면 인터뷰는 2021년 4월 16일 이루어졌으며, 이름 및 인터뷰 내용 활용에 관한 슌레이의 허락을 받았다.

을 저지하기 위해 제도적 장치들이 고안될 것이며, 대리 정당을 내세울 경우 그 정당의 안정적 득표를 확보하기 위해 대중을 동원할 가능성이 클 것이다. 이미 땃마도는 쿠데타를 일으키면서 이전의 SLORC와 SPDC가 했던 것처럼 국가행정위원회(SAC, State Administration Council)의 하위 조직을 구성해놓았다. 하위 조직은 각 주(State/Region), 자치구(Self-administered), 지역(District), 타운십(Township), 마을(Village and Ward) 단위로 구성했고, 각각의 단위별로 의장을 지정해놓았다(The Global New Light of Myanmar, 2021/02/02). 땃마도의 현재 목표는 2023년 8월까지 선거를 준비한 후 치러질 선거의 결과에 따라 정권을 이양하겠다는 것인데, 이런 의미에서 지난 2010년 총선과 그 양상이 비슷하지 않을까 조심스레 예측해본다.

참고문헌

Ad hoc Commission on Depayin Massacre. Preliminary report of the Ad Hoc Commission on Depayin Massacre (Burma), 2003. https://www.burmalibrary.org/sites/burmalibrary.org/files/obl/docs/Depayin_Massacre.pdf (검색일: 2021.06.04.).

Alagappa, Muthiath. 1995. *Political legitimacy in Southeast Asia: The quest for moral authority.* Stanford University Press.

Barker, Rodney. 1990. *Political legitimacy and the state.* Clarendon Press.

Bigelow, Lee S. 1960. "The 1960 Election in Burma." *Far Eastern Survey* 29(5): 70-74.

Borger, J. 2010. "Burmese PM and Cabinet resign from army to stand as civilians in election." https://www.theguardian.com/world/ 2010/apr/27/burma-election-junta-civilians (검색일: 2021.07.17.).

Buchana, John. 2016. *Militias in Myanmar.* The Asia Foundation.

Butwell, Richard. 1960. "The New Political Outlook in Burma." *Far Eastern Survey* 29(2): 21-27.

Cheesman, Nick. 2002. "Seeing 'Karen' in the Union of Myanmar." *Asian Ethnicity* 3(2): 199-220.

Fairbairn, Geoffrey. 1975. "Some Minority Problems in Burma." Pacific Affairs 30(4): 299-311.

Frontier Myanmar. 2018. "Yangon pro-military rally draws thousands as Wirathu hits back at UN." https://www.frontiermyanmar. net/en/yangon-pro-military-rally-draws-thousands-as-wirathu-hits-back-at-un/ (검색일: 2021.02.27.).

_____. 2021. "A threat to the revolution': Pyusawhti returns to post-coup Myanmar." https://www.frontiermyanmar.net/en/a-threat-to-the-revolution-pyusawhti-returns-to-post-coup-myanmar/ (검색일: 2021.11.01.).

Geddes, Babara. 1999. What Do We Know About Democratization After Twenty Years? *Annual Review of Political Science* 2: 115-144.

Handlin, Samuel. 2016. Mass Organization and the Durability of Competitive Authoritarian Regimes: Evidence from Venezuela. *Comparative Political Studies* 49(9): 1238-1269.

Hellmeier, Sebastian and Weidmann, Nils B. 2020. Pulling the Strings? The Strategic Use of Pro-Government Mobilization in Authoritarian Regimes. *Comparative Political Studies* 53(1): 71-108.

Hugh, C. MacDougall. 1988. In an address to the 39th General Staff training course by General Saw Maung. In *Burma Press Summary 88-10.*

_____. 1994. USDA General Meeting. In *Burma Press Summary 94-09.*

_____. 1995. USDA Annual Meeting. In *Burma Press Summary 95-09.*

_____. 1996a. Anti-Subversion Law/Mass Rallies against subversion. in *Burma Press Summary 96-06.*

_____. 1996b. USDA. in *Burma Press Summary 96-03.*

_____. 1996c. USDA Annual Meeting. In *Burma Press Summary 96-09*.

Human Rights Watch, 2010. Burma: Military Party Guaranteed to Dominate Elections[Press release]. https://www.hrw.org/news/2010/07/19/burma-military-party-guaranteed-dominateelections (검색일: 2020.07.01.).

Kaung, B. 2010. "NDF Reponds to Suu Kyi's Criticism." https://www.theguardian.com/world/2010/apr/27/burma-election-junta-civilians (검색일: 2021.07.18.).

Kaung, B. 2010. "USDA 'Abolished': Offical." https://www.theguardian.com/world/2010/apr/27/burma-election-junta-civilians (검색일: 2021.07.18.).

Khin Yi. 1988. *The Dobama Movement in Burma (1930-1938)*. Cornell University Press.

Ko Htwe, 2010. "Two More Parties Apply for Registration." https://www2.irrawaddy.com/article.php?art_id=18244 (검색일: 2021.07.18.).

Kratoska, Paul. 2008. "Nationalism and Modernist Reform." N. Tarling (eds), *The Cambridge History of Southeast Asia*. 249-324.

Lintner, Bertil. 1984. "The Shans and the Shan State of Burma." *Contemporary Southeast Asia* 5(4): 403-450.

Linz, Huan. *Totalitarian and authoritarian regimes*. Lynne Rienner Publishers.

Medecins Sans Frontiers. Rohingya Refugee Crisis. https://www.msf.org/rohingya-refugee-crisis-depth (검색일: 2021.07.18.).

Ministry of Defense. Defense White Paper 2015. Nay Pyi Taw.

Nathan, Andrew J. 2020. The Puzzle of Authoritarian Legitimacy. *Journal of Democracy* 31(1): 158-168.

Network for Democracy and Development[NDD], 2006. The White Shirt: How the USDA will become the new face of Burma's dictatorship. https://burmacampaign.org.uk/reports/the-white-shirts-how-the-usda-will-become-the-new-face-of-burmas-dictatorship/

Pho Thar Aung. 2003. "From Pyusawhti too the Present." https://www2.irrawaddy.com/article.php?art_id=2822&%3Bpage=2 (검색일: 2021.11.09.).

Silverstein, Josef. 1959. "The Federal Dilemma in Burma." *Far Eastern Survey* 28(7): 97-105.

_____. 1977. *Burma: Military Rule and the Politics of Stagnation*. Ithaca: Cornell University Press.

Steinberg, David I. 1981. Burma Under the Military Towards a Chronology. *Contemporary Southeast Asia* 3(3): 244-285.

_____. 1997. "Mobilizing The Masses: The Union Solidarity Development Association." Pack, Mary (eds.), *Burma Debate*. Washington: Open Society. 4-11.

Svolik, Milan W. 2012. *The Politics of Authoritarian Rule*. Cambridge University Press.

Svolik, Milan W. 2013. Contracting on Violence: The Moral Hazard in Authoritarian Repression and Military Intervention in Politics. *The Journal of Conflict Resolution* 57(5): 765-794.

Taylor, Robert. 2009. *The State in Myanmar*. Hurst Publishers.

The Global New Light of Myanmar. 2021. 8. 2. The Speech made by State Administration Council

Chairman Senior Generla Min Aung Hlaing on the occasion of six month on 1 August 2020. https://www.gnlm.com.mm/the-speech-made-by-state-administration-council-chairman-senior-general-min-aung-hlaing-on-the-occasion-of-six-months-on-1-august-2021-since-the-state-ad ministration-council-has-taken-the-state/?__cf_chl_managed_tk__=pmd_BF471Yw4tphhA K6axCazgwSmfp_Cpd5SKSE52A2U_3g-1634721964-0-gqNtZGzNA9CjcnBszRXl (검색 일: 2021.08.03.).

_____. 2021.2.2. Appointment and assignment of Chairmen of State/Region Administration Councils.

The Guardian. 2021. "Myanmar military supporters attack anti-coup protesters." https://www. theguardian.com/global-development/2021/feb/25/facebook-and-instagram-ban-myanmar-military-as-first-pro-coup-rally-takes-place (검색일: 2021.02.27.).

The New Light of Myanmar. 1996. 3. 12. National Convention - Plenary Session.

_____. 1996. 9. 15. USDA Annual Meeting.

_____. 1997. 1. 7. 14,000 USDA membership applications submitted in Thaton Kyaikhto and Bilin.

_____. 2005. 12. 7. The Clarification by Dr. Ma Nam Tu Ja.

_____. 2007. 10. 2. Ceremony to support National Convention and constitution held in Kengtung.

_____. 2008. 5. 27. Announcement on results of the referendum held in the whole country.

_____. 2010. 4. 30. Applications to form political parties scrutinized and passed.

_____. 2010. 5. 12. US Assistant Secretary of State meets SPDC.

Working People's Daily. 1988.10.28. Saw Maung's Speech on 28th October 1988.

Yawnghwe, Chao-Tzang. 1995. "Burma: The Depoliticization of the Political." M. Alagappa (eds.), *Political legitimacy in Southeast Asia: the quest for moral authority.* California: Stanford University Press. 170-192.

Zaw, Aung. 1997. "A Junta by any other name." https://www2. irrawaddy.com/article.php?art_ id=943 (검색일: 2020.07.05.).

라틴 아메리카의 과거청산과 유해 발굴*

노용석

1. 머리말

15세기 지리상의 발견은 인류의 총체적 생활방식에 급격한 변화를 가져왔다. 유럽의 각 국가들은 민족국가(nation-state)의 틀을 구축해나감과 동시에 자신들의 부와 정치적 세력을 확장하기 위해 다투어 식민지 개발에 몰두하였다. 특히 이 과정에서 신대륙은 유럽 식민지 개척의 중요한 대상이 되었으며, 라틴 아메리카의 대부분은 순식간에 열강들의 지배하에 놓이게 되었다. 이러한 라틴 아메리카의 식민지배 역사는 이후 원주민 사회의 문화적 정체성을 변동시키며 독특한 문화적 구조를 창출하는 계기가 되었다. 하지만 라틴 아메리카의 진정한 문화적 정체성은 단순히 식민지배를 통해서만 형성되었다고 언급할 수 없다. 오히려 라틴 아메리카 근현대의 근본적인 사회정체성은 19세기 이후 근대국민국가 건설 과정에서 발생한 수많은 쿠데타와 혁명, 폭력, 학살 등으로 설명할 수 있다.

1804년 아이티(Haiti)가 라틴 아메리카 최초로 독립 국가를 형성한 이후 20세기 초반까지 대부분의 라틴 아메리카 지역은 근대국민국가 형성

---

* "이 글은 『이베로아메리카』, 12권 2호 (61-94)에 게재된 「라틴 아메리카의 과거청산과 유해발굴」 논문을 사용 허가를 받아 게재함.

(nation-building)에 박차를 가하기 시작하였다. 하지만 19세기 초반 이후 독립을 이루어 근대국민국가를 형성한 대부분의 라틴 아메리카 국가들은 독재정치와 군사쿠데타(military coups)에 의한 격동의 정치적 변화를 겪어야만 했다. 19세기 초반 이후부터 라틴 아메리카 각국의 정치에 등장한 군사쿠데타는 무려 250여 차례에 달하였으며, 칠레(1973-1990)와 브라질(1964-1985)의 경우에는 약 20여 년 동안 군부에 의한 통치기간이 이어졌다(Vanden, H. E. & Prevost, G., 2009: 186). 또한 아르헨티나의 경우에는 1930년부터 1976년까지 모두 아홉 번의 군사정권과 민선정부의 정권교체가 이루어졌고 (Feitlowitz, 1998: 5), 이렇게 군사정권과 민선정권이 교체될 때마다 수많은 폭력과 테러, 암살 등이 발생하여 이 과정에서 유력 정치인을 포함한 수많은 민간인들이 학살되었다. 이 외에도 라틴 아메리카에서는 전 세계 냉전(cold war)의 영향하에 공산주의와 혁명세력을 제거하기 위한 다양한 활동 과정에서도 폭력이 발생하였다. 대표적으로 1970년대 라틴 아메리카의 코노 수르 (Cono Sur) 정부들에 의해 시작된 일명 '콘도르 작전(Operation Condor)'[1] 은 약 80,000명의 민간인이 암살되거나 행방불명되는 결과를 낳았으며 감옥에 투옥된 인원만도 약 400,000명에 이르렀다.

 이렇듯 독재와 폭력, 암살, 실종 등으로 얼룩진 라틴 아메리카의 근현대사는 필연적으로 훗날 과거청산에 대한 요구를 불러일으켰고, 전 지구상에서 가장 많은 진실위원회 및 과거청산 관련법 등을 제정하게 되는 계기가 되었다. 라틴 아메리카에서는 1982년 가장 먼저 진실위원회가 만들어진 볼리비아를 비롯하여 아르헨티나, 우루과이, 칠레, 엘살바도르, 페루 등에서 진실위

---

1 콘도르 작전은 1975년 11월 25일 아르헨티나, 볼리비아, 칠레, 파라과이, 우루과이의 군사 첩보 기관의 지도자들이 산티아고에서 DINA(Direccion de Inteligencia Nacional, 칠레의 비밀경찰)의 지휘관 마누엘 콘트레라스와 만나 공식적으로 시작되었으며, 군부에 반대하는 세력 및 공산주의자를 테러 암살하기 위한 국가 간 연계 작전이었다. 이 작전에는 칠레와 아르헨티나 첩보국(SIDE), 볼리비아, 브라질, 파라과이, 우루과이 등의 정보기관이 참여하였고 근래에는 미국 CIA가 깊은 연관을 가졌던 것으로 밝혀졌다.

원회가 설립되었고, 현재까지도 민주주의로 나가는 길목에서 과거를 어떻게 청산할 것인가의 문제가 중요한 이슈로 대두되고 있다.

이 글에서는 이와 같은 라틴 아메리카의 과거청산 현황을 전반적으로 검토하는 가운데, 특히 청산과정에서 실시된 유해 발굴의 주요 사례들을 소개하고자 한다. 이처럼 과거청산 가운데서도 유해 발굴 사례만을 특화한 것은 라틴 아메리카의 유해 발굴이 전 세계에서 가장 광범위하게 진행된 경우이므로 이에 대한 일반적 현황을 기술하고, '비참한 죽음(tragic death)'의 상징인 유해가 발굴되어 어떤 문화적 특징을 형성하는가에 대한 보다 심도 깊은 고찰의 토대를 만들기 위함이다. 또 다른 이유로는 라틴 아메리카 유해 발굴 사례의 분석이 한국의 유사한 사례에 큰 교훈을 줄 수 있기 때문이다. 한국에서도 2005년 진실·화해를 위한 과거사정리위원회(TRCK, Truth and Reconciliation Commission, Republic of Korea)가 발족하여 과거청산을 실시하였고, 이 과정에서 국가주도로 한국전쟁 전후 민간인 피학살자에 대한 유해 발굴을 실시하였다. 하지만 2009년까지 진행된 유해 발굴은 2010년 현재 중단된 상태이며, 발굴된 유해의 안장 역시 장기적인 로드맵을 가지고 있지 못한 상황이다. 이러한 상황에서 이 글에서 소개할 라틴 아메리카의 과거청산과 유해 발굴 사례는 비교연구와 검토를 거쳐 한국 사회에 중요한 시사와 교훈을 제공할 수도 있을 것이다.

2. 과거청산과 유해 발굴

과거청산 혹은 '이행기 정의(transitional justice)'[2]란 과거 특정 국가 정치

---

2 '이행기 정의'와 관련하여서는 이재승(2002: 47-74), Naomi Roht-Arriaza & Javier Mariezcurrena(2006: 1-17), Jon Elster(2004: 1-3), Ruti G. Teitel(2000: 3-9)의 연구를 참조하였음. 이행기 정의는 과거

체제 혹은 전쟁하에서 저질러진 잔혹 행위 및 인권유린들을 새로운 체제하에서 어떻게 청산해야 하는가의 문제를 말한다(이재승, 2002: 47; Roht-Arriaza, N., 2006: 1). 20세기 이후 전 세계 곳곳에서 발생한 전쟁과 폭력, 지역분쟁, 독재국가의 출현, 인종분쟁 등은 근본적으로 민주주의와 인권을 가로막는 거대한 장애물이 되었다. 이러한 분쟁들은 단순히 정치적 목적을 달성하는 것에 그치지 않고 정치적 탄압과 고문, 불법 감금, 대규모 민간인 학살, 테러 및 암살 등의 잔혹행위를 통해 심각한 인권유린을 불러일으켰다. 이에 독재 및 권위주의 정권을 겪었던 많은 국가에서는 정권이 교체된 후 당시의 국가폭력이나 인권유린에 대한 책임을 묻고 다시는 이러한 상황이 발생하지 않도록 하기 위해 과거청산을 실시하였다. 그러므로 과거청산의 범주는 단순히 폭력 가해자에 대한 처벌 및 피해자 배상이라는 회복적인 측면을 떠나 인권유린 등에 대한 재발 방지 교육과 더불어 기념관, 박물관 등의 건립과 같은 위령사업의 실시, 억압적 통제기구였던 경찰 및 법원의 구조조정, 희생자 및 가족들에 대한 배·보상 문제 등을 포괄적으로 포함하고 있다.

과거청산이 실시되는 공간의 범위는 개인 및 가족으로부터 시작해 공동체, 지역, 나아가 국가 및 초국가에 이르기까지 다양하게 나타날 수 있다. 하지만 대부분의 과거청산 대상이 국가폭력 및 인종 학살 등에 해당하므로 청산의 주체 역시 국가에 의한 경우가 다수를 이루고 있다. 초국가적 과거청산의 대표적 유형으로는 제2차 세계대전 이후 나치 독일 전범과 유대인 학살 관여자에 대해 실시된 '뉘른베르크 재판(Nuremberg Trials)'을 꼽을 수 있다.

특정체제, 즉 군사정권 및 독재 시기의 아픈 과거를 진실 규명하여 피해자 및 가해자에 대해 적절한 조치를 취하고, 과거의 비극이 다시 발생하지 않도록 법률을 제정하거나 위령 사업 등을 실시하는 것을 말한다. 이 용어는 주로 서구 및 남미, 아프리카 등지의 국가들이 행한 '과거청산을 가리키며, 한국에서 일반적으로 사용하는 '과거청산(purge of the past)'이라는 단어와 의미에 있어서 큰 차이를 보이지 않는다.

또한 학살 및 실종, 독재정치로 인한 인권유린 등에 대해 국가적 차원에서 과거청산을 실시한 대표적 경우는 남아프리카 공화국, 스페인, 아르헨티나, 칠레, 르완다, 한국 등이 포함된다. 그리고 드물지만 지역공동체 내부에서 발생한 폭력 및 학살을 자체적으로 청산하고자 시도한 경우도 있다.

　전 세계적으로 과거청산에는 다양한 방법들이 활용되고 있으나, 그중 가장 대표적인 것은 (군사)독재정권 혹은 전체주의 정권이 몰락한 이후 '특별법정(special court)'과 같은 기구를 설치하여 반인륜적 범죄 행위 및 국가범죄, 잔혹행위를 조사하는 것이다. 특별법정의 설치는 해당 국가에서 독자적으로 실시하기도 하지만 민주화 이행 과정에 있는 국가들이 자력으로 법정을 만들지 못할 경우 국제법정이 설립되기도 한다. 특별법정의 대표적인 사례는 위에서 언급한 '뉘른베르크 재판'을 비롯하여 보스니아 내전 당시 옛 유고 연방에서 자행된 학살, 고문, 강간 등을 조사하기 위해 설립된 ICTY(International Criminal Tribunal for the Former Yugoslavia, 1993년 설립), 캄보디아 킬링필드(Killing Field) 학살 주역 5인에 대해 재판을 진행하고 있는 ECCC(Extraordinary Chambers in the Courts of Cambodia) 등을 들 수 있다. 특별법정을 제외한 과거청산의 또 다른 주요 방법으로는 '진실위원회(Truth Commission)'를 설치하여 주요 사건에 대한 조사를 진행하는 것이다. 진실위원회는 라틴 아메리카의 아르헨티나와 칠레, 파라과이, 볼리비아, 우루과이, 엘살바도르와 남아프리카 공화국, 시에라리온, 필리핀, 르완다, 동티모르, 한국 등에서 운용된 바 있다.

　이처럼 과거청산의 규모와 방법은 사회적 환경에 따라 다양하게 나타날 수 있지만, 주요 로드맵은 일정한 유형을 가지고 있다. 일반적인 과거청산의 주요 로드맵으로는 '진상규명', '가해자 처벌', '피해자 배·보상', '화해와 역사화'와 같은 네 가지 요소를 들 수 있다(진실화해위원회·공주대학교, 2009: 13). 우선 과거청산의 1차적 목표는 국가가 과거 '참혹한 사건'의 진실을 규명하여 가해자를 처벌하고 피해자 및 그 가족들에게 배상[3]하는 것이라 할 수 있다. 이 과정은 상당히 정치적이며 현실적 선택이 중요하다. 예를 들어 진실규명 이후 가해자에 대한 처벌수위의 결정과 피해자 및 유가족에 대한 배·보상 등의 문제는 그 사회가 처해 있는 정치적 방향과 선택에 따라 정해질 가능성이 많다.[4] 또한 이 과정은 모든 과정이 법률적 근거에 의해 실시되므로 과거청산의 본질이 상당히 정치적이고 법률적이라는 인식을 갖게 한다.

그러나 과거청산의 본질은 배상의 근본적 성격을 고려한다면 상당히 다른 측면으로 인식될 수 있다. 피해자를 위한 배상 방식에는 원상회복(restitution), 금전배상(compensation), 사회복귀(rehabilitation), 만족(satisfaction), 재발방지의 보증(guarantees of non-repetition)과 같은 것들이 있는데(진실화해위원회·공주대학교, 2009: 10), 이 중 가장 좋은 배상 방식으로는 원상회복을 들 수 있다.[5] 이것은 모든 피해 대상의 모습을 폭력 이전의 상태로 되돌려 놓는 것을 말한다. 하지만 대다수 과거청산 사건들은 피해자들이 사망하거나 치명적 상해를 당해 실질적인 원상회복이 불가능한 경우가 많으며, 민간인 학살의 경우는 더욱 그러하다. 그러므로 국가는 진실규명과 유가족 배·보상 이

3　일반적으로 '보상'은 국가가 적법한 행위로 국민에게 재산상의 손실을 주었을 때 그것을 갚아주는 행위를 말하고, '배상'은 위법하게 타인의 권리를 침해한 이가 그 손해를 물어주는 것을 말한다(임상혁, 2009: 27).

4　뉘른베르크 재판 이후 1급 전범으로 기소된 11명은 사형되었다. 하지만 모든 국가의 과거청산에서 가해자 처벌이 이렇듯 신속하게 진행된 경우는 드물었다. 예를 들어 아르헨티나의 경우 1983년 라울 알폰신 대통령이 과거 군부독재 기간(1976-1982년)에 대한 청산 의지를 가지고 있었으나, 결국 1989년과 1991년에 실시된 메넴 대통령의 대사면으로 대부분의 거물급 가해자들은 처벌을 피할 수 있었다.

5　원상회복(restitution)은 피해자의 상태를 국가범죄가 발생하기 이전으로 되돌려 놓는 것을 말한다. 금전배상(compensation)은 원상회복이 불가능할 경우 이루어지며, 사회복귀(rehabilitation)는 피해자들의 트라우마를 치료하기 위한 의료적 치료, 심리적 치료, 법률적 서비스 및 사회적 서비스를 말한다. 또한 만족(satisfaction)은 희생자들이 피해회복과 관련하여 안도감과 만족을 느낄 수 있는 정부의 다양한 조치를 말하며, 재발방지의 보증(guarantees of non-repetition)은 국가범죄가 다시 일어나지 않기 위한 군대 및 법 절차 등에 대한 통제장치를 확보하는 것이다.

외에도 억울한 죽음을 당한 희생자들의 원혼을 위로하고, 이들의 영적 존재에 상징적인 원상회복을 이루기 위해 각종 의례를 배치하는 경우가 많다. 이것은 국가폭력에 의해 발생한 원혼을 국가의례 차원의 '제사'를 통해 위로함을 의미하며, 이러한 일련의 행위를 흔히 '기념 혹은 위령(commemorative and consolation)'이라고 한다.

이를 통해 볼 때 유해 발굴은 진상규명이라는 과거청산의 제1차적 범주에도 포함될 뿐만 아니라 과거청산의 결정적 범주인 '기념 혹은 위령'까지도 포함할 수 있는 포괄적 사업이라 할 수 있다. 또한 유해 발굴은 역사적 사실(事實)의 실재 여부를 증명하기 위한 '물증을 찾기 위한 과정'으로서의 역할을 수행하지만, 이 외에도 유해 발굴의 과정을 통해 그동안 공식적 기억에서 제외되었던 '비공식적 담론'을 활성화시켜 '사회적 기억'을 회복시키는 역할을 하기도 한다. 이러한 '사회적 기억회복' 역할은 결과적으로 '죽은 자'와 '억압된 기억'에 대한 기념과 비참하게 죽음을 맞이한 영혼을 '정상적 궤도'로 돌려놓는 토대를 마련할 수 있게 한다. 그러므로 유해 발굴은 진실을 증명하기 위한 '증거 찾기'의 주요 기능을 수행하고 있지만, 보다 큰 범위에서 보자면 암울했던 한 시대의 역사를 재구성하는 일종의 '의례(rite)'로 기능함을 알 수 있다.

3. 라틴 아메리카 과거청산 사례와 유해 발굴

이 장에서는 라틴 아메리카의 유해 발굴 사례 중 아르헨티나와 엘살바도르, 과테말라의 사례를 중심으로 기술하고자 한다. 위 3개국은 라틴 아메리카에서 전문 기관에 의한 유해 발굴을 선도적으로 실시하였으며, 1980년대부터 과학적 유해 발굴을 실시하기 위한 다양한 실험을 시도하였다. 특히 아르헨티나는 1980년 초반부터 민간에 의해 자발적으로 유해 발굴 전문기관을 발족했으며, 이후 라틴 아메리카 주변국의 유해 발굴을 직간접적으로 지원해주고 있다. 이러한 관점에서 이 글에서는 아르헨티나 유해 발굴 기관인 EAAF의 창설과 활동에 대해 기술한 후 이들이 영향을 미친 대표적 국가인 엘살바도르와 과테말라의 유해 발굴 현황을 집중적으로 소개하고자 한다.

(1) 아르헨티나

① '더러운 전쟁'과 과거청산

1976년 3월, 호르헤 비델라 장군(General Jorge Videla)을 위시한 아르헨티나 군부는 쿠데타를 일으켜 정권을 장악하였다. 이후 아르헨티나 군사통치위원회(Junta Militar)는 이사벨 페론(Isabel Perón)을 대통령직에서 몰아내고 이른바 '국가 재건 과정(Proceso de Reorganización Nacional)'이라는 미명하에 전 세계적으로 보기 드문 철권통치를 실시하였는데, 이를 일명 '더러운 전쟁(dirty war)'이라 일컫는다. '더러운 전쟁' 기간인 1976년부터 1983년까지 아르헨티나에서는 군부의 철권통치에 의해 약 10,000명 이상의 실종자(desaparecidos)[6]와 수천 명의 국외 망명자가 발생하였다(Dinah L. Shelton, 2005: 65). 실종자들의 대부분은 소위 '아르헨티나식 생활양식'인 가톨릭 및 반공주의적 정의 기준에 벗어난 이들이거나 '마르크스주의자'로서, 군부는 이들이 '국가재건'에 걸림돌이 될 뿐만 아니라 '국가전복을 꾀하는 불순분자'였다는 이유로 처단하였다(박구병, 2005: 61).[7]

---

6 "눈까 마스(Nunca Más; never again)"에서는 실종자의 수를 약 8,960명으로 기재하고 있으나, 실제 실종자의 수는 이보다 더 많을 것이라고 전망하고 있다. 또한 여러 인권단체들의 보고서에는 실종자의 수가 약 30,000명에 이를 것이라고 예상하고 있다.

7 "눈까 마스"에 의하면, 실종되거나 구금된 후 풀려난 사람들의 직업은 노동자(30.2%)와 학생(21%), 사무원(17.9%), 전문직(10.7%) 등으로서 빈민촌의 주민들을 도와주기 위해 활동한 청년, 봉급인상을 위해 투쟁한 기자, 학자들이 대부분이었다. 이들은 테러와 거리가 먼 사람들이었고, 더구나 게릴라와는 아무런 관련이 없는 사람들이었다(송기도 역, 1988: 15-16, 285).

그러나 1982년 말비나스 전쟁 이후 집권한 민선 알폰신(Raúl Alfonsín) 대통령은 1984년 '더러운 전쟁' 시기 자행된 범죄 행위를 밝히고 실종자들의 행방을 찾기 위해 '실종자 진상조사 국가위원회(Comisión Nacional sobre la Desaparición de Personas: 이하 CONADEP)'를 대통령 직속으로 설치하였다. CONADEP는 9개월간의 조사활동 끝에 1984년 9월, "Nunca Más"라고 명명된 진상보고서를 대통령에게 제출하였다. 이 보고서에는 군사통치위원회 집권 동안 약 8,960명의 민간인이 불법적으로 구금된 후 행방불명되었고, 이들이 어떤 경로로 납치되어 희생되었는가를 수록하고 있다.

"눈까 마스"에 의하면 실종자들이 죽음에 이르는 과정은 비슷한 양상을 보이고 있다. 먼저 실종자들은 군대 및 비밀경찰에 의해 특정장소에서 납치된 후 '비밀구치소(Clandestine Detention Centers)'[8]에 구금되었다. 이들은 비밀구치소에서 극심한 고문을 받은 후 다른 곳으로 옮겨지게 되었는데, 이 과정에서 일부는 석방되기도 하지만 많은 이들이 학살되거나 실종된 것으로 보인다. 조사된 바에 의하면, 대부분의 실종자들은 비행기에 태워진 후 아르헨티나 해상에 떨어져 사망하거나, 살해된 후 무연고자(Ningún Nombre; anonymous persons)로 둔갑해 전국 각지의 공동묘지에 매장되거나 혹은 특정지점에 암매장(clandestine grave) 되었으며, 일부는 총살된 후 외딴 변두리에 방치된 것으로 보인다(EAAF, 2009: 23).

② EAAF(Equipo Argentino de Antropología Forense)[9]의 설립
아르헨티나에서는 군사통치위원회의 '더러운 전쟁' 기간부터 라울 알폰신, 카를로스 메넴(Carlos Saúl Menem), 네스토로 키르츠네르(Néstor Carlos

---

8 '더러운 전쟁' 당시 아르헨티나 전역에는 약 340여 개의 비밀구치소가 존재했던 것으로 보인다(Dinah L. Shelton, 2005: 379, 송기도 역, 1988: 55).
9 아르헨티나 '법의인류학 팀(Argentina Forensic Anthropology Team)'의 스페인어 약칭이다.

Kirchner) 민선정권에 이르기까지, 과거청산에 대한 수없는 회의와 포기, 방해공작들이 등장하였다. 하지만 이때마다 수많은 인권단체 등이 이를 결사적으로 저지하면서 계속적인 과거청산을 독려하였다. 결국 이러한 고난한 투쟁의 결실이 키르치네르 대통령의 과거청산 의지로 이어질 수 있었던 것이다. 이러한 투쟁의 역사 속에는 '오월광장 어머니회(Asociación Madres de Plaza de Mayo, 이하 어머니회)'와 같은 실종자들의 가족모임의 헌신적인 노력이 있었다.

어머니회는 '더러운 전쟁' 당시 실종된 자녀를 둔 부모들의 모임으로서, 1979년 8월 22일 발족하였다. 이들은 1977년부터 개별적으로 아르헨티나 대통령 집무실과 인접한 오월광장에서 실종 자녀들을 찾기 위한 시위를 시작하였으나, 이후 조직적 연대가 필요하다는 결론하에 모임을 결성하게 되었다. 어머니회의 요구는 '(자식을) 산 채로 돌려 달라'와 '죄를 범한 자 모두를 처벌하라'는 구호로 요약할 수 있다(박구병, 2006: 77). 그러므로 어머니회는 알폰신 대통령이 집권하면서부터 실종 자녀를 찾겠다는 희망에서부터 사건의 진실규명, '더러운 전쟁'의 책임자들에 대한 처벌까지 광범위한 목표를 가지고 있었다.

아르헨티나의 유해 발굴은 1984년 초 연방 법정 재판관의 명령에 의해 실종자들이 매장되어 있을 것으로 보이는 무연고 묘지에 대한 발굴로부터 시작되었다. 하지만 초기 유해 발굴은 여러 가지 사정으로 인해 한계를 나타낼 수밖에 없었다. 당시 아르헨티나에는 유해 발굴과 관련한 전문가 그룹이 부재하여 상당히 '거친'[10] 발굴이 진행될 수밖에 없었는데, 이러한 발굴은 학살 증거로 사용될 많은 유해가 손실되거나 증거로서의 효력을 잃게 할

---

[10] 당시 아르헨티나의 대다수 의사들은 유해 발굴 및 분석에 관한 경험이 전혀 없었고, 이로 인해 발굴은 주로 중장비를 사용하는 일꾼들에 의해 진행되었다. 이러한 이유로 인해 유해들이 발굴과정에서 부러지거나 분실되었고, 개체가 서로 섞여버리는 등의 과오를 범하게 되었다(EAAF, 2009: 9).

가능성이 많았다. 또한 소수의 법의학자들[11]은 직간접적으로 과거 군사통치위원회의 범죄와 연관성을 가지고 있었으므로, 이들의 감식결과에 대해 어머니회와 시민사회단체들은 신뢰성을 가질 수 없는 상황이었다.

이러한 이유로 인해 CONADEP와 오월광장 할머니회는 1984년 초 AAAS(American Association for the Advancement of Science)에서 인권프로그램 의장직을 맡고 있던 에릭 스토버(Eric Stover)에게 유해 발굴과 관련한 도움을 요청하였고, 이에 스토버는 법의학 대표단을 구성하여 아르헨티나에 오게 되었다. 아르헨티나에 도착한 대표단은 먼지 쌓인 가방 속에 아무런 대책 없이 방치된 유해를 보면서, 유해 발굴이 상당히 비과학적이고 비전문적으로 진행되는 것을 확인하였다. 이에 대표단은 즉각적인 발굴 중지를 요청하였고, 당시 대표단원이었던 스노우 박사(Clyde Snow)를 중심으로 고고학자와 인류학자, 체질인류학자들로 팀을 구성하여 체계적인 발굴을 시도하였다. EAAF는 이러한 과정에서 만들어졌다. 스노우는 1984년 이후에도 5년간 아르헨티나를 지속적으로 방문하면서 EAAF의 주요 구성원들을 교육함과 동시에 조직을 구성하는 데 중요한 역할을 하였다.

③ 유해 발굴 사례

현재 EAAF는 순수 민간단체이자 비영리단체로서 아르헨티나 과거청산에 있어서 유해 발굴이라는 중요한 부분을 담당하고 있다. 특히 이 단체는 유해를 발굴하여 과거 군사통치위원회 간부 등을 기소하는 데 필요한 물적 증거 등을 제출하고 있다. EAAF는 사면법이 통과되어 일체의 기소가 중지되었던 1987년부터 2005년까지를 제외하면, 1984년부터 1,000여 건 이상의 재판에서 유해 발굴의 결과들을 중요한 증거물로 제출해왔다(EAAF, 2009: 23). 이

---

11 라틴 아메리카 대부분의 국가에서 법의학자들은 경찰 혹은 사법부에 소속되어 있어 독립성이 전혀 보장되어 있지 않은 것이 일반적이었다.

렇듯 발굴의 결과가 재판 및 기소과정에서 효력을 발휘하기 위해서는 상당히 과학적인 조사가 필요하다.

EAAF는 과학적 분석을 위해 조사의 단계를 역사적 연구(historical research), 실종자의 예전 (체질적)특징 수집(collection of antemortem data), 고고학적 발굴(archaeological recovery of evidence), 발굴된 유해의 감식(laboratory analysis)이라는 단계로 진행하는데, 이 단계들은 폭력이나 학살 현장에서 유해 발굴을 진행할 때 반드시 지켜야 할 일반원칙이다.[12]

EAAF는 1984년부터 현재까지 아르헨티나 전역에서 '더러운 전쟁' 시기 실종자들의 유해를 발굴하고 있는데, 초기에는 주로 부에노스아이레스 지역을 중심으로 발굴이 이루어졌다.[13] 이 시기 가장 대표적인 유해 발굴 사례는 1988년부터 1992년까지 진행된 아벨라네다 공동묘지(Avellaneda Cemetery), 일명 '134구역(sector 134)'에 대한 발굴을 꼽을 수 있다. 134구역은 1976년 군사통치위원회 당시 높은 벽과 철문이 만들어진 경찰 통제구역이었다. 이 구역은 1988년 가족의 요구 및 법원의 조사 허가를 바탕으로 총 432㎡에 대한 발굴이 시작되어 1992년 마무리되었다.

EAAF는 134구역에 있는 19개의 대형무덤과 18개의 단일 무덤을 발굴 대상으로 설정하였다. 각 무덤당 매장된 유해는 10구에서 28구였으며, 거의

---

[12] 명문화된 발굴 원칙이 존재하지는 않지만, 과거청산 과정에서 실시하는 대부분의 유해 발굴은 법의학적 측면에서 신중하게 진행하는 것을 원칙으로 삼고 있다. 스페인 유해 발굴 주도 단체인 '기억을 위한 포럼 전국 연합(Federación Estatal de Foros por la Memoria)'은 다음과 같은 발굴 행동 지침을 수립하였으며, 2007년부터 진행된 한국의 유해 발굴 역시 아래의 행동 지침을 준수하면서 실시하였다. "a) 유골의 발굴은 매우 정밀하고 세심한 주의가 요구되는 작업이다. 그러므로 살해당한 사람의 유해를 회수하는 것 외에도(살해 당시의) 사건을 재구성하는 데 필요한 모든 자료는 기록으로 남겨져야 한다. 그러므로 유해 발굴은 고고학자에 의해 수행되고 이끌어져야 한다. b) 기록하지 않은 자료 혹은 잘못 분석된 자료 가운데 어떤 것이라도 유해의 신원 확인 혹은 소재 파악 등 발굴 결과에 직접적으로 악영향을 끼칠 수 있으므로 발굴 현장에서 수집한 모든 물건은 고고학자에 의해 정확하게 기록되어야 하고…(이하 생략)"(진실화해위원회·공주대, 2009: 39).

[13] 이러한 이유는 아르헨티나의 실종자 중 2/3가량이 부에노스아이레스 인근 지역에서 발생했기 때문이다.

모든 유해는 옷이 벗겨진 채 발견되었다. 감식 결과, 발굴된 유해 중 252구는 남자였으며 71구는 여성이었고, 대부분의 여성 유해들은 어린 나이에 속했다. 또한 발견된 유해의 40%인 135구가 21세부터 35세 사이로 가장 많았고, 50세 이상 유해는 32%인 108구였다. 이와 동시에 EAAF는 유해의 53%인 178구의 머리나 가슴에서 총상흔을 발견했고, 이들의 대부분은 사망 당시 50세 이하의 나이였다는 것을 확인하였다. 이와 반대로 50세 이상의 유해에서는 총상흔이 드물게 발견되었다. 유해와 더불어 소수의 유품도 함께 발견되었는데, 주요 유품으로는 두 사람의 손가락뼈에서 발굴된 결혼반지와 철제 십자가, 1958년과 1976년에 발행된 동전 세 개 등이 있다. 또한 매장지에서는 희생자들의 사살에 사용된 것으로 보이는 모양이 변형되거나 부서진 3백 개 이상의 탄환을 발견하였다(EAAF, 2007: 23).

또한 아벨라네다 묘지 발굴 당시 134구역의 묘지 대장에는 245명의 매장 대상이 기록되어 있었는데, 하지만 실제 발굴을 통해 확인한 유해의 수는 이보다 많은 336구였다. 이것은 비정상적 경로를 통해 상당수의 유해가 134 구역의 무연고 분묘에 매장되었음을 말하는 것이고, 이 유해의 대부분이 군사통치위원회 기간 동안 살해된 실종자일 것으로 추정하고 있다. 아르헨티나에서 유해 발굴을 수행한 Snow와 Bihurriet는 군사통치위원회가 지배하던 1976년부터 1983년까지 부에노스아이레스 인근의 134구역에서 무연고자의 시체가 급격하게 증가한 통계를 볼 수 있다고 말한다. 이들은 전형적인 무연고자 시체가 자연사한 고령의 남자인 것에 반해, 1976년부터 1983년까지의 무연고자 시체는 20세에서 35세 사이의 청년들이 많았고, 이들은 집단적으로 매장되었을 뿐만 아니라, 유해에서 의문사의 흔적을 발견할 수 있는 경우가 많았음을 분석하고 있다(Snow, C.C. and Bihurriet, 1992). 또한 이와 같은 사실은 EAAF의 계속되는 DNA검사를 통해 확인되고 있는데, 2006년의 경우 신원이 확인된 5명 모두가 군사통치위원회 기간 동안 실종된 이들이었

다(EAAF, 2007: 24-26).[14]

EAAF는 부에노스아이레스 이외 지역에서도 유해 발굴을 실시하였는데, 그중 대표적인 발굴이 꼬르도바에 위치한 산 비센테(San Vicente) 묘지였다. 꼬르도바는 부에노스아이레스에서 북서쪽으로 780km 떨어진 곳에 위치한 아르헨티나 제2의 도시로서, 군사통치위원회 당시 제3군단(the Third Army)에 의해 통제된 곳이다. 당시 제3군단은 꼬르도바를 비롯해 산 루이스(San Luis), 멘도사(Mendoza), 산 후안(San Juan), 산티아고 에스테로(Santiago Estero) 등 800,000㎢에 이르는 지역을 통치하고 있었으며, 라 뻬를라(La Perla)[15]와 깜뽀 라 리베라(Campo La Ribera)와 같은 거대한 비밀구치소와도 관련을 가지고 있었다.

꼬르도바 유해 발굴은 2002년부터 기획되었는데, 이 발굴에는 EAAF 이외에도 초기 조사부터 아르헨티나 역사복원협회(ARHISTA, Association for the Historical Reconstruction of Argentina)[16]의 조사원들과 꼬르도바 인류학 박물관(Córodoba Museum of Anthropology) 구성원들이 함께 참여하였다. 산 비센테 묘지에 실종자들이 묻혀 있으리라는 정보는 과거 묘지 관리인들의 증언과 무연고자 시신 공시장 등에 의해 알려지기 시작했다.[17] 이 가운데 일부 유해는 신원이 확인되어 가족에게 돌아갔지만, 1976년과 1977년 두 해에 걸쳐 수백 구의 유해들이 산 비센테 묘지에 매장된 것을 확인할 수 있었다. EAAF는 이러한 정황에 기반하여 2002년 말부터 산 비센테 묘지

---

14 EAAF는 2006년까지 모두 22명의 실종자 신원을 유전자 검사를 통해 확인하였다(EAAF, 2007: 24).
15 라 뻬를라는 제4항공 정찰대가 활동하고 있는 까를로스 빠스(Carlos Paz)로 가는 국도 20번 상에 위치하고 있었으며, 군사 쿠데타 이후부터 1979년까지 약 2,200명 이상이 이곳을 거쳐간 것으로 추정하고 있다. 수백 킬로미터 떨어진 곳에서의 석방도 이곳에서 계획된 후 지시되었고, 다른 지역의 비밀구치소와의 관계도 이곳에서 조정되었다(송기도 역, 1988: 123).
16 꼬르도바 지역의 인권 단체임.
17 무연고자 시신 공시장에는 시체들이 길거리에서 발견된 무연고자이거나 군대와 맞서 싸우다 죽은 경우라고 기재되어 있었다.

C구역의 발굴을 시작하였다. 여기서 EAAF는 91구의 유해와 수많은 부분유해들을 서로 다른 두 개의 지층에서 발굴하였다. 유해들이 서로 다른 지층에서 발굴된 것으로 보아, 각각의 매장 시기는 상이한 것으로 보였다. 또한 C구역에서 남쪽으로 12미터 떨어진 곳에서 두 번째 무덤을 발굴하였는데, 여기에서도 32구의 유해를 수습할 수 있었다. EAAF는 이곳에서 발굴된 유해 중 약 30%가량이 1975년 말과 1976년 군사통치위원회 시기 동안 발생한 실종자일 것이라고 추정하고 있다(EAAF, 2002: 45-49, 2007: 41). 꼬르도바 유해 발굴은 2002년부터 2004년까지 진행되었고, 모두 300구 이상의 유해를 발굴할 수 있었다. 발굴된 유해는 꼬르도바 법의학 센터에서 깨끗하게 세척된 후 감식에 들어갔으며, 2006년까지 모두 10구에 대한 신원확인을 종결하고 유해를 가족에게 돌려주었다.

이 외에도 EAAF는 까따마르까 외곽 공동묘지(Catamarca, 2005년, 4구 발굴)와 짜코의 Francisco Solano 묘지(Chaco, 2005년; 2006년, 3구 발굴), 꼬리엔떼스의 Empedrado 묘지(Corrientes, 2006년, 4구 발굴), 엔트레 리오스 지방(Entre Ríos, 2006년, 유해 발견되지 않음), 포르모사 지방의 Virgin of Itatí 묘지(Formasa, 2007년), 산타페(Santa Fe)의 로사리오 시 Lorenzo 묘지(Rosario, 2004년, 3구 발굴), 투쿠만 지방(Tucumán, 2006년, 25구(추정) 발굴) 등에서 발굴을 진행하였다(EAAF, 2007: 38-49).

(2) 엘살바도르

① 과거청산의 경과

중앙아메리카에 위치한 엘살바도르는 19세기 중반 스페인으로부터 독립을 쟁취한 이후 잦은 군사쿠데타 등의 정치적 불안을 겪어야 했다. 특히 1979년 10월에는 극우 쿠데타의 발생으로 인한 좌익세력의 불안과 니카라과 산디니스타 민족해방전선의 봉기에 따른 희망이 어우러져 FMLN(Frente Farabundo Martí para la Liberación Nacional, 파라분도 마르티 민족해방전선)이 결성되기에 이르렀다. FMLN은 결성된 후 즉각 정부 전복을 위한 반군으로 확장되어 1980년부터 1991년까지 수도 산살바도르를 공격하는 등 무장 반정부 활동을 벌였다. 하지만 시간이 지나면서 FMLN의 기세도 누그러졌으며, 결정적으로 1989년 내전 종식을 공약으로 내건 크리스티아니가 엘살바도르의 새 대통령으로 선출되면서 내전은 새로운 국면을 맞게 되었다. 결국 정부와 반군 FMLN은 1991년 4월 평화 협정을 체결하였고, 협정 사항의 하나로 '엘살바도르 진실위원회(La Comision de la Verdad para El Salvador)'가 유엔의 후원으로 설립되었다.

엘살바도르 진실위원회는 1992년부터 1993년까지 1980년 이후부터 시작된 내전 기간의 각종 인권침해 및 학살에 대해 조사를 시작하였다. 위원들은 유엔 사무총장 코피 아난이 양측의 합의를 거쳐 임명했으며, 국제적으로 신망 받는 외국의 정치, 법조, 학계 인사들로 구성되었다. 1993년 위원회는 인권침해의 진상을 드러내는 보고서(광기로부터 희망으로: De la locura a la esperanza)를 작성하였는데, 여기에는 총 40여 명의 인권침해 책임자 신원이 공개되었다. 또한 조사 결과, 내전 기간 동안 5백만 명의 인구 중 약 7만여 명이 죽거나 실종되었고, 특히 마르티 민족해방전선과 연계된 농촌마을 주민들이 학살의 주요 대상이었다.

② 엘살바도르 유해 발굴 사례[18]

엘살바도르의 내전(1980-1992)기간 동안 가장 큰 민간인 학살은 엘모소테(El Mozote)에서 일어난 사건이다. 1981년 12월 6일부터 16일까지 엘살바도르 군대는 북동부 모라산(Morazan) 지역에서 일명 '구출 작전(Operation

---

18   엘살바도르의 유해 발굴 사례는 전체적으로 Danner, M.(2004: 235-278)의 글을 참조하였음.

Rescue)'을 실시하였는데, 이 작전의 목표는 FMLN 반군 게릴라 소탕과 게릴라 지지자들의 제거였다. 이 작전의 최선두에 섰던 것은 미국에서 폭동진압 훈련을 받은 아뜰라카뜰(Atlacatl) 대대였다. 이 부대는 1981년 12월 9일 엘모소테 마을에 도착해 마을주민들을 학살하고 집과 농토를 불태웠다. 그리고 이들은 며칠 후 인근 5개 마을에서도 동일한 작전을 수행하였다. 엘모소테 학살 소식을 들은 주변 마을의 주민들은 대부분 도망갔으며, 이들 중 일부는 야간에 마을로 들어와 피학살자들의 시체를 공동묘지에 매장하기도 하였다.[19]

엘모소테 학살은 즉각 엘살바도르와 미국의 정치권에서 논란의 대상이 되었으나, 1982년 1월 워싱턴 포스트와 뉴욕 타임즈에 보도되기 전까지 대외에 거의 알려지지 않았다. 사건이 대외에 불거진 후 엘모소테 사건은 미국 의회에서 논란을 일으켰는데, 당시 의회에서는 엘살바도르에 대한 미국의 군사원조 재개가 논란이 되고 있는 중이었다. 미국과 엘살바도르 정부는 엘모소테에서의 군사 활동을 인지하고 있었으나, 대외적으로는 이 사건이 단순한 엘살바도르 군대와 FMLN 사이의 충돌일 뿐이지 '학살'에 대한 어떠한 증거도 없다고 발표하였으며, 이후로도 엘살바도르에 대한 미국의 군사원조는 계속되었다.

미국과 엘살바도르 정부의 학살 부인 발표 이후 이 사건은 점차 대중들의 인식에서 사라졌다. 하지만 1989년 산 살바드로의 인권기구인 Tutela Legal에 의해 학살에 대한 조사가 시작되었고, 이 조사에서 약 8백여 명의 민간인이 학살되었으며 학살 인원 중 약 40%가 10세 이하의 어린이인 것을 확인하였다(Shelton, Dinah. L., 2005: 378). 1990년 10월, Tutela Legal은 학살에

---

[19] 피난민의 일부는 생존을 위해 온두라스 국경을 넘어 유엔 난민캠프로 갔으며, 일부는 FMLN에 합류하거나 엘살바도르의 다른 지역으로 도주하였다. 외지의 주민들은 생존자들이 온두라스로부터 귀향하기 시작한 1989년까지 고향으로 돌아오지 못했다. 엘모소테는 학살 당시의 모습 그대로 방치되어 있었다.

대한 책임을 물어 군부를 대상으로 소송을 준비하였고, 이 과정에서 엘모소테의 유해 발굴을 위해 EAAF에 법의학적인 도움을 요청하였다. 1991년 EAAF는 사전조사를 위해 엘살바도르로 갔으나 유해 발굴 허가를 거부한 판사에 의해 조사는 이루어지지 못했다. 그러나 1992년 초 엘살바도르 정부와 FMLN 사이에 평화협정이 체결된 후 Tutela Legal은 다시 EAAF에 조사 의뢰를 하였고, EAAF는 3개월 동안 사전 역학 조사를 수행하거나 준비하였는데, 이때 EAAF는 일부 무덤의 위치와 희생자 명단을 확인할 수 있었다. 그리고 몇 차례의 대법원과 지방법원의 유해 발굴 거부가 있었지만 1992년 가을 엘살바도르 유엔 진실위원회는 유해 발굴을 결정하였고 EAAF를 기술 고문으로 선정하였다(ibid, 379).

엘모소테의 유해 발굴은 1992년 10월 13일부터 11월 17일까지 진행되었다. 발굴은 주로 '제1구역(Site No. 1)'[20]에서 진행되었으며, 유해는 3개의 지층 중 가장 아랫부분에서 발견되었다. 발굴팀은 이 구역에서 모두 143구의 유해를 수습하였으며, 이 중 136구는 평균 12세 이하의 어린이들이었다. 또한 성인 7인의 연령은 21세에서 40세로 추정되며 6명이 여성이었다.[21] 또한 현장에서는 학살에 사용된 257개의 탄두와 탄피 및 244개의 탄창 카트리지가 발굴되었고, 인형, 장난감 자동차, 십자가, 동전, 메달 등의 유품도 함께 수습되었다(Danner, 1994: 235-256). 증거물들은 모두 미국으로 보내져 고고학자와 총기 전문가들의 정밀감식을 받았다. 총기 전문가들은 대부분의 탄창(탄약통)이 한 개를 제외하고 5.56 구경 탄창이었고 미국에서 제작한

---

20 제1구역은 흙벽으로 만든 작은 집(4.63×6.94미터)으로서 마을 교회 옆에 세워져 있었다. 발굴 당시 집의 벽은 무너져 있었고 잔해가 산더미처럼 쌓여 있는 상태였다.
21 발굴된 유해는 산 살바도르의 조사실로 보다 세부적인 조사를 위해 옮겨졌는데, 이때 새로운 법의인류학자와 병리학자, 방사선학자 등이 미국으로부터 결합하였다. 골상학과 치아 검사를 통해 볼 때 어린이들의 연령대는 신생아로부터 12세까지였으며, 평균 나이는 6.8세였다. 또한 성인 7명을 포함하여 모든 사망자들은 매우 빠른 속도의 총상에 의한 트라우마를 보여주고 있었다(Shelton, Dinah. L., 2005: 379).

M16 자동소총이 발사된 것으로 결론을 내렸다. 또한 모든 탄창(탄약통) 케이스에는 'Lake City Arms Plant' 도장이 새겨져 있어서 미국으로부터 제공받은 것임을 증명하고 있었다. 이와 같은 다양한 증거로 볼 때, 당시 학살에 참여했던 부대는 위 형태의 무기를 소지한 엘살바도르 군대였다는 것을 말하고 있다. 유해 발굴의 결과는 유엔 진실위원회가 내전 당시 엘모소테와 인근 마을들에서 약 5백 명 이상의 민간인이 학살되었음을 증명하는 가장 강력한 증거가 되었다. 유해 발굴과 유엔 진실위원회의 결론으로 말미암아 빌 클린턴 미국 대통령은 이전까지 엘살바도르에서 학살이 없었다는 미국 정부의 공식적인 입장을 철회하였다.

1992년 EAAF가 엘모소테에서 발굴을 실시하였지만, 아직까지 엘모소테와 인근 5개 마을에는 발굴되지 않은 많은 곳들이 존재하고 있다. 유엔 진실위원회는 1993년 3월 이러한 조사를 마무리하기 위해 엘모소테를 포함한 전쟁 시기 인권침해에 대한 추가 조사를 강력하게 요구하였다. 하지만 유엔에서 이와 같은 성명이 발표되자, 엘살바도르 정부는 전쟁 시기 인권침해자에 대한 불기소권과 엘모소테 혹은 이와 유사한 사례에서의 어떠한 추가조사도 무효화할 수 있는 사면법을 통과시켰다. 그러나 사면법에도 불구하고 엘모소테 학살에 피해자와 인권침해 피해자들은 계속적인 유해 발굴을 요구하고 있다. 2000년 바뀐 정치 환경에 힘입어 사법부는 유해 발굴 재개 탄원서를 허가하였다. 2004년 EAAF는 엘모소테와 인근 마을에서의 계속적인 발굴을 실시하였으며, 발굴을 위한 기초조사는 2008년까지 이어졌다.

(3) 과테말라

과테말라는 1954년 쿠데타 이후 군부의 억압정치가 계속 이어졌으며, 이에 대항하기 위해 1960년대에 4개의 반정부 단체가 결성되었다. 이들은

1963년의 반정부 게릴라 활동을 시작으로 1982년에는 4개 반군단체가 연합하여 '과테말라 민족혁명연합(Union Revolucionaria Nacional Guatemalteca)'을 결성하였다. 이들은 이후부터 본격적인 반정부 게릴라 활동에 나섰으며 1990년대까지 과테말라를 내전의 도가니로 몰아갔다. 그러나 1991년 엘리아스가 대통령으로 선출되면서 반군과 정부 사이의 평화협상이 시작되었고, 마침내 1994년 인권문제, 난민문제, 원주민의 권리에 대한 합의가 도출되었다.[22]

과테말라는 1994년 정부와 혁명연합군(URNG) 사이의 평화협정이 체결됨에 따라 '역사진실위원회(Comision para de Esclarecimiento Historico, 이하 CEH)'를 구성하여 34년 내전 기간 동안 정부군과 반군 사이에서 발생한 인권침해 및 학살 사건들을 조사하였다. 이 위원회는 18개월 동안 운영되었으며, 1997년 '침묵의 기억'이라는 최종보고서를 제출하였다. 현재까지 여러 보고서 등을 통해 볼 때 과테말라의 '라 비올렌시아(La Violencia)' 기간 동안 440개 마을이 과테말라군에 의해 불태워 없어져 500,000명의 집이 소실되었다. 그리고 150,000명의 난민이 발생하였고, 100,000명에서 150,000명 사이의 인구가 죽거나 실종되었다. 또한 CEH는 626개 마을에서 약 200,000명에 이르는 인구가 학살되었는데 이 중 약 83%는 마야족이었고, 학살의 책임소재에 있어서 과테말라 정부군에게 93%의 책임이 있다고 기술하였다 (Lerner, S.,[23] 2009: 254). 특히 보고서에서도 기술하고 있지만 과테말라 내전의 최대 피해자는 마야족이었다. 최종보고서가 제출 이후 화해를 위한 몇 가지 프로그램들이 실시되었지만 아직까지 법적, 제도적 조치 및 토착주민 보호를 위한 개혁조치들이 본격적으로 시도되고 있지 않다.

---

22 1996년 과테말라 정부와 URNG는 영구 평화협상을 체결하였다.
23 살로몬 레르너(Sallamon Lerner Febres)는 전 페루 진실화해위원회 위원장을 역임하였으며, 페루 가톨릭대학교의 전직 총장으로서 '민주주의와 인권연구소' 소장이기도 하다.

과테말라 국민들은 내전 기간 동안의 폭력적 기간을 '라 비올렌시아'라는 용어로 개념화하고 있다. 이 용어가 본격적으로 쓰이기 시작한 것은 1994년부터인데, 이전까지 과테말라에서는 국민들이 내전 기간의 폭력기간을 '라 시뚜아시온(La Situacion)'이라고 부르고 있었다. Sanford(2003: 14-15)에 의하면, 1994년에 이르러 '라 시뚜아시온'에서 '라 비올렌시아'로 용어가 바뀐 것은 과테말라에 있어서 중요한 의미를 가진다. 1994년은 반군과 정부와의 평화협정이 체결된 시기로서, 과테말라 국민들이 참고 침묵 속에서 복종하며 살아오던 자신들의 내면을 1994년 이후 '라 비올렌시아'라는 적극적 단어로 바꾼 것이다. 이것은 곧 사회적 담론이 과거 폭력적 상황에 대해 침묵하지 않고 적극적인 사회 및 정치활동 참여로 청산의 길을 걷겠다는 뜻을 포함하고 있다.

과테말라에서의 유해 발굴은 위의 정치적 상황과 맥을 같이하여 실시되었다. 1990년과 1991년에 이르러 1980년대 초 '초토화공세'에 따른 마야 부족민의 학살 소식이 알려지고 이들의 시신이 묻힌 비밀묘지의 위치를 알려주는 제보들이 잇따랐다. 이에 1991년, 생존자들은 아르헨티나 EAAF를 구성하는 데 결정적 기여를 하였던 스노우 박사를 면담하면서 유해 발굴에 대한 협조를 요청하였고, 이후 과테말라에서 첫 발굴이 이루어지면서 자연스럽게 '과테말라 법의인류학팀'인 EAFG(Equipo de Anthropologia Forense de Guatemala)가 결성되었다.

EAFG는 1992년 7월 엘 끼체(El Quiche) 지역의 산 호세 빠쵸 레모아(San Jose Pacho Lemoa)에서 첫 발굴을 실시하였다. 이후 1997년 EAFG는 재단(foundation)으로 전환하였고, CEH에서 사건을 조사하는 과정에서 요구한 네 개 지역의 발굴을 실시하는 등 1997년 중반에만 모두 29개의 비밀 매장지를 발굴하여 431구의 유해를 수습하였고 이 중 89명에 대해서는 신원 확인을 완료하였다(Hoepker, 1998: 40). 또한 EAFG는 과거 학살이 이루어졌던 군부대 내부에서 조사 중 실종된 이들을 찾기 위해 조사를 실시하기도 하였는데, 과거 인권침해 및 고문이 이루어졌던 꼬마라빠(Comalapa), 치말테낭고(Chimaltenango) 지역의 전(前) 군사기지에 대한 발굴을 실시하여 총 220구의 유해를 수습하였고, 라비날(Rabinal)과 바자 베라빠즈(Baja Verapaz)에서도 74구의 유해를 발굴하였다. 이렇게 발굴된 유해는 과거청산에 있어서 상당히 중요한 역할을 하였는데, 특히 1997년까지 내전기간 동안의 민간인 학살을 전면 부인하던 과테말라 정부는 EAFG의 유해 발굴이 실시된 이후 이를 공식적으로 인정하며 사과하였다. 결국 CEH의 최종보고서에서 민간인 학살에 있어서 정부의 책임이 93%라는 것을 입증시키는 데 유해 발굴이 상당한 위력을 발휘했다고 볼 수 있다. 또한 유해 발굴은 검찰의 요구에 의해서 이루어지기도 하였는데, 이러한 영향으로 2002년 2월 21일에는 발굴 관계자들에게 '발굴을 중지하지 않으면 가만두지 않겠다. 너희들은 우리를 심판할 수 없다'는 내용의 협박 편지가 배달되기도 하였다.[24] 한편 EAFG는 2004년 10월까지 총 349개소의 비밀 유해 매장지를 조사하여 2,982개체(set)의 유해를 발굴하였다.

4. 라틴 아메리카 유해 발굴의 특징

이 장에서는 위에서 언급한 라틴 아메리카 유해 발굴의 특징이 무엇인가에 대해 기술하고자 한다. 단 라틴 아메리카 유해 발굴의 특징을 보다 선명하게 하기 위해 한국을 비롯한 타 지역에서 실시한 유해 발굴과의 비교 검토를 통해 특징을 기술하도록 하겠다.

라틴 아메리카의 유해 발굴은 여러 가지 측면에서 중요한 시사점을 던져

---

[24] 당시 EAFG 관계자들은 24시간 경찰의 신변 보호를 받고 있었다.

주고 있다. 먼저 라틴 아메리카의 유해 발굴은 전 세계적으로 볼 때 과거청산 과정에서 가장 광범위하고 선도적인 유해 발굴을 최초로 시도하였다는 점에서 큰 의의를 갖는다. 이렇듯 선도적인 유해 발굴이 라틴 아메리카에서 진행될 수 있었던 이유는 라틴 아메리카의 정치 경제에 있어서 무엇보다도 과거청산이 절실했고, 이러한 청산 작업이 학살 및 실종이 발생한 지 비교적 짧은 시간 내에 이루어졌기 때문이다.[25]

한국의 경우에도 한국전쟁 전후 민간인 집단학살과 같은 사례는 과거청산 이 절실하였으나, 과거청산의 구체적 실행은 2005년 진실화해위원회가 출범한 이후 시작되었다. 이것은 한국전쟁이 발발한 지 60여 년이 지난 뒤였다. 이러한 시기상의 과거청산 지연은 결국 유해 발굴에 있어서도 매장지의 훼손 및 주요 증언자의 사망 등을 초래하여 본격적인 발굴 작업을 이루지 못하게 하는 원인이 되었다. 이러한 사례와 비교해볼 때 라틴 아메리카의 경우는 비교적 명확한 정보 및 문서 등을 토대로 발굴을 진행하였으며, 이러한 이유로 인해 발굴의 사회적 파장이 다른 어느 곳보다 강하게 느껴질 수 있었다.

라틴 아메리카 유해 발굴이 선도적인 또 다른 이유는 발굴의 대부분이 전문적인 유해 발굴 기관에 의해 과학적으로 실시되고 있음에도 나타나고 있다. 상기 본문에서 언급한 바와 같이 아르헨티나와 과테말라, 페루는 자국 내 전문적인 유해 발굴 기구를 두고 있으며, 이들은 국가의 경계를 넘어 라틴 아메리카 전역에서 유해 발굴을 수행하고 있다. 결국 이러한 유해 발굴 기관의 초국가적 활동은 LIID(The Latin American Initiative for the Identification of the Disappeared)와 같은 '라틴 아메리카 유해 발굴 협력 기구'를 탄생시켰다. 아르헨티나의 EAAF와 과테말라의 FAFG(the Guatemalan

---

[25] 과거청산의 대표적 사례로 꼽히는 남아프리카 공화국과 르완다, 우간다 등의 아프리카 국가들이 1990년대 들어와서야 본격적인 과거청산을 시도하였다고 볼 때, 라틴 아메리카의 과거청산은 상대적으로 이른 시기에 시작되었음을 알 수 있다.

Forensic Anthropology Foundation), 그리고 페루의 EPAF는 2007년 과거청산 과정에서 실시되는 유해 발굴을 공동으로 협력하기 위하여 LIID를 발족하였다. LIID는 비영리 민간단체로서 유해 발굴을 비롯해 신원 확인을 위한 유족 기초탐문 조사, DNA 샘플 채취, 유전자 검사, 연구 인력 교육 등에 대해 기관 간 정보교류 및 공동연구를 실시하고 있다(LIID, 2009: 18-21).[26] 라틴 아메리카의 많은 국가에서 과거청산이 실시되었지만, 유해 발굴과 같이 국가 간 협력체제가 강력하게 나타난 분야는 드물었다. 이러한 협력의 근본적 원인은 라틴 아메리카 국가들이 식민지로부터 시작해 독립, 내전, 군사정권, 권위주의 정부의 폭압 정치 등 일련의 사회정치적 변화들을 거의 비슷하게 겪었으며, 이로 인해 문화적인 동질성이 다른 어떤 대륙보다 강하게 형성되었고 언어적 측면에서 강한 일체감을 느낀다는 측면에서 이유를 찾을 수 있다. 또한 유해를 발굴하고 신원을 확인하는 일이 다소 특정한 사회정치적 상황에 얽매이지 않아도 되는 '과학적' 분야라는 인식 역시 협력의 중요한 요인이 되었다.

하지만 한국의 경우만 하더라도 한국전쟁이 발발한 지 10년이 지난 4·19 혁명 이후부터 유해 발굴이 시작되었지만 발굴의 형태는 과학적 분석과는 거리가 멀었다. 대부분의 발굴은 유족과 장의사들에 의해 실시되었고, 발굴된 유해는 과학적으로 분석되기보다는 단지 참혹한 학살의 상징으로만 활용되었다. 다만 한국 역시 2000년대 이후부터 실시된 유해 발굴에서는 라틴 아메리카와 같은 과학적 유해 발굴을 실시하고 있으나 아직까지 상설적인 유해 발굴 전문기관이 존재하는 것은 아니다.[27] 한국에서 상설적 유해 발굴 기관이 부재하다는 사실은 2009년 진실화해위원회의 발굴이 종료되자 모든

---

26 유해 발굴의 협력기구로는 2003년 2월 아르헨티나, 칠레, 과테말라, 페루, 콜롬비아, 멕시코, 베네수엘라 등이 참여하여 만든 ALAF(Latin American Forensic Anthropologists)라는 단체도 존재한다.
27 2000년 이후 한국의 유해 발굴은 일부 대학의 박물관 및 고고학 팀들에 의해 실시되는 경우가 많다.

유해 발굴이 중단되었다는 사실과 맥을 같이하고 있다. 이것은 유해 발굴에 대한 정부의 의지가 사라진다면 더 이상 어떠한 발굴 작업도 실시될 수 없음을 보여주는 것이다. 이러한 상황에서 정부의 유해 발굴 실행만을 바라보는 것이 아니라 발굴 전문 민간기관을 창설한 라틴 아메리카의 사례는 중요한 교훈이 될 수 있다. 특히 이명박 정부 이후 과거청산에 대한 의지가 급격히 하락한 한국의 경우, 라틴 아메리카의 민간 주도 독자적 유해 발굴 사례는 향후 한국 유해 발굴 장기 로드맵 형성에 중요한 본보기가 될 수 있다.

라틴 아메리카 유해 발굴의 또 다른 특징은 발굴된 유해가 과거청산 과정에서 법원의 증거물로 채택되는 등의 핵심적 역할을 담당하고 있다는 것이다. 유해 발굴은 과거청산이 이루어지고 있는 전 세계 다양한 국가에서 실시되었지만, 발굴된 유해가 라틴 아메리카처럼 결정적 증거물로 기능하는 경우는 드물었다. 예를 들어 한국의 경우에도 2005년 진실화해위원회 출범 이후 2007년부터 유해 발굴이 실시되었으나, 이 발굴은 라틴 아메리카처럼 과거청산에 있어서 결정적 증거물로 작용하고 있지는 않다. 한국의 유해 발굴은 주로 민간인 피학살자 유족의 해원(解冤) 차원에서 이루어지는 경우가 많았고, 진상규명 차원의 사건조사에서 결정적 단서로 활용되지 않았다. 한국의 경우 진상규명 사건조사의 결정적 단서는 주로 공문서의 기록이나 참고인의 증언이었고, 발굴된 유해는 이러한 정황을 설명하는 보조 자료로 활용될 뿐이었다. 이와 같은 이유로는 한국의 민간인 학살 과거청산이 60년의 세월이 지나간 시점에 이루어지다 보니 발굴된 유해의 신원을 확인할 수 없었고,[28] 유족 역시 피학살된 자신의 가족을 찾기보다는 전체적인 희생자들의 위령사업에 신경을 쓰고 있기 때문이다.[29] 이 외에도 프랑코 독재정권

---

[28] 2007년부터 2009년까지 진행된 한국의 진실화해위원회 유해 발굴에서는 모두 1,617구의 유해가 발굴되었으나, 이 중 신원이 확인된 유해는 한 구도 없었다.

[29] 실제로 한국의 많은 피학살자 유족들은 모든 유해의 신원확인이 불가능하다면 집단적인 위령 방법을 선호하고 있다. 하지만 이와 동시에 또 다른 유족들은 기회가 된다면 가족의 유해라도 찾을

당시 실종자에 대한 유해 발굴을 실시하고 있는 스페인 역시 발굴의 결과물이 사법부의 증거물이나 기소를 하는 데 결정적 역할을 하고 있는 것은 아니다(Ferrándiz, 2006; 진실화해위원회·공주대 산학협력단, 2009: 36-39).[30] 이에 반해 라틴 아메리카의 유해 발굴은 집단적 위령체계를 구축하기 위한 모색들이 전혀 없는 것은 아니지만 분명히 개별 신원 확인을 최고의 목적으로 삼고 있으며, 발굴된 유해들은 과거 권위주의 시기 가해자들을 기소하고 처벌하는 데 중요한 증거 역할을 하고 있다. 이와 같은 유해 발굴의 역할은 우수하고 정교한 발굴기관을 확보함과 동시에 발굴에 대한 사회적 공감대가 널리 확산되었을 때만 가능한 것으로서, 라틴 아메리카의 전체적인 과거청산 열기를 가늠할 수 있게 한다.

5. 향후 연구의 전망

라틴 아메리카의 유해 발굴이 과거청산에 있어서 중요한 역할을 한 것은 분명하지만, 이에 대해 평가가 항상 긍정적인 것만은 아니었다. 예를 들어 아르헨티나에서는 어머니회를 중심으로 1980년대 초반부터 유해 발굴에 대한 강한 요구가 있었으나, 막상 발굴이 시작되자마자 어머니회는 유해 발굴에 대해 거부의사를 표현하기 시작했다. 이렇듯 어머니회가 유해 발굴을 거부한 이유는 발굴된 유해를 통해 실종자의 신원을 밝히기가 어렵다는 이유

수 있기를 간절히 열망하고 있다. 한편 2007년부터 제주 4·3위원회에서 실시한 '제주 4·3사건 유해 발굴'은 진실화해위원회 발굴과는 달리 신원확인에 중점을 두었고, 그 결과 13구의 신원을 확인할 수 있었다(제주대 등, 2010).

30 스페인에도 유해 발굴에 대해서는 여러 가지 의견이 있는데, 그중 하나는 유해 발굴이 '제2의 학살'이므로 암매장지를 어떠한 이유가 있어도 훼손해서는 안 된다는 것이다. 이러한 주장을 하는 이들은 암매장지가 '역사적 증거물로 보존되어야 하며, 유해 발굴 대신 암매장지 위에 위령시설(표식이나 기념비 등)을 해야 한다고 주장한다(Ferrándiz, 2006: 9).

도 있지만, 보다 근본적인 원인은 유해 발굴을 통해 충분한 증거가 드러났음에도 불구하고 정부가 군부 가해자의 처벌에 미온적인 태도를 취했기 때문이다. 또한 어머니회는 유해 발굴이 자칫 국민들에게 과거청산이 종료되었다는 이미지를 줄 수 있고, 발굴로 인한 애도의 분위기가 자칫 과거청산 투쟁을 지속하는 데 걸림돌로 작용할 수 있다고 판단하였다. 어머니회의 주장은 자신들의 자식이 어떻게 죽었는가를 아는 것이지, 유해를 발굴하여 다른 곳으로 옮기는 것은 중요하지 않다고 말한다(Bouvard, 1994: 142; 박구병, 2006: 81).

유해 발굴은 정부의 또 다른 전략이다. 이것은 자식의 유해를 수습한 어머니들에게 투쟁 의지를 약화시키기 위한 것이다. (중략) 우리는 뼈에 관심이 없다. (중략) 유해 발굴은 정의와 아무런 관련이 없다(Beatriz de Rubinstein 증언, Fisher, J., 1989: 129).

유해 발굴에 대한 아르헨티나 어머니회의 입장이 라틴 아메리카 전체를 대변한다고 볼 수는 없지만, 상당히 중요한 의미를 내포하고 있는 것은 사실이다. 실종되었던 자식의 유해를 찾아 다시 재매장하는 것이 비록 헛된 일은 아니지만, 이러한 과정이 자칫 과거청산의 큰 흐름에 지장을 주어서는 안 된다는 것이 어머니회의 입장인 것이다. 이 문제는 유해 발굴을 실종되었던 가족의 시체를 찾아 재매장하는 의례 과정의 일부분으로 특화해 볼 것인가, 아니면 발굴의 의미를 좀 더 확장된 과거청산의 본질 문제로 해석할 것인가와 연관되어 있다. 이러한 두 가지 관점은 한국의 유해 발굴에 있어서도 중요한 관점 중의 하나였다. 완전한 과거청산을 위해 유해 발굴을 거부한 채 투쟁하고 있는 어머니회의 결정은 유해 발굴이 단순히 죽은 자의 시체를 땅속에서 끄집어내는 작업이 아니라 보다 복합적인 사회현상의 일부여야 함을 시사하고 있다. 즉 어머니회는 유해 발굴이라는 요소를 통해 아르헨티나 사회에 내재해 있는 정치경제적 모순을 이야기하고, 이를 극복하고자 한 것이다. 하지만 어머니회의 주장과 동시에 일부에서는 전문기관에 의해 유해 발굴이 계속 진행되고 있다. 향후 이러한 라틴 아메리카 유해 발굴의 다양성에 대해서는 좀 더 심층적인 연구가 필요할 것으로 보이며, 이 연구들은 결국 유해 발굴이라는 소재를 통해 라틴 아메리카의 사회적, 정치경제적 특징을 설명하는 데 중요한 자료가 될 것이다.

전 세계 어느 문화권이든 죽은 자의 몸을 처리하는 방식은 그 문화권의 총체적 특징을 파악할 수 있게 하는 중요한 부분이다. 왜냐하면 죽은 자는 단순히 소멸된 존재가 아니라 기념의 대상으로 상징되고, 이러한 상징을 통해 문화가 지속되기 때문이다. 이러한 관점에서 볼 때 소위 학살 및 실종과 같은 비참한 죽음의 대상을 발굴한다는 것은 정상적 문화질서가 파괴된 구조를 회복한다는 상징성을 내포하고 있다. 다시 말해 라틴 아메리카 유해 발굴 연구가 독재정권 및 군사쿠데타로 대표되는 라틴 아메리카의 '문화적 암흑기'를 치유하기 위한 상징 및 의례적 행동에 대한 고찰임을 말하는 것이다. 그러므로 유해 발굴 연구는 향후 좀 더 확장된 분석을 위해 라틴 아메리카의 전반적인 문화체계 및 종교관, 죽음관 등에 대한 보다 심도 깊은 논의와 결합해야 하며, 이를 통해 유해 발굴이라는 코드를 통해 라틴 아메리카의 과거청산이 실제 민중의 문화적 체계에서는 어떠한 코드로 작동하는가를 알 수 있을 것이다.

참고문헌

권헌익(2003), 「전쟁과 민간신앙: 탈냉전시대의 월남 조상신과 잡신」, 『민족과 문화』, 12호, 한양대학교 민족문화연구소.

박구병(2005), 「'눈까 마스'와 '침묵협정' 사이: 심판대에 선 아르헨티나 군부의 '더러운 전쟁'」, 『라틴 아메리카 연구』, 18권 2호, 한국 라틴 아메리카 학회.

_____(2006), 「'추악한 전쟁'의 상흔: 실종자 문제와 아르헨티나 <오월광장 어머니회>의 투쟁」, 『라틴 아메리카 연구』, 19권 2호, 한국 라틴 아메리카 학회.

이재승(2002), 「이행기의 정의」, 『법과 사회』, 제22호, 서울: 동성출판사.

임상혁(2009), 「국내 배·보상 사례와 시사점」, 『한국전쟁 시기 민간인 희생자에 대한 배·보상 방안』, 과거사정리 후속조치 연구를 위한 심포지엄 자료집, 진실화해위원회·포럼 『진실과 정의』.

제주대·(사)제주4·3연구소(2010), 『4·3희생자 유해발굴사업 2단계 1차 감식보고서』.

진실화해위원회·공주대학교 산학협력단(2009), 『피해·명예회복 및 화해·위령사업, 재단 해외사례 조사 연구용역 최종보고서』.

진실화해위원회·포럼 『진실과 정의』(2009), 『진실규명 이후 화해·위령 및 재단설립 방안』, 과거사정리 후속조치 연구를 위한 심포지엄(II) 자료집.

진실화해위원회(2009), 『세계 과거사청산의 흐름과 한국의 과거사정리 후속조치 방안 모색』, 국제심포지엄 자료집.

Argentine Forensic Anthropology Team(2007), 2007 *Annual Report*(covering the period January to December 2006).

Bouvard, M. G.(1994), *Revolutionizing Motherhood: The Mothers of the Plaza De Mayo*, Wilmington: Scholarly Resources Inc.

Danner, Mark.(1994), *The Massacre at El Mozote*, New York: Vintage Books.

Elster, J.(2004), *Closing the books: Transitional Justice in Historical Perspective*, Cambridge: Cambridge University Press.

Equipo Argentino de Antropologia Forense(2002), *Informe Mini Annual* 2002.

_____(2006), *Informe Mini Annual* 2006.

Feitlowitz, Marguerite(1998), *A Lexicon of Terror.* New York: Oxford University Press.

Ferrándiz, Francisco(2006), "The Return of Civil War Ghosts - The Ethnography of Exhumations in Contemporary Spain", *Anthropology Today Vol 22, No 3.*

Fisher, J.(1989), *Mothers of the Disappeared*, Cambridge: South End Press.

Hertz, R. (1960), 'A contribution to the study of the collective representation of death.' In *Death and The Right Hand* (authored by R. Hertz and translated by C. Needham). New York: Routledge.

Hoepker, Thomas(1998). *Return of the Maya-Guatemala, A Tale of Survival*-Henry Holt and Company Inc.

Informe de la Comisión Nacional sobre la Desaparición de Personas(1984), *Nunca Más*, Buenos Aires:

Editorial Universidad de Buenos Aires(실종자 진상조사 국가위원회[1988], 『눈까 마스: 아르 헨티나 군부독재의 실상』, [송기도 역], 서당).

Kwon, H., 2006, *After Massacre: Commemoration and Consolation in Ha My and My Lai,* London: University of California Press.

Latin American Initiative for the Identification of the Disappeared(2009), *Genetics and Human Rights(Argentina Section).*

Payne, L.(2009), 'The Justice Balance: when Transitional Justice Improves Human Rights and Democracy' in 『세계 과거사청산의 흐름과 한국의 과거사정리 후속조치 방안 모색 심포지엄 자료집』, 진실화해위원회.

Robben, A. C. G. M.(2000), 'State Terror in the Netherworld: Disappearance and Reburial in Argentina', in *Death, Mourning, and Burial,* Blackwell Publishing.

_____, 'Death and Anthropology: An Introduction', in *Death, Mourning, and Burial,* Blackwell Publishing.

Roht-Arriaza, N.(2006), 'The new landscape of transitional justice' in *Transitional Justice in the Twenty-First Century-Beyond Truth versus Justice,* New York: Cambridge University Press.

Sanford, V.(2003), *Buried Secrets-Truth and Human Rights in Guatemala-,* New York: Palgrave Macmillan.

Shaw, M.(2003), War & Genocide, Cambridge: Polity Press.

Shelton, Dinah L.(2005), *Encyclopedia of Genocide and Crimes against Humanity 1.,* Thompson Gale.

Snow, C. C. and Bihurriet, M. J.(1992), "An Epidemiology of Homicide: Ningún Nombre Burials in the Province of Buenos Aires from 1970 to 1984", in T. B. Jabine and R. P. Claude(Eds.) *Human Rights and Statistics: Getting the Record Straight:* University of Pennsylvania.

Teitel, R. G.(2000), *Transitional Justice,* New York: Oxford University Press.

Vanden, H. E. & Prevost, G.(2009), *Politics of Latin America,* New York: Oxford University Press.

제5부 중국연구의 새로운 관점

중국 선진제자(先秦諸子)의 물과 바다에 대한 인식*

김창경

1. 서론

일반적으로 중국 문명의 기저는 서구의 해양문명과는 달리 대륙문명으로
인식되어 왔다. 그래서 해양문명은 줄곧 대륙문명의 그늘에 가려져 발전해
오고 있지 못했고, 심지어 인식 대상에서 거의 제외되고 있는 실정이었다.
이는 고대 중국인의 보편적인 중국관에 근거한다. 그들이 중국 문명의 출발
선상에 황하 유역과 장강 유역을 두고 있는 점은, 그들의 인식 출발에 삶의
영위와 토지의 경작에 필요한 '물(水)'이 중요한 도구를 이루기 때문이다.
그래서 고대 중국인들의 사고에 존재하는 대륙 지향적인 전통, 즉 사회적
환경과 역사적 부침을 같이한 '물'을 중심부에 두어왔다. 이런 까닭에 동심원
의 끝자락을 맴도는 '바다(海)'라는 존재는 고대 중국인들에게서 멀리 떨어
진 존재로 인식하게 되었다.

이처럼 고대 중국인의 '바다' 관념은 '물'에 비해 상당히 경시되어 왔음은
주지하는 사실이다. 여기에서 우리는 어떠한 연유로 인해 고대 중국인들은
이러한 인식을 가지게 되었는가, 또 그들의 사고 속에 자리한 '물'과 '바다'의

---

* 이 글은 『동북아문화연구』, 제10집에 게재한 「中國 先秦諸子의 물과 바다에 대한 인식: 儒家와 道家를
   중심으로」를 수정·보완한 것임.

이미지는 어떠했는가라는 문제를 떠올릴 수 있다.

이것은 비단 고대 중국인의 사고 관념에뿐만 아니라 중국 문학에서도 확연하게 드러나고 있다. 중국 문학이라는 거대한 범주에서 고대 문인들은 시대적 구분이나 내용과 제재 등의 분류로 시대나 문단의 특징을 논하여왔다. 그래서 선진 산문, 한부, 위진과 당대 시가, 송사, 원곡, 명청 소설 등으로 나누어 시대적 특징과 문학적 공과를 논하였다. 이러한 연구 방향으로 말미암아 물과 바다를 제재로 한 작품에 대한 체계적인 연구 성과는 거의 드러나지 않고 있는 실정이다.

그래서 본 논문은 중국 문학에 있어서 거의 논의조차 되고 있지 않은 주변 문학으로서의 '물'과 '바다'의 문학을 새롭게 규명해보고자 하는 데 큰 목표를 둔다. 이러한 큰 목표를 실현하기에 앞서 본고는 먼저 고대 중국인, 특히 선진제자 가운데 유학가와 도학가들의 '물'과 '바다'에 대한 인식을 출발점으로 삼아, 그들의 의식세계와 사상체계에서의 작용을 살펴보고자 한다. 이러한 연구는 중국 문학의 주류인 선진 산문에 나타나는 물과 바다에 대한 원형의식의 일면을 살필 수 있을 것이다.[1]

2. '물'과 '바다'의 문자적 의미

고대로부터 인간의 사고 속에 존재하는 '물'은 바로 대지에다 생명력을 가져다주는 근본적인 물질로 여겨졌다. 선진 사상가 역시 이러한 근원적인

---

[1] 본 논문은 물과 바다라는 물상을 통해 고대 중국인의 의식세계에서 어떻게 체현되고 있는가에 주안점을 두고 있다. 그래서 먼저 선진 산문에 나타난 물과 바다의 이미지 고찰에 중점을 두어 분석을 하였기에, 선진문학 속에 체현된 이러한 물상들의 이미지를 다루지 못한 단점을 지니게 된다. 하지만 이러한 단편적인 작업은 이후 선진 문학의 물과 바다에 대한 이미지 고찰에 적지 않은 영향관계가 있으리라 판단된다. 그래서 이 부분에 대한 연구는 후속 작업으로 이어가고자 한다.

해석에서 출발하여, 그들이 바라본 '물'의 이미지는 그 자체의 물상에 머물기보다 더욱 확대된 의미로 작용한다. 그들은 물상인 물을 통해 다층적인 의상(意象)[2]을 드러내면서 그들의 사상체계를 확립시키고자 하였다.

일반적으로 우리들은 '수(水)'를 물로 번역하지만, 고대 중국인들의 사고 속에 존재하는 '수'의 이미지는 이 글자가 만들어질 당시의 생각을 반영하고 있다는 점에서 볼 때 또 다른 상징 의미를 지닐 것이다. 물론 갑골문에 나타난 '수'의 의미가 어떠한 연원을 지니고 있는지는 정확히 알 수 없지만, 동한 허신(許愼)이 편찬한 ≪설문해자(說文解字)≫에서 그 일단을 헤아릴 수 있을 것이다. 이 책에서는 '수(水)'를 다음과 같이 풀이하고 있다.

물은 평평함(표준)이다. 북방의 행(行)은 여러 물줄기가 모여 나란히 흘러가는 것을 묘사한 것이다.[3]

또 평평함(準)을 다음과 같이 풀이하고 있다.

준(準)은 평평함이다. 천하에 물보다 평평한 것이 없기에 물의 평평함을 준(準)이라 이른다.[4]

---

2   '意象'이란 含意에 대해서는 여러 가지 견해가 나타난다. 대표적인 견해로는, 의미 속의 形象(劉勰과 司空圖)과 주관적인 意와 객관적인 象(胡震亨)이 있다.
      ≪文心雕龍·神思≫: "然後使玄解之宰, 尋聲律而定墨; 獨照之匠, 闚意象而運斤. 此蓋馭文之首術, 謀篇之大端." (周振甫 譯, 中華書局, 1892年).
      ≪詩品·縝密≫: "是有眞迹, 如不可知. 意象欲出, 造化已奇." (杜黎均 譯注評析, 北京出版社, 1988年).
      ≪唐音癸籤≫ 卷2: "王昌齡又云: 詩思有三. 搜求於象, 心入於境, 神會於物, 因心而得, 曰取思. 久用精思, 未契意象, 力疲智竭, 放安神思, 心偶照境, 率然而生, 曰生思." (上海古籍出版社, 1981年).
      이 외에도 沈德潛 등은 意象을 지금의 藝術形象에 근접하는 것이라 하였다.
      ≪說詩晬語≫ 卷上 80條: "孟東野詩, 亦從風騷中出, 特意象孤峻, 元氣不無斲削耳." (人民文學出版社, 1998年).
3   許愼 撰, 段玉裁 注, ≪說文解字注≫: "水, 準也. 北方之行, 象衆水並流." (上海古籍出版社, 1984年).
4   ≪說文解字注≫: "準, 平也"이라 하고선 "天下莫平於水, 水平謂之準"이라 주를 달고 있다.

이처럼 수(水)가 의미하는 것은 단순히 '물'이라는 의미를 벗어나 물줄기나 강물 등을 포괄하는 의미로 작용하고 있음을 알 수 있다. 아울러 북방의 행이라 한 것은 오행(五行)에서 수(水)가 북방을 의미하며,[5] 그 뜻은 물의 흐름을 일컫는다. 또 ≪석명(釋名)≫에서는 다음과 같이 풀이한다.

물은 표준으로, 사물을 평평하게 한다. 천하에 큰 물줄기가 4개 있는데, 이를 사독(四瀆)이라 하며, 그것은 강(江), 하(河), 회(淮), 제(濟)이다. 독(瀆)은 그 가는 바에서 흘러나와 바다로 유입된다.[6]

≪장자≫에서도 이와 유사한 표현이 있다.

(물의) 평평함이 표준에 들어맞으면, 위대한 장인도 물의 수평으로부터 표준을 취한다.[7]

장자의 이러한 내용은 ≪설문해자≫에서 정의한 '수(水)'의 내용과 거의 일치한다. 그래서 장인들은 이 점을 이용해 표준을 취하는 척도로 삼았던 것이다. 이로 인해 후대 사상가들은 물의 평평함을 법의 공정성으로 파악하여 이를 법도로 삼고자 한 것이다.[8]

이처럼 고대 중국인들은 '물'의 속성인 평평함으로 그 표준을 삼았음을 알 수 있다. 그렇다면 고대 중국인들의 '바다'에 대한 이해는 어떠한가를 살펴본다. 먼저 ≪설문해자≫의 풀이를 살펴보자.

---

5   方位과 五行의 관계를 살펴보면 다음과 같다. 東은 木, 西는 金, 南은 火, 北은 水, 中은 土를 말한다.
6   劉熙, ≪釋名≫: "水, 準也. 平準物也. 天下大水四, 謂之四瀆, 江河淮濟也. 瀆, 獨出其所而入海也." (王先謙 撰, ≪釋名疏證補≫, 上海古籍出版社, 1984年). 이것은 李昉 등이 撰한 ≪太平御覽≫ 卷60 地部23條 (中華書局, 1992年)에도 보인다.
7   ≪莊子·天道≫: "(水)平中準, 大匠取法焉." (郭慶藩 撰, 王孝魚 點校, ≪莊子集釋≫, 中華書局, 1995年).
8   ≪荀子·宥坐≫: "움푹한 곳으로 들어가면 반드시 평평해지니, 마치 법과 같다(主量必平, 似法)." (王先謙 撰, 沈嘯寰, 王星賢 點校, ≪荀子集解≫, 中華書局, 1996年).

해(海)는 천지이다. 수백 갈래의 모두 냇물을 받아들인다. 수(水)가 의미부이고 매(每)라 발음한다.9

단옥재(段玉裁)는 ≪설문해자≫에서 '매(每)'의 의미를 풀이 무성하게 자라는 모양10이라 하고 있다. 하지만 '매(每)'에는 이러한 뜻 이외에도 '매(昧)'로 사용되어 혼란스러움을 뜻한다.11 그래서 ≪석명≫에서 다음과 같이 해석하고 있다.

해(海)는 회(晦)이다. 더럽고 혼탁한 것이 유입하기에, 그 물이 검고 분명하지 않다.12

여기서 '회(晦)'는 음력 그믐, 어두움, 명확하지 않음을 뜻한다. 이는 ≪박물지(博物志)≫에서도 "바다라는 말은 어둡고 혼미하여 아무것도 보이지 않는다"13라고 해석하여 ≪석명≫과 같은 의미로 작용한다. 이처럼 고대 중국인의 사고 속에 자리하는 바다 이미지는 어둡고 분명하지 않은 의미로 나타나고 있음을 알 수 있다. 이것은 자연숭배의 대상인 '물'과 '바다'에 대해서도 차별성을 드러내고 있다. 이는 그들이 제사를 올리는 주 대상은 바다가 아니라 큰 물줄기였다는 것에서도 알 수 있다. 그 이유는 그들이 바다에서 얻을 수 있는 것보다 그들 주위에 있는 물줄기에서 더 많은 혜택을 누릴 수 있기 때문이었다. 그래서 그들이 물줄기에다 제사를 올리는 것은 물로부터 많은 혜택을 입었음에 대한 숭배이지만, 바다에다 제사를 올리는 것은 혜택을 입

---

9 ≪說文解字注≫: "海, 天池也. 目納百川也. 從水每聲."
10 "艸盛上出也."
11 羅竹風 主編, ≪漢語大詞典≫(卷7): "每, 通昧. 昏亂; 迷亂." (漢語大詞典出版社, 1994年).
   이러한 뜻으로 사용된 예는 "故天下每每大亂, 罪在於好知"(≪莊子·胠篋≫)이다.
12 ≪釋名≫: "海, 晦也. 注引穢濁, 其水黑而晦也." 이 문장은 李昉 등이 撰한 ≪太平御覽≫ 卷60 地部25條에도 보인다.
13 張華, ≪博物志≫: "海之言, 晦昏無所睹也." (中華書局, 1980年).

없음이 아니라 그것에 대한 두려움에 기인하는 것이다.14

하지만 단옥재는 ≪장자·소요유≫ 편을 이끌어와 바다를 천지라 하였고, 수백 갈래의 냇물을 받아들인다는 것에 대해서도 ≪이아(爾雅)≫를 인용하면서 "구이, 팔적, 칠융, 육만(九夷, 八狄, 七戎, 六蠻)을 사해(四海)라 한다. 이것은 파생된 의미이다. 무릇 땅은 크고 사물은 넓으니, 이 모두를 얻는 것을 해(海)라 이른다"15라고 주석을 가했다. 또 ≪회남자(淮南子)≫에서는 "수백의 물줄기가 각기 다른 근원을 지니지만, 모두 바다로 들어온다"16라 하였다. 그래서 "바다"는 천지라는 개념과 함께 수백 갈래의 물줄기를 받아들이고 또 땅과 사물의 모든 것을 포용할 수 있는 대상임을 강조하고 있다.

이처럼 고대 중국인은 '물'을 평평함을 통해 표준의 척도이자 법치의 공정성으로 삼았던 반면 '바다'는 어둡고 아무것도 보이지 않는 인간세계와 유리된 의미로 작용하고 있음과 동시에 수백 갈래의 물줄기를 받아들이고 천지만물을 포용할 수 있는 대상임을 알 수 있다.

이러한 문자적인 해석에 기초하여 다음 장에는 유가와 도가에 나타난 물과 바다의 이미지들을 살펴본다.

3. 유가의 '물'과 '바다'에 대한 인식

선진제자 중 공자, 맹자와 순자는 유교를 대표하는 자들로, 이들의 유가의 도는 '수(水)'와 밀접한 관계를 지니고 있다. 공자는 ≪논어·옹야(雍也)≫에서 "지혜로운 자는 물을 좋아하고 인한 자는 산을 좋아하니, 지혜로운 자는

---

14 ≪禮記·學記≫: "三王之祭川也, 皆先河而後海." (王文錦 譯解, ≪禮記譯解≫, 中華書局, 2001年).
15 "見莊子逍遙游", "九夷, 八狄, 七戎, 六蠻, 謂之四海. 此引伸之義也. 凡地大物博者, 皆得謂之海."
16 ≪淮南子·氾論訓≫: "百川異源, 皆歸於海." (劉安 著, 高誘 注, ≪淮南子注≫, 上海書店, 1980年).

동적이고 인한 자는 정적이며, 지혜로운 자는 낙천적이고 인한 자는 수(壽)를 누린다"[17]라 하였다. 이 말에 주희(朱熹)는 ≪논어장구집주≫에서 다음과 같이 해석을 가하고 있다.

지혜로운 자는 사리에 통달하여 두루 막힘이 없어 물과 유사한 점이 있는 까닭에 물을 좋아하고, 인한 자는 의리에 편안하여 중후하고 쉽게 마음을 옮기지 않는 것이 산과 비슷하기에 산을 좋아하는 것이다. 동과 정은 체(體)를 이름이요, 악(樂)과 수(壽)는 효과를 말하는 것이다. 동하여 막히지 않기에 좋아하는 것이고, 정하여 일정함이 있기에 수를 누리는 것이다.[18]

여기에서 공자는 지혜로운 자를 사리에 통달하여 막힘이 없이 흘러내리는 것이 '동적'인 물과 같기에 좋아하였고, 인한 자를 의리로 마음을 움직이지 않는 것이 '정적'인 산과 같기에 좋아한 것이다. 그래서 그는 지혜로운 자는 사리를 밝힐 수 있기에 의혹되지 않고 인한 자는 천리가 사욕을 이길 수 있기에 근심하지 않는 것[19]이라 하였다. 이처럼 공자는 모든 사물의 이치를 통달하고 밝히는 작용을 끊이지 않고 흘러내리는 물의 형상을 통해 표현하고 있다. 끊임없이 흘러가는 물의 특성에 대한 공자의 찬사는 맹자에 의해 더욱 구체화된다.

서자(徐子)가 "중니(仲尼)께서 자주 물을 찬미하면서 '물이여! 물이여!'라고 하셨는데, 어떻게 물에서 취하셨는지요"라고 물었다. 맹자는 "근원이 있는 물

---

17 "智者樂水, 仁者樂山, 智者動, 仁者靜, 智者樂, 仁者壽."
18 "智者達於事理而周流無滯, 有似於水, 故樂水. 仁者安於義理, 而厚重不遷, 有似於山, 故樂山. 動靜以體言,
    樂壽以效言也. 動而不括故樂, 靜而有常故壽." (程樹德 撰, 程俊英 외 點校, ≪論語集釋≫, 中華書局,
    1990年).
19 朱熹, ≪論語章句集注≫: "知者不惑, 仁者不憂"(<子罕>), "明足以燭理, 故不惑. 理足以勝私, 故不憂." (≪四
    書五經≫, 中國書店, 1989年).

은 용솟음치며 흘러나와 밤낮을 그치지 아니하여, 구덩이에 가득 찬 뒤에 앞으로 나아가 바다에 이른다. 학문에 근본이 있는 자가 이와 같으니, 이러한 연유로 취하신 것이다"라 하였다.[20]

맹자는 여기에서 근원이 있는 물[原泉]이어야만 그치시 않고 밤낮으로 전진하여 바다에 이를 수 있지만, "만약 근본이 없다면 7, 8월 사이에 빗물이 모여 도랑이 가득 차지만, 그 마르는 것은 서서도 기다릴 수 있다"[21]라 하였다. 이에 주희는 "물은 근원이 있어서 그치지 않고 점차 앞으로 나아가 사해에 이르니, 사람의 실제 행실이 있으면 이 또한 그치지 않고 점점 앞으로 나아가 지극한 경지에 이름과 같은 것이다"[22]라 하였다.

이러한 사고는 순자에서도 그 일단을 발견할 수 있다. 순자는 <권학(勸學)>에서 "얼음은 물로 이루어졌지만 물보다 더 차다"라고 하였다. 이것은 군자의 학문에 대한 기본적인 태도를 밝힌 것이다. 그는 학문이란 물에서 얼음을 만들어내는 것처럼, "군자도 널리 배우며 매일 자기에 대해 생각하고 살피면 앎이 밝아지고 행동에 허물이 없어질 것"이라 하였다. 그래서 "작은 흐름이 쌓여야만 강과 바다를 이룰 수 있듯이"[23] 학문에 대한 꾸준한 마음으로 노력해야 함을 강조하고 있다.

이처럼 공자와 맹자는 물의 본성인 막힘이 없고 끝없이 흘러가 사해로 흘러가는 것을 빌려 유가의 완정한 경계에 도달하는 과정을 표현하고 있다. 그래서 군자는 근원이 있는 물처럼 유가의 도리라는 이러한 근본에 서 있어야만 끊이지 않고 메마르지 않는 원천을 지닐 수 있다고 보았다. 아울러 순자는 물이 얼음이 되고 작은 흐름이 모여 큰 강해(江海)를 이루듯이, 끊임없

---

20 ≪孟子·離婁≫: "徐子曰: 仲尼亟稱於水曰 '水哉水哉, 何取於水也', 孟子曰: '原泉混混, 不舍晝夜, 盈科而後進, 妨乎四海, 有本者如是, 是之取爾.'" (焦循 撰, 沈文倬 點校, ≪孟子正義≫, 中華書局, 1991年).
21 <離婁>: "苟爲無本, 七八月之間, 雨集, 溝澮皆盈, 其涸也, 可立而待也."
22 ≪論語章句集注≫: "水有原本, 不已而漸進, 以至于海, 如人有實行, 則亦不已而漸進, 以至于極也."
23 <勸學>: "氷水爲之, 而寒於水", "君子博學而日參省乎己, 則知明而行無過矣", "不積小流, 無以成江海."

는 노력과 학습을 통해서만이 학문의 완선(完善)인 유가의 도에 이를 수 있다고 여겼다.

막힘이 없고 끝없이 흘러가는 물의 본성을 통해 공자의 시야는 "군자는 큰 물줄기를 보면 반드시 관찰하게 된다"라는 심도 깊은 사고로 확대된다.

자공이 공자에게 "군자는 큰 물줄기를 보면 반드시 바라보게 된다는데 그 까닭이 무었입니까"라 물었다. 이에 공자는 "무릇 물이라고 하는 것은 군자에게는 덕(德)으로 비유된다. 그것은 널리 베풀되 사사로움이 없어 덕과 같은 것이고, 그것을 만나는 것은 살아나니 인(仁)과 같은 것이다. 또 그 흐름이 낮은 데로, 스스로 굽은 데로 따라가서 그 지리에 순응하니 의(義)와 같은 것이며, 얕은 물은 흘러 나아가고 깊은 물은 그 깊이를 예측할 수 없으니 지(智)와 같고, 1백 길이나 되는 절벽도 의심 없이 나아가니 용(勇)과 같은 것이다. 약하지만 면면히 이어져 천천히 도달하니 찰(察)과 같은 것이고, 나쁜 것을 만나도 사양하지 않고 받아주니 포몽(包蒙, 우매함을 모두 포용함)과 같으며, 청결지 못한 것을 받아들여 깨끗하게 해서 내보내니 선화(善化, 잘 교화시킴)와 같고, 지극히 큰 양(量)도 평평하게 해주니 정(正)과 같으며, 가득 채우고선 더 넘치기를 바라지 않으니 도(度)와 같고, 온갖 굴절을 헤치고 끝내 동쪽으로 나아가니 의(意)와 같은 것이다. 이런고로 군자는 큰 물줄기를 보면 관찰해야 하는 것이다"라 하였다.[24]

여기에서 공자는 물의 본성에 대한 자연적 취향에 그치는 것이 아니라, 이것에 대한 더욱 깊은 관찰과 체험을 통해 유가의 기본 사상인 덕·인·의·예·

---

[24] 劉向 撰, 趙善詒 疏證, ≪說苑疏證≫ 卷17 ＜雜言＞ 46條: "子貢問曰: '君子見大水必觀焉, 何也?' 孔子曰: '夫水者君子比德焉, 遍予而無私, 似德; 所及者生, 似仁; 其流卑下句倨, 皆循其理, 似義; 淺者流行, 深者不測, 似智; 其赴百仞之谷不疑, 似勇; 綽弱而微達, 似察; 受惡不讓, 似包蒙; 不清以入, 鮮潔似出, 似善化; 主量必平, 似正; 盈不求槩, 似度; 其萬折必東, 似志. 是以君子見大水觀焉爾也.'" (華東師範大學出版社, 1985年).

이 외에도 ≪荀子·宥坐≫, ≪孔子家語·三恕≫, ≪大戴禮記·勸學≫ 등의 편에 유사한 문장이 보인다.

지·용이라는 윤리도덕 사상으로 뻗어나가고 있다. 이어서 그는 지혜로운 자가 물을 좋아하는 이유를 더욱 구체적으로 해석한다.

"무릇 지혜로운 자가 어째서 물을 좋아하는가?" 대답은 이러하다. "샘물의 원천에서 궤궤히 흘러나와 밤낮을 놓지 않고 흐르는 것이 마치 힘 있는 자와 같고, 이치에 순응하되 작은 끊어짐도 없는 것은 마치 공평을 견지한 사람 같으며, 흐르되 낮은 곳으로 임하는 것은 예의를 가진 자와 같고, 천 길 낭떠러지에 임해서도 의심치 않는 것은 용기 있는 자와 같으며, 장애를 만나도 청정하게 기다리는 모습은 아는 자의 풍모와 같다. 또 깨끗지 못한 것을 받아들여 깨끗이 한 다음에 내보내는 것은 선화(善化)를 가진 자 같고, 모든 사람들이 그를 통해 공평을 얻고 만물이 그로 인해 정(正)해지며, 모든 생물이 그를 얻으면 살아나고 그를 잃으면 죽으니 바로 덕을 갖춘 자와 같고, 맑고 연연하나 그 깊이를 측량할 길이 없으니 성인의 마음속 같다. 천지 사이를 통윤(通潤)시켜 국가가 이로써 이루어지니, 이는 바로 지혜로운 자가 물을 좋아하는 까닭이다. 시에 '반수 가에서 노닐고 싶어라, 이리저리 묘채(茆菜)를 뜯으면서! 노임금께서도 여기에 오셔서 그 물가에서 술을 드시네!'라고 하였으니, 이는 바로 물을 즐김을 두고 한 말이다."[25]

지혜로운 자가 물을 좋아하는 이유는 샘물의 원천에서 밤낮으로 흘러나와 도도히 흘러나가고 게다가 이치에 순응하여 공평성을 유지하며 낮은 곳에 임하여 예의를 갖추는 등 군자가 지녀야 할 덕목을 골고루 갖추고 있기 때문이다. 이처럼 지혜로운 자가 물을 관조해야 하는 것은, 물의 근원과 흐름에서

---

[25] 《說苑疏證》 卷17 〈雜言〉 47條: "夫智者何以樂水也? 曰: '泉源潰潰, 不釋晝夜, 其似力者; 循理而行, 不遺小間, 其似持平者; 動而之下, 其似有禮者; 赴千仞之壑而不疑, 其似勇者; 障防而淸, 其似知命者; 不淸以入, 鮮潔而出, 其似善化者; 衆人取平, 品類以正, 萬物得之則生, 失之則死, 其似有德者; 淑淑淵淵, 深不可測, 其似聖者. 通潤天地之間, 國家以成, 是知之所以樂水也. 詩云: 思樂泮水, 薄採其茆, 魯侯戾止, 在泮飮酒. 樂水之謂也.'" 이 외에도 《韓詩外傳》 卷3의 25와 26條, 《尙書大傳·略說》 등 편에 유사한 문장이 보인다.

군자의 도를 발견할 수 있기 때문이다. 그래서 맹자 또한 다음과 같이 말한다.

> 물을 구경하는 데에도 방법이 있으니, 필히 그 여울목을 보아야 한다. 해와
> 달은 밝음이 있으니, 빛을 용납하는 곳에는 반드시 비출 것이다. 흐르는 물이
> 물건이 됨은 그 웅덩이가 차지 않으면 흘러가지 않는다. 마찬가지로 군자가
> 도에 뜻을 두면, 문장을 이루지 못하면 통달하지 못한다.[26]

맹자는 흐르는 물이 웅덩이에 이르러 가득 차지 않으면 흘러내려 가지
않는다는 은유를 통해 군자의 도에 근본이 있음을 이야기하고 있다. 주희는
"물의 여울목을 보면 그 수원에 근본이 있음을 알 수 있고, 해와 달이 빛을
용납하는 틈에 비추지 않음이 없음을 보면, 그 밝음에 근본이 있음을 알 수
있다"[27]고 설명을 가하고 있다. 이처럼 군자의 도란 크면서도 근본이 있기에,
배우려는 자는 웅덩이에 물이 차야만 흘러가듯이 지식을 충분히 쌓아야만
문장이 밖으로 드러나고 이러한 충족이 이루어진 후에야 다른 곳으로 통하
게 되는 것이다. 이처럼 공자와 맹자는 지혜로운 자나 군자의 성격, 의지,
도덕 등을 물 흐름과 속성의 상징적 의미체계에다 연결시킴으로써, 관념적
인 유가의 윤리도덕체계를 물이라는 상징을 통해 보다 구체화시키고 있음을
알 수 있다. 이들의 사상체계는 이러한 것에 머물지 않고, 만물의 변화로
인한 시간성과 영원성의 문제로 나아간다.

> 공자가 시냇가에 있으면서 "가는 것이 이 물과 같구나. 밤낮을 그치지 않는
> 구나"라 하였다.[28]

---

26 <盡心>(上): "觀水有術, 必觀其瀾. 日月有明, 容光必照焉. 流水之爲物也, 不盈科不行, 君子之志於道, 不成
    章, 不達."
27 《論語章句集注》: "觀水之瀾, 則知其源之有本矣. 觀日月於容光之隙, 無不照, 則知其明之有本矣."
28 <子罕>: "子在川上曰: '逝者如斯夫, 不舍晝夜.'"

여기에서 공자는 인사와 만물에 대한 영원성과 변화의 철학적 관점을 제시하고 있다. 주희는 여기에다 "천지의 조화는 가는 것은 지나가고 오는 것이 이어져 한순간의 그침이 없으니, 바로 도체(導體)의 본연이다"[29]라 하였다. 이처럼 물이 끊임없이 흘러감을 천지의 운행인 도에 비유하여 그침이 없음을 표현하고 있다. 변화의 관점에서 시간은 유수같이 한번 지나면 다시 돌아오지 않듯이, 모든 만물이 흐르는 물처럼 스쳐 지나가 버린다. 여기서 공자는 천지의 미물인 인간이 이러한 유수의 변화 속에서도 인생의 "정도(正道)"인 유가의 도를 추구하려 했던 것이다.

하지만 순자는 공맹이 물의 속성을 철학적 사고로 끌어올리는 것과는 달리 그것을 인간의 관계에다 직접 접목시키고 있다.

> 기계나 술수는 다스림의 흐름이지 다스림의 근원이 아니다. 군자가 다스림의 근원이다. 관리는 술수를 지키고 군자는 근원을 기른다. 근원이 맑으면 흐름이 맑고 근원이 탁하면 흐름도 탁하다. … 임금은 백성의 기준이다. 기준이 바르면 그림자도 바르다. 임금은 대야다. 대야가 둥글면 그곳의 물도 둥글다. 임금은 바리다. 바리가 네모나면 그곳의 물도 네모나다.[30]

순자는 여기에서 군신과 군민의 영향관계를 물의 청탁과 형태에 비유하여 윗물이 맑아야 아랫물이 맑음을 형상적으로 그려내면서, 군주의 일수거일투족이 곧바로 신하와 백성에게 영향을 가져다줌을 표현하고 있다. 그래서 군자를 대야와 바리에 비유하면서 그것이 둥글면 그 속에 담긴 물도 둥글고 그것이 네모나면 그 속에 담긴 물 또한 네모나게 된다고 하고 있다. 이것은 군주와 백성의 관계에 있어서도 마찬가지로 "근원이 맑으면 흐름도 맑으며

---

29   ≪論語章句集注≫: "天地之化, 往者過, 來者續, 無一息之停, 乃導體之本然."
30   ＜君道≫: "械數者, 治之流也, 非治之原也. 君子者, 治之原也. 官人守數, 君子養原, 原淸則流淸, 原濁則流濁. … 君子儀也, 儀正而景正. 君子槃也, 槃圓而水圓. 君子盂也, 盂方而水方."

근원이 탁하면 흐름도 탁하다. 그래서 사직을 소유한 자가 백성을 사랑하지 않고 백성을 이롭게 하지 못하면서 백성들이 자기를 친애하기를 바란다는 것은 있을 수 없는 일이다. 백성들과 친하지 않고 사랑하지도 않는데, 자기를 위해 일하고 자기를 위해 죽길 바란다는 것은 있을 수 없는 일이다"[31]라 하였다. 이처럼 순자는 백성의 군주에 대한 영향과 작용을 강조하면서 "군주는 배요, 백성은 물이다. 물은 배를 띄우기도 하지만, 배를 뒤집기도 한다"는 혁명론적인 견해를 제시한다.[32] 이는 군주가 비록 예의를 통한 사회 안정을 도모하는 역할의 중심에 위치하지만, 그 존재 여부는 백성을 위하는 데 있음[33]을 강조하고 있다.

공자의 뒤를 이은 맹자와 순자는 공자의 '인' 사상에 기초하여 "물"의 속성으로 인성 문제, 즉 "성선설"과 "성악설"을 다루었다.

> 맹자가 말했다. "물은 진실로 동서로는 구분이 없지만, 상하에도 분별이 없단 말인가? 인성의 선함은 물이 아래로 나아가는 것과 같으니, 사람이 착하지 않음이 없고 물이 아래로 내려가지 않는 것이 없다. 지금 물을 쳐서 튀어오르게 하면 이마를 지나게 할 수 있으며, 격하여 흘러가게 하면 산에 머물게 할 수 있다. 이것이 어찌 물의 본성이겠는가? 그 세가 그렇게 만든 것이다. 사람이 불선하게 함은 그 본성 또한 이와 같은 것이다."[34]

물이 지니고 있는 특성에는 동과 서의 구별은 없지만 위에서 아래로 흘러내리는 것은 분명한 사실이다. 하지만 인위적으로 물 흐름을 쳐서 막아버리

---

31 <君道>: "原淸則流淸, 原濁則流濁. 故有社稷者而不能愛民, 不能利民, 而求民之親愛己, 不可得也. 民不親不愛, 而求其爲己用, 爲己死, 不可得也."
32 <王制>: "君者, 舟也, 庶人者, 水也. 水則載舟, 水則覆舟."
33 <大略>: "天之生民, 非爲君也. 天之立君, 以爲民也."
34 <告子>(上): "孟子曰: 水信無分於東西, 無分於上下乎? 人性之善야, 猶水之就下也. 人無有不善, 水無有不下. 今夫水, 搏而躍之, 可使過額, 激而行之, 可使在山, 是豈水之性哉? 其勢則然也. 人之可使爲不善, 其性亦猶是也."

거나 억지로 산 위로 흐르게 할 수도 있다. 이것은 분명 물의 본성에 위배하는 것이다. 그래서 맹자는 물의 자연적인 흐름처럼 인성 역시 선을 향하는 것은 자연의 이치로 본 것이다.

순자는 맹자와 반대로 <성악> 편의 서두에 "사람의 본성은 악한 것이고, 그것이 선하게 되는 것은 거짓이다"[35]라 하였다. 하지만 그는 "타고나는 본성은 어찌할 수가 없지만 교화시킬 수는 있다"[36]라 하였다. 그래서 그는 인성을 바꾸는 방법으로 교화를 들었으며, 이것을 그는 세숫대야의 물로 비유하였다.

　　사람의 마음은 마치 쟁반의 물과 같다. 그것을 바르게 놓고 움직이지 않으면, 지저분하고 탁한 것은 아래로 내려가고 청명한 것은 위에 있게 된다. 이러한 물에서는 수염과 눈썹을 보고 피부를 살필 수 있다. 하지만 미풍이 지나가면 지저분하고 탁한 것이 아래에서 움직이고, 청명한 것이 위에서 어지러워서, 큰 형체의 올바른 모습을 얻을 수 없다.[37]

그는 사람의 마음을 쟁반의 물에 비유하여, 쟁반의 물이 바르고 움직이지 않으면 위는 청명하고 아래는 탁하게 되어 그곳에 비친 모습을 자세히 헤아릴 수 있다고 하였다. 하지만 미풍이 불게 되면 청명과 탁함이 뒤섞여 모습을 비출 수 없다고 하였다. 그래서 그는 이어서 바르게 놓이고 움직이지 않는 쟁반의 물처럼 사람을 잘 교화해야만 사리를 분별할 수 있고 시비를 가릴 수 있다고 하였다.[38]

공자와 맹자는 유가의 기본 사상을 물의 속성을 통해 드러내려 하였음을

35　<性惡>: "人之性惡, 其善者僞也."
36　<儒效>: "性也者, 吾所不能爲也, 然而可化也, 情也者, 非吾所有也, 然而可爲也. 注錯習俗, 所以化性也."
37　<解蔽>: "人心譬如槃水, 正錯而勿動, 則湛濁在下, 而淸明在上, 則足以見鬚眉而察理矣. 微風過之, 湛濁動乎下, 淸明亂於上, 則不可以得大形之正也."
38　<解蔽>: "故導之以理, 養之以淸, 物莫之傾, 則足以定是非決嫌疑矣."

알 수 있다. 아울러 지혜로운 자와 군자의 성격이나 도덕, 만물의 영원성과 변화의 관념 역시 흐르는 물로 나타나는 상징적 의미체계에다 연결시켜 보다 구체적인 의미로 제시하고 있다. 하지만 순자는 물의 속성보다는 그것의 변화현상을 인간관계에다 접목시켰다. 그래서 그는 물의 청탁과 형상을 통해 군신과 군민의 영향 관계를 설파하였다. 이처럼 이 유학자들은 물의 형상을 통해 유가의 도덕체계를 세우려 하였고, 더 나아가 물의 원리를 인간행위의 근원과 동일시하여 살피고 있음을 알 수 있다.

그렇다면 이들에게 '바다'란 어떤 의미로 작용하고 있는가? 먼저 공자는 유가의 도가 실행되지 않음을 감개하면서 다음과 같이 말하였다.

"도가 행해지지 않으니, 뗏목을 타고 바다에 떠 있으리니"[39]

공자가 뗏목을 타고 바다로 향해 나아가리라는 것은, 천하에 자신의 정치적 주장을 헤아릴 만한 어진 임금이 없음을 탄식하는 것으로, 바로 실의에 찬 자신의 감개를 바다에게로 기탁하고자 한 것이다. 하지만 이것은 어찌할 수 없는 자신의 감정을 드러낸 것뿐이지, 도가의 소요유적 사고와는 전혀 다른 것이다.

하지만 맹자는 공자와는 달리 '바다'의 상징체계를 드러낸다.

공자가 노나라 동산에 오르니 노나라를 작게 여겼고, 태산에 오르니 천하를 작게 여겼다. 그러므로 바다를 구경한 자는 큰물 되기가 어렵고, 성인의 문하에서 노니는 자는 훌륭한 말 되기가 어려울 것이다.[40]

---

39 <公冶長>: "道不行, 乘桴浮於海."
40 <盡心>(上): "孔子登東山而小魯, 登太山而小天下. 故觀於海者難爲水, 遊於聖人之門者難爲言."

맹자는 여기에서 '물'과 '바다'의 이미지를 동시에 사용하여 성인의 도가 매우 큼을 드러내고 있다. 높은 곳에 처하여 아래를 바라보면 더욱 작게 보이고, 본 것이 이미 크면 작은 것은 볼 것이 못 된다는 의미를 지니고 있다. 맹자의 관점에서 '바다'란 닿기 힘든 존재물인 성인의 도이어서, 가까이 흐르는 '물'과는 견줄 수 없는 대상이다. 하지만 점진적인 배움의 자세로 학문을 연마한다면 성인의 도인 '바다'로 향해 나아갈 수 있음을 설명하고 있다. 순자 역시 '못(淵)'이란 개념을 사용하여 "물이 모여 못을 이룬다"[41]고 하였다. 여기에서 말하는 못이란 맹자가 이야기한 '바다'의 의미와 상통하는 부분으로, 순자는 학문이란 꾸준히 한결같은 마음으로 경주해야만 큰 성과를 거둘 수 있다고 하였다.

이처럼 선진 유학자들은 도를 물의 속성과 특징을 통해 사고하거나 사람의 행위를 인도하는 것으로 파악하여, 그들의 사상체계를 이루는 데 즐겨 사용하고 있어 문자적 의미와 서로 통한다. '바다'라는 물상은 공자에게 있어서는 실의에 찬 자신의 감정을 기탁하고자 하였음을 알 수 있고, 맹자는 바다를 도달하기 힘든 존재인 성인의 도에다 비유하였고 순자는 학문의 성과를 못에다 비유하고 있다. 그래서 이들은 바다를 인간세계와 유리된 대상이라기보다는 천지만물을 아우를 수 있는 대상이자 학문의 극점으로 파악하고 있음을 알 수 있다.

4. 노장(老莊)의 '물'과 '바다'에 대한 인식

'도'는 바로 노장 철학의 중심 관념이다. 노자는 이로부터 "사람은 땅의 법칙에 따르고, 땅은 하늘의 법칙에 따르며, 하늘은 도의 법칙에 따르고, 도

---

41 <勸學>: "積水成淵, 蛟龍生焉."

는 自然의 법칙에 순응한다"[42]라고 하였다. 이처럼 '도'란 하늘, 땅, 인간의 움직임 속에 나타나는 가장 근원적인 원리로 작용한다. 이러한 道는 무한히 크기에 가지 않는 곳이 없이 멀리 나아간다. 그래서 노자와 장자의 도는 무한하고 지대하여 모든 현실적 공간을 초월하고 있다. 하지만 그들은 도의 개념에 대해 명확한 대답을 내리지 않고 비유적인 수법으로 '도'를 표현하고 있다.

> "나는 그것의 이름을 알지 못한다. 그래서 억지로 字를 '도'라고 지어 부르고, 억지로 이름을 붙여 '크다(大)'라고 한다. 무한히 크기에 가지 않는 곳이 없고, 가지 않는 곳이 없기에 멀리 가는 것이다. 멀리 가기에 다시 되돌아온다."[43]

선진 도학자들은 자연의 지식체계를 우주의 근본인 도의 인식 수단으로 파악하였다. 이러한 인식 수단 가운데 ≪회남자≫에서는 물과 도와의 관계, 즉 도에서 물로의 변화과정으로 파악하고 있다.

> 무릇 형이 없는 것은 사물의 시조이고, 음이 없는 것은 소리의 대종(大宗)이다. 그 아들은 빛이 되고 그 손자는 물이 되는데, 이 모든 것은 무형에서 생긴다. 무릇 빛은 볼 수는 있지만 잡을 수 없고, 물은 순환할 수 있으나 파괴할 수 없다. 그래서 형상이 있는 종류로 물보다 존귀한 것은 없다.[44]

여기에서 도에서 물로의 변화과정을 볼 수 있다. 먼저 '도'에서 '빛[光]'으

---

42 ≪老子≫ 25장: "人法地, 地法天, 天法道, 道法自然." (陳鼓應, ≪老子註譯及評介≫, 中華書局, 1994年).
43 ≪老子≫ 25장: "吾不知其名, 強字之曰 '道', 強爲之名曰 '大.' 大曰逝, 逝曰遠, 遠曰反."
44 ≪淮南子·原道訓≫: "夫無形者, 物之大祖也, 無音者, 聲之大宗也. 其子爲光, 其孫爲水, 皆生於無形乎. 夫光可見而不可握, 水可循而不可毁, 故有像之類, 莫尊於水."

로, 다시 '빛'에서 '수'로 변해가는 과정을 나타내고 있다. 아울러 물질이 '무형'에서 '유형'으로 드러나고 있음을 논리적으로 설명하고 있다. 이러한 사유방식은 노장철학의 근원이 된다. 하지만 노자와 장자는 사유의 변화과정을 도(道)에서 물로의 과정이 아니라 물로부터 도에 이르는 과정을 이야기한다. 그래서 이들은 물의 작용으로 도의 작용을 설명한다.

최상의 선은 물과 같다. 물은 만물을 이롭게 하면서도 다투지 않고, 모든 사람들이 싫어하는 곳에 거하기에, 그래서 도에 거의 가깝다.[45]

물의 뛰어난 특성과 작용은 유함, 만물을 이롭게 하면서도 다투지 않음, 사람들이 싫어하는 곳에 위치하는 것이다. 이처럼 물은 유약하면서도 단단하고 강하며, 아무런 이기심을 지니지 않는다. 그래서 노자는 여기에서 물을 인격화시켜 최상의 덕을 지닌 인격자로 비유하였다. 그는 무형의 도를 온갖 생명체에다 자양분을 제공하면서도 아무런 다툼이 없는 유형적인 물의 속성으로 간주하고 있다. 그는 물의 '부쟁(不爭)'과 '처하(處下)'의 덕성이 곧 도의 특징이라 하였다.[46] 이어 그는 다투지 않고 아래에 처하는 이러한 물의 품성을 인간의 행위에 전이시킨다. 인간의 행위는 물처럼 스스로 아래쪽에 처하고, 마음은 물처럼 깊어야 하며, 아무런 사심 없이 인(仁)해야 한다. 또한 말은 물처럼 신(信)이 있어야 하고, 정치는 물처럼 공정하게 평형을 이루어야 하며, 일에 있어서도 물처럼 이르지 못하는 것이 없어야 하고, 행동에도 물처럼 때에 알맞아야 한다. 이렇게 해야만 다투지 않게 되어 잘못됨이 없게

---

[45] 《老子》 8장: "上善若水. 水善利萬物而不爭, 處衆人之所惡, 故幾於道."
[46] 이것은 바로 道의 작용이다. 이러한 작용은 《老子》 34장에도 보인다. "큰 도는 홍수처럼 넘쳐흘러 왼쪽에도 오른쪽에도 어디에나 있다. 만물은 그것에 의지하여 성장하지만, 도는 그것을 거절하지 않는다. 공을 성취하는 바가 있지만 공이 있음을 드러내지 않는다(大道氾兮, 其可左右. 萬物恃之以生而不辭, 功成耳不有, 衣養萬物而不爲主)."

된다.[47]

이처럼 노자는 도를 물에 비유하여 도(道)의 성질과 기능을 설명하고 있다. 장자(莊子) 역시 물의 작용과 성질에 빗대어 도의 작용을 설명한다.

성인이 청정하다는 것은 그것이 좋은 것이라 고요한 것이 아니라, 만물이 그 내심을 어지럽히지 못하기에 고요한 것이다. 물이 고요해지면 수염과 눈썹까지 밝게 비출 수 있고, 그 평평함이 표준에 들어맞으면, 위대한 장인도 물의 수평으로부터 표준을 취한다. 물이 고요함으로써 밝게 되거늘 하물며 정신이야 얼마나 더 맑아지겠는가? 성인의 내심 고요함은 천지의 거울이자 만물의 거울인 것이다.[48]

이것은 성인이 자연의 규율을 법으로 삼아 명정한 마음으로 만물을 관조함을 이야기하고 있다. 특히 물의 고요함은 성인의 내심을 반추하는 도구로 사용되고 있다. 이것은 "사람은 흐르는 물에 거울삼지 않고 괴어 있는 물에 거울삼는다. 오직 고요하게 멈추어 있는 사물만이 다른 사물을 고요하게 멈추게 한다"[49]는 것과 같은 이치이다. 또 "물의 본성은 불순한 것이 섞이지 않을 때 맑아지고 움직이지 않을 때 수평이 된다. 막아서 흐르지 않도록 하면 이 역시 깨끗해질 수 없다"[50]라 하면서, 이것이 천덕(天德, 자연)을 잘 대변한다고 하였다. 그래서 순수하면서도 불순물이 뒤섞이지 않고, 허정한 상태로 하여 변화되는 일이 없다면 평안하고 고요하여 무위한 상태가 되며, 움직여도 자연에 따르게 된다고 하였다.

이와 아울러 노자는 '빛(光)'으로 '형체가 없는 상(狀)'과 '물상이 없는 상

47 《老子》8장: "居善地, 心善淵, 與善人, 言善信, 政善治, 事善能, 動善時. 夫唯不爭, 故無尤."
48 <天道>: "聖人之靜也, 非曰靜也善, 故靜也; 萬物無足以鐃心者, 故靜也. 水靜則明燭鬚眉, 平中準, 大匠取法焉. 水靜猶明, 而況精神! 聖人之心靜乎! 天地之鑒也, 萬物之鏡也."
49 <德充符>: "人莫鑒於流水, 而鑒於止水, 唯止能止衆止."
50 <刻意>: "水之性, 不雜則淸, 莫動則平, 鬱閉而不流, 亦不能淸."

(象)'인 도를 설명하고 있다.[51] 장자 역시 <지북유(知北游)> 편에서 광요(光曜)와 무유(無有)[52]와의 대화를 통해 빛에서 도에 이르기까지의 상황을 생동적이고 재미있게 그려내고 있다.[53]

이처럼 노자와 장자는 도를 물의 흐름을 통해 사고하거나 사람의 행위를 인도하는 것으로 파악하는 유가와는 달리, 도를 물의 흐름과 그 과정뿐만 아니라 여러 형태로 나타내는 물 자체에 의미를 두어 파악한다. 그들은 유형의 세계에서 점차로 무형의 세계의 오묘함을 탐구하였다. 이러한 과정에서 그들은 '물'에서 '빛'으로 여기서 더 나아가 '도'의 경계로 나아가게 된다. 그래서 노장의 도란 형상이 없지만 그것의 존재를 인식하게 한다. 즉, 형태가 있는 물의 형상을 통해서 자연의 근원인 도로 향하고 있음을 알 수 있다.

이러한 도에 근거하여 노자는 물로써 유약함이 강함을 이기는 도리를 이야기한다.

> 천하에 물보다 더 유약한 것이 없다. (하지만) 굳고 강한 것을 공격하는 데는 물보다 나은 것이 없다. 어느 것도 물과 바꿀 만한 것이 없다. 약한 것이 강한 것을 이기고, 유한 것이 모진 것을 이기는 것을 천하에 모르는 사람은 없건만, 능히 실행에 옮길 사람이 없다.[54]

51　《老子》14장: "其上不皦, 其下不昧, 繩繩不可名, 復歸於無物. 是謂無狀之狀, 無物之象, 是謂惚恍."
52　成玄英은 《莊子疏》에서 볼 수 있는 智者를 光曜로, 살펴 헤아리는 境界를 無有로 풀이하고 있다.
53　<知北游>: "光曜問乎無有曰: '夫子有乎, 其無有乎?' 無有弗應也. 光曜不得問, 而孰視其狀貌, 窅然空然, 終日視之而不見, 聽之而不聞, 搏之而不得也. 光曜曰: '至矣! 其孰能至此乎! 予能有無矣, 而未能無無也, 及爲無有矣, 何從至此哉!'" 하지만 그 "道"의 모습이 너무나 막연하고 바라보아도 그 소리를 들을 수 없으며 그 소리를 들으려 해도 들리지 않으며 두들겨보지만 반응이 없음을 나타내고 있다. 이처럼 빛은 만질 수는 없지만 눈으로 볼 수 있어 "道"와 상당히 근접한다고 할 수 있다. 하지만 그 가운데서 "道"와는 거리가 있음을 드러낸다. 그래서 光曜는 道에 대해 "대단하구나. 그 누가 이 경지에 도달할 수 있겠는가"라고 탄식하게 된다.
54　《老子》78장: "天下莫柔弱於水, 而功堅强者莫之能勝, 以其無以易之. 弱之勝强, 柔之勝剛, 天下莫不知, 莫能行."

노자는 도의 운동으로써 '반(反)'을, 도의 작용으로써 '약(弱)'을 제시하였다.[55] 도의 법칙은 근본으로 회귀하는 운동이고,[56] 도의 작용은 언제나 부드럽고 약한 모습으로 비춰진다. 그래서 물의 속성은 바로 부드럽고 연약한 모습을 지니기에 도에 가까운 것이다. 그는 물을 가장 유약한 존재이지만 굳고 강한 것을 공격하는 데 물보다 나은 것이 없다고 했다. 여기에서 그는 이러한 유약한 속성을 인간의 삶과 만물 그리고 전쟁에까지 옮겨놓는다.

사람이 살았을 때는 유약하지만 죽을 때는 딱딱하고 강하게 된다. 초목이 성장할 때는 부드럽고 연약하지만 그것이 죽으면 말라버린다. 그런 까닭에 굳고 강한 것은 죽음의 속성이고 유약한 것은 삶의 속성이다. 그래서 병사가 강하면 멸망하게 되고 나무가 강하면 꺾이게 된다. 강대한 것은 아래에 처하고 유약한 것은 위에 처한다.[57]

노자는 인간과 초목의 생존 현상 속에서 성장하는 것은 유약한 상태이고 사망한 것은 굳고 딱딱한 상태라 설명한다. 그래서 만물의 내재적 발전 상황으로 보아 건강한 것은 생기를 잃은 죽음의 속성이고 유약한 것은 생기 가득한 생존의 속성이라 하였다. 이것이 유(柔)를 귀히 여기고 강(强)을 경계하는 노자의 '부드럽고 약한 것이 단단하고 강한 것을 이긴다[柔弱勝剛强]'는 것이다.[58]

장자 역시 소요유적 정신세계를 넘나들 수 있는 방법으로 '잊어버림[忘]'을 제시한다. 이러한 '잊어버림'의 방법에 있어서도 그는 물이란 이미지를 끌어온다.

---

55 ≪老子≫ 40장: "反者 '道'之動, 弱者 '道'之用. 天下萬物生於 '有', '有'生於 '無'."
56 여기서 말하는 '反'은 상반적인 의미로 해석할 수도 있고 또 근본으로 되돌아간다는 의미로 해석할 수 있다.
57 ≪老子≫ 76장: "人之生也柔弱, 其死也堅强. 草木之生也柔脆, 其死也枯槁. 故堅强者死之徒, 柔弱者生之徒. 是以兵强則滅, 木强則折. 强大處下, 柔弱處上."
58 노자의 이러한 견해는 36장, 43장 등에도 보인다.

샘물이 말라 고기들이 진흙 위에 처하게 되면 서로 입김을 불어주고 거품으로 서로 적셔주는데, 이는 강이나 호수에서 노닐며 서로를 잊는 이만 못하다. … (자공(子貢)의 물음에 공자는) 물고기는 물에 이르고 사람은 도에 이른다. 물에 이르는 것은 못을 파 양생하고, 도에 이르는 것은 일이 없음으로써 성정이 자족하게 된다. 그래서 물고기는 강과 호수에서 노닐기에 일체를 잊고, 사람은 도술(道術)에서 노닐기에 일체를 잊는다고 했다.[59]

장자의 이러한 '상망(相忘)'의 생활경계는 '천인합일'의 자연관,[60] '사생여일(死生如一)'의 인생관[61]과 더불어 <대종사(大宗師)>의 주제 사상을 이룬다. 그는 여기에서 물에서 유유히 노니는 고기를 인간이 도에서 노니는 것에 비교하면서, 소요유적인 경계를 설명하고 있다. 강과 호수가 말라 고기가 진흙 위에 처하게 되면 서로 생존하기 위해 입김과 거품을 불어주며 도와주는데, 이는 강과 호수에서 일체를 잊고 유유자적하게 노니는 물고기와는 천양지차이다. 물고기는 물에 의해 양육되지만 물 자체의 자연적 환경을 인식하지 않는 초월성을 지니고 있다. 결국 인간 역시 자연적 환경에 둘러싸인 도를 의식하지 않는 초월적인 경계만이 끝없는 천지 사이를 노닐 수 있게 된다. 이처럼 장자는 도의 개념 설명에 물의 속성에 근거를 두고 있음을 알 수 있다.

이러한 물의 인식에 근거하여 그들은 도의 존재를 대해로 뻗어나가 비유적으로 설명한다.

---

59 <大宗師>: "泉涸, 魚相與處於陸, 相呴以濕, 相濡以沫, 不如相忘於江湖. … (孔子曰) 魚相造乎水, 人相造乎道. 相造乎水者, 穿池而養給, 相造乎道者, 無事而生定. 故曰, 魚相忘乎江湖, 人相忘乎道術."
60 장자는 <大宗師> 편에서 먼저 天人關係(자연과 인간의 관계)를 제시한다. 그는 자연과 인간의 관계는 분할될 수 없는 一體로 보았기에, 인간과 우주를 동일시하였다.
61 장자는 生과 死는 자연적인 것이고 피할 수 없는 일로, 이는 낮과 밤의 변화와 마찬가지인 자연적인 규율이라고 했다.

도가 천하에 있는 것은 냇물과 계곡의 강과 바다에 대한 관계와 같은 것이다.62
무릇 도란 만물을 뒤덮고 실어주는 끝없이 넓고 큰 것이다.
무릇 도란 그 있음이 깊고 그 맑음이 깊은 것이다.63

　노자는 강이나 바다가 요구하지 않아도 냇물과 계곡물들이 강과 바다에
모여오듯이 천하에 도를 행하는 군주에게는 만물이 저절로 찾아오고, 백성
들은 명령하지 않아도 저절로 정제하게 되는 것을 말하는 것이다. 이러한
도가 만물의 으뜸인 형태로 나타날 때, 그 형상은 "형체가 없는 상(狀)이고
물상이 없는 상(象)"으로 드러난다. 그래서 "도라는 것이 모호하고 뚜렷하지
않지만, 모호하고 뚜렷하지 않은 가운데 형상이 있고, 그렇게 모호하고 뚜렷
하지 않은 가운데 실물이 있다."64 이처럼 형이상학적인 도는 형체가 없어
모호하고 뚜렷하지 않지만, 심원하고 어두운 가운데서 형상과 실물이 존재
하고 있음을 설명하고 있다. 아울러 장자는 노자의 말을 인용하여 끝없이
깊고 넓은 대해에다 '도'를 비유하고 있다. 그래서 도란 만물을 뒤덮고 실어
주는 절대적인 존재로 파악하고 있다. 장자는 <추수(秋水)> 편에서 우언으로
도의 심오함을 드러내고 있다.

　가을비로 인해 물이 불어 모든 하천이 황하로 밀려드니, 그 통하는 물 흐름
이 넓고 광활하여, 양 기슭과 사주(沙洲) 사이로 말과 소조차 분별할 수 없었
다. 그리하여 하백(河伯)은 몹시 기뻐하며, 천하의 아름다움이 모두 자신에게
있다고 여겼다. 물 따라 동으로 흘러가 북해에 이르자, 동쪽으로 바라보니 물
의 끝이 보이지 않았다. 이에 하백은 얼굴을 돌려 망망대해를 바라보며 약(若)
을 향해 탄식하며 말했다. '많은 도를 듣고선 자기만 한 자가 없다고 여겼다'라

62　≪老子≫ 32장: "道之在天下, 猶川谷之於江海."
63　<天地>: "夫道, 覆載萬物者也, 洋洋乎大哉", "夫道, 淵乎其居也, 潦乎其淸也."
64　≪老子≫ 21장: "道之爲物, 惟恍惟惚, 惚兮恍兮, 其中有象; 恍兮惚兮, 其中有物."

는 속담이 있는데, 이는 나를 이르는 말입니다. … 지금 내가 당신의 규명하기 어려운 점을 보았습니다. 내가 만일 당신의 문에 이르지 않았다면 위태로웠을 것이고, 내가 오래도록 큰 득도를 한 자들의 웃음거리로 보였을 것입니다.[65]

이 편은 하백과 해약의 대화 부분이다. 장자는 여기에서 '천하의 아름다움이 모두 자신에게 있다'라는 자아 중심적 사고의 하백(河伯)과 넓고 규명하기 어려운 수많은 난점으로 인해 스스로 많다고 여기지 않는 해약과의 선명한 대비를 통해 가치판단의 상대성을 이야기하고자 하였다. 즉, 하백 시야의 유한한 현실 세계는 해약의 무한한 도를 통해 천지의 무궁함을 깨닫는다. 그래서 북해의 약을 통해 "천하의 물은 바다보다 큰 것은 없고, 수많은 물줄기가 여기로 돌아가 어느 때 그칠지도 모르지만, (바닷물은 이로 인해) 가득 차지 않는다. 바닷물은 미려(尾閭)[66]에서 새어나가 언제 그칠지도 모르지만, (이로 인해 바닷물이) 비는 일은 없다. 봄가을은 이로 인해 영향을 받지 않고, 홍수나 가뭄도 알지 못한다. 이렇듯 그것이 강하의 물줄기를 초과하여 그 용량을 잴 수 없지만, 나는 이것으로 스스로 많다고 한 일은 없다"[67]고 하였다. 이처럼 많은 물줄기는 주위 환경으로 말미암아 넘치거나 고갈되지만 바다는 이러한 모든 조건을 초월하기에, 이는 장자가 말하려는 도를 더없이 정확하게 그려내고 있다.

이처럼 장자의 철학적 사고는 물과 바다의 이미지를 통해 가치 판단의 상대성을 분명하게 그려내고 있다. 그는 여기서 좀 더 나아가 바다의 이미지를 통해 소요유적인 정신세계를 그려내었다.

---

65 《秋水》: "秋水時至, 百川灌河, 涇流之大, 兩涘渚崖之間, 不辯牛馬. 於是焉河伯欣然自喜, 以天下之美爲盡在己. 順流而東行, 至於北海, 東面而視, 不見水端, 於是焉河伯始旋其面目, 望洋向若而歎曰: '聞道百以爲莫己若者', 我之謂也. … 今我睹子之難窮也, 吾非至於子之門, 則殆矣, 吾長見笑於大方之家."

66 바닷물이 새어나가는 상상 속의 지명.

67 《秋水》: "天下之水, 莫大於海, 萬川歸之, 不知何時止而不盈. 尾閭泄之, 不知何時已而不虛, 春秋不變, 水旱不知. 其其過江河之流, 不可爲量數. 而吾未嘗以此自多者."

북명(北冥, 북해)에 고기가 있으니, 그 이름을 곤(鯤)이라 한다. 곤의 크기가 몇천 리가 되는지 알지 못한다. 화하여 새가 되니, 그 이름을 붕(鵬)이라 한다. 붕의 등이 몇천 리가 되는지 모른다. 날갯짓하여 날면 그 날개는 하늘에 드리운 구름과 같다. 이 새는 바닷바람이 일 때 남명(南冥, 남해)으로 날아간다. 남명이란 천지이다.[68]

장자의 붓에서 나온 곤(鯤)과 붕(鵬)의 활동 세계는 광활하고 끝없는 세계로, 타자의 속박이나 구속이 없는 영혼을 상징하고 있다. 장자는 여기에서 만물 가운데 가장 큰 물상인 '대해'와 '천지'를 활동 공간으로 한 소요유적인 이상을 담고자 하였으며, 이로써 그는 세속을 초탈한 대자유의 정신세계를 그려내고자 하였다. 여기에서 장자는 북해인 '북명'에 대해 아무런 언급을 하지 않고 있다. 하지만 우리들은 "곤의 크기가 몇천 리가 되는지 알지 못한다"라는 짧은 표현에서 그것의 넓이와 크기를 충분히 상상할 수 있다.

이처럼 노자는 '도'를 대해에다 비유하여 도란 만물을 뒤덮고 실어주는 절대적인 존재로 파악하였고 장자는 '바다'의 이미지를 현존하는 대상이 아닌 현실을 뛰어넘은 소요유적인 정신세계의 물상으로 바꾸어놓고 있음을 알 수 있다.

5. 결론

본 논문은 선진제자 특히 유교와 도교 경전에 나타난 '물'과 '바다'의 의미를 고찰하는 데 중점을 두었다. 그래서 먼저 고대 중국인의 사고 속에 존재

---

68 <逍遙游>: "北冥有魚, 其名爲鯤. 鯤之大, 不知其幾千里也. 化而爲鳥, 其名爲鵬. 鵬之背, 不知其幾千里也. 怒而飛, 其翼若垂天之雲. 是鳥也, 海運則將徙於南冥. 南冥者, 天池也."

하는 '수(水)'와 '해(海)'의 문자적 의미를 살펴보았다.

'수(水)'의 문자적 의미는 단순히 위에서 아래로 흐르는 물질적인 존재로 파악하는 데 그치는 것이 아니라, 물 흐름의 평평함을 통해 표준의 근거가 되는 척도로 삼았음을 알 수 있다. '해(海)'의 문자적 의미는 두 가지 의미로 나타난다. 첫째, 어둡고 명확하지 않은 대상이고, 둘째, "천지"라는 개념과 함께 수백 갈래의 물줄기를 받아들이고 또 땅과 사물의 모든 것을 포용할 수 있는 대상으로 파악하고 있음을 알 수 있다.

선진 유학자들은 물의 형상을 통해 모든 사물의 이치를 통달하고 밝히는 작용으로 표현하였다. 아울러 근원이 있는 샘물처럼 근본이 서야만 유가의 완전한 경계에 이를 수 있음을 밝히고 있다. 그래서 공자는 물의 작용에서 유가의 기본사상인 덕·인·의·예·지·용이라는 윤리도덕 사상으로 뻗어나갔다. 이처럼 공자와 맹자는 지혜로운 자나 군자의 성격, 의지, 도덕 등을 물 흐름과 속성의 상징적 의미체계에다 연결시킴으로써, 관념적인 유가의 윤리도덕체계를 물이라는 상징을 통해 보다 구체화시키고 있음을 알 수 있다. 즉, 이들 유학자는 물의 원리를 통해 유가의 도덕체계에서 더 나아가 인간 행위와 일치시켜, 인간의 생명적 근원으로 여기고 있음을 알 수 있다. 그리고 순자는 공맹의 철학적 사고보다는 보다 직접적인 물의 변화 현상을 통해 군신과 군민의 영향 관계를 논하였다.

바다라는 의미에 있어, 공자는 자신의 어찌할 수 없는 감정의 기탁 대상으로 나타났고, 맹자는 닿기 힘든 성인의 도로 파악하고 있음을 알 수 있다. 아울러 순자는 바다와 유사한 개념인 못을 통해 학문의 정점을 그려내고자 하고 있다. 그래서 이들 유학자의 눈에 비친 바다는 인간과 유리된 대상이 아니라 천지만물을 포용할 수 있는 대상으로 파악하고 있다.

노자와 장자 등의 도학자들은 도를 물의 흐름을 통해 사고하거나 사람의 행위를 인도하는 것으로 파악하는 유가와는 달리, 도를 물의 흐름과 그 과정뿐만 아니라 여러 형태로 나타내는 물 자체에 의미를 두어 파악한다. 그들은 유형의 세계에서 점차로 무형의 세계의 오묘함을 탐구하였다. 이러한 과정에서 그들은 '물'에서 '빛'으로 여기서 더 나아가 '도'의 경계로 나아가게 된다. 즉, 형태가 있는 물의 형상을 통해서 자연의 근원인 도로 향하고 있음을 알 수 있다. 이러한 도의 존재를 그들은 바다에까지 뻗쳐나간다. 그래서 노자는 도란 실체가 없어 모호하지만, 만물을 뒤덮는 넓고 큰 존재로 파악하였다. 이어 장자는 도를 끝없이 깊고 넓은 '대해'에다 견주어, 절대적인 존재로 파악하고 있다. 이를 통해 세속을 초탈한 소요유적인 대자유의 정신세계를 그려내고 있음을 알 수 있다. 이처럼 도학자의 눈에 비친 물은 도를 밝히는 첫 대상이자 유형물로 나타났고, 바다는 이것에서 더 나아가 무형적이고 절대적인 존재에 비유하고 있음을 알 수 있다.

참고문헌

阮元 校刻, ≪十三經註疏≫, 中華書局, 1991年版.

王文錦 譯解, ≪禮記譯解≫, 中華書局, 2001年.

≪四書五經≫, 中國書店, 1989年.

程樹德 撰, 程俊英 外 點校, ≪論語集釋≫, 中華書局, 1990年.

劉寶楠 撰, 高流水 點校, ≪論語正義≫, 中華書局, 1990年.

楊伯峻 譯註, ≪論語譯註≫, 中華書局, 1981年.

焦循 撰, 沈文倬 點校, ≪孟子正義≫, 中華書局, 1991年.

蘭州大學中文係, ≪孟子譯註≫, 中華書局, 1961年.

陳鼓應, ≪老子註釋及評價≫, 中華書局, 1984年.

朱謙之, ≪老子校釋≫(新編諸子集成第一集), 中華書局, 1984年.

任繼愈, ≪老子新譯≫, 上海古籍出版社, 1978年.

郭慶藩 撰, 王孝魚 點校, ≪莊子集釋≫, 中華書局, 1995年.

王先謙, 劉武 撰, 沈蕭寰 點校, ≪莊子集釋≫, 中華書局, 1987年.

王夫之 撰, 王孝魚 點校, ≪莊子解≫, 中華書局, 1981年.

陳鼓應, ≪莊子今注今譯≫, 中華書局, 1983年.

王先謙 撰, 沈嘯寰, 王星賢 點校, ≪荀子集解≫, 中華書局, 1996年.

劉安 著, 高誘 注, ≪淮南子注≫, 上海書店, 1980年.

許愼 撰, 段玉裁 注, ≪說文解字注≫, 上海古籍出版社, 1984年.

王先謙 撰, ≪釋名疏證補≫, 上海古籍出版社, 1984年.

李昉 等 撰, ≪太平御覽≫, 中華書局, 1992年.

劉向 撰, 趙善詒 疏證, ≪說苑疏證≫, 華東師範大學出版社, 1985年.

張華, ≪博物志≫, 中華書局, 1980年.

羅竹風 主編, ≪漢語大詞典≫, 漢語大詞典出版社, 1994年.

董洪利, ≪孟子研究≫, 江蘇古籍出版社, 1997年.

張恒壽, ≪莊子新探≫, 湖北人民出版社, 1983年.

顧文炳, ≪莊子思維模式新論≫, 上海社會科學院出版社, 1993年.

陳鼓應, ≪老莊新論≫, 上海古籍出版社, 1997年.

靳懷堾, ≪中華文化與水≫, 長江出版社, 2005年.

가스똥 바슐라르, ≪물과 꿈≫, 文藝出版社, 1988年.

사라 알란, ≪공자와 노자 그들은 물에서 무엇을 보는가≫, 예문서원, 1999年.

중국 "텐진(天津) 8·12" 사건과
1인 미디어의 역할*

TIAN QI·리단

1. 서론

인터넷은 인간의 사상·문화·정보를 집합과 동시에 이러한 사상·문화·정보를 사회적으로 확대 및 전파시키고 있다. 인터넷의 출현으로 인해 인간의 커뮤니케이션 방식은 획기적인 변화가 일어났다. 끊임없이 쏟아지는 소셜 네트워크 서비스가 새로운 인간관계를 형성하고 있으며, 기존의 가상공간은 살아 숨 쉬는 공간으로 탈바꿈되었다.[1] 즉 인터넷의 활성화는 사회·문화·산업적인 측면에서 많은 변화를 가져왔다. 정보의 디지털화를 통해 대규모의 정보가 축적되면서, 정보 활용이 용이해졌고, 이메일의 일반화를 통해 일상의 커뮤니케이션 방식이 변화하였다. 또한 오프라인 공간과는 다른 온라인상의 커뮤니티와 네트워크들이 형성되었고, 수많은 네티즌들이 사회적 콘텐츠 생산 주체로 변화하였다.[2]

이러한 커뮤니케이션 방식의 변화에 따라 사회 곳곳에서 조금씩 영향력을

---

* 이 논문은 본인이 지도한 부경대학교 석사학위논문에 근거하여 수정·보완했음을 밝힘. (TIAN QI, 「중국의 돌발사건에서 1인 미디어의 영향 연구-'텐진(天津) 8·12' 사건을 중심으로」).
1 吳保來(2013), "基于互联网的社会网络研究—一种技术与社会互动的视角", 中共中央党校博士学位论文, p.1.
2 최민재·양승찬(2009), 『인터넷 소셜 미디어와 저널리즘』, 한국언론재단 연구총서 (2009-01), p.9.

키워왔던 개인들이 이제는 미디어 영역에서도 목소리를 높이게 되었는데, 이른바 1인 미디어 시대가 등장한 것이다. 현재 전 세계는 1인 미디어로 확산되어 있다. 트위터나 페이스북, 인스타그램을 비롯한 SNS는 물론이고 인터넷, 공중파, 케이블 TV에서도 1인 미디어의 영향력을 광범위하게 접할 수 있다.3 1인 미디어의 이러한 광범위한 전파와 함께 1인 미디어는 정치·경제·사회·문화 내지는 개인의 삶까지 영향을 미치고 있다.

중국에서 인터넷의 발전은 규모화를 이루었으며, 다원화적인 방향으로 나아가고 있다. 중국인터넷정보센터(中國互聯網信息中心)에서 발표한 제50차 '중국 인터넷 발전 현황 통계 보고서'에 따르면 2022년 6월 기준 중국 네티즌 규모는 10억 5,100만 명이며 그중 휴대전화로 인터넷에 접속하는 네티즌의 비율이 99.6%에 달했다. 같은 보고서에 따르면 중국의 인터넷 보급률은 74.4%이며 1인당 주당 인터넷 이용 시간은 29.5시간으로 2021년 12월보다 1.0시간이 늘었다.4 이러한 인터넷 네트워크의 시대와 인터넷을 기반으로 현재 중국의 1인 미디어는 우후죽순같이 출현하고 있다. 그 가운데 웨이보(微博), 위챗(微信)은 사회적 이슈 접근에서 네티즌으로부터 주목을 받고 있다.

요컨대 1인 미디어의 출현은 빠른 속도로 발전하는 인터넷 과학 기술에 근거하고 있고 정보를 통해 실시간으로 정보를 인터넷에 올릴 수 있다. 내용은 문자, 이미지, 동영상, 음악 등 다양하다. 또한 1인 미디어 시대에서 정보는 더 이상 폐쇄되지 않고 점차 투명해지고 있다. 이러한 배경하에 이 연구는 2015년의 "톈진(天津) 8·12 폭발사건"에서 웨이보의 대응과 그 영향력을 중심으로 중국의 돌발사건에서 1인 미디어가 어떻게 대응하였으며 어떠한 영향력을 발휘하였는지 등 문제를 분석하고자 하였다. 이러한 연구를 통해

---

3   "대한민국의 1인 미디어 역사를 돌아보다" (http://www.pressian.com/news/article.html?no=155297).
4   "中国网民规模达10.51亿", (https://www.zaobao.com.sg/realtime/china/story20220831-1308301).

그 어느 때보다 공공안전의 중요성이 주목받는 현재 중국에서 어떻게 소셜 미디어의 선순환적 환경 조성을 할 것인가에 시사점을 제시하고자 한다.

2. "톈진 8·12" 사건의 개요

2015년 8월 12일의 중국 톈진에서 발생한 폭발사건은 세계의 주목을 받았다. 중국 국무원조사에 따르면 이번 사건은 톈진항 루이하이(瑞海) 물류회사의 위험물 창고화제로 인한 중대한 안전사고로 165명의 사망자와 8명의 실종자가 발생했다. 이번 사건으로 문책을 당한 사람은 123명이었다. 이 사건은 인위적인 요인으로 중국 사회에 침통한 교훈을 남겼다.

(1) "톈진 8·12" 사건의 개요

2015년 8월 12일 22시 51분 46초, 톈진시 빈해신구(濱海新區)에 위치한 톈진항 루이하이 물류회사의 위험물 창고에서 화재가 발생하였다. 위험물로 1차 폭발이 발생하였다. 22시 56분 톈진시 공안국 소속 4개 소방대가 화재 현장에 도착하여 루이하이회사의 현장 책임자에게 폭발물질을 확인하였으나 현장 책임자는 상황 파악을 하지 못하고 있었다. 화물 컨테이너가 도로를 점용한 관계로 소방차는 화재 현장에 접근할 수 없었다. 거센 불길과 맹렬한 화세로 인하여 소방차는 외곽에서 사수(謝水) 할 수밖에 없었다. 현장 소방대 요청에 따라 톈진시 공안 소방지대와 톈진시 공안 소방총부(消防總隊)는 총 3개 대대, 6개 중대, 소방차 36대, 소방대원 200명을 현장에 파견하였다.[5] 소방대가 현장에서 화재를 진압하는 과정에 23시 34분 06초 1차 폭발이 발

---

5   "天津港 '8·12'瑞海公司危险品仓库特别重大火灾爆炸事故调查报告公布",『消防界』, 2016.02.09, p.35.

생하였으며 30초 후 2차 폭발이 발생하였다. 첫 번째 폭발이 발생 시 TNT(Trinitrotoluene)는 15톤, 두 번째 폭발은 430톤으로 추적되었다.[6]

2015년 8월 13일 새벽 1시 톈진항 건물 앞 광장에서 응급 지휘 차량에서 총지휘부가 소집되었다. 톈진시 공상당위원회 대리 서기인 황싱궈(黃興國)가 총지휘를 담당하고 부서기 왕뚱펑(王東峰), 부시장 왕홍쟝(王宏江), 부시장 허수산(何樹山), 그리고 톈진시 공상당위원회 상무위원이며 빈해신구 서기인 중궈잉(宗國英)이 부지휘관을 담당하였다. 사건 현장에 참여한 구조 인력은 총 16,000명이며 동원된 차량은 2,000여 대이다. 동원된 인력 중 중국 인민해방군 군인 2,207명, 무장경찰 2,368명, 공안 소방대원 1,728명, 공안 기타 경찰인력 2,307명, 안전감찰과 위험물질 처치 전문 인력 243명, 톈진시 기타 영역 전문가 938명(방역, 의료, 환경보호 등)이 동원되었다. 중국 공안부는 베이징시(北京市), 상하이시(上海市)를 비롯한 중국의 8개 지역에 화학공업 구조, 핵·생화학 점검 등 전문 인력과 특수 장비를 동원하여 8·12 폭발 사건을 지원하도록 지시하였다.[7]

2015년 8월 14일 16시 40분 화재가 진압되었다. 이번 사고로 사망자 165명(소방대원 24명, 톈진항 소방인원 76명, 경찰 11명, 사고기업과 주변기업 및 주민 55명), 실종자 8명(톈진항 소방인원 5명, 주변기업 직원 및 톈진 소방인원 가족 3명), 부상자 789명이 발생하였다. 이 사고로 304개 건물(오피스 청사 및 공장, 그리고 창고 73개, 1류 주택 건물 91개, 2류 주택 129개, 주민 아파트 11개), 차량 12,428개, 컨테이너 7,533개가 파손되었다. 이번 사고의 조사팀은 중국의 "기업의 직원 사망과 부상 사고 경제손실 통계기준(企業職工傷亡事故经济損失统计标准: GB6721-1986)"에 따라서 추산하

6 　위의 자료.
7 　天津港 '8·12'瑞海公司危险品仓库特别重大火灾爆炸事故调查报告公布", 『消防界』, 2016.02.09, p.36.

면 직접적인 경제 손실 총액은 2015년 12월 10일 현재 68.66억 위안인 것으로 밝혔다.[8]

(2) "톈진 8·12" 사건의 발생 원인

톈진항 폭발사고는 중국 역사상 최악의 소방 참사로 기록될 정도로 화재 진압을 위해 투입되었던 소방대원의 인명피해가 가장 컸다. 중국 정부는 6개월에 걸친 조사 결과를 2016년 2월 6일에 발표하였다. 이 조사 결과에 따르면 사고 원인은 루이하이 물류회사의 위험물 창고의 적재된 위험물에서 최초 화재가 발생하였는데 화재가 질산암모늄(ammonium nitrate) 등의 위험물에 옮겨붙어 폭발을 일으켰다고 발표하였다. 당시 톈진항 루이하이(瑞海) 물류회사가 보관하던 컨테이너에는 800톤의 질산암모늄 이외에 500톤의 질산칼륨(potassium nitrate), 700톤의 시안화나트륨(sodium cyanide) 등 신고하지 않은 화학물질을 포함하여 40여 종의 화학물질 3,000여 톤이 적재되어 있었던 것으로 알려졌다.[9]

다음은 루이하이 회사의 관리 문제이다. 루이하이 회사는 위험 물질을 위법으로 경영 및 저장하여 그 관리가 혼란한 것으로 밝혀졌다. 사건 당시 소방대원은 초기에 위험 물질의 위험성을 확인하지 못한 채 단순하게 화재 진압을 위해 창고에 물을 뿌렸고 그것이 대량으로 저장된 탄화칼슘과 반응하여 1차적으로 TNT 3톤급의 대형 폭발을 일으켰다. 그 후 질산암모늄이 반응하면서 TNT 21톤급 초대형 폭발을 일으켰다.[10] 중국 국무원이 이번

---

8   天津港 "8·12"瑞海公司危险品仓库特别重大火灾爆炸事故调查报告, pp.7-8.

9   최재용(2016), 「중국 톈진항 폭발사고 사례분석을 통한 대응역량 강화 방안」, 『한국위험물학회지』, Vol.4, No.1, pp.52-53 재인용.

10 "地震台网称第二次爆炸相当于21吨TNT 2消防员失联", (http://www.bjnews.com.cn/news/2015/08/13/374049.html),
    최재용(2016), 「중국 톈진항 폭발사고 사례분석을 통한 대응역량 강화 방안」, 『한국위험물학회지』, Vol.4, No.1, p.53 재인용.

사건에 대한 조사에 따르면 루이하이 회사는 다음과 같은 7가지 위법 행위를 하였다.[11]

(1) 톈진시 도시 규획과 빈해신구 규획을 위반하여 허가를 받지 않은 채, 위법으로 건물을 건축하고 건물이 완공되기 전에 위험물질을 적치하였다.

(2) 인가증을 받지 않은 상태에서 위법으로 경영하였다. 중국의 법규에 따르면 항구 내 위험물질과 물류업무는 반드시 "항구경영허가증(港口经营许可证)", "항구위험물작업부가증명(港口危险货物作业附证)"을 구비하여야 한다. 그러나 루이하이 회사는 11개월 경영하는 동안 결제 및 허가를 받지 않은 상태에서 위법으로 항구 내에서 위험물질을 적치 및 경영 업무를 진행하였다.

(3) 부당한 수단으로 위험물에 대한 경영권을 결제 받았다. 위험물에 대한 경영 결제는 여러 부처의 동의가 필요하여 비교적 긴 시간이 필요하지만 루이하이 회사는 조속한 운영과 빠른 시일 내 이윤을 창출하기 위해 부정당한 수단으로 인맥을 동원하여 행정 결제 절차를 교란시켰다. 이들은 항구 심사와 감독 관문을 관통시켜 무허가 상태에서 경영권을 행사하였다.

(4) 위법으로 질산암모늄(硝酸铵)을 보관하였다. 루이하이 회사는 과적 과잉 경영으로 질산암모늄을 보관하였다. 이들은 위험물질을 혼잡하게 보관하였을 뿐만 아니라 규정 높이를 초과하여 적층하였다. 루이하이 회사는 위험물질의 개봉, 운반, 하역 등 취급 작업에서도 위법 행위가 존재하였다. 특히 중대 위험원(危险源)을 규정에 따라서 등록하지 않았다. 루이하이 회사는 직원의 안전교육 상황도 심각했다. 이들은 규정에 따라서 위급 상태에 관한 예상 훈련을 하지 않았다.

요컨대 톈진 8·12 폭발사건은 중국사회에 미치는 혹독한 교훈을 안겨주

---

11   루이하이 회사가 톈진 8·12 폭발사건에서의 책임은 "'天津港 8·12'瑞海公司危险品仓库特别重大火灾爆炸事故调查报告", pp.26-31 내용에 따라서 정리.

었다. 이 사건으로 심각한 인명피해와 막대한 재산손해가 발생하였다. 위험 물질의 사방 전파로 야기된 주변 환경의 오염, 그리고 이러한 환경 악재가 빈해신구 주변 대중에게 미치는 심리적 불안감은 숫자로만 계산할 수 없을 것이다. 이 사건으로 중국의 정부, 언론, 지식인, 대중 등 다차원에서 중국의 정경결탁, 안전 시스템의 부실, 그리고 국민의 알권리에 대한 성찰을 요구하였다.

3. "톈진 8·12 사건"에 대한 관영 1인 미디어의 대응과 영향

중국의 관영 미디어는 중국 공산당의 대변인 역할을 수행한다. 관영 미디어는 정부가 추구하는 가치를 정당화하며 사회적 안전 유지에 가치를 두고 있다. 운영 시스템의 경우 전통 미디어는 물론 뉴미디어도 중국 공산당 선전부의 심사를 거쳐야 한다. 톈진 8·12 폭발사건 발생 후 톈진시 정부를 포함한 각 부처가 속수무책으로 곤경에 빠져 있을 때 관영 미디어는 정부 입장을 대변하여 대응한 것은 사건으로 야기된 사회적 혼란에서 정전압(穩壓閥)의 역할을 수행하였다. 따라서 이 절에서는 관영 전통 미디어와 정부 웨이보의 내용을 정리, 분석하였다.

(1) 전통 미디어의 대응과 영향

① 중앙 전통 미디어

톈진 8·12 사건은 중국의 역사상 최대의 안전사고로 물리적인 피해는 물론 심리적으로 적절한 대응을 못 하는 경우 폭풍 같은 사회 안전 문제를 몰고 올 수 있었다. 따라서 톈진시 정부는 물론 중앙정부도 고도의 긴장에 빠지게 되었다. 이러한 긴급 상황하에 중앙지들은 중국 정부와 중국공산당의 핵심 가치를 수호하는 기조에서 출발하여 톈진 8·12 사건을 보도하였다. 이 논문은 중국 공산당 지관지인 <인민일보>의 보도를 집중 정리·분석하였다.

<인민일보>는 톈진 8·12 사건이 발생한 다음 날인 2015년 8월 13일에 보도를 시작하였는데 8월 19일까지의 총 39편의 기사를 보도하였다. 이 기간 동안 <인민일보>는 평균 매일 5.5편(가장 많은 날은 9편, 가장 적은 날은 1편)의 기사를 보도하였으며 기사 내용은 구조상황과 여론감독에 집중되어 있었다. 구조를 주제로 한 기사가 13편으로 약 33.3%를 차지하였으며 여론 감독 기사는 10편으로 약 25.6%를 차지하였다. 보도의 기조를 살펴보면 <인민일보>의 기사는 객관적인 공지와 이성적인 권유를 선택하였는데 신문기사의 키워드는 "고도의 중시(高度重視)", "중요지시(重要指示)", "전력구조(全力搜救)", "안전확보(確保安全)", "인민 이익의 지상(人民利益至上)", "전면검사(全面排査)", "법에 따른 처벌(依法査處)", "정돈을 심화(深化整治)", "부상자에 대한 구제(傷員救治)" 등에 집중되었다.[12]

위와 같이 <인민일보>의 보도는 국가 지도자들과 기타 부처의 구원 활동에 집중되었다. 또한 '톈진 8·12 사건'의 보도에서 국민에게 긍정적인 에너지를 전달하는 데 그 초점을 맞추었다. 이러한 경향은 『뉴욕타임즈(the new york times)』가 이 사건에 대한 보도와의 비교에서도 나타났다. <표 1>에서 제시한 바와 같이 <뉴욕타임즈>에 비해 <인민일보>는 긍정적인 보도에 힘을 기울였으며 화재사고의 성격에 대해서는 모호한 태도를 취하였다. <뉴욕타임즈>가 루이하이 회사의 부지 선정과 같은 대중이 정부에 대한 질의로부터 이번 사건의 공공위험성을 강조한 반면 <인민일보>는 정부의 대응 능력의 강조와 민족주의 선양에 집중된 것으로 확인되었다.[13] <인민일보>의 이

---

12   陈骁(2016), "<人民日报>与<中国青年报>天津爆炸时间报的比较", 『新闻世界』, 2016.02, pp.94-96.
13   苏翌暄·陈先红(2016), "中美主流媒体对 '8·12天津港爆炸事件'报道的框架分析: 以<人民日报>与<纽约

러한 보도는 대중의 정서를 안착시키는 데 어느 정도 기여를 한 것으로 예측이 되나 사건보도 실효성 부분에서 여의치 않았다고 평가할 수 있다.

〈표 1〉 〈인민일보〉와 〈뉴욕타임즈〉

인민일보		뉴욕타임즈	
언급된 행위자	횟수	언급된 행위자	횟수
부상 국민	6		
부상자 가족	2	중국정부	4
정부	5	피해 대중	2
사고현장지휘	2	대중	1
구조인원(소방대, 무장경찰)	3	구조인원	1
기사기조	횟수	기사기조	횟수
긍정(구조, 안착)	4	비판(중국정부)	1
찬양(소방관병)	2	질의	2
성격적 규명	횟수	정성적인 판단	횟수
중대대화재사고 (성격규명이 명확하지 않음)	2	심각한 손해, 치명적인 사고	1
		안전 사고	1

자료출처: 苏翌喧·陈先红(2016), "中美主流媒体对 '8·12天津港爆炸事件' 报道的框架分析: 以<人民日报>与<纽约时报>为例", 『武汉理工大学学报(社会科学版)』, p.806.

② 톈진시의 전통 미디어의 대응과 영향

톈진시의 전통 미디어는 지리적인 편리로 다른 매체보다 일차자료의 수집에 유력하였다. <톈진일보(天津日報)>는 사건 발생 다음 날인 13일부터 9월 12일까지 약 한 달간 총 437편의 기사를 보도하였다. 그중 긍정적인 에너지를 담은 기사가 177편으로 보도 총수량의 41%를 차지하였고 재난 구조와 관련된 기사는 103편으로 전체 보도의 24%를 차지하였다. 그 외 환경오염 40편(9%), 재난배상과 재건에 관한 보도는 35(8%), 정부관료의 지시를 담은 보도가 31편(6%), 심리 건강에 관한 기사 14편(3%)을 차지하였으며 심

时报>为例", 『武汉理工大学学报(社会科学版)』, p.806.

층보도 기사 10편, 유언비어를 정정하는 기사 7편, 사고 문책에 관한 기사 7편, 그리고 재난 예방지식에 관한 기사 5편이 보도되었다.[14]

텐진 텔레비전방송국이 이번 사고에 대한 보도는 부정적인 평가를 받았다. 이 방송국은 사건 발생 다음 날인 13일 오전 10시에 겨우 사고를 보도하였다. 이 사건이 발생 후 10분도 지나지 않아 각종 파편화된 정보가 기하급수적으로 몇 시간 내 전국으로 전파되어 중국은 슬픔과 불안 속에 빠지게 되었다. 텐진 텔레비전방송국은 텐진시의 권위적인 언론기관으로서 제때, 적절하게 대처하지 않은 채, 기존의 프로그램을 그대로 기계적으로 방송하였다. 8월 13일 저녁에 전 국민의 맹렬한 비판의 목소리 속에서 목요일에 방송 예정이었던 '하이 베이비(寶貝你好)', '사랑의 싸움(愛情保衛戰)', 금요일에 방송 예정이었던 '사랑의 에너지(愛的正能量)' 등 일부 상업광고가 들어가 있는 프로그램을 중단시켰다.[15]

텐진 텔레비전방송국은 8월 13일에 뉴스를 10건을 발표하였는데 그중 정부 관료가 현장을 시찰하고 부상자를 위문하는 보도가 4건, 기자회견 1건, 구조와 자원봉사에 관한 뉴스가 5건이었다. 텐진 텔레비전방송국은 저녁 방송에서 사건에 관한 뉴스를 12건을 보도하였는데 역시 정부 관료의 현장 방문과 관련된 뉴스가 4건, 재난 현황 2건, 기자회견 뉴스 1건, 부상자 구조와 자원봉사 뉴스는 5건으로 기사가 보도되었다. 이러한 보도 내용은 "위험물", "컨테이너", "화학품"과 같은 텐진 시민들이 관심 있는 이슈와는 어긋났다.[16]

---

14   孙红竹·田艳天(2016), "传统媒体对 '8·12' 爆炸事故的报道分析", 『青年记者』, 2016.05, p.33.
15   "天津卫视停播娱乐节目悼念爆炸事故遇难者",
       (http://news.163.com/15/0813/21/B0U6U6GT0001124J.html)
16   孙红竹·田艳天, 앞의 논문, p.33.

(2) 관영 1인 미디어의 대응과 영향

① 대응

사회의 발전과 인터넷 여론의 파악 및 감독을 유도하기 위해서 2009년 하반기에 호남타오원현(湖南桃源縣) 정부가 '타오원망(桃源網)'이라는 아이디로 공중계정을 만들면서 중국의 '정무웨이보(政務微博)' 시대가 열었다.[17] 그 후 중국의 각급 행정기관은 정무웨이보를 개설하였다. 정무웨이보는 민의에 대한 파악과 수렴, 그리고 정부의 정책에 대한 홍보와 해석 등 서비스를 제공하는 플랫폼이 되었다. 돌발사건의 처리 과정에서 정무웨이보는 정부의 공식적인 입장을 발표하는 중요한 경로가 되었으며 해당 계정은 follow와의 실시간 교류로 즉각적인 의사소통을 할 수 있었다. 과거의 정보 발표회의 일방적인 통보와 달리 정무웨이보는 전달과 피드백을 통한 쌍방향 소통으로 대중들과의 연결을 할 수 있게 되었다.

"톈진 8·12 사건"이 발생한 12일 저녁 23시 34분부터 13일 1시 43분까지 '톈진 소방관관계정(@天津消防官方微博)'은 가장 먼저 이 사건을 보도한 정무웨이보였다. 비록 이는 소방대가 현장에 1차 투입 뒤 2시간 이후의 시간이었으나 가장 먼저 대처한 관영 미디어였다. 그 후 '톈진시 정무웨이보(天津市政务微博@天津发布)'와 '빈해신구 정무웨이보(滨海新区政务微博@滨海发布)'는 각 13일의 03:52, 03:10에 사건을 보도하였다. 톈진시 정무웨이보가 놓친 '황금 4시간'으로 발생한 대중의 공황, 의심, 그리고 불안적인 정서가 인터넷에 발효되어 들끓었으며 이는 결국 유언비어가 만연하는 화근이 되었다.[18]

톈진시 공안국 공식 웨이보 계정(@平安天津)은 13일 오전 2시 43분에

---

17 百度百科,
    (https://baike.baidu.com/item/%E6%94%BF%E5%8A%A1%E5%BE%AE%E5%8D%9A/3002574).
18 袁雷(2016), "天津港 8·12'爆炸事故中的危机传播管理研究", 兰州大学硕士学位论文, p.18.

이 사고를 보도하였으나 네티즌들이 인터넷에서 실시간 올린 동영상과 사진 중에서 피해가 가장 경한 사진을 선택하였다. 이들 보도는 사고의 발생 시간과 시민들에게 안전 경고만 공지하고 그 외의 다른 정보는 보도하지 않았다. 빈해신구 정무웨이보(@濱海發布)의 내용은 @平安天津과 같은 내용이다.[19] 톈진시 '공안국 사이버 안전 보위 총대(天津市公安局网络安全保卫总队)'의 공식 웨이보 계정(@天津网警巡查执法)은 13일 03:51분에 사고에 관련된 글을 올렸는데 강경어 조로 발표했을 뿐만 아니라 네티즌들이 올린 부정적인 댓글을 삭제하기도 하였다.[20] (〈표 2〉는 톈진시 관영 웨이보의 보도 상황이다.)

〈표 2〉 톈진 관영 웨이보 보도 상황

관영 웨이보	보도시간	내용	그림	그림 내용	전파 영향	비고
@진원보 (今晚報)	12일 12시 4분	소문을 옮기지 말고 관방공고를 더 기다려 주십시오.	있음/ 전달	폭발	전달 72 댓글 28	주체 정보 전달 네티즌
@톈진일보 (天津日報)	12일 12시 9분	#돌발#[빈하이신구(개발구)에서 강한 폭발 사건이 발생하였다. 오대길 근처에 강한 폭발이 발생하였다. 현장에서 버섯구름이 떠오르고 10여 킬로미터 외에서 지진을 느꼈다.	있음/ 전재	폭파	전달 1,126 댓글 99	
@톈진발포 (天津發布)	13일 3시 52분	#돌발#[톈진항 위험물 창고에서 폭발사건이 발생하였다. 8월 12일 밤 11시 20분경 톈진항 국제물류센터 구역 내 루우하이 회사 위험물창고(민영기업)에서 폭발 사건이 발생하였다. 초보 통계에 따르면 사망자 7명,	없음		전달 715 댓글 174	화재 링크 있음

---

19 "812#天津塘沽大爆炸#政务微博表现盘点", (https://weibo.com/p/1001603875525306527437).
20 "通过天津"8·12"事故浅析网络舆情治理的困境与出路", (http://news.xinhuanet.com/interview/2015-08/26/c_1116378062.htm).

관영 웨이보	보도시간	내용	그림	그림 내용	전파 영향	비고
		부상자 발생, 주변 건물 파손되었다. 제2차 폭발이 발생하였다. 일부 인원은 현장에서 벗어나지 못했다. 현재 구조 중				
@빈하이발포 (濱海發布)	3시 10분	[위험물 창고 컨테이너 장치장에서 폭발 현장에서 긴급 구조 중 … 원인과 사망자 수는 조사 확인 중 … #상황 통보#8월 22일 52분경 톈진시 빈하이신구 톈진항 7호 문 루이하이 국제물류회사 위험물 창고 컨테이너 장치장에서 화재 폭발 발생하여 경전철역 건물과 주변 주민 주택 건물이 파손되었다. 폭발 원인과 사망자 수 조사·확인 중 … 구체적인 상황 @핑안톈진에서 찾아 주십시오..	있음/ 전달 @ 핑안톈진 (平安天津)	거리 와 파손 창문	전달 118 댓글 46	링크 @ 핑안톈 진

자료출처: 퉁펑(2016), 「전파의 도킹: 도시위기전파의 진급 키워드-2015년 톈진항 '8·12' 특별 중대한 화재폭발사고중심으로」, 『매체신론(傳媒新論)』, pp.73-74에서 인용

② 영향

현재 중국의 관영 1인 미디어는 정무 1인 미디어와 관영 신문사, 텔레비전 방송국이 있다. 앞에서 언급한 바와 같이 "톈진 8·12 사건"에서 관영 1인 미디어는 웨이보와 같은 플랫폼을 활용하여 정부와 대중 간에 쌍방향적인 소통의 역할을 하였다. 이러한 역할과 영향은 다음과 같이 정리할 수 있다.

첫째, 관영 1인 미디어는 정부의 사회안정 정책에 기여하였다. 즉 관영 1인 미디어는 공신력이 있는 보도를 하는 데 노력하여 전통 미디어가 실효성 부분에서 지연과 보도 내용이 지나치게 긍정적 등 단점으로 인하여 대중으로부터 공신력을 상실할 수 있다는 단점을 보완할 수 있었다. 관영 1인 미디어의 보도는 용어 사용에서 비교적 온화한 단어를 사용하여 사회의 안정과

정부의 대처에 더 치중한 것으로 나타났다. 그러나 이들 관영 1인 미디어는 대중의 관심 키워드에 비중을 두는 것을 소홀히 하지 않았다. <표 2>와 <그림 1>에서 확인할 수 있는 듯 관영 1인 미디어는 자극적인 사진과 동영상을 사용하지 않았으며 정부에 관한 부정적인 보도가 차지하는 비중이 상대적으로 낮은 것으로 나타났다. 또한 @人民日报가 사건을 게재한 글은 살펴보면 그 빈도는 다음과 같이 나타났다: 구원상황(50%), 실제상황(37%), 주의사항(4%), 허위정보 정정(4%), 과학지식(3%), 구급상식(2%).[21] @人民日报는 다차원적으로 대중들 사이에 이 사건이 발생 후 정부의 초기 대응의 부진으로 발생한 공황심리를 안착시키고 사회적인 안전을 유지하는 데 기여하려고 노력하였으며 영향력 또한 큰 것으로 평가된다. 이는 관영 웨이보가 보도한 뉴스에 대한 조회에서도 엿볼 수 있다. (<표 3>은 주요 관영 웨이보의 보도와 조회 현황이다.)

〈표 3〉 주요 관영 웨이보의 보도와 전달 상황

전달 수	매체	유형	시간	주제	웨이보 기조
730895	「인민일보」 (人民日報)	관영웨이보	2015/8/13 18시 53분	기도·찬송	긍정
256367	「돗이어신문」 (頭條新聞)	관영웨이보	2015/8/13 0 시 18분	사건진전	중립
222660	「인민일보」	관영웨이보	2015/8/13 1 시 30분	사건진전	중립
192989	「인민일보」	관영웨이보	2015/8/18 8 시 12분	기도·찬송	긍정
187987	「인민일보」	관영웨이보	2015/8/13 8 시 24분	기도·찬송	긍정
175178	「양스신문」 (央視新聞)	관영웨이보	2015/8/13 1 시 24분	사건진전	중립

---

21 李珂(2016), "媒体微博对突发性灾难事件的应对-以人民日报对天津8·12爆炸事故的报道为例."

전달 수	매체	유형	시간	주제	웨이보 기조
155060	「양스신문」	관영웨이보	2015/8/13 9시 53분	사상(死傷)상황	중립
144872	「둣이어신문」(頭條新聞)	관영웨이보	2015/8/13 8시 15분	사상상황	중립
117529	「둣이어신문」(頭條新聞)	관영웨이보	2015/8/18 0시 9분	기도·찬송	부정
107954	「신랑톈진」(新浪天津)	관영웨이보	2015/8/13 10시 17분	기도·찬송	긍정

자료출처: 진몽시(陳夢析)(2016),「돌발사건의 인터넷여론에 대한 분석과 대응-톈진항 루이하이회사 위험물창고의 특별중대한 폭발사건 중심으로」, 화중사범대학교 석사학위논문, p.13.

둘째, 관영 1인 미디어는 늦은 대응으로 사건 해결의 사회적 단가를 높였다. "톈진 8·12 사건"이 발생한 후 '톈진 소방관관계정(@天津消防官方微博)'은 소방대가 현장에 1차 투입의 2시간 후에서야 사건을 보도하였지만 그나마 이는 관영 웨이보 중에서 가장 먼저 사건을 보도했다. 톈진 정무 웨이보를 비롯한 관영 웨이보는 개인의 웨이보와 위챗이 신속히 사건을 보도함으로써 형성한 강력한 사회여론의 압력 속에서 피동적으로 폭발사건에 대해 보도하였다. 공신력의 면에서 권위적 고지를 차지해야 할 관영 웨이보의 뒤처진 보도로 인하여 허위 정보의 번식과 전파에 공간을 제공하였다. (<표 4>는 톈진시 주요 관영 웨이보의 1차 대응 시간이다.)

<표 4> 톈진시 주요 관영 웨이보의 1차 대응 시간

微博账号	微信账号	事故相关的微博	事故相关的微信数量	首条相关微博发布时间
平安天津	平安天津	34	15	8月13日 02:44
天津交警	天津交警	27	4	8月13日 07:29
天津消防	天津消防	17	4	8月13日 01:43
天津发布	/	148	/	8月13日 03:52
天津港公安局跃进路派出所	/	2	/	8月15日 16:16
滨海发布	/	154	/	8月13日 03:10
津彩青春	津彩青春	272	14	8月13日 08:46
天津港公安局保税港区派出所	/	22	/	8月15日 06:34

자료출처: "'8·12' 事件引爆輿论 且看天津政务双微如何应对", 人民网, 2015年8月20日
(http://www.cpd.com.cn/n15737398/n26490099/c30061982)

톈진시 관영 매체들이 이번 사건에 대한 대응은 대중들의 관심에 부응하지 못했으며 언론기관으로서의 기능을 충분히 수행하지 못했다고 볼 수 있다. 또한 사건 보도 진행 과정에서 휴머니즘적인 관심이 부족했고 보도 시간과 형식에 대해서도 정확하게 파악하지 못했다. <그림 1>에서 확인한 바와 같이 톈진시 정부가 8·12 폭발사건에 대한 전파에서 주로 '변호'와 '부인'이라는 전략을 택했다는 것을 확인할 수 있다.[22] 이러한 부적절한 대응은 대중으로부터의 불만을 불러일으켰으며 네티즌들은 "톈진은 뉴스가 없는 도시(天津是一個沒有新聞的城市)"라는 강한 비판의 목소리를 내게 되었다. 또한 보도의 내용을 살펴보면 관영 웨이보는 범위가 넓은 데 비해서 심층취재가 부족하였다는 것을 확인할 수 있었다. 특히 관영 웨이보에 보도된 기사를 살펴보면 동질화된 중복 기사가 많았다는 것을 볼 수 있다. 이는 대중으로부터 호소를 받는 데 큰 한계가 노정되었다.

---

[22] 王宇琦·陈昌凤(2016), "社会化媒体时代政府的危机传播与形象塑造: 以天津 '8·12'特别重大火灾爆炸事故为例", 『新闻与传播研究』, 2016年, 第7期, p.52.

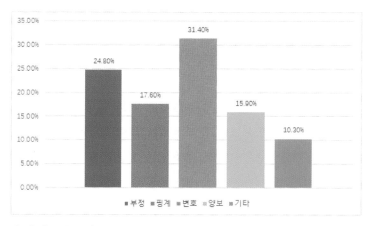

자료출처: 王宇琦, 陈昌凤(2016), "社会化媒体时代政府的危机传播与形象塑造: 以天津 '8·12'特别重大火灾爆炸事故威例", 『新闻与传播研究』, 2016年 第7期, p.52.

〈그림 1〉 톈진시 정부의 사건의 위험성에 대한 보도 현황

4. 돌발사건에서 개인 1인 미디어의 대응과 영향

최근 중국에서 발생하는 공공위기 사건 중에서 1인 미디어는 날로 중요한 역할을 수행해온 것을 확인할 수 있다. 앞에서 지적한 바와 같이 톈진 '8·12 폭발사건'이 발생 후 중국의 관영 미디어 대응의 정체성(滯後性) 등 단점으로 인하여 개인 1인 미디어가 기회를 선점하게 되었다. 개인의 1인 미디어는 사건 해결에서 사회자원을 집중시켜 거대한 네트워크를 형성하였으며 이는 관영 미디어의 보도와 정부의 대책 마련을 감독하는 기능도 수행하였다. 그러나 개인의 1인 미디어는 소셜 미디어가 가지고 있는 순기능과 역기능들이 톈진 '8·12 폭발사건'의 해결에서도 고스란히 나타났다. 이 논문은 이 절에서 개인 1인 미디어가 사건의 해결에 어떻게 대응하였으며 그 영향은 어떠한 양태로 나타났는지를 살펴볼 것이다.

(1) 개인 1인 미디어의 대응현황

2015년 8월 12일 23시 26분 @小寶最愛놋놋이라는 계정이 "중대한 화재가 발생하였다", "폭발소리는 천둥소리 같았다"라는 문자와 현장을 찍은 동영상을 신랑 웨이보에 올렸다.[23] 이후 놀라운 장면들이 웨이보와 위챗을 통해서 전파되었으며 신속히 수억 명에 달하는 중국인의 마음을 움직였다.[24] 네티즌들은 웨이보를 통해 사고 폭발 동영상, 현장 사진 등을 올리고 짧은 시간 내에 수많은 네티즌들 간의 정보전달과 토론이 일어났다. '중청여정검사실(中青輿情檢測室)'의 조사자료에 따르면, 8월 13일 20시까지 사고가 발생한 24시간 내 5,700여만 건이 톈진 폭발사고와 관련된 글이 등록되었는데 그들은 '진상규명'과 '사고 책임에 대한 추궁', 그리고 '사고피해자를 위한 기도' 등에 집중되었다.[25]

개인 1인 미디어의 전파는 대중들이 관심도를 계속 높이게 되었다. 추산에 따르면 8월 14일 오후 3시경, 네트워크 뉴스가 4.4만 개로 통계되었으며 위챗상에 6만 편 정도의 글이 전달되었다. '新浪平台#天津塘沽大爆炸#' '#天津港爆炸事故#' 키워드를 읽은 횟수는 25억 명을 육박하였고 댓글은 460만 개가 기재되었다. 9월 13의 통계를 보면 관련 보도의 조회수는 52억 회, 댓글은 600여만 건인 것으로 나타났다.[26]

웨이보와 위챗을 통해 '8·12 폭발사건'과 관련된 정보가 전파된 비율은 약 63.7%를 차지한 것으로 다른 미디어에 비해 압도적인 위치를 차지하였

---

23 "谁是第一个发布天津爆炸消息的人", (https://www.jzwcom.com/jzw/9a/10974.html).
24 刘峣(2015), "遭遇突发事件新媒体可以做什么", 『公共世界』, p.62.
25 "天津爆炸事故过去24小时舆情全记录",
    (http://yuqing.cyol.com/content/2015-08/14/content_11547497.htm).
26 "舆情传播分析: 天津爆炸事故主流媒体报道分析",
    (http://yuqing.people.com.cn/n/2015/0814/c354318-27465252.html)

다. 웨이보와 위챗은 이용자들 간의 정보 교환과 개인감정을 표현하는 데 가장 편리한 플랫폼이 된다. (<표 5>는 웨이보와 위챗의 비교이다.) 웨이보와 위챗은 정보 전파의 신속성과 강한 영향력으로 상호 작용하기도 한다. 이 사건에서 웨이보가 가장 먼저 목소리를 내고 웨이보에 등록된 글은 위챗

〈표 5〉 웨이보와 위챗의 비교

여론장의 형성 요소	여론장의 형성 요소	위챗	웨이보
동일공간에서 네티즌 간의 밀도와 교류 빈도	인간관계의 강도	강함, 호감 표시	약함, 일방적인 관심
	수신자 특징	"동창""동료""친인척" 및 소수의 낯선 사람 (규모: 몇백 명)	대중
여론장의 개방도	내용특성	개인 사생활 위주	대중화제
	정보 경로	다원화	관심자의 정보
	전파경로	스마트폰 포트(port)	pc 포트·스마트폰 포트
	전파모델	점-점 인간관계	다차원적 전파 (대중전파)
	전파 범위	친구 수 (몇백 명, 전파에 불리)	대규모 다급전파 (전파기능 실현) 1급 전파는 팬 규모에서 결정됨(가장 많은 팬 숫자는 2,500만 명)
	전파 빈도	공중승인계정: 하루 1개	제한 없음
	그룹과 커뮤니티	위챗그룹, 100명 상한 3-5인 소형 그룹 75%; 유형: 동창그룹, 동료그룹, 친구그룹	新浪微吧 (백만 명) 新浪微群 (95만 개 흥미그룹, 가장 많은 회원 수 10만 명)
	내용의 공유	제한적(사진과 개인메시지) 전달기능 없음	전달을 격려 평가메시지의 공유
여론장의 선염물(渲染物)과 선염분우기 (渲染气氛)	내용의 회고	채팅이 위주 정보의 누적기능이 약함	검색을 회고 가능
	의견기조자의 영향	호소력이 약함	호소력이 강함

자료출처: 方兴东·张静·张笑容·潘斐斐(2014), 「基于网络舆论场的微信与微博传播力评价对比研究」, 『新闻界』, ISSN1007-2438, 2014年 第15期, p.43.

의 모멘트에 전달되는 순서로 전파되었다. 또한 개인 웨이보에서 시작된 정보는 관영 웨이보(약 41분 뒤)로 전파되고 이는 약 2시간 뒤 전통 미디어로 전파되었다.[27] 즉 웨이보는 톈진 폭발사건 전파의 주력자의 역할을 하였다고 볼 수 있다.

돌발사건의 전파과정에서 많은 사람들은 정보를 이해하고 토론에 참여하게 된다. 이러한 과정에서 웨이보는 '의견지도자(意見領袖)'의 견해가 주목을 받았다. 이들 '의견지도자'의 글은 웨이보를 통해서 전달되고 이러한 과정에서 그들의 가치는 여론을 견인하게 되었다.[28] <표 6>은 일부 인터넷상의 '의견지도자'들이 사건을 보도 시간과 그들의 게시물의 전달된 현황이다. 웨이보의 '의견지도자'들은 문자와 영상을 동시에 발표하는 방식을 택하였으며, 내용적 측면에서는 비평, 추모, 지원이 키워드가 되었다. 이런 '의견지도자'의 직업은 대체적으로 연예인, 풀뿌리 스타, 그리고 학자들이 차지하는 비중이 높은 것으로 알려졌다.[29]

〈표 6〉 일부 영향력 있는 웨이보가 사건을 발표한 시간과 전달 현황

날짜	대표 웨이보 발표자ID	발표시간(시)	웨이보에서 전달과 댓글의 총량
8월13일	삼련생활주간(三联生活周刊), 두이어블로그(头条博客), 신랑방산(新浪房产), 신랑재징(新浪财经), 스쇼지에웨이보(石小杰微博), 판위(范伟), 주진중궈쇼방(走进中国消防), 난징링쥐리(南京零距离)	24	7,294
8월14일	신랑음악(新浪音乐)	48	2,213
8월15일	고티엔르(古天樂), 판뒈누예사(反对虐杀)	72	3,585
8월16일	츠이웨신리학(治愈心理学), 판중신(範忠信)	96	24,094
8월25일	예탄(葉檀)	336	1,282

---

27 姜海·刘聪(2016), "天津 '8·12' 事故的传播权曾与相应路径研究", 『西南交通大学学报(社会科学版)』, 第17卷 第3期, p.25.
28 刘林沙·陈默(2012), "突发事件中的微博意见领袖与舆情演变", 『电子政务』, 2012年, 第10期, p.51.
29 王曰芬(2016), "社交媒体舆情信息传播效果影响因素研究", 『现代图书情报技术』, 总第277期, p.90.

(2) 1인 미디어의 영향

1인 미디어 특히 웨이보와 위챗은 톈진 폭발사건의 주요 여론장이 되었다는 것을 전문에서 확인하였다. 이들 1인 미디어는 실효성 면에서 우세를 차지하여 사건에 대한 대응은 기타 미디어에 비해 우위를 차지하였다. 그러나 관영 1인 미디어와 마찬가지로 개인 1인 미디어 또한 동전의 양면과 같이 사건 해결에서 긍정적인 영향과 부정적인 영향을 미쳤다.

① 긍정적인 영향

첫째, 개인 1인 미디어는 신속히 대중들이 사건에 대한 관심을 불러일으켰다. 1인 미디어는 조작이 간단하고 손쉽게 소식을 접할 수 있으며 간편하게 소식을 발송할 수 있다. 1인 미디어의 전파 속도와 전파력은 톈진 폭발사건에서 잘 나타났다. 2015년 8월 12일 전파량이 가장 높은 23:41분에 발표한 영상인데 그 전달 횟수는 680회였다. 두 번째 높은 것은 655회 전달된 23:45분에 발표한 문자게실물이며 세 번째는 23:59분에 발표하고 227번 전달된 문자 게시물이었다. 이들 전달된 게시물은 모두 폭발지점, 재해 범위, 그리고 사건 후과 등 내용을 담은 투명도가 높은 게실물이다.[30]

둘째, 개인 1인 미디어는 사건의 보도 및 민의를 표출하는 플랫폼이 되었다. 첫 번째 소식은 웨이보에서 발표되었으며 웨이보와 위챗에서 수많은 네티즌이 직접 찍은 사진과 직접 제작한 동영상들은 현장의 상황을 파악하는데 도움을 주었다. 이러한 게시물 중에서 사고 현장의 버섯구름 사진, 부상자, 사고 근처의 환경 등 정보가 끊임없이 등록되었다. 이러한 정보들은 대중들의 사건 진실에 과한 알권리 욕구를 충족시킬 수 있을 뿐 아니라 관영

---

30 苏云·张庆来(2016), "公共事件中的双微信息传播失真及防范对策",『甘肃社会科学』, 2016年, 滴期, pp.251-252.

미디어의 정보원이 되기도 하였다. 폭발사고 발생 후 13일 20시까지 '중청여정검사실(中青輿情檢測室)'은 총 57,305,153건의 정보를 감측(監測)하였다. 그중 뉴스가 689,476, 웨이보 18,949, 포럼 7,397건, 블로그 1,876건, 위챗은 18,949건으로 구분되었다. IRI조사에 따르면 8월 19일 사건에 관한 글이 48.6만 개가 등록 및 전달되었으며 웨이보 작성자에게 남긴 댓글이 총 292만 개였다. '微話題'#塘沽大爆炸##天津爆炸事故# 조회수는 40억 회, 위챗 계정의 관련 문장은 약 3만여 편이 있었다.[31] 이러한 1인 미디어의 여론은 사건 전파에서 의제를 설정하는 기능을 하여 네티즌 간의 공감대를 형성할 수 있었으며 그들의 의견을 분출하는 '장(場)'이 되었다.

셋째, 네티즌들의 공감대 형성으로 집단적 지혜를 창조하였다. 사고가 발생 후 2주 동안 웨이보는 시종일관하게 사건에 대한 토론을 진행하는 데 비해 위챗은 다소 쇠약해진 것을 보였다. 그러나 웨이보, 위챗은 높은 네티즌의 참여와 토론을 이끌었다. 네티즌들은 사고 피해자에 대한 동정과 진심 어린 기원으로 감정적 공감대를 형성하고 그들 간의 연대를 결성하였다. '슬픈', '충격적인 정서'와 '사고 원인'에 대한 추궁이 네티즌들의 공통된 관심사였다. "톈진을 기원", "톈진 화이팅", "톈진항 폭발에 대한 반박", "톈진의 재난에서의 군중" 등으로 연대를 형성하여 "피해동포, 톈진동포의 평안을 기원"이라는 하나의 목소리를 내어 사건 해결에 지혜를 모았다.

넷째, 정부와 관영 미디어의 대처를 감시 및 감독하였다. 돌발사건이 발생하면 사회 각 영역에 영향을 미치게 된다. 위기 발생 후 대중들의 요구는 '무슨 일이 발생하였느냐'와 같은 단순한 질문에 집중하기보다 사건이 왜 발생하였고, 어떻게 사건을 해결해야 하는가? 등 문제에 더 관심을 기울인다. 즉 대중의 심리는 사건 초기의 감성적인 차원에서 점차 이성적인 차원으로

---

[31]   邢祥·王灿发(2015), "社交媒体对重大突发危机事件舆论影响的研究--从天津刚8·12 '特别重大火灾爆炸事故看社交媒体的渗透", 『新闻爱好者』, 2015.11, p.17.

변화한다. 미디어는 대중의 알권리 보장과 사회 감독 기능을 하게 된다. 톈진 폭발사건이 발생 후 8월 13일 16시, 즉 사고 발생 16시간 뒤 微話題#塘沽大爆炸#의 조회수가 11억을 초과하여 톈진 텔레비전방송국이 임기응변으로 사건에 대한 취재와 보도보다 기존 프로그램을 그대로 방송하는 행동을 강하게 비난하였다.[32] 톈진 위성텔레비전과 @톈진발포(天津發布) 등 관영 미디어의 정보성이 없는 기사들은 대중들로부터 반감을 사게 되어 1인 미디어의 실시간 보도가 더 활약을 보였다. 1인 미디어의 정보를 통하여 대중들은 사건 변화의 진상을 확인할 수 있었으며 이들은 온라인과 오프라인상에서 여론장을 형성하여 정부의 대처와 관영 미디어에 압력 요소로 작용하였다.

② 부정적인 영향

개인 1인 미디어의 부정적인 영향으로는 허위정보 유출로 인한 사회자본의 낭비이다. 개인 1인 미디어는 긍정적인 에너지를 전달하는 동시에 정부의 미디어 관련 규제의 미비로 역효과도 있었다. 그 전형적인 것은 허위정보의 유출인데 이는 사회 질서, 민중의 정서에 부정적인 영향을 미쳤다는 것이다. '천진 대폭발 사망자 최소 1,000명', '주변 1km 떨어져', '톈진이 무질서하고, 상가가 강탈당했다' 등등의 허위 사실이 웨이보에서 끊임없이 전달되어 중국은 공포에 떨고 있다.[33] 이러한 유언비어의 확산은 사건의 진상규명을 방해하였으며 대중의 공포적인 정서는 사회의 불안을 야기시켰다. 이는 사회적 통합은 물론 조기 유언비어 정정에 불필요한 사회자본을 낭비할 수밖에 없다. (웨이보에서 유포된 허위사실의 유형과 비율은 <그림 2>와 같다.)

---

32 姜海·刘聪, 앞의 논문, p.28.
33 解婷婷(2016), "危机传播中官方舆论场合民间舆论场的博弈——以天津港8·12爆炸事故为例", 安徽大学 硕士学位论文, p.48.

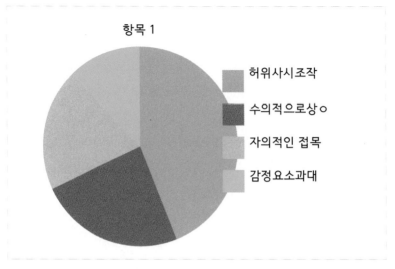

항목 1

- 허위사시조작
- 수의적으로상ㅇ
- 자의적인 접목
- 감정요소과대

자료출처: 王慧超(2015), "突发公共事件中的微博谣言成因研究--以天津8·12爆炸事件为例", 『今传媒』, 2015年 第11期, p.51.

〈그림 2〉 웨이보에서 유포된 허위사실 유형과 현황

요컨대 1인 미디어는 관영 미디어에 비해 톈진 '8·12 폭발' 사건에서 빠른 대응과 민의를 실은 기사를 통하여 순기능을 발휘했는가 하면 태생적인 단점으로 인하여 정보의 필터링 작업이 없는 관계로 단기간 사회를 공포로 몰고 가기도 하였다. 그러나 1인 미디어는 신속히 사회의 공론장을 형성하였으며 관영 미디어의 부실한 대응에 압력적인 요소로 영향력을 발휘하여 사건의 투명도 등 측면에서 적극적인 역할을 한 것으로 평가된다.

5. 결론: 요약과 시사점

　1인 미디어의 출현은 빠른 속도로 발전하는 인터넷 과학 기술에 근거하고 있고 정보를 통해 실시간으로 정보를 인터넷에 올릴 수 있다. 현재 중국의 1인 미디어 중 가장 활약을 보이는 것은 웨이보(微博), 위챗(微信)이다. 1인 미디어는 돌발사건에서 순기능과 역기능을 할 수 있다. 순기능으로는 동원 기능, 감독기능, 집단지성의 확장과 같은 기능을 할 수 있다. 이러한 기능은 2015년의 톈진 '8·12 폭발사건'에서 나타났다. '8·12 폭발사건'은 심각한 인명피해와 막대한 재산손해를 초래하였으며 환경 악재로 주변 주민에게 심각한 심리적 불안감을 주었다. 톈진시 정부를 포함한 각 부처가 속수무책으로 곤경에 빠져 있을 때 전통 관영매체가 정부의 입장을 대변하여 사건 발생 초기의 사태가 혼란에 빠졌을 때 정전압(穩壓閥)의 역할을 하였다. 그러나 이들 전통 관영 미디어는 신속한 대응 측면에서 여의찮다. 이에 비해 관영 1인 미디어는 웨이보와 같은 플랫폼을 활용하여 정부와 대중 간에 쌍방향적인 소통을 하였다. 그러나 관영 1인 미디어는 실시간 대응을 못함으로써 여론을 통합하는 데 사회적 단가를 높이게 되었다.

　개인의 1인 미디어는 사건 해결에서 사회자원을 집중시켜 거대한 네트워크를 형성하여 관영 미디어의 보도와 정부의 대책 마련에서 감독자가 되었다. 그러나 개인의 1인 미디어는 소셜 미디어가 가지고 있는 순기능과 역기능을 지니고 있기에 톈진 '8·12 폭발사건' 전파에서 긍정적인 영향과 소극적인 영향을 동시에 나타냈다. 웨이보와 위챗은 '8·12 폭발사건'과 관련된 정보 중 약 63.7%를 차지하여 사건 보도의 주요 채널이 되었으며 특히 '의견지도자(意見領袖)'의 견해가 주목을 받았다. 구체적으로 개인 1인 미디어는 '8·12 폭발사건'에서 다음과 같이 역할을 하였다. 첫째, 신속히 대중들의 사건에 대한 관심을 불러일으켰다. 둘째, 개인 1인 미디어는 사건의 보도 및 민의를 표출하는 플랫폼이 되었다. 셋째, 네티즌들의 공감대로 집단적 지혜를 형성하였다. 넷째, 정부와 관영 미디어의 대처를 감시 및 감독하였다. 개인 1인 미디어의 부정적인 영향으로는 허위정부 유출로 사건 해결의 사회자본을 낭비하는 역기능을 하였다.

요컨대 돌발사건의 전파과정에서 1인 미디어는 사회안정과 집단적 지혜를 형성할 수 있는가 하면 허위정보의 유포로 사건의 여론을 악화시켜 사회적 혼란을 초래할 개연성도 아주 높다. 따라서 1인 미디어의 순기능의 최대화를 통하여 역기능을 해소하는 것은 매우 중요한 과제이다. 이를 위하여 첫째, 사건 발생 전의 1인 미디어의 예보자 역할을 충분히 발휘할 필요가 있다. 1인 미디어는 돌발사건의 발생 전에 위험 소식의 전파로 위기를 예방할 수 있다. 일반적으로 돌발사건은 잠복기, 폭발기, 확산기, 퇴출기로 구분된다. 1인 미디어의 특정한 기능을 통해서 돌발사건에 대한 사전 예방은 무엇보다 중요하다.[34] 예컨대 위챗의 플랫폼에서 '국가 예비 경보 발표(國家預警發布)', '공공 예비 경보 발표(公共預警發布)', '기상 감측 예비 경보(氣像監測預警)', '아전 예비 경공 시스템(安全預警系統)' 등 서비스를 개통하여 잠재적인 위험 요소를 대중에게 전파하도록 할 수 있다.

둘째, 전통 미디어와 1인 미디어의 상호 작용을 촉진시켜야 한다. 전통 미디어는 시효성 측면에서 보도가 제때에 이루어지지 않을 때 있다. 1인 미디어는 전파 방식의 편리성으로 신속하게 대응하여 집단적 지혜를 형성할 수 있는 장점이 있다. 따라서 전통 미디어와 1인 미디어를 적절히 결합하여 상호 보완적인 역할을 충분히 발휘하는 것은 사회자본을 절약하고 사회 안전과 통합을 이룩하는 데 매우 유익할 것으로 판단된다.

---

34 夏德元(2016), "突发公共事件中微博传播的若干规律", 『新闻记者』, 2016年, 第六期, p.27.

참고문헌

최민재·양승찬(2009),『인터넷 소셜 미디어와 저널리즘』, 한국언론재단 연구총서 (2009-01).

최재용(2016),「중국 톈진항 폭발사고 사례분석을 통한 대응역량 강화 방안」,『한국위험물학회지』, Vol.4, No.1.

陈骁(2016), "<人民日报>与<中国青年报>天津爆炸时间报的比较",『新闻世界』, 2016.02.

姜海·刘聪(2016), "天津'8·12'事故的传播权曾与相应路径研究",『西南交通大学学报(社会科学版)』, 第17卷 第3期.

解婷婷(2016), "危机传播中官方舆论场合民间舆论场的博弈——以天津港8·12爆炸事故为例", 安徽大学硕士学位论文.

李珂(2016), "媒体微博对突发性灾难事件的应对-以人民日报对天津8·12爆炸事故的报道为例",『新闻研究导刊』, 第14卷 第7卷.

刘林沙·陈默(2012), "突发事件中的微博意见领袖与舆情演变",『电子政务』, 2012年 第10期.

刘峣(2015), "'遭遇'突发事件新媒体可以做什么",『公关世界』.

苏翌暄·陈先红(2016), "中美主流媒体对'8·12天津港爆炸事件'报道的框架分析: 以<人民日报>与<纽约时报>为例",『武汉理工大学学报(社会科学版)』.

苏云·张庆来(2016), "公共事件中的双微信息传播失真及防范对策",『甘肃社会科学』, 2016年2期.

天津港, "'8·12'瑞海公司危险品仓库特别重大火灾爆炸事故调查报告公布",『消防界』, 2016.02.09.

孙红竹·田艳天(2016), "传统媒体对'8·12'爆炸事故的报道分析",『青年记者』, 2016.05.

王宇琦·陈昌凤(2016), "社会化媒体时代政府的危机传播与形象塑造: 以天津'8·12'特别重大火灾爆炸事故为例",『新闻与传播研究』, 2016年 第7期.

王曰芬(2016), "社交媒体舆情信息传播效果影响因素研究",『现代图书情报技术』, 总第277期.

吴保来(2013), "基于互联网的社会网络研究--一种技术与社会互动的视角", 中共中央党校博士学位论文.

夏德元(2016), "突发公共事件中微博传播的若干规律",『新闻记者』, 第六期.

邢祥·王灿发(2015), "社交媒体对重大突发危机事件舆论影响的研究--从天津刚8·12'特别重大火灾爆炸事故看社交媒体的'渗透'",『新闻爱好者』, 2015.11.

袁雷(2016), "天津港'8·12'爆炸事故中的危机传播管理研究", 兰州大学硕士学位论文.

"812#天津塘沽大爆炸#政务微博表现盘点",(https://weibo.com/p/1001603875525306527437)

"地震台网称第二次爆炸相当于21吨TNT2消防员失联",
(http://www.bjnews.com.cn/news/2015/08/13/374049.html)

"대한민국의 1인 미디어 역사를 돌아보다",
(http://www.pressian.com/news/article.html?no=155297)

"谁是第一个发布天津爆炸消息的人", (https://www.jzwcom.com/jzw/9a/10974.html)

"天津爆炸事故过去24小时舆情全记录",
(http://yuqing.cyol.com/content/2015-08/14/content_11547497.htm)

"天津卫视停播娱乐节目悼念爆炸事故遇难者",

   (http://news.163.com/15/0813/21/B0U6U6GT0001124J.html)

"通过天津 "8·12"事故浅析网络舆情治理的困境与出路",

   (http://news.xinhuanet.com/interview/2015-08/26/c_1116378062.htm)

"舆情传播分析:天津爆炸事故主流媒体报道分析",

   (http://yuqing.people.com.cn/n/2015/0814/c354318-27465252.html)

"中国网民规模达10.51亿",

   (https://www.zaobao.com.sg/realtime/china/story20220831-1308301)

百度百科, (https://baike.baidu.com/item/%E6%94%BF%E5%8A%A1%E5%BE%AE%E5%8D%
   9A/3002574)

"소프트 변경" 시각으로 바라본 초국경 자매도시 단동-신의주*

예동근

1. 서론

"소프트 변경(Soft border)"은 중국 초국경 연구를 확대하는 중요한 영역으로 부상할 것이다. 중국 주변의 14개 국가는 22,117킬로미터에 이르는 세계에서 가장 긴 육지 변경이 일대일로라는 무대로 전시되었다. 또한 초국경 항구 도시가 변경지역에서 6대 경제회랑으로 전환되는 전초기지이기도 하다. 기존에 낡고 협소했던 교량과 도로가 신속하게 새롭고 넓은 도로로 변경되고 있으며, 서남·서북의 중요한 변경도시 곤명(昆明)과 남녕(南宁)은 고속철도를 부설하고, 공항을 보수하고 있으며, 고속도로가 원활하게 구축되어 있다. 중국 남부와 서남부 지역의 중요한 변화는 동남아시아와 남아시아 중심의 시대가 도래될 것을 보여주고 있으며, 이러한 지역은 지금 중국-파키스탄 경제회랑(中巴经济走廊)과 중아경제회랑(中亚经济走廊)의 시작점이 되었다.

그러나 "하드 변경(hard border)"은 여전히 현실 국경에서 간과해서는 안 되는 현상이다. 중국-인도경제벨트 건설과정에서 나타난 영토국경문제는 점

본 글은 『중국학』, 61집, 「소프트변경 시각으로 단동-신의주 초국경 도시 발전에 대한 새로운 접근」을 수정·보완한 것임.

차 격화되고 있으며, 양국 군대의 대치가 지속적으로 이어져 일촉즉발의 상황에 처해 있다. 또한 북핵 문제는 이미 중국 국방 안보 영역, 나아가 전세계의 다양한 문제 중에서도 가장 어려운 문제로 부상하였으며, UN의 제8차 경제제재도 시작되었다. 국경 교류가 날로 감소되고 있는 상황 속에서 지역분쟁을 완화하고, 지역 안전망을 구축하는 것은 국경 문제에서의 핫 이슈로 부상하였다.

그렇다면 "소프트 변경"이라는 시각에서 동북아 초국경 도시 문제를 접근하는 이유는 무엇인가? 특히 북한과 관련된 안보 문제가 반군사화관리 문제로 변모되고, 글로벌 거버넌스가 대세로 된 상황 속에서 "소프트 변경"이라는 시각으로 북한과 중국의 국경관계를 검토하는 것은 어떤 의미가 있는가?

이 연구는 우선 중국이 주도하는 "일대일로"전략은 아시아뿐만 아니라, 전 세계의 글로벌화에 영향을 미치는 핵심이며, "일대일로" 6대 경제회랑의 발전과 함께 중국이 주도한 다층화, 다각화 경제무역 전략 그룹화 국가의 출현은 기존의 "하드 변경"이라는 구조를 변화시켰다는 것을 논증하고 있다. 다음, 전반적인 변경지역의 구조적 특징이 변화되고 있다는 것이다. 협력과 경쟁이 공존하고 있고, 조화와 충돌이 함께하고 있으며, 변경지역의 유동성과 안정화가 병행되고 있다. 시공간이 더욱 빠르고 작게 압축된 초글로벌화가 곧 중국의 변경지역에 나타날 것이다. 마지막으로, 북한의 초국경 항구 도시는 지정학적 정치는 물론, 지정학적 경제로부터 고려할 때도 그 중요성은 아주 명확하다. 따라서 지정학적인 위기 상황을 완화하기 위해서는 새로운 접근이 필요하다.

이러한 맥락에서 이 연구는 우선 일대일로와 "소프트 변경"을 분석하고, 역사 문헌으로부터 "소프트 변경"의 경험을 습득하며, 이를 기반으로 현실의 국경 경직화를 해소하고, 초국경 도시의 통합을 재구성하며, 소프트 국경을 추진하기 위해 대안을 모색하고자 한다.

2. 일대일로와 "소프트 변경"

2017년 5월에 개최한 "일대일로" 국제협력 심포지엄은 중국이 일대일로를 전면적으로 가동한 상징적인 사건이며, 또한 중국이 피동적으로 글로벌화에 융합되는 과정에서 주동적으로 "슈퍼 글로벌화"에 융합되는 것으로 전환되는 대표적인 사건이다. 6대 경제회랑은 "일대일로"의 핵심 장치이며, 동시에 무역경제를 중심으로 한 6대 국제경제국가그룹을 구축하는 기반이기도 하다.

인도 총리 만모한(Manmohan)과 파키스탄 대통령 페르베즈 무샤라프(Pervez Musharraf)는 인도와 파키스탄의 변경 충돌을 완화하기 위해 각각 2004년과 2005년에 "소프트 변경"이라는 개념을 제시하였다.[1] 이에 따라 소프트 변경(소프트 국경)은 점차 국경문제를 해결하는 중요한 접근법으로 자리 잡기 시작하였다. 따라서 전통적인 적대국가, 관계가 악화된 국가도 변경정치를 활용하여 변경 충돌을 완화하고, 군사 충돌 위기를 해소하고 있으며, 더욱 효과적으로 변경을 관리하고 있다.

세계 이민국가 미국은 일찍부터 "소프트 변경"이라는 개념을 제시하여 캐나다, 멕시코와 "북미자유무역협정"을 체결함으로써 인구이동과 물품유통을 관리하고 있다. 멕시코와 미국 변경에는 해마다 3억 5천 명에 이르는 사람들이 합법적으로 국경을 통과하고 있다. 이는 전 세계에서 국경 통과율이 가장 높은 국가이지만, 국경은 중국 국경의 1/7에 불과하다. 중국이 전면적으로 "일대일로"를 가동한 이후, 국경지역의 인적 교류가 점차 활성화되고

---

[1] In 2005, shortly after a bus service from Srinagar and Muzaffarabad had started, Pakistan's former President Pervez Musharraf had called the opening of cross-border transport routes as "the first step towards converting [the Line of Control] into a soft border." His remarks followed similar observations by former Prime Minister Manmohan Singh. "Short of secession, short of re-drawing boundaries, the Indian establishment can live with anything", he told columnist Jonathan Power in a 2004 interview. He added that "we need soft borders."

있는데, 이는 효율적인 관리 시스템을 필요로 한다.

"일대일로"의 매개체는 6대 경제회랑이다. 아울러 각각의 경제회랑을 지탱하는 핵심 버팀목은 중심도시이다. 변경 중심도시와 육지 및 항구를 쌍방향으로 통과할 수 있는 초국경 도시는 더욱 중요한 위치를 차지한다. 따라서 이 연구는 우선 6대 경제회랑에 대해 간략하게 소개하고, 다음 해당 회랑과 밀접한 연관이 있는 항구도시와 해양의 중요성에 대해 간단히 검토하고자 한다.

(1) 6대 경제회랑

① 중국-몽고-러시아 경제회랑

중국 국가발전개혁위원회(国家发改委)가 확정한 중국-몽고-러시아 경제회랑은 두 개의 노선으로 구분된다. 하나는 화북지역 북경·천진·하북(京津冀)으로부터 후허호터(呼和浩特)까지, 다시 몽고와 러시아에 이르는 노선이고, 두 번째는 동북지역의 대련(大连), 심양(沈阳), 장춘(长春), 하얼빈(哈尔滨)으로부터 만주리(满洲里), 러시아의 치타까지이다. 두 경제회랑은 상호보완적으로 새로운 개방개발 경제벨트를 조성하여 중국-몽고-러시아 경제회랑으로 지칭된다.

중국-몽고-러시아 경제회랑은 실크로드의 경제벨트와 러시아 유라시아 횡단철도, 몽고초원루트를 연결하였으며, 철도·도로 건설을 강화해 통관과 운수의 간편화를 추진하였다. 이는 초국경 운수협력을 추진할 수 있을 뿐만 아니라, 3개국의 초국경 송전망 건설, 여행, 싱크탱크, 미디어, 환경보호, 재난 감소 및 구재 등 영역에서의 협력을 추진함에 있어서도 큰 역할을 행사할 수 있다.

② 제2의 유라시아대륙교

새로운 유라시아대륙교는 "제2의 유라시아대륙교"로 불리기도 한다. 이는 강소수성(江苏省) 련운항시(连云港市)에서 네덜란드 로테르담 항구에 이르는 국제화 철도교통노선이다. 중국 국내에서는 룽해철도(陇海铁路)와 란신철도(兰新铁路)로 구성되었으며, 대륙교는 강소(江苏), 안휘(安徽), 하남(河南), 산서(陕西), 감숙(甘肃), 청해(青海), 신강(新疆) 7개 성을 지나, 중국과 카자흐스탄 변경에 있는 아라산구(阿拉山口)에서 중국 국경을 벗어난다. 국경을 지난 이후에는 3개의 노선을 거쳐 네덜란드 로테르담 항구에 도착할 수 있다. 그중 하나는 러시아철도 우의역(友谊站)과 연계되어 러시아 철도망과 연결되었으며, 스몰렌스크·브레스트·바르샤바·베를린을 거쳐 네덜란드 로테르담에 도착한다. 이 노선의 길이는 총 10,900킬로미터에 이르며, 30여 개 국가와 지역이 포함된다.

③ 중서아시아 경제회랑

신강(新疆)으로부터 시작해 각각 페르시아만, 지중해 연안과 아랍반도를 경유해 주로 중아시아 5개국(카자흐스탄, 키르키즈스탄, 타지키스탄, 우즈베키스탄, 투르크메니스탄), 이란, 터키 등 국가와 연계된다. 여기는 주로 무슬림국가를 통과하며 유럽과 중국의 문명, 아랍문명이 결합되는 육상실크로드의 전통지역이다.

현재 이슬람국가의 불안정성과 아프칸-미국 전쟁, 이란-미국 전쟁이후 미국이 발을 빼면서 이 지역은 정치공동화로 갈등이 갈수록 심화되고 있다. 중국의 "일대일로"는 인프라 건설, 국가 간 협력 등을 강조하지만 여전히 "제2의 미국"이 오지 않나 회의적이고 방어하는 심리도 강하다.

전통석유국가로서 세계적 에너지 자원을 갖고 있는 중서아시아는 강대국들의 전쟁터였고, 쟁탈지역이다. 분할통치와 부동한 세력을 지원하면서 대리전의 양상을 지난 이 지역은 세계 에너지인프라의 확장과 함께 새로운 분쟁으로 변화되는지, 갈등이 축소되면서 지역 발전과 안정에 기여하는 "일 대일로"가 되는지 중국은 나름대로 고민하면서 "소통"을 강조하고 있다.

④ 중남반도 경제회랑

동쪽 주삼각경제구(珠三角经济区)로부터 시작해, 남광고속도로·남광고 속철도를 따라 남녕(南宁), 빙상(凭祥), 하노이를 거쳐 싱가포르에 이른다. 중남반도 경제회랑은 중심도시에 의지해 철도, 도로를 연결고리로 하여 인 구이동, 물류, 자금류, 정보류를 기반으로 상호 보완적이고 분공이 명확하며, 협력하여 개발하고, 공동으로 발전하는 지역경제체를 조성하였다. 이는 새 로운 전략통로와 전략공간을 개척하는 데 중요한 역할을 담당하였다.

⑤ 중국-파키스탄 경제회랑

신강 카스(喀什)를 시작점으로 하고 파키스탄 구와다루 항구를 종점으로 하는 이 경제회랑은 총 길이가 3,000킬로미터로, 남북 실크로드를 관통하는 중요한 중추 역할을 하고 있다. 이 경제회랑은 북쪽으로 "실크로드 경제벨 트"와 접해 있고, 남쪽으로는 "21세기 해상실크로드"를 연결하고 있다. 이는 도로, 철도, 석유와 가스, 광케이블 통로가 포함된 무역 회랑이다. 2015년 4월 중국과 파키스탄 양국 정부는 신강 카스시에서 파키스탄 구와다루 항구 까지 도로, 철도, 석유·가스 도관, 광케이블이 보급된 "사위일체(四位一体)" 통로를 건설할 비전을 초보적으로 확정하였다. 이 기간 동안 중국과 파키스 탄이 체결한 51개 협력 항목과 비망록 중에서 30개 이상이 모두 중국-파키스 탄 경제회랑과 관련이 있다.

⑥ 방글라데시-중국-인도-미얀마 경제회랑

2013년 5월 국무원 총리 리커창(李克强)이 인도를 방문하는 기간에 경제회랑과 관련된 제안을 하였으며, 인도·방글라데시·미얀마 3개국의 적극적인 호응을 받았다. 2013년 12월 방글라데시·중국·인도·미얀마 경제회랑 연합업무팀 제1차 회의가 곤명에서 개최되었다. 각 측은 회의기요와 방글라데시·중국·인도·미얀마 경제회랑 연합연구계획서에 사인함으로써 4개국 정부가 협력하는 기제를 공식적으로 확립하였다.

6대 경제회랑 중에서 중국-파키스탄 경제회랑과 방글라데시-중국-인도-미얀마 경제회랑은 우선적으로 추진하는 두 개의 프로젝트로, 중국과 중앙아시아, 남아시아, 중남아시아 각국이 긴밀하게 연결되는 대통로이다. 중국-파키스탄 경제회랑을 예로 들면, 이는 "일대일로" 교향악의 "제1악장"으로 불린다. 중국과 파키스탄 정부의 협력 의지가 강한 관계로 이 경제회랑은 가장 우선적으로 추진되는 프로젝트이자 시범 프로젝트(선행 프로젝트)가 되었다. 이 경제회랑에는 중국과 파키스탄의 철도, 도로, 항구 및 일부 공원단지 건설이 포함되어 있으며, 기타 경제회랑의 건설에 경험을 제공할 수 있다. 이와 반대로 방글라데시-중국-인도-미얀마 경제회랑은 어려운 문제에 직면하였다. 인도 측에서는 파병하여 중국의 도로 건설을 저해했으며, 양국 협상이 순조롭지 않아 양국 군대가 대치하는 상황에 이르렀으며, 양국관계는 일촉즉발의 위기에 처하였다.

중국과 파키스탄의 경제무역이 우선적으로 추진되는 것은 양국 국민의 양호한 관계와도 밀접한 연관이 있다. 세계적인 조사권위기구 "Pew Research Center"가 발표한 2015년도 아시아 각국 호감도 조사보고서에 따르면, 중국과 파키스탄 양국의 호감도는 아주 높게 나타났다. 특히 파키스탄과 말레이시아가 중국에 대한 호감도가 가장 높게 나타났으며, 반대로 조어도(钓鱼岛), 남사군도(南沙群岛) 분쟁으로 인해 일본과 베트남의 중국에 대한 호감도는 현저하게 하락된 것으로 나타났다.

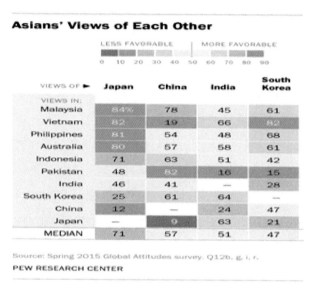

<그림 1> 아시아 각국의 호감도 도표

아시아 정세에서 중국의 "일대일로"전략이 전면적으로 가동됨에 따라 중국과 일본의 경쟁이 격화되었다. 또한 신흥대국 인도가 일본과 연합하여 "자유회랑"을 제시함으로써 중국의 남진(南進)전략을 억제하려고 시도하고 있다. 이와 동시에 미국도 아시아 전략을 조정하고 있다. 미국은 전략 중심을 다시 아시아로 회귀하여 일본과 인도를 지지하는 "인도-태평양" 이념을 제시하였다. 따라서 "일대일로"는 중국부흥전략에서 지역질서와 정세를 변화시키는 핵심이라는 것을 알 수 있다.

요컨대, 미국-일본-인도를 중심으로 한 아시아정세와 중국-파키스탄-러시아를 중심으로 한 아시아정세가 대치하는 국면이 조성되고 있으며, 한국과 북한은 새로운 지역질서 변화에 피동적으로 휩싸이고 있다.

(2) 해외 중심 사고와 북한 항구도시 전략적 지위의 변화

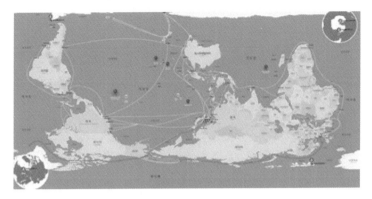

〈그림 2〉 한반도 중심의 해양 지도 (출처: 한국 해양수산부 사이트)

해양은 전 지구 총면적의 70%를 차지하고 있으며, 유동되는 영역이다. 대륙은 지구 총면적의 30%를 차지하고 있으며, 인류가 고정적으로 거주하고 있는 장소이다. 근대 주권국가가 형성되는 과정에서 해양의 역할이 점점 커지고 있다. 식품, 에너지, 물류, 관광 등 영역은 물론, 안보와 군사 영역에서도 해양의 중요성이 점차 더 부각되고 있다.

대륙의 주권은 영구적이고 확고한 주권이지만, 해양 주권은 유동성이 있는 주권이다. 그중 해운은 경제권력의 중요한 표현형식이다. 1,000년 이래 해운은 늘 대륙 간 운수의 주요한 교통수단이다. 현재 세계 상품 무역의 90%는 여전히 해운을 통해 완성된다. 따라서 주요한 해운통로에 위치해 있는 도시의 발전 잠재력은 거대하다. 예컨대 싱가포르가 신속하게 발전할 수 있었던 것은 말라카 해협에 의해서이다. 세계 원유의 50%, 중·일·한 90%의 원유가 이 지역을 통과하며, 일 년간 통과하는 선박은 5만여 척에 이르러, 수에즈운하의 1.5배를 초과한다.

수에즈운하는 영국이 세계 해양 패권을 유지하는 중요한 상징이다. 이집트가 주권을 회수한 이후, 매년 징수하는 통행료 수입이 54.1억 달러 이상이며, 이는 매년 재정수입의 13%를 차지한다. 수에즈운하는 현대 해운을 변혁시키는 첫 혁명적 사건이다. 수에즈운하를 벤치마킹 한 파나마운하도 운명을 바꿨다. 이로 인해 미국은 중남미를 확고하게 장악하였고, 가장 가난한 나라를 부유한 나라로 바꿨으며, 어느 정도 발전했던 니카라과를 가난한 나라로 전락시켰다.

현재 중국은 세계물류시스템을 변경하려고 시도하고 있다. 중국은 강대한 경제규모의 물류를 기반으로, 일대일로의 방식으로 항로를 변경해, 중국이 주도하는 해양 무역 판도를 구축하고자 한다. 첫째, 2014년부터 2019년까지 5년 동안 400억을 투자해 니카라과운하를 완성하며 운영권은 100년에 해당된다. 이는 영국이 수에즈운하를 운영하고, 미국이 파나마운하를 운영하는 뒤를 이은 세 번째 거대한 사건이다. 둘째, 인도양을 주도하는 국가 인도의 세력을 피해 말라카 해협에 대한 과도한 의존도를 감소한다. 파키스탄과 협력하여 3,000킬로미터에 이르는 육지 철로를 건설하여 과다르항구에 이르도록 하고, 과다르항구의 장기 사용권을 확보하여 중동의 원유를 순조롭게 중국대륙에 운수할 수 있도록 한다.

따라서 중국은 인도양 영역에서 미얀마, 태국, 방글라데시와의 협력을 강화함으로써 해당 국가의 항구를 활용하여 인도양에서의 해양권력을 확보하는 동시에 확대하고자 노력하고 있다. 중국과 마찬가지로 아시아지역에서 해양의 중요성을 인식하고 있는 국가는 일본이다. 일본은 100여 년 전부터 동북아의 해양항구도시를 식민통치하기 시작하였고, 치밀하게 대동아통치를 계획하고 있었다. 그중에서 두말할 것 없이 항구도시가 중요한 역할을 담당하였다. 현재의 "대륙성 주권 사고"의 한계를 극복하기 위해 우리는 "해양-소프트 변경"이라는 접근방식을 비판적으로 검토할 필요가 있다.

중국의 서부진출이든 남부진출 전략이든 항구를 확보하는 것이 무엇보다 중요하다. 현실 중에서 북한의 항구도시는 전략적 지위가 특히 중요하다. 중국과 러시아는 물론, 한국과 미국도 일정 기간 동안 통제 혹은 협력하는 방식으로 항구도시를 선점하고자 한다. 한국은 2013년 10월에 '유라시아 계획'을 발표해 러시아와의 협력을 강화하였다. 특히 러시아와 함께 시베리아 석유에너지를 공동으로 개발하여 북한의 철도와 항구도시를 통해 유럽에 수출하고자 한다. 이는 북한 각 항구도시의 지리적 우세가 점차 각광받고 있다는 것을 충분히 설명하고 있다.

따라서 새로운 지정학적 정치·경제가 변화되고 있는 상황 속에서 북한 항구도시의 잠재적 전략 가치는 급격히 상승하고 있다. 이에 따라 중국은 북한의 항구도시를 활용하여 출해구를 확보할 필요가 있으며, 심지어 제7의 경제회랑을 구축하여 동북아를 포용할 필요성이 있다. 아울러 북한에 대한 중국의 태도, 즉 충돌보다는 협력, 제재보다는 지원이 많은 전반적인 정세는 변화가 없을 것이며, 동북아 정세가 안정적으로 전환되는 시점에서 중국은 필연적으로 북한을 지지하여 전략적 협력을 강화할 것으로 추정할 수 있다.

3. 100년 전의 "소프트 국경" 경험

(1) 변경 소도시에서 동북아 요충지로

단동과 신의주는 아주 오랜 기간 동안 사람들에게 잊힌 지역이다. 1860년의 단동(안동) 인구는 만 명을 초과하지 않았으며, 신의주의 인구는 5천 명 미만이었다. 오직 조선사신과 당시 지식인이 작성한 "연행록"만이 단동과 신의주의 지리환경, 풍속인정 및 양국 교류와 상인들의 물품교류를 기록하였다. 이 지역은 북경으로 가는 중요한 통로와 역참이었지만, 경제 무역 왕래가 활발하지 않아, 정치·경제적으로 이 시기의 단동과 신의주는 변경지역의 작은 도시에 불과하였다.

해양과 수상운수의 시각으로 역사자료를 검토할 경우에도 청나라 광서(光緖) 연간 안동이 조운항구로서의 일부 역할을 수행했다는 것을 알 수 있다. 중국 청나라 광서 원년(1875년), 수정한 안동현지에는 안동이 항구로서의 역할을 명시하였다. 다만 기록한 주요 내용은 대부분 수리공사의 내용으로 안동 하천이 장기간 범람하여 순조롭게 바다로 합류하기 어렵다는 등 내용을 기록하였다.2 이러한 상황은 다리를 놓고 철도를 부설하면서 큰 변화가 나타났다.

안동철도와 경의철도의 연결은 압록강유역의 경제가 한동안 신속하게 발전하고 번영하도록 하였다. 역사 기록에 따르면, "대정(大正) 6년(1917년), 안동을 거쳐 조선으로 향하는 승차 인원 규모(대부분이 조선인·일본인이고, 중국인과 기타 국가 사람이 소수임)는 76,019명, 티켓 영업액은 198,973.71 위엔이다. 안동을 거쳐 만주리, 하얼빈, 장춘, 봉천으로 향하는 승차 인원(대부분이 중국인)이 2%를 차지하고, 영업액이 3,748.92위엔이다. 대정 7년(1918년) 안동철도를 거쳐 한반도를 향해 일본으로 운수하는 물품은 쌀 4,344톤, 목재 522,480톤, 콩기름 47,276톤, 석유 1,611톤, 금속제품 858톤에 이른다. 이로부터 알 수 있다시피, 철도운수로 인해 단동과 신의주는 날로 번화한 교통 중심이 되었다."3

기초시설 건설 시, 두 초국경 도시의 연합효율문제를 고려하였을 뿐만 아니라, 경제 영역에서 가장 중요한 에너지 개발과 사용, 토지, 노동력 배치 등에서도 치밀하게 계획하였다. 일본은 한반도와 중국 동북지역을 침략한 이후, "만선일여(滿鮮一如)", "만선합일(滿鮮合一)"이라는 명목하에 두 지

---

2 [淸]金元燒(1875), 『重修安東縣志』, 成文出版社有限公司.
3 曹阳, 「安奉线铁道修建始末」, 『丹东日报』, 2007.11.02.

역을 통일적으로 기획하고 종합적으로 개발하기 시작하였다. 따라서 일본은 "만주-조선 서부지역 종합 개발" 계획을 작성하여 두 지역의 자원, 노동력, 토지 등 경제요소를 최대한 통합 조정하여 더욱 많은 상품을 생산하고 전략물자를 비축하고자 하였다. 일본 점령시기 일본은 또 선후로 "산업5년계획"을 실시하여 압록강 양안과 그 주변지역에서 차량, 선박, 제철, 채굴 등 공업을 발전시켰다. 아울러 안동에서 은행과 상품 교역소를 설립하여 주식, 상품, 금전 등 금융업무를 경영하였다. 1937년 일본 "조선압록강수력발전주식회사"와 "만주압록강수력발전 주식회사"가 함께 출자하여 압록강에서 당시 아시아에서 규모가 가장 큰 중력식 저수댐-수풍댐(水丰大坝)을 건설하였다. 또한 수풍에서 안산, 수풍에서 안동, 수풍에서 대련, 대풍만에서 봉천, 수풍에서 신의주에 이르는 고압송전선로를 구축하였다.[4] 아울러 운봉(云峰), 의주(义州), 환인(桓仁) 등 지역에 수력전기 시설을 건설하였는데, 이러한 시설은 지금까지도 사용하고 있으며, 두 초국경 도시에서 공유하고 있다.

조선총독부가 작성한 신의주 ~ 안동(단둥) 지역 평면도 (1929년)

〈그림 3〉 신의주-안동(단둥)지역 평면도 (출처: 조선총독부, 1929)

---

4   解学诗, 『伪满洲国史新编』, 人民出版化, 1995.

1911년 압록강대교가 개통된 이후, 양국의 무역도 이에 따라 확대되었다. 1920-1930년대, 단동-신인주의 무역은 빠른 속도로 증가하였다. 이 시기 조선 상인들이 단동에서 개설한 상호는 70여 개에 이른다.[5] 1918-1931년 안동과 조선의 수출입 무역액은 매년 평균 27,312,487해관량(海关两)에 이른다.[6] 안동과 신의주가 통상한 이후, 일본 식민주의자는 두 항구를 통일로 관리하기 시작하였다. 두 도시는 동북아지역에서 가장 중요한 해상교통 중심지가 되었다. 1926-1928년, 단동항의 대외무역은 전성기에 이르렀다. 안동해관의 통계에 따르면, 해마다 안동항구를 왕래하는 선박은 1,196척에 이르고, 대외무역 총액이 10,701만해관량에 이르러, 영구항(营口港)을 초과하였다. 안동항구는 동북지역에서 대련 다음으로 제2의 무역항과 요동(辽东)의 상업무역 중심지로 부상하여, "국제 도시"로 자리매김하였다.[7]

신의주의 부흥과 대규모 건설도 일본 식민지 통치시기에 진행되었다. 1904년 2월 일본은 러시아와의 전쟁을 위해 서울에서 압록강까지 이르는 군사용 철도를 부설하기 시작하였는데, 철도 노선의 북쪽 기차역이 바로 신의주이다. 일본은 신의주를 대동아의 관문으로 간주하고, 일-러 전쟁, 일-청 전쟁시기에 모두 중요한 군사보급소로 활용하였다. 1905년 일-러 전쟁 이후, 일본은 임시 군사용 철도를 경의철도노선으로 개량하였다. 이에 따라 신의주 기차역을 중심으로 주변에 거주하는 주민이 점차 많아졌으며, 주변지역으로 확산되었다. 일본은 끊임없이 신의주에 우체국과 세관 등 행정기구를 설치하여 도시의 기능과 행정적 지위를 향상시켰다. 1910년 일본은 또 평안북도의 도청을 의주에서 신의주로 옮겼다. 1911년 「안봉철도와 조선철도 국경 개통 협정」을 체결한 이후, 신의주는 압록강유역과 중국 동북지역 자원

---

5   金 哲 主編, 『辽宁省与朝鲜经济合作研究』, 辽宁民族出版社, 2010, p.115.
6   丹东市地方志办公室, 『丹东市志(1876 - 1985)』, 辽宁科学技术出版社, 1993, p.3.
7   丹东市地方志办公室, 『丹东市志(1876 - 1985)』, 辽宁科学技术出版社, 1993, p.7.

의 운수 중심지이자 화물 집산지로 자리 잡았다. 1914년 행정구획을 조정한 이후 신의주는 평안북도의 수부(首府)가 되었다. 당시 신의주의 인구 규모도 급격히 증가하였는데, 1907년 1,398가구 5,981명에서 1940년 11만 명으로 증가하였다. 신의주는 당시 규모가 비교적 큰 공업항구도시로 발전하였으며, 현재 북한 제2의 대도시로 발전하는 기반을 마련하였다.[8]

메이지 40년(1907년)의 인구구조는 아래와 같다. 일본인(내륙 사람) 522 가구 1,535명, 조선인 766가구 3,929명, 중국인 110가구 1,398명이다. 당시 안동의 인구구조도 아주 다양하였다. 일본은 끊임없이 도시를 확장하여 일본인 규모를 확대하였고, 황무지를 개간한다는 명목하에 조선인을 이주시켰다. 이로 인해 두 초국경 도시는 다국적, 다민족의 국제도시로 변모하였다. 당시 신의주에서 상업활동에 종사하는 화교들이 아주 많았으며, 그들이 운영하는 상가도 상당수 있었다. 일본인은 고급 호텔을 운영하였고, 1936년에 통항된 이후에는 관광업도 발전하기 시작하였다. 당시 신의주-봉천의 항공권은 17원, 신의주-도쿄 130원, 신의주-후쿠오카 65원, 신의주-평양이 12원이었다.[9]

1938년 12월 일본은 안동항구에 신의주항구를 통합하여 운영하기 시작하였다. 신의주항구가 내륙하천 항구인 관계로 해안 항구의 기능을 강화하기 위해 다사도(多狮岛)항구를 건설하였다. 1939년 일본식민기구 조선총독부는 "4개 계획령"을 발표해 다사도를 신의주와 만주를 종합적으로 개발하는 임시항구 공업도시 건설계획에 포함시켰다. 이는 또한 "신의주-다사도 개발계획"으로 불린다. 같은 해 7월, 39.5킬로미터에 이르는 신의주와 다사도를 연결하는 철도가 개통되었다. 1941년 수풍수력발전소 송전선로가 다사도에 연결되었다. 조선 노동자, 일본 주민, 화교·화상이 증가함에 따라 신의주는

---

8   新义州商工会议所, 『新义州商工安内』, 新义州商工会议所, 1942, p.174.
9   新义州商工会议所, 『新义州商工安内』, 新义州商工会议所, 1942, p.331.

점차 조선 서북지역 경제·정치·무역 영역에서 중요한 교통 중심지로 발전하였다.[10]

4. 단동-신의주 국경교류에 대한 새로운 접근

(1) 국가전략으로서 단동발전모델은 성공할 수 있는가?

2003년 중국은 "동북지역 등 노공업기지의 조속한 조정과 개조를 지지한다"는 전략을 제시하였다. 같은 해 10월, 중공중앙과 국무원에서는 「동북지역 등 노공업기지 진흥전략에 대한 몇 가지 의견」을 발표하였으며, 2007년에는 「동북지역 진흥 계획」을 작성하였다. 그 이후 2009년, 2012년, 2013년에는 또 선후로 「동북지역 등 노공업기지 진흥전략을 한층 더 깊이 실시하는 몇 가지 의견」, 「동북진흥 "125" 계획」, 「전국 노공업기지 조정 개조 계획 (2013-2022년)」을 발표하였다. 또한 국무원에서는 「동북 노공업기지의 대외개방을 진일보로 확대하는 의견」, 「중국 도문강 지역 협력 개발 계획 강요」, 「요녕 연해 경제지역 발전 계획」 등 3개의 국가정책을 통과시켰다. 따라서 중조 변경지역 단동과 연길의 개발 개방이 모두 국가전략에 포함되었다.

비록 단동, 연길 등 변경지역 도시가 큰 발전을 이루었지만, 국가전략 발전 대상으로서 다른 연해도시와 비교할 때 여전히 발전 속도가 느리고, 발전 규모와 질적인 차원에서 큰 차이를 보이고 있다. 단동은 독특한 지리적 우세로 인해 괄목할 만한 성과를 이룬 경험이 있지만, 전반적인 발전전략이 요녕 경제를 기반으로 하고 있기에 내향성 지역발전모델에서 벗어나기 힘들다.

---

10   李海英, 李翔宇 主编, 『西方文明的冲击与近代东亚的转型』, 中国海洋大学出版社, 2013, p.40.

(2) 북한의 "학습모방"은 성공할까?

단동의 발전 속도는 건너편의 신의주에 비해 아주 월등하다. 북한은 신의주를 발전시키기 위해 다양한 노력을 하였으며, 중국의 개혁개방 모델을 벤치마킹하여 특구를 설립하였다. 심지어 일부 조치는 이미 개혁개방 초기의 특구 경제 모델을 뛰어넘어 과감하게 권력을 아래로 이양시키고, 외국인을 특구 행정 장관으로 임명하는 등 괄목할 만한 행보를 보였다.

1990년대부터 2000년대 초반까지 일련의 정책 변화를 자세히 검토해보면 알 수 있다시피, 북한은 적극적으로 세계경제체제에 융합되려고 노력하였으며, 어느 정도의 성과를 취득하였다. 예컨대 1991년 나진-선봉자유경제무역지대 설립을 발표하였으며, 청진항을 자유무역항으로 지정하였다. 1992년에 헌법을 수정하여 기관, 기업단체가 해외의 법인 혹은 개인과 기업 합병, 협력을 추진하도록 독려하였고, 경제특구에서 다양한 기업을 설립할 것을 지지하였다. 또한 1992년과 1993년에는 「외국인독자기업법」, 「합작법」, 「외국인소득세법」, 「외국인투자법」, 「외화관리법」 등 일련의 법률 법규를 제정하여 자유경제무역 지대가 해외투자를 유치할 수 있도록 우월한 제도적 기반을 마련하였다. 1997년 6월 북한은 또한 항구도시 남포와 원산에서 면세구역을 개설하기로 결정하였다.

2000년 북한 최고 지도자 김정일이 중국을 방문하였다. 방문기간 그는 상해 포동신구 등 경제특구를 시찰하였고, 귀국 후에는 북한의 발전전략을 조정하였다. 2001년 북한 신년사설은 "새로운 사고"를 제시하였다. "새로운 사고"는 "새로운 시대의 요구에 적응해야 하고, 사상관념·사고방식·투쟁기조·업무태도에서 근본적인 변화를 가져와야 하며, 이것이 우리 앞에 놓인 가장 시급한 문제이다"라고 지적하였다. 2004년 북한은 「사회주의상업법」을 개정하여 상업운영기제를 "배급제"에서 "유통제"로 전환시켰다.[11]

북한은 아주 강력하게 대외개방 영역에서의 정책 조정을 추진하였다. 2002년 하반기 북한은 선후로 신의주(2002년 9월), 금강산(2002년 10월), 개성(2002년 11월) 3개 경제특구를 개설하였다. 이와 동시에 대외무역 권한을 점차 중앙정부에서 시, 군, 기업으로 이양하였으며, 출입국 수속 등도 기존의 당과 정부 각 부서에서 통일로 무역성으로 변경하였다.

2002년 9월 12일 북한 최고인민회의 상임위원회에서는 『신의주특별행정구 기본법』을 통과시켰는데 이는 신의주 특별행정구의 정식 성립을 의미한다. 네덜란드 국적의 화인(华人) 양빈(杨斌)이 첫 신의주 특별행정구 행정장관으로 임명되었다. 그러나 양빈이 범죄사건에 연루되어 중국 공안부서에 체포되자 신의주특구의 건설은 정체되었다. 2002년 8월 북한 내각에서는 신의주 특별 행정구를 폐쇄한다는 명령을 발표하였으며, 동시에 신의주 특구 창설준비위원회를 민족경제협력연합회로 합병시켰다. 이에 따라 야심 차게 개설했던 "특구 경제"가 막을 내렸다.

이상으로 단동과 신의주의 일련의 적극적인 개방정책을 간략하게 검토하였다. 비록 두 도시 모두 국가전략발전계획에 따라 실제 행동으로 옮겼으나, 그 결과는 100년 전의 모습과 사뭇 다르다. 이러한 시도의 실패는 2005년 후진타오(胡锦涛)가 북한을 방문하여 양국 변경도시의 발전을 조정하는 협의안에서 그 실마리를 찾을 수 있다.

(3) "해양-소프트 변경"이라는 시각으로 초국경 도시를 공동으로 설계하고 개발한다

단동과 신의주는 두 쌍둥이 남매와 같이 중국과 한반도를 연결하는 연결고리이며, 동북아의 중요한 요충지이다. 1939년 2월 16일, 일본 총무청에서

---

11   [韩]国际情报研究院, 『2004年北韩经济总览』, 2004, p.793.

는 「대동항도읍계획」을 제정하여 낭두(浪头)에서 삼도구(三道沟)까지 동항시 동사무소 안강촌을 인구규모가 200만 명에 이르는 공업도시로 건설하고자 하였으며, 1969년까지 계획을 실현하고자 하였다. 현재의 단동 발전계획도 1939년의 모습에서 벗어나지 못하였다. 단동뿐만 아니라, 신의주의 경제, 도시기획도를 검토해본다면, 신의주도 마찬가지로 철도로 연결한 다사도를 포함한 일본인의 설계도를 기반으로 신의주가 기획되었다는 것을 알 수 있다. 일본인이 출중한 것이 아니라, 식민통치자로서 두 도시를 하나의 경제영역 범주에서 도시 발전을 기획하였기에 최종적으로 지정학적 우세를 활성화시켰기 때문이다.

일본 항복 이후, 양 국가의 두 도시는 각자 독립적으로 발전하여 교류가 점차 감소되었다. 두 도시는 각자 국가주권경제, 계획경제에 편입되어 진정한 변경이 되었다. 현재 중국의 경제무역은 신속하게 발전하고 있지만, 동북지역은 여전히 낙후하다. 또한 북한은 "특구"가 실패한 이후 더욱 신중해졌다. 설상가상으로 국제환경도 열악한 현실이다. 2017년 UN의 제8차 경제제재가 진행 중에 있으며, 양국의 경제교류는 축소되고 있는 실정이다.

요컨대 중국의 "일대일로" 대전략하에 "해양"이 점차 핵심주권으로 부상하고 있다. 따라서 평화공영의 방식으로 변경도시를 개발하고 발전시키는 것은 주변 국가의 인정과 신뢰를 얻을 수 있다. 국제질서가 변화되고 각국의 이익이 조정되고 있는 가운데, 중국과 인도·일본·베트남의 충돌이 격화되고 있고, 유럽·남미·서아시아·동남아 국가와의 협력이 갈등보다 많은 상황이다. 이러한 상황 속에서 한반도의 지정학적 위치는 특히 중요하며, 장기적이고 근본적인 이익에서 고려할 때 북한과의 협력을 강화해야 할 것이다.

서론에서 언급했다시피, 우리는 인도-파키스탄 지도자가 제시한 "소프트 변경" 이념을 활용해 변경지역의 경제·문화·정치 교류를 확대할 필요가 있다. 따라서 중국 단동과 북한 신의주를 시작점으로 북한 핵심도시의 철도와

도로, 석유수송통로를 연결하여 개성을 관통해 한국 서울까지 연결해야 한다. 또한 해상통로를 건설하여, 육지와 해양을 병행함으로써 동북아 각국과 함께 "국제 제7의 경제회랑"을 건설해야 할 것이다.

5. 결론

초국경 시각에서 볼 경우, 단동과 신의주는 쌍둥이 도시이며 해양 전략의 산물이다. 식민지시기 일본은 적극적으로 식민지국가의 연해도시를 발전시켰으며, 동시에 식민지 전통지역의 핵심지역을 와해하고 약화시켰다. 공업화, 근대화를 구축하는 과정에서 "문명"의 명목하에 식민지화를 합법화시켰다. 동아시아 각국 식민지에서 이렇듯 식민해양도시를 발전시키고, 전통 내륙도시를 약화시키는 현상이 비일비재하였다. 조선에서 "주(州)" 자가 붙은 내륙 각지 수부(진주, 상주, 전주 등)의 지위는 급격하게 하락하였고, 반대로 연해지역의 인천, 부산, 청진, 신의주(의주를 대체함), 대만의 고웅(高雄), 중국의 대련, 안동(단동) 등 근대 항구도시가 신속하게 발전하여 식민통치의 경제 기반을 마련하였다.

"일대"는 중국에만 속하는 것이 아니라, 전 세계의 것이다. "일대"는 국가 간의 연계일 뿐만 아니라, 전 세계에 영향을 미치는 경제 도시 간의 연계이다. 다만 해양 국경도시의 발전기회가 더 많은 것이다. 따라서 중국 동북지역은 열악한 국제환경과 장기간 주도해왔던 대륙형 변경이념에서 벗어나 해양 발전관을 양성하고, "소프트 변경" 관리능력을 향상시켜야만 어려움을 극복하고, 주도권을 장악할 수 있을 것이다.

참고문헌

[清]金元燒(1875),『重修安東县志』,成文出版社有限公司.

曹阳,「安奉线铁道修建始末」,『丹东日报』, 2007.11.02.

解学诗,『伪满洲国史新编』,人民出版化, 1995.

金 哲 主编,『辽宁省与朝鲜经济合作研究』,辽宁民族出版社, 2010.

丹东市地方志办公室,『丹东市志(1876 – 1985)』,辽宁科学技术出版社, 1993.

新义州商工会议所,『新义州商工安内』,新义州商工会议所, 1942.

李海英, 李翔宇 主编,『西方文明的冲击与近代东亚的转型』,中国海详大学出版杜, 2013.

[韩]国际情报研究院,『2004年北韩经济总览』, 2004.

http://www.pewglobal.org/2015/09/02/how-asia-pacific-publics-see-each-other-and-their-national-lea
    ders/asia-heat-map/ (검색일: 2017.08.08.).

http://www.thehindu.com/news/international/%E2%80%98Soft-border-approach-can-bring-India-i
    nto-CPEC%E2%80%99/article16943237.ece (검색일: 2017.08.08.). Atul Aneja, 'Soft border
    approach can bring India into CPEC', THE HINDO, 12-26-2016.

http://www.mof.go.kr/article/view.do?articleKey=17034&boardKey=9&menuKey=375&currentPage
    No=1(한국해양수산부 사이트)

제6부 동남아시아에 대한 외교전략과 개발협력

한국의 소다자주의적 대 아세안(ASEAN) 중견국 외교 전략*

김동엽

1. 서론

오늘날의 불완전한 국제관계를 바라보는 시각에는 두 가지가 있다. 기존의 패권국가가 자신의 지위를 대체할 능력과 의지를 보이는 신흥 강국에 대해 두려움을 느낀 나머지 전쟁을 일으킨다는 '두키디데스 함정(Thucydides Trap)'과 1930년대 세계의 비극은 패권국 영국을 대체하여 새롭게 부상한 미국이 세계적 공공재를 제공하는 데 실패했기 때문으로 진단했던 '킨들버거 함정(Kindleberger Trap)'으로 묘사된다(Nye, 2017). 두 시각 모두 현실주의(realist)에 입각하여 오늘날 미국과 중국과의 갈등 관계를 부정적인 시각에서 바라보고 있다. G2로 묘사되는 미국과 중국 사이의 경쟁 상황은 동아시아 지역 주도권을 둘러싼 힘겨루기로도 나타나고 있으며, 그 여파가 한국에도 직접적으로 미치고 있다. 전통적 우방 국가인 미국에 대한 높은 안보 의존도와 중국에 대한 높은 경제적 의존도는 두 강대국 사이에서 운신해야 하는 한국의 입지를 더욱 어렵게 하고 있다. 주한 미군에 의해 한국에 설치된 고고도미사일방어체계(THAAD)와 관련해서 중국이 취한 경제

---

* 이 글은 『아시아연구』, 제25권 1호 (2022.02)에 게재된 논문 「한국의 새로운 對 아세안(ASEAN) 협력 전략: 중견국 외교를 통한 소다자주의적 접근」을 수정·보완한 것임.

적 보복으로 인해 심각한 경제적 타격을 경험한 바 있다. 향후 중국이 추진 중인 일대일로(Belt and Road Initiative) 전략과 미국이 추진하는 인도-태평양(Free and Open Indo-Pacific) 전략이 상호 충돌할 때 한국의 입지는 더욱 어려워질 가능성이 크다.

국익을 추구하는 국제관계에 있어서 개별 국가는 현실주의적 균형 정책이나 이상주의에 입각한 제도주의적 접근, 혹은 구성주의를 기초로 한 가치공유공동체 지향 등 가능한 모든 전략을 동원한다. 또한 약소국의 경우 어느 한쪽의 편을 일방적으로 들지 않고 모든 강대국에 대해 헤징(hedging) 전략을 추구함으로써 위협 요소를 최소화하기도 한다(이재현, 2020: 164-165). 이처럼 복잡한 국제관계에 있어서 약소국이 취할 수 있는 가장 현실적인 대처는 유사한 처지에 있는 국가들과 우호적 협력관계를 형성하는 것이다. 이러한 의미에서 아세안은 한국의 전략적 파트너로서 중요한 의미를 갖는다. 아세안은 중국의 일대일로 전략과 미국의 인도-태평양 전략이 상호 교차하는 지정학적인 위치로 인해 국제관계에서 한국과 가장 유사한 상황에 있다. 미국의 의지와 중국의 의도를 둘러싼 불확실성이 고조되면서, 아세안은 일본과 호주, 인도, 프랑스, 영국 등 소위 "2류 강대국"들의 적극적인 관여와 협력을 환영하고 있다(퀵, 2020: 70).

아세안 지역은 다양한 차원에서 한국에 중요한 의미를 갖는다. 우선 한국은 아세안 10개 회원국 모두와 양자관계를 맺고 있으며, 지역 협의체로서 아세안과 다자협력관계를 맺고 있다. 그리고 한-아세안 다자협력관계는 한국이 아세안 지역을 넘어 더 광범위한 역내외 국가들과 교류할 수 있는 제도적 플랫폼을 제공한다(퀵, 2020: 53). 한편 경제적 측면에서 한국에 아세안은 2019년 기준 무역 2위, 투자 2위, 건설공사 1위, 노동 2위, 한류 3위, 관광 1위 등 중요한 위치를 차지하고 있다. 또한 한국은 아세안과의 무역에서 매년 약 40억 달러 이상의 막대한 흑자를 기록하고 있다(한-아세안센터,

2021). 이는 최근 미·중 간의 세력 경쟁과 더불어 한국이 직면하고 있는 한·중 관계, 한·일 관계의 불안정성을 보완할 수 있는 중요한 시장임을 말해준다.

이러한 배경하에 한국은 가능한 중장기 계획을 수립하여 아세안 각국과 상호 이익이 되는 정합게임(positive sum game) 성격의 지역협력 방안을 모색함으로써 미·중 간 전략경쟁으로 인한 부작용을 희석시키는 방안을 찾아야 한다. 전략적 파트너로서 아세안의 중요성은 이미 한국 정부도 인식하고 있는 것을 알 수 있다. 문재인 대통령은 2017년 11월 인도네시아에서 개최된 한-인도네시아 비즈니스포럼 기조 강연에서 '더불어 잘사는 사람 중심의 평화공동체' 실현을 위한 신남방정책을 공식 천명했다. 이를 실천할 주요 전략으로써 문재인 정부는 3P, 즉 사람(people) 중심의 국민외교, 국민이 안전한 평화(peace)공동체, 그리고 더불어 잘사는 상생협력(prosperity)을 설정하고 다각적인 협력을 모색하고 있다.

급변하는 국제환경과 이에 대응하는 한국 정부의 대 아세안 외교정책과 관련한 국내 학계의 실증적, 이론적, 그리고 전략적 연구는 미흡해 보인다. 그동안 한국의 동남아 지역연구는 주로 개별국가 수준으로 접근해왔다(김동엽, 2021: 41-42). 이러한 연구 경향은 동남아를 단순히 다양한 국가들의 물리적 종합으로만 인식하고, 하나의 지역단위로 간주하여 포괄적으로 인식하고 연구하려는 노력이 부족했다. 그 결과 활발히 진행되고 있는 대 아세안 외교전략 수립에 적절히 활용할 수 있는 연구 결과물이 부족한 게 현실이다. 김형종(2017: 220)은 한국의 동남아 연구도 개별 국가의 단순 합을 넘어서 회원국 간 유기적 상호 작용에 주목해서 '아세안'을 분석단위로 상정한 연구가 증가해야 할 필요성을 강조했다.

한편 일부 학자들을 중심으로 김대중 정부에서 그 비전이 제시된 아세안+3(아세안 10국+한·중·일)을 중심으로 한 동아시아공동체(East Asian

Community)의 추진 방향에 관한 연구가 지속되어 왔다(박사명, 2006; 동아시아공동체연구회, 2008, 2014; 최원식 외, 2010; 이충렬 외, 2016; 최원기 외, 2019). 이러한 논의의 주류는 운신의 폭이 넓지 않은 한국이 동북아 중심의 강대국 외교에서 벗어나 동남아를 포함한 동아시아로 확장함으로써 국제사회에서 더 많은 우군을 확보하고 외교적 역량을 강화해야 한다는 것이었다. 이러한 학계의 지속적인 주장은 한국 정부가 신남방정책을 수립하고 추진하는 데 중요한 밑거름이 되었다.

한국 정부의 신남방정책 선포 이후 관련된 다양한 논의가 이루어지고 있으며, 또한 수많은 실행과제들이 추진되고 있다. 2020년에 한국 정부는 신남방정책 플러스(+)를 선포하면서 코로나 사태와 4차 산업혁명이라는 시대적 변화에 대응하여 새로운 추진 전략을 제시하였다. 신남방정책 추진 4년 차를 맞이하고 있는 현시점에서 신남방정책이 대 아세안 관계 증진에 얼마나 효과를 발휘하고 있는지 살펴볼 필요가 있다. 일례로 싱가포르에 있는 동남아연구소(ISEAS)에서 아세안 여론주도층을 대상으로 조사한 결과는 다소 실망스럽다. 조사 문항 27번에는 "미·중 경쟁이라는 불확실성에 대한 헤징을 위하여 아세안의 전략적 파트너로서 가장 신뢰할 수 있는 제3의 국가는 누구인가?"란 질문이 있다. 이에 대해 전체 응답자 38.2%가 일본을 가장 신뢰하는 국가로 대답했다. 그 뒤로 유럽연합이 31.7%를 차지하며 2위로 나타났다. 반면 한국은 겨우 3%를 얻어 호주(8.8%), 인도(7.5%), 러시아(6.0%), 뉴질랜드(4.7%)에 이어 7개 선택 국가 중 최하위를 차지했다. 게다가 아세안 회원국 중 우리나라와 가장 활발한 교류를 하고 있다고 간주되는 베트남의 경우 한국에 대한 신뢰도가 1.3%로서 캄보디아(0.0%)에 이어 최하위를 나타냈다(Tang, 2020: 30).

아세안 측에서 평가하는 한국의 대 아세안 정책은 일관성이 부족하며, 초점이 경제적 이윤추구에 있다는 것으로 요약할 수 있다(문수인, 2020). 아세안 지역의 정책전문가 첸취 퀵(2020: 57-60)은 신남방정책이 한국과 아세안 국가 간의 공동의 이해관계와 상호 보완, 신뢰, 잠재력 등 수십 년 동안 유지된 대화 관계의 확장이자 산물이라고 평가했다. 그에 따르면, 아세안 국가들은 신남방정책을 수용하긴 했지만, 대부분은 신남방정책이 문재인 정부 이후에도 계속 유지될 수 있을지, 그리고 한국 정부가 구체적인 협력 사업에 대한 공약을 장기적으로 이행할 수 있을지에 대해 여전히 우려한다고 밝혔다. 또한 대부분 아세안 회원국 국민의 신남방정책에 대한 이해도가 낮은 것도 지적했다. 따라서 한국은 신남방정책이 아세안 지역에서 더 큰 지지를 얻을 수 있도록 정책의 내용과 실행계획을 좀 더 구체적으로 알릴 필요가 있다는 것이다. 종합하면, 한국의 대 아세안 정책은 정권이 바뀔 때마다 변화하기 때문에 장기적이고 지속적인 관계 구축이라는 측면에서 신뢰감을 주지 못하는 것으로 볼 수 있다. 이는 한국의 대 아세안 정책이 장기적인 안목에서 좀 더 전략적인 차원으로의 접근이 필요함을 말해준다.

이러한 배경하에 본 연구는 중견국(middle power)로서 한국의 대 아세안 협력전략에 관해 논의하고자 한다. 특히 아세안 소지역(subregion)에 대한 소다자주의(mini-lateralism) 협력 강화가 기존의 대 아세안 다자관계 및 양자관계를 보완하고 강화할 수 있는 새로운 방안이 될 수 있음을 주장하고자 한다. 연구 방법은 외교 백서를 포함한 다양한 문헌 자료와 기존의 연구들을 종합하여 분석하고 비교하여 정책적 함의를 도출하는 질적 연구 방법을 활용하였다. 본 논문의 구성은 머리말에 이어 제2장에서는 중견국 외교와 소다자주의에 대한 개념적 논의와 함께 아세안 지역에서 소지역주의가 나타나게 된 배경과 현황을 소개하였다. 제3장에서는 미·중 강대국 간의 세력 충돌이 가시화되고 있는 현 상황에서 아세안이 가장 신뢰할 수 있는 제3국으로 꼽은 일본의 대 아세안 접근법과 한국의 대 아세안 접근법을 비교적 관점에서 살펴봄으로써 시사점과 교훈을 도출했다. 제4장에서는 한국의 대 아세안 중견국 외교 전략으로서 아세안 소지역을 통한 소다자주의 접근의 필요성을 논하였다. 마지막 장은 앞 장의 논의를 정리하여 제시하고, 논문이 가지는 한계에 관하여 기술했다.

2. 중견국 외교와 아세안 소지역

(1) 중견국 외교와 소다자주의

기존의 국제정치 이론은 국제사회를 현실주의(realism), 자유주의(liberalism), 그리고 구성주의(constructivism)라는 각각의 관점에서 조망하고 있다. 현실주의는 국제질서가 힘(power)에 기초한 국가를 단위로 구성되어 있으며, 안보와 국익에 대한 이해가 가장 중요하다고 주장한다(Waltz, 1979). 자유주의는 경제적으로는 자본주의, 정치적으로는 민주주의에 기초하여 세계적 차원의 상호 의존도의 증가가 국가 간의 협력과 통합을 촉진한다고 주장한다(Keohane, 1989). 한편 구성주의는 국제관계를 사회적으로 구성(socially construct)된 결과로 바라보며, 국제관계는 국력이나 물질적 능력이라는 객관적 요인만이 아니라 이념(idea)이나 신념(belief)과 같은 주관적 요인에 의해 영향을 받는다고 본다(Wendt, 1999). 이처럼 국제관계를 바라보는 시각과 이론에 따라 국제사회에서 중견국(middle power)이 취할 수 있는 외교적 선택에도 차이가 드러난다.

중견국에 대한 학계의 합의된 정의(definition)는 존재하지 않는다. 현실주의적 접근에 따르면, 인구, 경제력, 군사력과 같은 경성 권력(hard power)에 따라 강대국과 약소국 사이에 있는 국가를 중견국으로 본다(강선주, 2015: 141; 김치욱, 2009: 20). 자유주의적 접근법에 따르면 중견국은 외교적 기능과 행태에 따라 판단되며, 특히 규범적 외교 행태 패턴을 통해서 확인될 수 있다고 주장한다(Cooper et al., 1993). 즉 규범 창출이나 의제 설정, 그리고 중재 능력과 같은 연성권력(soft power)에 따라 중진국의 지위를 부여한다(강선주, 2015: 143; 김치욱, 2009: 20). 한편 구성주의에서 중견국은 통상적인 위치 또는 행태가 아니라 사고의 상태(state of ideas), 즉 정체성(identity)에 따라 규정된다(Gecelovsky, 2009). 즉 중견국은 국가가 의도적으로 외교정책에 자긍심을 불어넣기 위해 채택하는 특별한 외교정책 문화로 이해한다(강선주, 2015: 146). 이처럼 국제관계를 바라보는 시각에 따라 중견국의 개념과 행태적 한계는 다양하게 규정된다.

이상의 논의를 종합하면, 중견국은 국제관계에서 지배적인 국가에 도전하기에는 부족한 물리적 자원을 가진 국가로서 국제사회에서 규범 창출과 의제 설정의 기능을 수행하고, 또한 이를 자신의 외교적 정체성으로 삼는 국가로 이해할 수 있다. 중견국은 지정학적인 위치와 국제체제의 형태에 따라서 규정되기도 한다. 지정학적인 관점에서 최근 "중간국"이라는 개념이 사용되기도 한다. 지리적 맥락을 강조한 중간국은 지정학적 단층대에 위치하며, 강대국 사이에서 지정학적 딜레마, 즉 외교압력에 직면하기도 한다(전봉근, 2019; 김형종, 2021: 22). 중견국은 주로 편승(bandwagoning), 세력균형(balancing), 그리고 헤징(hedging)의 외교 전략을 구사할 수 있지만, 국제체제가 갈등적 양극체제이고, 지정학적으로 중간국일 경우 세력균형이나 헤징과 같은 자율적 외교 전략을 추구하는 데는 한계가 있다고 본다(윤대엽, 2011: 144).

중견국은 국제사회에서 중견국 범주와 연관된 행위적 특성을 보인다. 일반적으로 글로벌 차원의 제도화와 패권에 관심이 큰 강대국은 자율성 상실에 대한 염려가 크고, 약소국은 제도가 단순한 지배 수단에 불과하다는 피해의식을 가질 가능성이 크다. 반면에 중견국은 제도적 구속이 수반하는 기회비용도 크지 않고, 약소국과의 연합 형성을 통해 그들의 피해의식을 무마시켜 줄 수 있으므로 규범에 근거한 제도화에 가장 적극적이다. 또한 중견국은 국제사회에서 촉매자(catalyst)로서 외교적 이니셔티브를 행사하며, 촉진자(facilitator)로서 가종 의제를 설정하고 지지 연합을 구축하며, 관리자(manager)로서 국제 제도의 수립을 지원하는 역할을 수행한다(Greico, 1993; 김치욱, 2009: 15). 중견국은 강대국과의 힘의 관계에서 상대적인 불리함을 보상하기 위하여 기획가적인 재능, 기술적인 유능함, 효과적인 소통, 도덕적 설득력과 같은 연성권력(soft power)을 적극 활용한다(Cooper et al., 1993; 강선주, 2015: 156).

호주 외상 에반스(Gareth Evans)가 처음 언급한 "틈새외교(niche diplomacy)"는 중견국 외교 전략으로 자주 언급된다. 이는 강대국에는 인센티브가 부족하여 관심 밖에 있고, 약소국에는 능력이 부족하여 관여하기 힘든 영역에 특화하여 외교 자산을 집중적으로 투입하는 것을 의미한다(Cooper ed., 1997). 중견국은 강대국과 비교해서 상대적인 힘은 떨어지지만, 연합형성, 제도창출, 의제설정, 정책공조 등에 있어서 창의적으로 자신들의 영향력을 발휘해 지역적 문제에 있어서 비교우위를 가질 수 있다고 본다(최영종, 2009: 64).

중견국의 틈새외교가 효력을 발휘할 수 있는 국제협력의 틀로서 소다자주의(minilateralism)가 주목을 받고 있다. 소다자주의는 1990년대 탈냉전과 더불어 급속히 진전된 세계화의 흐름 속에서 기존의 다자주의적 국제기구와 국제레짐의 효율성이 하락하면서 등장한 것으로 본다(민명원, 2018: 188). 소다자주의는 기본적으로 다수의 행위자들 간의 합의와 협력이 어려워지는 상황에서 이해관계를 같이하는 소수의 행위자가 협의하여 국제협력의 효율성을 증가시키고자 하는 일종의 변형된 혹은 축소된 다자주의라고 할 수 있다. 페트릭(Patrick, 2014, 2015)은 소다자주의의 특징으로 복잡한 이슈를 주제와 영역에 따라 나누고 세분화해서 접근하며, 보편주의보다 상황에 따른 특수성을 인정하며, 갈등적인 요소를 협상과 거래를 통해 합의에 도달하는 효율적인 거버넌스로 설명하고 있다.

기본적으로 소다자주의도 다자주의와 마찬가지로 힘에 기초한 현실주의적 시각보다는 상호 존중과 공동이익을 추구하는 자유주의적 혹은 구성주의적 시각에 기초한다. 규범적 국제질서를 추구하는 중견국의 입장에서는 강대국이 주도하는 지구적 다자주의보다는 지역적 이슈와 관심을 중심으로 한 소다자주의 체제하에서 보다 자율성을 가지고 새로운 규범적 국제질서 창출에 기여할 수 있다. 그러나 장기적 관점에서 소다자주의는 더 큰 차원의 국제협력을 강화하고 확산하기 위한 초기 단계로 본다. 즉 단기적으로 배타적인 협력집단으로 시작하지만, 그로 인한 수렴과 확산효과를 통해 보다 광의의 국제협력을 창출할 수 있다는 시각이다(민병원, 2018: 201).

동아시아 지정학에 관한 대부분의 연구는 세력의 축(poles)을 이루는 강대국 사이의 이해관계, 전략적 제휴, 세력균형 등에 주로 관심을 두고 있으며, 중견국의 역할은 비교적 제한된 것으로 본다(Rosenau, 1990; Evans, 2011; 서승원, 2011: 381). 근래 동아시아 국제관계는 미국과 중국을 중심으로 한 힘겨루기와 편 가르기가 암묵적으로 진행되고 있다. 이로 인해 동아시아 지역 차원의 다자협력 체제가 제대로 기능을 발휘하지 못하고 있으며, 개별국가들은 미국과 중국이 주도하는 새로운 지역 질서로의 편입을 강요받고 있다. 이러한 배경하에 중견국이 선택할 수 있는 효율적인 외교 이니셔티브는 강대국의 이해관계와 직접 충돌하지 않는 영역과 이슈를 중심으로 이해관계를 공유하는 행위자들과 소다자주의적 협력을 강화하는 것이다. 특히 회원국 간의 제도적, 문화적 다양성과 개발격차로 인해 이해관계가 더욱 복잡한 아세안에 대한 접근은 소다자주의가 유효하다고 볼 수 있다. 아세안 지역 내에서 이러한 소다자주의적 협력이 가장 활발하게 이루어지는 영역은 아세안 소지역(subregions)을 중심으로 한 개발협력 사업이다.

(2) 아세안 소지역과 소다자주의 협력

소지역(subregion)은 냉전시대 안보 중심의 지역주의가 탈냉전과 더불어 경제적 이해관계를 중심으로 재편되는 과정에서 지리적 인접성과 개발 현안을 공유하는 초국가적 영역을 중심으로 그 중요성이 강조되었다(Dosch and Hensengerth, 2005: 263). 소지역주의의 특성은 기존의 정부가 주도하여 추진하는 하향식(top-down) 지역주의와 달리 시장에 의해 주도되는 상향식(bottom-up) 지역주의를 의미한다. 기능주의자 미트라니(David Mitrany)에 따르면, 경제적 협력을 의미하는 하위정치(low politics)에서의 협력이 정치나 안보라는 보다 심각한 수준인 상위정치(high politics)의 협력으로 전위된다고 했다(Mitrany, 2006). 소지역주의는 다양한 국제자본의 투자처가 되어 해당 지역의 경제발전은 물론 안전과 안보에 다양한 초국적 행위자들의 이해관계가 맞물려 해당 지역의 협력이 더욱더 안정적으로 유지될 수 있게 된다는 것이다. 소지역주의가 가지는 또 다른 효과는 초국적 경제활동을 통해 개별국가의 국내 안정에도 이바지할 수 있다는 점이다. 대부분의 소지역 협력이 국내의 저개발지역에 대한 발전을 목적으로 하므로 계층 간, 종족 간, 도농 간 격차를 해소하여 사회적 안정에 도움을 줄 수 있기 때문이다 (Acharya, 1995: 177-178).

이처럼 소지역주의는 외부자로서 안정적인 협력관계 형성에 유용하게 작용할뿐더러 관련된 개별국가와의 외교관계를 증진하는 데도 긍정적으로 작용할 수 있다. 와들레이와 파라사티(Wadley and Parasati, 2000: 333)는 아세안의 소지역주의가 개발 수준이 다른 국가 간의 지역통합을 위한 독특한 해결책이며, 중앙정부와의 연계를 통한 강한 국제적 협력이 요구되는 영역이라고 했다. 그동안 아세안 소지역에 관한 연구는 해외에서 주로 '탈냉전 후 지역주의에 대한 새로운 대안'으로서 연구해왔다. 특히 국경을 초월한 자원개발이나 인근 지역 간 연계를 통한 경제발전의 모색이란 관점에서 접근하고 있다(Acharya, 1995; Dosch and Hensengerth, 2005; Wadley and Parasati, 2000; Dent and Richter, 2011). 이러한 연구들은 주로 개발과 투자라는 경제적 목적과 경제 협력이 지역 안보와 정치적 협력으로 확장된다는 기능주의적 관점에서 아세안 통합을 위한 긍정적 현상으로 논하고 있다. 국내에서는 아세안 소지역을 포괄적으로 다룬 연구는 찾아보기 힘들며, 일부 논문(이요한, 2016; 현민, 2019)이 아세안 소지역에 대해 지역 개발의 관점에서 논하고 있다. 그 외의 아세안 소지역을 다룬 다수의 자료는 주로 국책 연구기관의 보고서나 월(계)간지 등의 단편(정채완, 2019; 조대현, 2019)으로 소개되는 것이 전부이다.

아세안은 2003년 발리선언(Bali Concord II)을 통해 지역공동체로 나아가는 방향을 설정하였으며, 그 결실로 2008년 아세안 헌장이 발효되었고, 2015년에는 정치안보공동체, 경제공동체, 그리고 사회문화공동체 등 3개의 기둥을 중심으로 한 아세안공동체를 출범시켰다. 이를 통해 아세안은 회원국 공동의 이해를 국제사회에서 대변하고, 통일성 있는 한목소리를 낼 수 있게 된 것이다. 그러나 현실적으로 아세안은 여전히 합의된 행동으로 나아가지 못하고, 아세안공동체 출범은 선언적 수준에 머물러 있다고 평가하기도 한다(Weatherbee, 2012: 4). 이는 "주권국가에 대한 존중, 상호 내정불간섭, 비공식적 외교, 회원국의 정책에 대한 공개적 비판의 금지, 회원국 간의 조정 및 합의에 따른 정책 결정"으로 대변되는 고유한 '아세안 방식(ASEAN Way)'에 기인한다. 에머슨(Emmerson, 2017: 283-285)은 아세안이 향후 중앙집중화된 연합체로 나아가는 것에 대해 회의적으로 전망하면서 아세안은 특화된 포럼으로서 분야별 그리고 지역별 포럼 형식이 강화될 것으로 전망했다. 이러한 전망이 아세안 소지역주의(subregionalism)에 관한 관심을 가지게 만드는 이유가 되기도 한다.

'합의와 조정'이라는 명목하에 실질적인 만장일치세를 채택하고 있는 아세안의 비효율성을 보완하기 위한 제도로서 아세안은 헌장 21조 2항에 ASEAN-X 협력 기제를 두고 있다. 이는 지역협력에 참여할 의사가 없는 회원국을 강제하지 않으면서 특정 이슈에 대해서만 특정 회원국들이 협력하는 방식이다. 소지역주의는 아세안 회원국 일부와 역외국가들이 포함된 소다자 협력을 가능하게 한 것이다. 즉 소지역에 속한 몇몇 국가들이 일국 수준 혹은 아세안 회원국 모두가 참여하는 회의체 내에서 해결하기 힘든 지역 공통의 관심사를 해결하려는 방안으로 마련된 것이다. 아세안 지역에서 소지역을 중심으로 한 소다자 협력이 본격화되기 시작한 것은 1989년에 경제적 배후지를 만들려는 싱가포르의 제안으로 인도네시아-말레이시아-싱가포르 성장지대(IMS-GT, 1989)가 출범하면서부터였다. 이후 1992년에 메콩강경제권(GMS), 1993년에 인도네시아-말레이시아-태국 성장지대(IMT-GT, 1993), 그리고 1994년에 브루나이-인도네시아-말레이시아-필리핀 동아세안 성장지역(BIMP-EAGA, 1994) 등이 발족하여 초국가적 소지역 개발 협력이 활발히 추진되고 있다.

아세안 소지역들 가운데 가장 활발한 개발협력이 이루어지고 있는 곳은 대륙부 5개국(태국, 베트남, 미얀마, 캄보디아, 라오스)이 포함된 메콩경제권(GMS)이다. 메콩강 지역협력은 1989년 차차이(Chatchai Choonhavan) 태국 총리가 베트남을 방문한 자리에서 메콩강 유역을 '전장(戰場)'에서 시장(市場)'으로 바꾸자고 제안함으로써 논의가 시작되었다. 이후 1992년 아시아 개발은행(ADB)이 GMS를 제안하고, 관련 6개국이 전폭적으로 이를 수용함으로써 소다자 협의체인 GMS가 출범했다. GMS 프로그램에는 교통, 통신, 에너지, 환경, 관광, 인적자원개발, 무역 활성화, 투자 그리고 농업개발 등

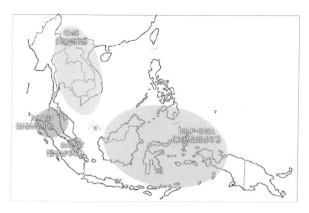

〈그림 1〉 아세안 소지역 현황

다양한 분야가 포함되었다(현민, 2019: 265). 결국 GMS는 냉전이 종식되는 시기에 베트남과 태국 간의 메콩강 수자원을 둘러싼 건설적인 관계 정립을 위해 제안된 것이다. 이는 공동의 자원개발이나 인프라 구축과 같은 경제적 협력을 통해 정치적 안정을 가져온다는 기능주의적 접근으로 볼 수 있다. GMS 협력은 참여국의 국익에 의해 주도되었으며, 경제적, 외교정책적, 안보적 목적을 위한 수단으로 평가된다(Dosch and Hensengerth, 2005: 285). 그리고 메콩지역 개발 협력의 특징은 아세안이 아닌 역외국가들의 참여가 대단히 활발하다는 점이다. 이는 개발 재원 조달이라는 현실적 이유와 함께 아세안이 추진하고 있는 개발격차 해소와 아세안 연계성(ASEAN connectivity) 사업과 관련하여 초국가적이며 소다자주의적 접근 방법을 선호하기 때문으로 이해할 수 있다.

이처럼 아세안 소지역은 아세안 회원국과 역외국가들이 다양한 형태와 조합을 형성하여 개발사업에 참여함으로써 소다자 협력이 활발히 이루어지는 곳이다. 이러한 소다자 협력에는 참여국의 조합이나 협력 분야에 따라 중견국이라도 주도권을 행사할 수 있는 영역이다. 즉 중견국의 틈새외교가

능력을 발휘할 수 있는 영역이다. 중견국의 입장에서는 아세안 소지역의 소다자 협력 강화를 통해 외교적 우군을 확보함으로써 아세안을 중심으로 한 국제 협의체인 아세안+3, EAS, ARF, ADMM+ 등과 같은 다자간 협의체 내에서 보다 큰 영향력을 발휘할 수 있다. 중견국 외교를 강화하기 위해서는 개별국가와의 양자관계를 강화하면서도 아세안 플러스 등 다자간 포럼과 연계하여 다층적인 협력을 확대해야 한다. 이는 양자-다자 연계의 파급효과를 의미하며, 하나의 연계가 다른 연계에도 상응하는 영향을 미칠 수 있는 순환적이며 상호 호혜적인 효과를 기대할 수 있다는 것이다(퀵, 2019: 73).

3. 일본과 한국의 대 아세안 접근법

(1) 일본의 대 아세안 접근법

일본에 있어서 아세안은 다양한 분야에서 핵심적 이해관계가 있는 지역이다. 2018년 일본과 아세안 10개 회원국 간의 총 무역 규모는 25조 엔을 초과하여 일본 전체 무역 수치의 15% 정도를 차지했다. 같은 해 아세안 회원국 전체 무역 수치의 8%를 일본과의 교역이 차지함으로써 아세안에 있어 일본은 중국에 이어 제2의 교역국이 되었다. 아세안 회원국은 일본과 양자 간 경제동반자협정(EPA)을 체결함으로써 무역과 투자 활동을 더욱 활성화하기 위한 제도적 틀을 강화했다. 더불어 다자간 아세안-일본 포괄적 경제동반자협정(AJCEP)도 2008년 12월에 발효되었다(ASEAN-Japan Center). 일본의 1960년대 대 동남아 진출 확대에는 정치적 이유와 경제적 목적이 동기로 작용했다. 정치적인 이유로는 미국과의 관계를 들 수 있다. 1964년 베트남 전쟁에 깊이 개입하게 된 미국이 가중되는 경제적 부담을 줄이기 위해 일본의 대 동남아 경제 원조를 요청했다. 미국과의 공조 관계를 중시했던 일본 정부가 이러한 요구에 응하여 동남아에 대한 경제 원조를 확대했다. 경제적인 목적으로는 1950년대 후반부터 시작한 일본의 고도 경제성장 기조를 해외로 확장하여 더욱 가속화하기 위함이었다(전황수, 1996: 314).

이 시기 일본의 동남아에 대한 막대한 원조는 현지인으로부터 '경제침략'의 발판을 마련하기 위한 불손한 의도로 인식되어 극심한 반일 감정을 불러일으키기도 했다. 일본은 베트남 전쟁의 종결과 미군 철수로 출현한 새로운 안보 환경과 경제외교에 대한 아세안 회원국들의 불만을 감안하여 아세안에 대한 외교 전략을 새롭게 정립했다. 그것이 1977년 후쿠다 총리가 아세안 국가를 순방하며 발표한 '후쿠다 독트린'이었다. 후쿠다 독트린은 향후 일본의 대 아세안 전략의 기초가 되는 세 가지 원칙을 제시했다. 첫째, 일본은 군사대국이 되지 않겠다. 둘째, 일본은 동남아와 상호 신뢰를 기반으로 한 파트너십을 구축한다. 셋째, 일본은 대등한 파트너로서 아세안과의 단결과 활력을 강화하고 상호 이해를 바탕으로 아직 아세안 회원국이 아닌 베트남·라오스·캄보디아와의 관계 수립에 적극적으로 공헌한다, 등이었다(이기완, 2011: 310; 이지영, 2018: 128).

후쿠다 독트린은 정치적 측면에서 베트남 전쟁의 종결로 발생한 지역안보 문제에 대해 일본의 역할을 희망했던 아세안 국가들의 기대에 부응하는 것이었다. 일본은 이미 1973년 9월 북베트남과 1976년 8월 캄보디아와 국교 관계를 수립했으며, 공산화된 인도차이나 각국과 아세안의 가교역할을 맡아 이 지역의 안정과 평화 정착에 기여할 수 있는 위치에 있었다(이기완, 2011: 311). 경제적인 측면에서도 개발원조를 대폭 확대했으며, 종래의 과도한 경제적 이익 추구에서 벗어나 비조건부원조와 무상원조의 비중을 증가시켰다. 특히 이전에 개발원조가 양자관계를 축으로 수여국의 경제지원을 중심으로 이루어졌다면, 후쿠다 독트린 이후 개발원조는 다자간 협력체제 구축과 평화외교의 일환으로 실행되었다(이지영, 2018: 128; 전황수, 1996: 314).

아세안 국가들의 일본에 대한 신뢰의 기반에는 보편적 가치를 기반으로 한 적극적인 안보외교와 경제적 파트너십에 기초한 공동번영 정신을 지속적으로 추구한 데 있다고 볼 수 있다. 일찍이 일본은 캄보디아 내전을 종식하는 데 많은 기여를 한 바 있다. 4개 파벌로 나뉘어 내전 중인 캄보디아에 일본은 1991년 2월 모두가 수용할 수 있는 독자안을 제시함으로써 1991년 10월의 파리평화협상 체결을 위한 기초를 마련한 바 있다(강태훈, 2008: 116). 또한 일본은 1989년 아시아태평양경제협의체(APEC) 창설과정에서 급속한 무역자유화를 바라는 미국과 이를 원하지 않는 아세안의 사이에서 아세안의 입장을 지지하였다. 1997년 아시아금융위기 때에도 신미와자와 구상을 통해 창마이 이니시어티브(Chiang Mai Initiative)를 출범시켜 아시아 국가들의 금융위기에 대한 대안을 제시하기도 했다(강태훈, 2008: 111; 이기완, 2011: 312).

이 시기까지는 중국의 부상이 본격화되기 이전으로서 미국을 대신하여 동아시아 지역협력을 주도하는 지역 강대국으로서의 일본의 행태를 엿볼 수 있다. 그러나 이후 오랜 경기 침체와 중국의 영향력 강화에 따른 동아시아 세력 구도의 변화는 일본의 대 아세안 외교전략에도 영향을 미쳤다. 2013년 아베 정권은 후쿠다 독트린을 대체하는 아베 독트린을 발표했다. 아베 독트린의 다섯 가지 원칙에 따르면, 첫째, ASEAN과 함께 자유, 민주주의, 기본적 인권 등 보편적 가치의 정착 및 확대를 위해 노력한다. 둘째, '힘'이 아니라 '법'이 지배하는 자유롭고 열린 해양은 '공공재'로 ASEAN과 함께 전력을 다해 지키며, 미국의 아시아 중시를 환영한다. 셋째, 다양한 경제연계 네트워크를 통해 상품, 자본, 사람, 서비스 등 무역 및 투자의 흐름을 한층 심화시켜 일본 경제의 재흥(再興)으로 이어지게 하며, ASEAN과 함께 번영한다. 넷째, 아시아의 다양한 문화·전통을 지키고 육성한다. 다섯째, 미래를 짊어질 젊은 세대의 교류를 증진시키고 상호 이해를 촉진한다, 등이다. 아베 독트린은 아세안과의 협력을 통해 일본의 경제 회생을 강력히 추구하고 있다는 점에서 후쿠다 독트린과 다른 것으로 평가된다(이지영, 2018: 129). 상호 이해와 존중을 바탕으로 하는 규범적 외교를 강조하고 있다는 점에서 중견국 외교의 일면을 엿볼 수 있다.

2021 일본 외교청서에는 일본 외교의 우선순위를 명시하고 있다. 이에 따르면, (1) 일본 외교안보의 초석인 일·미동맹 강화, (2) 자유롭고 개방적인 인도·태평양(FOIP) 전략 추진, (3) 중국, 한국, 러시아 등 주변국과의 외교, (4) 북한과 관련된 현안, (5) 중동 지역의 상황 주시, (6) 새로운 규칙을 만들기 위한 국가 간 노력 주도, (7) 글로벌 문제 해결 순으로 제시하고 있다(MFA Japan, 2021: 22). 일본 외교의 우선순위에서 아세안 지역은 강대국 미국과의 관계 다음으로 꼽고 있는 FOIP 전략의 맥락에서 이해할 수 있다. FOIP 전략의 최우선 순위로는 미국-호주-인도-일본의 안보 협의체인 쿼드(Quad)를 상정하고 있다. 그러나 대 중국 견제라는 FOIP 추진 전략의 본래 목적을 달성하기 위해서는 아세안의 지지가 반드시 필요한 요소이다. 이와 관련하여 아세안은 2019년 6월 아세안정상회담에서 아세안의 입장(AOIP, ASEAN Outlook on the Indo-Pacific)을 채택했다. 아세안이 AOIP를 통해 법치, 개방, 자유, 투명 그리고 포용을 아세안의 행동수칙으로 강조한 점을 들어 일본의 FOIP 비전과 함께하고 있음을 강조한다(MFA Japan, 2021: 31).

일본의 대 아세안 접근 전략으로써 아세안 소지역과 관련된 소다자 협력 체계는 메콩지역 개발 협력에서 명확히 드러난다. 일본 정부는 1990년대 초에 메콩지역 개발을 위한 계획을 수립하였으며, 1995년 2월 24개국과 7개 국제기구가 참여한 종합발전포럼(FCDI)을 발족했다. 일본은 메콩 국가인 캄보디아·라오스·베트남(CLV)과 2004년 이후 독립적인 제도를 수립하기도 했다(Yoshimatus, 2010: 84, 96). 2007년 일본은 CLV 외교장관회의를 개최하면서 메콩 경제의 통합 증진과 일본과 메콩 유역의 무역과 투자 확대를 위해 일본-메콩 지역 파트너십 프로그램(Japan-Mekong Region Partnership Program)과 일본-메콩 협력 이니셔티브(Japan-Mekong Cooperation Initiative)를 출범시켰다(Pitakdumrongkit, 2019: 4). 2008년에는 일본-메콩 외교장관회의(Mekong-Japan Foreign Ministers)를 도쿄에서 최초로 개최했다. 이 회의에는 아세안 메콩 5개국(태국·캄보디아·라오스·미얀마·베트남)이 참석하였으며, 동-서회랑(East-West Economic Corridor)을 비롯한 메콩지역 개발을 위한 24개 프로젝트를 논의했다(Yoshimatsu, 2012: 366). 일본과 메콩 국가와의 협력관계는 2009년 일-메콩 정상회의(Mekong-Japan Summit)가 개최되면서 더욱 강화되었다(이요한, 2020: 168).

아베 수상은 아세안 역내 개발격차 시정을 위해 2009년에 시작된 일-메콩 정상회담 때마다 '일-메콩 협력을 위한 행동계획'을 발표하고 실행해왔다. 2018년에 발표된 '도쿄전략 2018'은 활력 있고 효과적인 연계성(vibrant and effective connectivity), 인간 중심의 사회(people centered society), 그리고 그린 메콩(Green Mekong)의 실현이라는 3대 목표를 제시하였다. 또한, 개발격차의 해소와 아세안공동체 2025를 보완하는 지속 가능한 개발(SDGs, Sustainable Development Goals)을 실천하기 위한 2030년까지의 목표도 제시하였다(MOFA of Japan, 2018). 일본은 메콩을 아시아 신흥시장의 중심으로 인식하고, 하드웨어와 소프트웨어 양 측면에서 적극적인 협력사업을 추진하고 있다. 일본의 메콩 외교정책의 특징은 다자적 거버넌스의 창출을 통해 협력을 제도화하는 방식으로 이해되기도 한다(이요한, 2020: 167).

일본의 메콩 정책에는 이 지역에서 커지는 중국의 영향력과 균형을 맞추려는 '지정학적' 지향점이 뚜렷하다. 이러한 지정학적 성격은 메콩 국가들과의 정상회담과 각료회의에서 명백하게 드러나며, 아세안에 대한 일본의 전통적인 강대국 외교와는 차이가 있다. 일본-메콩 관계와 같은 소다자주의는 관련 문제에 있어서 일본의 입지를 강화시키며, 일본의 정책적 선호를 직접적으로 반영할 수 있다. 더더구나 일본-메콩 회담에서는 GMS 프로그램에 대해 직접 당사국인 중국과 동일한 지위를 일본에 부여한다는 점도 의미가 크다. 일본의 대 아세안 전략은 규범과 가치를 중심으로 소다자 혹은 다자간 협의를 추구하면서 아세안 지역에서 외교적 입지를 강화하고 있다 (Yoshimatus, 2010: 99-100).

(2) 한국의 대 아세안 접근법

최근 출판된 한국의 외교백서에는 '중견국 외교' 기조를 표방하고 있지만, 이에 걸맞은 가치와 원칙을 명시적으로 제시하고 있지는 않다(대한민국 외교부, 2021). 역사적으로 한국이 중견국 정체성을 가지게 된 것은 그리 오래되지 않았다. 일찍이 조선시대에는 중화체제에 적극적으로 참여하면서 독립을 유지하는 변방국가 전략을 채택했다. 해방 이후 냉전시대에는 미국을 중심으로 한 자유진영의 동맹전략으로서 후원 자격인 미국의 세계 전략에 종속적인 위치에 있었다고 볼 수 있다. 탈냉전 이후 북방외교를 펼치면서 중립국가 혹은 지정학적 중심국가 전략이 논의되었지만, 남북 대치라는 냉전적 상황에 얽매여 실질적으로 중견국가로서의 비전을 구체화하지 못했다(윤대엽, 2011: 138).

지정학적으로 주변 강대국들에 둘러싸인 채 '뜻을 같이하는' 나라들과 지리적으로 멀리 떨어져 있을 뿐 아니라, 외교적으로 가까이 교류할 수 있는 연결고리도 없었던 한국은 1990년대 말부터 적극적으로 아시아 지역 다자협력 체제에 참여하기 시작했다(Robertson, 2007; 김우상, 2011). 특히 2000년 들어 김대중 정부는 아세안과 함께 동아시아 지역주의를 주도할 정도로 활발한 다자외교를 펼쳤다. 김대중 대통령의 지역주의 구상은 동북아를 안보협력의 중심축으로 하고 동남아를 동북아와 함께 경제협력과 통합의 대상으로 설정한 것이었다. 그러나 이후 추진된 노무현 정부의 '동북아 시대', 이명박 정부의 '창조적 실용외교', 그리고 박근혜 정부의 '신뢰외교' 등에서는 김대중 정부만큼 아세안에 대한 적극적이고 전략적인 외교적 접근이 시도되지 않았다(서승원, 2011; 변창구, 2013; 김규현, 2013; 차태서, 2019; 이승주, 2015).

아세안에 대한 한국의 외교적 관심은 문재인 정부의 '신남방정책'을 통해 다시금 부각되고 있다. 문재인 정부는 '신남방정책'과 '신북방정책'을 추진하면서도 중남미, 아프리카, 중동 지역으로도 외교적 지평을 지속해서 확대하였다. 이는 미·중 경쟁이 격화되는 상황에서 한반도의 완전한 비핵화와 항구적 평화 정착 달성, 그리고 주변 4국과의 협력 증진과 더불어 선진국과 개도국을 잇는 중견국 외교 기조를 명시적으로 드러낸 것으로 해석되기도 한다(Howe and Park, 2019: 125). 오늘날 한국은 인구나 경제 규모 등 물리적 조건에서 본다면 유럽에서도 중상위 규모의 중견국 수준임에도 불구하고 국가이익의 보호나 역내 협력을 위한 외교적 역할이 제한적이다. 이는 남북문제와 더불어 중국이나 일본, 그리고 사실상의 역내 국가인 미국과의 복합적인 관계에서 비롯되는 구조적 제약요건 때문이다. 더불어 비록 한국이 공공외교(public diplomacy)나 공적 원조(ODA) 등에 적극적으로 참여하고 있지만, 중대한 국가이익(vital national interest)과 연관된 전략이 부재했다는 평가(윤대엽, 2011: 139, 167)는 아직도 여전히 유효하다.

아세안 지역만큼 한국의 중견국 외교가 강하게 발현될 수 있는 곳은 찾기 어려울 것이다(Lee and Park, 2017; Howe and Park, 2019, 119). 2020년 우리 정부는 전체 양자 ODA 지원액의 약 47%인 8억 1,950만 달러를 아시아·태평양 지역에 제공했다(대한민국 외교부, 2021, 246). 중견국으로서 한국의 아세안에 대한 전략이 미·중 간의 지정학적 경쟁으로 인해 제한되지만,

또한 이러한 경쟁이 한국의 전략적 역할을 강화하는 여지를 줄 수도 있을 것이라는 주장도 있다(Howe and Park, 2019: 118, 120). 그러나 한국은 아세안이나 동남아 지역 전략에 있어서 소극적이었고 체계적이지 못한 것으로 평가된다. 중국, 일본과의 경쟁에 뒤쳐져서는 안 된다는 위기의식만으로 아세안 전략이 수립되어 단기적으로 추진되었으며, 그 효과는 크지 않았다고 본다(이재현, 2018; 이지영, 2018: 126).

아세안과의 다자간 기구에서 한국은 특히 정치와 안보 문제에 대해서는 저자세를 유지하면서 중립적인 역할을 맡기 위해 노력해왔다(Teo et al., 2013; Howe and Park, 2019: 126). 아세안 현지 전문가에 따르면, 아세안 국가들은 한국이 비전통적인 안보 문제뿐만 아니라 남중국해 긴장을 다루는 문제에 관해서도 더 큰 역할을 해줄 것을 기대한다. 또한 한국이 아세안 등 역내 포럼을 외교적 수단으로 활용하여 한반도 문제를 해결하는 데 보다 적극적으로 나설 필요가 있다고 조언한다(Binh Thai Lai, 2018: 5, 10). 향후 한국이 중견국 역할을 확장하기 위해서는 아세안 개별국가보다는 기구로서 아세안에 더욱 관여하면서 규칙 기반의 지역 질서를 구축하는 데 더욱 힘을 기울여야 할 것이다(Howe and Park, 2019: 132).

한국이 아세안 소지역에 관심을 기울이기 시작한 것은 그리 오래되지 않았다. 아세안 회원국 중 베트남에 대한 기업들의 진출이 확대됨에 따라 메콩 지역에 대해 한국 정부도 관심을 가지기 시작했다. 한-메콩 협력은 2011년 장관급 회의를 시작으로 공식적인 관계를 맺었으며, 지난 2019년 부산에서 열린 한-메콩 정상회담을 계기로 정상급 대화 관계로 격상되었다. 한국과 아세안 메콩 국가들은 '2019 사람·번영·평화의 동반자 관계 구축을 위한 한강·메콩강 선언'을 통해 포괄적인 협력관계 증진을 다짐했다. 그리고 2020년 제2차 정상회담에서는 한-메콩 관계를 '전략적 동반자 관계'로 격상하였다. 그러나 한국 정부는 소지역으로서 GMS에 접근하기보다는 이에 속

해 있는 개별국가들과 개별적인 협력관계에 보다 초점을 두고 있으며, 중견
국으로서 규칙 기반의 제도를 창출하고 강화함으로써 외교적 역량을 강화하
려는 소다자주의적 접근으로 볼 수 없다.

〈표 1〉 일본, 한국의 아세안 관계 현황

	대화관계 수립	특별 정상 회담	일반 정상회담	아세안 주도 국제기구 가입	아세안과의 무역협정	아세안에 대표부 설치	아세안 TAC 가입
일본	1977*	2003, 2013	1997년 이후 매년	ARF, APT, EAS, ADMM+, EAMF, RCEP	2003	2011	2004
한국	1991**	2009, 2014, 2019	1997년 이후 매년	ARF, APT, EAS, ADMM+, EAMF, RCEP	2006	2012	2004

주: ARF(ASEAN Regional Forum - 장관급), APT(ASEAN+3 - 정상급), EAS(East Asia Summit
　- 정상급), ADMM+(ASEAN Defence Ministers' Meeting+ - 장관급), EAMF(Extended
　Asian Maritime Forum - 고위급), RCEP(Regional Comprehensive Economic Partnership
　- 장관급)
* 일본은 1973년에 비공식 대화관계를 수립했으며, 1977년에 정식 대화관계를 수립했다.
** 한국은 1989년에 부분 대화관계를 수립하고, 1991년에 완전 대화관계를 수립했다.
　출처: (Cook, 2018: 12) 재구성

위의 〈표 1〉에서 볼 수 있듯이 한국과 일본의 대 아세안 협력 메커니즘에
는 큰 차이를 볼 수 없다. 물론 경제협력의 역사와 규모 그리고 대화관계
(Dialogue Partner) 수립 시기에 있어서는 차이가 있다. 이러한 차이와 더불
어 아세안에 접근하고 있는 행태에서도 양국 간에 차이를 볼 수 있다. 일본
은 원칙과 가치를 중심으로 한 적극적 외교와 정치·안보 분야와 경제·개발
분야의 상호 연계를 중시하고 있음을 볼 수 있다. 다층적 연계에서도 일본은
미국과 호주 등 주변국들과 더불어 아-태지역 개념, EAS, APEC 등 지역
단위의 제도 구축을 적극적으로 주도함으로써 국제사회와 아세안의 신뢰를

받고 있다. 반면 한국의 대 아세안 정책은 일관성이 부족하다는 평가와 함께 안보문제에 대한 무관심과 양자 관계를 통한 경제적 이익 극대화라는 측면이 부각되는 것을 볼 수 있다. 이러한 접근법이 아세안으로부터 신뢰를 얻지 못하는 이유가 된다고 볼 수 있다. 이러한 맥락에서 한국은 그동안의 대 아세안 접근 방법에 대한 반성과 함께 새로운 전략을 수립하여 추진할 필요가 있다. 특히 동아시아 지역 협력체제하에서 중견국으로서 아세안에 대한 보다 효율적인 접근법을 모색해야 할 것이다. 중국의 부상으로 동아시아 지역 강대국으로서의 위상이 약화된 일본이 아세안 소지역에 대한 중견국 외교를 통해 외교적 입지를 강화하고 있는 점은 한국의 대 아세안 접근 전략에 좋은 교훈이 된다고 볼 수 있다.

4. 아세안 소지역을 통한 소다자주의적 접근

그동안 한국의 대 아세안 접근은 아래의 <그림 2>와 같이 요약할 수 있다. 즉 안보협력과 경제협력이 상호 유기적으로 연결되지 못하고, 각각 아세안 차원의 다자관계와 개별국가 차원의 양자관계를 중심으로 이루어졌다. 대 아세안 안보협력은 1989년부터 시작된 한-아세안 대화관계 채널을 통해 주로 이루어졌으며, 주요 현안은 남북문제에 관한 한국의 입장을 주장하고 동의를 이끌어내는 것이었다. 모든 안건에 대해 만장일치 원칙을 고수하는 아세안의 의사결정 방식에 따라 한국의 안보 현안도 10개 회원국 모두의 합의를 끌어내야 하는 어려움이 있었다. 따라서 합의에 이르는 내용이 구체성을 담기 힘들었고, 대부분 선언적 차원에서의 결의안 도출 정도에 머물 수밖에 없었다. 한편, 1948년 필리핀과 최초로 외교관계를 수립한 이후 한국은 아세안 10개국 모두와 외교관계를 수립하고 협력관계를 유지하고 있다. 이러한 개별적 외교관계를 중심으로 한국의 대 아세안 경제협력은 주로 개별국가 단위로 접근해왔다. 이러한 접근법은 그동안 많은 성과를 거두었지만, 또한 많은 과제를 남기기도 했다. 특히 대 아세안 교역에 있어서 과도한 무역흑자를 남김으로써 과도한 국익 추구 성향을 드러냈고, 또한 전체 교역량의 40% 이상이 베트남 일국에 집중되어 있다는 점도 한-아세안 관계의 불안정성을 드러내는 것이다. 한편 아세안 회원국 대부분은 여전히 정치적 민주화와 경제 발전이라는 내부적 목표를 추구하고 있는 과정에 있다. 이는 예측하기 어려운 개별국가들의 정치적 변화에 따라 외교관계나 경제정책이 크게 영향을 받을 수 있다는 것을 의미한다. 또한 아세안 개별국가 수준의 양자관계 증진은 아세안 회원국 간의 경쟁심과 소외감을 유발시킬 수도 있다(퀵, 2020: 60).

〈그림 2〉 기존 한국의 대 아세안 접근법

첸취 퀵(2020: 71-72)은 한국의 대 아세안 외교정책이 우선, 개별 아세안 국가들과 틈새 공략형 양자주의를 강화하여, 그것이 한-아세안 다자협력 강화 및 확장으로 이어져야 한다고 조언한다. 이를 위해서는 한-아세안 협력관계에서 양자-다자 연결고리를 확대해야 하고, 양자-다자-소다자 그리고 확대 지역주의적 접근 방식을 동시에 채택해야 함을 강조한다. 그리고 이와 같은 다층적 협력관계는 아세안 중심성 강화와 개발격차 해소와 같은 아세안의 역내 문제를 해결하는 협력사업을 통해 강화되어야 한다는 것이다.

이러한 배경하에 한국의 새로운 대 아세안 접근법은 아래의 <그림 3>과 같이 아세안 소지역을 통한 소다자주의적 접근법을 고려할 필요가 있다. 구체적으로 소다자 협력을 추진할 소지역으로는 대륙부 아세안 5개국이 포함된 메콩경제권(GMS)과 해양부 4개국이 포함된 동아세안성장지대(BIMP-EAGA)가 유력하다. 아세안의 특정 국가가 주도하는 성장삼각지대(GT)와는 달리 GMS와 BIMP-EAGA는 회원국 간의 균등한 관계를 설정하고 있으며, 더불어 역외 세력에 대해 적극적인 관심과 투자를 유인하려는 노력을 보여주고 있다. 또한 이 두 소지역은 해당 국가들 내에서도 저개발지역으로 아세안통합이니셔티브(IAI) 추진을 위한 개발격차 해소라는 의미에서 아세안 자체의 관심도 크며, 개별국가 차원에서도 주변부 저개발지역의 발전을 도모한다는 의미에서 개별국가 중앙정부의 관심이 큰 지역이다(Wadley and Parasati, 2000).

<그림 3> 한국의 새로운 대 아세안 접근법

　한국의 대 아세안 접근 전략에 있어서 소지역을 통한 소다자주의적 접근의 중요성은 전체로서의 아세안과 개별국가 수준에서의 접근이 가지는 문제를 보완할 수 있다는 데 있다. 아세안 소지역과의 협력 강화는 한국과 소지역 회원국 간의 그룹 유대를 강화함으로써 대 아세안 외교 역량을 증진할 수 있다. 이를 바탕으로 향후 한반도 문제와 미·중 간의 패권 경쟁과 같은 현안을 둘러싼 동아시아 외교의 장에서 아세안과의 협력을 강화할 수 있을 것이다. 또한 아세안 내에서도 저개발 지역으로 남아 있는 소지역의 개발 현안에 대한 한국의 적극적인 관여는 경제협력의 영역을 확장할 뿐만 아니라 해당 국가와 국민과의 유대 관계를 강화시킬 수 있다. 이러한 유대를 바탕으로 아세안 소지역 내의 비전통안보 이슈, 즉 전염병, 테러, 빈곤, 연무,

밀수, 사이버 범죄 등과 같은 분야에 대한 지역 밀착형 협력 사업을 추진함으로써 향후 아세안과의 다자간 안보 분야 협력을 위한 신뢰를 구축할 수 있을 것이다. 이처럼 대 아세안 소다자주의적 접근은 안보협력과 경제협력 간의 상호 파급효과를 기대할 수 있다.

아세안 지역에 대한 소다자주의적 접근은 한국과 아세안 국가들과의 관계로 국한할 필요는 없다. 즉 한-미, 한-중, 한-일 혹은 다양한 조합을 통해 주변국들과 연계하여 대 아세안 관련 협력 사업을 추진하는 것도 중견국 외교전략으로 유효하다. 최근 한국의 외교부가 주도하는 신남방정책과 호주의 인도-태평양 전략 간 연계협력을 강화하기 위한 '한-호주 아세안 정책대화'는 중견국 외교 전략의 한 측면으로 평가할 수 있다. 본 회의는 한국의 신남방정책과 호주의 인도-태평양 전략에 대한 서로의 이해를 높이고, 아세안 지역에서 양국의 협력방안을 모색하기 위해 개최된 것이었다(대한민국 외교부, 2021b). 이처럼 아세안 역외 국가들과의 공동 협력체제 구축과 강화는 향후 아세안을 중심으로 형성된 다양한 국제협의체 내에서 한국의 외교적 입지를 강화하는 데 긍정적인 요소로 작용할 것이다.

5. 결론

그동안 국내의 아세안 지역에 관한 연구는 주로 인문·사회학과 투자형 경제연구에 집중되어 있었으며, 상대적으로 국제정치·안보적 측면에서 다자 협력체 구상을 위한 실천적 대안에 관한 연구가 절대적으로 부족하다는 지적이 있다(김한수, 2019: 169). 또한 한국 동남아 연구의 방향성에 관해 동남아에 대한 인문·사회적 이해를 넘어 동남아 국가들이 당면한 고질적, 구조적 모순들과 문제들을 좀 더 근본적으로 해결하는 데 도움을 주고, 한-동남아

관계를 바람직한 방향으로 이끌어가기 위해서도 비판적 사고와 대안적 접근을 모색할 필요가 있다는 지적도 있다(신윤환, 2015: 69). 이러한 측면에서 본 연구는 그동안 개별국가 중심으로 이루어진 동남아 지역에 대한 한국 동남아 학계의 연구 경향에 총체적 단위로서의 아세안과 소지역 단위의 소다자주의와 같은 다양한 수준의 분석단위를 상정하고 좀 더 입체적인 분석을 통해 아세안에 대한 더욱 깊이 있는 이해와 함께 합리적인 접근법을 도출해내는 논의 시작으로써 의미를 두고자 한다.

한-아세안 간의 다자협력 방식은 단기적으로 많은 장애물이 존재한다. 특히 아세안 회원국 내부에 공존하는 민주와 비민주 정치체제로 인해 상호 합의된 규범을 창출하고 이를 바탕으로 제도화된 공동체로 나아가는 데 어려움이 있다. 따라서 이해관계를 중심으로 한 소다자주의의 활성화가 필요하다. 소다자 협력을 통한 경제발전과 이를 바탕으로 한 민주적 역량 강화는 장기적으로 아세안이 지역공동체로서의 면모를 갖추어 가는 데에도 긍정적으로 작용할 것이다. 강대국의 각축장이 되고 있는 동아시아 지역에서 아세안의 분열과 약화는 유사한 입장에 있는 한국에도 도움이 되지 않는다. 따라서 중견국으로서 한국의 대 아세안 접근은 장기적인 관점에서 아세안의 강화와 발전을 돕는 방향으로 추진되어야 한다. 이를 바탕으로 동아시아 국제관계에 있어서 한국과 아세안이 상호 신뢰할 수 있는 전략적 동반자 관계를 더욱 공고히 할 수 있을 것이다.

본 연구는 시론적인 수준의 연구이며, 향후 한국의 대 아세안 접근 전략에 관한 보다 체계적이고 구체적인 연구가 이어져야 할 것이다.

참고문헌

강선주, 2015, 「중견국 이론화의 이슈와 쟁점」, 『국제정치논총』, 55(1): 137-174.

강태훈, 2008, 「탈냉전이후 일본의 대 아세안 영향력 확대 전략」, 『한국동북아논총』, 46: 111-125.

김규현, 2013, 「박근혜 정부의 대외정책」, 『외교』, 제105호, https://www.mofa.go.kr/www/brd/ m_4095/view.do?seq=304615&srchFr=&srchTo=&srchWord=&srchTp=&multi_itm_seq=0 &itm_seq_1=0&itm_seq_2=0&company_cd=&company_nm=&page=108. (검색일: 2022 년 1월 3일).

김동엽, 2021, 「지역연구로서의 '아세안 연구': 학술적 합의와 현실적 필요성」, 『동아연구』, 40(1): 33-75.

김우상, 2011, 「중견국 외교 협력방안 모색: 한국과 호주 중심」, 『JPI 정책포럼』, 2011-31.

김치욱, 2009, 「국제정치의 분석단위로서 중견국가(Middle Power): 그 개념화와 시사점」, 『국제정치 논총』, 49(1): 7-36.

김한수, 2019, 「아세안의 초국가적 안보 이슈 협력에 관한 연구」, 『군사논단』, 98: 167-187.

김형종, 2017, 「한국의 아세안 연구: '아세안학'의 모색?」, 『아시아리뷰』, 7(1): 199-226.

김형종, 2021, 「말레이시아 중간국 외교 전략과 중립성」, 『아시아연구』, 24(2): 21-38.

대한민국 외교부, 2021a, 『외교백서 2021』, https://www.mofa.go.kr/www/brd/m_4080/view.do?seq=371883. (검색일: 2022년 1월 3일).

대한민국 외교부, 2021b, 「신남방정책과 호주의 인도-태평양 전략간 접점을 모색하고 협력을 강화하 기 위한 '한·호주 아세안 정책대화' 개최」, 외교부 보도자료, 아세안국 작성일 2021-02-25.

동아시아공동체연구회, 2008, 『동아시아 공동체와 한국의 미래』, 서울: 이매진.

동아시아공동체연구회, 2014, 『동아시아 공동체: 동향과 전망』, 서울: 아산정책연구원.

문수인, 2020, 「현지서 보는 신남방정책 평가와 전망」, 『매일경제』, https://www.mk.co.kr/news/ culture/view/2020/09/1006867/. (검색일: 2021년 12월 08일).

민병원, 2018, 「소다자주의에 대한 이론적 접근 - 개념, 기능, 효과」, 『통일연구』, 22(2): 177-218.

박사명, 2006, 『동아시아의 새로운 모색』, 서울: 이매진.

변창구, 2013, 「이명박 정부의 실용주의와 대중외교 평가」, 『통일전략』, 13(1): 163-190.

서승원, 2011, 「21세기 동아시아 지정학과 한일 안보협력 - 수렴되는 중견국의 외교안보적 선택」, 『일 본연구』, 15: 379-401.

신윤환, 2015, 「한국의 동남아연구: 반성적 회고」, 『동남아시아연구』, 25(4): 37-75.

윤대엽, 2011, 「미 - 중 관계의 변화와 한국의 중견국가 전략: 이론, 인식과 정책」, 『통일연구』, 15(1): 135-176.

이기완, 2011, 「일본의 대 동남아 인식과 정책, 변화와 지속의 동학」, 『국제정치연구』, 14(1): 301-320.

이수형, 2009, 「중견국가와 한국의 외교안보정책: 노무현정부의 동맹재조정 정책을 중심으로」, 『국 방연구』, 52(1): 3-27.

이승주, 2015, 「아시아 패러독스(Asia Paradox)를 넘어서: 경제적 상호의존과 제도화의 관계에 대한 비판적 검토」, 『한국정치외교사논총』, 36(2): 107-137.

이요한, 2016, 「아세안경제공동체와 개발격차 해소: 메콩프로젝트를 중심으로」, 『동남아연구』, 26(3): 75-100.

이요한, 2020, 「일본의 대 메콩 외교 전략과 협력 거버넌스」, 『동남아연구』, 30(3): 155-182.

이재현, 2018, 「신남방성책이 아세안에서 성공하려면?」, 『issue BREIF』, 2018-04: 1-17.

이재현, 2020, 「아세안 2019: 어수선한 주변 환경, 꾸준한 통합 추진」, 『동남아시아연구』, 30(1): 157-182.

이지영, 2018, 「일본의 대 ASEAN 전략 변화」, 『21세기정치학회보』, 28(4): 125-146.

이충열·홍석준·윤대영 편저, 2016, 『한-아세안 관계 우호와 협력의 25년』, 서울: 도서출판 눌민.

전봉근, 2019, 『미중 경쟁 시대 한국의 '중간국' 외교전략 모색』, 정책연구시리즈 2019-03, 국립외교원 외교안보연구소.

전황수, 1996, 「일본의 대 아세안 경제협력정책, 정부개발원조(ODA)의 목적과 성과」, 『국제정치논총』, 35(2): 291-316.

정재완, 2019, 「2000년대 들어 개발협력 각축장 된 메콩유역: 후발주자 한국, 아세안 경제통합 기여할 역할 필요」, *Cindia Plus* Jan./Feb. 2019, 14-16.

조대현, 2019, 「한-아세안 경제협력 성과와 과제」, 『POSRI 이슈리포트』, 포스코경영연구원.

차태서, 2019, 「한국의 중견국 외교와 정체성 공진화의 정치: 신동방정책과의 비교와 시사점」, 『국제관계연구』, 24(2): 43-72.

최영종, 2009, 지역제도와 중견국가, 『국제관계연구』, 14(2): 63-90.

최원기·서정인·김영채·박재경 엮음, 2019, 『한-아세안 외교 30년을 말하다』, 서울: 국립외교원 아세안·인도연구센터.

최원식·백영서·신윤환·강태웅 엮음, 2010, 『교차하는 텍스트, 동아시아』, 서울: 창비.

퀵, 첸취, 2020, 「신남방정책에 대한 동남아시아의 시각: 3중 협력관계의 발전 전망」, 『해외의 시각으로 본 신남방·신북방정책의 평가와 과제』, 『KINU 연구총서』, 20-15, 서울: 세일포커스(주).

한-아세안센터, 2021, 『2020 한-아세안센터 통계집』, 서울: 한-아세안센터.

현민, 2019, 「아세안의 발전주의적 지역개발협력과 역외의존적 지역개발」, 『세계지역연구논총』, 37(3): 237-277.

Acharya, Amitave. 1995. "Transnational Production and Security: Southeast Asia's "Growth Triangles." *Contemporary Southeast Asia,* 17(2): 173-185.

ASEAN-Japan Center Homepage. https://www.asean.or.jp/en/asean/relation/.

Binh Thai Lai. 2018. "Developing U.S.-ROK-ASEAN Cooperation." discussion paper. New York: Council on Foreign Relations.

Cook, Malcolm. 2018. "ASEAN-Australia Relations: The Suitable Status Quo. Analysis." Lowy Institute for International Policy. http://www.jstor.com/stable/resrep19780. (검색일: 2021년 10월 12일).

Cooper Andrew, ed. 1997. *Niche Diplomacy: Middle Powers After the Cold War.* London: Macmillan.

Cooper, Andrew F. and Richard A. Higgott, and Kim R. Nossal. 1993. *Relocating Middle Powers: Australia and Canada in a Changing World Order.* Vancouver: UBC Press.

Dent, Christopher M. and Peter Richter. 2011. "Sub-Regional Cooperation and Developmental Regionalism: The Case of BIMP-EAGA." *Contemporary Southeast Asia,* 33(1): 29-55.

Dosch, Jörn and Oliver Hensengerth. 2005. "Sub-Regional Cooperation in Southeast Asia: The Mekong Basin." *European Journal of East Asian Studies,* 4(2): 263-285.

Emmerson, Donald K. 2017. "Mapping ASEAN's Future." *Contemporary Southeast Asia,* 39(2): 280-287.

Gecelovsky, Paul. 2009. "Constructing a Middle Power: Ideas and Canadian Foreign Policy", *Canadian Foreign Policy,* 15(1): 77-6.

Grieco, Joseph M. 1993. "Understanding the Problem of International Cooperation: The Limits of Neoliberal Institutionalism and the Future of Realist Theory." David A. Baldwin, ed. *Neorealism and Neoliberalism: The Contemporary Debate.* New York: Columbia University Press.

Howe, Brendan and Park Joung Min. 2019. "South Korea's (incomplete) middle-power diplomacy toward ASEAN." *International Journal of Asia Pacific Studies,* 15(2): 117-142.

Keohane, Robert O. and Joseph S. Nye. 1989. *Power and Interdependence.* Second Edition. New York: Harper Collins Publishers.

Lee, Jaehyon. 2017. "U.S.-ASEAN-ROK Cooperation on Nontraditional Security." Discussion Paper. New York: Council on Foreign Relations.

Lee, S. and Park, C. Y. 2017. "Korea's middle power diplomacy for human security: A global and regional approach." *Journal of International and Area Studies,* 24(1): 21-44.

Ministry of Foreign Affairs, Japan (MFA Japan). 2018. "Tokyo Strategy 2018 for Mekong-Japan Cooperation." https://www.mofa.go.jp/files/000406731.pdf. (검색일: 2021년 10월 12일).

Minitry of Foreign Affairs, Japan (MFA Japan). 2021. *Diplomatic Bluebook 2021.* https://www.mofa.go.jp/policy/other/bluebook/index.html. (검색일: 2021년 10월 12일).

Mitrany, David. 2006. "A Working Peace System: An Argument for the Functional Development of International Organization." Neill Nugent and William E. Paterson eds. *Debates on European Integration, A Reader.* 43-67. New York: Palgrave Macmillan Press.

Nye, Joseph S. Jr. 2017. "The Kindleberger Trap." *Project Syndicate.* https://www.project-syndicate. org/commentary/trump-china-kindleberger-trap-by-joseph-s—nye-2017-01?barrier=accesspaylog. (검색일: 2021년 10월 12일).

Patrick, Stewart. 2014. "The Unruly World: The Case for Good Enough Global Governance." *Foreign Affairs,* 93(1), 58-73.

Patrick, Stewart. 2015. "The New 'New Multilateralism': Minilateral Cooperation, But at What Cost?" *Global Summitry,* 1(2): 115-134.

Pitakdumrongkit, Kaewkamol. 2019. "A Competitive Development Bazaar? - ASEAN Dialogue

Partners' Policies and Their Implications for the Mekong Subregion." Policy Report, Singapore: RSIS (S. Rajaratnam School of International Studies).

Robertson, Jeffrey. 2007. "South Korea as a middle power: capacity, behaviour and now opportunity." *International Journal of Korean Unification Studies,* 16(1): 1581-174.

Tang, Siew Mun et al. 2020. *The State of Southeast Asia: 2020 Survey Report.* Singapore: ISEAS-Yusof Ishak Institute.

Teo, S., Singh, B. and Tan, S. S. 2013. "South Korea's middle-power engagement initiatives: Perspectives from Southeast Asia." *RSIS Working Paper* No.265. https://files.ethz.ch/isn/174582/WP265 South%20Korea's%20Power%20Engagement%20Initiatives.pdf (검색일: 2020년 3월 24일).

Wadley, Daivd and Hayu Parasati. 2000. "Inside South East Asia's Growth Triangles." *Geography*, 85(4): 323-334.

Waltz, Kenneth N. 1979. *Theory of International Politics. Reading:* Addison-Wesley Publishing Company.

Weatherbee, Donald E. 2012. "Southeast Asia and ASEAN: Running in Place." *Southeast Asian Affairs,* 3-22.

Wendt, Alexander. 1999. *Social Theory of International Politics.* Cambridge: Cambridge University Press.

Yoshimatsu, Hidetaka. 2012. "Identity, Policy Ideas, and Asian Diplomacy: Japan's response to the rise of China." *International Area Studies Review,* 15(4), 359-376.

Yoshimatsu, Hidetaka. 2010. "The Mekong Region, Regional Integration, and Political Rivalry among ASEAN, China and Japan." *Asian Perspective,* 34(3): 71-111.

공적개발원조와 인권*

1. 서론

국제개발협력이나 공적개발원조사업(ODA, Official Development Assistance)에 대한 관심은 나날이 커졌고 개발협력 분야에서 한국의 위상도 높아졌다. 하지만 개발협력사업이 막연히 국제적인 빈곤을 해결하는 신한 일이라고 생각하기는 쉽지만, 실제 개발이 진행되는 지역사회에서 빈민이나 원주민과 같은 사회적 약자가 쫓겨나거나 고통을 당하는 사례에는 익숙하지 않다. 빈곤 해결을 위한 국제사회의 활동에서 정작 빈민이 가장 피해를 당하는 역설적인 상황이 생겨나고 있다. 국제기구나 공여국 정부는 이러한 피해를 최소화하기 위해 피해를 저감하기 위한 제도나 절차를 만들어왔다. 이렇게 세이프가드를 만들었던 과정과 역사가 곧 공여국의 성숙도를 반영한 결과라 할 수 있다. 한국은 공여국으로서의 역사가 길지 않았던 만큼 원조에 관한 법률이나 세이프가드 수립이 미흡했다. 본고에서는 한국의 세이프가드의 실효성이 여전히 적은 이유를, 개발 사업으로 인한 비자발적 이주나 원주민 문제, 또는 환경적 영향에 중점을 두고 사례를 통해 보여주고자 한다.

---

* 이 글은 『인문사회 21』, 11(4), 2020에 게재된 논문 「공적개발원조와 인권: 원주민과 비자발적 이주에 관한 세이프가드 정책을 중심으로」를 재수록한 것임.

이를 위해 국제사회에서 세이프가드가 등장한 배경과 주요 개발기구의 세이프가드 수립과정을 살펴보고, 한국의 세이프가드 사례를 중심으로 효과적이기 위해 어떤 요소가 미흡했는지를 보여주고자 한다.

2. 이론적 배경 및 연구방법

개발협력에 대한 국제사회에서의 담론에서 책무성(accountability)이 중요하게 대두되면서, 원조효과성(aid effectiveness)을 높이기 위해서는 공여국(donor country)과 협력국[1] 모두가 개발결과에 대해 상호 책무성(mutual accountability)을 이행해야 한다고 주장하고 있다. 2005년 원조효과성을 위한 파리선언(Paris Declaration)에서 천명된 다섯 가지 원칙 중 하나인 상호 책무성은, 공여국 및 협력국 모두 개발 과정 및 결과에 책임감을 가져야 한다는 점을 의미한다. 지속 가능한 개발을 위해서는 상호 간에 투명하게 정보를 공유하며 양자 간에 호혜적으로 개발협력 과정을 이끌어가야 하는 점을 강조한 것이다. 하지만 ODA 분야에서는 양자 사이의 정보나 인지가 균등하지 못하기 때문에(Karlsson and Yarime, 2015; Beblawi, 1990), 상대적으로 약자나 소수자를 보호하기 위한 조치가 취해져 왔다고 할 수 있다. 한국의 무상원조 시행 기관인 국제협력단(KOICA)의 원조투명성지수는 2018년 기준으로 전 세계 45개 기관 중 38위를 차지했으며(PWYF, 2019), 한국 정부가 진행하는 사업에 대한 환경 영향 평가가 제대로 이루어지지 않았다고 필리핀에서는 환경보호 영장 청구 소송이 진행되기도 했다. 국내에서도 학계나 시민사회에서 세이프가드 심사의 전문성과 공정성에 대한 문제 제기가 지속

---

1 원조를 받는 나라를 수원국(recipient country)이라고 명명해 왔으나 최근에는 일방적인 원조가 아니라 쌍방 간의 협력을 강조하는 의미에서 협력국(partner country)이라는 말을 사용하고 있다.

되고 있다(조공장·마츠모토, 2016; 김민영, 2018; 나현필, 2019).

단순히 법령이나 규정으로서의 세이프가드를 평가하는 것이 아니라, 서로 다른 이해당사자 간의 경쟁, 그리고 정치사회적 맥락을 보기 위해서는 사례를 면밀히 검토하거나 이해관계 대상자를 인터뷰할 필요가 있는 이유이다. 본고에서는 기존 문헌, 보도자료, 보고서 등에 대한 이차 자료뿐만 아니라, 집단적 저항을 하고 있는 원주민에 대한 참여관찰 및 인터뷰를 통한 일차 자료도 수집하였다. 현지조사는 필리핀 할라우강 다목적댐 건설 사업 예정 지역에 2018년 방문하여 현지주민, 지자체, NGO 단체를 방문하여 면담한 결과를 기초로 하고 있으며, 2019년 해당 지역 주민과 시민단체 종사자가 한국의 원조기관과 시민단체를 만나기 위해 방문했을 때도 참여관찰과 함께 인터뷰를 진행하였다. 이 외에 2020년 2월 할라우강 다목적댐 사업이나 라오스 세피난 댐 관련하여 모니터링을 하던 한국의 시민단체 종사자를 만나 면담하였다.

3. 연구결과

(1) 세이프가드의 탄생

세이프가드는 'ODA 프로젝트가 사람과 환경에 미칠 수 있는 악영향을 예방하거나 피할 수 없을 때 이를 최소화하거나 완화시키기 위한 정책'이라고 일반적으로 정의할 수 있다. 인권침해 및 환경파괴 등 개발과정에서 생길 수 있는 부정적 영향을 줄이기 위해 세계은행(World Bank)이 만든 것을 그 시작으로 볼 수 있다. 인도의 사르다르 사로바르 나르마다(Sardar Sarovar Narmada) 댐 건설 시에 발생한 현지 원주민 강제 이주와 부정적 환경 영향

문제를 조사하기 위하여, 1992년 독립적으로 위원회를 설립하고 1993년 조사패널(inspection panel)을 구성한 것이다. 1980년대에 시작한 브라질북서부종합개발프로젝트(Polonoroeste Project) 역시 국제기구에 개발사업이 미칠 수 있는 부정직 영향에 대해 각인시킨 사업이 되었다. 아마존 주변에 총 2,500킬로에 달하는 고속도로를 건설하는 사업으로 인하여 수십만 명의 원주민이 이주해야 하는 상황이 발생한 것이다. 이와 같이 인도와 브라질에서 사업과 관련하여 발생한 잡음은 세계은행의 명성에도 흠집을 내는 것이기에 관련 법안을 정비할 필요가 생겼다. 환경사회적 지속 가능성 확보와 이해관계자와의 소통이라는 두 가지 숙제를 깨닫게 한 계기가 되었다고 할 수 있다(대외경제협력기금, 2012: 2).

세계은행의 조사패널은 은행 사업이 영향을 미치는 바를 조사하기 위하여 독립적으로 운영되며 운영위원은 국적이 서로 다른 세 명을 임명하여, 조사에 대한 공정성과 독립성을 보장하려 한다. 세이프가드 관련 일을 담당하던 인력이 세계은행 내에 1987년 기준으로 5명이었던 것에 비해 1990년에는 60명 정도로 증원된 것을 보면(조공장·마츠모토, 2016: 87), 이러한 정책에 대한 필요성이 많이 증대된 것임을 알 수 있다. 하지만 청원된 사업에 대하여 2010년까지 조사된 건은 1994년부터 2010년까지 64건 중 4건만이었다는 점은, 활동의 한계라고 할 수 있다. 조사패널이 독립적으로 운영되지만 세계은행의 집행위원회가 각 단계별 결정 권한을 가지고 있어 통과 여부에 영향을 주고 있기 때문이라고 볼 수 있다(참여연대, 2019). 기본적으로 세계은행의 세이프가드는 원주민 문제에 대해서 원주민에 미치는 영향을 막기 위해서 노력하되 피할 수 없는 경우에는 최소화하는 방법을 찾아야 한다고 하고 있으며(World Bank, 2005), 비자발적 이주는 최대한 피해야 하며 불가피할 경우에는 최소화하기 위해 노력을 기울여야 하고 이주민의 생계를 회복하기 위해 지원해야 함을 명시하고 있다(World Bank, 2001).

2003년 이후 10개 넘는 국제상업금융기구들이 5,000만 달러 이상의 사업에 대해서 국제금융공사(International Finance Corporation)가 정한 사업기준과 환경·보건·안전(EHS, Environment, Health, and Safety) 가이드라인을 따르는 환경심사를 수행하기로 한 이른바 '적도 원칙(Equator Principle)'이 수립한 것은 세계은행이 선도한 발전이라 평가할 수 있다(대외경제협력기금, 2012: 2). 개발 사업 설계에서부터 환경·사회에 대한 부정적인 영향의 비용을 인식하기 시작했다는 것이 이미 상당한 인식의 전환을 이룬 것이라 평가받는 것이다. 2003년 12월 OECD 수출신용기관들(ECAs, Export Credit Agencies)은 '수출신용과 환경에 관한 공통 접근(Common Approaches on Environment and Officially Supported Export Credits)'에 합의하기도 했다.

(2) 세이프가드의 확대와 개발협력사업에의 적용

이러한 세계은행의 세이프가드가 아시아개발은행(ADB, Asian Development Bank), 미주개발은행(IDB, The Inter-American Development Bank), 아프리카 개발은행(AfDB, African Development Bank Group), 유럽부흥개발은행(EBRD, European Bank for Reconstruction and Development) 등의 여타 개발은행에 영향을 주어 각각이 정책을 세우는 데 영향을 주도록 하였다(한국환경정책평가연구원, 2013). 아시아개발은행은 1995년 비자발적인 재정착, 1998년 원주민, 2002년 환경에 대한 개별적인 세이프가드 정책을 통합하여 2009년 세이프가드 정책문서(Safeguard Policy Statement)를 만들었다. 기본적으로 세이프가드는 아시아개발은행이 진행하는 사업에서 발생하는 주민과 환경에 대한 부정적 영향을 예방하거나 피할 수 없을 때는 그 영향을 최소화하거나 적절한 보상을 할 수 있게 하는 데 있다.

일본국제협력단(JICA)이 개발관련 정책을 세우게 된 계기에는 일본이 인도네시아 수마트라 지역에 건설하려 했던 코토판장(Koto-Panjang) 댐 건설사업이 있다. 1979년부터 일본 정부와 인도네시아 정부 사이에 협의가 시작된 이 사업이 주민들에게는 사업을 알리는 표지판이 들어선 1988년 이후라고 할 정도로 기본적인 정보 공개가 되지 못했다. 1996년 완공될 때까지 4,866세대 22,000명이 이 사업의 영향을 받았지만 제대로 된 공지 의무나 피해에 대한 보상이 미흡하여, 결국 수마트라 주민 3,861명이 일본 JICA를 상대로 2002년 9월 5일 도쿄 지법에 집단소송을 내면서 일본 사회에 알려지게 되었다(조공장·마츠모토, 2016: 90). 비록 주민들은 패소했지만 일본 ODA 사업의 투명성과 책무성에 경종을 울리는 결정적인 계기가 되었다고 볼 수 있다(참여연대, 2019).

일본 정부나 개발기구가 산정하지 않은 피해에는 집단성이 강한 미낭카바우라는 종족의 전통적 관습의 파괴나 생활방식 변화도 있었다. 토지에 대한 공동 소유나 집단적 의사결정 체계 등이 이주로 인해 많은 변화를 겪었지만, 이주 문제를 담당하는 개발 기구가 이러한 문제에 대해서는 지식이나 경험이 부족한 상태였다. 이 사례 이후 일본 정부는 세이프가드 설립을 추진하였다.

일본은 세이프가드를 만드는 과정에서 환경을 자연환경으로 보는 협소한 시각에서 발전하여 사회 문화적인 영향으로 확대했다. 또한 환경영향 평가서를 지역주민을 포함하여 프로젝트가 진행되는 국가에도 공개하거나, 지역의 이해당사자가 열람이나 복사할 수 있도록 하는 방향으로 변경되었다. 일본은 이후 2010년 4월에 환경/사회 배려 가이드라인이라는 이름으로 변경했고, 협력사업에 있어 정보를 제대로 설명하고 공개하는 실질적 의미에서의 책무(accountability)를 명시적으로 표현했다. 환경/사회 배려의 평가항목에는 자연환경뿐만 아니라, 인구이동, 지역경제, 사회자본, 취약계층 등에 대한 조사를 망라했다고 한다. 자문위원회를 구성하여 독립성을 높인 점이나 세이프가드와 관련된 부서가 환경영향평가부서와도 분리된 점을 일본의 세이프가드 정책 변화와 관련하여 중요하게 평가할 수 있는 부분이다.

ADB의 전략은 협력국가가 공여국의 정책을 수용하도록 하고 있는데, ADB의 요건과 부합하지 않으면 수원국에 관련정책을 정비하도록 한다. 실제 ADB는 요구한 조치가 실행되지 않을 때, 이에 대한 모니터링이나 시정을 요구할 수 있는 절차를 보유하고 있다. ADB는 이러한 정책을 따르지 않을 때 자금 지원을 중지하지 않고 자국의 환경보호 규정을 따르지 않을 때 사업을 진행하지 않는 것을 원칙으로 한다고 한다. ADB는 캄보디아의 시아누크빌에서 수도 프놈펜을 거쳐 태국과의 국경지역인 포이팻까지 연결하는 642km에 달하는 철로를 재건하는 사업을 지원하기로, 2006년 국가 간 양해각서를 체결하였다. 이 양해각서에는 822가구에 대한 이주문제를 포함하고 있어, 철로 인근 지역 주민에게 5년 약정으로 대체 주거지와 소득 지원 프로그램을 제공하기로 했다. 하지만 이주로 인해 빈곤이 심화하고, 재정착 지역에 기초시설이 미비한 점이나 안전문제가 심각하게 지적되었다. 세이프가드 절차에 따라 준수검토패널(Compliance Review Panel)은 기획단계부터 문제가 있었다는 점을 찾아냈다. 보상을 받을 사람의 규모가 증가하거나 물가상승을 고려하지 못한 점이 큰 원인이라는 점을 깨닫고, 이러한 문제를 수정할 만한 대책을 만들었다(이주영·이성훈, 2014: 55). 이 캄보디아 사례는 비슷한 시기에 한국 정부가 필리핀 마닐라에서 수행했던 통근철도 사업과 비교가 된다. 사업 시행으로 인한 빈민가구의 철거와 생계 문제 등, 발생한 문제점은 비슷했지만 이를 해결하기 위한 공여국의 대응에서 차이가 있었다. 2004년 양국 정상 간의 양해각서 체결로 시작한 마닐라통근철도 재건 사업은 철로 주변에 살고 있던 3만 가구 이상의 빈민에 대한 이주 문제로 몸살을 겪게 되었다. 당시까지 한국은 ODA 사업에 대한 가이드라인이나 세이프가드가 없었을 뿐만 아니라, 한국 정부는 이주민에 대한 대책은 협력국에서 담당할 일이라는 입장을 견지했다. 이주문제에 대해 여러 논란이 있자, 한국 정부는 사업심사 초기부터 필리핀 정부에 이주문제를 원만히 해결할 것을 적극적으로 요청했고, 문제가 불거진 이후에는 ADB의 국제이주 전문가를 고용하여 이주계획의 타당성을 입증했다고 했다(한국인권재단, 2007: 103). 하지만 이는 결국 공여국은 직접적인 책임은 없다는 자세로, 공여국의 적극적인 책임을 강조하는 국제적 표준과는 괴리가 있었다. 반면 ADB의 준수검토패널은 재정착지역에 대한 보완이나 추가 지원 등을 권고하는 등, ADB 내에 책무성을 준수하기 위한 조치를 강화한 모습을 보여주고 있다. 세계은행이 사회환경정책 프레임워크를 일반에 공개하기로 방침을 세우고 프로젝트에 있어서 주민의 참여를 독려하고 투명성을 높이려고 한 것을 보면, 대부분의 국제기구가 책무성 증가를 위한 실질적인 방안을 강구해왔다는 것을 알 수 있다.

(3) 사례로 본 한국 세이프가드의 실효성

① 한국의 개발협력사업과 세이프가드

한국이 공여국으로서의 역사가 길지 않은 것은 주지의 사실이지만, 원조와 관련된 원칙이나 철학이 정립되어 있지 않거나 집행 기구나 절차가 정비되어 있지 않은 데에 대한 변명은 되지 못한다. 한국의 대외원조는 1987년과 1991년 각각 설립된 EDCF와 KOICA를 중심으로 시작되었다. 유상원조와 무상원조를 수행하는 기관으로 분리된 한국의 원조집행 체제로 인해 효율성이 떨어진다는 비판을 받아, 이를 중재하기 위해 2006년 국무총리 산하에 국제개발협력위원회를 만들기도 하였다. 한국 정부의 공적개발원조 사업은 자원 확보나 경제협력 확대 등 단기적인 실익을 위한 방편으로 활용되거나 협력대상국의 니즈에 따른 지원보다는 한국의 개발 경험을 전수한다는 공여국 중심주의 경향이 있다는 점이 지적된다(한국국제정치학회, 2012).

EDCF는 시민사회의 지속적인 문제 제기와 국제사회와 보조를 맞추는 차원에서 세이프가드를 2013년 제정하여, 시범사업을 거쳐 2016년 10월부터 일부 사업에 한해 적용하고 있다. 한국에서는 동남아시아 지역에 지원한 고체 폐기물 처리장 사업에서의 환경영향평가 및 도시 통근열차 사업에서의 비자발적 주민이주문제 발생 등으로 사업 추진이 지연되거나 취소되면서 감사기관의 지적을 받기도 했다(대외경제협력기금, 2012: 4). 2011년 세이프가드에 대한 개정작업이 시작되어, 기존 안이 환경 영향과 비자발적 이주에 대해서 개략적으로 구분한 것에 비해, 환경/사회 영향을 단일과업으로 수행하는 체계를 따르기 시작했다.

다만 세이프가드에 대한 정보공개 문제가 쟁점이 되는 경우가 많고, 집행기관이 이를 얼마나 수행하고 있는지에 대해서는 의문이 든다. 한국이 OECD 산하의 개발원조위원회(Development Assistance Committee)에 가입하는 시기에 맞춰, EDCF는 국제사회 기준과 한국의 개발원조 원칙을 공조하기 위하여 세이프가드를 만들었다. 또한 환경 및 사회에 대한 부정적인 영향을 최소화하기 위하여 사회/환경 영향 평가제도를 의무적으로 실행한다는 점도 천명하였다. 하지만 제정 후에도 그 내용이 투명하게 공개되지 않아 학계나 시민사회의 의견이 반영되지 않는다는 지적을 받았다(이주영·이성훈, 2014: 112). 현지에서 이해관계자들 사이에서의 협의가 불가능할 때, 그리고 권력관계로 인해 취약계층이 그 피해를 볼 경우 공여국에도 별도로 조사할 수 있는 기구가 필요하다는 안이 제기되기도 한다. 한국은 OECD DAC에 가입한 이후 2012년과 2017년에 동료검토(peer review)를 받게 되면서 모니터링 체제의 미흡에 대한 지적을 받아왔다. 2017년의 동료검토에 대한 답변에서 EDCF는 세이프가드를 제정했다는 사실을 강조할 정도로, 세이프가드는 한국가의 책무성을 실현할 수 있는 대표적인 장치라고 할 수 있다.

EDCF에서의 세이프 단계를 살펴보면 다음과 같다. 사업초기단계에 협력국은 수출입은행에 스크리닝 양식을 제출하면 이를 근거로 사업을 A, B, C로 분류하며 이 분류에 따라 협력국에 환경영향평가를 요구할 수 있다. 환경사회영향평가(ESIA, Environmental and Social Impact Assessment)라고 불리는 이 평가는 프로젝트로 인한 환경 및 사회적 영향을 포괄적으로 평가하는 것을 말한다. 기초환경조사(Initial Environmental and Social Examination)라는 것은 ESIA를 단축한 형태로 기본적인 환경/사회 영향을 평가하는 것을 일컫는다. 협력국은 직간접적인 환경/사회 영향 및 위험요인을 분석하고, 환경 및 사회에 대한 부정적인 영향이 예상되었을 때는, 이를 완화하거나 모니터링할 계획을 포함하여 보고서를 작성하고 사업을 분류하게 된다. 분류가 완료되면 수출입은행은 협력국이 제출한 서류와 현장 방문을 근거로 환경/사회 검토를 진행한다. 이때 EDCF의 세이프가드 정책을 수행할 만한 제도가 갖추어 있는지를 판단한다. 협력국은 환경 사회 영향을 최소화하기 위한 방안을 만들기 시작한다.

이러한 검토가 완료되면 협력국은 프로젝트의 목적, 성격, 규모 및 기간과 잠재적인 위험, 영향 및 완화 조치에 대한 정보를 지역사회에 공개해야 한다. EDCF는 스크리닝 결과에 대한 정보를 공개할 의무가 있다. 이후 세이프가드에서 중요한 모니터링 단계가 남는다. 수출입은행은 협력국이 작성하고 보고한 환경사회 관리계획을 검토하고 필요한 조치를 수행할 책임을 갖고 있다. 수출입은행은 솔로몬 제도의 티나강 유역 발전 사업을 세이프가드를 적용하여 악영향을 최소화한 사례로 꼽는다. 애초에 사업이 미칠 환경 사회 영향이 적은 것으로 파악했으나 막상 댐이 건설되자 물고기의 흐름이 막혀 어업에 종사하던 주민 삶에 부정적 영향을 끼친 것이다. 이에 당국은 댐에 다른 수로를 확보하여 물고기의 유입을 돕는 방향으로 사업을 수정했다고 한다(대외경제협력기금, 2012).

② 한국 세이프가드의 문제점

한국의 세이프가드 초안을 만들 때 협조했던 학계나 시민단체는 처음 EDCF가 만들었던 초안에 비해 공여국의 책무를 명시한 부분이 삭제되거나 축소된 점을 지적한다. 아래는 2016년 EDCF는 세이프가드를 만들고 몇 개 사업에 대하여 시범적으로 적용하기 시작했다. 초기에 한국어가 아니라 영어 버전만을 홈페이지에 공개했는데, 초반부에 "이 정책은 수록된 요구조건에 대하여 유용한 지침이 될 것이나, 의무적 요구조건은 아니다"라는 내용으로 시작한다. 이를 두고 다수의 시민단체 활동가는 준수해야 할 의무사항이 아니라 선택적인 것처럼 약화되어 그 실효성을 의심할 수밖에 없다고 이야기했다.

The Export-Import Bank of Korea (Korea Eximbank) has prepared a Safeguard Policy in 2016, corresponding to the environmental and social sustainability. These Policy offers helpful guidance on the requirements contained itself, but not intended mandatory requirements.

사실 세이프가드에서 공여국의 책임을 묻는 것과 협력국의 책임을 강화하는 문제는 여러 가지로 복잡한 요소를 포함하고 있다. 국제개발협력에서 지속적으로 강화된 협력국의 주인의식(ownership)을 이유로 환경 및 사회에 대한 부정적인 영향을 대비할 책임을 협력국에 물을 수 있는 근거도 되기 때문이다. 실제 세계은행 내에서도 세이프가드가 강화되는 것이 사업의 축소를 가져오거나 은행 자체가 문제의 소지가 될 만한 사업에 대한 지원을 줄이는 결과를 가져오자, 협력국의 관련 규정이 세계은행의 세이프가드와 동일한 수준이라고 판단되면 협력국 규정에 따를 수 있다는 인식을 2000년대 초반에 하게 된다. 이를 '수원국시스템접근법(Country System Approach)'

이라고 부른다(대외경제협력기금, 2012: 3). 시민사회에서는 세이프가드가 수립되고 실행되기까지 많이 걸린 점과 내용이 제대로 공개되지 않은 점 등에 대하여, 세이프가드의 중요한 목적 중의 하나가 정보의 투명한 공개인 점에 비추이 이해하기 어렵다는 반응이 많았다(나현필, 2019). 또한 한국의 세이프가드에는 강제집행성에 대한 내용이 없다. 세계은행에서는 세이프가드 위반 시에 어떤 법적 절차를 통해 보상이 가능한가에 대한 내용이 부재하며, 책무성을 담당하는 부서가 명확하지 않은 점이 지적된다(김태균, 2019).

1) 필리핀 할라우강 다목적 사업

할라우강 다목적사업은 2012년 EDCF가 필리핀 정부와 차관계약을 맺어 관개용수 및 수력 발전을 위한 댐을 건설하는 사업이다. 이 사업은 EDCF의 세이프가드를 시범적으로 적용하는 사업의 하나이었다. 하지만 사업으로 인한 수몰 지역 발생, 지진 위험 지역, 원주민 관련 절차 준수, 환경 파괴 우려 등으로 인해 지역사회의 강한 저항을 받은 사업이었다. 필리핀 국내에서는 환경보호와 원주민 보호에 대한 절차가 제대로 준수되지 못했다는 이유로 환경보호영장을 청구하는 소가 제기되기도 했다. 최종적으로 기각되기는 했지만 이로 인해 해당 사업은 수년 동안 사업자 선정이나 시공을 하지 못했다. 오히려 필리핀 국내의 환경영향 절차에 정치적 압력을 넣어 정상적으로 제기된 문제가 시정되지 않은 상태로 환경준수인증서(ECC, Environmental Compliance Certificate) 사업허가를 받았다는 의혹이 제기되기도 했다 (Castro & Ryu, 2013). 특히 댐 건설 예정 지역 인근에서 오랫동안 살아온 원주민들은 삶의 터전을 잃고 먼 거리로 이주해야 하는 것에 극도로 불안감을 갖고 있었다. 필리핀 국내법에는 원주민을 보호하기 위한 특정한 규정이 있어, 댐 건설같이 원주민 거주 환경에 큰 영향을 미치는 개발사업은 단계마다 원주민 집단의 집합적 동의를 얻어야 한다. 하지만 법에서 정한 절차가

면밀히 이행되지 않았고, 동의를 얻기 위해 협박이나 회유가 있었다고 주민
들은 인터뷰에서 이야기했다. 이곳의 원주민 단체는 국내에서 사업에 대한
중단 요구가 실현되지 않자 한국에까지 대표를 파견하여 이 문제를 한국
대중이나 시민사회에 알리려 하였다.

2018년 4월 지역주민이 한국으로 찾아왔고, 필자도 EDCF와 시공사인
대우건설 관계자를 만나는 자리에 참여했다. 이 자리에서, EDCF 측에서는
"세이프가드에 따라 부정적인 환경·사회 영향을 최소화하기 위한 대책, 대
안이 이행되지 않을 경우 자금지원을 중단하겠다"고 이야기했다. 하지만 시
민단체가 후속 작업을 지켜본 결과, EDCF가 어떤 사후 조치를 했는지는
전혀 공개되고 있지 않다고 했다(참여연대, 2019).

> This Safeguard Policy applies to respective candidate EDCF funded
> projects with a priority and to all projects gradually. Korea Eximbank will
> not fund projects that do not comply with its Safeguard Policy statement,
> nor will it fund projects that do not comply with the borrower's country's
> environmental and social laws and regulations, including those laws
> implementing borrower's country obligations under international law.

EDCF의 세이프가드에는, 이 정책을 따르지 않는 사업에 대해서는 자금
을 지원하지 않을 뿐만 아니라, 협력국의 환경 사회 규정을 지키지 않는 사
업에도 동일하게 차관을 제공하지 않겠다고 명시하고 있다. EDCF가 갖고
있는 가장 강력한 제재수단이라고 이야기할 수 있다. 하지만 할라우강 사업
의 경우, EDCF가 어떻게 평가했는지 일반인은 모른 상황에서 2019년 1월,
사업에 대한 최종 승인이 이루어졌다. 한국의 공여기구가 수립한 세이프가
드의 법적 강제성과 정보 공유의 투명성이 문제 되는 지점이다. 이러한 두

가지 요소가 보완되지 않는다면 협력국 주민이나 환경을 보호하려는 세이프 가드의 실효성을 의심할 수밖에 없다.

2) 라오스 세피안·세남노이 댐 건설사업

2018년 7월 23일, 한국의 개발협력 역사에서는 오명으로 남을 사건이 발생했다. EDCF가 955억을 지원하고 민간기업인 SK건설이 시공을 맡아 라오스에 세운 세피안·세남노이 댐의 보조댐이 붕괴되면서 49명의 주민이 사망했고 22명은 실종되었으며 약 6,000명의 이재민이 생겼기 때문이다. 이 사업은 EDCF의 세이프가드 적용 대상 사업은 아니었으나 EDCF가 시범적으로 세이프가드를 적용하기도 했던 사업이다. 라오스 정부의 사고 조사 결과, 환경사회영향평가 시에 부실하게 토질이 조사되었다는 것이 밝혀졌다. 라오스 국가조사위원회는 "붕괴 전 강우량이 꽤 많았으나 저수지 수위는 최고 가동 수준 이하였고 붕괴 당시에도 최고 수위보다 훨씬 낮아 불가항력에 의한 붕괴로 보기 힘들며", 적색토(laterite soil)로 쌓은 보조댐에 미세한 관들이 존재하면서 누수로 인한 내부 침식이 발생한 것을 근본 원인으로 보고 있다.[2] 하지만 SK건설은 이러한 조사에 반발하면서, 피해 지역에 대한 보상금 지급에는 합의했으나 이는 사고 원인과 관계없는 피해보상이라는 점을 강조하고 있다. EDCF 역시 이 사업은 민관협력사업(PPP)으로, 자신은 라오스 정부에 차관을 제공한 것뿐이라는 입장을 견지해왔다. 국가는 인권을 보호할 의무가 있고, 기업은 국제적으로 인정된 인권, 기업이 운영되는 국가의 국제적 인권에 관한 의무가 있다. 기업은 인권에 대한 실제적, 잠재적 영향을 평가하고, 측정 결과의 반영과 해당 결과에 따른 조치, 조치에 대한 반응

---

2 '라오스 세피안·세남노이 댐 사고 대응 한국시민사회 TF'는 OECD 다국적기업 가이드라인 대한민국 연락사무소에 2019년 6월 17일 「OECD 다국적기업 가이드라인 위반 진정서」를 제출한다. OECD의 다국적기업이 따라야 할 가이드라인을 위반한 내용에 대하여 조사를 해달라는 진정서로, 원문은 아래에서 검색할 수 있다(<http://www.peoplepower21.org/sue/1674398(2020.04.04 검색)>.

파악, 해당 영향이 어떻게 해결되었는지에 관한 의사소통 등을 면밀히 살펴봐야 한다고, OECD 다국적 기업 가이드라인에서 명시하고 있다.

결국 필리핀과 라오스의 사례는 EDCF가 수립한 세이프가드를 실질적으로 준수했다면 부정적 영향을 최소화할 수 있었던 사례라고 볼 수 있다. 동시에 현재와 같이 규정 자체는 있지만, 실질적으로 준수를 의무화하거나 이 해당사자에게 관련된 정보를 투명하게 공개하는 실천이 없다면 전혀 실효성이 없다는 것을 보여주기도 한다. 현재 한국 EDCF의 세이프가드가 제대로 작동하기 위해서는, 심사기구의 독립, 관련정보의 공개, 세이프가드 조치에 대한 책무성, 모니터링 및 평가 강화가 수반되어야 함을 보여주고 있다.

4. 맺음말

세이프가드는 환경영향과 사회영향을 최소화하기 위한 공여국의 의지를 표현하는 가장 중요한 수단인 동시에 해당 국가의 ODA 철학이나 원칙을 보여줄 수 있는 하나의 검증 수단이 될 수 있다. 이런 점에서 각 원조기관의 세이프가드 정책은 원조와 관련된 성숙된 정도를 보여준다. 한국의 세이프가드는, 다른 공여국에 비해 새롭게 수립된 것이긴 하나, 정보의 공개나 책무에 대한 강제성 등 실질적으로 유효하기 위한 조건이 충족되지 못하고 있다. 세이프가드는 경제협력을 축소시킬 수 있다는 우려를 낳기도 하지만, 장기적으로는 사업의 성과를 보다 많은 사람에게 확산하고 후속 세대에도 지속가능하게 발전의 이익을 남길 수 있는 방법이라고 본다. 오히려 법이나 제도를 만든 것에서 만족하는 것이 아니라, 왜 이러한 정책이 필요한지에 대한 원칙이나 철학을 정비하는 것이 우선되어야 한다는 생각이 드는 지점이다. 단기적으로 규제는 투자를 막고 여러 추가 비용을 양산하지만, 장기적으로는 더 큰 손해를 막는 수단이라고 봐야 하기 때문이다. 특히 공적개발원조는 전 세계의 빈곤퇴치를 위한 전 지구적인 약속이며, 따라서 빈민이나 원주민과 같은 소외된 사람의 인권을 보호한다는 관점에서 수행되어야 되어야 할 것이다.

참고문헌

김민영(2018), 「시민사회가 바라본 2018 한국의 OECD DAC 동료검토」, 『국제개발협력』, 2018(1): 35-49.

김태균(2019), "개발협력CSO 건강한 생태계 만들기: 투명성/책무성", 『2019년 8월 13일 한국개발 CSO 투명성 토론회 자료집』, 서울: 국제개발협력민간협의회.

나현필(2012), "한국 ODA로 피해를 입으면 누가 책임을 져야 하나요?", 『피다's View』, <http://www.pida.or.kr/pium/?q=YToyOntzOjEyOiJrZXl3b3JkX3R5cGUiO3M6MzoiYWxs IjtzOjQ6InBhZ2UiO2k6NDt9&bmode=view&idx=1550610&t=board(2020.1.3. 검색)>.

나현필(2019), 「예고되고 있는 비극, 필리핀 할라우 강 댐 사업」, 『월간 워커스』, 50호, <http://workers-zine.net/29982(2020.3.3 검색)>.

대외경제협력기금(2012), 「EDCF Safeguard 개정 방향 및 향후 과제」, 『EDCF Issue Paper』, 1(2): 1-8.

이주영·이성훈(2014), 『공적개발원조 정책의 현황 및 인권적 개선 방향 연구』, 서울: 국가인권위 원회.

정상화·서창록·유웅조(2012), 『21세기 외교전략과 공적개발원조 정책』, 외교통상부 정책용역 보고 서, 서울: 외교통상부.

조공장·마츠모토(2016), 「ODA분야의 세이프가드 정책동향 및 운영현황: JICA를 중심으로」, 『국제 개발협력』, 2016(3): 81-107.

참여연대(2019), 「국제개발협력 책무성 증진을 위한 세이프가드 제도 개선방안: 세이프가드 제도 의 무화하고 책무성 메커니즘 마련해야」, 『참여연대 이슈리포트』, 서울: 참여연대.

한국국제정치학회(2012), 『21세기 외교전략과 공적개발원조 정책』, 2012 외교통상부 정책용역 보고 서, 서울: 외교통상부.

한국인권재단 ODA 연구팀(2007), 『ODA 정책이 수원국의 인권에 미치는 영향』, 국가인권위원회 정 책용역보고서, 서울: 국가인권위원회.

한국환경정책평가연구원(2013), 『한국 ODA사업의 환경평가 모니터링 현황과 해외사례 비교연구』, 세종: 한국환경정책평가연구원.

Beblawi, H.(1990), "The Rentier State in the Arab World", In Luciani, G.(ed), 『The Arab State』, Berkeley: University of California Press.

Castro, N. & J. Ryu(2013), 『A Case Study of environmental Monitoring of Korean Official Development Assistance Projects in the Philippines』, A Report to the Korean Environment Institute. Quezon City: Social Sciences and Philosophy Research Foundation, Inc.

Karlsson, M. & M. Yarime(2015), "Reflexivity in Development Assistance: The Obstacles Dual Accountability and Communicative Asymmetry to Achieving Reflexive Governance", 『The International Journal of Sustainability Policy and Practice』, 10: 18-27.

PWYF(Publish What You Fund)(2019), 『Aid Transparency Index 2018』, <https://www.publishwhatyoufund.org/the-index/2018/ (2020.2.3. 검색)>.

World Bank(2001), 『Operation Policy 4.12: Involuntary Resettlement』, Washington, D.C.: World Bank.

World Bank(2005), 『Operation Policy 4.10: Indigenous Peoples』, Washington, D.C.: World Bank.

아세안의 발전주의적 지역개발협력과 역외의존적 지역개발*

현민

1. 서론

　제2차 세계대전 이후의 냉전질서를 배경으로 1967년 창설된 동남아시아 국가연합(ASEAN, 이하 아세안)은 OPEC을 제외한다면 개발도상지역에서 가장 오래된 지역기구이지만 1990년대 이전까지는 주목할 만한 활동을 전개하지 않았다. 1990년대 이전까지 동남아시아는 태국 및 해양부 국가와 베트남 및 동맹국인 인도차이나 국가들로 양분되어 있었기에 아세안 기구는 동남아 전체를 포괄할 수 없었다. 다시 말해 아세안은 동남아 지역 내 '자유세계'의 경계선이었으며 탈냉전 이전까지 아세안지역은 여전히 이념적, 정치적 갈등으로 인해 냉전(冷戰) 속의 열전(熱戰)으로 얼룩졌다. 지역협력은 주로 경제적 분야에 국한되었으나 이 또한 활발하지 않았다. 경제적 협력은 1970년대 말부터 일본의 글로벌 생산구조에 아세안이 포함되는 형태로 진행되었으나 지역적 통합 정도는 낮았던 것으로 평가되어 왔다. 그러나 세계화 이후 해외자본의 유치와 대외협상력 증대를 목적으로 한 '새로운 지역주

---

*　이 글은 『세계지역연구논총』, 37(3), 2019에 게재된 논문 「아세안의 발전주의적 지역개발협력과 역외의존적 지역개발」을 재수록한 것임.

의'하에서는 그 양상이 다르게 나타났다. 냉전 해체 이후 인도차이나반도의 구공산권 국가들의 합류로 인한 외연적 확대 속에 아세안기구를 중심으로 동남아시아 지역 통합은 매우 활발한 양상을 띠고 있다. 또한 '발전국가' 형성에 성공한 것으로 평가되는 동북아시아의 지역통합이 쉽지 않은 가운데 아세안은 동남아시아를 넘어 환태평양 지역의 협력에 있어 '아세안 중심성'을 보여주면서 지역협력에 있어 중심축으로 부상하고 있다.[1]

이러한 공간적 중심성에도 불구하고 글로벌한 차원, 지역적 차원 그리고 개별회원국의 차원에서 다층적인 역학관계에 놓여 있는 아세안이 그 중심성을 유지하면서 독자적인 지역통합의 공간을 창출할 수 있는지는 여전히 미지수이다. 오히려 이러한 다자주의적 공간의 중심성과 '발전'에 대한 열망과 달리 부족한 제도적 역량과 개발재원으로 인해 아세안은 높은 역외의존성 또는 대외개방성을 보여주고 있다. 본 논문은 특히 지역적 차원의 개발협력에 있어서 나타나는 역외의존성과 협력의 다층성을 개발주체와 개발재원 면에 주목하여 그 양상과 원인을 살펴봄으로써 아세안지역개발협력의 특징을 고찰하고자 한다.[2]

---

1 현민, 「동아시아 지역통합과 아세안: 아세안 지역통합의 역사와 다층적 협력구조의 성과와 한계를 중심으로」, 『동북아문화연구』, 제52집 (2017), pp.115-120.

2 그간 동남아시아 개별국가 또는 특정 지역 및 영역별 개발협력에 대한 연구는 다양하게 이루어졌으나 동남아지역 전체를 지역적 단위로 하여 개발협력의 특성을 파악하고자 한 연구는 많지 않다. 동남아지역 연구와 개발협력에 대한 개괄적 연구 동향은 김소연·강하니, 「한국동남아국제개발협력 연구동향분석: 비판적 동남아 지역연구로서의 국제개발협력 연구 심화 가능성 고찰」, 『동남아시아연구』, 제28권 2호 (2018)에서 확인할 수 있다.

2. 아세안 지역통합의 특징과 발전주의적 개발협력

(1) 아세안 방식과 지역협력의 국가중심성

아세안 지역통합은 '아세안 방식(ASEAN Way)'이라는 독특한 협력 방식에 근거한다. 이는 회원국들뿐 아니라 역외행위자들에게도 적용되는 것으로 "국가주권에 대한 존중, 상호 내정불간섭, 비공식적 외교, 회원국의 정책에 대한 공개적 비판의 금지, 회원국 간의 조정 및 합의에 의한 정책 결정"[3]을 의미한다. 주요 의제에 대해 비공식적 협의를 통해 우선 논의하고 이후 선언의 형태로 의사결정을 이끄는 아세안 방식은 개별회원국의 국내 정치·경제적 사정, 아세안을 둘러싼 역학관계 그리고 아세안경제의 대외의존성에 기인한다. 아세안 방식은 그 실효성에 대한 의문에도 불구하고 회원국에 외교적 융통성과 자율성을 부여하고 지역협력에 있어 제도적 유연성을 제공한다.

아세안 방식은 지역협력에 있어서도 고유한 양상을 낳는다. 아세안 국가들은 지역 전체의 포괄적 문제에 대한 강한 제도화를 추구하기보다는 사안별로 접근하는 방식을 취한다. 이 속에서 회원국의 자율성을 보장하고 개별적 이해를 추구하는 것이 용인된다. 그러나 이러한 아세안의 제도적 유연성은 큰 매력인 동시에 제도적 취약성의 원천이 된다. 냉전의 해체는 동아시아에 복잡한 이해관계가 각축하는 다자주의적 협력 공간을 창출하였으며 이 속에서 '중립적'인 아세안은 역외 강대 국가가 자신의 능력을 경쟁적으로 투사하는 동시에 '다자주의적 협력'의 각축을 벌이는 장소로 기능한다. 반면 아세안은 이 공간 속에서 지역협력의 장을 제공하는 피상적 역할을 넘어선 실질적 중재자의 역할을 수행하기에는 여전히 취약하다. 또한 지역 내적으

---

3   김도희, 「동아시아 지역협력과 아세안」, 조한승 외 공저, 『국제기구와 지역협력』(서울: 오름, 2015), p.142.

로 아세안 방식이 회원국 주권의 독립성과 내정불간섭 원칙을 포함하기 때문에 외부 안보 위험을 제외한다면 회원국의 행동이나 정책에 지역적 차원에서 개입하기에는 제약이 따른다.[4]

한편 아세안은 아세안 방식에 근거하여 다양한 국가 간 협력기제를 고안하고 있는데, 아세안 헌장 21조 2항[5]에도 언급하고 있는 ASEAN-X 형태의 협력기제들이다. ASEAN-X 형태는 지역협력에 참여할 의사가 없는 회원국을 강제하지 않으면서 특정 이슈에 대해서만 특정 회원국들이 협력하는 방식이다. 이 형태는 양자주의를 개선한 것으로 볼 수 있는데 준지역(Subregion) 체계의 몇몇 국가들이 일국 수준에서는 해결할 수 없는 공통의 관심사를 해결하기 위한 협력 방식이다. 여기에는 중앙정부, 지방정부 차원의 참여가 이루어진다. 대메콩강준지역(GMS, Greater Mekong Subregion), 인도네시아-말레이시아-태국 성장지대(IMT-GT, Indonesia-Malaysia-Thailand Growth Triangle), 브루나이-인도네시아-말레이시아-필리핀동아시아성장지대(BIMP-EAGA, Brunei-Indonesia-Malaysia-Philippines East ASEAN Growth Area) 등의 지역협력프로그램이 대표적 예이다. ASEAN-X 외에 아세안은 역외국가들과 ASEAN+X의 형태의 협력방식을 취하기도 한다. 아세안과 일본, 남한, 중국과의 협력, 즉 ASEAN+3은 이러한 방식의 대표적 사례이다. ASEAN+X의 형태는 아세안을 중심으로 하여 아시아 지역통합 또는 아시아-태평양 지역협력체제 구상에 지속적으로 등장하고 있다.

그런데 이러한 아세안 방식에 근거한 ASEAN±X 협력체제들을 통한 지역적 협력의 확대는 그 장·단점을 차치하고 결과적으로는 지역적 제도 형성에

---

4 김예경, 「중·미간의 세력경쟁과 아세안의 균형전략」, 『한국정치학회보』, 제42집 1호 (2008), pp.319-335; 이승주·방은혜, 「동아시아 지역아키텍처 재설계의 국제정치경제: 다층화·복합화·분화의 삼중 동학」, 『사회과학연구논총』, 제31권 2호 (2015), pp.37-72; Mark Besson, "ASEAN's ways: still for purpose?", Cambridge Review of International Affairs 22-3(2009), pp.333-343.

5 ASEAN, *ASEAN Charter*, (Jakarta: ASEAN Secretariat, 2019).

있어 정부간주의에 입각한 국가중심적 협력이 지배적임을 의미한다. 이러한 국가중심적 협력체계 안에서 개별회원국들은 제도적으로 취약한 기반을 가진 자국의 정치 체제를 보호하기 위해 지역적 제도를 기능적으로 활용하게 된다. 그로 인해 아세안에서는 개별회원국의 국내적 정당성을 강화하는 발전주의 프로젝트와 연계된 경제협력 분야에서는 아세안 협력이 활발히 일어나지만 국내 정치에 개입될 여지가 있는 기타 사회·정치적 영역에서는 지역적 협력이 제한된다.

(2) 사회적 의제의 취약성과 발전주의적 개발협력

2016년 ASEAN은 경제공동체(AEC), 정치·안보공동체(APSC), 사회문화공동체(ASCC)로 구성된 아세안공동체를 출범시켰다. 아세안공동체는 일견 유럽연합과 같은 지역공동체의 형태를 보여주고 있지만 단일통화에 기반한 EU와는 거리가 있다. 또한 아세안공동체를 형성함에 있어 "관련 부문별 장관급 기구가 청사진의 시행과 감독을 책임질 것"이라고 규정하고 있지만 제도적 실행력에 대해서는 회의적인 의견이 많다.[6]

ASEAN에 법인격을 부여(아세안헌장 3조)한 ASEAN헌장에 따르면 아세안은 일종의 정상회담을 최상위로 하는 피라미드형 구조로 되어 있으며 의사결정과 관련해서는 '자문과 합의'를 통한 결정이라는 아세안 방식이 재천명되고 있으며 합의가 되지 않은 것에 대해서는 아세안 정상들이 결정을 내리게(20조) 되어 있다.[7] 그러나 다수결투표가 존재하지 않기 때문에 사안에 대한 주권의 위임이나 지역적 수준의 독자적 기관으로의 권위의 이전은

---

[6] Finn Laursen(ed.), *Comparative Regional Integration: Europe and Beyond* (Farnham: Ashgate, 2010), pp.256-260; ASEAN, *ASEAN Community Progress Monitoring System(ACPMS) 2017* (Jakarta: ASEAN Secretariat, 2017).

[7] ASEAN(2019).

쉽지 않다. 아세안의 제도적 구속력과 법적 취약성은 1996년에 도입된 분쟁해결기제에서 단적으로 드러난다. 당초 분쟁해결기제에는 다수결의 가능성을 포함하였지만 활용된 적은 없으며 2004년 보다 '법적'으로 명확한 분쟁해결기제를 도입하였음에도 불구하고 분쟁해결기제가 활용된 사례는 없다.[8]

이러한 제도적 구속력의 취약성은 사회권(특히 인권), 노동권, 환경 등 지역적 차원의 사회적 의제에 있어서 두드러지게 나타난다. 인권 영역에서의 ASEAN의 지역협력은 제도적 진전에도 불구하고 제도적 구속력의 취약성을 보여주는 사례이다. ASEAN은 아세안헌장 14조에서 "인권과 기본적인 자유를 촉진하고 보호하는 데 관련된 아세안 헌장의 목적과 준칙에 준거하여, 아세안은 아세안 인권기구를 설립할 것"이라고 규정하였으며 이에 따라 2009년 아세안정부간인권위원회(AICHR, ASEAN Intergovernmental Commission on Human Rights), 2010년 '여성과 아동의 권리 촉진과 보호에 관한 아세안위원회(ACWC, ASEAN Commission on the Promotion and Protection of the Rights of Woman and Children)의 구성, 2012년 아세안인권선언을 채택하는 등 제도적 진전을 보여주었다. 그러나 AICHR의 경우 일종의 자문기구이며 대표자의 지명과 교체에 대해 개별회원국이 권한을 가지는 등 지역적 제도로서의 구속력이 취약하다. 또한 AICHR은 주권 존중 및 아세안의 내정불간섭이라는 아세안 방식을 존중한다고 명기하고 있는데 이는 인권 분야의 제도적 구속력과는 대척점에 있다. 실제로 아세안 국가 중 오직 4개국만이(인도네시아, 말레이시아, 필리핀, 태국) 민족적 차원의 인권 기제가 설치되었으며 여타 6개국을 포함한 지역적 기제를 만드는 것은 여전히 어려운 상황이다.[9]

---

8   Koesrianti Koesrianti, "Rule-based Dispute Settlement Mechanism for ASEAN Economic Community: Does ASEAN have it?", *Hasanuddin Law Review* 2-2(2016), pp.182-194.

9   백태웅, 『아시아 인권공동체를 찾아서: 지역인권체제의 발전과 전망』(파주: 창비, 2017).

인권 분야 외에도 경제통합에 따른 회원국 시민들에 대한 동등한 권리의 인정이나 이민과 노동 의제의 중요성에도 불구하고 "이민 노동자의 권리 증진과 보호에 대한 선언(The ASEAN Declaration on the Protection and Promotion of the Rights of Migrant Workers, 세부선언)"만이 있을 뿐 이를 위한 제도적 기제는 존재하지 않는다. 또한 환경, 공공보건, 교육, 사회적 보호 등과 관련된 영역에서도 사회적 규제와 지역적 기준을 마련해야 하지만 정책 연구 및 모니터링에 제한되고 있다. 환경 분야의 중요성에 비해 환경 영역에서의 회원국별 이견으로 인해 지역적 수준의 구속력 있는 제도 마련은 쉽지 않다. 예를 들어 자연자원 보존에 대한 아세안 협정은 1985년에 체결되었지만 2005년까지 인도네시아, 태국, 필리핀만이 승인하였으며, 2002년 국경 간 연무오염에 관한 협정은 인도네시아가 계속 비준을 거부하다가 2014년 비준하기도 하였다. 요컨대 아세안이 사회적 의제를 다루는 방식은 구속력 있는 협정과 정책 대신 원칙과 열망을 표현하는 선언을 제시하고 개별회원국이 이를 시행하는 것이다. 그리고 선언으로 제시되는 사회적 의제들은 대부분 시한이 정해져 있으며 분야별로 특화된 연구, 훈련, 공공정보에 의한 기능적 협조가 주를 이루며 제도화는 미흡하다. 그렇기 때문에 사회적 의제는 인권처럼 보편적 의제의 모습을 띠지만 실질적으로는 선언에 가까우며 잔여범주적인 문제들에 대한 해법으로 가득 차게 된다. 그리고 그러한 해법은 주로 국가 간 협의의 대상으로 등장한다. 이러한 형태는 ASEAN에 있어 사회적 의제에 대한 가장 중요한 선언인 ASEAN 사회·문화공동체(ASCC)의 근간을 제공한다.[10]

지역적 제도의 취약성 특히 사회적 의제에 대한 제도적 구속력이 취약한

---

10 Jenina Joy Chavez, "Social Policy in ASEAN: The Prospects for Integrating Migrant Labour Rights and Protection", *Global Social Policy* 7-3(2007); Jenina Joy Chavez, "Regional social policies in Asia: Prospects and challenges from the ASEAN and SAARC experiences", in Bob Deacon et al.(eds.), *World Regional Soical Policy and Global Governance* (London: Routledge, 2010), pp.140-161.

가운데 아세안 대부분의 지역협력은 개별국가의 '발전주의'와 결합되어 대부분 경제적 영역으로 집중된다. 아세안은 회원국의 국내 정치에 개입해야 하는 '사회적 영역'보다는 경제 성장을 통해 개별 회원국 내 인민의 소득 증진을 통한 부의 분배의 추구뿐 아니라 역내 개발격차 해소에 역점을 두게 된다. 냉전 이후 '새로운 지역주의'의 물결과 아세안 회원국 확대과정에서 아세안은 1992년 아세안자유무역지대(AFTA) 결성, 공동특혜관세협정(CEPT) 체결을 계기로 지역 경제협력을 강화하였고, 이후 아세안투자지대기본협정(Framework Agreement on the ASEAN Investment Area, 1998), 아세안포괄적투자협정(ASEAN Comprehensive Investment Agreement, 2008) 등을 체결함으로써 지역경제통합을 무역에서 투자의 영역으로 확대하고 있다. 그리고 2015년에는 아세안공동체가 출범하였지만 사회·문화공동체 또는 정치공동체보다는 경제공동체의 의제에 치중하는 등 여전히 경제적 협력을 보다 중시하고 있다. 그러나 지역적 차원의 경제협력을 강화함에도 불구하고 아세안 각국은 동시에 아세안 전체의 지역적 발전과는 별개로 자신들의 고유한 발전전략하에서 자국의 발전주의적 기획을 실현하려고 한다. 예를 들어 말레이시아는 관세·비관세 장벽 철폐, 서비스 개방 등 적극적 개방노선을 채택하는 반면 인도네시아는 보호주의 기조를 유지하며 자국 산업의 발전을 도모한다. 태국은 농업, 제조업 등 주요 기반산업을 보호하기보다는 신성장 동력(ICT, 녹색, 문화, 첨단산업)에 집중하며 일본의 생산 네트워크와의 긴밀한 관계를 유지한다. 베트남은 TPP 가입, EU 및 한국과의 자유무역협정 체결 등 무역·투자 자유화를 지속적으로 추진하며 해외자본을 유치하는 데 집중한다. 그리고 이 과정에서 해외직접투자는 각국의 발전전략에 따라 불균등하게 배분될 가능성이 커진다.[11]

개별회원국의 발전전략이 역외행위자(다국적기업, 선진공여국)와의 이해

---

[11]   현민(2017), p.134.

관계와 결합되면서 아세안은 지역적 단위로 성장하기보다는 '아세안 방식'이 용인하는 개별국가의 자율성 내에서 다양한 형태의 자유무역협정을 맺거나 준지역 내 별도의 '발전주의적 공간'을 창출하며 진화하게 되는 것이다. 새로운 시장의 확보와 해외투자의 유치를 위해 아세안은 여타 지역과의 협상과 경쟁에서는 단일체로 기능하지만 내부적으로는 개별국가의 발전전략과 역외행위자들의 투자 형태를 통해 경쟁적 구도를 형성한다. 이로 인해 아세안 공동체 출범에도 불구하고 아세안의 역내 불균등과 분절성이 확대될 가능성은 상존한다. 아세안의 이러한 발전주의적 성향은 아세안 지역 전체에서는 개발격차 해소를 목표로 한 지역개발협력프로그램으로 전개되며 준지역에서는 회원국의 발전전략과 중층적으로 결합되어 발전주의적 공간을 구축하는 것을 우선시하는 형태로 나타난다.

(3) 개발주체의 다층성과 개발재원의 역외의존성

① 개발주체의 다층성: 아세안통합구상(IAI)을 중심으로

아세안의 발전주의적 개발협력은 아세안 방식과 결합되어 개별회원국이 자신의 발전전략과 입장에 따라 다양한 개발협력에 참여하는 것을 용인한다. 이로 인해 ASEAN에는 지역 전체를 포괄하는 아세안통합구상(IAI, Initiative for ASEAN Integration)이 있는가 하면, 준지역의 발전주의 공간 구축을 위한 해양부 아세안의 BIMP-EAGA와 대륙부 아세안의 GMS 등 다양한 준지역체계의 형성을 위한 개발협력프로그램, 싱가포르, 태국 등 아세안 상위 발전국가에 의한 양자적 개발협력프로그램, 그리고 기타 역외행위자들과의 개발협력프로그램이 다양한 형태로 존재하게 된다. 이들 프로그램은 협력의 범위와 관계에 있어 상호 중첩되어 진행되는데 이는 동시에 발전주의적 개발협력의 역외의존성을 동시에 시사한다. 이 절에서는 아세안지역

개발협력의 다층성과 역외의존성이 어떠한 양상을 띠는지 ASEAN이 가장 주력하고 있는 개발격차해소프로그램인 아세안통합구상(IAI)을 중심으로 살펴보고자 한다.

2002년부터 6년 주기로 시행되고 있는 IAI는 인프라개발, 인적자원개발, 정보·기술, 지역경제통합 분야 등 4개 분야에 걸쳐 시행되었으며 이후 관광, 빈곤 및 삶의 질과 관련된 분야가 추가로 포함되었다. 1차 계획은 총 232개의 프로젝트에 총 5,290만 달러가 투입되었다. 1차 계획에서는 인적자원 개발이 가장 중요한 분야였고 제도적 능력과 거버넌스 향상이 포함되었는데, 이는 CLMV(캄보디아, 라오스, 미얀마, 베트남) 국가군을 자유무역질서 속으로 편입하는 동시에 이들 국가와의 개발격차 해소를 목적으로 한 것이다. 1차 IAI 프로그램에서 아세안-6(싱가포르, 태국, 말레이시아, 브루나이, 인도네시아, 필리핀) 국가들은 186개 프로젝트에 약 3,350만 달러를 원조하였으며, 여타 역외행위자들은 84개 프로젝트에 2,192만 달러를 지원하였다. 대화 상대국과 역외 공여자에는 일본, 한국, 인도, 호주, EU, UNDP, ILO, 세계은행 등 대화 상대국과 다양한 국제기구가 참여하였으며, 한국·일본·EU 등 역외국이 약 2,200만 달러를 지원하였다. 2009-2015년까지 시행된 2차 계획에서는 아세안공동체의 목표들, 특히 균등한 경제발전과 개발격차 해소와 관련되어 진행되었다. 경제공동체의 16개 분야와 사회·문화공동체의 31개 분야를 포괄하는 다양한 프로젝트가 시행되었는데, 당초 계획은 182개로 연구가 19개, 78개가 정책 및 집행 지원, 85개가 훈련/도제교육/가타 역량강화 등이었다. 2차 계획은 2016년 3차 계획이 채택되기 전까지 확대 지속되어 383개의 프로젝트 총 4,980만 달러가 투입되었다.[12,13,14]

---

12 Mark McGillivray and Capenter(eds.), Narrowing the Development Gap in ASEAN (London: Routledge, 2013), pp.3-9; ASEAN, "List of Projects for IAI Work Plan I&II" https://asean.org/wp-content/uploads/2017/02/List-of-Projects-for-IAI-Work-Plan-I-and-II.pdf (검색일: 2019.08.12.).
13 본 논문의 목적이 지역개발협력프로그램의 다층성과 역외의존성을 보여주는 것이기에 지면 관계상

분야	프로젝트 수	재정지원국	아세안공동체와의 관련
상품·서비스 교역	58	싱가포르, 호주, 뉴질랜드, EU, 일본, 한국, 미국, 인도네시아, UNDP, 싱가포르, JICA, 태국	경제공동체
투자·금융	40	말레이시아, 싱가포르, 호주, 뉴질랜드, 중국, 인도, 일본, 말레이시아, JICA, 필리핀	
노동	5	말레이시아, 필리핀, JICA, 싱가포르	
음식, 농업, 임업	18	인도네시아, 싱가포르, ADB, 일본, 필리핀, JICA	
경쟁 및 소비자 보호	7	브루나이, 싱가포르, 호주, 뉴질랜드, JICA	
지적재산권	6	싱가포르, JICA	
인프라	17	말레이시아, 싱가포르, 태국, EU, 필리핀, JICA	
중소기업 개발	10	브루나이, 싱가포르, 호주, 뉴질랜드, 일본, 미국, JICA	
소계	161		
인적자원 개발	15	말레이시아, 필리핀, 싱가포르, 태국, 호주, 뉴질랜드, 한국, 미국, JICA	사회문화 공동체
ICT	24	브루나이, 인도네시아, 싱가포르, 일본	
공공영역 역량 구축	153	브루나이, 인도네시아, 말레이시아, 필리핀, 싱가포르, 일본, 뉴질랜드, 필리핀, 한국, JICA	
빈곤 감축	1	말레이시아	
보건·삶의 질	7	인도네시아, 싱가포르	
재난관리	4	싱가포르, 뉴질랜드, JICA	
기업의 사회적 책임	1	싱가포르, JICA	
환경	14	싱가포르, 일본, 한국, 미국, 말레이시아,	

1차, 2차 중 2차 계획의 현황만을 제시한다.

14 본문에 언급된 개발재원 규모는 프로그램의 중첩성 등으로 인해 과다 계상된 경우들이 존재하여 정확하지 않다(예를 들어, IAI 1차의 경우 아세안 홈페이지에서는 총액을 5,290만 달러를 제시하지만 행위자별로 개발재원 규모를 추산한 Mark McGillivray and Carpenters et al.(2013)은 총규모를 약 5,600만 달러를 제시하는 등 자료나 저자별로 차이가 있다.

분야	프로젝트 수	재정지원국	아세안공동체와의 관련
		JICA	
문화진흥	1	미국	
기타	2	호주	
소계	222		
합계	383		

출처: ASEAN, "Intiative for ASEAN Integration(IAI) Strategic Framework and IAI Work Plan2(2009-2015)" https://www.asean.org/wp-content/uploads/images/2012/Economic/AIA/IAI%20Work%20Plan%202%20(2009-2015).pdf(검색일: 2019.08.12.); ASEAN, "List of Projects for IAI Work Plan I&II" https://asean.org/wp-content/uploads/2017/02/List-of-Projects-for-IAI-Work-Plan-I-and-II.pdf(검색일: 2019.08.12.)

1-2차 계획에 있어서의 국가 또는 기구별 프로젝트 참여현황과 재원 기여도를 보면 아래 <표 2>, <표 3>과 같다. IAI프로그램에 다양한 역외참여자들이 참여했음에도 불구하고 ASEAN-6 중에서는 싱가포르가, 역외행위자의 경우 일본 정부 및 일본국제개발협력기구의 참여가 특징적이다.[15]

〈표 2〉 국가 또는 기구별 IAI 프로젝트 참여 수

	싱가포르	브루나이	말레이시아	태국	인도네시아	필리핀
IAI 1차	54	11	55	7	25	1
IAI 2차	192	18	20	3	15	4
합계	246	29	75	10	40	5
	인도	인도+ASEAN	호주	뉴질랜드	호주+뉴질랜드	EU
IAI 1차	4	1	3	2		3

---

[15] 국가, 기구별 IAI 프로젝트 참여 수와 재정 기여도는 ASEAN 홈페이지에서 제공하는 자료 및 여타 2차 문헌 중 저자가 활용 가능한 자료를 취합하였다. IAI 계획의 프로젝트별 참여 국가 수와 재정지원에 대한 최종보고서가 없으며 자료들마다 시행 중이거나 계획 중인 프로젝트에 대한 재정 및 참여 숫자가 정확하지 않은 관계로 여기에 기재된 수치는 추이를 파악하는 데에만 국한한다. <표 2>에서 ASEAN6로 표기된 경우 ASEAN6 중 한 나라라도 참여한 경우도 ASEAN 6로 표기하였다. 예를 들어: 일본+ASEAN6에는 일본+싱가포르, 일본+태국 등을 포함하였다. 2차 계획에 대한 역외 국가의 비율은 현재 추산된 것이 없다.

	싱가포르	브루나이	말레이시아	태국	인도네시아	필리핀
IAI 2차	1		2	3	15	6
합계	5	1	5	5	15	9
	ASEAN university network (AUN)	ADB	Hanns Seidel Foundation	World Bank	ASEAN Banker Association (ABA)	The World Bank Institute
IAI 1차	1		2	1	2	1
IAI 2차		1				
합계	1	1	2	1	2	1
	한국	한국+ASEAN6	일본	일본+ASEAN6(*)	일본+CLMV	
IAI 1차	5		16	24	2	
IAI 2차	4	1	29			
합계	9	1	45	24	2	
	EU+ASEAN6	독일	미국	Lao PDR	UNDP, ILO	
IAI 1차	2			1	1	
IAI 2차		1	6			
합계	2	1	6	1	1	
	JICA+ASEAN6	UNDP+ASEAN6	Hanns Sedial Foundation+Japan+ASEAN6	UN-ESCAP (UNDP)+ASEAN6	ASEAN6+Korea+Denmark	
IAI 1차		2	1	4	1	
IAI 2차	57			2		
합계	57	2	1	6	1	

출처: <표 1>과 동일

〈표 3〉 국가별, 기구별 IAI 프로젝트에 대한 재정기여 (단위: 달러 등)

	I	비율	II	비고
브루나이	1,475,332	4.39	1,150,870	
인도네시아	1,768,668	5.26	565,161	ASEAN-6의 비율은 1차 계획에 대한 ASENA-6 국가 간의 비율임
말레이시아	5,314,065	16	587,057	
필리핀	30,932	0.09	349,584	
싱가포르	24,462,263	72.81	11,574,591	
태국	481,902	1.43	374,766	

	I	비율	II	비고
일본	8,085,311	34.8	2,111,730	
JICA			1,432,817	
한국	5,125,127	24.2	49,803	
인도	3,272,066	15.4		
노르웨이	1,528,502	7.2		
EU	1,113,039달러 23,740유로	5.2		일본의 경우, 1차 계획에서는 JICA 기여도를 포함.
호주	999,240	4.7		
덴마크	622,395	2.9		비율은 1차 계획에서의 역외 국가의 비율임.
뉴질랜드	412,650	1.9		
UNDP	445,970	2.1		
중국	200,000	0.9		
ILO	16,000	0.1		
세계은행	29,000	0.1		
ABA(아세안은행연합)	19,159	0.1		
Hans Seidel Foundation	56,047	0.3		
UNESCAP			4,719	
AECSP			652,849	
ADB			50,000	

출처: 손혁상·이진영, 「아세안 확대와 개발격차: 회원국 간 불균형 해소를 위한 개발정책 분석」 (2013), p.72; ASEAN, "Status Update of the IAI Work Plan(2002-2008)"(2009); Mekong Institute, "Mid-Term Review of the Implementation of the IAI Work Plan II for Equitable Economic Development and Narrowing the Development Gap (vol.2)"(2014), pp.7-69.

그런데 활발한 역외행위자들의 참여와 지원에도 불구하고 IAI에 대한 중간검토에 따르면 개발주체의 중복성, 프로그램 진행의 비체계성, CLMV 국가의 프로그램 책임성, 여타 개발원조 사이의 조정과 협력이 지속적으로 지적된다. 예를 들어 아세안농업협력프로그램(GAP, Good Agriculture Practices)은 아세안-호주 개발협력 프로그램에서 지원하는 GAP, 뉴질랜드원조프로그램에 의해 지원되는 대메콩준지역의 GAP, 일본에 의해 지원되는 라오스 GAP, 아세안개발은행에 의해 지원되는 캄보디아 GAP처럼 같은 종류의 GAP프로그램이 회원국과 역외행위자들의 이해에 따라 개별회원국별, 준지역별, ASEAN 전체 차원에서 서로 다른 표준에 따라 중복되어 시행된다. 또한 2차 계획의 경우 아세안공동체 출범을 염두에 두었기 때문에 아세안경제공동체, 사회문화공동체, 정치안보공동체의 청사진과 다양한 측면에서 중복된다.

이는 1차 계획에서도 지적되었듯이 체계적인 보고와 모니터링에 대한 역량과 집행기구의 역량 부족 등 ASEAN의 제도적 취약성에서 비롯된다. 이외에도 물리적, 제도적, 인적 연계성 증진을 위한 지역응집력 증대와 개발격차해소 프로그램인 아세안연계성마스터플랜(MPAC, The Master Plan on ASEAN Connectivity, 2000년부터 시행), 포괄적 성장과 지속가능발전을 다루고 있는 균등경제발전을 위해 세계은행이 제시한 균등경제발전을 위한 아세안 기본체계(AFEED, The ASEAN Framework on Equitable Economic Development, 2011년부터 시행) 등도 IAI와 목적과 우선순위가 중복되며 농촌개발과 빈곤감축을 위한 아세안의 기본행동계획(RDPE, ASEAN Framwork Action Plan on Rural Development and Poverty Eradication)과도 그 목표를 공유하며 아세안의 중소기업 발전계획 등의 내용도 포함한다. 또한 IAI의 목표들은 ASEAN이 MDG의 목표를 달성하기 위한 로드맵들과도 중첩되고 있다. 이처럼 아세안의 많은 개발협력 프로그램은 회원국과 역외관계자들의 이해에 따라 과잉 중복되어 이루어지고 있어 개별 구상들의 결과가 과연 효율적이며 또한 효과적인 재원 분배가 이루어지고 있는가에 의문이 지속적으로 제기된다.[16]

② 개발재원의 흐름과 역외의존성

개발재원은 단순히 공식적 개발재원인 ODA뿐 아니라 해외직접투자까지

---

16   McGillivray and Carpenter(2013), p.9; Mekong Institute(2014).

포함하여 다양한 재원으로 구성된다. 아세안지역의 해외직접투자의 경우 아세안이 발표한 자료(<그림 1>)에 따르면 아세안은 2000년 이후 해외직접투자가 약 3배 증가하였으며 역내 투자 또한 2000년 5%에서 2016년 현재 25.2%로 증대되었다. 아세안에 대한 해외직접투자는 전 세계 총 FDI 대비 2017년 현재 약 8%를 차지하고 있는데, 1990년대 후반 이후 2000년대 중반까지 중국에 대한 FDI가 급격히 증대된 점을 감안하면 전 세계 FDI의 8-10%를 지속적으로 차지하고 있다고 추정할 수 있다. FDI 금액은 지속적으로 증가하고 있으며 해외직접투자의 57.1%(2017년 기준)가 아세안의 금융허브인 싱가포르에 집중되고 있다(<그림 2>). 아세안 내에서 개발협력프로그램에 대한 재정적 기여도가 싱가포르가 가장 높은 점 등을 감안할 때 싱가포르를 통해 역외자금이 아세안 역내로 재투자된다고 추정할 수 있으며 아세안의 역내 투자 증가 또한 역외투자의 증가와 상관관계가 있다고 추정할 수 있다.[17]

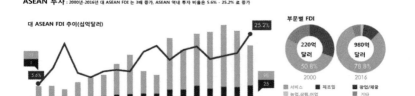

출처: ASEAN, "Infographics on ASEAN 50years Progress"
　　　https://www.aseanstats.org/infographics/asean-50(검색일: 2019.08.02.)

〈그림 1〉 아세안 FDI 및 역내투자 비율, 부문별 FDI

17　또한 OECD, UN, 세계은행 등 기관별로 차이가 있으나 베트남에 대한 해외직접투자는 주목할 만하다. 세계은행의 자료에 따르면 싱가포르를 제외하고 베트남으로 유입되는 해외직접투자 비율이 가장 높다.

또한 <표 4>에서 보듯이 인도네시아와 태국을 제외한다면 아세안 개별회원국의 GDP에 있어 해외직접투자에 대해 차지하는 비중은 전 세계 평균에 비해 높은 편이다. 특히 캄보디아, 라오스, 미얀마, 베트남 등 소위 CLMV 국가의 역외의존도는 여타 아세안 국가보다 높다. 물론 해외직접투자의 대부분을 차지하고 이를 통해 금융허브 역할을 하는 싱가포르의 경우 GDP 대비 해외직접투자비율은 매우 높다. 다시 말해 아세안에 대한 해외직접투자의 증가는 아세안이 경제적으로 매우 역동적인 지역임을 시사하는 동시에 아세안의 개발재원의 역외의존성을 나타낸다.

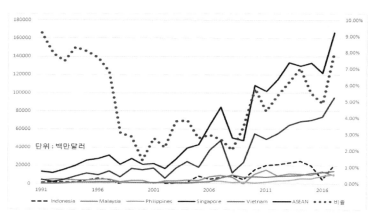

출처: 세계은행 Open Data https://data.worldbank.org(검색일: 2018.08.07.) 재구성
〈그림 2〉 아세안 FDI 상위 5개국(2017년 기준)의 FDI 유입 흐름 및 전 세계 FDI 대비 ASEAN 유입 FDI의 비율

〈표 4〉 GDP 대비 해외직접투자 비율

	1993	1997	2001	2004	2007	2008	2010	2012	2014	2015	2016	2017
브루나이			1.1	1.4	2.1	1.5	3.5	4.5	3.3	1.3	-1.3	3.9
인도네시아	1.3	2.2	-1.9	0.7	1.6	1.8	2.0	2.3	2.8	2.3	0.5	2.0
캄보디아	2.1	5.9	3.7	2.5	10.0	7.9	12.5	14.3	11.1	10.1	12.4	12.6
라오스	2.3	4.9	1.4	0.7	7.7	4.2	3.9	6.1	6.5	7.5	5.9	9.5

	1993	1997	2001	2004	2007	2008	2010	2012	2014	2015	2016	2017
미얀마			3.2	2.0	3.5	2.7	1.8	2.2	3.3	6.8	5.2	6.0
말레이시아	7.5	5.1	0.6	3.5	4.7	3.3	4.3	2.8	3.1	3.3	4.5	3.0
필리핀	2.3	1.5	1.0	0.6	2.0	0.8	0.5	1.3	2.0	1.9	2.7	3.3
싱가포르	7.7	13.7	18.9	21.2	26.4	6.3	23.0	18.7	21.8	22.7	23.1	28.0
태국	1.4	2.6	4.2	3.4	3.3	2.9	4.3	3.2	1.2	2.2	0.7	1.8
베트남	7.0	8.3	4.0	3.5	8.7	9.7	6.9	5.4	4.9	6.1	6.1	6.3
세계평균	0.8	1.5	2.4	2.2	5.3	3.8	2.7	2.7	2.2	3.1	3.2	2.6

출처: 세계은행 Open Data https://data.worldbank.org(검색일: 2018.08.07.) 재구성

한편 1992-2017년까지 개발재원 중 공적개발지원(ODA)과 여타 공식적 개발협력자금(OOF)을 포함한 공적 재원은 총 211,454.54(백만)달러이다. 이 중 베트남에 35.5%, 인도네시아 26.9%, 필리핀 11.6%, 캄보디아 6.8%, 미얀마 6.5% 등의 순이다. 이 중 2002-2017년까지는 총 136,529.21(백만 달러)로 45.1%가 베트남, 19.3%가 인도네시아, 9.2%가 미얀마로 유입되었다. CLMV 국가에는 66.5%가 지원되었으며 그중 베트남에 67.8%가 지원되었다.[18] 베트남으로의 흐름은 2013년에 정점을 이루며 2017년에는 인도네시아에 대한 지원이 가장 높으며, 미얀마로의 지원이 2012년 이후 지속적으로 증가되었다.

〈표 5〉 1992-2017년까지의 개발협력재원(ODA+ODF)의 총합과 비율(주요 연도만 표시)

	1992	2002	2005	2012	2017	합계 (ODA+OOF)	비율
브루나이	20.29		-			343.01	0.2%
캄보디아	269.69	137.90	585.69	733.81	912.71	14,459.30	6.8%
인도네시아	5,426.61	-85.08	4,053.43	-1,225.06	3,159.74	56,838.56	26.9%
라오스	206.80	400.99	378.31	382.33	543.72	9,990.46	4.7%

---

18   〈표 5〉에서 개발협력재원이 역의 흐름(음수)인 것은 해당 국가의 대외원조 및 상환으로 인한 것으로 추정된다. 역의 흐름을 0으로 처리하지 않았기에 CLMV, 특히 베트남으로의 집중도가 높은 것으로 추정된다.

	1992	2002	2005	2012	2017	합계 (ODA+OOF)	비율
말레이시아	359.64	996.28	0.00	489.00	-789.64	4,126.88	2.0%
필리핀	2,921.02	-47.82	0.00	561.62	93.33	24,574.57	11.6%
싱가포르	212.67		-			2,009.16	1.0%
태국	856.97	-4,106.35	1,279.83	1,120.50	-830.00	10,281.72	4.9%
베트남	637.67	1,806.27	2,241.85	5,252.17	957.59	75,148.80	35.5%
미얀마	120.34	114.97	122.73	406.27	1,626.71	13,682.08	6.5%
합계	11,031.7	-782.84	8,661.84	7,720.64	5,674.16	211,454.54	

자료출처: OECD https://stats.oecd.org(검색일: 2019.07.30.) (단위: 백만 달러)

개발협력재원의 지원형태를 살펴보면 다자적 형태(2002-2017)가 약 37%를 차지한다. 주요 공여자들은 아시아개발기금(AsDF, Asian Development Fund), 세계은행, 유럽위원회, AIDS·결핵·말라리아 글로벌기금(Global Fund to Fight AIDS, Tuberculosis and Malaria) 및 다양한 UN기구이다 (OECD.Stat 참고). 세계은행은 2002-2010년 약 63억 달러를 아세안에 지원하였는데 베트남 55억 달러, 캄보디아 3,930만 달러, 라오스 3,357만 달러 등을 지원하였다. EU의 경우에는 약 11억 달러의 ODA를 CLMV 국가에 지원하고 있으며 베트남 37%, 캄보디아 26%, 미얀마 26%, 라오스 11%를 지원하였다(Carpenter, 2016: 144-146). 공적개발재원에서도 보듯이 베트남에 대한 개발재원의 집중이 눈에 띈다.

다자적 형태 이외 양자 ODA는 CLMV 국가 지원에 있어 가장 중요한 역외 개발지원인데, 아세안에 있어 가장 중요한 대화 상대국인 일본이 주요한 공여국이다. 2001-2010년 일본의 CLMV 국가에 대한 ODA는 870만 달러이며, 전체 원조 중 26%를 차지한다. 일본의 원조는 경제적 인프라 및 인적자원 개발에 집중되어 있으며, 인도네시아를 포함한 해양부 아세안의 발전프로젝트에도 관여하여 공항, 도로, 항구, 교량 건설 등에 지원하고 있다.[19] 이 밖에 주요한 대화 상대국으로 미국, 호주 등이 있으며 비개발원조위원회 국가로는 중국, 인도, 러시아 등이 있으며, 중국은 동남아의 최대 경제 원조 국가로 모든 OECD 개발원조위원회 국가를 상회하는데, 중국의 개발 원조는 2010년에 20억 달러이지만 실제는 공식적 집계보다 더 많을 것으로 추정된다.[20] 앞부분에서 언급한 아세안에 대한 해외직접투자를 2013년부터 국가별로 비교해보면 <표 6>과 같은데 EU의 해외직접투자가 가장 많음에도 불구하고 양자 ODA 또는 IAI 프로그램에 대한 지원과 유사한 형태를 보임을 알 수 있다.

개발재원의 측면에서도 보듯이 아세안의 발전 가능성과 지정학적 중요성으로 인해 다양한 역외행위자들이 아세안 개발협력에 참여하고 있지만, 이들은 상이한 목적을 가지고 있다. 호주, 중국, 인도, 일본, 남한 등은 경제협력과 지역통합에 방점을 두고 있으며 미국과 러시아는 전략 연계에, EU는 사회문화적 통합에 관심을 둔다. 또한 역량개발과 관련된 프로그램은 양자적 관계보다는 다자적 관계로 이루어지며, 대다수 기금은 간접적으로만 아세안개발격차 해소에 활용된다. 중국의 경우에는 다소 예외적으로 아세안 연계성을 위한 마스터플랜에 상당히 많은 투자를 한다. 2009년 중국은 317억 달러를 아세안회원국의 인프라 발전 프로젝트에 투자하였다. 또한 2011년에는 아세안과 중국 사이의 해양연계성의 개선과 MPAC 달성을 위해 60억 달러의 대출과 4억 달러의 특혜대출, 100억 달러의 신용대출 등 총 164억 달러를 제안하기도 하였다.[21]

---

19   2017년에는 여타 국가에 대한 모든 개발협력재원(ODA+OOF)이 줄고 인도네시아에 대해서 1164.53 (백만 달러)을 지원하였다. (OECD.Stat 참고, 검색일: 2019.07.02.).

20   Mark McGillivray and Capenter(eds.)(2016), pp.147-148.

21   McGillivray and Capenter(eds.)(2013), pp.144-177.

<表 6> 아세안에 대한 주요 국가별 해외직접투자 (단위: 백만 달러)

	2013	2014	2015	2016	2017	2018	합계	비율
일본	24,608.6	13,436.1	12,962.3	14,241.9	16,273.9	21,192.6	102,715.5	13.0%
EU	15,718.5	28,943.3	20,373.0	34,014.6	15,097.3	21,960.5	136,107.1	17.2%
미국	11,457.9	21,141.3	22,912.5	21,663.4	24,911.9	8,111.8	110,198.8	13.9%
중국	6,165.2	6,811.7	6,571.8	9,609.6	13,706.6	10,187.5	53,052.4	6.7%
한국	4,302.7	5,257.2	5,608.8	7,088.2	4,555.6	6,559.7	33,372.2	4.2%
호주	2,165.5	4,032.1	1,407.2	2,218.2	1,313.2	1,205.4	12,341.6	1.6%
아세안 역내투자	18,464.2	22,180.9	20,819.3	25,728.8	25,484.3	24,543.9	137,221.4	17.4%
전 세계 총 FDI	120,965.5	130,114.5	118,667.1	118,959.5	146,901.5	154,713.0	790,321.1	100.0%

출처: ASEANStatsDataPortal
https://data.aseanstats.org/fdi-by-hosts-and-sources (검색일: 2019.07.29.)

아세안 개발협력의 이러한 다층성과 역외의존성은 자신만의 방식으로 통합을 유지하는 아세안 방식의 개발협력 버전이라고 할 수 있다. 그러나 아세안 방식이 개별회원국의 자율성의 존중 속에 고유한 분절 가능성을 지니듯이 아세안 지역개발협력의 다층성과 역외의존성에는 개발협력사업의 상호관련이라는 장점 이면에 회원국 간의 개별이해, 특히 개별국가별 역외행위자와의 관계, 개별회원국의 독자적인 개발전략에 대한 지역적 차원의 통합의 부재를 동시에 나타낸다. 물론 이러한 다층성과 역외행위자들의 참여는 아세안 지역에 많은 이해가 교차하고 있으며 지역 '발전'의 활력과 아세안 지역통합의 '개방성'을 보여준다. 그러나 이는 동시에 아세안 발전전략의 '역외의존성'을 시사하며 이러한 역외의존성은 아세안 국가들이 '발전주의'에도 불구하고 발전의 내재화를 어렵게 하는 원인이 된다.

3. 발전주의적 공간 구축과 역외의존적 지역개발

(1) '발전주의적 공간'의 구축과 준지역개발협력체계

아세안은 국가 간 개발격차뿐 아니라 문화적, 언어적, 지리적 차이 또한 다양하다. 조그마한 도시국가인 싱가포르, 내륙국가인 라오스, 산악이 많은 미얀마, 수많은 섬들로 구성된 필리핀, 인도네시아 등 아세안은 다양한 물리적 차이를 가진 국가로 구성되어 있다. 이러한 물리적 차이를 아세안은 물리적, 인적 연계성을 통해 해소하고자 한다.

이와 관련하여 아세안은 역외행위자들의 지원 속에 아세안 연계성에 대한 마스터플랜(MPAC, Master Plan on ASEAN Connectivity, 이하 마스터플랜)을 마련하여 추진 중이다. 마스터플랜은 물리적, 제도적, 인적 연계성을 축으로 역내 지역의 연계를 통해 경제성장 증진, 개발격차 해소, 아세안의 경쟁성 강화, 역내 및 역외와의 연결 증진을 목적으로 한다. 이 중 '경성 인프라'인 물리적 연계성은 지리적으로 다양한 아세안의 광대한 지역을 연결하는 역할을 하는데, 주로 지방적, 민족적 차원의 인프라개발을 중심으로 아세안을 준지역으로 분할하여 진행된다. 그리고 이러한 분할 속에 지리적으로 인근 국가들을 중심으로, 특히 해양부와 대륙부 아세안 지역을 중심으로 준지역 개발협력체계가 형성된다. 이들 지역의 개발협력은 모두 동일한 근본적 목적을 지니고 있는데 접경지역의 협력을 통해 개발협력의 시너지 효과와 지역적 응집력을 강화하는 것이다. 이러한 과정 속에 준지역들은 풍부한 천연 자원(특히 BIMP-EAGA)과 수자원(특히 GMS), 그리고 수려한 경관과 관광 자원 등의 물리적 '환경'을 발전주의적 공간으로 포섭하고자 한다. 소위 '성장지대'라고 불리는 이러한 지역들은 큰 틀에서 보면 동아시아적 발전전략의 성장지대(<그림 3>)에 포함된다.

준지역협력체계 중 가장 먼저 시도된 인도네시아-말레이시아-싱가포르 성
장지대(Indonesia-Malaysia-Indonesia Growth Triangle)는 1989년에 경제적
배후지를 만들려는 싱가포르의 욕망에 의해 추동되었다. 여기에는 싱가포르
에 있는 다국적 기업의 로테크산업을 말레이시아 조호르(Johor) 지역으로
이전하는 것이 포함되었다. 그리고 말레이시아, 인도네시아 리아우(Riau) 등
에는 싱가포르의 하이테크산업에 유입될 수 있는 여지가 만들어졌다.
IMS-GT 이후 GMS(1992), IMT-GT(1993), BIMP-EAGA(1994) 등의 준지
역체계가 잇따라 성립되었다. 이 중 IMT-GT는 중앙정부에 의해 추동되었
지만 민간 부문의 협력, 그리고 개별회원국의 지방들이 협력한 사례라는 점
에서 다른 여타 준지역협력체계와는 구분된다.

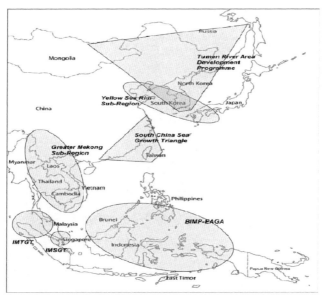

출처: Dent, East Asia and Regionalism(2008a), p.75

〈그림 3〉 동아시아의 성장지대들

BIMP-EAGA는 브루나이, 인도네시아와 인도네시아의 동남지역(동티모르), 말레이시아, 필리핀으로 구성되어 있다. 약 1,600만 제곱킬로미터의 지리적 면적과 약 7,340만 명(2014년 기준)의 인구라는 광대한 지역을 포괄하는 BIMP EAGA는 저발전 지역과 지리적으로 떨어진 먼 수많은 섬들과 연계하고 개발협력의 틀 속에 이들 지역의 사회경제적 발전을 포괄하고자 한 시도이다. 또한 해양부 동남아시아지역을 포괄하는 동시에 인도네시아의 동남지역(동티모르)을 포함하는 것을 통해 지역적 응집력을 높이려는 시도이다. ADB의 후원하에 1992년 만들어진 GMS는 투자와 경제활성화를 위한 조건을 조성하고자 하는 동시에 대륙부 동남아시아 지역인 동시에 개발격차의 주된 대상국가인 CLMV(캄보디아, 라오스, 미얀마, 베트남)지역을 가로지르는 메콩강 유역을 대상으로 하며, 역외국가인 중국의 운남성과 광시성을 포함한다. 이러한 구상들은 역내 회원국 간의 격차뿐 아니라 개별국가의 저개발 빈곤지역을 포괄하고 있어 아세안 개발격차 축소를 위한 준지역개발협력체계 구상에 포함된다.[22]

이들 준지역의 협력체계들은 지역통합에 있어 국제무역과 투자의 장벽을 제거하는 수동적 통합뿐 아니라 적극적 통합과 협력 수단을 아세안이 추구함을 동시에 뜻한다. 그런데 저발전지역의 경제적 능력을 신장시키기는 것을 통해 해당 지역을 지역경제에 편입시키고 지역공동체 형성에 응집력을 제공하고자 하는 이러한 발상은 동아시아 발전주의적 지역주의의 변형이다. 소득이나 발전단계에 차이가 있었던 동아시아 지역에서는 발전주의적 지역주의에 입각한 생산분업과 국가 간 성장이 이루어졌는데 동남아지역의 준지역체계에도 동일한 논리가 적용된다. 물리적 연계를 통해 준지역 내에 중심

---

22 Chrisopher M. Dent and Peter Richter, "Sub-Regional Cooperation and Developmental Regionalism: The Case of BIMP-EAGA", *Contemporary Southeast Asia* 33-1 (2011), pp.29-55; McGillivray and Carpenters(eds.)(2013), pp.84-133; ADB, *BIMP-EAGA Vison 2025* (Manila: ADB, 2017).

과 주변을 형성하여 상위의 지역체계의 경제적 중심에 긴밀히 연계되는 발전주의적 공간을 창출함과 아울러 여기에 적절한 생산분배와 가치사슬을 만들어냄으로써 준지역 내의 개발격차를 해소하고자 하는 것이다. 이 공간 속에서 인프라 건설과 투자, 천연자원에 대한 역내 국가끼리의 협력을 위주로 한 준지역의 지역개발협력은 회원국 간 생산분업이나 역내무역 증가보다는 초국적 기업의 진출에 따른 생산기지의 조정, 지역 차원의 생산연쇄, 즉 하청체계에 통합되기 위한 수단으로 이용된다. 특히 BIMP-EAGA 지역에서는 물리적 연계를 통한 가치사슬의 공간을 형성함으로써 기업에 투자의 기회를 최대한 확장시키고자 한다.[23]

해양부 아세안의 BIMP-EAG와 대륙부 아세안의 GMS로 대변되는 이러한 준지역 중심의 발전주의적 공간의 구축은 기본적으로 많은 개발재원이 요구된다. 따라서 여기에는 다양한 역외참여자들이 각자의 이해에 따라 참여하며(<표 7> 참고) 특히 아시아개발은행이 재원 마련의 창구이자 주요 후원자로서 기능하고 있다. 아시아개발은행은 BIMP-EAGA 성립 때부터 기술적, 재정적 지원을 해왔으며 2001년에는 지역 발전 자문으로 지정되기도 하였다. 1996년 이래 BIMP-EAGA는 ADB로부터 2천만 달러 상당의 기술적 지원 프로그램을 받았으며 여타 개발파트너로부터는 200만 달러를 지원받았다. 또한 IMT-GT에서는 ADB가 제도적 역량구축과, 민간 부문 발전을 위한 기술적, 금융적 재원 동원을 지원하였다. GMS는 가장 많은 이해관계들이 교차하는 곳이지만, ADB가 그 구상을 처음부터 후원하였으며 ADB의 후원하에 2010-2012년까지 23개(3억 달러 상당) 투자프로젝트가 이루어졌다. 이러한 준지역체계에서의 개발협력의 다층성에도 불구하고 준지역에서

23 Chrisopher M Dent, "The Asian Development Bank and Developmental Regionalism in East Asia", *Third World Quarterly* 29-4(2008b), pp.767-786; Montague J. Lord and Pawat Tangtrongita, *BIMP-EAGA Investment Opportunities in Corridor Value Chains* (Manila: ADB, 2016); Kiki Verico, *The future of the ASEAN Economic Integration* (London: Palgrave Macmillan, 2016), pp.145-181.

도 아세안 지역 전체의 개발협력과 마찬가지로 기본적으로는 국가가 주도한다. 예를 들어 준지역협력체계 중 IMT-GT는 여타 지역개발협력과는 다르게 회원국 내 지방들 간의 결합이며, 민간 부문의 협력을 목적으로 하지만 그 전략과 발선 방향은 IMT-GT 정상회담에 의한 '탑-다운' 방식으로 이루어지며, 장관 및 고위급회담, 실무그룹, 지방정부장 포럼에 의해 조직적으로 지원된다.[24] 이러한 국가중심성은 준지역개발협력체계가 정부, 지방정부, 시민사회, 기업 등 다양한 층위의 민-관의 참여와 파트너십을 요구함에도 불구하고 개발협력의 현장에서는 국가 혹은 관(官)과 가까운 사람들이 개발협력을 주도하는 일종의 '연고주의적 개발협력'의 형태로 이루어지게 되는 원인이 된다.

〈표 7〉 주요 준지역협력체계의 현황과 주요 파트너

	GMS	IMT-GT	BIMP-EAGA
설립년	1992	1993	1994
회원국 및 관련 지방	메콩강 유역 6개국 (캄보디아, 라오스, 미얀마, 태국, 베트남, 중국의 운남 및 광서성)	인도네시아(아체, 방카벨라일퉁, 붕클루, 잠비, 람풍, 북수마트라, 리아우 제도, 남수마트라, 서수마트라), 말레이시아(케다, 캐란탄, 말라카, 네그리 샘비란, 페낭, 페라크, 페릴, 세랑고르), 태국(크래비, 나콘시탐마랏, 나라티왓, 파타니, 파탈룽, 사뚠, 송클라, 뜨랑, 얄라, 춤폰, 라농, 수랏타니, 팡응아, 푸켓)	브루나이 전체, 인도네시아(칼리만탄, 술라웨시, 말루쿠, 서파푸아), 말레이시아(사바, 사라왁, 라부안), 필리핀(민다나오섬, 팔라완섬)
주요 파트너	ADB, EC, FAO, ILO, UNDP, WHO, 세계은행, 양자 공여국(호주, 중국, 덴마크, 핀란드, 프랑스, 독일, 일본, 네덜란드, NZ, 한국, 스웨덴, 스위스, 영국, 미국)	ADB(개발파트너), 아세안 사무국	ADB(지역개발 자문), USAID, 독일기술협력(GTZ), 중국, 일본

---

24   McGillivray and Carpenter(2013), pp.9-16.

	GMS	IMT-GT	BIMP-EAGA
주요 프로 젝트	Theun-Hinboun 수력발전 프로젝트, 고속도로, 핵심 환경프로그램, 지역에너지 정책, GMS수송프로젝트 등	아세안 연계성하에서의 IMT-GT 연계성프로젝트	BIMP-EAGA 우선 인프 라 건설(관련국: 브루나 이) 마나도-비통 연계(인 도네시아), 라하드 다투 팜오일산업단지(말레이 시아) 민다나오섬 항구 확장 프로젝트(필리핀)

출처: McGillivray and Carpenter(2013), pp.12-13

(2) 글로벌가치사슬 구축과 해양부아세안의 물리적 연계

해양부아세안의 대표적 성장지대인 BIMP-EAGA는 160만 제곱킬로미터
의 영토와 브루나이의 술탄지역, 인도네시아의 칼리만탄, 수라웨지, 말루쿠,
서파푸아 지역, 말레이시아의 사바, 사라와크주, 말레이시아의 라부안연방영
토, 그리고 필리핀의 민다나오 지방과 팔라완 등을 포괄하는 방대한 영토로
구성되어 있다. 이를 배경으로 BIMP-EAGA는 지방 간 생산분업과 운송 시
스템 등의 경성·연성 인프라 구축을 통해 국경 간 이동성과 연계성을 증대시
키고 이를 통해 저발전 지역의 사회·경제적 발전을 꾀하고자 한다. 이는 해
양부 동남아시아의 여타 부유한 지역과 해당 지역의 개발격차를 줄이고자
하는 시도이며 장기적으로는 대륙부 지역과 해양부의 개발격차 해소를 위한
물리적 연계성을 토대를 마련하고자 한다.

당초 BIMP-EAGA는 1992년 필리핀 대통령 피델 라모스에 의해 구상되
었는데, 그는 필리핀 남부지역에 경제적 활력을 주고 말레이시아와 인도네
시아 사이의 잠재적 갈등을 완화하고자 했다. 브루나이의 재정적 자원과 인
프라 능력, 말레이시아, 인도네시아, 필리핀의 천연자원과 관광자원 및 다양
한 형태의 산업적 능력, 특히 농업 분야와, 수산업, 항만운수 등을 결합하여
이를 달성하고자 한 것이다. 이를 1994년 브루나이, 인도네시아, 말레이시아
가 받아들여 BIMP-EAGA가 성립되었다. 그리고 여기에 해양부아세안의 인

프라 구축과 준지역 통합시장 형성에 강한 흥미를 갖고 있던 아시아개발은행과 독일개발협력(Deutshce Gesellschaft für International Zusammenarbeit)이 본 구상의 실현을 위해 지원하였다. 준지역의 시장통합을 통해 BIMP-EAGA는 일종의 규모의 경제를 날성하고자 하였으며 여기에 참여한 역내 국가들은 새로운 경제공간의 창출을 통해 초민족적 기업 활동을 활성화하고 해양부아세안만의 독자적인 지역을 형성하고자 하였다.25

이러한 준지역체계의 형성이 아세안지역 통합과 상보적이거나 이를 강화하는 것처럼 보였지만 당초 기대와 달리 아세안과의 연계는 점진적으로 후퇴하였으며 1997-98년 금융위기와 엘니뇨 현상 등으로 인해 이후 이 지역과 아세안과의 협력체계는 정체되었다. 그러나 2001년 ASEAN 정상회담을 계기로 그 관계를 재확립하게 되는데 주최국인 브루나이가 아시아개발은행과 아세안정상들에게 BIMP-EAGA의 재활성화를 요청하였고 아세안사무국은 BIMP-EAGA가 확고한 장기적 목표와 비전을 가져야 한다고 조언하였다. 이러한 협력의 결과는 BIMP-EAGA의 2006-2010 로드맵과 행동계획으로 나타났으며, 2012년 8차 BIMP-EAGA 정상회담에서는 BIMP-EAGA 2012-2016 로드맵이 채택되었다. 로드맵은 아세안연계마스터플랜과 보조를 맞추어 교통, 에너지, 무역증진, 그리고 ICT에서의 인프라 구축을 함으로써 제도적 기제의 강화 등을 증대시키고자 하였다. 또한 로드맵은 ASEAN 자체가 개발격차 해소에 직면해 있음을 강조하는 동시에 BIMP-EAGA도 단순한 준지역의 발전을 넘어 아세안경제공동체라는 맥락하에서 BIMP-EAGA 내의 개발격차를 완화하는 것을 목표로 하였다. 주요 전략은 역·내외 무역을 증진시키며 준지역체계의 지속가능발전을 위한 자연 자원의 관리, CIQS 이슈와 관련한 인프라 역량과 연계성 향상, BIMP-EAGA의 제도적 구조를 강

---

25   Kurus Johari and J. Zani, *BIMP-EAGA Integration: Issues and Challenges* (Cheras: Institute for Development Studies, 1997); ADB(2017), p.4.

화하는 것이다.[26]

　이러한 발전 전략의 주도적 축을 담당하는 것은 발전주의적 공간으로서의 BIMP-EAGA의 경제적 회랑이다. BIMP-EAGA는 크게 두 개의 경제회랑으로 구성되는데 하나는 서보르네오경제회랑(West Borneo Economic Corridor)이고 다른 하나는 大수루-술라웨시 경제회랑(Greater Sulu-Sulawesi Corridor)이다(<그림 4> 참고). 두 개의 경제회랑은 2004년 아시아개발은행에 의해 제안되었으며 2007년 4회 BIMP-EAGA 정상회담에서 승인되었다. 사실 이들 지역은 역사적으로도 오랫동안 동남아시아의 무역경로였다. 서보르네오 경제회랑은 인도네시아의 서칼리만탄 지방에서 말레이시아 수라와크주, 그리고 부르나이에서 말레이시아 사바주까지 비교적 운송인프라가 이미 잘 갖추어져 있었으며 국경 간 무역과 투자가 오래전부터 활발히 이루어지고 있었다. 반면 大수루-술라웨시 경제회랑은 해양-도서 지대로 연계성이 항구와 항구를 중심으로 이루어졌다. 서보르네오 경제회랑에서는 말레이시아와 부르나이로부터 원유와 가스가 수출되었고, 임업자원이 수출되며, 여기에는 팜오일[27] 생산, 목재 생산, 관광, 양초제조업 등의 기회들이 존재한다. 그리고 부르나이와 말레이시아의 해당 지역이 지역의 허브 역할을 한다. 한편 大수루-술라웨시 경제회랑은 서보르네오지역보다는 발전에 뒤처져 있으며 지역의 연계성은 비공식적 물물교환 무역을 통해 형성된다. 이 지역의 운송 수요의 대부분은 경제적 교환보다는 고용과 관련된 이들의 활동, 관광을 위한 수단이다.[28] BIMP-EAGA 이행 청사진에 따르면 이들 경제회랑은 생산요

---

[26]　BIMP-EAGA Facilitation Centre, *Mid-Term Review of the 2006-2010 Road Map to Development* (Kota Kinabalu: BIMP-EAGA Facilitation Centre, 2008); Lord and Tangtrongjita(2016), pp.1-8.

[27]　엄은희, 「팜오일의 정치생태학: 동남아 국가의 역할을 중심으로」, 『공간과 사회』, 제59집(2017), pp.244-277. 팜오일 산업은 유독 동남아시아에 집중되어 있어 인도네시아와 말레이시아가 전 세계 팜오일 생산의 84%를 차지하고 있으며, 싱가포르 역시 팜오일 생산기술과 투자의 중심지이자 무역 허브의 기능을 담당하고 있다.

[28]　Lord and Tangtrongjita(2016), pp.1-8.

소의 효율적인 국경 간 이동, 무역, 관광, 투자 그리고 여타 경제적 활동을 증진하기 위해 체계적인 발전의 마련을 목적으로 한다. 특히 이들 지역은 물리적 연계를 통해 국경 간 생산분업 및 글로벌경제로의 통합과 이를 통한 글로빌가치사슬 내로의 성공적 안착을 목적으로 한다. 기실 시야를 확장하면 동아시아지역 무역의 40% 이상이 글로벌가치사슬의 일부분이다.[29]

〈그림 4〉 서보르네오회랑과 大수루-술라웨시 경제회랑(ADB(2017b))

아세안지역은 글로벌가치사슬에의 연계가 여타 다른 지역보다 높은데 이러한 지역적 차원의 동학을 참여국가들은 BIMP-EAGA에도 적용하고자 한 것이다. 예를 들자면 서보르네오경제회랑에서는 농업에 기반한 식품산업, 할랄식품 생산에 지역의 회원국이 글로벌가치사슬에 재료와 제조공정을 통해 참여하는 것이다. 한편 大수루-술라웨시 경제회랑에서는 국경 간 관광, 즉 다국적 관광상품을 통해 회원국들이 가치사슬에 참여하는 것이다.[30] 이렇듯 두 경제회랑을 중심으로 저발전 지역을 보다 큰 지역적 통합과 분할을 통해 발전시키고자 한다는 점에서 BIMP는 발전주의적 지역주의 원리와 궤를 같이한다.

발전주의적 지역주의는 단순한 경제적 장벽의 철폐를 넘어 발전 역량 형

---

[29]   OECD, *Interconnected Economies:Benefiting from Global Value Chains* (Paris: OECD Publishing, 2013); ADB(2017).

[30]   Lord and Tangtrongjita(2016), pp.13-23.

성에 중점을 두게 되는데 이는 다양한 형태의 '발전주의적 파트너십', 특히 국가와 기업 사이의 협력을 요구한다. BIMP-EAGA는 국가 간 협력이라는 거시적 차원(지역주의 차원)이나 단순한 시민사회 협력의 미시적 수준(지역화 차원)이 아닌 정부행위자, 기업, 시민사회가 '발전'에 복합적으로 참여한다. 이는 두 개의 경제회랑지역이 단순히 역내 회원국 간의 준지역협력체계를 갖춘 성장지대일 뿐 아니라 인도네시아, 브루나이, 말레이시아, 필리핀의 독자적인 민족적 차원의 성장지대와 중첩되어 진행되기 때문이기도 하다.[31] 또한 여기에는 국경 간 인프라 연계, 국제적 생산연쇄, 관광 관세, 이민, 검역, 안보, 교통시스템, 중소기업 진흥 등 매우 다양한 영역의 국제개발협력이 포함된다.

이러한 '복합적'인 발전에의 참여와 다양한 영역의 중첩, 그로 인한 상호충돌에 대해 특별한 문제를 느끼지 않는 것은 동남아시아 지역의 특징이기도 한데, 동남아 지역에서는 이러한 영역들이 이해충돌지대가 아닌 중립적인 경제적 지대로 파악된다. 이 과정에서 BIMP는 민간에는 정부지원의 중요성을, 정부에는 민간기업의 중요성을 강조하는데 이는 BIMP의 활동방식을 규정한다. BIMP-EAGA에서 기업의 이익은 BIMP-EAGA기업위원회에 의해 대변되며 기업위원회는 중소기업, 관광, 천연자원, 인프라와 관련된 실무그룹과 함께 중요한 공식 부문으로서 역할을 수행한다. 정부 의견은 정상회담, 장관모임, 고위급 회담 등 탑다운 방식으로 반영된다. 일종의 사무국인

---

31 ADB(2017)에 따르면 브루나이에는 공식적인 산업발전지대는 없지만, 바이오혁신지대와 가스, 원유, 제약 중심의 산업지대가 존재하며, 인도네시아는 칼리마탄과 술라웨시 지역에 광물 에너지 자원을 위한 산업지대와 농수산업 산물과 니켈산업을 위한 경제성장지대를 가지고 있으며, 이를 중심으로 고부가가치산업과 관광산업을 진흥하고자 한다. 말레이시아는 사바와 사라와크에 독자적인 발전지대를 구축하고 관광, 에너지, 축산물, 바이오, 농수산업 등을 주요 산업을 선정하고 있다. 말레이시아와 인도네시아는 이들 지대의 성장을 위해 인적자원 개발, 인프라 구축, 정책 혁신을 꾀한다. 필리핀은 민다노에 무역, 산업, 식품 산업, 바이오 및 에코투어리즘 등을 위한 클러스터 등에 집중한 산업발전지대를 지니고 있다.

BIMP-EAGA 촉진센터가 BIMP-EAGA 구상의 한 축을 담당하였다. 그러나 그 제도적 역량이 상대적으로 부족하여 BIMP-EAGA의 다양한 프로그램들은 중앙정부, 지방정부, 그리고 개발기구인 ADB나 GIZ를 통해 이루어졌다.[32] 그리고 이러한 과정에서 양쪽을 연계할 수 있는 '빅맨' 또는 '연고주의'는 필수적이다.

BIMP-EAGA는 동아시아의 발전주의적 지역주의를 배경으로 경제적 능력의 향상, 저개발국가와 저발전지역이 아세안지역경제의 중심에 통합되는 것을 강화하기 위해 지역개발협력과 물리적 연계에 초점을 맞추었다. 공통의 인프라와 천연자원의 효율적 활용을 통해 준지역체계 내의 무역, 관광, 투자의 증대를 꾀하고자 하는 BIMP의 구상은 시장 지향적 성향을 지닌 네 개 정부와 민간 부문이 탈중심적인 조직구조를 통해 개발협력 프로그램을 시행한다. 그럼에도 불구하고 BIMP-EAGA촉진센터의 중기보고서에는 민관의 파트너십이 보다 긴밀해져야 함을 강조하고 있다.[33] 이는 BIMP 구상의 실현과정에서 발전국가모델에서 요구되는 국가 부문과 기업 부문 사이의 긴밀성, 즉 중앙정부 또는 지방정부와 기업 간의 관계가 여전히 모호한 상태로 남아 있기 때문이다. 이는 이 지역의 탈중심적 구조와 '발전주의'의 전제인 성장에 있어서의 국가중심성이 서로 모순적이기 때문에 발생하는 문제이기도 하다. 실제로 BIMP-EAGA가 중앙관료적 형태의 발전주의를 시행하고자 한다면 BIMP-EAGA의 독자적 제도 능력이 향상되어야 하며 아세안과도 체계적 지역형성 속에서 관계 맺어져야 한다. 그러나 이는 아세안이 동남아시아에서 보다 실질적인 지역커뮤니티를 열망할 때 가능하다. 아세안은 전체 지역을 포괄하지만 준지역체계의 지방까지는 그 영향력이 미치지 않는 것이 현실이다.

---

32   Dent and Richter(2011).
33   BIMP-EAGA Facilitation Centre(2008).

(3) 역외의존적 개발전략으로서 메콩강지역개발협력

메콩강 유역은 동남아시아 5개국 캄보디아, 라오스, 미얀마, 베트남, 태국 그리고 역외 국가인 중국에 있어 중요한 지역이다. 메콩강 유역의 아세안 국가들은 1990년대까지 정치적으로 혼란스러웠으며 태국을 제외한다면 1990년대에야 ASEAN에 가입하였다. 그러나 1990년대 아세안회원국의 확대 이전부터 메콩강 유역 내 개발격차에 대한 논의가 있었으며 1989년 차차이(Chatchai Choonhavan) 태국 총리는 베트남에 '전장을 시장'으로 바꾸자는 메콩강 유역에 대한 지역협력을 제의하였다. 이후 1992년 아시안개발은행의 대메콩준지역(ADB-GMS)을 제안하게 되고 GMS개발 관련 6개국이 전폭적으로 이를 수용함으로써 오늘날의 GMS개발사업이 등장하게 된다.

GMS 출범 이후 1990년대 초 인도차이나 지역의 정치적 안정, 중국 그리고 CLMV 국가들의 시장 개혁과정이 진행되면서 메콩강 유역의 물리적 연계의 강화와 경제발전이 진전을 보게 된다. 메콩강 유역 국가들의 협력은 이들 국가 간의 개발격차와 긴밀히 연계되었으며 인프라, 인적자원개발, 제도적 역량의 강화 등 어떤 분야이든 역외 개발파트너 국가들과의 협력하에 진행된다는 것이 특징이다. 이 지역의 경제적, 지정학적 중요성은 이러한 추세를 강화하고 있으며 최근에는 아세안 국가들뿐 아니라 중국이 메콩강협력프로그램의 주요한 공여자가 되고 있다.[34]

메콩강지역개발협력 중 가장 포괄적인 것은 1992년 ADB에 의해 제안된 GMS 프로그램이다. GMS는 10년 주기로 1차(1992-2002), 2차(2002-2012) 프로그램을 완료하였고 현재 3차 프로그램이 2022년까지 진행되고 있다. GMS 출범 당시 메콩강 유역 국가들의 상호 불신이 강한 편이었지만 AFTA

---

34 양승윤·이요한, 「메콩강개발과 동남아 지역협력 전망」, 『국제지역연구』, 제1집 2호 (1997), pp.3-21; Jean-Pierre A. Verbiest, "Regional Cooperation and Integration in the Mekong Region", *Asian Economic Policy Review* 8-1(2013), pp.148-164.

가 일종의 '위로부터의' 자유무역지대 창출을 통한 경쟁력을 강조하였다면 메콩강 유역은 인프라 발전에 대한 강조와 더불어 아래로부터의 개발을 강조하며 지역개발협력을 촉진하였다. GMS는 공동체(Community), 경쟁력(Competiveness), 연계성(Connectivity)의 3C라는 구호 아래 물리적 연계성을 강조하였는데 이는 물리적 연계성에 대한 합의가 법적, 제도적 논란도 적고 상대적으로 이해관계가 상충하는 '접경'의 문제를 '기술적' 문제로서 접근할 수 있었기 때문이다. 또한 출범 당시 이 지역의 물리적 인프라기반이 매우 낮은 수준이었다는 현실적 이유도 주효하였다. 결과적으로 GMS프로그램에는 교통, 통신, 에너지, 환경, 관광, 인적자원개발, 무역활성화, 투자 그리고 농업 개발이 포함되었다. 2002년 프놈펜에서 열린 첫 GMS 정상회의는 메콩강 유역의 발전을 위한 포괄적 기본 전략을 공고히 하였고 2011년 12월 미얀마에서 열린 4차 정상회담에서는 GMS 경제협력 프로그램의 전략적 프레임이 형성되었다. 여기에는 교통망의 효율적 활용에 초점이 맞추어졌고, 철로 연결이 처음으로 포함되었다. 또한 경쟁적 발전, 친기후적 발전, 지속 가능한 농업 등이 새로운 구성 요소로 편입되었다.[35]

물리적 연계 면에 있어 GMS프로그램은 상당히 성공하여 1998년 마닐라 회의를 통해 결정된 동서경제회랑, 북남경제회랑, 남부경제회랑과 궤를 같이하여 각종 경성인프라를 구축하고 있다. 2015년까지 GMS 전 지역은 북부(쿤밍, 광서, 북부라오스, 북부미얀마, 북부타이)와 남부(하노이, 다낭, 호찌민, 방콕), 동부와 서부(미얀마 모올메인에서 베트남 다낭), 남부와 남부(방콕, 프놈펜, 호찌민)를 연계하는 도로교통망이 구축되었다. GMS 철도구상이 2010년 하노이 장관회담에서 승인되어 싱가포르와 쿤밍 간의 철도 연

35 ADB, *Transport and Trade Facilitation in the GMS: Confronting Rising Inequality in Asia* (Manila: ADB, 2010); ADB, *Greater Mekong Subregion Cross-Border Transport Facilitation Agreement Instruments and Drafting History* (Manila: ADB, 2011a); ADB, *The Greater Mekong Subregion Economic Cooperation Program Strategic Framework* (Manila: ADB, 2011b).

계를 현실화하고 있으며 베트남, 태국 등에서의 전력 증가에 따라 전력망도 효과적으로 상호 연계되고 있다.36 또한 단순한 물리적 연계를 넘어 ADB가 지원하여 건립된 라오스 북부 3번 고속도로와 태국-라오스 메콩 교량을 통한 무역교역량은 이전보다 70% 증가하였으며 중국과 GMS 간 교역도 1993년 23억 달러에서 2012년 1,040억 달러로 50배 증가하였으며 태국의 대 라오스, 캄보디아 무역도 크게 증가하였다.37

그러나 이러한 물리적 연계성의 발전에도 불구하고 제도적 역량의 부족과 주변 국가들 사이의 법률적 조율의 어려움은 여전하다. 물리적 연계성의 발전을 통한 무역과 투자의 증대에 있어 장애로 작용하고 있는 이러한 제도적, 법률적 어려움은 GMS뿐 아니라 ASEAN 전체의 문제이기도 하다.38 또한 메콩강 유역의 다양한 발전 수준, 특히 태국과 중국 그리고 CLMV의 격차를 고려한다면 인적자원 개발 또한 GMS프로그램의 이행에 큰 도전으로 남아 있다. 전염병의 예방이나 인신매매, 이주 등과 관련된 인적자원과 관련된 분야들이 부분적으로 다루어지고는 있지만 적극적으로 이루어지고 있지 않다.39 인프라 투자에 있어서는 ADB가 큰 역할을 담당하고 있다면 인적자원 개발에 있어서는 뉴질랜드 정부에 의해 만들어진 메콩기구(MI, Mekong Institute)가 적극적 역할을 하고 있는데, MI의 목적은 "인적자원 개발을 통한 기여 그리고 메콩지역의 지속 가능한 경제발전과 빈곤해소를 위한 역량 형성"을 목적으로 한다.40 GMS프로젝트에 있어 이러한 기관은 유일한데, MI는 양자 간 발전프로젝트 형태에서 2009년 GMS국가들의 국제기구가

---

36   ADB, *Greater Mekong Subregion Power Trade and Interconnection* (Manila: ADB, 2012).
37   ADB, *Review of Configuration of the Greater Mekong Subregion Economic Corridors* (Manila: ADB, 2016), p.15; Haiyun Chen and Ting Zhu, "The Complexity of Cooperative Governance and Optimization of Institutional Arrangements in the Greater Mekong Subregion", *Land Use Policy* 50(2016), p.365.
38   ADB(2011b).
39   ADB, *Strategic framework and action plan for human resources development in the greater Mekong subregion(2009-2012)* (Manila: ADB, 2009).
40 Mekong Institute, *The Mekong Institute Annual Report 2011* (Khon Kaen: Mekong Institute, 2012).

되었으며, 뉴질랜드, 태국, 중국, 일본, 프랑스, 스위스, ADB 등에 의해 후원되고 있다.

이와 같이 GMS를 포함한 메콩강 유역의 지역개발협력사업의 두드러진 특징 중 하나는 메콩 유역 개발에 있어 아세안회원국이 아닌 역외국가들에 대해 개방적이라는 것이다. 이는 개발재원 조달이라는 현실적 이유로 인해 아세안이 메콩강 유역 개발에 있어 초국가적이며 다자주의적인 접근 방식을 선호하기 때문이다.[41] 또한 마찬가지 이유로 인해 민간 부문의 참여 또한 선호되는데 GMS기업포럼이 2000년 초에 창설되었으며, GMS기업포럼은 정책과 규제개혁에 있어 매우 활동적이고 보고서들은 GMS 정상회의에 곧바로 전달된다. GMS 프로그램이 상대적으로 큰 성공을 거두었다는 평가를 받는 것은 ADB로부터의 안정적 재원과 수많은 개발 파트너들이 지역적으로 중요한 프로젝트에서 중요한 역할을 수행하였기 때문이다. 2010년까지 ADB는 약 50억 달러를 지역프로그램에 제공한 것으로 추정되며, 여타 개발 파트너들은 46억 달러, GMS 정부가 43억 달러를 제공한 것으로 추정된다. 기술적 지원 또한 2억 3천만 달러로 추정된다.[42]

메콩강 유역개발사업에 대한 역외행위자들의 참여는 IAI프로그램이 아세안-6와 CLMV국가와의 개발격차를 주요한 의제로 삼음에 따라 수립된 개발협력프로그램들을 통해서이다. 비엔틴행동계획 이후 메콩-일본 협력, 메콩-남한 협력, 미국 저지대메콩구상, SDC 메콩지역프로그램, 오스트리아-메콩 프로그램, ADB에 의해 지속적으로 진행된 GMS협력프로그램들이 수립되었다. 또한 IAI프로그램에 포함되지 않는 남남협력도 증대되었다. 예를 들어 태국의 아예야와디차오파라야-메콩 경제협력전력(ACMECS, Ayeyawady-Chao

---

41 이요한, 「아세안경제공동체와 개발격차 해소: 메콩프로젝트를 중심으로」, 『동남아연구』, 제26집 3호 (2017), p.86.

42 Verbiest(2013). pp.150-154.

Phraya-Mekong Economic Cooperation Strategy), CLV삼각개발지대, 랑캉-메콩협력, 인도가 지원하는 기업개발기구, GMS기업포럼, 메콩기구 등 그야말로 '메콩 붐'이 일어났다. 또한 IAI 프로그램에 따라 CLMV지역의 인적자원 개발 프로그램도 잇따라 생겨났는데, 싱가포르훈련센터, 말레이시아기술협력, 인도네시아 남-남 기술협력, 부르나이와 일본이 지원한 부속관료프로그램(attachment officer program) 등이 있다. 또한 IAI프로그램은 아니지만 역외국가들에 의한 것으로 NZAP의 "아세안경제공동체로의 CLMV 경제 통합을 위한 역량개발", ADB의 "프놈펜 계획에 따른 역량개발프로그램", JICA의 "라오스 파일럿프로그램", GIZ의 관련프로그램과 여타 삼각지대 협력에 따른 프로그램들이 등장하였다.43

이 외에도 메콩강의 개발과 환경이라는 이슈가 복잡하게 얽힌 메콩강위원회가 메콩강유역개발협력에 관여하고 있다. 메콩강위원회는 캄보디아, 라오스, 태국, 베트남 4개의 하류국가로 구성된 정회원국과 대화 상대국인 상류의 중국과 미얀마가 참여하고 있다. 메콩강을 둘러싼 회원국과 대화 상대국 간의 복잡한 역학관계는 차치하고, 이 위원회에도 역외국가들이 기술적, 재정적인 부분에서 협력하고 있는데 호주, 핀란드, 일본, 뉴질랜드, 미국, 벨기에, 프랑스, 룩셈부르크, 스웨덴, 덴마크, 독일, 네덜란드, 스위스 등이 참여하고 있다.44

역외파트너와의 협력관계에 있어 아세안의 여타 준지역협력체계와 마찬가지로 메콩강 유역 개발에 대해서도 일본이 적극적이다. 일본은 1993년 일본의 인도차이나의 포괄적 발전을 위한 일본 포럼, 아세안-일본 무역통산성의 인도차이나 버마의 경제협력 실무그룹(이후 1998년 아세안-MITI 경제

---

43 Mekong Institute(2014), pp.13-15.
44 이준표, 「메콩 유역의 지속가능한 개발을 위한 법적 과제」, 『공간과사회』, 제25집 4호 (2015), pp.184-220.

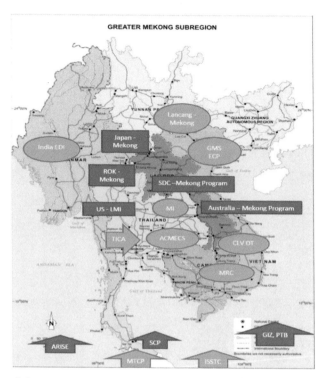

출처: Mekong Institute(2014), p.15 *지면관계상 약어풀이 생략

〈그림 5〉 메콩강 준지역체계의 개발원조 구상의 다양성

산업협력위원회-AMEICC-로 대체), 메콩-일본협력프로그램 등 다양한 형태의 파트너십을 메콩강 유역 국가들에 제시하고 있다.[45] 그런데 대다수의 역외파트너와의 양자 프로그램은 메콩지역의 발전을 목표로 하지만 대다수가 중국과 태국을 배제한다. 하지만 일본에 의해 제시된 포괄적 프로그램은 태국을 포함하고 있다. 이는 역사적으로 저지대 메콩지역(캄보디아, 라오스, 미얀마, 태국, 베트남)은 지정학적 중요성, 천연자원, 일본 기업의 해외생산

---

[45] Masaya Shiraishi, "Japan toward the Indochina sub-region", *Journal of Asia-Pacific Studies* 13(2009), pp.13-36.

네트워크 및 산업단지로서 일본에 중요한 지역이며 태국을 중심으로 한 저지대 메콩지역은 해양부 아세안과 달리 직접적으로 일본기업의 글로벌가치사슬에 포함되기 때문이다.[46] <그림 6>에서 보듯이 일본의 태국에 대한 해외직접투자는 여타 국가를 압도한다.

1997년 동아시아금융위기 이후, 일본 외무성은 다양한 형태의 아세안지역협력, 즉 IAI프로그램, 아예야와디-차오파가야-메콩경제협력전략, 발전삼각구상 등 아세안에 의해 제안된 남-남협력프로그램에 재정적 지원을 하고 있다. 2012년에는 메콩-일본협력을 위한 새로운 도쿄전략을 수립하기도 하였는데 일본은 이 계획에 따라 메콩강유역개발원조에 6,000억 엔을 책정하였으며 저지대 메콩지역에 있어 가장 발전한 태국 또한 8억 8,300만 엔을 투자하기로 하였다. 일본은 이를 수행함에 있어 GMS프로그램, ACMECS, 메콩지역에서의 일중 회담 등의 구상 등을 통해 긴밀히 조율하고 있는데, 이는 일본식 파트너십 형성이 이 지역 협력에 지속적으로 중요한 영향을 미치고 있음을 보여준다. 이러한 일본의 사례는 단순히 일본의 지정학적 이해뿐 아니라 아세안지역에 대한 여타 초국적 자본의 이해를 상징적으로 보여준다. 한편 메콩강 유역 개발에 있어 중국은 새롭게 부상 중인데 중국에 있어서도 저지대 메콩지역은 지경학적, 지정학적, 지전략적으로 매우 중요하다. 저지대 메콩지역은 중국의 해외직접투자와 무역의 주요한 종착지이며 남서부 중국의 발전에 있어 더욱 중요한 역할을 담당하고 있다. 1992년과 2006년 사이 중국과 메콩지역 국가 간의 무역량은 거의 300% 늘어났으며 금액으로는 120억 달러에 이른다. 중국은 또한 캄보디아, 라오스, 미얀마의 가장 중요한 해외투자자이다. CLMV는 중국 해외 투자 전략의 중요한 부분인 동시에 CLMV 국가 및 태국, 더 나아가 아세안에 있어 중국은 가장 중요한 시장이기도 하다.[47] 공적원조를 제외하고 메콩강 유역 국가에 대한 일본

---

46   Shiraishi(2009).

과 중국의 FDI 현황을 보면 아래와 같다.

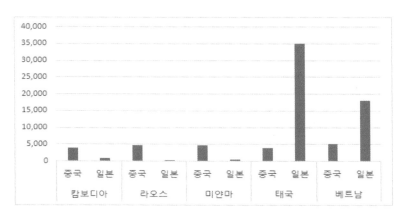

출처: ASEANStatsDataPortal https://data.aseanstats.org/fdi-by-hosts-and-sources (검색일: 2019.08.03.)

〈그림 6〉 메콩강 유역 국가에 대한 일본·중국의 FDI 현황(2010-2018년 합계)

    BIMP-EAGA로 대표되는 해양부 아세안과 마찬가지로 GMS프로그램으로 대표되는 메콩강 유역은 광대한 물리적 환경을 배경으로 경제회랑을 중심으로 한 물리적 연계를 진전시키고 있다. 그리고 이러한 계획을 통해 준지역체계 내에서의 '주변부'의 사회기반시설을 개선하고 이를 다시 주변부의 중심 지역과 연결함으로써 균등발전을 이루려는 국가 발전모델과 중첩하여 진행[48]함으로써 물리적 환경을 발전주의적 공간으로 변형시킨다. 이 속에서 개발재원 조달에 대한 현실적 이유와 메콩강 유역의 지정학적 중요성으로 인해 해당 지역은 역외의존적 개발협력이 지배적 형태를 띤다.

---

[47] Shiraishi(2009); Verbiest(2013).

[48] 채현정, 「국경의 다중적 삶: 아세안경제협력시대의 태국 북부 국경지역개발과 국경교역실천」(서울대학교 박사학위논문, 2018).

4. 결론

AFTA를 시작으로 아세안은 지역적 차원의 경제협력, 준지역 단위의 지역개발, 개별회원국별로 다양한 역외세력과 맺는 자유무역협정 등 매우 다층적인 지역협력을 전개하고 있다. 이 과정에서 아세안은 아세안 방식을 통해 다양한 협력체를 형성하며 국가 주도의 아세안의 활동, 즉 '지역주의'의 측면에서 큰 성과를 거두고 있다. 그러나 국가중심적인 아세안의 지역협력은 주로 개별 회원국의 '발전주의적' 기획과 동남아시아지역의 인프라 미미 등으로 인해 개발프로젝트 특히 물리적 환경의 연계, 즉 발전주의적 공간의 구축에 방점을 두고 있다. 이러한 발전주의적 공간의 구축은 해양부아세안과 대륙부아세안을 중심으로 동남아시아를 준지역의 성장지대로 재분할하면서 중심과 지역을 재구성하는 발전주의적 지역주의의 형태를 띠게 한다. 그리고 여기에 필요한 개발재원에 대한 수요, 관련 지역에 대한 역외행위자들의 이해관계, 아세안 방식의 유연성 등이 결합되어 아세안 지역개발협력의 역외의존성을 심화시킨다. 역외행위자의 다층성과 아세안의 지역개발협력에 대한 역외의존성은 아세안의 개방성과 활력을 보여줌과 동시에 아세안 회원국의 '발전'에 대한 열망과는 무관하게 발전의 '내재화'를 어렵게 하는 요인이 된다. 또한 역외행위자와의 다양한 이합집산은 개발협력프로그램 자체의 중복성과 비효율성과 아울러 단일한 아세안 공동체에 대한 기대와는 달리 아세안의 분절화의 가능성을 내포하게 된다. 아세안 지역개발협력의 다층성과 역외의존성은 아세안 내부적으로는 개별회원국의 이해가 상충할 때 역외행위자의 재원과 투자에 대한 경쟁으로 전환될 가능성이 상존하며 외부적으로는 역외행위자들의 서로 상쟁하는 공간으로 바뀔 가능성이 다분하다.

한편 지면 관계상 본문에서 깊이 다루지 않았으나 지역개발협력이 지역통합에 있어 지역적 단위의 발전과 응집력의 강화를 장기적 목표로 한다고 할 때 지역개발협력에는 지역경제통합이라는 경제적 공간에 포괄될 수 없는 비시장적 요소 또는 사회적 의제로서의 노동·환경에 대한 고려는 필수적이다. 그러나 아세안 지역개발협력의 발전주의적 성향은 지역통합에 있어 아세안의 주요한 과세를 개발격차 해소에 두게 하며 노동·환경 등 주요한 사회적 의제에 대해서는 기능주의적 접근을 취하게 된다. 지역적 성장과 개발격차의 해소가 지역통합에 있어 주요한 의제임에도 불구하고 이를 해소하기 위한 다양한 프로그램과 인프라중심의 지역개발을 통한 발전주의적 공간은 '누구'를 위한 것인지 모호하게 한다. 예를 들어 지역통합의 진전은 노동력 이동의 증대를 필연적으로 동반하지만 아세안 지역에서의 노동 이주는 제한적이며, 인적자본의 역량의 개선과 이를 위한 제도적 뒷받침은 여전히 취약하다. 또한 아세안의 발전주의적 지역개발협력은 지역적 공공재로서의 지속가능한 환경의 유지를 위한 협력에도 소극적으로 접근할 여지를 제공한다. 그러나 '사회적인 것'에 대한 충분한 지역협력이 부재할 때 아세안은 공동체를 지향하지만 단지 경제적 기회만이 풍부한, 역외의존적 '개발공동체'로만 남을지 모른다.

참고문헌

김도희, 「동아시아 지역협력과 아세안」, 오영달·조한승·김도희·이한규 공저, 『국제기구와 지역협력』, 서울: 오름, 2015.

김소연·강하니, 「한국동남아국제개발협력 연구동향분석: 비판적 동남아 지역연구로서의 국제개발협력 연구 심화 가능성 고찰」, 『동남아시아연구』, 제28권 2호 (2018).

김예경, 「중·미간의 세력경쟁과 아세안의 균형전략」, 『한국정치학회보』, 제42집 1호 (2008).

손혁상·이진영, 「아세안확대와 개발격차: 회원국간 불균형 해소를 위한 개발정책분석」, 『국제지역연구』, 제17집 3호 (2013).

엄은희, 「팜오일의 정치생태학: 동남아 국가의 역할을 중심으로」, 『공간과 사회』, 제59집(2017).

이승주·방은혜, 「동아시아 지역아키텍처 재설계의 국제정치경제: 다층화·복합화·분화의 삼중 동학」, 『사회과학연구논총』, 제31권 2호 (2015).

이요한, 「아세안경제공동체와 개발격차 해소: 메콩프로젝트를 중심으로」, 『동남아연구』, 제26집 3호 (2017).

이준표, 「메콩 유역의 지속가능한 개발을 위한 법적 과제」, 『공간과사회』, 제25집 4호 (2015).

채현정, 『국경의 다중적 삶: 아세안경제협력시대의 태국 북부 국경지역개발과 국경교역실천』, 서울대학교 박사학위논문, 2018.

현민, 「동아시아 지역통합과 아세안: 아세안 지역통합의 역사와 다층적 협력구조의 성과와 한계를 중심으로」, 『동북아문화연구』, 제52집 (2017).

ADB. *Strategic framework and action plan for human resources development in the greater Mekong subregion (2009-2012)*. Manila: ADB, 2009.

_____. *Transport and Trade Facilitation in the GMS: Confronting Rising Inequality in Asia*. Manila: ADB, 2010.

_____. *Greater Mekong Subregion Cross-Border Transport Facilitation Agreement Instruments and Drafting History*. Manila: Asian Development Bank, 2011a.

_____. *The Greater Mekong Subregion Economic Cooperation Program Strategic Framework*. Manila: ADB, 2011b.

_____. *Greater Mekong Subregion Power Trade and Interconnection*. Manila: ADB, 2012.

_____. *Review of Configuration of the Greater Mekong Subregion Economic Corridors*. Manila: ADB, 2016.

_____. *BIMP-EAGA Vison 2025*. Manila: ADB, 2017.

ASEAN. *Status Update of the IAI Work PlanI(2002-2008)*. Jakarta: ASEAN Secretariat, 2009.

_____. *ASEAN Community Progress Monitoring System(ACPMS) 2017*. Jakarta: ASEAN Secretariat, 2017.

_____. *ASEAN Charter*. Jakarta: ASEAN Secretariat, 2019.

_____. "Initiative for ASEAN Integration (IAI) Strategic Framework and IAI Work Plan 2 (2009-2015)." http://asean.org (검색일: 2019.08.12.).

_____. 2017, "List of Projects for IAI Work Plan I & II." http://asean.org (검색일: 2019.08.12.).

_____. "Infographics on ASEAN 50years Progress" https://www.aseanstats.org/infographics/ asean-50 (검색일: 2019. 08. 02.).

Besson, Mark. "ASEAN's ways: still for purpose?." *Cambridge Review of International Affairs* 22-3(2009).

BIMP-EAGA Facilitation Centre. *Mid-Term Review of the 2006-2010 Road Map to Development.* Kota Kinabalu: BIMP-EAGA Facilitation Centre, 2008.

Chavez, Jenina Joy. "Social Policy in ASEAN: The Prospects for Integrating Migrant Labour Rights and Protection." *Global Social Policy* 7-3(2007).

_____. "Regional social policies in Asia: Prospects and challenges from the ASEAN and SAARC experiences." in Bob Deacon et al.(eds.), *World Regional Soical Policy and Global Governance.* London: Routledge, 2010.

Chen, Haiyun and Ting Zhu. "The Complexity of Cooperative Governance and Optimization of Institutional Arrangements in the Greater Mekong Subregion." *Land Use Policy* 50(2016).

Dent, Chrisopher M. *East Asia and Regionalism.* London: Routledge, 20008a.

_____. "The Asian Development Bank and Developmental Regionalism in East Asia." *Third World Quarterly* 29-4(2008b).

Dent, Chrisopher M. and Peter Richter. "Sub-Regional Cooperation and Developmental Regionalism: The Case of BIMP-EAGA." *Contemporary Southeast Asia* 33-1 (2011).

Johari, Kurus and J. Zani. *BIMP-EAGA Integration: Issues and Challenges.* Cheras: Institute for Development Studies, 1997.

Laursen, Finn(ed.). *Comparative Regional Integration: Europe and Beyond.* Farnham: Ashgate, 2010.

Lord, Montague J. Lord and Pawat Tangtrongita. *BIMP-EAGA Investment Opportunities in Corridor Value Chains.* Manila: ADB, 2016.

McGillivray, Mark and David Capenter(eds.). *Narrowing the Development Gap in ASEAN.* London: Routledge, 2013.

Mekong Institute. *The Mekong Institute Annual Report 2011.* Khon Kaen: Mekong Institute, 2012.

_____. *Mid-Term Review of the Implementation of the IAI Work Plan II for Equitable Economic Development and Narrowing the Development Gap.* Khon Kaen: Khon Kaen University, 2014.

OECD. *Interconnected Economies: Benefiting from Global Value Chains.* Paris: OECD Publishing, 2013.

Shiraishi, Masaya. "Japan toward the Indochina sub-region." *Journal of Asia-Pacific Studies* 13 (2009).

Verico, Kiki. *The future of the ASEAN Economic Integration.* London: Palgrave Macmillan, 2016.

제7부 글로벌이슈와 지역연구의 연계

중동부유럽 자동차산업과 운송분야 기후변화대응*

안상욱

1. 서론

제2차 세계대전 이후 동서냉전질서 속에서 중동부유럽은 사회주의 진영에 편입되었다. 舊소련 붕괴 이후 중동부유럽 국가의 공산주의 체제도 해체가 이루어졌다. 냉전 붕괴 후 유럽공동체는 중동부유럽국가의 체제전환을 지원하였다. 1989년 12월 18일 유럽공동체 정상회담에서 유럽공동체는 형가리, 폴란드를 대상으로 한 경제지원 프로그램인 PHARE(Poland and Hungary Aid For Restructuring of Economies, 폴란드와 헝가리의 경제개전을 위한 원조)를 창설할 것을 결정하였다. 이는 1989년 11월 9일 베를린 장벽이 붕괴된 지 불과 한 달 남짓한 시점이었다. PHARE 프로그램은 1990년부터 집행되었으며, 이후 이 프로그램은 이웃 중동부유럽 국가로 확대되었다.

그리고 마침내 2003년 4월 16일 아테네에서 EU회원국은 몰타, 사이프러스 그리고 舊소련 영향 아래 있었던 8개 중동부 유럽국가 등과 신규 회원국 가입협정에 조인하였다. 2004년 5월 1일부로 유럽연합은 유럽통합 역사상 가장 대규모의 회원국 확대를 달성하였다.

---

* 이 글은 『유럽연구』, 39(4), 2021에 게재된 논문 「중동부유럽 자동차산업과 운송분야 기후변화대응-체코와 헝가리 사례를 중심으로」를 수정·보완한 것임.

중동부유럽 국가 중 헝가리와 체코는 냉전질서 이전에 유럽에서 선진경제에 속한 국가들이었다. 제2차 세계대전 이전에 체코는 중공업이 발달한 국가였다. 일례로 현재 폭스바겐 그룹 산하에 있는 체코의 슈코다(ŠKODA)는 세계에서 가장 역사가 오래된 자동차 회사 중 하나이다. 1895년 바클라프 라우린(Vaclav Laurin)과 바클라프 클레멘트(Vaclav Klement)는 슈코다(ŠKODA)의 전신인 라우린-클레멘트(Laurin & Klement)를 설립하였다. 헝가리 역시 선진경제 지역이었다. 부다페스트에서 지하철이 1896년에 개통되었다. 런던지하철이 1890년에 개통되고 파리지하철이 1900년에 개통된 것을 감안하면, 부다페스트는 유럽에서 지하철을 일찍 운영했던 도시 중 하나로 자리매김하고 있었다.

그러나 동서 냉전질서가 초래한 동-서유럽 간 단절로 중동부유럽 국가의 산업경쟁력이 크게 하락하였다.

중동부유럽 국가들이 EU가입에 따라 유럽단일시장 혜택을 갖게 되었고, 서유럽에 비해 양질의 저임금 노동력을 보유하고 있었기에, 서유럽의 생산기지가 중동부유럽으로 이전되는 현상이 발생하게 되었다. 프랑스, 벨기에 등 서유럽 국가에서 자동차 생산이 급감하였고, 체코, 슬로바키아, 헝가리에서 자동차 생산이 큰 폭으로 늘어났다.

특히 체코의 경우는 EU회원국 내 자동차 생산규모에서 독일, 스페인, 프랑스에 이은 제4위의 자동차 생산대국으로 자리매김하게 되었다. 또한 세계 유수의 자동차 부품기업 역시 체코에 유치되어 체코의 자동차생산 관련 생태계가 구축되었다. 한편 헝가리에는 세계 10대 전기자동차 배터리기업인 삼성SDI와 SK이노베이션이 생산공장을 운영하고 있으며, 이들 기업의 헝가리 내 배터리 생산규모는 지속적으로 확대되었다.

이에 본 논문은 EU의 자동차생산의 중심이 서유럽에서 중동부유럽으로 이동한 양상과 중동부유럽에서 EU회원국의 운송 분야의 기후변화 대응에 대해서 조명하고자 한다.

또한 유럽이 2020년 세계 최대의 전기자동차 시장으로 부상하였지만, 전기자동차 배터리 생산에서는 EU의 입지가 낮은 상황에서 EU와 EU회원국은 의욕적으로 배터리산업 육성을 위한 정책을 실시하고 있다. 본 논문은 이와 같은 EU와 EU회원국의 정책이 한국기업에 주는 협력의 시사점을 도출하고자 한다.

2. 중동부유럽의 자동차산업 발전

중동부유럽 국가에서 최저임금은 2011년에 비해서 빠른 속도로 상승했지만 아직도 서유럽 국가에 비해서는 매우 낮은 수준이다.

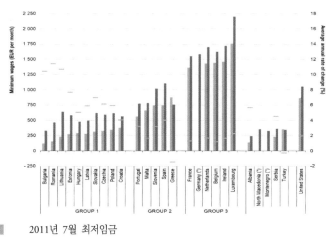

▨   2011년 7월 최저임금

■   2021년 7월 최저임금

—   최저임금 연평균 상승률(2011년 7월-2021년 7월)

출처: EU집행위원회[1]

〈그림 1〉 2011년 7월과 2021년 7월 EU회원국의 월간 최저임금 (유로, %)

이와 같은 상황에서 중동부유럽으로 산업생산의 이전이 가속화되었다. 특히 자동차산업은 이를 명확하게 확인할 수 있는 자료를 제공하고 있다.

〈표 1〉 EU 내 자동차 생산 (단위: 대)

	2004년	2013년	2017년	2019년
기존 EU 15개 회원국	16,854,297	12,828,654	14,358,138	13,363,652
오스트리아	248,718	166,428	97,200	179,400
벨기에	900,273	503,504	377,002	285,797
핀란드	10,501	20,603	108,839	114,785
프랑스	3,665,990	1,740,000	2,225,700	2,202,460
독일	5,569,954	5,718,222	5,645,584	4,661,328
이탈리아	1,141,944	658,207	1,142,210	1,060,068
네덜란드	247,503	29,183	자료 없음	176,113
포르투갈	226,728	154,001	175,544	345,704
스페인	3,011,010	2,163,338	2,848,317	2,822,355
스웨덴	338,756	161,080※	226,000	279,000
영국	1,856,049	1,597,872	1,749,385	1,381,405
2004년 이후 신규 EU 회원국	1,594,606	3,418,320	4,000,068	4,371,499
체코	448,360	1,132,931	1,305,865	1,433,963
헝가리	122,666	222,400	418,435	498,158
폴란드	593,779	583,258	689,783	649,864
슬로바키아	223,542	975,000	1,032,445	1,100,000
슬로베니아	131,646	93,734	189,852	199,102
루마니아	122,155	410,997	363,688	490,412
한국	3,469,464	4,521,429	4,114,913	3,950,617
일본	10,511,518	9,630,181	9,693,746	9.684.298
미국	11,989,387	11,066,432	11,198,985	10,880,019
중국	5,234,496	22,116,825	29,015,434	25,720,665

출처: OICA[2,3]
※ 2011년 승용차 생산 통계만 반영

---

[1] European Commission, "Minimum wages, July 2011 and July 2021(Eur per month, %)", https://ec.europa.eu/eurostat/statistics-explained/index.php?title=Minimum_wage_statistics (검색일: 2021.10.15.).

[2] OICA, "Production Statistics", https://www.oica.net/production-statistics/ (검색일: 2021.10.15.).

서유럽에서 자동차 생산이 급격하게 감소하였다. 특히 벨기에에서 지속적으로 다국적기업의 자동차공장이 공장폐쇄를 단행하였다. 르노자동차가 벨기에의 빌보르드 공장을 1997년에 폐쇄하였고, 폭스바겐이 2006년 포레스트(Forest)에 있는 공장을 폐쇄하였고, 오펠(OPEL)이 2007년 안트워프 공장을 폐쇄하였다. 2004년 90만 대의 자동차를 생산했던 벨기에는 2019년에는 28만 대 규모로 자동차 생산 대수가 급감하였다. 프랑스 역시 2004년에 360만 대의 자동차를 생산했지만 자동차 생산 대수가 2019년에는 220만 대로 감소하였다.[4]

〈표 2〉 EU 자동차산업 직접고용 규모 (단위: 명, 2017년)

EU회원국	자동차산업 노동자(명)	EU회원국	자동차산업 노동자(명)
독일	870,000	벨기에	29,181
프랑스	223,000	불가리아	24,380
폴란드	203,000	네덜란드	22,682
영국	186,000	슬로베니아	14,582
루마니아	185,000	핀란드	8,655
체코	177,156	리투아니아	5,376
이탈리아	162,876	크로아티아	2,861
스페인	157,610	에스토니아	2,860
헝가리	97,688	아일랜드	2,359
스웨덴	79,600	라트비아	2,087
슬로바키아	77,062	그리스	1,928
포르투갈	37,071	덴마크	1,317
오스트리아	33,843	사이프러스	85

출처: ACEA[5],[6]

---

3 안상욱, 「EU 자동차 생산의 중동부 유럽이전: 체코사례를 중심으로」, 『유럽연구』, 37권 3호 (2019), pp.195-196.

4 안상욱, 「EU 자동차 생산의 중동부 유럽이전: 체코사례를 중심으로」, 『유럽연구』, 37권 3호 (2019), p.195.

5 ACEA, "Direct automotive manufacturing employment", https://www.acea.be/statistics/tag/category/direct-manufacturing-jobs-in-the-eu-by-country (검색일: 2021.10.15).

중동부유럽에서 자동차산업의 고용인구는 자동차산업의 생산기지에 힘입어 증가하였다. 2006년에서 2017년 사이에 체코의 자동차산업 고용인구는 125,000명에서 177,156명으로 증가하였고, 폴란드의 자동차산업 고용인구는 108,000명에서 203,000명으로 대폭 증가하였으며, 슬로바키아의 자동차산업 고용인구도 23,000명에서 77,062명으로 대폭 증가하였고, 루마니아의 자동차산업 고용인구도 61,000명에서 185,000명으로 대폭 증가하였으며, 헝가리의 자동차산업 직접고용인구도 43,000명에서 97,688명으로 대폭 증가하였다.[7]

중동부유럽에서 자동차산업이 급격하게 성장한 체코의 경우는 GDP의 9%가 자동차산업에서 창출되고 있고, 800개의 관련 회사가 체코에 있다. 자동차산업에 직접 고용된 17만 명뿐만 아니라 40만 개의 간접 고용이 자동차산업에서 창출되고 있다. 자동차산업은 체코 수출의 24%를 차지하고 있으며, 체코에서 생산된 자동차의 80%는 다른 역내 EU국가로 수출되고 있다.[8]

체코투자청 자료에 따르면, 체코 자동차산업의 성장은 체코의 입지조건과 관련이 있다. 수도인 프라하 반경 400km 내에 22개의 자동차 생산기지가 있고 독일의 자동차산업 클러스터와 인접하고 있다.[9] 이와 같은 지리적 입지의 강점 속에서 체코 내에는 폭스바겐 그룹의 자회사인 스코다(ŠkodaAuto), 현대자동차 그리고 토요타가 승용차 공장을 운영하고 있다. 토요타는 PSA그룹과의 체코 합작 공장으로 2002년에 설립했던 TPCA를 2021년 1월 1일부로 완전 자회사화해 Toyota Motor Manufacturing Czech Republic으로 사명을 변경하였다.

---

6   안상욱, 「EU 자동차 생산의 중동부 유럽이전: 체코사례를 중심으로」, 『유럽연구』, 37권 3호 (2019), p.195.
7   안상욱, 「EU 자동차 생산의 중동부 유럽이전: 체코사례를 중심으로」, 『유럽연구』, 37권 3호 (2019), p.199.
8   안상욱, 「EU 자동차 생산의 중동부 유럽이전: 체코사례를 중심으로」, 『유럽연구』, 37권 3호 (2019), p.202.
9   안상욱, 「EU 자동차 생산의 중동부 유럽이전: 체코사례를 중심으로」, 『유럽연구』, 37권 3호 (2019), p.202.

출처: 체코투자청[10]

〈그림 2〉 체코와 주변국의 자동차 생산공장

출처: 체코투자청[11]

〈그림 3〉 체코 소재 자동차 관련기업

---

10   체코투자청 현지 인터뷰 자료.
     안상욱, 「EU 자동차 생산의 중동부 유럽이전: 체코사례를 중심으로」, 『유럽연구』, 37권 3호
     (2019), p.202.
11   Czechinvest, "Foreign Investors and Key Players in the Czech Republic", https://www.czechinvest.org/
     ko/Key-sectors-ko/Automotive-ko (검색일: 2021.10.15.).

체코투자청의 자료에 따르면, 세계 100대 자동차 부품기업 중 55개 기업이 체코에 지사를 두고 있다. 이는 자동차산업을 위한 산업 생태계가 체코에 이상적으로 구축되어 있음을 의미하는 것이다. 또한 체코에서 자동차 분야 산학협력이 확고하세 구축되어 있다. 자동차산업관련 기술연구에 체코 내 9개 주요 공과대학이 자동차 생산 관련기업과 밀접하게 연결되어 있다. 이와 관련된 사례로 오스트라바 공대가 현대자동차와 관련 분야 협력을 하고 있는 것을 들 수 있다.[12]

〈표 3〉 전기자동차 등록 대수 및 전체 자동차 등록에서 비중 (2020년)

	배터리 전기자동차 (단위: 대)	플러그인 하이브리드 자동차 (단위: 대)	전체 자동차등록에서 배터리 전기자동차 비중(단위: %)	전체 자동차등록에서 플러그인 하이브리드 비중 (단위: %)	계
노르웨이	60,008	19,226	42.41	13.59	79,234
네덜란드	58,767	4,561	14.9	1.16	63,328
스웨덴	15,570	24,810	4.46	7.11	40,380
스위스	13,197	22,513	4.22	7.19	35,710
포르투갈	6,880	5,773	3.1	2.6	12,653
아일랜드	3,451	1,362	2.94	1.16	4,813
오스트리아	9,077	2,156	2.77	0.66	11,233
몰타	205	48	2.68	0.63	253
덴마크	5,478	3,754	2.46	1.69	9,232
프랑스	43,678	18,359	1.9	0.8	62,037
룩셈부르크	962	907	1.79	1.68	1,869
핀란드	1,887	5,864	1.73	5.38	7,751
독일	60,192	43,370	1.72	1.24	103,562
영국	37,724	35,193	1.64	1.53	72,917
벨기에	8,630	8,937	1.58	1.64	17,567

12 안상욱, 「EU 자동차 생산의 중동부 유럽이전: 체코사례를 중심으로」, 『유럽연구』, 37권 3호 (2019), p.204.
13 European Environment Agency, "Newly registered electric cars by country", https://www.eea.europa.eu/

	배터리 전기자동차 (단위: 대)	플러그인 하이브리드 자동차 (단위: 대)	전체 자동차등록에서 배터리 전기자동차 비중(단위: %)	전체 자동차등록에서 플러그인 하이브리드 비중 (단위: %)	계
헝가리	1,623	748	1.15	0.53	2,371
루마니아	1,503	400	0.94	0.25	1,903
슬로베니아	628	167	0.9	0.24	795
불가리아	293	70	0.87	0.21	363
스페인	10,209	7,451	0.76	0.55	17,660
이탈리아	10,643	6,110	0.56	0.32	16,753
라트비아	87	9	0.52	0.05	96
리투아니아	158	58	0.35	0.13	216
에스토니아	77	26	0.28	0.1	103
체코	660	513	0.27	0.21	1,173
폴란드	1,443	891	0.27	0.17	2,334
크로아티아	155	81	0.25	0.13	236
슬로바키아	170	399	0.17	0.39	569
그리스	188	288	0.16	0.25	476
사이프러스	8	581	0.07	4.84	589

출처: 유럽환경청[13]

그러나 체코의 경우는 운송 분야에서 탄소배출을 절감하기 위한 전기자동차 확산에서 다른 EU회원국에 비해서 상당히 뒤처졌다. 2020년 체코의 전체 자동차 등록 대수에서 배터리 전기자동차가 차지한 비중은 0.27%, 플러그인 하이브리드 자동차가 차지한 비중은 0.21%였다. 이는 네덜란드의 전체 자동차 등록 대수에서 배터리 전기자동차가 차지한 비중이 14.9%, 플러그인 하이브리드 자동차가 차지한 비중이 1.16% 감안하면 매우 낮은 수준이다. 중동부유럽 국가인 헝가리의 경우 전체 자동차 등록 대수에서 배터리 전기 자동차가 차지한 비중이 1.15%, 플러그인 하이브리드 자동차가 차지한 비중

data-and-maps/daviz/new-electric-vehicles-by-country-3/#tab-dashboard-02 (검색일: 2021.10.15.).

이 0.53%였다. 이는 헝가리와 비교해서도 체코의 전체 자동차 등록 대수에서 전기자동차가 차지한 비중이 낮음을 의미하는 것이다. 문제는 EU에서 온실가스 배출에서 에너지공급 분야 다음으로 큰 비중을 차지하는 운송 분야의 온실가스 배출 감축을 위해서는 전기자동차 생산 및 이용확대가 필요하다는 점이다.

EU에서 운송 분야 온실가스 배출 감축을 위해서는 전기자동차 관련 생산과 소비를 강화해야 하지만, 체코는 전기자동차 구매 인센티브 지급과 관련해서 소극적으로 대응하고 있다. 관련 사례로 체코 정부는 전기자동차를 구매한 개인에게는 전기자동차 구매보조금 제공과 세제 혜택 제공을 하지 않고 있다.

〈표 4〉 전기자동차 세제 혜택 및 구매보조금

회원국	전기자동차 구입 시 세제 혜택	구매보조금
크로아티아	전기자동차에 대해 소비세 면제	보조금 지급방식 (연 1회, 제한된 예산범위 내): ·BEV에 9,200유로 ·PHEV의 경우 4,600유로
체코	최대 50g CO_2/km 온실가스를 배출하는 BEV 및 FCEV 등록세 면제. 최대 50g CO_2/km 온실가스를 배출하는 BEV 및 FCEV에 대해서 고속도로 이용료(vignette) 면제	기업이 BEV와 EREV를 구입할 때 인센티브 제공. 공공 부문에서 BEV, FCEV, EREV, PHEV와 천연가스 차량을 구매할 때 인센티브 제공. 대중교통 사업자가 BEV, FCEV, CNG, LNG 차량을 구매할 때 인센티브 제공
프랑스	지역별로 대체동력차량 (예: 전기자동차, 하이브리드 자동차, CNG 자동차, E85 자동차)에 대해서 등록세 면제 혹은 50% 감경	● 20g CO_2/km 이하의 온실가스 배출 승용차 또는 승합차 구매보조금 지급: - 45,000유로 이하의 차량구입에, 가구당 7,000유로 지급 - 45,000유로 이하의 차량구입에, 법인당 5,000유로 지급 - 다음의 경우 가구 또는 법인에 대해서 3,000유로

회원국	전기자동차 구입 시 세제 혜택	구매보조금
		지급 ·차량 가격이 45,000유로에서 60,000유로 사이 ·차량 가격이 6만 유로를 초과하는 FCEV 승합차와 승용차 ● 6만 유로 이하, 50g CO_2/km 이하의 온실가스 배출 중고차 또는 신차 구매를 위한 노후차량 교체: - 승용차: ·소득에 따라 가구당 5,000유로 보조금 ·법인의 경우 2,500유로 - 승합차: 5,000유로(가구 또는 법인)
독일	2020년 7월 1일부터 2020년 12월 31일까지 부가가치세를 19%에서 16%로 임시 할인	2021년 12월 31일까지 '혁신보조금(innovation bonus)'이라는 명목으로 신규 및 중고 BEV, PHEV, FCEV 구매에 대한 환경 보조금을 일시적으로 증액. 2020년 6월 4일부터 등록된 모든 적용 대상 차량에 적용 - 40,000유로 이하의 차량 구매에 대한 보조금 ·BEV 및 FCEV의 경우 9,000유로 ·PHEV의 경우 6,750유로 - 40,000유로를 초과하는 차량 구매에 대한 보조금 ·BEV 및 FCEV 7,500유로 ·PHEV의 경우 5,625유로
그리스	BEV에 대해 등록세 면제. HEV와 PHEV에 대해서 등록세 50% 감경. 전기모터 트럭에 대해 등록세 면제	BEV 자동차 구매에 대해서 5,500유로까지 15% 캐시백, 10년 이상 된 노후차량 교체 시 1,000유로 보조금 추가지급 8,000유로까지 BEV 택시 구매에 대해서 25% 캐시백(50g CO_2/km 이하의 온실가스 배출 PHEV에 대해서는 15% 캐시백), 노후 택시 교체 시 2,500유로 보조금 추가지급 승합차에 대해서는 15% 캐시백(BEV에 대해서 5,500유로까지, PHEV에 대해서 4,000유로까지), 노후 승합차 교체에 대해서는 1,000유로 보조금 추가지급
헝가리	BEV와 PHEV 승용차에 대해서 등록세 면제	전기자동차 구매 보조금(2020년 6월 15일부터) ·구매가격 32,000유로 이하의 자동차에 대해서 7,500유로 구매 보조금 지급 ·구매가격 32,000유로와 44,000유로 사이의 자동차에 대해서 1,500유로 구매 보조금 지급
네덜란드	온실가스 배출 "제로(0)"인 자동차에 대해서 등록세	개인이 BEV 신차 혹은 중고차를 구매하거나 리스할 때 구매 보조금 지급

회원국	전기자동차 구입 시 세제 혜택	구매보조금
	면제	BEV, FCEV 경상용차, BEV 택시에 대해서 MIA[14] 혜택 제공 FCEV 자동차 또는 FCEV 택시, 태양광 패널을 장착한 BEV 자동차에 대해서 VAMIL 혜택 제공[15]
폴란드	2020년까지 배기량 2000cc이하의 자동차 구입에 대해서 등록세 면제	2027년 말까지 자동차를 구매하는 개인에게 보조금 지급: ·125,000 즈워티 이하의 BEV 구매에 대해서 최대 37,500 즈워티 지급 ·300,000 즈워티 이하의 FCEV 구매에 대해서 최대 90,000 즈워티 지급
슬로바키아	BEV 또는 PHEV에 대해서 2년 동안 등록세 감경	보조금 제도: ·BEV의 경우 8,000유로 ·PHEV의 경우 5,000유로
슬로베니아	110g CO_2/km 이하의 온실가스를 배출하는 차량에 대해서 최저 세율(0.5%) 적용	BEV 승용차에 대해 7,500유로 BEV 승합차 그리고 4륜차에 대해 4,500유로 PHEV 승용차와 승합차 그리고 EREV에 대해 4,500유로 BEV 경량 4륜차(light quadricycles) 대해 3,000유로
스페인	120g CO_2/km 이하의 온실가스를 배출하는 차량에 대해서 '특별세' 면제 카나리아 제도: 110g CO_2/km 이하의 온실가스를 배출하는 대체 동력 차량(예: BEV, FCEV, PHEV, EREV, HEV, CNG, LPG)	7년 이상 된 차량의 폐기 여부에 따라서, BEV 차량 구매에 4,000-5,000유로 지급, PHEV 차량 구매에 1,900-2,600유로 지급 승합차 및 트럭: 노후차량 폐기 여부에 따라서 개인소유 차량에 대해 4,400유로-6,000유로 지급
스웨덴	—	기후 보조금: 온실가스 배출 "제로(0)"인 자동차 및 경트럭에 대해 6만 크로나 지급 70g CO_2/km 이하의 온실가스를 배출하는 PHEV에 대해서 1만 크로나 지급 전기 버스와 트럭 구매에 대해 추가 보조금 지급
영국	온실가스 배출 "제로(0)"인 차량에 대해서 등록세 면제	딜러를 통해서 다음 항목의 정부 보조금 지급: 차량가격이 5만 파운드 미만인 경우, 온실가스 배출 "제로(0)"인 차량에 대해 3,000파운드 지급 승합차, 택시, 트럭에 대해서 보조금 지급

출처: ACEA[16,17]

3. EU 운송분야 기후변화 대응과 중동부유럽 회원국별 차이

EU의 적극적인 기후변화 대응에 힘입어 EU에서 온실가스 배출은 지속적
으로 감소하였다.[18] 유럽환경청(European Environment Agency)의 자료에
따르면 EU-27에서 온실가스 배출량은 1990년에 비해서 2019년에 24% 감
소하였다. 2018-2019년 온실가스 배출량 감소율은 4%로 가파른 연간 감소
폭을 보였다.[19],[20]

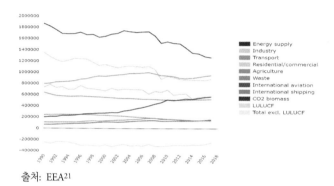

출처: EEA[21]

〈그림 4〉 EU(EU28) 분야별 온실가스 배출변화 (단위: CO_2 킬로톤)

---

14 MIA(Environmental Investment Rebate): 기업이 환경친화적 투자를 할 경우, 투자비용의 36%를 법인세
　　과세대상에서 공제.
　　KOTRA, 『에너지산업 주요 품목별 해외인증제도 조사』, 2014, p.11.

15 VAMIL(Arbitrary Depreciation of Environmental Investments): 기업이 환경친화적 투자를 할 경우,
　　투자의 감가상각방식을 이자율, 유동성 상황에 따라 선택할 수 있도록 함.
　　KOTRA, 『에너지산업 주요 품목별 해외인증제도 조사』, 2014, p.11.

16 ACEA, "Overview-Electric vehicles: tax benefits & purchase incentives in the European Union",
　　https://www.acea.auto/fact/overview-electric-vehicles-tax-benefits-purchase-incentives-in-the-european-
　　union/ (검색일: 2021.10.15.).

17 안상욱, 「EU 운송분야 기후변화 대응과 회원국 간 차이」, 『EU연구』, 제59호 (2021), pp.174-179.

18 안상욱, 「EU 운송분야 기후변화 대응과 회원국 간 차이」, 『EU연구』, 제59호 (2021), p.159.

19 EEA, "Greenhouse gas emission targets, trends, and Member States MMR projections in the EU,
　　1990-2050", https://www.eea.europa.eu/data-and-maps/indicators/greenhouse-gas-emission-trends-7/assessment
　　(검색일: 2021.10.15.).

20 안상욱, 「EU 운송분야 기후변화 대응과 회원국 간 차이」, 『EU연구』, 제59호 (2021), p.160.

온실가스 배출원에 관련된 유럽환경청 자료에 따르면, EU의 온실가스 배출에서 가장 많은 부분을 차지하고 있는 분야는 에너지공급이고 그다음으로 운송, 산업 분야 순으로 온실가스 배출을 하고 있다. 또한 EU에서 에너지공급 분야에서 온실가스 배출은 급속하게 감소한 반면에, 운송 분야의 온실가스 배출은 EU에서 2007년 이후 완만한 감소추세에 있었으나 2014년 이후 다시 증가세로 반전하였다. 따라서 EU에서 온실가스배출을 감축하기 위해서는 운송 분야 온실가스 배출을 이루어내는 것이 중요한 목표로 부상하게 되었다.[22]

2011년에 발표된 EU집행위원회 백서인 "단일 유럽 교통지역 로드맵(Roadmap to a Single European Transport Area)"에서 2050년까지 교통 부문 온실가스 배출을 1990년 대비 최소한 60% 감축한다는 목표가 제시되었다. 또한 도심에서 재래식연료 사용(conventionally fuelled) 차량을 2030년까지 50% 수준으로 감소하고, 2050년까지는 완전 퇴출(phase out)하는 전략이 "단일 유럽 교통지역 로드맵(Roadmap to a Single European Transport Area)"에서 제시되었다. 이에 발맞추어 EU는 탄소배출기준을 지속적으로 강화하여, 2021년까지 모든 신차의 탄소 배출평균은 95g(CO_2/km)이 달성되어야 한다. 이는 휘발유 4.1L/100km 또는 디젤 3.6L/100km의 연료소비에 해당하는 것으로 자동차기업이 전기자동차 및 플러그인 하이브리드 자동차 개발에 적극적으로 나서도록 유도하고 있다.[23]

안정적인 전기자동차 충전환경 보장을 위해서 EU는 "대체에너지 인프라 구축을 위한 지침"을 2014년 10월 22일에 채택하였다.[24] 본 지침에 따르면

---

21 EEA, "Greenhouse gas emissions by aggregated sector", https://www.eea.europa.eu/data-and-maps/daviz/ghg-emissions-by-aggregated-sector-5#tab-dashboard-02 (검색일: 2021.10.15.).

22 안상욱, 「EU 운송분야 기후변화 대응과 회원국 간 차이」, 『EU연구』, 제59호 (2021), p.162.

23 안상욱, 「EU 운송분야 기후변화 대응과 회원국 간 차이」, 『EU연구』, 제59호 (2021), pp.164-165.

24 안상욱, 「EU 운송분야 기후변화 대응과 회원국 간 차이」, 『EU연구』, 제59호 (2021), p.179.

EU 회원국은 국가 정책 프레임워크를 통해 2020년 12월 31일까지 대중이 접근할 수 있는 적절한 수의 전기자동차 충전소를 확보하여 도시/도심 밀집지역 및 기타 인구 밀집지역에서 전기자동차의 통행을 보장해야 했다.[25]

EU집행위원회는 2050년 탄소중립을 목표로 하는 신성장전략인 유럽그린딜을 2019년 12월 발표한 후 2020년 3월 유럽기후법(European Climate Law)을 제정해 법적인 구속력을 부여하였다. 2030년까지 온실가스 배출을 최소 55% 감축(1990년 대비)하려는 유럽기후법의 중간 목표를 달성하기 위해서 EU의 온실가스 감축 노력이 보다 강화돼야 한다. EU집행위원회는 2021년 7월 탄소배출 관련 역내 법률을 재정비한 Fit for 55 법률안을 발표하였다. 2030년까지 온실가스 배출 최소 55% 감축을 목표로 하는 Fit for 55에는, 전기자동차와 같은 친환경 차량의 시장규모 확대에 따라, 친환경 자동차 충전인프라 확충을 강화하는 내용이 포함되었다.

또한 2020년 유럽에서 COVID-19 확산에 따라서 경기가 심각하게 위축되었음에도 불구하고 전기자동차 판매는 2019년 대비 137% 증가하였다. 2020년 유럽은 중국을 제치고 전기자동차 판매 1위 지역으로 부상하였다.[26]

EU의 전기자동차 시장은 세계 최대 규모를 자랑하지만, EU생산 배터리셀의 세계시장 점유율은 3%에 불과하였다. 이에 따라서 EU는 배터리생태계 구축에 큰 관심을 보이고 있다. EU집행위원회는 2019년 4월 9일 "배터리 분야 전략 행동계획의 집행: 유럽에서 배터리 가치사슬 형성(The implementation of the Strategic Action Plan on Batteries: Building a Strategic Battery Value Chain in Europe)"의 제목으로 보고서를 발간하였다.[27]

---

25   안상욱, 「EU 운송분야 기후변화 대응과 회원국 간 차이」, 『EU연구』, 제59호 (2021), p.165.
26   한희진·안상욱, 「EU 기후변화 대응과 자동차 산업-전기자동차 배터리분야에서 한국과 협력에 주는 시사점」, 『EU연구』, 제59호 제1호 (2021), p.172.
27   한희진·안상욱, 「EU 기후변화 대응과 자동차 산업-전기자동차 배터리분야에서 한국과 협력에 주는

EU집행위원회 보고서에 따르면, 친환경 에너지 전환이 진행되면서, 향후 배터리에 대한 수요가 빠른 속도로 증가할 것이라고 예상하였다. EU집행위원회는 2025년경에 EU배터리 시장잠재력이 2,500억 유로에 이를 것으로 전망하였다. 또한, EU집행위원회는 배터리산업이 고부가가치 일자리를 창출하고 경제생산을 증대시킬 수 있는 가시적인 기회를 제공할 것이라고 전망하였다. 그리고 EU집행위원회는 배터리산업 육성이 EU의 산업경쟁력과 리더십, 특히 자동차산업에 중요한 원동력이 될 수 있다고 진단하고 있다.[28]

헝가리 정부는 배터리산업 육성에 적극적으로 대응하고 있다. 헝가리 경제부는 2014년 3월 'e-모빌리티 이행계획(JAT, Jedlik AnyosTerv)'을 발표하였고, 2015년 3월 헝가리 정부가 이를 승인하였다. 헝가리의 e-모빌리티 이행계획의 정책목표는 대체 연료차량을 대중화하고 관련 인프라 구축을 장려하는 것이다. e-모빌리티 이행계획의 주요 정책 영역은 '전기자동차의 생산 촉진 및 대중화를 위한 연구', '개발 및 혁신 지원-대용량 배터리 개발 활성화를 위한 시범 사업 추진', '친환경 자동차 관련 국제기구 및 유럽연합 활동 참여', '전기자동차산업 지원 및 육성을 위한 법률 및 과세 조건 검토 및 확대' 등이다. 헝가리 정부는 전기자동차 구매 보조금으로 구매가격 32,000유로 이하의 자동차에 대해서 7,500유로 구매 보조금을 지급하고 있으며, 구매가격 32,000유로와 44,000유로 사이의 자동차에 대해서 1,500유로 구매 보조금을 지급하고 있다. 또한 BEV와 PHEV차량에 대해서 등록세를 면제하고 있다.

시사점」, 『EU연구』, 제59호 제1호 (2021), p.183.

28   한희진·안상욱, 「EU 기후변화 대응과 자동차 산업-전기자동차 배터리분야에서 한국과 협력에 주는 시사점」, 『EU연구』, 제59호 제1호 (2021), p.183.

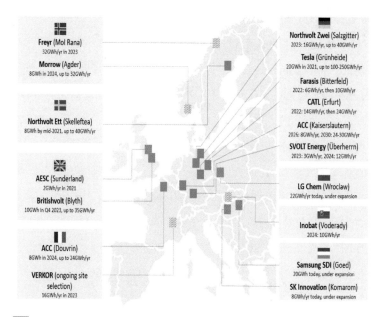

공사 중인 배터리 공장과 FID(최종투자결정)를 마친 프로젝트

FID를 마치지 않은 프로젝트

운영 중인 기가팩토리

출처: IFRI[29]

〈그림 5〉 유럽 내 전기자동차 배터리 공장

또한 헝가리는 세계 10대 전기자동차 배터리 제조업체 중 삼성SDI와 SK 이노베이션을 유치하여, 이들 기업이 헝가리에서 전기자동차 배터리를 생산하고 있다. 현재 세계 10대 배터리 제조업체 중 EU와 영국에서 공장을 운영 중이거나 건설 중인 업체는 한국의 LG에너지솔류션(舊LG화학), SK이노베이션, 삼성SDI, 중국의 CATL, AESC 등이다.

---

29 Carole Mathieu, "Green Batteries: A Competitive Advantage for Europe's Electric Vehicle Value Chain?", *Études de l'Ifri* (April 2021), p.15.

유럽에서 전기자동차 시장확대에 대응하여 한국의 SK이노베이션은 헝가리 제3공장 건설을 2021년 1월 발표하였다. 2021년 초 삼성SDI도 헝가리 배터리 공장을 증설하고 제2공장을 착공할 것을 발표하였다. 한국의 배터리 부품 생산기업인 신흥SEC도 헝가리 부다페스트 근처 모노르에서 전기자동차 배터리부품생산공장을 건설하여 운영하고 있다.

또한 부다페스트를 비롯한 헝가리 주요 도시에서 운영 중인 하이브리드버스인 에보버스(Evobus)는 독일계 완성차업체인 메르세데스-벤츠와 협력 아래 생산되고 있다. 메르세데스-벤츠는 전기자동차 생산을 목적으로 1억 유로의 추가투자를 통해 헝가리 내에 두 번째 공장 설립을 결정하였다. 메르세데스-벤츠는 헝가리 케치케메트현지공장에 전기자동차 생산 설비를 갖출 계획이며, 헝가리 정부가 메르세데스-벤츠의 이번 투자에 150억 포린트(약 562억 5,000만 원)를 지원할 계획이다.

4. 결론

냉전 질서의 붕괴 후 중동부유럽 국가들은 EU에 가입하였고, 유럽단일시장 혜택을 입게 되었다. 그리고 숙련된 저임금의 노동력 덕분에 유럽 내 산업은 빠르게 중동부유럽 국가로 생산기지를 이전하였다. 대표적인 사례 중 하나가 자동차산업이었다. 그 결과 체코는 독일, 스페인, 프랑스에 이은 유럽 4위의 자동차 생산대국으로 부상하였다.

그러나 체코에서 친환경 자동차로의 이행은 더디게 진행되었다. EU에서 에너지공급 분야 다음으로 온실가스 배출이 많은 운송 분야에서 온실가스 배출을 줄이기 위해서는 저탄소 차량으로 이행이 필수적이다. 그리고 저탄소 차량의 대표 격인 전기자동차의 핵심 부품은 배터리이다. 헝가리는 정부의 적극적인 노력에 힘입어 세계 10대 전기자동차 배터리기업 중 삼성SDI 와 SK이노베이션을 유치하였다.

특히 EU에서 전기자동차 배터리산업에서 역량을 강화하려는 정책이 지속적으로 진행되고 있는 점에 주목할 필요가 있다. 전기자동차의 핵심인 배터리산업에서 역외국가에 대한 의존도가 너무 커지자 위기감을 가진 유럽연합은 2017년 10월 EU 집행위원회, 유럽투자은행(EIB) 등의 주도로 'EU 배터리 연합(EBA)'을 출범시켰다. EBA의 목표는 배터리 원재료 확보에서부터 핵심소재 연구개발, 제조 과정 및 사용 후 재활용에 이르기까지 배터리와 관련된 모든 분야에 경쟁력 있는 지속 가능한 배터리 공급사슬을 구축하는 것이었다. EBA는 민관합동의 연합체로 구성되어 있으며, 400여 개 기관 및 업체가 참여하고 있다. 특히 EBA에는 TOYOTA TSUSHO EUROPE S.A., LG CHEM EUROPE GMBH, CATL-CONTEMPORARY AMPEREX TECHNOLOGY THURINGIA GMBH, HONDA R&D EUROPE (DEUTSCHLAND) GMBH, NISSAN AUTOMOTIVE EUROPE, TESLA 등의 역외국 기업과 역외국 기업의 자회사도 참여하고 있다.

자체 공무원의 규모가 한정된 EU의 구조상 분야별 전문가들로 구성된 생산자 단체의 로비는 EU의 정책결정에 큰 영향을 미칠 수 있다는 점에 주목하고 한국 정부와 기업의 전략을 수립할 필요가 있다. 특히 기술표준이 만들어지는 과정에서 생산자 단체의 영향은 중요하게 작용할 수 있다. 따라서 자동차제조관련 생산자 단체에 한국의 자동차관련기업과 전기자동차 배터리 관련기업들이 적극적으로 참여할 필요가 있다. 유럽자동차공업협회(ACEA, European Automobile Manufacturers' Association), 유럽자동차부품업체협회(CLEPA, The European Association of Automotive Suppliers), 유럽배터리공업협회(Eurobat, Association of European Automotive and Industrial Battery Manufacturers) 등에 실제로 일본기업들은 적극적으로 가입하여 활동하고 있다.

한국의 현대자동차는 체코에서, 기아자동차는 슬로바키아에서, LG에너지솔루션은 폴란드에서, 삼성SDI와 SK이노베이션은 헝가리에서 공장을 운영 중이다. 지리적 여건이나 생산비의 이점 등을 고려할 때 향후에도 중동부유럽 국가는 유럽 산업생산에서 중추를 담당할 것으로 예상된다. 그리고 한국기업의 역할도 보다 확대될 것으로 기대된다. 또한 기술표준 문제나 전기자동차 배터리와 같은 EU의 관심산업 분야에서 한국기업과 EU기업 간에 협력이 확대될 필요가 있다.

참고문헌

안상욱, 「다국적 기업과 유럽연합 소규모 국가 산업기반의 안정성」, 『EU연구』, 제26호 (2010).
안상욱, 「다국적기업의 중동부유럽 이전: 자동차 산업의 경우를 중심으로」, 『유럽연구』, 제32권 제3호 (2014).
안상욱, 「프랑스 자동차기업의 생산기지 이전」, 『지중해지역연구』, 제19권 제2호 (2017).
안상욱, 「EU 자동차 생산의 중동부 유럽이전: 체코사례를 중심으로」, 『유럽연구』, 37권 3호 (2019).
안상욱, 「EU의 운송분야 기후변화 대응: 전기자동차 정책」, 『국제지역연구』, 제24권 제4호 (2020).
안상욱, 「EU 운송분야 기후변화 대응과 회원국 간 차이」, 『EU연구』, 제 59호 (2021).
한희진·안상욱, 「EU 기후변화 대응과 자동차 산업 - 전기자동차 배터리분야에서 한국과 협력에 주는 시사점」, 『EU연구』, 제59호 제1호 (2021).
KOTRA, 『에너지산업 주요 품목별 해외인증제도 조사』, 2014, p.11.

ACEA, "Direct automotive manufacturing employment", https://www.acea.be/statistics/tag/category/direct-manufacturing-jobs-in-the-eu-by-country (검색일: 2021.10.15.).
ACEA, "Overview - Electric vehicles: tax benefits & purchase incentives in the European Union", https://www.acea.auto/fact/overview-electric-vehicles-tax-benefits-purchase-incentives-in-the-european-union/ (검색일: 2021.10.15.).
Carole Mathieu, "Green Batteries: A Competitive Advantage for Europe's Electric Vehicle Value Chain?", *Études de l'Ifri* (April 2021). p.15.
Cleantechnica, "Record EV Sales In Europe." https://cleantechnica.com/2021/01/30/open-the-gates-23-plugin-vehicle-share-in-europe/ (검색일: 2021.10.15.).
Czechinvest, "Foreign Investors and Key Players in the Czech Republic", https://www.czechinvest.org/ko/Key-sectors-ko/Automotive-ko (검색일: 2021.10.15.).
EEA, "Greenhouse gas emissions by aggregated sector", https://www.eea.europa.eu/data-and-maps/daviz/ghg-emissions-by-aggregated-sector-5#tab-dashboard-02 (검색일: 2021.10.15.).
EEA, "Greenhouse gas emission targets, trends, and Member States MMR projections in the EU, 1990-2050", https://www.eea.europa.eu/data-and-maps/indicators/greenhouse-gas-emission-trends-7/assessment (검색일: 2021.10.15.).
European Commission, "Minimum wages, July 2011 and July 2021 (Eur per month, %)", https://ec.europa.eu/eurostat/statistics-explained/index.php?title=Minimum_wage_statistics (검색일: 2021.10.15.).
European Environment Agency, "Newly registered electric cars by country", https://www.eea.europa.eu/data-and-maps/daviz/new-electric-vehicles-by-country-3/#tab-dashboard-02 (검색일: 2021.10.15.).
OICA, "Production Statistics", https://www.oica.net/production-statistics/ (검색일: 2021.10.15.).

EU의 COVID-19 관련 허위정보 대응 사례*

정세원

1. 서론

2019년 12월 31일, 세계보건기구(WHO)는 중국 우한에서 시작된 일련의 신종 코로나바이러스(SARS-CoV-2) 감염사례들의 보고서를 통해 상황을 인지하기 시작했다.[1] 이후 코로나바이러스의 감염사례는 전 세계적으로 퍼져 나가기 시작했고, WHO는 2020년 1월 30일 국제적 공중보건 비상사태 (Public Health Emergency of International Concern)가 선언되었으며, 2월 11일 신종코로나바이러스 감염증이었던 이 질환은 COVID-19라고 명명하였다.[2] 이후 COVID-19의 위험성이 격상되었고, 3월 11일 범유행성전염병 (Pandemic)임을 선언하였다.[3] WHO의 자료에 따르면 4월 11일을 기준으로 134,957,021건의 확진 사례가 발견되었으며 2,918,752명의 사망자가 발생하였다.[4] 지역적으로 살펴보면, 미주지역(북미 및 남미 포함)이 가장 많은

---

* 이 글은 『유럽연구』, 39(2), 2021에 게재된 논문 「EU의 COVID-19 대응 사례연구: 허위정보 대응을 중심으로」를 재수록한 것임.

[1] World Health Organization, "Coronavirus Disease (COVID-19)", 12 October 2020, https://www.who.int/news-room/q-a-detail/coronavirus-disease-covid-19 (검색일: 2021.4.12.).

[2] World Health Organization, "Rolling Updates on Coronavirus Disease (COVID-19)", Updated 31 July 2020, https://www.who.int/emergencies/diseases/novel-coronavirus-2019/events-as-they-happen (검색일: 2021.4.12.).

[3] *Ibid.*

확진자(57,943,462건, 2021년 4월 11일 기준)를 보유하고 있다. 그다음으로는 유럽(47,528,894건), 동남아시아(16,177,826건), 지중해 동편 지역(8,057,550건), 아프리카(3,171,006건) 그리고 태평양 서쪽 지역(2,077,538건) 순으로 확진자가 발생했다.[5]

유럽지역은 미주지역 다음으로 COVID-19 감염이 가장 많은 곳이며, 인근 지중해 동편 지역과 아프리카지역까지 감안하면 향후 확진 사례가 크게 증가할 가능성이 있다. EU의 회원국 중 COVID-19 대응을 가장 서두른 국가는 프랑스였으며, 중국 우한에 거주하고 있는 자국민과 EU 시민을 보호하기 위하여 영사지원을 EU에 요청하였고, EU시민보호기구(EU Civil Protection Mechanism)가 활성화되었다.[6] 2020년 1월 9일 EU의 안전보건국(DG SANTE, Directorate General for Health and Safety)은 대부분의 EU 회원국의 대응 및 통신 조치에 대한 정보를 공유하고 있는 조기경보대응체계(Early Warning and Response System)에 대한 통보를 개시하였고, 1월 17일 보건안보위원회 회의를 소집하였다.[7] EU 내에서의 첫 번째 확진 사례는 2020년 1월 24일 프랑스 보르도에서 발생하였으며,[8] 이탈리아, 스페인, 프랑스를 중심으로 COVID-19의 확진자 수가 지속적으로 증가하게 되었다.

유럽질병예방통제센터(European Centre for Disease Prevention and Control, 이후 ECDC로 표기)에 따르면 2020년 4월 8일 기준으로 EU와 EEA 지역 내의 확진 사례는 총 27,513,674건이며 2,857,866명의 사망자가

---

4   World Health Organization, "WHO Coronavirus (COVID-19) Dashboard", https://covid19.who.int/ (검색일: 2021.4.12.).

5   *Ibid.*

6   European Commission, "European Civil Protection Mechanism", https://ec.europa.eu/echo/what/ civil-protection/mechanism_en (검색일: 2021.4.12.).

7   European Commission, "Directorate-General for Health and Food Safety", https://ec.europa.eu/health/ sites/health/files/preparedness_response/docs/ev_20200117_sr_en.pdf (검색일: 2021.4.12).

8   European Centre for Disease Prevention and Control, "Timeline of ECDC's response to COVID-19", https://www.ecdc.europa.eu/en/covid-19/timeline-ecdc-response (검색일: 2021.4.12.).

발생하였다.[9] 2021년 4월 8일 기준으로, EU와 EEA 지역 내 확진 사례 중 상위 3개국은 프랑스(4,939,258건), 이탈리아(3,717,602건), 스페인 (3,336,637건)이며, 사망자는 이탈리아(112,681명), 프랑스(98,065명), 독일 (78,003명) 순이다(국가별 총괄 사례는 ECDC 홈페이지 참조).[10]

COVID-19의 확산과 함께 허위정보가 기승을 부리고 있다. 평상시에는 허위정보의 위험성이 비교적 약할 수 있지만, 현재와 같은 Pandemic이 장기화되는 시기에는 사람들의 불안이 가중될 수 있으며, 잘못된 정보로 인하여 많은 희생자가 생길 수 있다. 허위조작정보는 인터넷이나 모바일 기술의 발달과 SNS를 포함한 개인 미디어의 활성화 시기가 현저한 현시점이 과거에 비해 확산 속도도 빠르고 확산 범위가 더욱 커진다.[11] 특히 보건 분야의 허위정보는 신체적인 위해로 이어지기 때문에 직접적인 영향을 미칠 것으로 우려되고 있다.[12] 2020년 3월 28일 UN사무총장인 Antonio Gueterres는 COVID-19 사태 이후에 정보(information)와 전염병(epidemics)의 합성어인 인포데믹(infodemics) 현상에 대해 큰 우려를 표명하였으며, 이와 관련된 거짓 정보 확산 현상인 허위정보(misinformation)를 효과적으로 대처하고 극복의 중요성을 거듭 강조하였다.[13]

본 논문은 EU의 COVID-19의 조직적인 대응 현황과 또 다른 위험인 인포데믹에 대응하는 EU의 허위정보 대응의 현주소를 살펴보고 허위정보 대

---

9   European Centre for Disease Prevention and Control, "COVID-19", https://www.ecdc.europa.eu/en/covid-19 (검색일: 2021.4.12.).
10 *Ibid.* ECDC는 2주에 1차례 확진사례와 사망자를 포함한 다양한 정보를 홈페이지를 통해 공유하고 있다. EU/EEA 지역의 자세한 총괄적 사례는 ECDC홈페이지에서 확인 가능하다. https://www.ecdc.europa.eu/en/covid-19/situation-updates
11 성욱제·정은진, 「코로나19와 허위정보: 유형분석과 대응방안」, 2020 KISDI Premium Report, 1-49, http://m.kisdi.re.kr/mobile/prem/pre_view.m?controlNo=14767&selectPage=1 (검색일: 2021.4.12.).
12 *Ibid.*
13 Twitter, "Antonio Guterres", Posting on March 28, 2020, https://twitter.com/antonioguterres/status/1243748397019992065?lang=en (검색일: 2021.4.12.).

응을 통해 우리에게 주는 시사점이 무엇인지 고찰해보고자 한다. 또한 허위정보에 대한 효과적인 대응을 위해 제언하고자 한다. 2장에서는 허위정보와 인포데믹과 관련된 개념과 선행연구를 살펴볼 것이다. 3장에서는 EU의 COVID-19의 실질적인 대응과 허위정보에 관한 대처사례를 중점으로 살펴보고자 한다. 마지막 4장에서 연구결과를 요약하고 결론과 시사점을 제시하고자 한다.

2. 개념적 틀과 선행연구

허위정보란 사실이 아닌 정보를 지칭하는 말로 고의성 여부에 따라 오정보(misinformation)와 허위조작정보(disinformation)로 구분할 수 있다.[14] 오정보(misinformation)는 실수 혹은 착오를 나타내는 영단어 mistake와 정보를 나타내는 information의 합성어로 허위정보이지만 고의성이 없는 정보를 뜻한다.[15] 이와는 반대로 허위조작정보(disinformation)는 특정 행위자가 고의성을 가지고 퍼뜨리는 허위정보를 의미한다.[16] 허위조작정보는 크게 '가짜뉴스', '기만적 정보' 그리고 '허위기만정보' 세 가지로 정리될 수 있다.[17] 가짜뉴스(fake news)는 유포자들이 상업적 또는 정치적 목적을 가지고 퍼뜨리는 기만적인 정보이며 뉴스의 형식으로 퍼뜨리는 것을 지칭하며 언론사의 뉴스 형식을 빌리기도 한다.[18] 기만적 정보는 유포자들이 목표 대상을 속이

---

[14] 성욱제·정은진(2020).
[15] *Ibid.*
[16] *Ibid.*
[17] *Ibid.*
[18] 황용석, 「페이크 뉴스 풍자인가, 기만인가? 개념화와 여론 영향력을 중심으로」, 한국언론학회&한국언론진흥재단 ≪Fake News(가짜뉴스) 개념과 대응방안 세미나≫, 발제문. 2017년 2월 14일 서울, 프레스센터 https://comm.or.kr/academic/seminar/1000010321 (검색일: 2021.4.12.); 박아란, 「가짜 뉴스에 대한 법률적 쟁점과 대책」, 한국언론학회& 한국언론진흥재단 ≪Fake News(가짜뉴

기 위해 퍼뜨리는 거짓 정보를 뜻한다.[19] 마지막으로 허위기만정보는 유포자들의 정치·경제적 이익을 위해 고의로 대중을 기만하여 공익을 해치기 위해 제작, 제시 또는 배포된 정보를 뜻한다.[20]

인포데믹(infodemic)은 미디어나 인터넷을 통해 허위 혹은 잘못된 정보가 전염병처럼 급속하게 퍼져나가는 현상을 말한다.[21] 인포데믹은 사회적 차원의 병리 현상이며, 편향적 정보를 통해 '믿고 싶은 것만 믿게 만드는' 잘못된 '자기신념'을 강화하여 개인의 합리적인 의사결정을 방해하고, 더 나아가 사회적 신뢰를 무너뜨리는 등 사회적 기본 가치를 저해하기 때문에 그 문제성이 크다.[22] 인포데믹은 질병이 발생하거나 만연한 시기에 디지털 및 물리적 환경에서 허위 또는 오해의 소지가 있는 정보가 과도하게 확산됨으로써 그 정보를 받아들이는 사람들 사이의 혼란과 위험을 감수하게 될 수 있다.[23] 또한 이러한 잘못된 정보는 사람들에게 보건당국의 불신으로 이어지고, 적절한 공중보건대응을 저해하게 되며, 질병의 확산을 방해하는 큰 요인이 된다.[24]

최근 COVID-19 사태가 장기화되면서 허위정보의 영향력에 관한 연구 논문들이 생겨나고 있으며 크게 세 가지의 유형이 존재한다.[25] 첫 번째 유형

스) 개념과 대응방안 세미나≫, 발제문. 2017년 2월 14일 서울, 프레스센터 https://comm.or.kr/academic/seminar/1000010321 (검색일: 2021.4.12.); 유의선, 「가짜뉴스의 법적 규제: 사회적 법익 보호를 중심으로」, 『언론과 법』, 제17권 2호 (2018), pp.39-68.

19 유의선(2018).

20 이향선, 『가짜뉴스 대응 개선을 위한 정책 방안 연구』, KCSC2018-008, (서울: 방송통신심의위원회, 2018).

21 정인, 『열린사회의 적, 인포데믹(infodemic)』, 2020년 6월 3일 발간, KB경영연구소. https://www.kbfg.com/kbresearch/vitamin/reportView.do?vitaminId=2000160 (검색일: 2021.4.12.).

22 *Ibid.*

23 World Health Organization, "Infodemic", https://www.who.int/health-topics/infodemic#tab=tab_1 (검색일: 2021.4.12.).

24 *Ibid.*

25 Sophie Vériter, Corneliu Bjola and Joachim Koops, "Tackling COVID-19 Disinformation: Internal and External Challenges for the European Union", *The Hague Journal of Diplomacy*, Vol.15, No.4, (2020), pp.569-582.

은 반(反)이슬람주의, 인종차별주의나 냉소주의 등과 같은 정치집단의 극단적 행동을 중심으로 연구한 사례들이며, 이 사례들의 결과를 통해 허위정보는 그들의 극단적인 행동으로 이어지고 더 나아가 증폭시킬 가능성이 높음을 확인하였다.[26] 두 번째 유형은 허위정보가 주류 매체와 기관에 대한 신뢰를 저하시키는 사례를 중심으로 다루었다.[27] 마지막 유형은 허위정보가 공공정책을 형성하는 민주적 가치를 훼손하는 사례를 다루었으며, 결과를 통해 허위정보가 민주적 정치과정에 위협요소로 자리함을 발견하였다.[28] 최근 들어 국제사회의 글로벌 내러티브(Global Narrative)에 악영향을 미치는 사례로 허위정보가 연구주제로 대두되고 있으며, 구체적인 사례로 러시아와 중국이 EU와 미국의 국제사회의 신뢰도나 명성에 대한 도전적인 메시지를 전했던 사건을 예시로 들 수 있다.[29] 국내 연구자들의 허위정보 관련 연구는

---

[26] Robert Faris, Hal Roberts, Bruce Etling, Nikki Bourassa, Ethan Zuckerman and Yochai Benkler. "Partisanship, Propaganda, and Disinformation: Online Media and the 2016 U.S. Presidential Election", Berkman Klein Center for Internet & Society Research Paper, August 2017, http://nrs.harvard.edu/urn-3:HUL.InstRepos:33759251 (검색일: 2021.4.15.); Jean-Baptiste Vilmer, Alexandre Escorcia, Marine Guillaume and Janaina Herrera, "Information Manipulation: A Challenge for Our Democracies", report by the Policy Planning Staff (CAPS) of the Ministry for Europe and Foreign Affairs and the Institute for Strategic Research (IRSEM) of the Ministry for the Armed Forces, Paris, August 2018. https://www.diplomatie.gouv.fr/IMG/ pdf/information_manipulation_rvb_cle838736.pdf (검색일: 2021.4.15.); Marwick, Alice and Rebecca Lewis, "Media Manipulation and Disinformation Online", Data and Society Research Institute, 2017. https://datasociety.net/output/media-manipulation -and-disinfo-online/ (검색일: 2021.4.15.).

[27] Lance Bennett and Steven Livingston, "The Disinformation Order: Disruptive Communication and the Decline of Democratic Institutions", *European Journal of Communication,* Vol.33, No.2 (2018), pp.122-139; Corneliu Bjola and James Pamment, "Digital Containment: Revisiting Containment Strategy in the Digital Age", *Global Affairs,* Vol.2, No.2 (2016), pp.131-142.

[28] Judit Bayer, Natalija Bitiukova, Petra Bard, Judit Szakacs, Alberto Alemanno and Erik Uszkiewicz. "Disinformation and Propaganda-Impact on the Functioning of the Rule of Law in the EU and Its Member States", Policy Department for Citizens' Rights and Constitutional Affairs, Directorate General for Internal Policies of the Union, February 2019. http://www.europarl.europa.eu/RegData/ etudes/STUD/2019/608864/IPOL_STU(2019)608864_EN.pdf. (검색일: 2021.01.23.); Spencer McKay and Chris Tenove, "Disinformation as a Threat to Deliberative Democracy", *Political Research Quarterly,* (2020 July), 1-15. https://journals.sagepub.com/doi/abs/10.1177/1065912920938143?journal Code=prqb

개념화를 중심으로 이루어져 있으며,[30] 최근 들어 법적 규제나 제도,[31] 대응 방안[32]에 관한 연구도 이루어지고 있다. 연구 현황을 미루어보았을 때, 이러한 허위정보의 대응이나 대처와 같은 실질적인 대응에 대한 연구가 부족한 실정이다. 따라서 본 연구는 국제적 정치행위자인 EU의 허위정보 대응을 다룸으로써 위에 언급된 선행연구의 공백을 메우고자 한다.

3. EU의 COVID-19 대응 사례

유럽연합 집행위원회는 COVID-19의 확산을 억제하고 국가 보건시스템을 지원하며, 회원국 및 EU 수준의 전례 없는 조치로 전염병에 사회 경제적 영향에 대응하기 위해 모든 전선에서 노력을 기울이고 있다. EU의 COVID-19의 대응은 1. 유럽과 세계를 위한 안전하고 효과적인 백신 확보, 2. 경제적 조치, 3. 공중보건, 4. 국경과 이동성, 5. 허위정보퇴치로 크게 다섯 가지로 분류된다.[33]

첫 번째 대응인 유럽과 국제사회를 위한 안전하고 효과적인 백신 확보(Securing safe and effective vaccines for Europe and the world)는 유럽연합의 백신 전략이 대표적인 사례이다. 유럽연합 집행위원회에 따르면 백신 전략은 세 가지의 목표를 가지고 있다. 첫째는 기업들이 규모와 속도에 맞춰

---

29 Yana Brovdiy, "Disinformation in times of COVID-19: Reinforcing the Responses of the European Union and the United States", (Published 11 Jun 2020), https://www.coleurope.eu/research-paper/ disinformation-times-covid-19-reinforcing-responses-european-union-and-united-states (검색일: 2021. 04.14.); Sophie Vériter, Corneliu Bjola and Joachim Koops (2020).

30 황용석(2017); 박아란(2017); 유의선(2018).

31 유의선(2018); 이향선(2018).

32 성욱제·정은진(2020).

33 European Commission, Overview of the Commission's Response, https://ec.europa.eu/info/ live-work-travel-eu/coronavirus-response/overview-commissions-response_en (검색일: 2021.4.13.).

제조 용량을 확장할 수 있도록 지원하는 것이며, 둘째는 백신 생산자와의 사전 구매계약을 통해 회원국에 충분한 공급을 보장하는 것이고, 마지막으로 백신의 개발, 승인 및 가용성을 가속화하기 위해 규칙의 유연성을 사용하는 것이다.[34] 위의 백신 전략의 일환으로 EU 회원국에서 백신 용량 확보 및 예방접종 지원을 위해서 백신 개발사들의 조건부 판매 승인을 하였다.[35]

2021년 3월 11일 유럽연합 집행위원회는 Johnson & Johnson사가 개발한 COVID-19 백신에 대한 네 번째 조건부 판매 허가를 부여했고, 향후 26억 도즈(dose)의 백신에 대해 6건의 계약을 승인했다.[36] 위원회가 제시한 예방접종 전략은 우선 혜택을 받아야 하는 취약계층을 파악하는 데 도움이 되었으며, 위원회는 백신 접종을 위한 의료장비를 위해 새로운 공동 조달에 착수했다. 또한 병원과 의료종사자들이 백신과 테스트 키트에 대해 부가가치세를 내지 않아도 된다고 제안했다.[37]

이에 더 나아가, 최근 문제로 대두되고 있는 신종 변이 바이러스에 대응하기 위해 유럽연합 집행위원회가 선제적으로 나서고 있다. 유럽연합 집행위원회는 COVID-19의 변이 바이러스에 대한 EU 차원의 대응 및 대비 계획인 HERA(Health Environment Research Agenda for Europe) Incubator를 통해 5가지 우선순위 사항을 만들었다.[38] 또한 관련 연구원, 산업 및 공공기

---

34 *Ibid.*
35 *Ibid.* 유럽연합 집행위원회가 승인한 백신사들은 다음과 같다. BioNTech 및 Pfizer(2020년 12월 21일 승인), Moderna(2021년 1월 6일 승인), AstraZeneca(2021년 1월 29일 승인), Johnson & Johnson(2021년 3월 11일 승인). 자세한 정보는 다음 홈페이지 참조. https://ec.europa.eu/info/live-work-travel-eu/coronavirus-response/overview-commissions-response_en#securing-safe-and-effective-vaccines-for-europe-and-the-world
36 *Ibid.* 6건의 계약 내용은 다음과 같다: BioNTech-Pfizer(6억 도즈), AstraZeneca(4억 도즈), Sanofi-GSK(3억 도즈), Johnson & Johnson(4억 도즈), CureVac(4억 5백만 도즈), Moderna(4억 6천만 도즈). 이에 추가로 Novavax와 최대 2억 도즈와 Valneva와 6천만 도즈에 대한 협상을 마무리하였다.
37 *Ibid.*
38 *Ibid.* 다섯 가지의 우선순위 사항은 다음과 같다. 1. 더 빠른 변이 바이러스 식별 및 분석, 2. 필요한 경우에 따라 현재 백신의 적응 및 새로운 백신 개발 지원, 3. EU 차원의 임상 네트워크 가동, 4. 업데이트된 백신의 신속한 승인, 5. 업데이트된 새로운 백신의 대량생산 확대.

관을 한 곳에 모아, 유럽연합이 COVID-19의 도전에 대비할 수 있는 상당한
자금을 제공할 것이다.[39] 집행위원회는 제조업을 강화시키기 위한 Task
Force를 구성하였고, 이를 통해 현재 백신 생산의 장애 요인이나 병목 현상
을 제거하고, 생산의 가속화 및 확장을 도모하고자 하며, 백신 생산을 변이
바이러스에 대응할 수 있는 백신으로 조정하고, EU 수준에서 생물학적 위험
에 대한 신속한 대응을 위한 구조적인 계획을 구축하고자 한다.[40] 또한 유럽
연합 집행위원회는 코로나바이러스의 확산을 막기 위한 관련 연구자금을 동
원 및 지원하고 있다. 집행위원회는 Horizon 2020을 활용해 6억 6천만 유로
를 동원하였고, 유럽투자은행 대출금 7,500만 유로를 유럽 백신 개발업체인
CureVac에 재정지원금으로 제공하였으며, 유럽투자은행도 BioNTech SE와
1억 유로 규모의 백신 프로그램을 개발하기 위한 금융 계약을 체결했다.[41]

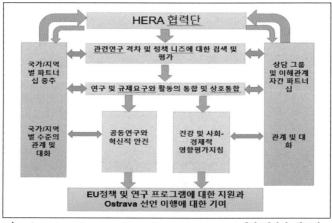

자료: https://www.heraresearcheu.eu/hera-project-summary에서 저자가 재구성

〈그림 1〉 HERA 협력단 구조도

---

39   *Ibid.*
40   *Ibid.*
41   *Ibid.*

EU는 COVID-19에 대한 전 세계적인 대응과 해결책이 필요하다고 여기며 전 세계의 공조를 요청하고 있다.

두 번째 대응인 경제적 조치를 통해 EU 지도자들은 2021-2027년에 걸친 EU 예산과 유럽연합집행위원회의 새로운 임시복구 조치인 NextGenerationEU 를 결합시켜서 1조 8천억 유로의 복구 기금 패키지 구성에 동의하였고, 합의에 따라 EU 집행위원회는 EU 시장에서 최대 7,500억 유로를 빌릴 수 있다.[42] 2020년, 집행위원회는 다양한 지원조치를 채택하였다. 첫째로 앞서 결정한 1,200억 유로의 지원프로그램에 보완조치로 유럽중앙은행의 1조 3,500억 규모의 pandemic 비상 구매 프로그램을 추가로 배치하였으며, 둘째로 정부가 시민을 지원하고 EU에서 일자리를 구하기 위해 경제에 유동성을 제공할 수 있도록 임시적 회원국 지원 규칙을 신설하였고, 셋째로 예산 규정을 최대한 유연하게 적용할 수 있는 예외조항을 발동시킴으로써 EU 국가들이 의료시스템과 사업을 지원하고 위기 기간 동안 국민들의 일자리를 확보하는 데 도움이 될 것이다. 마지막으로 집행위원회는 현재 위기 상황에서 회원국이 중요한 유럽의 자산과 기술을 보호하기 위하여 해외직접투자를 심사한다.[43]

세 번째 대응인 보건 관련 조치의 일환으로 2020년 11월 11일 유럽연합 집행위원회는 유럽보건연합(European Health Union)의 기초를 다졌다. 유럽보건연합은 다음 두 가지의 지주들이 있는데, 첫째는 강한 건강 보안 프레임워크를 구축하는 것이며, 둘째는 EU의 보건 관련 기관을 강화시키는 것이다.[44] 이에 추가로 마스크나 손 소독 장비와 같은 개인보호장비의 생산 및

---

43 *Ibid.*

44 *Ibid.* 유럽보건연합의 첫 번째 지주인 강한 건강 보안 프레임워크 구축은 유럽연합 내 회원국 및 지역의 준비 및 대응 계획을 구조화시킴을 통해서 강화시키는 것을 의미한다. 이에 더 나아가 EU 수준에서의 비상체계를 구축함으로써 위기에 대처하는 필요한 장비를 개발, 비축 및 조달하기 위한 조정과 신속한 조치를 촉진시킬 수 있다. 두 번째 지주인 EU 기관 강화는 유럽질병예방

가용성을 지원하기 위해 집행위원회는 EU에서 사용 가능한 개인보호장비의 재고, 생산능력 및 예상 수요를 파악하기 위해 회원국과 긴밀히 협력하고 있으며, 표준 보건 규정을 훼손하지 않고 개인보호장비의 공급을 늘리기 위해 적합성 평가와 시장감시를 보장시키고 있다. 마지막으로 더 많은 보호장비를 공급하기 위해 생산라인을 전환하는 방법을 업계와 논의하고 생산을 늘리기 위한 지침을 제공하고 있다.[45] 보건대응의 일환으로 적극적인 항원검사를 통하여, COVID-19의 현황을 빠르게 파악하고 있다. EU 집행위원회는 신속한 항원검사를 위한 검사전략 권고, 비상지원기구에서 1억 유로를 지원함으로써 검사 키트를 구매 및 전달하고자 하였고, EU 회원국들이 더 많은 검사를 받을 수 있도록 공동 조달을 실시하였다.[46]

네 번째로 EU의 국경과 이동성 관련 대응의 일환으로 EU 집행위원회는 조율된 방식으로 바이러스의 확산을 제어하면서 사람들의 자유로운 이동을 촉진 및 지원하고자 하였다. EU 집행위원회는 위 대안의 첫 번째 제안으로 디지털 녹색 인증서(Digital Green Certificates)를 제안했다.[47] 디지털 녹색 인증서는 이동하려고 하는 사람이 백신 접종을 받았거나, 음성 검사 결과를 가지고 있거나 감염 이후 회복되었다는 것을 증명하는 서류이다. 디지털 녹색 인증서 시스템은 2021년 중 출시될 예정이다.[48] EU 집행위원회는 안전하고 자유로운 이동을 위해 국경관리, 자유로운 이동, 여행 제한 및 격리 관행 공유에 관한 다양한 지침들을 발표하였다.[49] 이에 추가로 Re-open EU라는

및 통제센터의 역학 상황의 모니터링 강화와 유럽 의학 관련 기관의 권한을 강화시켜 의약품, 의료기기의 안전성, 부족 위험 및 의약품의 임상시험을 수행할 계획이며 마지막으로 새로운 보건 비상대응기관(HERA)을 구축할 것이다.

45 Ibid.
46 Ibid.
47 Ibid.
48 Ibid.
49 Ibid. EU집행위원회가 제시한 지침은 다음과 같다. 건강을 보호하고, 상품 및 필수 서비스의 가용성을 보장하기 위한 국경관리 조치 지침, 의료 및 식품 부문에서 근로자의 자유로운 이동을

어플리케이션을 2020년 12월에 출시하였으며, EU의 국경, 이용 가능한 운송수단, 여행 제한, 공중보건 및 안전조치에 대한 실시간 정보를 확인할 수 있다.50

자료: https://reopen.europa.eu/en

〈그림 2〉 Re-open EU

보장하기 위한 지침, 유람선 승객 및 화물선 승무원을 위한 건강, 송환 및 여행 준비에 대한 지침, 전염병으로 인한 자유로운 이동을 제한하는 회원국의 조치들이 EU 수준에서 조정되고 명확하게 전달되도록 하기 위한 제안 조치 제공. 또한 위원회는 회원국들과 함께 검역 관행에 대한 공동적인 접근법을 도출하기 위해 협력하는 계획, 임시 여행 제한이 적용되지 않는 여행자에 대한 안내, 안전한 여행을 위한 항공 및 EU 승객 위치 양식을 작성하고 있다.

50 *Ibid.*

마지막으로 허위정보퇴치조치를 통해 EU 집행위원회는 믿을 수 있는 콘텐츠를 홍보하고, 사용자의 인지도를 높이며, 이용자의 인식개선과 코로나바이러스와 관련된 거짓 정보와 관련 광고를 제한하기 위해 소셜미디어 플랫폼과 긴밀하게 접촉하고 있다.[51] 2021년 4월 13일 기준으로 코로나바이러스에 대한 700건 이상의 허위정보가 온라인 공간에 노출, 게시 및 업데이트되었으며, 유럽연합 집행위원회는 허위정보 퇴치 페이지(www.EUvsDisinfo.eu)를 구축하여 관련 정보에 대한 사실 확인자료를 제공하고 있다.[52] EU 집행위원회는 코로나바이러스 관련 정보의 오보 및 위·변조 방지를 위해 이용 가능한 모든 도구와 연구 지원을 하고 있다.[53] 유럽연합 집행위원회와 대외관계청은 2019년 3월 신설된 신속경보시스템을 통하여 다른 EU 기관 및 회원국들과 긴밀하게 협력하고 있으며, G7 및 NATO와 같은 국제협력자들과 함께하고 있다.[54] 2020년 6월 10일, EU 집행위원회는 EU의 인접 지역 및 전 세계에 전략적 커뮤니케이션과 공공외교를 강화하고 독립적으로 구성된 언론기관 및 언론인에 대한 지원을 강화시키기 위한 일련의 조치를 발표하였다.[55] 최근 2020년 12월 EU 집행위원회는 '유럽민주주의행동계획(European Democracy Action Plan)'과 '디지털서비스법(Digital Service Act)' 두 개의 새로운 문건을 통해 거짓 정보에 맞서고 진화하는 위협과 조작에 적응하고, 규범을 구축하고자 노력을 기울이고 있다.

---

51 *Ibid.*
52 *Ibid.*
53 *Ibid.*
54 *Ibid.*
55 *Ibid.*

자료: https://euvsdisinfo.eu/category/blog/coronavirus/

〈그림 3〉 EU 허위정보대응 홈페이지 코로나바이러스 관련 지면

EU의 허위정보 퇴치 페이지는 EU에 관련된 다양한 허위정보 사례를 팩트체크를 통해 특정 뉴스나 보도가 허위정보임을 알리고 이에 따른 교정된 정확한 사실을 독자들이 알기 쉽게 블로그 형식으로 게재함으로써 잠재적 독자들과 소통하고 있다. COVID-19 관련 게시물은 EU의 허위정보 퇴치 페이지에서 특별한 섹션을 두어 지속적으로 자료를 올리고 있으며 2020년 1월부터 2021년 3월까지 15개월 동안 총 64개 게시물이 전재되었으며, 월평균 약 4.3건이 게시되고 있다.

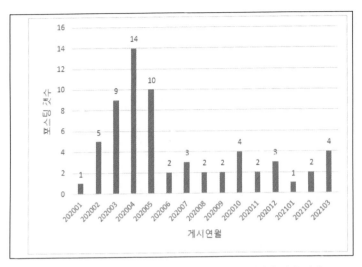

자료: https://euvsdisinfo.eu/category/blog/coronavirus/에서 저자가 일부 각색

〈그림 4〉 EU 허위정보대응 홈페이지 코로나바이러스 관련 게시물 월별 변화추이
(2021년 4월 15일 기준)

코로나 관련 허위정보 게시물이 가장 활발했던 기간은 2020년 3월부터 5월까지였다. 이 기간에 대표적으로 나타났던 예시는 친(親)러시아 성향을 지닌 허위정보 유포사례가 우선적으로 다루어졌다. 예를 들어, EU 허위정보 홈페이지는 2014년 MH17 항공편의 우크라이나 격추사건에 배후로 지목된 러시아가 코로나바이러스가 강력한 생물학적 무기라고 정보를 확산시킨다거나, 코로나바이러스의 위험성이 특정 제약회사로부터 과장되어 서방세력이 자금을 모으기 위한 전략이라는 거짓 정보 사례를 퍼뜨림으로써 대중사회의 혼란을 야기하고 있으며 이를 통해 러시아는 격추사건의 책임을 회피하려 하고 있다고 지적하고 있다.[56] 또 다른 예로 EU의 허위정보 퇴치 페이지는 러시아의 공영뉴스사인 스푸트니크 뉴스가 COVID-19에 대한 EU 관

---

56 EUvsDisinfo, "the Kremlin and disinformation about Coronavirus", 16 March 2020, https://euvsdisinfo.eu/the-kremlin-and-disinformation-about-coronavirus/ (검색일: 2021.04.15.).

련 일부 허위정보에 근거한 기사를 유포하고 있다고 지적하고 있다.[57] 이외에도 유럽연합 대외관계청이 분석한 거짓 정보 관련 보고서에 관한 게시물도 있었고,[58] 할리우드 스타와 영화 간의 코로나바이러스 감염 관련 게시물도 발견되었다.[59]

EU의 허위정보퇴치 홈페이지를 보면, 허위정보에 대해 선제적으로 대응하고 있다는 인상을 주고 있다. 하지만 2020년 6월 이후에는 허위정보 유포 사례가 크게 감소하는 것을 알 수 있다. COVID-19사태가 종식된 상황이 아닌 현재를 고려해볼 때, EU의 인포데믹에 대한 경계가 약화된 것 같아 우려스럽다. 또한 EU의 허위정보의 검증이 러시아 언론기관에만 집중이 된 것은 아닌지에 따르는 우려도 존재한다. 따라서 EU는 허위정보에 대한 대응을 지속적으로 할 필요가 있으며, 더 나아가 EU는 러시아뿐만 아니라 좀 더 많은 국제적 행위자들의 뉴스 사례를 면밀히 검토하고 조사해 좀 더 넓은 맥락에서 COVID-19 인포데믹 관련 허위정보 사례를 살펴볼 필요가 있다.

---

[57] EUvsDisinfo, "Sputnik: Coronavirus could be designed to kill elderly Italians", 25 March 2020, https://euvsdisinfo.eu/sputnik-coronavirus-could-be-designed-to-kill-elderly-italians/ (검색일: 2021.04.15.). 본 홈페이지에서 지적하고 있는 Sputnik의 대표적인 허위정보는 코로나바이러스는 라트비아에서 기원하고 있다는 뉴스, 프랑스의 노란조끼를 타깃으로 삼고 있다는 뉴스, 그레타 툰베리의 녹색위제를 홍보하는 데 도움이 된다는 뉴스 또한 이탈리아의 연금예산을 줄이기 위한 음모론이다. 본 논문에서 제시한 사례 외에 친(親)러시아 성향의 허위정보 유포 사실을 집중적으로 다루고 있다.

[58] EUvsDisinfo, "EEAS Special Report: Disinformation on the Coronavirus—Short Assessment of the Information Environment", 19 March 2020, https://euvsdisinfo.eu/eeas-special-report-disinformation-on-the-coronavirus-short-assessment-of-the-information-environment/ (검색일: 2021.04.15.); EUvsDisinfo, "EEAS Special Report Update: Short Assessment of narratives and Disinformation around the COVID-19 Pandemic", 1 April 2020, https://euvsdisinfo.eu/eeas-special-report-update-short-assessment-of-narratives-and-disinformation-around-the-covid-19-pandemic/ (검색일: 2021.04.15.); EUvsDisinfo, "EEAS Special Report Update: Short Assessment of narratives and Disinformation around the COVID-19 Pandemic", (updated 2-22 April), 24 April 2020, https://euvsdisinfo.eu/ eeas-special-report-update-2-22-april/ (검색일: 2021.04.15.).

[59] EUvsDisinfo, "Coronavirus meets Hollywood", 5 March 2020, https://euvsdisinfo.eu/coronavirus-meets-hollywood/ (검색일: 2021.04.15.).

4. 논의 및 결론

본 논문은 EU의 COVID-19의 실질적인 다섯 가지 대표 대응 사례를 살펴보았다. 효과적인 백신 확보를 통해 EU 권역에 있는 국민들의 공공보건을 위한 EU의 실질적인 노력과 경제적인 조치를 통해 COVID-19에 취약한 경제 활동에 대한 EU의 지원을 살펴볼 수 있었고, 공중보건 조치를 통해 코로나바이러스가 더 이상 확산되지 못하도록 노력을 기울이고 있으며, EU 권역 내에서 주민들의 안전한 이동을 보장하기 위한 EU의 지원들을 살펴볼 수 있었다. 또한 허위정보 퇴치 노력을 통해 EU가 인포데믹 현상에 대한 대비를 하고 있는 것으로 여겨진다.

EU는 현재 COVID-19 사태를 통해 새로운 도전에 직면하고 있다. 최근 이러한 상황을 목도하고 있는 학자들은 EU는 현재 내부적 그리고 외부적 도전 상황에 직면해 있다고 보고 있다.[60] EU의 내부적인 도전으로는 첫째, 회원국 내에 퍼지는 음모론의 부정적인 영향이다. 일례로 코로나바이러스가 5G로 퍼진다는 거짓 뉴스로 인하여 회원국 내 기지국 파괴 사례가 대표적이며, 이를 통해 정보 취약계층을 선동하며 사회갈등을 증폭시키기까지 한다.[61] 둘째는, 회원국의 이러한 인포데믹 현상을 통해 극우 세력이나 극좌 세력이 상대를 공격하기 위한 수단으로 적극적으로 활용하므로 유럽회의주의를 증폭시키는 악영향이 발생하는 것이다.[62] 셋째는 더 나아가, EU에 대하여 국민들이 EU가 늦거나 적재적소한 대응을 하지 못한다고 여겨, EU 연대가 부족하다는 인식에 근거한 담론이 형성되어서 결국 EU에 대한 불신이 증폭되는 것이다.[63] 하지만, EU의 실질적인 대응과 인식에 대한 차이가

---

[60] Brovdiy(2020); Sophie Vériter, Corneliu Bjola and Joachim Koops(2020).
[61] *Ibid.*
[62] *Ibid.*
[63] *Ibid.*

발생하는 현상은 결국 EU의 대응은 훌륭했지만, 정작 EU 시민사회의 설득과 지지를 얻지 못한 것으로 여겨진다. 따라서 EU의 전략적 커뮤니케이션과 관련된 노력이 부족한 것으로 여겨진다.

외부적 도전을 통해 EU의 지정학적 도전이 더욱 명확해졌음을 알 수 있다. 예를 들면, 중국의 마스크 외교 관련 정보 확산을 통한 일대일로 확장에 대한 EU의 선제적 대응에 대한 중국 정보의 정보차단이 대표적이다.[64] 또한 러시아의 경우 지역 패권을 위해 지속적으로 가짜뉴스를 배포하고 있다.[65] 또한 부정적인 내러티브 구축 및 확산을 통하여 EU의 도전을 증폭시키고 있다. 러시아나 중국이 유럽의 위기를 강조시킴으로써 유럽통합에 대한 가치 잠식을 하고자 하는 것이 예시가 될 수 있다.[66] 결국 EU의 이러한 도전은 국제질서에 대한 새로운 도전으로 간주될 수 있다. 기존에 미국과 EU가 유지하고 있던 자유주의적 질서에 대한 도전 세력이 부상하게 되었으며, 결국 다자주의 국제사회의 새로운 패권 도전이 펼쳐졌음을 암시한다.[67]

본 논문은 EU의 COVID-19의 대응을 전반적으로 살펴보았다. 이 중 인포데믹을 야기할 수 있는 거짓 허위정보에 대한 대응은 EU의 내부적 그리고 외부적 도전을 야기하기 때문에 심각하게 고려해야 한다. 마지막으로 EU의 몇 가지 시사점을 전달하고 우리나라에 주는 시사점을 제시하며 본 논문을 마무리하고자 한다. 첫째, EU의 반(反)허위정보 대응의 일환으로 EU의 대응 현황을 좀 더 공개적으로 홍보할 필요가 있다. 둘째, EU는 수용자 친화적인 전략적 커뮤니케이션 관련 정책에 대한 보완이 필요하다고 여겨진다. 셋째, EU가 회원국과 시민사회의 적극적인 지지를 이끌어내기 위해 유럽통합의 기본가치(인권존중, 인권, 자유, 민주주의, 평등 그리고 법치)에 대한 인식

[64] *Ibid.*
[65] *Ibid.*
[66] *Ibid.*
[67] *Ibid.*

을 강화시킬 필요가 있다. 넷째, EU가 국제사회의 영향력을 강화시키기 위한 다양한 노력을 기울일 필요가 있다. 다섯째, 적극적인 팩트체크 과정을 통해 러시아와 중국과 같은 국제사회에 대한 도전 요인들을 차단할 필요가 있다. 여섯째, 부정적인 narrative가 구축되지 못하도록 허위정보를 대응할 전문가 양성이 필요하다고 여겨진다. 마지막으로, 허위정보에 적극적으로 대응할 수 있도록 다자주의에 입각한 국제사회의 공조가 필요할 것으로 여겨진다.

우리나라도 EU의 허위정보대응 공식 홈페이지 구축의 사례를 바탕으로, 공식적인 허위정보 사례를 다루는 인터넷 기반 플랫폼을 구축해 국민의 허위정보에 관한 인식을 향상시킬 필요가 있다. 더 나아가, 허위정보를 대응하기 위한 팩트체크와 국민의 미디어 리터러시 강화 관련 정책을 보완할 필요가 있다. 또한, 전통미디어의 의제설정자들(예: 기자, 편집자 등)과 뉴미디어의 인플루언서(influencers)들과 주기적인 회합을 통해 정보의 질(質) 유지 및 향상을 위한 노력을 기울일 필요가 있다. 마지막으로 허위정보와 인포데믹 현상에 대응하는 국제사회의 노력이 가시화되기 위해 적극적으로 노력을 기울여야 할 것이다.

참고문헌

1. 국문자료

박아란, 「가짜 뉴스에 대한 법률적 쟁점과 대책」, 한국언론학회 & 한국언론진흥재단 ≪Fake News(가짜뉴스) 개념과 대응방안 세미나≫, 발제문. 2017년 2월 14일 서울, 프레스센터 https://comm.or.kr/academic/seminar/1000010321 (검색일: 2021.4.12.).

성욱제·정은진, 「코로나19와 허위정보: 유형분석과 대응방안」, 2020 KISDI Premium Report, 1-49, http://m.kisdi.re.kr/mobile/prem/pre_view.m?controlNo=14767&selectPage=1 (검색일: 2021.4.12.).

유의선, 「가짜뉴스의 법적 규제: 사회적 법익 보호를 중심으로」, 『언론과 법』, 제17권 2호 (2018), pp.39-68.

이향선, 『가짜뉴스 대응 개선을 위한 정책 방안 연구』, KCSC2018-008, (서울: 방송통신심의위원회, 2018).

정인, 『열린사회의 적, 인포데믹(infodemic)』, 2020년 6월 3일 발간, KB경영연구소 https://www.kbfg.com/kbresearch/vitamin/reportView.do?vitaminId=2000160 (검색일: 2021.4.12.).

황용석, 「페이크 뉴스 풍자인가, 기만인가? 개념화와 여론 영향력을 중심으로」, 한국언론학회&한국언론진흥재단, ≪Fake News(가짜뉴스) 개념과 대응방안 세미나≫, 발제문. 2017년 2월 14일 서울, 프레스센터 https://comm.or.kr/academic/seminar/1000010321 (검색일: 2021.4.12.).

2. 영문자료

Bayer, Judit Natalija Bitiukova, Petra Bard, Judit Szakacs, Alberto Alemanno and Erik Uszkiewicz. "Disinformation and Propaganda-Impact on the Functioning of the Rule of Law in the EU and Its Member States", Policy Department for Citizens' Rights and Constitutional Affairs, Directorate General for Internal Policies of the Union, February 2019. http://www.europarl.europa.eu/RegData/etudes/STUD/2019/608864/IPOL_STU(2019)608864_EN.pdf. (검색일: 2021.01.23.).

Bennett, Lance and Steven Livingston, "The Disinformation Order: Disruptive Communication and the Decline of Democratic Institutions", *European Journal of Communication*, Vol.33, No.2 (2018), pp.122-139.

Bjola, Corneliu and James Pamment, "Digital Containment: Revisiting Containment Strategy in the Digital Age", *Global Affairs*, Vol.2, No.2 (2016), pp.131-142.

Brovdiy, Yana, "Disinformation in times of COVID-19: Reinforcing the Responses of the European Union and the United States", (Published 11 Jun 2020), https://www.coleurope.eu/research-paper/disinformation-times-covid-19-reinforcing-responses-european-union-and-united-states (검색일: 2021.04.14.).

European Centre for Disease Prevention and Control, "COVID-19", https://www.ecdc.europa.eu/en/covid-19 (검색일: 2021.4.12.).

European Centre for Disease Prevention and Control, "Timeline of ECDC's response to COVID-19", https://www.ecdc.europa.eu/en/covid-19/timeline-ecdc-response (검색일: 2021.4.12.).

European Commission, "Directorate-General for Health and Food Safety", https://ec.europa.eu/health/sites/health/files/preparedness_response/docs/ev_20200117_sr_en.pdf (검색일: 2021.4.12.).

European Commission, "European Civil Protection Mechanism", https://ec.europa.eu/echo/what/civil-protection/mechanism_en (검색일: 2021.4.12.).

European Commission, Overview of the Commission's Response, https://ec.europa.eu/info/live-work-travel-eu/coronavirus-response/overview-commissions-response_en (검색일: 2021.4.13.).

EUvsDisinfo, "Coronavirus meets Hollywood", 5 March 2020, https://euvsdisinfo.eu/coronavirus-meets-hollywood/ (검색일: 2021.04.15.).

EUvsDisinfo, "the Kremlin and disinformation about Coronavirus", 16 March 2020, https://euvsdisinfo.eu/the-kremlin-and-disinformation-about-coronavirus/ (검색일: 2021.04.15.).

EUvsDisinfo, "EEAS Special Report: Disinformation on the Coronavirus—Short Assessment of the Information Environment", 19 March 2020, https://euvsdisinfo.eu/eeas-special-report-disinformation-on-the-coronavirus-short-assessment-of-the-information-environment/ (검색일: 2021.04.15.).

EUvsDisinfo, "Sputnik: Coronavirus could be designed to kill elderly Italians", 25 March 2020, https://euvsdisinfo.eu/sputnik-coronavirus-could-be-designed-to-kill-elderly-italians/ (검색일: 2021.04.15.).

EUvsDisinfo, "EEAS Special Report Update: Short Assessment of narratives and Disinformation around the COVID-19 Pandemic", 1 April 2020, https://euvsdisinfo.eu/eeas-special-report-update-short-assessment-of-narratives-and-disinformation-around-the-covid-19-pandemic/ (검색일: 2021.04.15.).

Faris, Robert, Hal Roberts, Bruce Etling, Nikki Bourassa, Ethan Zuckerman and Yochai Benkler. "Partisanship, Propaganda, and Disinformation: Online Media and the 2016 U.S. Presidential Election", Berkman Klein Center for Internet & Society Research Paper, August 2017, http://nrs.harvard.edu/urn-3:HUL.InstRepos:33759251 (검색일: 2021.4.15.).

Marwick, Alice and Rebecca Lewis, "Media Manipulation and Disinformation Online", Data and Society Research Institute, 2017. https://datasociety.net/output/media-manipulation-and-disinfo-online/ (검색일: 2021.4.15.).

McKay, Spencer and Chris Tenove, "Disinformation as a Threat to Deliberative Democracy", *Political Research Quarterly*, (2020 July), 1-15. https://journals.sagepub.com/doi/abs/10.1177/1065912920938143?journalCode=prqb

Twitter, "Antonio Guterres", Posting on March 28, 2020, https://twitter.com/antonioguterres/
status/1243748397019992065?lang=en (검색일: 2021.4.12.).

Vériter, Sophie, Corneliu Bjola and Joachim Koops, "Tackling COVID-19 Disinformation: Internal and
External Challenges for the European Union", *The Hague Journal of Diplomacy*, Vol.15, and
No.4, (2020), pp.569-582.

Vilmer, Jean-Baptiste, Alexandre Escorcia, Marine Guillaume and Janaina Herrera, "Information
Manipulation: A Challenge for Our Democracies", report by the Policy Planning Staff (CAPS)
of the Ministry for Europe and Foreign Affairs and the Institute for Strategic Research (IRSEM)
of the Ministry for the Armed Forces, Paris, August 2018. https://www.diplomatie.
gouv.fr/IMG/pdf/information_manipulation_rvb_cle838736.pdf (검색일: 2021.4.15.).

World Health Organization, "Coronavirus Disease (COVID-19)", 12 October 2020, https://www.
who.int/news-room/q-a-detail/coronavirus-disease-covid-19 (검색일: 2021.4.12.).

World Health Organization, "Infodemic", https://www.who.int/health-topics/infodemic#tab=tab_1
(검색일: 2021.4.12.).

World Health Organization, "Rolling Updates on Coronavirus Disease (COVID-19)", Updated 31 July
2020, https://www.who.int/emergencies/diseases/novel-coronavirus-2019/events-as-they-happen
(검색일: 2021.4.12.).

World Health Organization, "WHO Coronavirus (COVID-19) Dashboard", https://covid19. who.int/
(검색일: 2021.4.12.).

위드 코로나 시대에 일본 사가현의 '사회실험'*

전지영

1. 서론

COVID-19의 대유행으로 세계 100개국 이상에서의 도시가 폐쇄되는 사태가 발생하였다. 이로 인해 지역사회와 거주자의 건강에 측정할 수 없을 정도로 영향을 미쳤고, 많은 지방자치체는 감염확산 대응의 최전선에 서 있게 되었다. 특히, 대도시와 중소도시는 국경을 넘는 비즈니스와 이동의 거점으로 기능하는 경우가 많기 때문에 이로 인한 사람과 사람 간의 접촉도 많아지므로 감염병을 확대시켰을 가능성이 크다. 이러한 COVID-19 대유행을 최소한으로 억제하기 위해서 중앙정부는 주도적인 역할을 이행하고, 많은 도시에서는 COVID-19와 관련된 정책과제를 현장에서 대응하는 중요한 역할을 하고 있다(OECD, 2020). 또한, 감염병 초기대응으로 실시한 사회적 거리두기와 외출 제한 등으로 경제·사회적 위기가 전 세계 도시로 확산되었으며, 이러한 영향으로 인하여 도시인의 삶의 방식의 재편이라는 새로운 관점에서 COVID-19와 관련된 도시문제 해결을 위한 시도가 필요하게 되었다(이왕건, 2020).

---

* 이 글은 『한국지역지리학회지』, 27(2), 2021에 게재된 논문 「위드 코로나 시대에 일본 사가현의 '사회실험'에 관한 연구: SAGA 나이트 테라스 챌린지를 사례로」를 재수록한 것임.

COVID-19의 세계적 확산으로 방역을 위한 국가와 지역의 봉쇄와 '사회적 거리두기'는 세계 경제공간에 큰 영향을 미쳤다(구양미, 2020). 세계 도시들은 사회적 거리두기의 일환으로 여행 제한, 재택근무, 학교 및 직장 폐쇄, 특정 업종 운영 제한과 같은 조치를 취하였고, 이로 인하여 사람들의 이동이 줄어들게 되어 COVID-19 대유행을 억제할 수 있으나, 지역경제 특히 접객산업은 침체에 빠지게 되었다(Gössling et al., 2020; みずほ総合研究所, 2020).

방역과 경제활동의 균형이라는 관점에서 보면 방역과 경제는 양립할 수 없으며, 보건위기를 막기 위한 대응은 필연적으로 경제활동을 위축시키는 경향이 있다. 즉, COVID-19의 대유행과 그에 대응하는 봉쇄정책이 경제활동의 위축을 야기시켰다는 점에서 이를 확인할 수 있다(Balwin and Mauro, 2020).

이에 반해 일본은 방역보다 경제 활성화에 중점을 둔 정책을 펼치고 있으며, 그러한 예로 외식업 활성화를 위한 'Go To Eat 캠페인 사업'과 여행업 활성화를 위한 'Go To Travel 캠페인 사업'을 들 수 있다(이창민, 2020). 일본이 이러한 정책을 실시할 수 있었던 이유는 이미 일상생활에서 거리두기를 잘해왔고(일본인들이 보통 남들과 1m 이내 접근하지 않음), 손 씻기와 마스크 착용과 같은 개인위생도 잘 지켰으며, 종교시설이 별로 없어 대규모 집회도 거의 하지 않는 등의 이유로 가능했다고 볼 수 있다(호사카유지, 2020). 이러한 사례로 일본 사가현에서 실시한 사회실험[1]을 들 수 있으며, 이 실험

---

[1] 국토교통성(2021)이 실시하고 있는 사회실험의 목적은 사회적으로 영향을 미칠 가능성이 있는 도로 시책의 도입에 앞서 관계 행정기관, 지역주민 등이 참여한 가운데 장소와 기간을 한정해서 해당 시책을 시행·평가하고, 이후 새로운 시책의 전개와 원만히 사업을 집행하는 것이다. 사회실험 실시를 위한 행정절차를 보면, 국토교통성에서 당해 실시할 예정인 실험주제를 정해 공모하고, 공모된 실험내용에 맞춰 실시하고자 하는 지방공공단체가 신청할 수 있다. 신청된 내용을 바탕으로 전문가 등의 의견을 참고하여 국토교통성에서 채택하는 방식으로 진행된다. 이러한 사회실험은 1999년도부터 2021년까지 330건이 실시되었다. 한 예로 2005년 실시된 카나가와현 요코야마시의 오픈카페 등 지역주체의 도로 활용 사회실험을 통해 노상 이벤트에 따른 도로점용허가 기준을 명확화하여 도시재생 특별조치법의 일부가 개정되어, 2011년 10월 20일에 「도로점용허가 특례제

이 어떠한 전개과정으로 감염병 확산을 피하면서 침체된 지역의 활성화를 도모했는지 살펴볼 필요가 있다.

COVID-19와 관련된 지리학적 연구 동향을 살펴보면 다음과 같다. 우선, COVID-19의 확산으로 스포츠 경기장의 제한적인 관중 입장에 따른 좌석 배치의 공간적 최적화 연구(박진우 외, 2021), 국가 간 이동의 제약으로 세계 여행이 불가능해지면서 마치 본인이 여행하는 느낌을 받을 수 있는 가상여행 콘텐츠를 분석한 연구(김호성·이금숙, 2021), 서울시를 사례로 COVID-19시기에 음식점 개폐점의 패턴 변화를 분석한 연구(김현 외, 2021)가 있다. 이 연구들은 감염병 확산으로 사회적 거리두기와 외출 자제로 인해 침체에 빠진 산업의 사례 연구를 통해 COVID-19로 인한 영향을 분석했으며, 시의적절한 실증자료로 결과를 도출했다는 점에서 중요한 의미가 있다. 특히, 전염병 대유행 시기에 돌봄에 대한 개념이 COVID-19 이전과 이후의 일상생활에서 어떻게 드러나고 있는지에 관해 청년층의 인터뷰를 중심으로 면밀히 분석한 연구는 박수경(2021) 외에 찾아보기 힘들다.

이에 본 연구는 위드 코로나 시대에 일본 사가현 사가시의 사회실험 「SAGA 나이트 테라스 챌린지」를 사례로 이 사회실험에 관련된 주체[2]로 사가현청, 사가경찰청, 사가시, 지역자치체, 참여 점포, 이용객들이 어떠한 과정으로 실험에 참여하고 실시하였는지를 확인하고, 나아가 방역과 경제의 균형이라는 관점에서 이 실험의 의의를 고찰한다. 연구방법은 다음과 같다. 우선 COVID-19 관련한 통계자료는 NHK 특설사이트, 사가현 통계자료 등

도」가 창설되었다. 이러한 도로점용허가 특례는 도시의 도로 공간 이용에 대한 높은 니즈와 어려운 재정 사정 안에서 민간 자금 활용의 확대 요청을 포함하여, 도로 공간 개방화를 추진하기 위하여 도시재생정비계획의 구역 내 도로관리자가 지정한 구역에 설치되는 오픈 카페, 광고판 등의 점용허가기준을 완화하는 특례제도이다.

2 후쿠자와(2018)는 지역발전에 주체로 정부, 행정지자체, 지역 기업, 주민, 사회 기업가, 지역 발전 협력대로 구분했다. 이 논문은 사회실험에 관련된 주체로 사가현청, 사가경찰청, 사가시, 지역자치체, 참여 점포, 이용객으로 구분한다.

을 사용하여 일본의 COVID-19의 발생현황에 따른 긴급대응조치에 관하여 지역별로 설명하였다. 다음으로 COVID-19 상황으로 인하여 현지조사가 어려우므로, 사가현의 사회실험 관련 보도자료와 신문기사를 통하여 수집된 자료를 바탕으로 사회실험의 실행프로세스와 이 실험과 관련된 참가자들의 의견을 분석하여 반응을 살펴보았다. 마지막으로 위드 코로나 시대에 사회시험을 통해 어떠한 변화가 있었는지 고찰한다.

연구지역은 일본 사가현 사가시(<그림 1>)로 일본의 규슈 북서부에 위치하고, 동쪽으로는 후쿠오카현, 서쪽으로는 나가사키현과 접해 있으며, 도쿄까지 직선거리로 약 900km, 오사카까지 약 500km인 데 반해 부산과는 200km 거리로 근접해 있다. 대륙문화의 입구로 역사적, 문화적으로 중요한 역할을 해온 사가현의 면적은 약 2,400m², 10시(市)10정(町)으로 나뉘어 있으며, 현 총인구는 약 83만 명이며, 현청소재지 및 최대 도시는 사가시(약 24만 명)이다[3].

〈그림 1〉 연구지역도

---

3   사가현청, https://www.pref.saga.lg.jp/default.html

2. 일본 COVID-19의 발생현황에 따른 긴급사태선언

일본은 2020년 1월 16일에 1명의 COVID-19 양성 확진자가 발생한 후, 2021년 4월 1일 기준 COVID-19 양성 확진자는 47만 7,868명, 사망자는 9,193명으로 집계되었으며, 긴토지방(도쿄도, 가나가와켄, 사이타마켄, 치바켄)에서 1일 841명의 확진자(전국 1일 확진자 2,600명)가 발생하고 있다. 일본의 집단감염지로는 병원, 학교, 기업, 복지시설, 음식점, 운동시설, 콜센터, 요양시설 등에서 발생했고, 이러한 특정 집단이나 장소에서 발생하는 감염 양상에 더하여 일상생활 속에서의 감염위험으로 감염경로를 모르는 확진자가 증가하고 있다.

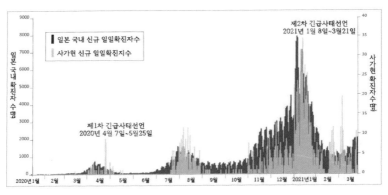

자료: NHK 특설사이트

〈그림 2〉 일본 국내 및 사가현 COVID-19 발생현황

<그림 2>를 살펴보면 제1차 유행으로 볼 수 있는 2020년 4월 초부터 확진자가 급격히 증가하였고, 이로 인해 「신형인플루엔자 등 대책 특별조치법」에 근거하여 도쿄를 중심으로 한 간토지역에서 긴급사태선언을 최초 4월 7일부터 5월 6일까지 선언하였고, 4월 16일 일본 전 지역으로 확대되었으며,

5월 25일에 긴급사태 해제를 선언하였다. 그러나, 제2차 유행인 7월부터 또다시 COVID-19 양성 확진자가 대폭 증가하였고, 8월 7일에는 1일 확진자가 1,596명으로 최대로 발생하였으나, 별다른 긴급사태선언 없이 외식업 활성화를 위한 'Go To Eat 캠페인 사업'과 여행업 활성화를 위한 'Go To Travel 캠페인 사업'을 실시하였다. 그 뒤 제3차 유행으로 볼 수 있는 11월 하순경부터 확진자가 다시 증가하기 시작하여 2021년 1월 8일에 1일 확진자가 7,949명으로 최대치를 경신했으며, 2021년 1월 8일부터 2월 7일까지 제2차 긴급사태선언(도쿄, 가나가와, 사이타마, 치바, 토치기, 아이치, 기후, 오사카, 효고, 후쿠오카)을 하였으나, 감염자 수 감소 경향이 보이지 않아 다시금 긴급사태선언 시기가 연장되어 3월 21일 해제되었다.

일본 지역별 누적확진자 수를 살펴보면, 간토지역(사이타마현, 치바현, 도쿄도, 가나가와현)을 중심으로 전체 누적확진자 수의 약 50%를 차지하고, 각 중심도시(홋카이도, 간토지역, 아이치현, 칸사이지역, 후쿠오카현)는 전체 누적확진자 수의 약 80%를 차지한다(<그림 3>). 따라서 대도시지역을 중심으로 COVID-19가 확산되고 있음을 확인할 수 있으며, 선언 해제 후 재확산을 방지하기 위해 음식점 감염방지, 변이 바이러스 감시체제 강화, 감염 확대 예측을 위해 전략적인 검사 실시, 안전하고 신속한 백신 접종, 감염확대를 위한 의료체제의 강화 대책을 마련하였다. 그러나 현재 2차 긴급사태 선언을 해제한 후에도 여전히 확진자 수의 증가로 제4차 유행이 우려된다.

연구대상지역인 일본 지방도시 사가현의 확진자의 증감은 일본 전역의 확진자 발생시기, 즉 1차 유행·2차 유행·3차 유행 시기의 증감과 같이한다 (<그림 2>). 2021년 4월 1일 기준 COVID-19 양성 확진자는 1,198명, 사망자는 13명으로 집계되었으며, 1일 9명의 확진자가 발생하고 있다.

이렇듯 일본은 확진자 수에 따라 긴급사태조치를 실시하고 있으며, 일본 전 지역에 실시하기보다는 지역별 확진자 수에 따라 지역실정에 맞게 실시하고 있다. 따라서 사가현에서 사회실험을 실시할 수 있었던 이유도 긴급사태조치가 대도시권을 중심으로 실시하고 있고, 전국으로 확대실시되더라도 지방도시의 감염자 수는 상대적으로 적었기에 가능했다고 생각된다.

3. 사가현 사회실험 「SAGA 나이트 테라스 챌린지」의 전개 및 조사결과

(1) SAGA 챌린지의 실행 프로세스 전개

「SAGA 나이트 테라스 챌린지」(이하, SAGA 챌린지)는 일시적인 이벤트가 아니라 장기적인 변화를 모색하는 사회실험으로 제안되었다. 특히 그것은 위드 코로나 시대에 새로운 사가스타일을 발견함으로써 지역 활성화를 도모하기 위한 목적으로 실시되었다. 구체적으로 전개 경위를 보면, 제1차 긴급사태선언 후 사회적 거리두기와 외출자제 등으로 인하여 사가현 도시 전체가 침체되어 가는 상황에서 사회적 거리두기가 가능하도록 점포 밖 테라스석을 마련하여 도시에 활기를 불어넣기 위한 자구책이 사가현의 현지사로부터 제안되었다. 이러한 SAGA 챌린지가 실제로 실행되기까지 약 2주가 걸렸고(<표 1>), 현지사의 빠른 의사결정으로 신속히 진행되었다고 할 수 있다. 초기 협의는 사가현청 내 각 부서(사가 디자인과, 산업정책과, 도로과)와 사가현경찰청에서 진행되었으며, 이후 사가현 사가디자인과가 민간업체와 함께 사가시와 지역조합(지역자치회, 상점가단체)에 실험 취지를 설명하고, 참가 점포를 모집하였다.

이 사회실험이 진행되는 과정에서 가장 중요한 부분은 '도로점유 절차를 현청에서 일괄 진행'으로 실행해야 하는 부분으로 사회실험 실행 구역 내

점포 앞 1m 정도를 테라스석으로 활용할 수 있도록 행정절차를 모두 사가현청에서 담당하므로, 참가 점포가 쉽게 사회실험에 참여할 수 있도록 유도하였고, 보행자 등의 안전과 미관보존을 위한 규칙을 책정하였다. 이러한 과정을 거쳐 제1차·2차·3차 총 3회에 걸쳐 SAGA 챌린지를 실시할 수 있었다. 이러한 일련의 진행과정을 통해 사가현에서 실시된 SAGA 챌린지는 국토교통성이라는 정부 주도의 사회실험이 아닌 사가현이라는 민간 주도로 실시된 사회실험으로 의의가 있다.

〈표 1〉 제1차 SAGA 나이트 테라스 챌린지의 실행 프로세스

일시	내용
2020.05.05.	사가현 확진자 0명(휴업 요청은 5월 6일까지, 14일부터 학교 재개 발표)
2020.05.06.	사가현지사 '도로를 활용한 테라스석 검토' 지시
2020.05.07.	휴업 요청 해제(접대 필요한 음식점 제외) 사가현지사와 관계 부처(사가디자인, 산업정책과, 도로과) 협의 사가현경찰청과 조정 시작, 보건소에 확인
2020.05.08.	민간업체와 상담
2020.05.11.	사가시와 상담
2020.05.14.	지역자치회, 상점가단체에 설명
2020.05.15.	대상 점포 물색
2020.05.18.	참가 점포 확인
2020.05.19.	도로점용허가, 사용허가신청/동일 허가
2020.05.21.	「SAGA 나이트 테라스 챌린지」 보도 발표
2020.05.22.	「SAGA 나이트 테라스 챌린지」 시작

자료: https://www.realpublicestate.jp/post/walkable04

(2) SAGA 챌린지 참여 점포 분포도와 참여 자영업자의 의견

SAGA 챌린지 사회실험 장소는 사가역과 사가현청을 연결하는 중심 도로 중 음식점이 집적해 있는 구역을 선정하였다(<그림 2>). 제1차 기간은 2020

년 5월 22일에서 2020년 6월 6일까지이며, 참여 점포 장소는 사가시 토우진 1쵸메 북교차점에서 츄오바시 교차점(츄오오오도오리 토우진쵸 상점가 구간)으로 진행되었다. 참가 점포는 총 13개 점포이며, 그중 1개 점포가 전문학교 학생들로 사회실험 첫날과 마지막 날에 참가하여 활기를 불어주는 역할을 담당하였다. 제2차 기간은 2020년 9월 18일에서 2020년 10월 1일까지이며, 참여 점포 장소는 사가시 역전파출소 교차점에서 우체국 앞 교차점으로 1차에 비해 구간이 확장되었다. 총 23개 점포가 참가하였으며, 그중 2개 점포가 공동 출점으로 참가하였고 1차과 마찬가지로 전문학교 학생들이 가설점포로 참가하였다. 제3차 기간은 2020년 10월 24일에서 2020년 11월 15일까지이며, 참여 점포 장소는 사가시 역전파출소 교차점에서 우체국 앞 교차점(츄오오오도오리)과 사테라이토 회장(<그림 4>의 ★표시 장소)으로 1차·2차에 비해 가장 넓은 구역에서 진행되어 참여 점포 공간적 분포도를 통해 확장되어 갔음을 알 수 있다. 또한, 제3차 SAGA 챌린지의 장소 중 사테라이토 회장은 제1차, 2차 사회실험을 실시하면서 2층 이상 점포, 도로와 접하지 않는 점포 등에서 테라스석을 설치할 수 없는 문제를 해결하고자 마련된 장소이다. 총 24개 점포가 참가하였으며, 그중 1차·2차에서 참가했던 전문학교 학생들의 협력점포와 공동 출점한 2개 점포와 사테라이토 회장을 중심으로 7개 점포가 참가하였다.

참가 점포는 테라스석에 인공잔디를 깔거나 앞을 보는 형태의 의자 배치와 '사회실험 실시 중'이라는 간판을 세워서 일종의 사회실험이라는 것을 보여주었다. 이러한 개방된 스타일로 식사를 하거나 마시거나 할 수 있는 가게가 사가현에서는 굉장히 적어서 새로운 스타일의 음식점으로 주목받고 있으며, 점포 앞에 테라스석을 설치하므로 기존의 도시경관과는 다른 새로

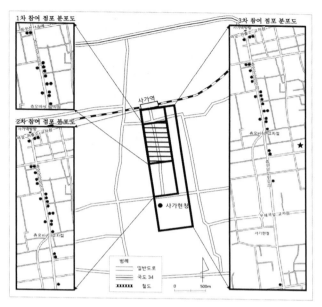

자료: 사가현청, SAGA 나이트 테라스 1차, 2차, 3차 기간 보도자료.
〈그림 4〉 SAGA 나이트 테라스 챌린지 참여점포 분포도(1차·2차·3차)

운 경관으로 변화하게 되었다(<그림 5>). 또한, 이러한 도로활용이라는 공공
공간의 활용을 통한 사회실험은 COVID-19 이후 새로운 일상을 모색하기
위한 실험으로 사회적 거리두기 확보와 '3밀(密)'[4]을 피할 수 있는 대안으로
생각할 수 있다.

---

4   3밀(密)은 집단감염이 발생된 경우의 공통조건으로 밀폐(환기가 되지 않는 밀폐공간), 밀집(사람이
    밀집하는 곳), 밀접(밀접한 그거리에서 대화나 교류가 이루어지는 곳)된 공간을 회피하자는 일본의
    COVID-19 감염확대방지 국민행동요령이다.

자료: https://www.realpublicestate.jp/post/walkable04

〈그림 5〉 제1차 SAGA 나이트 테라스 챌린지 현장 사진

(2) SAGA 챌린지에 대한 조사 결과

① 참여 자영업자의 인터뷰조사 결과

<표 2>에서와 같이 참여 자영업자의 의견을 보면, 긍정적인 답변으로는 참가한 대부분의 점포는 계속 실시하면 참가하겠다는 의견(번호 3, 4)과 테라스석을 이용한 고객들의 '외국 같은 느낌이라 즐겁고 좋다'(번호 7)는 긍정적인 의견이 다수를 차지했다. 그에 반해 1차에서는 저녁 시간대에 테라스석을 사용하였으나, 낮 시간에도 이용하자는 의견(번호 8)과 계절에 따른 추위 더위, 날씨에 따른 비바람 등 대책 마련(번호12)도 앞으로 해결해나가야 할 숙제이다.

이러한 결과를 통해 COVID-19 문제를 극복하고자 하는 지방도시의 자구적인 노력으로 볼 수 있으며, 지방 관료의 도로점유율에 관한 적극적인 행정업무 처리와 점포들의 적극적인 참여가 SAGA 챌린지를 한 번의 이벤트가 아닌 지속적으로 실시할 수 있었던 계기가 되었다고 볼 수 있다. 또한, 이와 같은 지역 주체들의 노력으로 위드 코로나 시대에 맞는 개방된 테라스석이라는 새로운 스타일의 도시경관을 형성하게 되었다.

회차	번호	자영업자	의견
제1탄 사업자	1	4점포	손님의 평가가 좋고, 실시 전과 비교해서 대부분의 고객이 돌아왔다.
	2	5점포	테라스석 예약을 많이 했다.
	3	대부분 점포	계속해주길 바람, 다음 번에도 참가하고 싶다.
	4	2점포	이번 테라스석을 계속해 나가고, 이벤트로 지속하고 싶다.
	5	1점포	테라스석이 있으므로 처음 오는 손님도 방문하고 싶다고 했다.
	6	3점포	지금 계절은 벌레가 많은 것 같다.
	7	1점포	"외국 같은 느낌이라 즐겁고 좋네요"라는 의견이 있었다.
	8	2점포	낮 시간대에도 실시할 수 있었으면 좋겠다.
제2탄 사업자	9	신규	손님을 유치하기에 매우 좋은 프로그램. 제3탄은 추위 대책이 문제.
	10	신규	나이트 테라스에 참가해서 매상이 오르지는 않았지만, 인력이 부족하여 검토했던 제3탄 참가는 하지 않기로 했다. 혼자서 와서 테라스석을 이용한 손님도 있었다.
	11	신규	나이트 테라스에서 손님은 즐거워하고 전체적으로 참가해서 좋았다고 생각한다.
	12	연속	특히 비 오는 날과 평일 밤은 한산했고, 지금부터 추워지는 시기는 주말 낮 시간 테라스 운영이 좋지 않을까.
	13	연속	제1탄과 비교해서 테라스석 말고도 손님이 적었다. 주말도 사람이 대부분 나오지 않았다. 라이트판타지와 함께 제3탄을 기대한다.

자료: 사가현청, SAGA 나이트 테라스 1차, 2차 보도자료

② 참여 이용객의 설문조사 결과

음식점 이용객을 대상으로 웹 설문조사의 결과는 다음과 같다(<그림 6>). 제1차 설문조사 응답자는 143명이며, 그중 30·40대가 50% 이상이고, 남성 61.5%, 여성 37.8%였다. 90% 이상이 테라스석 이용에 만족감을 표시했으며, 다시 이용하겠다는 의견도 77.6%였다. 제2차 설문조사 결과도 1차 설문조사 결과와 대부분 같았으나, 이용객 연령대가 50대로 차이를 보였다. 종합해보면, 30-50대 연령층과 남성의 이용 비율이 높았으며, 테라스석 이용 시

편안함·서비스질은 약 70% 이상이 만족하며, 재방문 의사도 70% 이상 높은 비율을 차지했다.

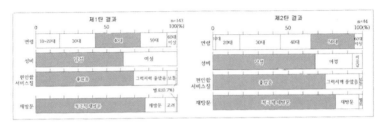

자료: 사가현청, SAGA 나이트 테라스 1차, 2차 보도자료

〈그림 6〉 제1차·2차 SAGA 나이트 테라스 챌린지 결과

이용객의 주요한 의견을 살펴보면, 들어가기 어려웠던 가게라도 오픈되어 있는 테라스석 이후로는 들어가기 쉬울 거 같다는 의견(번호 1), 유럽지역을 예로 큰 도로변 근처에 활용되지 않은 광장이나 공원을 이용하자는 의견(번호 6), 대체적으로 오픈된 테라스석을 이용하면서 개방감을 느낄 수 있어 기분이 좋았다는 긍정적이 의견(번호 2, 8, 10, 11, 12, 13)이 많았다(<표 3>). 반면 오픈된 공간으로 인한 추위와 더위 대책은 어떻게 할 것이며, 벌레가 날아 들어와서 불편했다는 부정적인 의견도 있었다. 그러나 전반적인 이용객 측의 의견은 SAGA 챌린지에 긍정적인 평가를 하고 있으며, 향후 계절적인 영향이 있을 수 있으나, 지속적으로 운영될 수 있다고 생각된다. 또한, COVID-19 시기에 SAGA 챌린지를 통한 오픈된 테라스석에 대한 긍적적인 평가가 위드 코로나 시대에 따른 일상의 변화에 긍정적으로 받아들인다고 볼 수 있다.

표3 제1차·2차 이용객 의견

의견	번호	이용자 정보	의견
긍정적의견	1	20대 여성	밤 풍경이 좋았지만, 낮시간이 날씨도 좋으면 기분도 좋다고 생각한다. 조금 비가 내리기 시작해서 텐트 같은 것이 있으면 좋을 거 같다.
	2	30대 여성	매우 즐겁다! 낮의 테라스석도 만들어주면 좋겠다.
	3	30대 여성	이 계절은 매우 시원해서 기분이 좋았다. 많은 사람이 즐길 수 있는 사가가 되면 좋겠다고 생각했다.
	4	40대 여성	사람들이 좀 들어가기 어려운 가게라도 이 이후에 이용하기 쉬울 거 같다.
	5	60대 여성	코로나의 영향으로 거리 전체가 침체되었다고 느꼈다. 현에서 주도해서 활성화에 힘을 쏟아 준 점에 평가하고 싶다.
	6	20대 남성	큰길 가까이 활용 가능한 광장이나 공원을 활용하는 건 어떤가.
	7	20대 남성	시원해서 기분이 좋았다.
	8	20대 남성	거리가 활기차고 멋있었다.
	9	30대 남성	큰길에서 즐겁게 마시는 모습이 늘면 사가의 활성화뿐만 아니라 젊은 층이 좀 더 거리를 나올 수 있다고 생각한다.
	10	40대 남성	야시장처럼 매주 주말에 만들어주세요.
	11	50대 남성	조금씩 보도를 점용하더라도 시내에 테라스석 있는 점포가 늘었으면 좋겠다.
	12	50대 남성	어느 가게라도 좀 더 적극적으로 테라스를 이용하면 좋을 거 같다.
	13	60대 남성	점포 수가 늘고 이용자 수가 늘기를 기대한다. 마치는 시간을 조금 더 연장하는 건 어떤가.
부정적의견	14	40대 남성	공간이 조금 더 넓었으면 좋겠다.
	15	40대 여성	지금의 시기라면 실내보다 쾌적하지만, 한여름이나 한겨울의 더위와 추위는 어떻게 할 것인가.
	16	60대 여성	벌레가 날아 들어와서 테라스석은 그다지 앉고 싶지 않다.

자료: 사가현청, SAGA 나이트 테라스 1차, 2차 보도자료.

4. 사회실험이 중앙정부와 타 지역에 미친 영향

(1) 중앙정부의 도로점용허가 기준 완화

사가현에서 실시된 SAGA 챌린지는 매년 국토교통성에서 실시할 예정인

실험주제로 실시된 사회실험이 아닌 민간주도로 도로점용허가 특례제도를 이용한 실험이다. <그림 7>을 살펴보면, 국토교통성에서는 지방공공단체 등과 지역주민·단체 등이 연계해서 신청하면 테이크아웃과 테라스 영업 등을 위한 도로점용허가기준을 완화한다는 내용의 팸플릿을 2020년 6월 5일에 발신하였다. 즉, 사가현의 적극적인 협조와 지역주민의 주도로 실시된 사회실험이 도로점용허가에 대한 일본 정부 기준 완화에 영향을 미쳤다고 볼 수 있다. 즉, 매년 국토교통성에서 공모하는 실험주제와 상관없이 COVID-19 영향을 받는 음식점 등을 지원하기 위해 2020년 6월 5일에 테이크아웃 또는 테라스 영업 등을 위해 도로점용 허가기준 완화 긴급조치를 시작하였다. 이러한 도로점용 완화 긴급조치가 2020년 8월 11일에는 일본 전국으로 확대 실시되었으며, 현재는 2021년 9월 30일까지 연장되었다. 이러한 국토교통성이 COVID-19 감염병의 영향을 받은 음식점과 상점가 등을 지원하기 위한 도로점용허가 특례조치 완화가 일본 전국에 사회실험이 확장되는 계기가 되었다. 2021년 1월 9일 기준으로 360점포가 야외영업, 약 150곳의 자치제가 도로활용을 하고 있다. 국토교통성의 설문조사에 따르면, 현재 도로점용특례를 이용하는 자치제의 약 60% 이상이 지속적인 테라스영업 등의 실시를 희망하고 있는 것으로 도로 활용의 일상화가 선로의 경제활동을 지탱해주고 있다고 평가하였다.[5]

---

5   国土交通省, https://www.mlit.go.jp/road/demopro/about/demopro-gaiyo.pdf

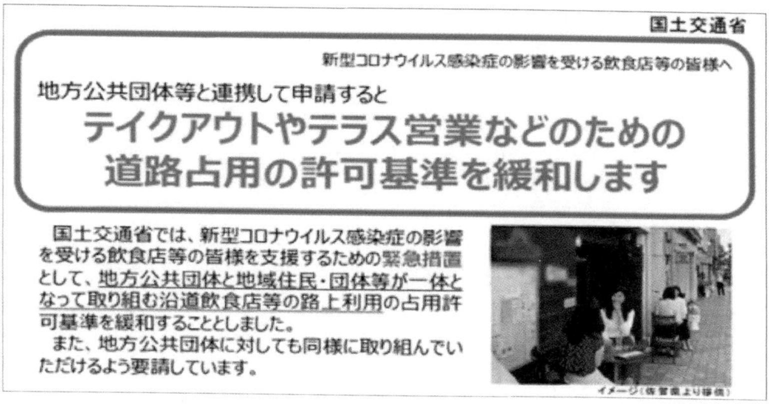

자료: 국토교통성

〈그림 7〉 국토교통성 도로점유허가 신청기준 완화에 관한 긴급조치

(2) 도로점용허가 기준 완화에 따른 지역별 사회실험 사례

사가현에서 시작된 사회실험은 도로점용법 개선이라는 결과와 함께 일본 국내 지역들에서 비슷한 사례들로 사회실험을 실시하였다. <표 4>를 살펴보면, 홋카이도 무로란시에서는 중앙선 등 총연장 1.5km 구간에서 「무로란 노상 이용 대작전」을 실시하고 있으며, 더 다양한 단체와 점포가 참가 중이다(번호 1). 그리고 시가 주도적으로 대상구역을 확정해서 실시하고 있는 토치기현 우쯔노미야시 「MIYA 스트리트 디자인 테라스」는 다른 음식점의 불법점용 방지책으로 허가 받은 점포를 대상으로 점용범위를 표시하는 노면 스티커를 부착하므로 도로 불법 점용을 방지하고 있고(번호 2), 도쿄도 다이토구 「가이토우 스탠드」에서는 가로등에 테이블을 설치하여 점포 앞의 도로가 좁아 테라스석 설치가 어려운 경우에 대응하였고, 호객행위 등 방지를 위하여 정기적으로 지도원이 순찰하기도 한다(번호 3). 또한, 도로점용, 도로사용 그리고 보건소 수속에 관해 한번에 신청할 수 있는 창구 설치와 도로이

용 실시 구역을 인공잔디로 명시하기도 하였다(번호 4).

<표 4> 도로를 이용한 사회실험 각 지역별 사례

번호	실시 지역	개요
1	홋카이도 무로란시	사업명: 「무로란 노상 이용 대작전」 사업 시작일: 2020.07.08. 6단체·34개 점포 정도 참가 중(2020.10.26. 현재)
2	토치기현 우쯔노미야시	사업명: 「MIYA스트리트 디자인 테라스」 사업 시작일: 2020.06.24.부터 모집 23개 점포 참가 중(2020.10.28. 현재)
3	도쿄도 타이토구	사업명: 「가이토우 스탠드」 사업 시작일: 2020.10.14. 4단체·23개 점포 참가 중(2020.11.05. 현재)
4	도쿄도 미타카시	사업명: 「미타카 테라스트리트」 사업 시작일: 2020.08.17. 3단체·9개 점포 참가 중(2020.11.04. 현재)
5	나가노현 마쯔모토시	사업명: 「마찌바 엔가와 작전」 사업 시작일: 2020.18.01. 7단체·59개 점포 참가 중(2020.10.26. 현재)
6	시즈오카현 하마마쯔시	사업명: 「마찌나까 오픈 테라스」 사업 시작일: 2020.06.19. 37개 점포 참가 중(2020.10.28. 현재)
7	야마구치현 우베시	사업명: 「오픈 스트리트 우베」 사업 시작일: 2020.08.05. 24개 점포 참가 중(2020.10.26. 현재)

자료: 국토교통성

도로점용법과 관련된 사회실험 외에도 다양한 사회실험이 일본 국내에서 실천되고 있다. 예를 들어 후쿠야마의 「OPEN STREET FUKUYAMA 2020」은 도로 공간을 활용한 새로운 일상에서의 활기찬 지역만들기 사회실험이며, 음식점의 '묵식' 팸플릿, 온천의 '묵욕' 팸플릿 등은 대화로 인한 비말감염을 방지하고자 자발적으로 만들어진 팸플릿으로 위드 코로나 시대에 변화된 일상에 적용된 사회실험이다. 다이치생명경제연구소(第一生命経済

研究所, 2020) 조사에 의하면, 감염확대로 인한 일상생활의 변화 중, 먼 곳을 가기보다는 가까운 장소를 선호하게 되었고(응답자의 약 80%), 가까운 점포 이용(응답자의 약 65%)과 예정이 없어져 휴일 등 시간이 늘었다(응답자의 약 60%)고 답한 사람이 많았다. 이는 사회실험을 실시하고 있는 지방도시의 거주자가 본인의 거주지역에 관심을 가질 수 있는 기회가 늘어나게 되므로 지역 내에서 적극적으로 소비하거나 지역활동을 할 수 있는 거주민이 증가할 뿐 아니라, 나아가 지방도시의 활성화에도 영향을 미칠 수 있을 것이다.

5. 결론

이상에서 본 연구는 위드 코로나 시대에 일본 사가현 사가시에서 실시한 사회실험 「SAGA 나이트 테라스 챌린지」의 전개과정을 실증적으로 살펴보았다. 그 결과, 다양한 참가자들의(사가현청, 사가경찰청, 사가시, 지역자치체, 참여점포, 이용객) 신속한 의사결정으로 사회실험을 실시할 수 있었고, 회차가 거듭될수록 신규로 참여하는 점포들도 증가하여 실험 공간이 확장되었다. 다시 말해, 이러한 SAGA 챌린지 전개에는 현지사인 지방단체단체장이 지역발전을 위한 사회실험의 정책 수립과 진행에 중요한 역할을 했고, 결과적으로 실험을 통한 지역발전정책 변화에도 큰 영향을 미쳤다고 할 수 있다(이정록·안영진, 2019).

또한, 참여 점포들은 점포 앞 도로를 이용하여 테라스석을 설치하므로 도시경관에 변화를 가져왔고, 음식점 안이 아니라 개방된 테라스석에서 식사하는 생활 방식의 변화로 인해 일상생활의 아우터도어화가 진행되는 사례라 할 수 있으며, 이러한 오픈 된 공간은 사회적 거리두기와 '3밀'회피 등 COVID-19 감염병 대책으로 일정한 효과를 기대할 수 있기 때문에 이용자

측과 점포 참가자 측의 요구가 높았다. 나아가 이러한 도로점용에 대해 국토교통성은 도로점용허가 기준을 완화하였고, 이를 통하여 많은 지역들이 도로점용허가 기준 완화 정책을 이용하여 위드 코로나 시대에 더 다양한 사회실험을 주도적으로 실천할 수 있는 계기가 마련되었다.

사가현의 사회실험은 국토교통성에서 매년 공모해서 실시하고 있는 실험이 아닌 민간주도의 사회실험을 통해 일본의 긴급사태선언 해제 후에도 이용객이 돌아오지 않는 음식점에 조금이라도 활기를 불어넣을 수 있는 계기가 되었고, COVID-19 대유행에도 불구하고 지방도시의 자구적인 노력으로 방역과 경제의 적절한 균형점을 모색할 수 있으며, 도시인의 새로운 생활방식의 형성으로 위드 코로나 시대에 대응할 수 있었다.

일본은 위드 코로나 시대를 경험하면서 일상에서의 생활·근무 스타일의 변화와 외식 빈도의 감소로 외식의 이용 동기나 외식의 개념이 바뀔 가능성이 있으며, 소비자는 위생·건강·안전·환경에 대한 의식이 높아지고, '3밀(密)'을 피하는 개인행동이 기본으로 정착하게 될 것이다(이용건, 2020). 또한, COVID-19로 인해 소비감소와 교류인구 급감은 지방도시에 있어서 심각한 타격이긴 하지만, 한편으로는 원격·재택근무의 확산으로 젊은 층을 중심으로 한 지방도시 이주에 대한 의식변화와 가치관의 다양화는 지방도시가 성장할 수 있는 기회이기도 하다(DBJグループ, 2021; 日本経済団体連合会, 2020). 나아가 일본인에게 지방도시란 잃어버린 일본을 발견하고 추억하며, 사회심리적 불안감을 달래는 장소이기도 하다(조아라, 2008). 이렇듯 아이러니하게도 COVID-19 대유행으로 대도시를 중심으로 한 위기가 지방도시에는 기회가 될 수도 있다.

2020년에 시작된 COVID-19가 현재까지 우리 사회에 어떠한 영향을 미쳤는지 판단을 하기는 쉽지 않고, 초기 연구는 감염병 확산의 초기 단계의 자료를 사용하거나 잠재적 영향력을 가늠하고자 하는 시도 혹은 연구 방향에 대한 제언들이 주를 이루므로 감염병의 영행을 제대로 진단해 내지 못할 수도 있다(김현 등, 2021). 하지만, 지방도시가 위드 코로나 시대에 어떠한 대응을 통해서 극복해나가고 있는지 사례연구를 통해 국내 도시의 상점가에서도 도입될 수 있는 프로그램을 제시했다는 점에서 학문적 의의가 있다. 그러나 COVID-19로 인한 현지 조사의 어려움으로 3차 사회실험의 설문조사는 시행되지 않아 결과를 확인할 수 없었던 점과 사가현의 제공 데이터를 번역하여 2차 데이터로 제시할 수밖에 없었던 점에서 사회실험의 결과를 COVID-19 확산 억제와의 관계를 연계해서 분석하지 못한 한계로 남는다. 마지막으로 본 연구에서 실험을 통한 도로점용허가 기준 완화나 도시경관의 일부 변화 수준을 넘어 노상 경관의 변화가 가지는 도시공간적 의미나 지자체의 경제활성화의 관점에서 어떠한 지리학적인 변화를 가져다주었는지는 지속적으로 연구가 이루어져야 할 것이다.

참고문헌

1. 저서

Richard Balwin and Beatrice Weder di Mauro, 2020, "Introduction", in Richard Balwin and Beatrice Weder di Mauro, eds., Mitigating the COVID Economic Crisis: Act Fast and Do Whatever It Takes, CPER Press.

2. 논문

구양미, 2020, 「코로나19와 한국의 글보벌가치사슬(GVC) 변화」, 『한국경제지리학회지』, 23(3), 209-228.

김 현·이금숙·이영현·송예나, 2021, 「COVID-19 시기의 음식점 개폐점 연구-서울시를 사례로」, 『대한지리학회지』, 56(1), 35-51.

김호성·이금숙, 2021, 「정보미디어의 발전에 따른 가상여행과 COVID-19 이후 여행산업의 변화」, 『대한지리학회』, 56(1), 1-14.

박수경, 2021, 「코로나 이후 일상생활에서의 돌봄에 대한 지리학적 연구: 청년층 관점을 중심으로」, 『한국지역지리학회지』, 27(1), 40-54.

박진우·최문기·강전영, 2021, 「코로나-19 팬데믹 시대의 사회적 거리두기 단계에 따른 대규모 스포츠경기장 좌석 배치의 공간적 최적화」, 『대한지리학회지』, 56(1), 53-66.

이정록·안영진, 2019, 「지방자치단체장의 지역 비전과 지역발전정책 전개 간 연관성 분석-전남 고흥군을 사례로-」, 『한국지역지리학회지』, 25(4), 512-525.

이창민, 2020, 「코로나19의 충격과 일본경제」, 『일어일문학연구』, 115, 43-65.

조아라, 2008, 「일본 지방도시의 문화전략과 '지역다움'의 논리」, 『한국지역지리학회지』, 14(5), 480-491.

호사카유지, 2020, 「일본정부의 코로나19 정책 고찰」, 『민족연구』, 76, 62-94.

Gössling, S., Scott, D. and Hall, C. M., 2020, Pandemics, tourism and global change: A rapid assessment of COVID-19, *Journal of Sustainable Tourism*, 29(1), 1-20.

3. 심포지엄·학술발표회 초록집

후쿠자와 야스히로, 2018, 『인구과소지역의 발전-일본 홋카이도를 사례로』, 한국지역지리학회 학술대회 발표집, 15-26.

4. 보고서

이왕건, 2020, 「코로나19 시대 도시 사회·공간 변화와 정책과제」, 『국토정책』, 763, 1-8.

이용건, 2020, 「일본 식품산업의 코로나19 영향과 전망」, 『세계농업 2020』, 11월호, 93-118.

DBJグループ, 2021, ウィズ・コロナにおける地域創生のあり方7について.

第一生命経済研究所, 2020, 第3回新型コロナウイルスによる生活と意識の変化に関する研究.

日本経済団体連合会, 2021, with/postコロナの地方活性化―東京圏から地方への人の流れの創出に向けて―.

みずほ総合研究所, 2020, V-RESASで見るコロナ禍の地域経済.

OECD, 2020, Cities policy responses, OECD Policy Responses to Coronavirus(COVID-19).

5. Web 자료

후생노동성 https://www.mhlw.go.jp/index.html

店先の歩道を活用した夜のオープンテラス運営の社会実験SAGAナイトテラスチャレンジを実施します https://www.pref.saga.lg.jp/kiji00374573/index.html

SAGAナイトテラスチャレンジ参加店舗
　　　https://www.pref.saga.lg.jp/kiji00374573/3_74573_169205_up_pdx23tou.pdf

社会実験SAGAナイトテラスチャレンジの結果について
　　　https://www.pref.saga.lg.jp/kiji00375224/index.htm

SAGAナイトテラスチャレンジ調査結果および今後の展開
　　　https://www.pref.saga.lg.jp/kiji00375224/3_75224_171669_up_m4kcnpq8.pdf

アンケート結果
　　　https://www.pref.saga.lg.jp/kiji00375224/3_75224_171670_up_wazv2p2j.pdf

SAGAナイトテラスチャレンジ第2弾参加店舗
　　　https://www.pref.saga.lg.jp/kiji00377064/3_77064_179700_up_wc5ggkio.pdf

参加店舗及び地図
　　　https://www.pref.saga.lg.jp/kiji00376960/3_76960_178949_up_a3labzxl.pdf

ウォーカブルなまちづくりの本質に迫る!vol.3SAGAナイトテラスチャレンジ」に見る都市の可能性とは
　　　https://www.realpublicestate.jp/post/walkable04

NHK特設サイト新型コロナウイルス
　　　https://www3.nhk.or.jp/news/special/coronavirus/data-widget/

国土交通省,テイクアウトやテラス営業などのための道路占用の許可基準を緩和します
　　　https://www.mlit.go.jp/report/press/content/001347069.pdf

国土交通省, 道路占用に関するコロナ特例について
　　　https://www.mlit.go.jp/road/senyo/covid/11.pdf

国土交通省, 社会実験の概要
　　　https://www.mlit.go.jp/road/demopro/about/demopro-gaiyo.pdf

•저자 소개•

김동수

미국 조지아대학교 정치학과에서 국제정치 전공으로 박사학위를 받았으며, West Liberty University 조교수와 통일연구원 부연구위원을 거쳐 현재 부경대학교 국제지역학부 교수로 재직 중이다. 주요 논문으로 "The Struggle between Security and Democracy: An Alternative Explanation of the Democratization of South Korea", *Pacific Focus* (April, 2010), "Risk-Taking or Risk-Aversive: Understanding North Korea's Foreign Policyof Brinkmanship", *Korea Observer* (Autumn, 2011) 등이 있다.

김동엽

필리핀국립대학교 정치학과에서 1990년대 한국과 필리핀의 통신서비스산업 자유화 정책에 대한 비교연구로 정치학 박사학위를 받았으며, 현재 부산외국어대학교 아세안연구원 부교수이자 원장으로 재직 중이다. 주요 저서로는 『필리핀: 한인 이주의 역사와 발전, 그리고 정체성』(2021), 『총체적 단위로서의 동남아시아의 인식과 구성』 (2019, 공저), 『나를 만지지 마라』(2015, 역서), 『동남아의 역사와 문화』(2012, 공역) 등이 있다.

김우성

멕시코국립대학교에서 스페인어학(사회언어학) 박사학위를 받았으며, 현재 부산외국어대학교 스페인어과 교수로 재직 중이다. 주요 저서로는 『중남미 스페인어의 다양성과 통일성』(2021), 『문화 간 커뮤니케이션에 나타난 오해와 갈등』(2019, 공저) 등이 있으며, 주요 논문으로는 "멕시코의 포용언어 사용에 관한 고찰"(2022), "한국-멕시코 문화간 비즈니스 커뮤니케이션에 나타난 갈등과 장애요인 연구"(2018) 등이 있다.

김진기

고려대학교 정치외교학과를 졸업하고, 동 대학원에서 중국 혁명에 대한 연구로 정치학 석사 학위를, 일본 방위산업에 대한 연구로 박사 학위를 취득하였다. 전공 분야는 일본지역연구 및 동북아국제관계이며, 현재 부경대학교 일어일문학부 일본학 전공의 교수로 재직 중이다. 주요 저서로는, 『일본의 방위산업 : 전후의 발전궤적과 정책결정』(2012), 『정치학으로의 산책, 제4개정판』(2020, 공저) 등이 있다.

김창경

중국 북경대학교 중문학과에서 당시(唐詩) 연구로 문학박사학위를 받았다. 현재 부경대학교 중국학과 교수로 재직하고 있으며, 동북아시아문화학회 회장을 맡고 있다. 주요 저서로는 『쉽게 이해하는 중국문화』(2011), 『중국문화의 이해』(2018), 『중국문학의 감상』(2019), 『해양문명론과 해양중국』(2019, 역서), 『단절』(2007, 역서) 등이 있다.

노용석

2005년 영남대학교에서 한국전쟁기 민간인학살 관련 연구로 박사학위를 받았고, 이후 국가폭력과 제노사이드에 대한 연구범위를 라틴아메리카로 넓혀 현재 라틴아메리카 지역의 국가폭력 구조와 과거사 청산, 민족주의 기원 양상 등을 연구하고 있다. 주요 연구 저작으로는 "라틴아메리카의 과거청산과 민주주의", 라틴아메리카에 대한 기초 입문서인 『라틴아메리카의 이해』, 한국과 라틴아메리카의 국가폭력 피해자 유해발굴 과정을 분석한 "국가폭력과 유해발굴의 사회문화사" 등이 있다. 현재 부경대학교 국제지역학부 교수로 재직중이다.

리단

전남대학교 정치외교학과에서 수학하고 전남대학교에서 정치학 박사학위를 수여 받았다. 한국학술진흥재단 기초학문육성사업 과제인 "세계한상네트워크와 한민족 공동체 조사연구", 한국연구재단 대학중점연구소 지원사업 과제인 "민족분산과 지구적 소통으로서 디아스포라 연구"에 공동연구원으로 참여하였다. 현재 부경대학교 중국학과 교수로 재직하고 있다.

공동저자인 TIAN QI는 2018년에 석사학위를 마치고 현재 중국 대련민족대학에서 교직원으로 근무하고 있다.

문기홍

한국 정부 국비 유학생(지역연구 분야)으로 호주 시드니대학교 정부 및 국제관계학과에서 정치학 박사학위를 취득하고 현재 부경대학교 글로벌지역학연구소 전임연구원으로 재직하고 있다. 주요 연구 분야는 미얀마 정치, 동남아시아의 민주주의 및 권위주의이며, 선거 감시 활동(2015 미얀마 총선 및 2021 필리핀 대선) 및 국제개발협력 실무 경험(피다 전문위원)을 갖고 있다. 주요 연구로는 "군부 권위주의 체제와 민주화: 미얀마 민주화 과정과 민주주의 후퇴 현상을 중심으로(2021)," "미얀마 군부 정권의 대중동원 메커니즘(2021)," "미얀마 민주화 과정의 역설: 느슨한 권위주의 체제에서 선거 권위주의로(2022)" 등이 있다.

문상호

부산대학교 컴퓨터공학과에서 공학사, 공학석사, 공학박사 학위를 취득하고, 현재 부산외국어대학교 컴퓨터공학과 정교수로 재직 중이다. 전공분야는 데이터베이스, GIS(지리정보시스템), 디지털인문학, 지역정보학 등이며, 주요 연구로는 "디지털 인문학의 이해"(2016), "An Electronic Atlas of Colloquial Arabic Language in the Arab World"(2019), "Research trends in Mediterranean Area studies in Korea based on a network analysis of coappearing keywords"(2016) 등이 있다.

박상현

서울대학교 경제학과에서 수학하고 사회학과에서 문학석사 및 사회학박사 학위를 수여받았다. 서울대학교 행정대학원에서 BK 박사후연구원으로 재직하였다. 2013 년 이후 부경대학교 국제지역학부 교수로 재직하고 있으며 2022년 현재 부경대학교 글로벌지역학연구소 소장을 맡고 있다.

백두주

부산대학교에서 사회학박사를 취득 후 현재 부경대학교 글로벌지역학연구소 전임연구원으로 재직 중이다. 전공분야는 산업노동, 국제지역연구이며, 최근 주요 연구로는 "환태평양 가치가슬의 구조변동과 전망: 미국과 중국의 전략적 선택을 중심으로"(2021), "환태평양 도시국가의 역사적 진화: 싱가포르 항만을 중심으로"(2022), "Chip war between U.S. and China: Restructuring Trans-Pacific Semiconductor Value Chain"(2022) 등이 있다.

안상욱

파리정치대학교(Sciences Po)와 파리3대학교(Université Paris III)에서 수학하고, 파리 3대학교에서 경제학박사(유럽지역학)학위를 수여받았다. 한국연구재단 SSK 에너지 연구사업단에 공동연구원으로 참여하였다. 현재 국립 부경대학교 국제지역학부 교수로 재직하고 있으며, 국내 최대 유럽학 학술단체인 한국유럽학회 부회장이다.

예동근

2009년 한국 고려대학교에서 사회학 전공으로 박사학위를 받았다. 현재는 부경대학교 중국학과 교수로 재직 중이며 주로 도시연구, 민족(이민)연구, 국경(이주)연구를 하고 있다. 최근에 미국-멕시코국경을 비롯하여 다양한 국경과 이주, 도시 문제에 관심을 갖고 연구범위를 환태평양 도시분야로 확장하고 있다. 그리고 한국과 중국의 주요한 사회학저서를 번역하였고 한중 학술교류에 관심을 갖고 학술활동을 진행하고 있다.

윤용수

한국외국어대학교 아랍어학과에서 문학박사학위를 취득하고, 현재 부산외국어대학교 아랍학과 교수로서 지중해지역원 원장을 맡고 있다. 한국이슬람학회 회장을 역임하였으며 Journal of Mediterranean Studies (Malta University, A&HCI) 편집위원으로 활동하고 있다.

전지영

일본 츠쿠바대학교에서 지구환경과학전공으로 이학 박사학위를 취득하고, 전공 분야는 지역지리학으로 현재 부경대학교 글로벌지역학연구소 전임연구원으로 재직하고 있다. 주요 연구로는 "Development of Direct Apple-Selling Facilities in Sannae-myeon, Miryang-si, Korea", "Population Growth and Residential Distribution of Chinese Transmigrants in South Korea", "동북아 관문도시의 공간적 특성-요코하마를 중심으로-" 등이 있으며, 역서로는 『세계의 도시와 항만 네트워크』, 『환태평양 게이트웨이 지리학』 등이 있다.

정문수

부산대학교 사학과를 졸업하였으며 현재 한국해양대학교 항해융합학부 교수 및 국제해양문제연구소 소장으로 재직 중이다. 한국연구재단이 지원하는 인문한국지원사업 '해항도시문화섭학' 연구책임자로 활동하였으며 인문한국플러스사업 '바다인문학' 연구책임자로 활동 중이다. 『해항도시문화교섭 연구 방법론』, *Hada Humanities* 등을 저술하였고, 『발트해와 북해』 등을 번역하였다.

정법모

필리핀국립대학교에서 인류학 박사학위를 받았고 현재 부경대학교 국제지역학부 조교수로 재직 중이다. 필리핀의 도시 빈곤과 국제개발협력이 주요 연구 분야이며, 최근에는 개발 사업이 소외 계층에 미치는 부정적 영향을 최소화하는 방안에 대해 연구하고 있다. 주요 연구 논문으로는 "개발에 대한 저항과 투만독Tumandok 토착민 공동체 형성", "Developmentinduced Dislocation and the Social Capital of the Poor", "초법적 살해extrajudicial killing, 위험관리의 아웃소싱?" 등이 있다.

정세원

뉴질랜드 캔터베리 대학교(University of Canterbury)에서 유럽지역학 박사를 취득하였으며, 현재 부경대학교 국제지역학부 조교수로 재직 중이다. 주요 저서로는 *EU Perceptions from Korean YouTube videos before and after the Brexit Referendum: A Semantic Network Analysis Approach*가 있으며, 주요논문으로는 "빅데이터와 유럽연구: 사회 및 의미연결망 분석 사례를 통한 융합연구의 가능성 고찰" 등 다수가 있다.

정해조

부산대학교에서 독문학으로 문학박사, 부경대학교에서 건설관리공학으로 공학박사 학위를 취득하였고, 현재 부경대학교 국제지역학부 교수로 재직하고 있다. 글로벌지역학회 전신인 국제지역연구학회 창립회원이며, 회장을 역임하였고, 한국유럽학회 회장을 역임하였다. 저서로는 『독일 에너지정책과 패시브하우스의 성공요인』, 『유럽 해양도시재생』 등이 있으며, 논문으로 "중국에너지산업투자의 영향요인에 대한 실증분석", "Extraction and Analysis of Technical Management Factors for Passive Houses in Korea", "지역연구의 연구방법론(1)" 등이 있다.

정호윤

한국외국어대학교 포르투갈어과를 졸업하고, 동 대학원에서 중남미지역을 전공하여 정치학 석사 학위를 취득하였으며, University of Hawaii at Manoa에서 정치학 박사 학위를 수여받았다. 전공 분야는 라틴아메리카 지역연구 및 국제관계이며, 현재 부경대학교 국제지역학부 조교수로 재직 중이다. 주요 연구로는 "한국-브라질 상호 간 디지털 공공외교 비교 연구", "포르투갈의 대(對)포르투갈어권 아프리카 국가 양자원조의 동인: 구성주의적 패러다임의 적용", "The Evolution of Social Constructivism in Political Science" 등이 있다.

최은순

부산대학교 불어교육학과를 졸업하고, 프랑스 Strasbourg 2 대학에서 언어학 석사와 박사 학위를 취득하였으며, 현재 한국해양대학교 항해융합학부 교수로 재직하고 있다. 링구아 프랑카나 크레올어와 같은 혼종언어 관련 논문을 다수 발표하였고, 최근에는 선원 문화, 특히 해기사의 직업 세계와 교육, 젠더 문제 등 다양한 해사분야 주제를 연구하고 있다.

하병주

부산외국어대학교 아랍학과 교수. 한국외국어대학교를 졸업하고, 영국 에든버러 대학교 중동 이슬람학으로 박사학위를 취득하였으며, 현재 부산외대 아랍학과 학과장으로 재직 중이다. 국제지역연구학회, 한국시민윤리학회, 한국중동학회장을 역임하였으며, 현재 한국국제정치학회 명예이사등으로 활동 중이다.

현민

서울대 사회학과에서 사회학박사학위를 취득하였고, 현재 부경대학교 글로벌지역학 BK교육연구단 계약교수로 재직하고 있다. 사회변동과 지역학, 국제개발협력 관련 논문을 다수 발표하였다.

글로벌지역학연구

초판인쇄   2022년 12월 30일
초판발행   2022년 12월 30일

지은이   정해조(편저) 김동수 김동엽 김우성 김진기 김창경 노용석 리단 문기홍
         문상호 박상현 백두주 안상욱 예동근 윤용수 전지영 정문수 정법모
         정세원 정호윤 최은순 하병주 현민 TIAN QI
펴낸이   채종준
펴낸곳   한국학술정보㈜
주 소   경기도 파주시 회동길 230(문발동)
전 화   031) 908-3181(대표)
팩 스   031) 908-3189
홈페이지   http://ebook.kstudy.com
E-mail   출판사업부 publish@kstudy.com
등 록   제일산-115호(2000. 6. 19)

ISBN   979-11-6983-029-4 93330

이 책 2020년 대한민국 교육부와 한국연구재단의 지원을 받아 발간되었음(NRF-2020S1A5C2A02093112)